U0120768

五代十國文獻叢書

杜文玉 主編

国家出版基金项目
NATIONAL PUBLICATION FOUNDATION

全五代十國文 二

杜文玉 編

鳳凰出版社

闕 名

唐故畢府君夫人趙氏墓志銘并序

竊聞道本衝寂,大覺乃傳不二之門。尼父聖賢,臨逝川而悲嘆,生如隙影,□若電光,人於萬象之靈,於愛何漂而覆没?粤有東平郡畢府君諱剛。曾祖諱善德。高祖諱□。君好净,雲山遨游,□性厭囂逐寂,避世歸天,春秋六十有二,孤峒卅餘年。趙氏王母,孀居積歲,禮備三從,春秋八十有三。頃歸家矣,嗣息相承。貫居澤州高平縣豐溢鄉魏莊村,明城里之人也。亡男宗新,婦田氏、倪氏,亡男小興。次男武新,婦王氏,亡男全興,嗣琮新,婦王氏。息唐興趙八□殷,終於思室。男喜,去年九月終□思室。男虔季德右慶,少虧嚴訓,觸事靡知,齡過知士,自責虧仁。新婦李氏,男狼猪老妣星潛,晝夜忡忡。今舉神柩,再矚光明,重啓窆穸,合附靈臺。維大唐天祐七年歲次庚午正月壬辰朔三日甲午,固遷祖塋。先在神農鄉神農里團池店南一達之東。其勢也,潛龍聖地,紫氣盤旋,安墳於掌。哀哀父母,椒育劬榮,欲報之恩,號天罔極。生事以禮,死葬爲周,以子禮終,合附備矣。後恐嵌谷隕易,山河變移,時更代革,金石可銷,海變桑田,子孫何監!刻石爲銘,乃爲詞曰:傳哉英賢,有德有言。鄉邦取則,遠近稱傳。望如椿壽,金剛之堅、仰之不足,頃日歸天。

原載《三晉石刻大全·晉城市高平市卷》卷上

刺史折嗣祚(倫)碑

■人爲之受命,瑞影搖彩,嶽瀆所以降神。昔周文王有大明嗣太王季■。祖諱華,雲中人也,永西伯之苗裔,大魏之後,宇文之别緒。以金城■俞,自武德中,詔府谷鎮遏使,不改善政,永■子孫黻黻■之榮■能不施勞於民,不伐善於己。慷慨■以魏孝文皇帝廿七代之孫也,世襲家聲,勛庸不■。昔先王之顧命,巨唐之芳葉,爰因忠烈,爲唐允隴西氏焉。所謂■若作席上琳瑯,人間柱石,鹽梅麴糵■不謂臨危致命,不顧其死,見義有勇,無懼於■獎式義方,■不可奪也。■可稱也。不以私誣義，罔以虛眩真。守金石■爲府谷鎮■持戎醜。疆境之内，民無雜居，杜烽戍之虞■尚書兼御史大夫，考績■庶政，增以厥貢良驥可千乘，與部族歸榷薑之地，黔黎有豐年之咏。■昔先王求枚嗣祚也，以前■乾符歷數■元凶不敢。以懸河之■辨無不對。當進賢任重，爲黎先行■欲移勛列，爵未足稱■吾懷何如■其德不回，馳驛■於雲□之。然將明命於■王睹之奭然曰：虞延深邃□□危■雖鑒中利刃■當今晉王感■公有大忠□■王室有大■駕爲■溪上氏□，祖賸之禮也。而乃衣錦，桑榆顯榮也。先世■聖唐之瑞派，子子孫孫，引無替之道也。俾乎黻冕金■行，勛業惟新，敷五教以在寬，闡六條而彌政，稼穡有通歧之咏，庶民無聚斂之怨■公下車之日，觀人多■弊，褰帷撫問，愛如己育。遂乃布驅鶏之善、牧馬之政，聆風嚮化。繼至■累降名綬，加□陰功，罔效□靈山嶽。其年冬末有二日，享齡五十，終禄於麟郡焉。噫！■永有■爲州■之譽■趙宣子、郭伋■有子五人，長曰從■軍使；次曰■軍使；次曰從遠，動合楷模，■府州副使；次曰從依，攝麟州司馬、檢校尚書、祭酒、兼御史中丞；次曰從■祖塋之左右。授機應符契運，葉瑞來儀，清風朗月，孤高不群，口無擇言，哲中尤哲，賢中又賢。巖谷歸神，崐崗熾焰，玉石俱焚■矚俯眺■封樹，諸子昇■。

原載《金石萃編》卷119

劉府君故夫人上谷侯氏墓志銘并序

　　夫人侯氏，其先易州人也。年五十八，有唐壬申歲辛亥月卒於外生深州管記之私第。逾月歸旅櫬厝於先塋常山城東北五里之平原，禮也。寔以星□□□常娥助質，閨門儀範，動合規躅。至如□□纖紙之□，宛自天假，非關傅母。蘊兹令淑，□□□芳。故我彭城劉君俯而娉也。和爲應□□□叶韻翔翔焉得敬鳳之稱。和柔焉有□□□□向卅餘稔，而孕三男三女矣。所冀偕老，不幸而先驅螻蟻。嗚呼！良婦既歿，吊客駢委陽臺之下，但望形雲；鳳樓之前，□聽去吹。是以琢石旌善，□之壟墢。其詞曰：

　　有淑女兮作嬪君子，行婦道兮卅餘紀。曾誡夫兮斷織，或訓子兮勞徒（徙）。既於飛兮鳳凰，何先驅兮螻蟻。素車轉兮涕淚空垂，丹旐飛兮哭聲不弭。方刻石兮旌能，冀傳芳兮播美。

原載《八瓊室金石補正續編》卷39

唐故成德軍衙前兵馬使深州饒陽鎮遏使銀青光禄大夫檢校國子祭酒兼殿中侍御史上柱國河間郡邢公（汴）夫人汝南周氏合祔墓志銘并序

夫生著徵猷，殁垂遺範。死而不朽，道貫於斯。

公姓邢氏，諱汴，字迴派，其先河間人也。昔周文王之子封爲邢侯，子孫因爲氏焉。代有英賢，世榮軒冕。青□備載，故簡於兹。其後因官逐封，今爲趙國鎮陽人也。曾祖諱佚，字適□，□不仕。門傳清德，代播薰風，放志遺榮，超然自適。祖諱儀，字光表，皇攝冀州棗强縣令。才高濟俗，業茂經邦，政成言偃之琴，功蓋尹何之錦。考諱諒，字秉之，皇不仕。英聲遠布，令問孤標，雅遵高尚之風，大享期頤之壽。公即顯考之令子也。敦儒履行，好古多奇。俄屬時艱，早膺公舉。始署鎮府逐要兼山場務判官，試其才也。公榮膺仕進，妙達公方。殊精夙夜之心，頗得强能之譽。又遷山場將。尋加經略副使。公以恭勤庶事，迥異常倫，凡所經心，克著成□。又遷山場務都知官。公服勤職業，益效公忠。居身唯嚴，莅下唯簡。又遷深州饒陽鎮遏使，加衙前兵馬使。公自膺美命，累積忠勞，式兹防遏之方，愈叶戒嚴之道。奏授銀青光禄大夫、檢校國子祭酒兼殿中侍御史、上柱國，酬其勞也。公漸高禄秩，允稱雄才，忠於主而利於民，功既高而名益振。爰以從公之年已至，匪懈之力難加，俄遵致仕之文，乃具乞骸之請。上以允兹誠意，遂以優閑。直謂古人，見於今日。既臻上壽，奄迫大期。兩楹之夢俄興，二豎之灾已結。以天祐九年九日廿九日，遘疾終於鎮府真定縣北常安坊之私第，享年七十有九。

夫人汝南周氏，徽柔立性，令淑凝姿，閫則閨風，遠邇咸敬。不幸以天祐六年四月十八日遘疾，先公而殁焉。有子四人：長曰瓊。次曰震，節度驅使官兼都鹽倉專知官，早亡。三曰輦，才機敏達，風鑒超群，孝行忠規，早振鄉閭之譽；公才令望，光符卿相之知。上聞之，署使院驅使官知職員事。四曰岩。女三人：長適隴西李氏，次適靳氏，三適清河張氏。嗣子等號天罔極,哀 毀 異常。營先纔免於廬居,酌事克遵於古制。爰以送終之義,禮葬爲宜,虔□青烏,敬遷玄寢。以天祐十年十月廿二日,合葬於鎮府平山縣望仙鄉□北原先塋,禮也。恐年代遐邈,陵谷變更,敬刊貞珉,以表休烈。銘曰:

周文之子,啓國於邢。因封命氏,代播芳馨。降生於公,世敦清德。盡孝於家,全忠於國。玄穹不吊,早喪令人。鏡沉劍墜,難問蒼旻。盛矣承家,賢哉令子。咸重公才,方膺貴仕。禮從大葬,義重送終。□□吉兆,龜卜叶從。陵谷屢更,松楸何有。貞石刊銘,光昭不朽。

原載《全唐文補編》卷156

唐易州上谷郡故梁府君(重立)墓志銘并序

原夫昏默未形,爰依大道。龍龜既啓,始叙吉凶。漸著君親,乃陳孝悌。生以温情色養,殁以封樹蒸嘗。人貴令終,其來遠矣。梁氏門風祖職,此不備書。蓋以星朔既淹,子孫蕃衍,因官得第而居此焉。

曾祖諱希幹,不仕,素爲文業,曾苦鑽研,厭宦辭榮,閑居畢世。祖諱甫平,亦不仕,慎守公方,克敦儒素,外符忠正,内切孝慈,在邦而於人有和,居室而與物無競。年鄰耳順,遂終壽焉。皇考諱重立,字顯英,性惟貞謹,言凛樞機。温鑒而良彦取裁,博達而顓蒙受旨。羽儀朝市,紀綱人倫。可謂德似玉而長温,行如松而不朽。年逾知命,石火忽臨。以天祐七年正月十二日,乃於永樂坊之私第而告終矣。

夫人武功蘇氏,郡中之良族也。笄總之歲,禮赴移天;耳順之秋,風燭長別。痛兹覆水,傷彼斷弦。府君有嗣子三人:孟曰思景, 高 陽軍押衙,充孔目官。仲曰思恩。季曰思度,押衙。昆仲幼懷聰敏,長有博聞。蘊季子之詞華,抱安仁之才器。笙簧密職,丹蓂列班。孝盡旨甘,讓敦手足。押衙與弟,昊天罔極,何日忘之,茶蓼纏心。鋒針刺骨,晨昏難及,喪薦竭修。押衙昆仲以乾坤既就,龜筮叶和。以天祐十年癸酉歲孟冬月己巳朔二十三日辛卯,於易州東北隅一里半易縣玉山鄉梁村之右本塋之禮葬也。其勢乃前臨易郭,後倚燕山。左近昭王之祠,右接荆卿之廟。東西遐迴,形勝可觀。良恐海變飛塵,山

成朽爐。垂文記祀,傳以後昆者歟? 銘曰:

　　乾剛坤柔,有勞有休。人倫終始,難逃去留。嗣子而昊天不報,甘養而叩地無由。府君兮金玉君子,逝水兮萬古千秋。

原載《古志石華》

大唐故府君李敏墓志銘

　　高祖渭州隴西郡義陽王諱真之後嗣,自官■築土□乃爲序曰。府君諱敏,□□豪傑,井邑賢良,枝葉■姻,忠信准繩於鄉黨。春秋天,僉八終於大夜。夫人□淑質邕咨□□□□花□芳馨於蘭桂□箴戒於□□年,不惑有三,終於私室。而六子年長曰元則,新婦程氏,孫男三人,重安、□醜、漢年;幼仲元謹、元溫,早亡;□曰元發,新婦郭氏,孫男三人,重□,新婦郭氏,重斌、鐵兒;次曰元祐、志忠、志孝、貞□,居身以謙讓爲懷,在信以修身爲務。年成弱冠,無福空殂。新婦張氏,招彰素範,薨順成家,陳詩禮以人,溢謙和而立,得時金花,菜性值霜。汲孫一人小鬧。小弟元裕,新婦王氏,摯房守□□□府,改娶夫人楊氏,□□□怡,風骨卓然,行標人孝,爲邦縣之□,采押六曹之務,要春耳順,有一疾染沉淪。夫人□氏,霜凝霧□,□净水容,桂影流芳,瓊姿薨約。頃因罹亂,骸骨散殤,而生二子元約、元哲,詞閭珪璋,德諳永雪,弱冠之年,花顏□襄。新婦郭氏、魏氏,□改醮,孫男二人,皈兒、趙七,改娶夫人傅氏,生一子陳八,未成侁□。先諱剙,□爽莫彥,用儕共欽,末親有甘旨之能,行有曹參之志。時知天僉,有一大限□終,夫人任氏,生二子,趙八、趙九;弟□,新婦苗氏,昆季等孝思□□,竭力盡心,修身慎行,以養其親。新婦曰言行點,琴瑟有規,貞操不□□□羨失其尻,則招而置之,得丹幹遷而厝之。有其詞者存其後,無其□者袝其先。昆季商議,和會舉於葬禮,一塋三穴,同合袝,人扶護而來人,於於新□西南,四□土藏,墳高五尺,壙深丈五,柏木爲椁,禮置有宜。昔天祐十年歲次癸酉四月癸酉朔十日壬午,會葬於銅鞮東一十七里莊一里罡源,禮也。地推形勝,□□膏腴,東觀長謝之路,曰車馬而開闔;西望暗梨之神,有毫光之瑞相。南□峻□,連龍樹之烟雲,北控大川,□漳河之秀氣。其墳也,□代稱羨,傳世無窮,

□□□之□榮而天地而永固□，恐陸易位，山谷變移，故刊紀文，以□
厥美。其□□嗣子悲號，守空堂田，□悲兮堪斷腸，黃泉一掩千秋，□
□□□□□□□。

原載《八瓊室金石補正續編》卷 39

史元豐造觀音題名

■縣□□史□，功德主史元豐爲少■父母特捨□財，□救苦觀世
音菩■，永供事■。豐兒史元霸、史元廣，阿嫂黃氏、田氏，（下殘）曹
氏掌（長）男文遇，妻阿杜，男返會■貴兒阿女阿□，孫男福留、阿□。

天祐拾貳年叁月拾玖日

■主史元豐阿姊二姑。

原載《八瓊室金石補正續編》卷 39

唐東嶽廟尊勝經幢

佛頂尊勝陀羅尼真言，稽首歸命十方佛，真如海藏，甘露門□，□
□聖應真僧請□□□□□護念，希總持秘密教能發圓明廣大心，我今
隨分略稱揚□□□□諸含識。

大興善寺三藏沙門大廣智不空奉敕譯。

經不具錄。

伏以□立九州，山分五嶽，壯國□□□□神麻。況東嶽府君定死
主生，興雲致雨，騁神□聖，□國□人，臨陣即暗助陰兵，□□即清除
疫鬼，威靈莫惻，變化罕□。女弟子杜氏親□加被方切□張，立廟塑
儀，祈恩求福。□者■冥教，令立寶幢，經載□□，福資幽顯，□尊勝
陁羅尼功異餘教驗，莫能書影，覆塵沾得，生天□名，傳聲至□□祿
榮。今則鎪石功□，標名不朽，乃爲贊曰：

府君冥教□造靈幢，□明世永福城隍。神通罕惻，勝利難量。乾
坤永固，共日月齊長。神女杜氏永福永昌，□□□□□廣贊揚。

諸神名：天翁、地母、天齊王、蓋國大師、華嶽三郎君、閻羅天子、
左丞右相、天曹、□□、□□□、□□相、右府君、竈君、中嶽嵩高郎君、
北嶽恒楊五郎、□判官、泰山主簿、興世利市王、□□□、□□□、□□

□母、國翁、國母、東海龍王、龍翁、龍母、龍女三姑、□郎、李净僕射、風伯、雨師、白電六田將軍、外門將軍、裏門將軍、游□將軍、五道將軍、南門捲簾將軍、北門大將軍、四門將軍、房山長、仙家部隊、□净尊師、六蕃王。

天祐十二年歲次乙亥八月己丑朔二十五日癸丑建立。

廟宇及塑儀并造幢□□人杜氏、□夫廟■婦傅氏、使■惠通、■兵馬使前右□海第四隊■、散□張巡。■歲次丁酉仲秋上旬七日,本府東嶽府君經幢塔壹座,■氏女弟子鄭氏、■女弟子董氏、廟戶張平同、妻周氏重建。■三年歲次丙戌■建。

原載《益都金石記》卷2

唐故王府君(琮)祔祔墓志銘并序

府君太原郡人也。周文王之後,承晉獻公之胤焉。乃武乃文,薰猶不雜。後因官長子,隨任不還,紀歷春秋,纘成基緒。高祖諱明,曾祖諱海,祖諱山。府君諱琮。府君性惆仁慈,謙恭適道。每以不貪爲寶,唯將知足爲恒。遁迹知時,播尋燮理。吟謳時歲,冀望長榮,豈爲電影難留,魂隨夢蝶,享年七十二,去光化二載四月七日,殁於私第。夫人張氏,母儀夙著,範婉馳芳,芙英出水之秋,蟾輝盈浦之夜,箴誡傳班姬之善,閨庭習曹氏之儀。豈爲石火須臾,焰隨風燭,享年六十五,去乾寧元年十二月十二日殁於私地。又娶和氏夫人,同崇啓舉。嗣子三人:孟曰虔福,齡年卅二,先歸泉路。仲子虔章,佐輔柳營,年卅五,遭於白刃,先歸地府。季子虔貞,號天叩地,蹕踊崩確,淚灑過高柴之泣血。新婦張氏,晨昏禮敬,侍養無虧,恒泣血於總幃,不修容質。女樊郎婦。孫有三人,佛護、關兒、□兒。孤子虔貞等扶靈啓柩,杖策九原,諧算青烏,龜叶卜課。於天祐十三年歲次丙子二月丙戌朔五日庚寅,合祔於丹城北原二里,創買新塋,平原之禮也。其塋東觀龍袖,勢欲騰空;西涉慈雲,古□不絶;南睹丹國,長子來迎;北倚嵐岑,隱隱而來覆。後是時也,暄風簫瑟,霞際玲瓏,瑞氣凝空,愁雲滿野。後恐年代超忽,桑田改移,故刊石爲銘,以記千齡。其詞曰:

丹城澄霧收,恄怙殣荒丘。昔日英雄絶,今向九泉游。鵶噪荊榛暮,猿嗥悲隴頭。夕陽難再睹,夜月水長流。

唐故南陽郡張府君(宗諫)墓志之銘并序

夫戴天履地,暮息晨趨。曜昊川流,朝榮夕落。恫想人世,瞬息光陰而矣。

府君諱宗諫,字仁讜,河内修武人也。其先寔軒轅之胤緒,凉主之遺苗。濟漢毗吳,恢梁翼晉,股肱帝業,柱石皇猷,將相公卿,備昭圖謀。晉司徒華公九世孫待問,長慶中爰自憲府,問俗平城,因爲馬邑人也。祖襧,以河洛間睽,罔知宦序。父興順,王母河東賈氏。志趣閑逸,不事公王,遁迹丘園,早沉幽壤。府君幼而令黠,長亦謙恭,孝敬敦淳,和叶忠信,勤劬生務,基業豐餘,往復關河,潰運資貨。時衝炎潦,疾瘵縈纏,雖召秦醫,難逃晉豎。以天祐十年正月十九日終於天寧私室,春秋六十有二。親戚哀慟,行路傷嗟。

夫人天水趙氏,含辛撫幼,忍楚持生。長子吳十七,早年殤逝。次子敬習,始婆太原王氏,頃掩泉冥,繼迎邯鄲趙氏。孫男三人:首曰十六,捧□緇門,未登戒品。次曰常住,曰僧住,并揚揚惠黠,落落通靈。一女適濟陰董氏,幼承風教,怡順舅姑,禮敬齊眉,名聞鄉邑。府君之嗣子敬習,寬舒南北,儉素居家。追遠之情,祭葬事切。器玩華麗,衾櫬鮮明。以天祐十三年歲次丙子四月乙酉朔日葬於軍城之西北隅五里馬邑縣珍胡鄉和戎里息馬之□原。前臨秦壘,後倚桑乾,東瀆長川,西瞻廣陌。塋兆□列,父祖咸遷。既卜佳城,旋臨窀穸。親眷悲悼,禮事爰終。恐時代遷移,陵谷更變,刊以貞石,紀勒銘焉。其詞曰:

二□□□,三光迅流。人生瞬息,榮耀何求。太行有路,巫峽□□。經營未遂,衰耄將秋。二竪先逼,百味難瘳。寂然沉默,悄爾冥幽。青山戢戢,白水攸攸。枌榆森森,松柏颼颼。

唐故夫人李氏墓志銘并序

　　太原郡郭君，先代出自姬姓之後，王季之胤嗣也。高祖諱，曾祖諱，祖諱翰。父在堂，名貞，爲其子曰："吾年九十，聞子之健，須與吾預修葬儀。"母李氏，天祐四年歿於私室，春秋七十有四。男三人：孟曰元禎，轅門授職，位至大夫，解職居閑，未歸故國；新婦傅氏。仲曰元謹，幼從師教，長慕忠良，頃自干戈，隔於外鄉；新婦魏氏。季曰元敬，見充天雄軍節度押衙、充驍勇馬軍指揮使、金紫光禄大夫、守羅州刺史、食邑三千户、檢校尚書左僕射、兼御史大夫、上柱國。元敬壯年入仕，歷踐班員，萬機不異於蕭張，六藝俱超於信越。以家以國，盡孝盡忠。輔弼晉王，股肱唐祚。新婦田氏。知從天得，禮自生［知］，孝行爲先，無虧終始。養女四人：一人侍於崔家，一人適於孫氏，一人侍於王家，一人適於張家。出嫁從夫，貞賢難匹。孫男六人：天德、張八、楊什、留九、謝留、韓七。如初生之松桂，未琢之玫瓌，吐氣發言，皆合今古。元敬與田氏新婦相謂曰："時逢唐祚興廢，南北爭張，甲馬雲屯，戈鋋未弭。聞身壯健，何得不謀孝事。"遂歸故園，七百餘里，暫解兵權。於天祐十四年歲次丁丑二月庚辰朔廿三日壬寅宅於潞府城堯城西北原，禮也。恐山成碧沼，海變桑田。乃勒石記名，要精厥美。東觀大禹，西接頂峰，南望羊頭，北臨三峻。其詞曰：

　　李氏夫人，卓爾不群。母之賢誓，子之出塵。揮戈却日，箭發如雲。效文效武，立功立勛。匡扶晉主，欲定乾坤。驪歸故園，報母重恩。瑩磚作室，築土成墳。著鄉黨之榮顯，播四海之傳聞。乃刻石而爲紀，兹萬代之長存。

　　　　　　　　　　　　　　　　　　原載《五代墓志彙考》

李修墓志

　　■節試■達人■大唐數■海内■藩北平王志在難周■□□□好冀息奸萌，乃厚幣卑辭，以誘我意，故於衛命■□洺水客□□，數歲，王待遇之恩□□□就使燕之■逆狀昭然，公常抗言有□順之色，及榮光等僞位公遂之■□寇□，竟罹冤辱，以此爲□，未足多讓。

公諱修，隴西成紀人也，公始■字，洎有室之歲，□□□百家之流，無所不至。其座上娛賓■□□綬□□□□□□橫之器耳，婚於瑯琊王氏者，公沉凶■然夫人□□□痛銜□□名家之子也，動率典型雅道自防見重□□其□□□母儀□□□□□□哭終年哀無時既遇害之歲□□□□□□□長曰僧哥■早亡上臺惠■於幕中□□公昔不□逆□□□□□□■知其□以天祐十五年十月廿日夫人□□□□□□□■無□□□叨□懿戚備熟方猷□□□□□宜□□□以志□□□□儒林秀□□行塋霜□□□霄漢歌吐□□心包□□■奮不顧能忘身憤□□逆□□□□□■犯難因□□□□□銘幽泉。

原載《五代墓志彙考》

唐故元府君（璋）墓志銘并序

夫元氏之宗，裔苗□拔，止望河南。累代英賢，備書史册。其後胤緒，逐任分流，至於潞州大都督府上黨縣永豐鄉，子孫興焉。曾祖諱。祖諱惠進。府君諱璋，□傳百行，學贍九流。高引雲烟，遨游不仕。享年冊有八，已龍紀元年九月三日寢於永□。夫人尹氏，幼閑婦禮，長備母儀。訓子段機，筵賓截髮。豈謂逝川東注，風□難停。享年七十有二，已天祐十五年十二月九日奄於斯室。嗣子弘審，廉□□□，謙恭入仕，處衆而信行無爽，在公而文物有談。充節度衙前十將，兼通判官。次男弘實，小男弘昭，右靜勝軍。并絶漿泣血，五内分崩，叩地號天，無所迨及。新婦吳氏、陳氏、孫氏，無虧婦禮，不爽規儀。悲薤露已逢暘，嘆秋霜之落晛。恨絶事姑之道，更無晨省之門。孫男延勣，新婦牛氏。次男延暉，新婦王氏，充涿州隨使，討擊使。次男留留、僧留等，并已竭誠瀝懇，選近搜能。破産順資，同修葬事。以天祐十六年己卯歲十月廿七日辛酉啓葬於府城西南五里大營之野。其地西限堯土，東□龍山。南古赤帝之壇，後倚玄崗之勢。山河作固，丘隴爲牢。八卦俱分，四神咸備。既安松柏，永托郊原。伏慮代變人遷，難憑馬鬣。故兹刊石，述而爲銘，其詞曰：

懿哉元氏，流派在兹。行存千古，言出九思。運催大智，天促人師。巡寰生滅，往而堪悲。其二曰：啓葬郊虛，愁雲入暮。魂兮何處在,松檟但蕭蕭。

原載《秦晉豫新出墓志搜佚續編》

唐故洛州河南郡竇府君(真)夫人(李氏)墓志銘并序

　　皇祖諱幹,皇考諱意,府君諱真。先宗蛇縈武公之胤緒,因官逐任,寄家於魏,歇絕年深,今爲朝城縣人也。府君英髦博雅,識達多聞,聰敏士以深交,信義心於益友。不求榮禄,惟慕清閑。或命儒官,時游精舍,與名僧而話道,追達士以傾罇。風月優游,林泉賞玩。奈何福乖禍凑,疾篤運窮。致董藥之不靈,使秦醫之失診。春秋六十有四寢疾,去天祐十八年二月十四日終於魏府家之私第也。

　　前婚張氏,歲不盈深,正當桃李之顏,俄逝風燈之壽。公乃儀懷嗣業,息保延家。再托良交,重述善媛。與鄰黨隴西李氏爲親。嗣子一人延嗣。侄男二人延威、郭□。晉王徵奇,榮官輔□,□充馬軍指揮使。女育三隻:長女十一娘,適王氏高門。次女盡適良家,偕登顯立。夫人與兒女持孝,號天泣血,那堪毀滅。頃奉葬儀,崇塋掩祔。卜得天祐十八年歲次辛巳十一月壬午朔□日乙酉,葬於先塋之後。其墳菜堤,東靠引勢而龍躔;古原曹疃,西瞻窆樹而雲生。南望廣陸寬平,玉簮筵階北附。歲遠海竭山平,礱石鎸名他爾。辭曰:

　　嘻嗟府君,舉止風雲。交朋出衆,見解超群。何圖殞歿,四海驚聞。

　　又辭曰:

　　府君舉止多風雅,誰爲淪亡今日下?露滴郊原秋草梢,行人泣血相逢灑。

原載《全唐文補遺》第七輯

唐故王府君墓志銘并序

　　男■

　　府君■討擊使、充襄□鎮□、銀青光禄大夫、檢校太子賓客兼監察御史、上柱國、□君王奉是周姬之□□,□子進之苗裔,□□公之□□□□乃流九州,是□州大都督府襄垣縣□,■者■悲顏回乃■高祖

諱□,王考諱敬,王妣李氏,府君■五年二月十三日歸□私第,夫人■
日歸□□,府君乃神儀出衆■早隨北風,■聞□□則將爲□□彭■瘁
則有祀子■習□□之孝道,□□子之恭勤,■十八年 歲次 辛巳十一
月□朔廿一日壬寅□□於襄垣縣西北三里□□平原之野。其地也,
東觀彰水,西眺長途,■之頌。其兆也,左青龍兮右白虎,■金錢銀錢
買墓。其詞□曰:

　　意嗟府君,□□□□。公忠王□,□□軍門。□□□□,□□□
□。□□□□,□□□□。王□國□,□□□□。光明再睹,合袝□
□。泉室一閉,萬古千春。

原載《五代墓志彙考》

唐故秦府君墓志銘并序

壠西郡。惟天祐十九年歲次任午正月壬午朔十五日丙申,先代
翁婆考妣,伏惟住居洺州臨洺縣里仁鄉通邃坊□□秦暉,遷奉澤得時
辰,先代塋向在臨洺縣西南,去城三里。南望玉參崗,西望三文□,北
望徇山寺,西北趙家河及塔院,東大官道。先代公□邃,夫人張氏。
阿伯宗,伯母干氏。皇考諱恭,妣劉氏。生二子:長子□暉,次子□
威。女小保。孫萬迴,新婦畢氏。阿歸、阿保、牛兒、新陳。弟二,新
張氏。中寺東有宅,東至逌判官,南至成度,北至張倉官,西至階。後
□武安縣買致居,東至賈判官,南至李迺,西至張侍□,北至階。代深
遠井□變更,遂刻石爲記,名章不作。

原載《全唐文補編》卷 156

唐故王府君弘裕墓志銘并序

府君諱弘裕,字廣美,其先太原人也。本周靈王之苗裔,是□司
徒之宗源。後以因歷宦途,而居潞府者矣。府君曾祖瑜,祖昉,父涣,
并以忠貞輔國,孝義承家,已於前銘□陳芳盛。府君明逾樂鏡,量廣
黄陂。包武略以致君,時推茂業;□文機而贊主,衆仰雄能。以廣明
元年奏轉銀青光禄大夫,檢校侍御史。莫不居官莅職,竭節酬恩。每
陳匡救之規,盡是安民之策。親朋欽重,侯伯傾知。比望更俟寵昇,

別迎光大。何期疾纏二豎，藥滯千方。難逃大期，魂歸冥寞。去中
和二年五月十一日終於私弟（第）。夫人常氏，姿貞珪玉，行茂椒
蘭，宜家之美譽尤彰，徙宅之賢能迥立。六親仰則，九族欽風。比
望瓊樹長春，蕣華永茂。何期忽遭罹亂，棄蕩城隍。命逐霜鋒，魄
隨雲散。去天復元年八月十三日終於私室。府君五子，長珣，天祐
九年亡。次福郎，幼亡。次喜郎，幼亡。次審瓊，次審琪。孫男六
人，長守恭，次守謙，次張九，次憨兒，次張十，次小憨。孫等并姿神
表異，風骨標奇。皆雖韶齔之年，咸稟溫良之善。審琪與兄審瓊幼
失天蔭，長歿元昆。春秋之薦祀空陳，攀思莫狀；定省之恭勤永隔，
惟恨終天。琪即守職轅門，瓊乃閑居嘯傲。頻經兵火，孝道難申。
今則卜筮叶從，乃營葬事。故於天祐十九年四月廿日葬於府西南
五里之原并合祔亡兄嫂於塋內。其塋川原秀異，神位俱全，是藹鬱
之佳城，乃興隆之吉地。但慮時代更變，國邑遷移。故勒貞碏，以
爲銘曰：

　　偉哉府君，王侯所倚。江海成量，珪璋作器。方將直道，別迎勛
貴。天喪賢良，俄歸逝水。淑善夫人，志貞爲美。動合閨儀，言閑詩
禮。何期一旦，釵鏡俱毀。合祔兹塋，千秋記矣。

原載《秦晉豫新出墓志搜佚續編》

唐故唐府君夫人墓志銘并序

　　夫日中則昃，月盈則虧。日月上有虧盈，人倫豈免乎生死。望在
兗州魯□郡西公之後。玉樹分枝，或因逐運殊方，子孫因而繼此爲潞
州上黨人也。高祖諱用。考諱琮，忠信正直，德□高明。非不言，非
道不行。貌傳千里之姿，諒納百川之慶。襄容抱疢，奄從風燭，享年
七十五，終於私地。夫人長習母儀，敬親傳孟母之名，愛子有擇鄰之
德。奈何天不積善，禍及清貞，則以終於私地。子新婦號天叩地，泣
血絕漿，即以天祐十九 年 壬午之歲十月廿四日庚午合祔於府域西南
約三里平原之地。有男唐立，新婦韓氏，孫男小哥，孫女十六，小姊
□。東連百谷，西接章賔，北望三山，南連松柳。慮田成碧水，海變倉
山，今古人迷，勒之貞石。乃爲詞曰：

三端有典,六藝無虧。示男孝養,恭敬禮備。□物家肥,睦之夫人。享年家室,秦晉爲親。西園宛如桃李,東閣每每招賓。同歸幽室,□□□春。

原載《秦晉豫新出墓志搜佚》

大唐故郭府君(襲)夫人銘

悲風吹黃蒿,蒼蒼度秋水。車馬却歸城,孤墳明月裏。(詩環刻於志蓋四周)

唐故郭府君夫人墓志并序

夫聞生死者,今古之常也。葬送凶儀者,孝敬也、萬代焉。苗裔宗祖,名流江佐,因官逐任太原郡。祖諱孝恭,尊婆成夫人。府君諱襲,生才道行,契緣宗祖。瓌姿肅肅,形貌雄雄。敬納筵賓,恩威育子。堅慕烘爐風化,妙藝百端選客。幹幹營生,馨香異味可爲;金燈不永,寒風一爍而光虧;霜葉辭條,豈有覆林之日。去天祐三年正月六日壽終天禄,權儀安厝,累緩星霜。瘞玉幽泉,靈几沉消。次女江郎婦、次五娘兒、第二男、七娘兒、孫男小哥、二哥。婆兒魂歸逝水,魄掩泉臺,杳杳冥冥,形踪何在,安在頻房。妣靈翟氏夫人,德如孟母,行比恭姜。悦悋史以成規,想坤奭而作訓。謙徽外朗,珣美内融。不諧金石之堅,永保松筠之操。浮沉有限,郁兑去留。天祐十九年十月十五日喪於私室。長女小娘兒適於王氏,好游異土,萍寄於河陽。四娘兒同居廓邑,小男小定疑在鄭州住旨。孫女阿師、子師哥、孤子琮,忽杯喜酒,義展恩寬。内外無差,尊卑禮樂爲信也。千里奔車,輕金義釐。新婦鄭氏,笄年伉儷,娉早成家。甘旨無虧,建崇葬禮。其塋地去長子門外三百步,周圍一十五步,天祐二十年正月七日舉葬幽室。詞曰:

太原府君,百代知聞。天之將喪,劍鏡沉淪。魂歸蒿里,魄掩幽存。玄堂一閉,萬古千春。

據洛陽師範學院毛陽光教授贈拓片録文

後唐癸未年(九二三)二月常住百姓張骨子便麥契

☐(癸)未年二月十九日,常住百姓張骨子,欠少餱糧,遂於靈☐☐(嵒寺)倉内,便麥三石,至秋六石。只(質)典女一人,名仙子。如秋不☐☐(納者),其女便充麥贊(替),不在論説知(之)限。恐人無信,故勒次☐(此契),用爲後憑。

癸未年二月十九日,便物人張骨子(畫押)

☐承男友子(畫押)

☐承人妻(畫押)

見人叔張再住(畫押)

☐(同)日,便麥壹石五斗,至秋三石。　便物人張骨子(畫押)

原載敦煌文書 P.4514(3)AV

癸未年(九二三)五月平康鄉百姓彭順子便麥粟契

癸未年五月十六日,平康鄉[百]姓彭順子,乏少糧用,遂於高通子便麥兩碩,至秋肆;便粟兩碩,至秋肆碩。只(質)典紫羅郡(裙)一要(腰)。若身東西不在,一仰口承人妻張三娘子面取☐(物)☐交納。恐爲無憑,立此文書。

原載敦煌文書北藏敦·9520 背(北圖殷字41)

停罷不急朝官奏　同光元年十一月　中書門下

諸寺、監各請只置大卿、監,少卿、監祭酒,司業各一員;博士兩員,其餘官屬並請權停。唯太常寺事關大禮,大理寺事關刑法,除太常博士外,許更置丞一員。其王府及東宮官屬、司天五官正、奉御之類,凡不急司存,並請未議除授。其諸司郎中、員外郎,應有雙曹處,且置一員。左右散騎常侍、諫議大夫、給事中、起居郎、起居舍人、補闕、拾遺,各置一半。三院御史,仍委御史中丞條理申奏。即日停罷朝官,仍各録名銜,具罷任月日,留在中書,候見任滿二十五月,並據資品却與除官。

原載《五代會要》卷20

乞降河南諸方鎮制命奏　同光元年十一月

河南諸方鎮節度刺史,昭洗之後,未有新官。每上表章,只書姓名,未頒涣汗,必負憂疑。望宣付各降制命,以表新恩。

原載《全唐文》卷 969

請追取本朝法書奏　同光元年十二月　御史臺

本朝法書,自朱温僭逆,删改事條,或重貨財,輕入人命,或自徇枉過,濫加刑罰。今見在三司收貯刑書,並是僞廷删改者,兼僞廷先下諸道,追取本朝法書焚毁,或經兵火所遺,皆無舊本節目,只定州敕庫有本朝法書具在。請敕定州節度使速寫副本進納,庶刑法令式,并合本朝舊制。

原載《全唐文》卷 969

論兩省官常朝宜拜奏　同光元年十二月　中書門下

每日常朝,百官皆拜,獨兩省官不拜。准本朝故事,朝退於廊下賜食,謂之"廊餐"。百官遂有謝食拜,惟兩省官本省有廚,不赴廊餐,故不拜伏。自僖宗幸蜀迴,以多事之後,遂廢廊餐,百官拜儀,至今未改,將四十載,禮恐難停。惟兩省官獨尚不拜,豈可終日趨朝,曾不一拜,獨於班列,有所異同? 若言官是近臣,於禮尤宜肅敬。起今後逐日常朝宣不坐,除職事官押班不拜外,其兩省官與東西兩班並齊拜。

原載《全唐文》卷 969

正衙對見奏　同光二年正月四日　四方館

常朝諸職員,多有參雜,今後除隨駕將校、外方進奉使、文武兩班三品已上官,可於内殿對見,其餘並詣正衙,以申常禮。

原載《五代會要》卷 6

中書不得輕給告示奏　同光二年正月　中書門下

准本朝故事,加封建諸王、内命婦。及宰相、翰林學士、中書舍人、諸道節度、觀察、團練、防禦、留後，郎中書帖官告，索綾紙票軸，下所司書寫，印署畢進入宣賜。其文武兩班並諸道官員及奏薦將校，敕下後並合是本道進奏院或本官，自於所司送納。朱膠綾紙價錢各請出給。伏自僞庭皆隳本朝事例，每降文字下中書，不分別重輕，便令官給告示，遂致所司公事，全失規程。自今後如非前件事例，並請官中不給告示。其内司大官並侍衛及賞軍功將校轉官，即不在此限。所冀受宣賜者倍榮恩渥，非事例者不敢希求。一則致顯辨尊卑，一則免無名費耗。

原載《全唐文》卷 969

甲申年（九二四）敦煌鄉百姓蘇流奴雇工契（習字）

甲申年三月五日敦煌鄉百姓蘇流奴，伏緣家内欠少人力，遂於效穀鄉百姓韓德兒面上雇壯兒，造作營種。從正月至九月末，斷雇價麥粟衆（中）亭陸碩，限至來年正月却還。

原載敦煌文書 S. 5509 背

同光二年（九二四）智嚴往西天巡禮聖迹後記

大唐同光二年三月九日，時來巡禮聖迹，故留後記。郮州開元寺觀音院主臨壇持律大德智嚴，誓求無上，普願救拔四生九類，欲往西天求請我佛遺法迴東夏。然願我今皇帝萬歲，當府曹司空千秋，合境文武崇班總願歸依三寶，一切士庶人民息（悉）發無上菩提之心。智嚴迴日，誓願將此凡身於五臺山供養大聖文殊師利菩薩，焚燒此身，用酬往來道途護衛之恩。所將有爲之事，迴向無爲之理。法界有情，同證正覺。

原載敦煌文書 S. 5981

定諸道奏除官員額數奏　　同光二年三月　　中書門下

糾轄之任，時謂外臺；宰字之官，古稱列爵。如非朝命，是廢國章。近日諸道，多是各列官銜，便指州縣，請朝廷之正授，樹藩鎮之私恩，頗亂規程，宜加條制。自今後大鎮節度使管三州已上者，每年許奏管内官三人；如管三州已下者，許奏管内官二人。仍須有課績尤異，方得上聞。若止於簡慎無瑕，徵科及限，是守常道，只得書考旌善，不得特有薦奏。其防禦使每年只許奏一人，並無尤異，不得奏薦。刺史無奏薦之例，不得輒亂規程。更有將資官員，請他處除授，謂之"橫薦"，最亂格文。其已前事件如敢違，所司不得輒與通進。若奏下中書，亦不在施行之例。

原載《全唐文》卷 969

定刺史縣令賞罰奏　同光二年三月　中書門下

賞善罰惡，致理之源；選材任能，爲政之本。所在刺史、縣令，有政績尤異，爲衆所知；或招復戶口，能增加賦税者；或辨雪冤獄，能活人生命者；及去害物之積弊，立利人之新規，有益於州縣，爲衆所推者，即仰本處逐件分明開奏，不得輒加緣飾，以爲浮詞。據事狀不虛，則加獎激，以勸能吏。如在任貪猥，誅剥生靈，公事不治，爲政怠惰，具事節聞奏，勘覈不虛，當加譴罰，以戒慢官。其州縣官任三考滿，即具闕申送吏部格式，候敕除銓注。本道不得擅差攝官，輒替正授者。

原載《全唐文》卷 969

請准例徵光臺禮錢奏　同光二年三月　御史臺

新除諸道節度、觀察、防禦、經略等使，刺史、縣令及諸道幕府兼諸司帶憲銜兼官，合納光臺錢。謹具本朝元納及後減落錢數如後。兼御史大夫元納三十貫，減落外今納一十五貫；兼御史中丞元納二十貫，減落外今納一十貫文；兼侍御史元納八貫三百，減落外今納五貫一百五十文；兼殿中侍御史元納一十一貫三百，減落外今納五貫六百五十文；兼監察御史元納一十三貫三百，減落外今納六貫六百五十文。以前臺司准本朝例，及減落外後徵前數，分析如前。應有諸道節度、觀察使、刺史、經略、防禦等使及諸道幕府上佐官並諸司班行新授兼官者，並合送納前件光臺憲禦禮錢。今欲准例勒辭謝驅使官申報牒兵部勒告身案，除准宜取外，准例須候送納光臺禮錢了朱鈔到，方

可給付轉帖。諸道進奏及知後院等，准從前事件申報催徵，無致有隳
舊規。

原載《全唐文》卷969

停廢儀仗使奏　同光二年三月　中書門下

儀仗法物使李蕭，是僞梁置此使額，使令主持，又無考限。況主
持法物，各有本司，請准舊停廢。

原載《五代會要》卷24

准瀆廣潤廟樹連理奏　同光二年三月　唐州

准瀆廣潤王廟前有兩樹，東西相去七尺五寸，其樹各出地七尺五
寸，兩樹相向連理。

原載《五代會要》卷5

同光二年（九二四）定州開元寺僧歸文啓（兩件）

歸文啓。季夏極熱，伏惟評事尊體動止萬福。即日歸文蒙恩，不
審近日尊體何似，伏惟以時倍加保重，遠情禱望。歸文伏自去歲今年
皆蒙供養，獎顧之外，銘荷空深。

歸文啓。歸文伏自辭違後，雖曾有狀，難亡攀戀之懷。況寄塞
途，誰是堪依之者，終期再叙，方遣愁眉，未遂寸心，故難東返。昨於
四月廿三日已達靈州，兼將緣身衣物，買得駝兩，准備西登磧路。此
後由恐平沙萬里，雲嶠千尋，魚鳥希逢，歸文罕遇，切望相時度日，以
道爲懷。

原載敦煌文書S.529

册皇后儀奏　同光二年四月　太常禮院

准制，以此月十三日行皇后册禮。今檢詳臨軒命使册皇后舊儀，
皇后廟見如納后之儀，受册後，合別定廟見日。其日，皇后乘重翟車，
鹵簿鼓吹儀仗前導。

原載《五代會要》卷1

又朝謝皇帝儀奏　同光二年四月　太常禮院

謹按《開元禮》，臨軒册皇后，皇后表謝，朝皇太后，并如納后之儀，不載朝謝皇帝之禮。准納后儀，則皇帝服衮冕，降迎於門。恐禮太重。今詳酌其日常服御内殿，皇后首飾褘衣。尚儀引入，至殿庭階間再拜，又再拜訖，如常儀。

原載《五代會要》卷 1

録送史館事件奏　同光二年四月　史館

本朝舊例，中書并起居院諸司及諸道州府，合録事件報館如右：時政記，中書門下録送。起居注，左右起居郎録送。兩省轉對、入閣待制、刑曹法官、文武兩班上封章者，各録一本送館。天文祥變、占候徵驗，司天臺逐月録報，并每月供送曆日一本，祥瑞禮節逐季録報，并諸道合畫圖申送。蕃客朝貢使至，鴻臚寺勘風俗、衣服、貢獻物色、道里遠近，并具本國王名録報。四夷人役來降，表狀中書録報，露布兵部録報，軍還日并主將姓名，具攻陷虜殺級數，并所因由録報。變改音律及新造曲調，太常寺具録所因，并樂詞牒報。法令變革、斷獄新議、赦書德音，刑部逐季具有無牒報。詳斷刑獄、昭雪冤濫，大理寺逐季牒報。州縣廢置，及孝子順孫、義夫節婦有旌表門閭者，户部録報。有水旱蟲蝗、雷風霜雹，亦户部録報。封建天下祠廟，叙封、進封邑號詞，司封録報。京百司長官、刺史以上除授，文官吏部録報，武官兵部録報。諸色宣救，門下、中書兩省逐月録報。王公百官定謚，考功録行狀并謚議，逐月具有無牒報。宗室任官課績，并公主出降儀制，宗正寺録報。刺史、縣令有灼然政績者，本州官録申奏，仍具牒報。應碩德殊能、高人逸士、久在山野、著述文章者，本州縣不以官秩，勘問的實申奏，仍具録報。應中外官薨已請謚者，許本家各録行狀一本申送。右乞宣下有司，條件施行。

原載《五代會要》卷 18

量添縣官尉簿奏　同光二年四月　吏部

准本朝故事，州府官員，府置司録參軍，外有功、倉、户、法、兵、事六曹，州有録事參軍，亦置六曹。縣置令丞、主簿各一員，尉三員，分判公事。自後除兩京外，都督府及州置户、法二員，餘四員并省。縣置令、主簿各一員,丞、尉并省者。伏以今年除本分合格選人外,有郊禋行事人數絕多。伏見州官事簡,掾曹請依舊兩員。縣局務繁,佐官請添一員。其間有尉無簿者,請添置主簿一員。其赤畿、次畿,并請准此。除兩京外,其判司只置司戶、司法兩員。

原載《全唐文》卷 969

請令節度等使歸本任奏　同光二年四月　中書門下

諸道節度、防禦、刺史,各著功名,並全忠孝,洎蒙昇獎,皆荷渥恩。雖萌爲治之心,未展分憂之效。況聞藩府不可以久虛,侯伯不可以久闕,藩府虛則兵不輯,侯伯闕則化不行。繇此觀之爲務甚急,請令歸本任。不奉詔旨,不得輒離治所。

原載《全唐文》卷 969

同光二年(九二四)五月定州開元寺參學比丘歸文狀

季夏極熱,伏惟和尚尊體起居萬福。即日歸文蒙恩,不審近日體氣何似。伏惟以時强爲茶藥,卑情懇望。歸文自恨生末代,謬聞玄風;敢將螻蟻之心,再答崇山之翠。去年東返,烈腹誰看;今遂西行,死生無恨。昨於五月中旬,以達靈州,甚獲平吉,勿賜憂念。即候夏滿已來,漸謀西進,黃沙萬里,音信應待東歸,方申卑懇。今因人使,謹附狀起居,伏惟慈悲府垂念察,謹狀。

五月廿九日定州開元寺參學比丘歸文狀上。

和尚案前謹空。

原載敦煌文書 S. 529

同光二年(九二四)定州開元寺僧歸文牒

(前闕)

敕旨往詣西天取經。近屆府庭,已經旬日。今因巡禮聖迹,得寄貴封,於寶勝寺安下訖。謹專詣衙祇候起居尚書。伏聽處分。牒件狀如前,謹牒。

同光二年五月日定州開元寺僧歸文牒。

原載敦煌文書 S. 529

請重行分察條例奏　同光二年五月　御史臺

准本朝故事,當司六察,合行職事條例如後。吏察,應吏部行内南北兩曹磨勘選人,合具駁放判成人,具名銜報分察使,及三銓應鐁注官後,具前銜後擬報分察使典簡。如有逾濫,即察使舉追本行令使推勘。兵察,應兵部司公事,一一合報察使。户察,應户部司諸州户帳貢物,出給蠲符,具事件合報察使。刑察,應刑部司法律赦書德音,流貶量移,斷罪重輕,合報察使。禮察,應禮部補轉鑄印諸祠祭料法物,合報察使。工察,應工部司工役等,合報察使。伏以御史臺六員監察,謂之分察使,察訪綱舉,動静必行。但緣曠廢,久不施行,今欲重行條貫。

原載《全唐文》卷 969

點檢前資官告敕奏　同光二年五月　中書門下

凡有進狀乞官,及諸州府初奏請判官,薦舉前資,自詣中書求官等。竊聞所稱頭銜,多有逾越。中書既無舊案,除授何以爲憑? 起今後,凡有諸色前資,若命官者,除近曾任朝官及有科第外,清資官爲衆所知,並須追到前任告敕,中書點檢後方進擬。貴絶虚授,以杜僥求。

原載《全唐文》卷 969

請廢北都宗廟奏　同光二年六月十日　太常禮院

國家興建之初,已於北都置廟,今克復天下,遷都洛陽,却復本朝宗廟。按禮無二廟之文,其北都宗廟請廢。

原載《五代會要》卷 2

同光二年(九二四)六月定州開元寺僧歸文牒

定州開元寺僧歸文

右歸文謹詣衙祇候起居令公,伏聽處分。牒件狀如前,謹牒。

同光二年六月日定州開元寺僧歸文牒。

原載敦煌文書 S. 529

許諸道辟舉職員奏　同光二年八月八日　中書門下

諸道除節度使及兩使判官除授外,其餘職員並軍使判官,伏以翹車著咏,戔帛垂文,式重弓旌,以光樽俎。由是副知己之薦,成接士之榮,必當備悉行藏,習知才行,允奉幕中之畫,以稱席上之珍。爰自偽梁,頗乖斯義,皆從除授,以佐藩宣。因緣多事之秋,慮爽得人之選,將期推擇,式示更張。今後諸道除節度副使、兩使判官除授外,其餘職員并諸州軍事判官等,並任本道、本州各當辟舉。其軍事判官,仍不在奏官之限。

原載《五代會要》卷 25

請詳定長定格循資格十道圖奏　同光二年八月　中書門下

吏部三銓門下省南曹廢置甲庫格式流外部銓等司,公事並繁,《長定格循資格十道圖》等,前件格文,本朝創立。簡制奸濫,倫敘官資,頗謂精詳,久同遵守。自亂離之後,巧偽滋多。兼同光元年八月,車駕在東京,權判南曹工部員外郎盧重本司起請一卷,蓋以興復之始,務切懷來。凡有條流,多失根本,以至冬集起選人,並南郊行事官及陪位宗子,共一千三百餘人。銓曹檢勘之時,互相援引,去留之際,不絕爭論。若有依違,必長訛濫。望差權判尚書省銓左丞崔沂、吏部侍郎崔貽孫、給事中鄭韜光、李光序、吏部員外郎盧損等,同詳定舊《長定格循資格十道圖》,務令簡要,可久施行。

原載《全唐文》卷 969

任諸藩奏辟軍事判官奏　同光二年八月　中書門下

偽廷之時,諸藩參佐,皆從除授。自今後,諸道除節度副使兩使判官除授外,其餘職員並諸州軍事判官,各任本處奏辟,其軍事判官仍不在奏官之限。所冀招延之禮,皆合於前規;簡辟之間,無聞於濫舉。

原載《全唐文》卷 969

古佛寺僧造鐵佛像記

大唐同光二年十月十九日，古佛寺衆僧造像一軀。

原載《全唐文補遺》第 7 輯

大唐故朝請大夫守右散騎常侍致仕上柱國賜紫金魚袋薛公（昭序）墓記

公諱昭序。公累年疾疹，藥餌無徵。於同光二年歲次十月十八日在敬愛寺事故，時年六十七。其月二十五日開營合葬。

孤子引弟書

元從劉楚夫妻勾當

原載《秦晉豫新出墓志搜佚續編》

請權停選舉奏　同光二年十月　中書門下

獻可效忠，前經之令典；因時建議，有國之明規。道既務於化成，事亦敷於競勸。敢裨宸聽，輒罄芻言。伏惟陛下業茂經綸，功成理定。五材七德，威冠於伐謀；百氏三墳，義彰於知教。爰自中興啓運，下武膺期，照臨而日月光華，鼓舞而乾坤交泰。英明取士，睿哲崇儒，誠宜便廣於搜羅，豈可尚令於淹抑？但以今春貢士，就試不多，即目選人，磨勘未畢。宗伯莫臻於俊乂，天官難辨於妍媸。況已過秋期，將行公事，側聞道路，悉是家貧，比及到京，多逾程限，文闈選部，皆礙條流。伏請權停貢舉一年，俟遷鶯者，更勵進修；希干祿者，益加循省。然後精求良幹，博采異能，免其遺賢，庶同樂聖。

原載《全唐文》卷 969

唐故邢府君墓志銘并序

府君父諱恕，字寬仁，其先邢州南和縣人也。因任黨陽縣令，遂置別業，即今高平縣北邢村是也，後又於縣南龍曲立莊而居焉。祖代等或則寨惟問俗,或則制錦臨人,至於縣參短簿之中,悉有謹恪廉平之譽。簪裾繼襲爵袟,交光烈盛事於豐碑,布芳聲於銘記。府君諱播,字楊芳,守右金吾衛倉曹參軍。莫不忠貞冠世,孝友承家,流善譽於寰中,散馨風於海內。豈期修短分定,天喪賢良,因染沉痾,奄歸泉壤去。天祐六年四月廿二日終於避難山窑,春秋七十六。夫人趙氏、李氏,并净同貞玉,操比寒松。愛慈迴表於《母儀》,德行更彰於《女史》。何圖葬花易落,電影難停,大限將終,相次傾逝。府君棣萼四人:仲曰真,先亡;季曰滔,先亡;次曰玕,近亡。嗣子二人:長曰偱,先亡;次曰演旨,授鄧州菊潭縣令。因以皇綱失馭,大國凌移,退就鄉閭,眠嘯雲月,尋遇府相垂念,幕吏留情堅。蒙獎提署攝端氏縣令,可謂恩勻貧庶,憂及疲民。公方獨掩於前賢,政化迥高於時彥,因緣解印,自樂樵耕。旋沐□賜携,特請攝高平主簿,貴親別墅,遣遂安家。忽以丈阮喪傾,益思孝道,生事禮畢,死葬猶賒。輒命著□卜,皆叶吉。故於同光二年十一月八日葬父,與叔玕同塋,在高平縣南莊北百步之原也。切恐時更代變,海覆山崩,刊此貞硌,以爲銘曰:

哀哉府君,行維終始。六藝咸精,三端悉備。叔善夫人,志貞爲美。操并松筠,馨同蘭菊。何期一旦,釭鏡俱毀,合祔兹塋,千秋記矣。

原載《三晉石刻大全·晉城市高平市卷》卷上

唐故趙府君墓志銘并序

夫天水趙氏之仙人,自得少昊之苗裔,大業之胤緒。討爲趙明公之後房,從子孫因官逐任,到處生涯。起置園林,便爲桑梓。貫居澤州,賦稅高平。户系景雲敦義里也。管屬傪村,松柏相亞。高祖諱買,婚鄭氏。曾祖諱諒,婚李氏。父諱睿宗,夫人畢氏。亡叔諱師寶,婚王氏。亡兄諱行章,先充縣司佐史,婚王氏。亡兄諱璠,婚李氏。亡弟敬良,婚李氏。亡弟敬福,婚王氏。亡弟敬儒,婚邢氏。亡弟僧寶,幼年未婚。亡侄青兒,萬郎,邢九,顯郎。府君高道不仕,養志丘園,爲閭世之賢良,作人中之端(或爲瑞)彩。風姿貫古,韻格孤標。流美譽於四方,播英聲於一邑。比望松椿永固,龜鶴齊年,何期二鼠

魂催，魄隨落月，去庚申年十一月十九日壽終於私第。春秋七十有
五。畢氏夫人，令淑有聞，風姿無比。貌越神仙，質同蘭蕙。何天之
修短，邈隔難量，去丁卯年正月五日因遭兵火爛 脅 ，遂致壽終，享
年六十八。嗣子敬安，見充縣司押司錄事，妻武氏。阿嫂邢氏。弟
敬賞，新婦浩氏。侄男□三猪、明郎、高五、長壽、萬友。敬安考姚
崩皆日長年多，兄弟數人惟留二子。恒虧五孝，養闕冰魚。難申乳
捕（哺）之恩，未報懷耽之愛。親情會合，骨肉儔儀。兼爲累值攙
搶，頻經戈戟。纔遇金雞，放其大赦，乃卜宅兆以吉祥，選就良辰，
遷啓舉□。□同光二年歲次甲申仲冬之月十五日己酉，遂去宅後
百步已表，先祖塋內，安其祥域。其塋乃地中勝地，鳳嶂龍崗。左
鄰韓君之廟，右有丹河之源；前望金門之眺，後倚朗公之山。乃爲
歌訣：

　　冠帶懸高作天柱，官國功曹如覆釜。伏尸橫臥似龍頭，傳送相連
正甲授。大墓如龜數十重，小墓如床沉更起。如知生氣接長山，沐浴
勾陳來不止。可憐申酉百崗連，可愛寅卯長千里。養男鎮國坐天堂，
幼女長添玄武水。青龍踊躍著江池，白虎昂藏蹲又起。諸山鬱鬱復
來朝，乾山漸漸棱層起。鄰前交應是橫崗，五年必出明經子。朱紅孝
弟滿龍庭，穀麥資財積如市。四神八將重復重，御史三公九城里。慮
恐年長歲久，海變桑田，勒石刊珪，乃爲銘志。

原載《大同新出唐遼金元志石新解》

貞簡太后升祔禮畢請行享祀奏　同光二年　禮儀使

　　伏准禮：喪三年不祭，惟祭天地社稷爲越紼行事，此古制也。爰
自漢文，益尊神器，徇至公絕私之義，行以日易月之制，事久相沿，禮
從順變。今園陵已畢，祥練既除，宗廟不可以乏饗，神祇不可以廢祀，
宜遵禮意，式展孝思。伏請自貞簡太后升祔禮畢，應宗廟使樂及群
祀，並准舊施行。

原載《全唐文》卷 969

上皇太子婚禮奏　同光二年　禮儀使

按本朝舊儀，自一品至三品，婚禮得服袞冕劍佩衣九章。今皇太子興聖宮使繼岌雖未封建，官是檢校太尉，合准一品婚禮施行。其妃准禮婦人從夫之爵，亦准一品命婦。至行親迎之日，太常鹵簿鼓吹前導，乘輅車，其妃花釵九枝博鬢褕翟衣九等。其日平明，皇帝差官告親廟一室，宗正卿攝婚主行禮。其夕親迎，興聖宮使乘輅車，鹵簿鼓吹前導，至女氏之門，以結彩車御輪交車。

原載《全唐文》卷 969

同光三年正月沙州净土寺直歲保護手下諸色入破曆算會牒

净土寺直歲保護。右保護從甲申年正月壹日已後，至乙酉年正月壹日已前，眾僧就北院算會，保護手下丞前帳迴殘及自年田收、園稅、梁課、利潤、散施、佛食所得麥粟油蘇米麵黃麻麩查豆布氈紙等，總壹阡（仟）叁伯（佰）捌拾捌碩叁斗叁勝半抄。抄肆伯（佰）柒拾捌碩叁斗陸勝麥，叁伯（佰）玖拾碩伍斗粟，伍碩陸勝半兩抄半油，肆勝壹抄蘇，壹斗肆勝米，陸拾伍碩叁勝麵，壹拾壹碩玖斗肆勝連麩麵，壹斗伍勝穀麵，捌拾陸碩壹斗半勝黃麻，叁拾碩麩，壹伯（佰）壹餅查，貳伯（佰）捌碩捌斗玖勝豆，捌伯（佰）肆拾玖尺布，壹伯肆拾捌尺氈，貳伯（佰）張紙。捌伯（佰）肆拾陸碩叁斗玖勝半抄麥粟油蘇米麵黃麻麩查豆布氈紙，承前帳迴殘入：貳伯（佰）玖拾肆碩伍斗壹勝麥，貳伯（佰）柒碩柒斗伍勝粟，兩碩陸勝半兩抄半油，肆勝壹抄蘇，壹斗肆勝米，貳拾肆碩肆斗叁勝麵，陸碩貳斗肆勝連麩麵，壹斗伍勝穀麵，捌拾伍碩叁斗陸勝半黃麻，柒拾肆餅查，貳拾貳碩麩，壹伯（佰）壹拾壹碩玖勝豆，柒伯（佰）玖拾尺布，壹伯（佰）貳拾叁尺氈，貳伯（佰）張紙。伍伯（佰）壹拾肆碩玖斗肆勝麥粟油麵黃麻麩查豆布等自年新附入：壹伯（佰）捌拾肆碩壹斗伍勝麥，壹伯（佰）捌拾貳碩柒斗伍勝粟，叁碩油，肆拾碩陸斗麵，伍碩柒斗連麩麵，柒斗肆勝黃麻，捌碩麩，貳拾柒餅查，玖拾柒碩捌斗豆，壹伯（佰）肆拾尺布，貳丈伍尺氈。伍伯（佰）叁拾玖碩肆斗肆勝麥粟油麵黃麻麩查豆布等自年新附入：壹伯（佰）捌拾肆碩壹斗伍勝麥，壹伯捌拾貳碩柒斗伍勝粟，叁碩油，肆拾碩陸斗麵,伍碩柒斗連麩麵,柒斗肆勝黄麻,捌碩麩,貳拾柒餅查,玖拾柒碩捌斗豆,壹伯(佰)肆拾尺布。麥叁斗,二月八日沿佛散施入。麥肆碩貳斗自年春季佛食用。麥肆斗,張賢者齋儭入。麥叁斗,麻胡弟妻家念誦入。麥肆碩貳斗,秋季佛食入。麥拾碩,菜田渠地課入。麥捌斗伍勝,周都頭念誦入。麥壹碩壹斗伍勝,十二月城上結壇神佛及僧料入。麥伍斗,鹽團換麵入。麥壹拾叁碩,自年人上菜價入。麥捌碩肆斗,園南麻地課入。麥伍碩陸斗,官家換麵入。麥兩碩,康阿竹子利潤入。麥伍斗,安住子利潤入。麥壹碩伍斗,阿悉蘭拙利潤入。麥壹碩,醜美利潤入。麥壹碩,王文達利潤入。麥壹碩,張迴君利潤入。麥伍斗,翟家進通利潤入。麥壹碩,曹住子利潤入。麥陸碩,孔善友利潤入。麥壹碩,任善通利潤入。麥壹碩玖斗,米員住利潤入。麥壹碩,孟學君利潤入。麥兩碩,王鷹子男利潤入。麥兩碩,康鉢略利潤入。麥兩碩,安粉堆妻利潤入。麥兩碩,氾安住利潤入。麥伍斗,王麝香利潤入。麥柒斗,李通達利潤入。麥壹碩伍斗,馬猪子利潤入。麥伍斗,孔善信利潤入。麥壹碩肆斗,氾憨子利潤入。麥壹碩肆斗,鄧猪子利潤入。麥壹碩,王安住利潤入。麥陸斗,宋定子利潤入。麥壹碩肆斗,譚醜子利潤入。麥壹碩,穆留住利潤入。麥壹碩,安他悉禄利潤入。麥壹碩,索佛婢利潤入。麥壹碩,渾家賢德利潤入。麥壹碩,菩提二郎利潤入。麥壹碩肆斗,米盈德利潤入。麥壹碩伍斗,王員子利潤入。麥玖斗,押衙楊托星利潤入。麥兩碩,岳安定利潤入。麥兩碩,草場判官利潤入。麥貳斗,慶子沙彌利潤入。麥陸斗,宋達子利潤入。麥兩碩伍斗,張再晟折豆利潤入。麥伍碩叁斗,曹指撝換黄麻入。西倉:麥兩碩肆斗,燒阿竹訥利潤入。麥壹碩貳斗,王六子折豆大利入。麥玖斗,張知客利潤入。麥伍斗,張赤頭利潤入。麥壹碩,李義成利潤入。麥壹[碩]伍斗,郭順子利潤入。麥伍斗,王萬子利潤入。麥玖斗,王海閏利潤入。麥兩碩壹碩,慕容虞候利潤入。麥伍斗,唐薩兵利潤入。麥伍斗,高娑奴利潤入。麥兩碩,陳留信利潤入。麥壹碩,安賢德利潤入。麥伍斗,李君君利潤入。麥壹碩,僧福慶利潤入。麥兩碩,石佛德利潤入。麥壹碩,趙善信利潤入。麥伍斗,紹戒侄利潤入。麥伍斗,陳青子利潤入。麥伍斗,薛盈盈利潤入。麥伍斗,張知客利潤入。麥伍斗,王留子妻利潤入。麥伍斗,王富延利潤入。麥壹碩,傅骨子利潤入。麥伍斗,勝子利潤入。麥壹碩,安懷信利潤入。麥壹碩伍斗,李文興利潤入。麥壹碩肆斗,安粉堆男利潤入。麥壹碩,楊灘倉利潤入。麥伍斗,侯文勝利潤入。麥壹碩,宋家赤頭利潤入。麥壹碩肆斗,王加義利潤入。麥壹碩,白君達利潤入。麥伍斗,郭買德利潤入。麥壹碩,陰善住利潤入。麥壹碩,王進員利潤入。麥壹碩,張醜奴利潤入。麥壹碩,張義信利潤入。麥壹碩,王安昇利潤入。麥壹碩伍斗,氾憨子利潤入。麥玖斗,康苟子利潤入。麥壹碩,王義信利潤入。麥肆斗,王進國利潤入。麥伍斗,彭林子利潤入。麥叁斗,侯文勝利潤入。麥伍斗,程通子利潤入。麥壹碩,張留信利潤入。麥壹碩,石集子利潤入。麥壹碩肆斗,索章七利潤入。麥捌斗,任善通利潤入。麥柒斗,馬多子利潤入。麥伍斗,孫奴子利潤入。麥壹碩捌斗,郭鄉官利潤入。麥玖斗,羅留住利潤入。麥玖斗,張留子利潤入。麥壹碩壹斗,女女利潤入。麥玖斗,郭英賢利潤入。麥伍斗,阿富奴利潤入。麥叁斗,張留子利潤入。麥伍斗,陳章六利潤入。麥壹碩,何賢威利潤入。麥貳斗,郝灰子妻利潤入。麥伍斗,宋赤頭利潤入。麥壹碩,陰宗子利潤入。麥貳斗,安黑兒利潤入。麥伍斗,石加政利潤入。麥伍斗,李君君利潤入。麥麥叁斗,安員通利潤入。麥叁斗,李買子利潤入。麥壹碩,安文信利潤入。麥伍斗,李粉堆利潤入。麥伍斗,郭苟兒利潤入。麥伍斗,杜通信利潤入。麥壹碩,員松利潤入。麥伍斗,陳保晟利潤入。麥伍斗,岳安定利潤入。麥柒斗,盧溫子利潤入。麥伍斗,李菩提利潤入。麥貳斗,安通子利潤入。麥叁斗,孫延子利潤入。麥柒斗,馬友住利潤入。麥壹碩,何宗子利潤入。麥貳斗,常雷子利潤入。麥貳斗,董通子利潤入。麥伍斗,曹信盈利潤入。麥伍斗,退渾營田利潤入。麥伍斗,郝灰子妻利潤入。麥貳斗,譚廣昇利潤入。麥貳斗伍勝,違忙略利潤入。麥伍斗,郭清奴利潤入。麥貳斗伍勝,郭安信利潤入。麥玖斗,張義信利潤入。麥壹斗,友慶利潤入。粟伍斗,二月八日沿佛散施入。粟壹碩壹斗,春官齋儭入。粟拾碩,自年延康渠地稅入。粟壹拾陸碩,自年無窮地收入。粟玖斗伍勝,周都頭大眾念誦入。粟壹拾伍碩肆斗，自年人上菜賈入。粟柒碩陸斗，自年僧菜價入。粟壹碩，王進國利潤入。粟叁碩，石佛德利潤入。粟壹碩伍斗，王海潤利潤入。粟壹碩，保達沙彌利潤入。粟兩碩，馬通信利潤入。粟兩碩，張麴子利潤入。粟壹碩，違忙略利潤入。粟兩碩，馬留住利潤入。粟壹碩，彭林子利潤入。粟壹碩，孫延子利潤入。粟壹碩張家清子利潤入。粟壹碩貳斗，高興達利潤入。粟伍斗，石集子利潤入。粟貳斗，石佛德利潤入。粟伍斗，僧宜阿父利潤入。粟壹碩，彭員再利潤入。粟叁斗，張麴子利潤入。粟玖斗，馬家二嫂利潤入。粟肆斗，菩提二郎利潤入。粟玖斗，郝灰子妻利潤入。粟壹碩，彭憨子母利潤入。粟陸斗，眼子利潤入。粟捌斗，寒苦利潤入。粟柒斗，又石佛德利潤入。粟叁斗，唐弘子妻利潤入。粟陸斗，彭林子折豆利潤入。粟壹碩貳斗，王上座折豆利潤入。西倉：粟兩碩玖斗，張漢君利潤入。粟壹碩伍斗，張萬詮利潤入。粟兩碩，石再住利潤入。粟壹碩玖斗，譚仵子利潤入。粟壹碩玖斗，燒阿竹咄利潤入。粟壹碩玖斗，石友子妻利潤入。粟壹碩玖斗，趙江子利潤入。粟壹碩斗陳章六利潤入。粟壹碩玖斗，願真利潤入。粟伍斗，安住子利潤入。粟伍斗，張赤頭利潤入。粟玖斗，平威建利潤入。粟壹碩，又安住子利潤入。粟壹碩玖斗，張賢威利潤入。粟壹碩，梁進子利潤入。粟兩碩玖斗，李義誠利潤入。粟兩碩，李義誠折麥利潤入。粟壹碩伍斗，郝灰子利潤入。粟壹碩，李力子妻利潤入。粟兩碩，張里三利潤入。粟兩碩伍斗，安信子利潤入。粟壹碩，郭順子利潤入。粟兩碩玖斗，岳安定利潤入。粟壹碩伍斗，楊章友利潤入。粟兩碩玖斗，孔善友利潤入。粟玖斗，梁留信利潤入。粟玖斗，安住兒利潤入。粟壹碩玖斗，董王仵利潤入。粟壹碩，薩鉢略利潤入。粟壹碩，王萬子利潤入。粟壹碩，郭安信利潤入。粟玖斗，郭宗子利潤入。粟壹碩，王海潤利潤入。粟壹碩，氾憨子利潤入。粟伍斗，楊鉢羅丹利潤入。粟壹碩貳斗，石加政利潤入。粟兩碩，唐薩兵利潤入。粟壹碩玖斗，史員信利潤入。粟壹碩，張文端利潤入。粟壹碩，宋文和利潤入。粟伍斗，郭買德利潤入。粟壹碩，楊集子利潤入。粟肆斗，高娑奴利潤入。粟壹碩，何留子利潤入。粟伍斗，郭苟兒利潤入。粟壹碩，誠恩子利潤入。粟玖斗，安子君利潤入。

粟壹碩,鄧安信利潤入。粟兩碩,李君君利潤入。粟兩碩,康鉢略利潤入。粟壹碩,王恩子利潤入。粟壹碩,索進通利潤入。粟壹碩,康安信利潤入。粟兩碩肆斗,史延慶利潤入。粟伍斗,何賢威利潤入。粟壹碩,陳留信利潤入。粟伍斗,索員子利潤入。粟壹碩伍斗,石佛德利潤入。粟壹碩,趙善信利潤入。粟伍斗,趙懷諫利潤入。粟壹碩,張留德利潤入。粟玖斗,李王七利潤入。粟玖斗,退渾他悉祿利潤入。粟壹碩,張慶達利潤入。粟玖斗,楊他倉利潤入。粟伍斗,石竹羅單利潤入。粟壹碩,康阿竹子利潤入。粟玖斗,孔應子利潤入。粟壹碩,石章六利潤入。粟壹碩,張都知利潤入。粟壹碩,馬加盈利潤入。粟壹碩,李菩提利潤入。粟壹碩,張留住利潤入。粟玖斗,張胡胡麥粟利潤入。粟壹碩,安子章利潤入。粟伍斗,安和奴利潤入。粟貳斗,安盈達利潤入。粟壹碩,李再通折麥本利潤入。粟叁斗,安信子利潤入。粟兩碩,張漢君利潤入。粟壹碩玖斗,石友子折豆利潤入。粟伍斗,王安信利潤入。粟肆斗,武文威折麥利潤入。粟兩碩,石陰盈折豆利潤入。油叁碩,自年梁課入。麵肆拾碩陸斗,自年春磑入。粗麵兩碩貳斗,自年春磑入。麵叁碩伍斗,秋磑入。黃麻壹斗,春官齋儭入。黃麻陸斗肆勝,城上轉經神佛僧料入。麩捌碩,自年春磑麵入。查貳拾柒餅,自年梁課入。豆貳斗,二月八日沿佛入。豆五斗,胡麻弟妻家念誦入。豆兩碩,押牙楊托星利潤入。豆兩碩,張眼子利潤入。豆壹碩,張猪子利潤入。豆兩碩,張留信利潤入。豆壹碩伍斗,宋家赤頭利潤入。豆壹碩伍斗,安子章利潤入。豆壹碩,劉胡兒利潤入。豆伍斗,張麴子利潤入。豆壹碩伍斗,李慶達利潤入。豆兩碩,王義和利潤入。豆兩碩,僧智通利潤入。豆捌斗,安住子利潤入。豆柒斗,張曹六利潤入。豆壹碩肆斗,彭林子利潤入。豆兩碩,張懷滿利潤入。豆玖斗,李員信利潤入。豆兩碩,曹憨奴利潤入。豆壹碩叁斗,王上座利潤入。豆壹碩,唐弘子利潤入。豆兩碩玖斗,羅黑子利潤入。豆兩碩叁斗,羅文進利潤入。豆壹碩肆斗,高興達利潤入。豆壹碩,石再住利潤入。豆捌斗,菩提二郎利潤入。豆壹碩,高子利潤入。豆叁碩,火流住利潤入。豆壹碩,氾青兒利潤入。豆壹碩貳斗,王安住利潤入。豆柒斗,曹保威利潤入。豆壹碩,羅恒信利潤入。豆叁斗，李幸端利潤入。豆壹碩，李佛奴利潤入。豆兩碩，石賢者利潤入。豆壹碩肆斗，王義恩利潤入。豆柒斗，安文信利潤入。豆陸斗，安略子利潤入。豆伍斗，王幸松利潤入。豆伍斗，駱駝官利潤入。豆兩碩陸斗，馬加盈換粟入。豆兩碩伍斗，塞苦換粟入。豆捌斗，石婆換粟入。豆肆斗，灰子妻換粟入。豆陸斗，灰子妻折麥利潤入。西倉：豆壹碩捌斗，琛泊子利潤入。豆捌斗，馬慶住利潤入。豆捌斗，武通子利潤入。豆壹碩，李買子利潤入。豆兩碩，馬集子利潤入。豆玖斗，宋醜子利潤入。豆壹碩，孫延子利潤入。豆碩肆斗，駱駝利潤入。豆兩碩，孫定定利潤入。豆玖斗，張知客利潤入。豆兩碩，孔善友利潤入。豆壹碩玖斗，安富君利潤入。豆壹碩，索留吉利潤入。豆壹碩玖斗，趙江子利潤入。豆柒斗，曹信盈利潤入。豆壹碩玖斗，李閏成利潤入。豆玖斗，張漢通利潤入。豆壹碩肆斗，張英達利潤入。豆伍斗，曹胡兒利潤入。豆壹碩伍斗，張子慶利潤入。豆壹碩，張員住利潤入。豆壹碩伍斗，王萬興利潤入。豆柒斗，楊住子利潤入。豆壹碩，净戒利潤入。豆壹碩壹斗，弘建利潤入。豆玖斗，任善通利潤入。豆伍斗，王義全利潤入。豆伍斗，唐像奴利潤入。豆兩碩叁斗，趙江子換粟入。豆兩碩貳斗，馬鵑子換粟入。豆兩碩，王章仵換粟入。布壹匹，春官齋儭入。布壹匹，僧官修窟油價入。布壹匹，秋官齋儭入。布半匹，王義集齋儭入。生氈二丈五尺，周都頭經儭入。壹伯陸拾捌碩陸斗捌勝半麥粟油蘇麵黃麻麩查豆等，沿寺修造諸色破用：陸拾柒碩捌斗麥，肆拾叁碩捌斗粟，兩碩伍斗叁勝半油，叁勝蘇，叁拾陸碩貳勝麵，肆碩連麩麵，伍碩叁斗黃麻，叁碩肆斗麩查拾餅，肆碩捌斗豆。麥叁碩，先年西倉內索奴奴入破銅鍋子用。麥壹斗，與無窮渠人修口用。麥壹斗，充新堡人夫替用。麥壹斗，無窮粟車來日買胡餅用。麥壹斗，後件無窮人來修河用。麥叁碩柒斗伍勝，并西庫付園子春秋糧用。麥壹斗，買胡餅看判官用。麥肆斗伍勝，卧酒僧門造設納官用。麥肆拾□玖斗，東西兩庫春磑麵用。麥叁碩捌斗，西庫內付酒本冬至歲僧門造設兼納官冬坐局席并西窟覆庫等用。麥肆碩伍斗，逐年圖下濕爛蟲喫不堪用。麥兩碩貳斗，春磑粗麵用。麥叁碩，秋磑粗麵。麥壹斗，卧醋用。麥兩碩伍斗，卧酒冬至歲僧門造設納官并冬坐局席兼西窟覆庫等用。麥壹斗，轉麥日買胡餅用。麥壹斗，初算日買胡餅用。麥兩碩叁斗，在孫延子充入皂紬襖子賈用。西麥陸斗，李再通入粟用。粟壹碩，先善惠手上與畫柒（漆）器先生用。粟壹碩肆斗，臥酒二月八日侍佛人及衆僧齋時用。粟壹斗，寫交曆日沽酒用。粟陸斗，侍佛人頓遞用。粟叁斗，侍佛人九日就韓苦家解勞用。粟壹碩肆斗，臥酒寒食祭拜及修園用。粟柒斗，臥酒貼僧官屈畫匠局席用。粟陸斗，其日近夜沽酒看後坐及衆僧食用。粟柒斗，臥酒衆僧造春坐局席用。粟貳斗，僧官窟上下彭迴來日沽酒衆僧用。粟貳斗，氾法律共大師上窟迴來日頓遞用。粟貳斗，諸判官窟上看畫師日沽酒用。粟貳斗，送大師迴來日沽酒用。粟貳斗，沽酒僧官上窟時迎當寺僧官及所油用。粟壹斗，園家修新堡用。粟叁斗，僧官窟上下彭時沽酒看煮油人及近夜看判官衆僧食用。粟叁斗，窟上迴來弟（第）二日破除用。粟叁斗，窟上官下彭請僧統僧政僧録看飯食用。粟壹斗，沽酒修寺院日看泥匠博仕用。粟壹斗，其時與泥匠用。粟貳斗，罍鹽團街日沽酒衆僧喫用。粟貳斗，僧門送路孔僧統等用。粟貳斗，贈乾孟法律用。粟壹斗，無窮粟車來日沽酒用。粟貳斗，冬料官齋看鄉官用。粟壹碩貳斗，臥酒僧門造設納官用。粟肆碩貳斗，付衆僧及女人臥酒冬至歲聚糞西窟交割西倉等用。粟貳斗，馬家付本罍園墻用。粟柒斗，亦與馬家付本臥酒報恩寺起鐘樓人助用。粟壹斗，付寒苦春料官齋看鄉官用。粟壹斗，馬家付本剪秥羊毛用。粟貳斗，寒苦店內付本雷教受（授）氣袈裟用。粟柒斗，馬家付僧官東窟下彭用。粟柒斗，寒苦家付本七月十四日上窟及十五日納官用。粟壹石肆斗，馬家及寒苦臥酒十七日破盆用。粟叁斗，馬家付本報恩寺寫針鍾及張判官等用。粟叁斗，寒苦臥酒看洛法律及麻胡博士西行用。粟壹碩柒斗，與園子春秋糧用。粟壹斗，臥醋用。粟貳斗，馬家付本，老宿判官喫用。西庫粟捌斗，付願真臥酒算倉用。粟肆斗，西庫內取沽酒看翟都衙用。粟兩碩陸斗，馬加盈入豆換將用。粟兩碩伍斗，寒苦入豆換將用。粟捌斗，石婆入豆換將用。粟肆斗，灰子妻入豆換將用。粟柒斗，馬家臥酒看侍佛人用。粟壹斗，秋轉物日沽酒用。粟叁碩伍斗，在孫延子入皂紬襖子用。粟肆斗，二月七日與行像

社沽酒用。西倉粟兩碩叁斗,趙江子入豆換將用。粟兩碩,馬鵲子入
豆換將用。粟兩碩壹斗,王章仵入豆換將用。粟兩碩,曹留住入褐袋
用。粟柒斗,寒苦及馬家沽酒三日交庫用。西倉粟柒斗,羅家付本逐
日算會用。油壹勝,二月八日造粥用。油貳勝半,二月八日齋時看侍
佛及衆僧等用。油壹勝,與耽佛人用。油貳勝,寒食祭拜和尚及衆僧
修園用。油壹勝半,僧官屈畫匠貼頓用。油壹勝,拔羊毛用。油壹
抄、濤麥日齋時用。油壹勝,磑麵日看博士用。油肆勝,僧門造設納
官用。油叁勝,六月修寺院及上屋泥三日中間衆僧解齋時用。油壹
勝,修造了日衆僧及泥匠齋時用。油貳斗叁勝,七月十五日煮佛盆
用。油肆勝,造破盆用。油壹勝,看報恩寺寫針鍾用。油叁勝,布薩
戒師道師及炒藥食用。油壹勝半,納官送路東行僧統局席用。油兩
抄,贈乾孟法律用。油壹抄,磑鹽團街衆僧齋時用。油壹勝,磑園車
道日衆僧齋時用。油貳勝,就倉看曹指搆及衆僧後坐用。油兩抄,西
倉內易麥兩日衆僧食用。油陸勝,僧門造設納官用。油陸勝,冬造佛
食用。油兩抄,兩日乞麻衆僧食用。油壹勝,冬料官齋看鄉官用。油
半勝,冬至日造解齋用。油壹勝,納官供肅州僧統用。油伍勝半,十
二月中間八日并雷闍梨解齋用。油半勝,大歲日解齋用。油肆勝,春
造佛食用。油壹勝,西窟修堰僧食用。油叁勝,春造局席衆僧食用。
油壹勝,剪粘羊毛用。油貳勝,僧官窟下彭時零洛炒靃用。油壹勝,
迴日兩寺及看營設人等用。油壹斗伍斗(升),僧官造窟下彭時充布
替用。油兩抄半,交庫兩日解齋齋時食用。油貳斗肆勝,歲付衆僧
用。油叁斗,付願達燃長明燈用。油壹斗,梁户入次(茨)柴壹車用。
油叁斗,梁户入檉兩車用。油伍斗伍勝,梁户入絹兩段共叁丈柒尺准
折用。蘇叁勝,貼僧官兩件下彭局席用。麵叁斗,二月八日造粥解齋
用。麵陸斗伍勝,八日齋時看侍佛人及衆僧食用。麵叁斗,與耽像人
北門造頓用。麵柒斗,僧官畫窟時造貼頓局席及衆僧等用。麵柒斗,
寒食祭拜和尚及第二日修園衆僧食用。麵壹斗伍勝,磑油梁西墻齋
時衆僧食用。麵壹斗,春請佛食看判官用。麵貳斗,造胡餅餺飿拔毛
日用。麵貳斗,造胡餅餺飿春磑看博士用。麵貳斗,秤麵日齋時衆僧
食用。麵叁碩壹斗伍勝,春季造佛食用。麵壹斗,造餅看判官用。麵

叁斗,西窟上水修堰衆僧食用。麵壹碩貳斗伍勝,衆僧造春坐局席及貼佛食用。麵叁斗伍勝,壘園墙兩日衆僧食用。麵貳斗,春料官齋看鄉官用。麵壹斗伍勝,剪秸羊毛用。麵肆斗,僧官窟上造下彭時看當寺徒衆及破除日看判官等平。麵壹斗,造胡餅窟頭下彭迴來日衆僧兼看判官點心用。麵柒斗,寺院和泥及上屋泥修基階叁日衆僧及功匠解齋齋時夜飯等用。麵叁斗,修造了日衆僧及泥匠齋時食用。麵兩碩叁斗,七月十五日造佛盆用。麵壹碩陸斗,造破盆用。麵貳斗伍勝,報恩寺寫針鍾頓定用。麵貳斗肆勝,納官送路東行僧官用。麵伍勝,沙彌所殘泥日齋時食用。麵貳斗陸勝,贈乾孟法律用。麵伍勝,壘鹽團街墙日貼夜飯用。麵貳斗,造胡餅收菜用。麵壹斗伍勝,壘園車道墙用。麵肆斗,就倉看指撝及衆僧後坐等用。麵壹碩捌斗,納官僧門造設用。麵叁碩肆斗,冬季造佛食用。麵貳斗,兩日乞麻齋時用。麵捌斗貳勝,三件納官供肅州僧統用。麵貳斗,冬料官齋看鄉官用。麵貳斗,冬至日解齋用。麵兩碩伍斗,十二月中間十日及雷闍梨解齋等用。麵貳斗,大歲日解齋用。麵玖斗,十二月城上潔壇造神佛食及沿壇僧解齋齋時。麵伍斗,鹽團入麥換將用。麵叁斗,善發西窟正月十五日賽天王法事齋時衆僧食用。麵貳斗,西窟衆僧夜飯解齋用。麵壹斗伍勝,正月堆園日衆僧齋時食用。麵貳斗,兩日交西窟齋時食用。麵陸碩肆斗,官家入麥換將用。麥壹斗,酉年二月六日修補行像塑匠食用。麵叁斗,八日造粥用。麵陸斗,八日齋時看侍佛人及衆僧等用。麵叁斗,與耽佛人北門造頓用。麵壹斗伍勝,九日收佛衣齋時用。麵壹斗,八日用迎官家僧官夜飯解齋用。麵壹斗,初商量交日衆僧食[用]。麵叁斗,兩日交庫衆僧解齋時用。麵壹斗,西倉易麥日齋時用。粗麵貳斗,春淘麥日衆僧食用。麵貳斗,兩件付義員取乳酪用。麵半斗,與仵子接糧食用。麵叁斗,與西窟上水僧用。麵貳斗,壘園墙齋時用。麵叁斗,弟(第)二件壘園墙解齋時食用。麵貳斗,剪秸羊毛用。麵壹斗,園內易墼齋時用。麵貳斗,官窟下彭時付善子取乳酪用。麵貳斗,僧官設時,付義員取乳酪用。麵壹斗,僧官設時就園沙彌齋時用。麵一斗,煮佛盆日人夫食用。麵壹斗,造調培爐餅用。麵柒斗伍勝,修佛殿上屋泥三日衆僧解齋齋時用。麵貳斗,

堆園日齋時食用。麵叁斗伍勝,兩日交西庫解齋齋時食用。麵肆斗,
兩日交庫衆僧解齋齋時用。黃麻伍碩叁斗,曹指揮入麥換將用。麩
兩碩肆斗,臥醋用。麩壹碩,每件上窟餧畜生用。查兩餅兩件,付牧
羊人餧瘦羊用。查叁餅,窟上下彭燒培用。查伍餅,七月十五日燒培
用。豆壹斗,破盆買瓜用。豆壹斗,僧門造設時買瓜納官用。西倉豆
陸斗,王六子入麥用。豆壹碩,石友子入粟用。豆叁碩,在孫延子充
入皂絁襖子價用。壹阡(仟)貳伯(佰)壹拾玖碩陸斗肆勝半半抄,麥
粟油蘇米麵黃麻麩查豆布緤紙等,破除外應及現在肆伯(佰)壹拾碩
捌斗陸勝麥,叁伯(佰)肆拾陸碩柒斗粟,兩碩伍斗叁勝兩抄半油,壹
勝壹抄蘇,壹斗肆勝米,貳拾玖碩壹勝麵,柒碩玖斗肆勝連。麩麵壹
斗伍勝穀麵,捌拾碩捌斗半勝黃麻。貳拾陸碩陸斗麩。玖拾壹餅查,
貳伯(佰)肆碩玖勝豆,捌伯(佰)肆拾玖尺布。壹伯(佰)肆拾捌尺
氈,貳伯(佰)張紙。右通前件算會,出現破除,一一具實如前,伏請處
分。牒件狀如前,謹牒。

同光三年乙酉歲正月日直歲保護謹牒。

徒衆净、徒衆保保、徒衆道會、徒衆寶□、徒衆(押)、徒衆應□、徒
衆法深、徒衆願達、徒衆保延、徒衆因會、徒衆□□、徒衆願真、徒衆净
戒、徒衆(押)、徒衆□、徒衆□、釋門法律願濟、釋門法律紹宗、釋門法
律□、老宿。

原載敦煌文書 P. 2049

乙酉年(九二五)二月十二日乾元寺僧寶香雇工契

乙酉年二月十二日,乾元寺僧寶香爲少人力,遂雇百姓鄧仵子捌
個月,每月斷作雇價麥粟壹駄。内麥地叁畝,粟地肆畝,其地折柒個
月,餘殘月取勿(物)。春依(衣)長袖一并襴袴一腰,皮鞋一量。從
入雇已後,便須逐月逐日驅驅入作,不得拋却作功。如若惚(忙)月拋
一日,勒勿(物)五斗;閑月拋一日,勒勿(物)壹斗。仵子手内所把隴
(農)具一勿(物)已上,忽然路上違(遺)失,畔上睡臥,明明不與主人
失却,一仰雇人祇當。如若有病患者,許五日將理,餘日算價。節下
依鄉原例寬閑。如若當鄉用水 打 □□□他人莊舍、苗子,□□官

罸羊來，一仰當官人祇當。一定已後，更不許休悔。如先悔者，罸麥伍碩，充入不悔之人。恐人無信，兩共對面平章，故立私契，用爲後憑。

　　　　　　　　　　售（受）雇人鄧仵子（押）
　　　　　　　　　　口承人兄鄧清子（押）
　　　　　　　　　　見人
　　　　　　　　原載敦煌文書 P. 2415p1+P2896p5

重定州縣等官俸料奏　同光三年二月十五日　租庸院

　　諸道州縣官并防禦團練副使、判官等俸料，各據逐處具到事例、文帳內，點檢舊來支遣則例，錢數不等，所給折支物色，又加錢數不定，難爲勘會。今除東京管內州縣官見支手支課錢且依舊外，其三京并諸州於舊日支遣錢數等第重定則例，兼切循本朝事體。防禦團練副使、判官外，其餘推官已下職員，皆是本處自要辟請圓融，月俸贍給亦乞依舊規繩，省司更不支給錢物。謹具如後。

　　　　　　　　　　　　　　　原載《唐文拾遺》卷58

支給副使以下俸料奏　同光三年二月十九日　租庸院

　　新定四京及諸道副使、判官已下俸料，請降敕各下逐處支遣，兼除所置副使、判官、掌書記、推官外，如本處更妄稱簡署官員，即勒本道節度使自備請給，不得正破係省錢物。

　　　　　　　　　　　　　　　原載《五代會要》卷27

請定東都鄴都奏　同光三年三月　詳定院

　　近并魏州爲東京，簡諸道州縣，須先定兩府，始可各定官品。未審依故事。京兆河南爲兩府，太原興唐爲次府。天復以興王之地，別有進止敕。不惟府額各定於等差，兼亦都名須正於升降，將爲經久之制，宜遵固本之文。本朝故事：雍州爲西京京兆府，雒州爲東都河南府，是謂京都兩府。并州舊爲北都，太原府在兩府之次。近以中興大業，以魏州爲東京興唐府，權謂東京爲雒京。竊以雒京歷代帝王之都,四方朝貢所便,爰自漢魏,迄於隋唐,方建都城,是比辰極。宜依舊以雒京爲東都,魏州改爲鄴都興唐府,與北京太原府并爲次府。豈獨設官分職,命秩免惑於有司。抑亦畫界分疆,取則無違於故事。

原載《全唐文》卷 969

乙酉年(九二五)永安寺王定長等契

乙酉年五月八日立契。永安寺王定長白(帛)匹。

甲申年八月三日宋定長白□。

乙酉年足(捉)羊人程長定記耳。

原載敦煌文書 P. 2564 背

後唐乙酉年(九二五)五月沙州莫高鄉百姓張保全貸絹契

乙酉年五月十二日立契。莫高鄉百姓張保全,伏緣家中欠少匹帛,遂於慈惠鄉百姓李阿察面上,貸黃絲生絹壹匹。長叁仗(丈)捌尺,福(幅)闊貳尺。其絹利頭,現還麥粟肆碩。其絹限至來年立契月日,當便填還。若於限不還者,准鄉原例生利。若也保全身東西不平善者,一仰口承男長千面上取絹。兩共對面平章已定。恐人無信,故勒茲契,用爲後憑。(畫押)

原載敦煌文書俄藏敦・1377、俄藏敦・1377 背

請定鄉貢童子事例奏　同光三年五月　禮部

當司准流內銓牒,應請定冬集舉人內有"前鄉貢童子"者。《三銓已前團奏冬集》皆署"前鄉貢童子"。伏准格文只有童子科,此無"鄉貢"字。銓司先爲請定冬集舉人九經張仲宣等,內有"前鄉貢明經童子成光誨"。遂檢尋六典及蘇冕《會要》,又無本朝書。子細檢討,惟有十三年閏十二月敕,諸道應薦萬言及童子,起今後不得更有聞薦。據此"童子"兩字皆由諸道表薦,固無"鄉貢"之名,又無口議帖經,亦不合有"明經"之字。進則止於暗誦,便號神童。此外格文別無"童子",其成光誨,銓司准格只收署"前童子團奏"。去二月十五

日具狀申留司宰臣取裁奏例准申者。伏緣《三銓見團奏冬集》右內有
"鄉貢"及"明經"字，已依成光誨例。准格只署"童子團奏次諸左"。

伏以院司常年考試，皆憑諸道表薦。降敕下到當司，准格考試，
及格者便放及第。其同光二年童子郭忠恕等九人，皆是表薦童子敕
內，並納到家狀，並有"鄉貢"兩字。院司檢勘同便榜示。引試及第
後，先具白關牒報吏部南曹，續便團奏者。關奏狀下到中書省，追當
司元下納家狀，檢點同覆奏放敕經過諸處。敕下後方始到當司，備錄
黃關牒，報御史臺、尚書省並吏部南曹。今准流內銓牒。伏緣院司承
前皆憑敕命施行，童子敕內并有"鄉貢"兩字。若使下落，恐涉專
擅者。

原載《全唐文》卷 969

後唐同光三年（九二五）六月一日宋員進改補充節度押衙牒

敕河西歸義軍節度使牒。

前子弟、銀青光祿大夫、檢校太子賓客、上柱國宋員進。右改補
充節度押衙。牒奉處分，前件官，儒門勝族，晚葷英靈，每事卓然，無
幽不察。故得三端備體，懷蘊七德之深機；指矢彎弧，遂驗猿悲而雁
泣。致使東朝入貢，不辭涉歷艱峗，親睹龍顏。公事就成，歸西上軍
前。早年納效，先鋒不顧苦莘；匹馬單槍，塵飛處全身直入。念汝多
彰雄勇，獎擢榮班。更宜抱節輸忠，別乃轉遷班次。件補如前，牒舉
者，故牒。

同光叁年六月壹日牒使檢校司空兼太保曹議金。

原載敦煌文書 P.3805 背

慮刑獄遲留奏　同光三年六月二十一日　大理寺

准諸獄例，立春已後，秋分已前，不得奏決死刑，違者徒一年。今
寺、司相次有案牘，若准律文候秋分後申奏，必慮刑獄遲留者。

原載《五代會要》卷 10

鉅鹿律公邈真贊并序

　　鉅鹿律公，貴門子也。丹墀遠派，親怩則百從無疏；撫徒燉煌，宗盟則一族無異。奇謨匠伯，天假聰靈。木秀於林，材充工用。一從御衆，恩以春露俱柔。勤恪忘疲，威以秋霜比麗。善巧隨機，雅合四衆。冀色力而堅久，何夢電而來侵。瞻影難停，俄然殞逝。贊曰：

　　堂堂律公，禀氣神聰。出自清潔，洞曉三空。練心八解，克意真風。傳燈鹿菀（苑），導引南宗。奈何夢電，交禍所終。會真形於綿帳，圖生像於儀容。依惜玉貌，想滅遺踪。于（時）唐同光三年七月十五日題記。

原載敦煌文書 P. 3718

皇太后喪服議奏　　同光三年七月　太常禮院

　　案故事：中書門下翰林學士在朝文武百官内諸司使供奉官已下，從成服三日。每日赴長壽宮朝臨，自後不臨。其服以日易月，三十日除。至小祥合釋服。每至月朔、月望、小祥、大祥釋服日，未除服者繢服臨。已除服者則素服不臨，並赴長壽宮先拜靈訖，移班近東，進名奉慰。又奏准故事：文武前資官及六品已下未升朝官並士庶等，各於本家素服一臨。禁衛諸軍使已下，各於本軍廳事素服一臨。僧尼道士各於本寺觀一臨。内外命婦各於本家素服朝臨三日。諸道節度、觀察、防禦、團練，刺史及僚佐等，聞哀後當日成服；三日改慘，十三日除。

原載《全唐文》卷 969

太祖曹皇后定謚奏　　同光三年八月　中書門下

　　據禮儀使狀，准禮及故事，太常少卿定謚，太常卿署定訖，告天地宗廟。伏准禮文，賤不得謚貴，子不得爵母。后必謚於廟者，受成於祖宗。今皇太后謚，請太常卿署定後，集百官連署謚狀訖，讀於太廟太祖武皇帝室，然後差丞郎一人撰册文，別定日命太尉上謚册於西宮靈座，同日差官告謚於天地、太微宮、宗廟，如常告之儀。

原載《五代會要》卷 1

議毀京內南北城奏　同光三年九月　中書門下

右：補闕楊途先奏毀廢京內南北城。臣檢到同光二年八月二十七日河南尹張全義奏：臣自僖宗朝叨蒙委寄，節制洛京。臨涖之初，須置城壘。臣乃取南市曹界分，兼展一兩坊地，修築兩城，以立府衙廨署。今區宇一平，理合毀廢。其城濠如一時平治，即計功不少，百姓忙時，難爲差使。今欲且平女墻及甕門，餘候農隙，別取進止者。

奉敕：京都之內，古無郡城。本朝多事以來，諸侯握兵自保，張全義土功斯毀，李罕之塞地猶存，時既朗清，故宜除剗。若差夫役，又恐擾人，宜令河南府先分劈出舊日街巷，其城濠許人占射平填，便任蓋造屋宇。其城基內舊有巷道處，便爲巷道，不得因循，妄有侵占。仍請限一月，如無力平剗，許有力人户占射平填。

原載《全唐文》卷969

曹太后定謐告廟奏　同光三年九月　中書門下

大行皇太后謐議，合讀於太廟太祖武皇帝室，其日合集兩省御史臺五品以上、尚書省四品以上、諸司三品以上官於太廟序立，俟行告禮畢，中書省班首一人升階，詣太祖武皇帝讀謐訖奏聞，別擇日上謐册於西宮靈座，及祭告天地、宗廟。

原載《五代會要》卷1

貞簡皇后不宜葬代州奏　同光三年十月　中書門下

伏以人君以四海爲家，不當分異南北。洛陽是帝王之宅，四時朝拜，理須便近，不能遠幸代州。且漢朝諸陵皆近秦雍，國朝陵寢布列京畿，後魏文帝自代遷洛之後，園陵皆在河南，兼敕應勛臣之家，不許北葬。今魏氏諸陵尚在京畿，祔葬代州，理爲未允。

原載《五代會要》卷4

後唐故歸義軍節度押衙張公明集寫真贊并序

（後）唐故歸義軍節度押衙銀青光禄大夫檢校國子祭酒兼侍御史

上柱國南陽郡張公寫真贊并序。

郎君諱明集,字富子,即今河西節度曹太保親外甥也,都頭知內親從張中丞長子矣。公以門傳軒冕之宗,蓮府瓊枝,家承閥閱之貴。少如習禮,頓吐鳳[鳳]之才,長具三端,早備六全之藝。英明守孝,七歲懷橘而將歸;特達持忠,十二歷危而許國。故得彎弧掌內,雲雁愁以悲空;指矢臨弦,猿泣鳴而淚血。南山偷路,公乃先行。對陣臨鋒,前蕩後出。凶奴膽輒,波迸星流。因慈雄名聲震,美播寰中。太保酬勞,賞遷重疊。去載大軍開路,公常佐在臺前,晝夜不離,諫陳異計。張掖城下,效勇非輕,左旋右抽,曾何介意。臨機變策,過良將之深謀;洞達英籌,透韜鈐之武略。居高當勢,意下心低。禮法趨趨,無聞乖失。可謂鏗錢壽老,豈藉於延齡;顏子早終,誰思而速逝。纏眠痾疾,萬計尋師,累月醫料,千萬進藥。天命有限,難捨去留。臨終之日,別父母,永謝長辭;遺叔姊妹弟兄,千萬無因再睹。二親號天泣血,倚門相望兒不來;小娘子叫地摧胸,我兄何往而不見。隋珠墜水,趙璧沉泉。余拙寡文,聊爲頌曰:

奇哉郎君,越衆超郡(群)。魁偉美貌,筆寫難真。趨趨濟濟,禮不輕人。長懷喜色,永不曾嗔。孝家中(忠)國,納力愿勤。剖已賑下,拔濟孤貧。箭調四羽,彎弧六鈞。武申絕妙,文學日新。太保愛惜,何藉珍珠。兩驥錐架,不侔一麟。圖列錦帳,傷悼二親。三時奠謁,萬固長春。

于時月在林鍾冥生拾葉題記。

原載敦煌文書 P. 3718

後唐丙戌年(九二六)正月慶奴借地憑

丙戌年正月十六日,洪池鄉百姓索慶奴,欠少田地,遂□□老僧法律曹地一八母(畝),一年周爲□□。其地畝用水人力□□慶用憑本。(底卷書寫止此)

原載敦煌文書 P. 3211 背

甄錄僞蜀官員奏　同光四年二月　中書門下

僞蜀官員,先有敕旨黜降。近者員數極多,相次到闕,並是未承前敕,慮抱憂疑。宜令御史臺具所到官員出身歷任、三代家狀,約僞官品秩,准前敕次第,當擬同正官奏復。如是僞蜀將相,家屬稍多,即於山東州府安置。如位卑家屬少者,或是本朝舊人,有骨肉見在班行,即任便居止。或是三川居人,願還本土,亦俟三兩日放歸本處。或有本朝曾登科第,歷任班行,材器爲衆所知,可以甄錄,即續具人才,酌量奏擬。

原載《全唐文》卷 969

請更定選曹事例表　同光四年三月

諸道州縣皆是攝官,誅剥生靈,漸不存濟。此蓋郭崇韜在中書日未詳本朝故事,妄被閑人獻疑。點檢選曹,曲生異議,行矯枉過直之道,成欲益反損之文。其選人凡關一事闕違,並是有涉逾濫,或告赤欠少,或文字參差。保內一人不來,五保皆須並廢,文書一紙有誤,數任皆不勘詳。

且自天下亂離將五十載,無人不遇兵革,無處不遭焚燒。性命脱免者尚或甚稀,文書保全者故應極少。其年選人及行事官一千三百餘員,得官者纔及數十,皆以逾濫爲名,盡被焚毀棄逐。遂令選人或斃踣於旅店,或號哭於行途,萬口一詞,同爲怨酷。臣等頃曾商議,堅確不迴,以致二年以來選人不敢赴集,銓曹無人可注,中書無人可除。去年闕近二千,授官不及六十,乃致諸道皆是攝官,朝廷之恩澤不行,搢紳之祿秩皆廢。銜冤負屈,不敢申陳;列局分曹,莫非僥倖。且攝官只自州府,多因賄賂而行,朝廷不知姓名,所司不考課績,皆無拘束,得恣貪殘,及有罪名,又不申奏,互相掩蔽,無迹追尋。遂使人户流移,州縣貧困,日甚一日,爲弊轉多。若不直具奏聞,別爲條例,不惟難息時病,兼且益亂國章。

臣等商量,伏請特降敕文,宣布遠邇,明言往年制置不自於宸衷,此日焦勞特頒於睿澤。兼以選曹公事情僞極多,中書條流亦恐未盡。望以中書所條件及王松等所論事節,並與新定選格有輕重未盡處,並委銓曹仔細點檢酌量。但可以去其逾濫，革彼弊訛，不失本朝舊規，能成選曹永例者，務在酌中，以爲定制。

原載《全唐文》卷 963

參詳引對番客奏　天成元年六月十日　御史臺

伏睹今月三日入閤班退後，方引對朝貢番使，竊觀近制，頗失常儀。且月華門是宰相兩省近侍官常朝來往之所，外國番國朝見，不合出在此門，而又殿廷班序先後退北者。列其百辟，示彼四夷，俾觀多士之羽儀，以顯九重之嚴重，豈可衆官退後，番客方來，合自正門，直趨丹陛。此是向來事例，今辰忽有更張。竊以方屬中興，宜循舊典，伏乞宣付中書門下，重令參詳，永爲定制。

原載《五代會要》卷 30

請停賜庶僚官告及朝對奏　天成元年七月　中書門下

往例朝廷命官除將相外，並不賜官告。因僞朝條流凡准宣授官，即特恩賜令，使府判官皆許本道奏請。或聞多在京師，至於令録，悉是放敕後，本官自於吏部出給告示，中書不更管繫。今若爲點檢所授官吏器能，欲令親承聖澤。臣等商量，自兩使判官、州縣令録在京除授者，即望令於内殿謝官，便辭赴任，不便進納官告。其判司主簿以下，極是卑秩，不合更許朝對。敕下後望准舊例處分。

原載《全唐文》卷 970

請依李琪朔望奏對議　天成元年七月　中書門下

比令五日内殿起居，慮百司有事論奏，中外或爲擁隔。至於朔望入閤，亦是朝廷舊儀。李琪自領憲綱，每循故事，備官條奏，頗叶國章。望依所奏。

原載《全唐文》卷 975

請定新除官及差使辭謝奏　天成元年八月　御史臺

凡新除官及差使者，合於正衙謝辭。每遇正殿起居日，百官不於正衙序班,致差使及新除官辭謝不得,或恐差使者已定發日,除宣催發,以一日無班,便妨辭謝。臣今參詳,每内殿起居日,百僚先序班於文明殿庭,候辭謝官退,則班入内殿。冀便於官吏辭謝者。

原載《全唐文》卷 970

舊徵光省禮錢及蠲免錢數狀　天成元年九月二十五日　門下中書兩省

准舊例,檢校官合納光省禮錢。伏見尚書省檢校官禮錢,近降敕命,除翊衛勛庸、藩垣將佐外,其餘不帶平章事節度使,及防禦、團練、刺史、諸道副使、郎中已下,并三司職掌監院官、縣令、録事參軍、判官等,凡關此例,並可徵收者。伏緣省官舊例,別無錢物,祇徵禮錢,以充公廨破使。蓋值離亂,致失規繩,即目縱有檢校官,未奉敕命許令依舊徵理,其檢校左右散騎常侍,乞依尚書省。除翊衛勛庸、藩垣將佐外,并許徵收。所冀朝廷故事,免失於根源;省閣舊儀,長存於規制。謹具本朝元徵舊例錢數,乞奏聞者。

中書約本省舊徵禮錢及蠲減錢數如左:防禦、團練、刺史、諸道郎官、三司職掌、檢校左右散騎常侍,舊例各納錢一十五千,今減外各納錢五千。兩府及次府少尹、左右司馬、別駕、長史,舊例各納錢一十千,今減外各納錢四千。諸道將校,舊例納錢五千,今減外各納錢三千。都押衙至大將軍,各納錢五千,今減外各納錢二千五百。進奏官各納錢二千。其餘都頭、指揮使已下,并與免放。

原載《五代會要》卷 13

覆奏盧文紀請御書殿最臣僚議　天成元年十月　中書門下

盧文紀踐履清華,昭彰問望,行巳每聞於端愨,操心動絶於阿私。以爲將聳效官,莫先較考,欲明書於殿最,冀顯示於勸懲。況將相兩途,尤爲重委,慮無報國,最要聞天。欲迂宸毫,親書常課,誠有塵於聖德,亦是責以佐君,直道不欺,忠規可尚。至於所陳黜陟,并叶規繩。以此責成,庶求良吏,事無疑礙,理可施行。

原載《全唐文》卷 975

請定臺參奏　天成元年十一月　諸道進奏官

今月四日中丞上事，臣等禮合至臺，比期不越前規，依舊傳語。忽蒙處分通出，尋則再取指揮，要明審的。又蒙問："大夫相公上事日如何？"臣等訴云："大夫曾爲宰相，進奏官伏事中書，事體之間，實爲舊吏。"若以別官除授，合云傳語勞來，又堅令通出。臣等出身藩府，不會朝儀，拒命則恐有奏聞，遵稟則全隳則例。伏恐此後到臺參賀，儀則不定者。

原載《全唐文》卷 970

使相納禮錢奏　天成元年十二月二十三日　中書

伏准故事，應諸道節度使凡帶平章事，宜於中書都堂上事，禮絶百僚，等威無異，刊石紀壁，以列姓名，事係殊恩，慶垂後裔。舊例，赴鎮後合納禮錢一千貫，充中書及兩省公使。伏自近來，全隳往例。今皇綱再整，墜典咸修，合舉成規，冀將集事。臣等商量，今請諸道藩鎮帶平章事處，各納禮錢五百千，中書建立石亭子一所，鐫紀宰臣使相爵位姓名，授上年月，其所納錢請充中書修建公署，及添置都堂內鋪陳什物。

原載《五代會要》卷 13

天成元年某某改補散將仍舊充本院曹司牒

（上闕）都鹽院，右改補散將，依舊充本院曹司，牒奉處分。前件官澡身不染，挺操無迴。實會府之良家，乃襲門之令嗣。早昇近地，久列劇司。推材幹以尤高，剸繁難而靡滯。尚聞未沾階職，豈耀器能。今者特示明恩，俾新美級。既榮資歷，更益聲光。爾其別盡勤劬，報余寵澤。件補如前，准狀牒知者，故牒。天成元年十二月日牒（下闕）

原載敦煌文書 P. 5004

請復臺巡舊例奏　天成元年十二月　御史臺

謹具本朝舊例，合行公事如右：應諸道進奏院，准本朝例，各合置臺巡驅使官一人。凡有公事，並合申報臺巡，逐日在臺祇候應奉公事。應諸道進奏官，每四孟月初及五月冬至，新除大夫中丞，並合臺參。伏自僞朝以來，全墜舊例。今准敕命條流，請准本朝舊例施行。應諸道節度、觀察、防禦、經略、團練使及諸州刺史新除赴任，及郎幕上佐官等得替，及准宣進奉到闕及歸本道，並合廊參正衙謝見辭。如遇大夫中丞入臺，並合臺參。兼凡有公事及到發日，並合申報。如遇追勘，進奏官典勘責科罰。又伏以僞朝以來，全隳往制，既未條理，轉失繩規。伏乞特降朝敕指揮，免令隳紊。

原載《全唐文》卷 970

請定檢勘非理死亡及喪葬儀制奏　　天成元年十二月　　御史臺

應在京兩街司及坊市士庶人家，及諸道經商客旅，或有投井自縊，及婢僕諸色人等非理殞故。伏據近年以來，凡是死亡之家，并是臺司左右巡使舉勘，差驅使官與諸司人同行檢驗指揮，如此施行，相承已久。臺司若不差人舉勘，即非理幽冤，無由申雪。若一一檢驗，即事故之家，多稱騷擾。況臺司亦常憂兩巡驅使官與諸司同巡檢節級等，於有事人家，妄有所求。今詢訪故事，准當司京兆按往例，凡京城内應有百姓死亡之家，祇勒府縣差人檢驗，如是軍人，祇委兩軍檢勘，如是諸道經商客旅，即地界申戶部，使差人檢勘，仍逐司各具事由，及同檢勘行人等姓名，申臺及本巡察。其間或有事涉冤濫，曲直不分，察訪得知，及有人論訐，臺司并行追勘。如是兩班官吏之家，即合是臺司檢勘。伏請自今以後，并准故事施行。除百司外，臺中不更差人誨例檢勘。如是則軍人百姓，各有區分，事涉冤誣，即行追勘。合具舉明，庶遵故事者。

兼得左右巡使狀抄録到喪葬格例，所設車轝儀注物色，祇爲官品高下。無官秩者，若陳儀注，其供應故犯典刑。今則凡是葬儀，動逾格物，但官中只行檢察，在人情各盡孝思，徇彼稱家之心，許便送終之禮。臺司又難將孝子盡決嚴刑。祇以供人例行書罰，以添助本司支費，兼緣設此防禁。比爲權豪之家，多有違禮從厚，若貧窮下士，尚猶不便，送終必無僭禮，可以書罰。兩京即是臺司舉行，諸州府即元無條例者。

凡棺椁不計有官品，并不得於棺椁上雕鏤畫飾，施户窗欄檻楹等。官至四品以上使方相，七品以上使魌頭、四目、玄衣朱裳、執戈楊楯如常制，七品以下及無官品者勿用。凡明器等，三品以上不得過九十事，五品以上不得過六十事，九品以上不得過四十事。當廣地軸輴馳馬及執役人，高不得過一尺，其餘音聲隊馬威儀之屬，各准平生品秩所司，仍以木瓦爲之，不得過七尺，及別加畫飾。諸纛今謂之鵝毛五纛，五品以上竿長七尺，五品以下長五尺，無官品者勿用。諸三品以上引、披、鐸、翣，挽歌鼓六行，每行六人。五品以上二引、二披、四鐸、四翣，挽歌四行，行四人。九品以上二翣。無官者勿用。諸車轝，三品以上油幰、朱絲絡網，施襈，兩厢畫龍虎，幰竿朱末，垂六旒蘇，今之纓帶也。七品以上油幰、襈，兩厢畫雲氣，垂四旒蘇。九品以上無旒蘇。車轝上有結絡者，三品以上及將相有鳳臺，自諸品官及郡守升朝者，羚羊山華，餘并平幰。百姓喪葬，祇合使鼈甲車，無幰、襈、畫飾，并無已前儀。

禮部格物，凡官人百姓送葬，競爲奢僭，不依禮式，宜令所司切加糾察。如物色等數目大小有違條式，及輙飾以金銀者，杖六十。

原載《五代會要》卷 8

内殿引對番客奏　天成元年　太常禮院

臣謹按《開元禮》，以賓禮待番客有六：一、番國王來朝，二、戒番王見日，三、番王奉見，四、受番使表及幣，五、宴番國王，六、讌番國使。從開元定禮之後，本朝故事對諸番客，又并於内殿引對，其殿名曰參殿，事在禮賓使、客省使，不下外諸司，見今施行不一。近制惟回鶻番使則正殿引對。況回鶻見居甘州，其地又屬河西道涼州所管，每遣使進表幣，待以賓禮。皇帝御正殿，列百辟，鋪陳盛儀，酌禮沿情，事恐太重。伏請今後准諸番客例，祇於内殿引對，不臨正朝，兼免乖越，又符故事。謹具詳酌如前。

原載《五代會要》卷 30

請增五經考試官奏　天成二年正月　禮部

五經考試官,先在吏部日長定合請兩員。數年係屬貢院,准新定格文,祇令奏請一員兼充考試官。緣今年科目人數轉多,却欲依舊請考試官各一員。如蒙允許,續具所請官名進御申奏。

原載《全唐文》卷 970

丁亥年(九二七)正月某寺諸色入破曆算會稿

(前闕)

右合從丙戌年正月一日以後,至丁亥年正月一日以前中間一周年沿常往所用總六百六十三石三斗一升七合油麵麥粟麻滓粗麵黃麻等。

三百二十六石八斗七升麥,一百三十五石九斗三升粟,四十八石六斗三升黃麻,兩石六斗七合油,一百七石九斗三升白麵,三十八石五升穀麵,一石三斗粗麵,二石麻滓,四伯九石三斗七升二合□。

□□□前掌回殘諸色:二百二十九石二斗七升麥,一百三石五合粟,三十九石三升黃麻,一石九斗二升七合油,二十三石三斗白麵,九石五斗四升穀麵,二石三斗粗麵,二石麻滓。

二百五十三石四斗五升麥粟黃麻油麵,自年新附入:

九十七石六斗麥,

三十二石四斗三升粟,

九石六斗黃麻,

六斗八升油,

八十四石六斗三升白麵,

二十八石五斗一升穀麵,

(後缺)

原載敦煌文書 S.0372、0378 拼合

越訴斷罪輕重奏　天成二年二月十五日　御史臺刑部大理寺

奉天成元年十二月二十日敕:"越訴之條,本防虛妄,須用懲斷,以絕效尤。如或實抱深冤,無門上訴,其越訴律內,不載杖數,仍令大

理寺別具奏聞者。"寺司准《名例律》,諸斷罪而無正條,若或不經臺省,何得復讎?事在酌中,理難執律,其應出律者,則舉重以明輕,其應入罪者,則舉輕以明重。疏云:斷罪而無條。謂一部律內犯無罪名者,准雜律,不應得爲而爲者,笞四十;謂律令無條理不可爲者,事理重者杖八十。疏云:雖犯輕重,觸類宏多,金科玉條,包羅難盡。其有在律在令無有正條,若不輕重相明,無文可以比附,臨時處斷,量情爲罪,庶補遺闕,故立此條。其情輕者笞四十,事理重者笞八十。

原載《五代會要》卷9

請定選人過格奏　天成二年三月　中書門下

據南曹駁放選人,累經銓及。經中書門下論接,准堂判具新舊過格年限,分析申上者。伏以選人或有出身,或因除授,各拘上例,方赴調集。多因遠地兵戈,兼以私門事故,遂致過格,固非願爲。新條標在七年,舊格容於十載。臣等參詳,其選人過格年限,伏請且依舊格,不問被憂停集,除本選數過格十年外,不在選集之限。

原載《全唐文》卷970

王蟾應歸吏部考試奏　天成二年四月　中書門下

禮部貢院申當司,奉今月六日敕:吏部流內銓狀,據白院狀申當司。先准禮部貢院牒稱,具成德軍解送到前進士王蟾狀,請罷攝深州司功參軍應宏詞舉,前件人准格例應重科,合在吏部。其王蟾並解送吏部,請准例指踪者。當司遂具狀申堂,奉判送吏部分析近年事例如何者。伏緣近年別無事例,今檢登科錄內,僞梁開平三年應宏詞登科二人:前進士余渥、承旨舍人李愚,考官二人:司勛郎中崔景、兵部員外郎張眙憲者。再具狀申堂,奉判送吏部准例指揮者,其前進士王蟾應宏詞,考官試官合在流內銓申請者。前進士王蟾請應宏詞。伏自近年以來,無人請應。今詳格例,合差考官二人,又緣只有王蟾一人獨應,銓司未敢懸便奏請差官者。奉中書門下牒奏敕:宜令禮部貢院就五科舉人考試者。伏以舉選公事皆有格條,准新定格敕文。宏詞拔萃,准長慶二年格,吏部差考試官二人,與知銓尚書侍郎同考試聞奏。

又准格節文內，准太和元年十月二十三日敕：應禮部諸色貢舉人，及吏部諸色科目選人，凡無出身及未有官，只合於禮部應舉。有出身有官，方合於吏部赴科目選。其請應宏詞舉前進士王蟾，當司當年放及第後，尋已開過吏部訖。若應宏詞，例待南曹判成，即是科目選人，事理合歸吏部。況緣五科考試官只考學業，難於同考宏詞者。

原載《全唐文》卷 970

庚寅年（九三〇）四月燉煌鄉百姓鄭繼溫貸絹契

丁亥年四月庚寅年四月六日立契。燉煌鄉百姓鄭繼溫伏緣家中欠少匹白（帛），遂於洪潤鄉百姓樊鉢略面上貸帛練壹匹，長叁仗（丈）捌尺，福（幅）闊貳尺一甲（寸）。其絹利頭現還麥粟肆碩。其絹限至來年於月數填還。若於限不還者，看（底卷書寫止此）

原載敦煌文書 P. 4093

納夏秋苗子斛斗奏　天成二年六月二十九日　戶部

先准天成元年五月十五日敕，檢納夏秋苗子斛斗，每斗祇納一斗，官中納不收耗。人戶送納之時，如有使官布袋者，每一布袋，使百姓納錢八文。內五文與擎布袋人，餘三文即與倉司充吃食、鋪襯、紙筆、盤纏。若是人戶出布袋，令祇納三文與倉司。

原載《五代會要》卷 27

禁短陌奏　天成二年七月十二日　度支

三京、鄴都并諸道州府，市肆買賣，所使見錢等，每有條章，每陌八十文。近訪聞在京及諸道街坊市肆人戶，不顧條章，皆將短陌轉換長錢但恣欺罔，殊無畏忌。若不條約，轉啟倖門。請更嚴降指揮，及榜示管界州府縣鎮軍人、百姓、商旅等，凡有買賣，并須使八十陌錢。兼令巡司、廂界節級、所由點檢覺察。如有無知之輩，依前故違，輒將短錢興販，便仰收捉，委逐州府木加項收禁勘責。所犯人，准條奏處訖申奏。其錢盡底没納入官。

李琪新授僕射上事奏　天成二年八月　中書門下

據新授尚書右僕射李琪狀：“准舊例，上事日合有恩賜百官酒食，具載《開元禮》文者。”尋下太常禮院檢《開元禮》，祇有從太師已下至六部尚書、太常卿、太子詹事、諸衛大將軍、京兆河南牧、上州刺史受册拜廟，各就本司禮上，無中書門下送上之文，亦無恩賜酒食之事。又檢《禮閣新儀》，并不載諸品大臣上事禮例，唯僕射初上見群僚輕重之禮。唯元和六年御史中丞竇易直奏，七年尚書左丞段平仲奏，大和四年中書奏覆，下太常禮院并尚書省詳議，終未能定。大凡禮上爲領本司公事及與官僚相會，并受人吏參賀，内外無異，前後皆同。李琪尋會群僚，不稱新授，已領公事，已請料錢，更引上儀，即非通制。今請李琪任便赴省，發遣公事。今後文武兩班受恩命者，不計高卑，未領事不得擅落新授字，及便請料錢。内廷學士、中書舍人，不在此限。

故朝議郎前峽州司馬柱國清河郡公（張積）墓志并序

蓋聞三才肇啓，遂分清濁之儀。五運推遷，爰順幽明之道。是使雲飄湘浦，露泣松門，趙歧猶紀於逸人，庾亮終悲於喪玉。故朝議郎、前峽州司馬、柱國、清河郡公，挺志風雲，立身敦素。南金東箭，莫以齊衡；闚月秬松，難堪并駕。人中龍貴，時流或仰於宋纖；林内瓊枝，衆望自欽於王衍。而況詞鋒剚鳥，智箭穿犀，遠公終美於劉虬，鶩子逾慚於摩詰。白雲千片，比道德以尤高；皓月一輪，喻神儀而更朗。悲夫！陵谷易變，丘井難常，殲良之嘆斯興，委哲之哀俄激。水奔百越，寧分再返之期；鶴去三清，詎有千年之望。世子知魯等，泣麻增感，灑血凝哀，軫風樹於一時，痛遺形於萬古。鯉庭罕對，空思尼父之言；蘭室猶存，莫止王褒之淚。是以爰開厚壤，田作神居，地卜青鳥，墳鑿馬鬣，經營不匱，疊甃多奇，晏若穿山，宛如構宇。隴雲朝覆，疑總帳以仍施；野鳥時鳴，訝哀聲而尚慟。而以天長地久，道阻人離，宜頌美於芳齡，冀鐫功於異代。豈獨燕然之碣，將同峴首之碑，用紀輝猷，録於貞石。敢辭鄙陋，而勒頌云：

大道不遷，浮生易往。倏若奔電，疾同返掌。逝莫能問，神唯可仰。古聖斯混，圖云攀嚮。爰有令德，清風逾孤。荆山美玉，漢浦神珠。門承簪組，學奥文儒。雲鶴比性，官宦難拘。張翰齊名，陶潜并價。龍在人間，鶴飛日下。踐奥求真，凝玄患假。德義共推，儀形素雅。薤露難久，瓊林易摧。俄如夢斷，欻若風迴。墳壙是葺，窀穸□開。名留玉篆，影泛泉臺。鐫功不朽，古往今來。

天成二年歲次丁亥十一月壬子朔葬於河南縣平樂鄉杜郭村。

記銘：長子知魯，次子殿前承旨知浦，次子知晏，次子知□。孫十七，保全自璘，遇重朔出。

祖考慶，兄潤，天成二年九月十八日張積西時歸世，其日丙寅。

原載《全唐文補編》卷 156

請下所司抄録詔書送館奏　天成二年九月　史館

伏奉九月八日敕：國祚中興，已逾五載。皇基統嗣，爰及兩朝。其有紀年之書，行事之紀，未聞編録，實謂曠遺。所司既不舉明，史官又無起請，因循斯久，闕漏轉多。宜令史臣先修太祖武皇帝、莊宗兩朝實録，速具奏呈。新朝日歷行事，亦可精專纂録，無使廢墮者。伏以簡編事重，久闕鑒修。須循廣記之規，以備必書之要，館司或有闕漏公事，盡令提舉施行。

伏自陛下赴難洛京，以副人望，宰臣百辟、諸道藩侯各貢箋章，請臨寶位。群情尤切，三讓彌堅，且行教令之規，先進代王之號。既從俞允，尋就纘承，皇澤播於萬方，聖功超於千古。伏自大駕臨至德宮，宰臣百官、諸道侯伯各上勸進箋表。及聖旨謙讓批答，兼宣諭諸道教令詔書及寶册文，並自天成元年四月後至今年九月以前内降詔書。陛下日親時政，金口所宣。去弊除奸，及近日敷奏省費從寬之事，並請下所司，各檢抄録送館。所冀編修，總無漏略。

原載《全唐文》卷 970

請添點檢朝班御史奏　天成二年九月　御史臺

每遇入閤日，只一員侍御史在龍墀邊祗候，彈奏公事。或有兩班參雜失儀，點檢不及，難於舉奏者。伏以入閤之儀，務在整肅，或少虧於恪敬，則有慢於典經。今欲依常朝例，差殿中御史二員，押鐘鼓樓位，仍各綴供奉班出入，所冀共爲糾察，免失規程。敢將舉職之程，粗益朝天之敬。

原載《全唐文》卷 970

後唐千佛崖劉處讓造象記

東川官告使、客省副使、金紫光禄大夫、檢校尚書右僕射、守左衛將軍、兼御史大夫、上柱國劉處讓。大唐天成二年十二月一日，自東川加平章事迴，再經兹寺，睹古龕靈迹，蘚駁苔封，遂捨俸金，裝此功德一龕，伏願慈悲，永臻福祐。

原載《金石苑》，清道光刻本

條覆選人事例奏　天成二年十二月　中書門下

應諸道選人等，其中有過格年深、無門參選者。准天成二年十月二十三日德音，並委吏部南曹磨勘。如實曾阻兵戈者，許令注擬。如或詐稱，不在此限者。凡是選人，專思合格，不肯固逾選限，自滯身名，縱限干戈，須在州縣，應有過格人，仰吏部南曹子細磨勘。曾阻兵戈州府去處，或曾假攝，即有隨處文牒，一一指實，即便送銓司，亦須詳先授告身攝牒。及審驗年貌，方可注擬。三銓注擬，自有常規。從前或有宰臣占著好州縣員闕，不令銓曹注授。今年應是員闕，並送曹銓。候移省之時，若有好闕尚在，必議勘尋。其請托及受囑人等，當行黜責。選人之內，族類甚多。經任之中，資考備在。應南曹判成人等，仰三銓各據逐人出身入仕文書，一一比驗年貌，灼然不謬，方與注官。據長定格，選人中有隱憂者殿五選。伏以人倫之貴，孝道爲先，既有負於尊親，定不公於州縣，有傷風教，須峻條章。自今後諸色官員内有隱冒憂勞者，勘責不虛，終身不齒。所有入仕已來告敕，並封付所司焚毀。

原載《全唐文》卷 970

覆追崇廟號奏　天成二年　宰臣

臣聞德教重於日新，《禮》經不自天降。故歷代之有損有益，隨時之可止可行。且華蟲象袞之規，三皇未備；雲鳥紀官之制，五帝皆殊。考其言而既出舊章，窮其理而便爲故實。

恭惟朝廷之重，宗廟爲先，事繫承祧，義符致美，將以觀盛德於七代，展明祀於十倫，一時而儻墜斯文，千載而永爲闞典。且聖朝追尊之日，即引漢氏舊儀。在漢氏封崇之時，復依何代故事。是以理關凝滯，未協聖謨；道合變通，方爲民則。且王者功成治定，制禮作樂，正朔服色，尚有改更，尊祖奉先，何妨沿革？若應州必立別廟，即地遠上都，定虧孝享之儀，徒有尊崇之稱。

伏據開元中追尊皋陶爲德明皇帝，凉武昭王爲興聖皇帝，皆立廟於京都，制度斯在。況陛下入清内難，光闡帝圖，德澤廣浹於華夷，廟享猶虧於祖禰，若宮廟須成於遠塞，則烝嘗慮闕於孝思。今臣等商量，所議追尊四廟，望依御札，并加帝號，兼請於雒京選地立廟。

原載《全唐文》卷 970

追尊四廟改置園陵奏　天成二年　中書門下

伏以兩漢以諸侯于入繼帝統，則必易名上諡，廣孝稱皇，載於諸侯故事，孝德皇、孝仁皇、孝元皇是也。伏乞聖慈，俯從人願，許取皇而薦號，兼上諡以尊名，改置園陵，仍增兵衛。

原載《五代會要》卷 2

唐故河西節度都頭知玉門軍事銀青光禄大夫檢校國子祭酒兼御史中丞上柱國清河張府君（明德）邈真贊并序

府君諱明德，字進達，則芝公弟（第）廿一代之雲孫也。竊以星芒雄角，必膺物而生姿；列宿參羅，誕半千而降德。公乃稟性清廉，志高物外；逍遥就業，學富三冬。弱冠從戎，頗彰異勛。故得彎弧掌内，雲雁悲而翔空；架矢朱弦，騰猿鳴而雨血。輸忠累制，先王獨委邊城；玉門故軍，再矗千門獻主。遂使權機奉化，賦稅民無告勞；六教居懷，三端恒備於己。實乃奇功出衆，府主詔就於階庭；別擢崇班，内燕全歡而偏獎。門承地義，一爨五代無殊。從心之秋，忽遘懸蛇之疾。尋師進餌，鷂（扁）鵲瘳而難旋；累月針醫，耆婆到而不免。辭兄別弟，遺留哽咽之聲；棄子離孫，俄湊黃泉之徑。四鄰傷悼，哀嗟趙璧垂江；九族酸莘，長嘆隨（隋）珠墜水。依俙顧盼，預戀生前。工召丹青，圖形綿帳。俊以不才之器，粗當金石之言。孤陋無誠，耐（乃）爲贊曰：

英髦雄傑，濟濟仁風。挺生五百，胎膺星宮。恪清爲性，守節存忠。道超北海，德侔芝公。虛弦落雁，百步無容。三端備體，六教俱通。歲當二八，親事元戎。偏獎邊務，治本於農。軍危值難，獨不西東。殊勛已立，邀命庭中。班遷都位，常謙常恭。門傳冰鯉，義厚八龍。年逾耳順，疴疾纏躬。累申方藥，難免妖凶。辭宗未罷，俄然已終。丹青髣髴，邈影生同。願超穢土，净界留踪。余以寡拙，邀敢不從。

唐代郡李使君故聶氏夫人（慕閏）墓志銘并序

夫人字慕閏，姓聶氏，太原人也。其先游俠刺韓之後，世出崆峒，遷家朔代，今爲代郡人也。晉宋以降，賢彥繼有，略而言焉。

祖諱亮，立性孤標，爲人倜儻。執孝以事父母，持信以結友朋。宗族歸仁，鄉黨稱悌。及孤，每嘆其先□食禄，不逮其親。乃不仕，退耕於野。值世亂繁，豐歲不能自給，因農□聚室相謀曰："斥貪而求富，莫若歸農。則又農有水旱，所謂農不如工。則又工有成敗，所謂工不如商。乃經營四方，貿殖□土。不日不月，家財萬金。惠□宗親，利兼鄉黨。實謂富而可求也。"父諱和，謙□居采，繼□安父之業。不廢千家之貨，使精百氏之書。事佛宗儒，濟貧□苦。嘗語里人曰："古人有言曰：'爲富則不仁，爲仁則不富。'何哉斯言也？若以富而下人，何人不尊；以富而敬人，何人不親。何哉是言也？"鄉中之□曰："子負大才，何不登仕？"公曰："嘻！子何見事之□，今滿大氛□匝地，兵戈當世，亂而殺者，君子所恥也。吾無仕□，以全長幼之節。"

夫人即公之長女也，幼守閨儀，長從姆訓。温柔植性，爲親戚所重。與使君鄰里鄉黨之族也。笄而應鵲巢之詩，命鴻鳳之兆，歸於李氏。既入他姓，承事舅姑，舅姑以慈；和敬宗親，宗親以睦。及丁舅姑之喪也，如考妣焉。恒敬長，慈於下。勤□□之衣，修蘋藻之薦。從夫歷職邢萬，又遷鎮陽務，蘗天成一，□忽縈疾，遍召良醫，有加無減。去當年二月廿九日，終於鎮府關□坊之私第，□□□十八。天成三年正月十九日，□窆於石□村。永期詔受本郡太守。嗚呼！夫人承事舅姑，和順親戚，從微至著，向四十春不得見□□□信矣夫，命也。

　　夫人有四子三女：長子曰德□，娶孫氏，任洛京牛□務使。次子德釗，娶賈氏。次子德鋒，娶安氏。次子德□，娶楊氏。有三女，孟季二女曰比丘尼，爲性憫慈，居心孝敬。□□韶齓，了達虛空。知四代無依，覺□果有托。志求清净，□樂□□，□特資蘭若。仲女適當州軍事判官吳彥瑤室也。三徙以牧郡，期年卜尋塋域。□長興元年十月十三日，發諸孝子自鎮府扶護夫人神櫬歸鄉。十一月十九日，葬於雁門縣周劉村，禮也。其先代墳圍，距平田村北去二十里，乃述爲銘。銘曰：

　　仁者必壽，夫人不壽，不壽伊何，書胡妄多。修短有常，福祿無備。辭世不恨其俄歸，承家喜傳其令嗣。各有長能，俱負壯志，上和下□，敦詩閲史，食祿則君君臣臣，居家則父父子子。女棄榮華，心歸釋氏。嘆□□之須臾，樂金蓮之富貴。見邪則嗔，聞法則喜。旦夕不忘，始終如是。封樹去華，龜筮合辭。四棺五樽，前壟後崗。星臨兮月照，青松兮白楊。

原載《全唐文補遺》第七輯

請令宰臣兼判國子祭酒奏　天成三年正月　中書門下

　　伏以祭酒之資，歷朝所貴，爰從近代，不重此官。經天緯地莫如文，戡定禍亂莫如武，武不可不講，文不可不修。況屬聖朝，方勤庶政，須宏雅道，以振時風，望令宰臣兼判國子祭酒事。如蒙允許，望内賜處分。

原載《全唐文》卷970

重給告身事例奏　天成三年正月

吏部格式司狀申當司,先准敕及堂帖指揮,應焚毀告身勘同人及失墜文書等。臣伏請重給告身,令先與檢敕甲,如無敕甲可檢,即仰取同敕甲人告身,勘驗同即與出給。若是本朝授官及同光元年後授,勘檢同即重與告身。如是僞朝授官,勘檢不虛即與出給公驗,便同告身例處分者。伏以再給文書,實爲難重,有司點檢,務在周防。當司近曾申堂,請以合准指揮出給告身公驗,旋具選人出身歷任行止,牒甲庫永爲應驗證明。奉判准申者,其所追取到選人授官敕甲,或同敕甲告身,勘驗既同,須准前指揮出給。見有敕甲者,便須注出重給事繇年月日。若不注破,慮恐選人却將失墜告身參選。刺驗敕甲既同,文書浩大,所司難爲一一點檢。如是引驗同敕甲之人告身出給,佗後却將失墜文書選時,甲庫又無憑應驗,其同敕甲人告身,欲於後面連粘紙,亦須使印批注,仍牒報南曹,要憑將來檢勘者。

原載《全唐文》卷 970

劉英甫請對經義奏　天成三年二月十日　禮部貢院

當司據鄉貢九經劉英甫經中書陳狀,請對經義九十道,以代舊格帖經,奉堂判令詳狀處分者。當司伏准格文,九經祇帖九經書各一十帖,并對《春秋》《禮記》口義各一十道。今准往例,並不曾有應排科講義,九經若便據送到引試排科講義,即恐有違格例者。

原載《五代會要》卷 23

縣令兩税徵科公事奏　天成三年二月二十三日　中書

應天下縣令,逐年夏秋兩税,徵科公事。伏以縣令之職,徵賦爲先。若違限逋懸,自有罰責。如及期了畢,不謂功勞。況今無強名之科徭,絕虛係之税額,百姓據見苗輸納,官中有指限程期,蓋緣每及徵科,事歸煩擾,未容輸納,已切催驅。州郡則推勘吏人,縣邑則禁繫人户,雖云提舉,責在徵求,動涉旬時,固須妨事,縱及期限,倍困黎民。自今後請祇委主簿、縣令勾當,不得更置監徵。

每一州之中,止限畢日委録事參軍磨勘,取最後逋欠縣分,具令佐名銜，申三司使舉奏，明行責罰。其所欠稅額，如是本道長吏及判官衙內節級并形勢莊田，不伏縣司徵督者，縣令即須自經本州論列。如依前不納，便可直申三司，責罰之時，以定輕重。其縣令到官之初，須准迎敕，交割戶口帳籍。至受替之時，比較多少，如或增多，即量加酬獎，若致逋竄，則別示科刑。所冀賞罰不涉於過差，公務率歸於修舉。

　　其本判官、都孔目官、糧料使等，職固不在親入，公事止於提舉，每至徵科之日，皆須一例獎勸。或有徵督逋縣，令佐獨當之。伏請今後凡是徵科畢日，比較功過，只歸令佐。如是一郡之內，諸縣皆及期程，公事修舉，其錄事參軍亦請量加甄獎；如管內諸縣，併有闕遺，其錄事參軍亦請量加責罰。

原載《五代會要》卷 19

後唐天成三年戊子年（九二八）二月都頭知懸泉鎮遏使安進通狀（七件）

　　（一）都頭知懸泉鎮遏 使 安 進 通 狀 上。

　　右今 月 十日已前，當鎮所有諸處烽鋪、捉道、踏白及城上更宿房間，一依官中嚴旨，倍加謹急。四面并無動靜，不敢不申。謹錄狀上。牒件狀如前，謹牒。

　　戊子年二月三日都頭知懸泉鎮遏使安狀。

　　（二） 都 頭 知 懸泉鎮遏使安進通狀上。

　　 右今月□日 當鎮所有諸處烽鋪、捉道、踏白及城上 更 宿巡檢，一依官中嚴旨，倍加謹急。（四面并無動靜，）逐日逐旬不敢怠慢。巡守堤備尋常者。右謹具狀申，謹錄狀上。牒件狀如前，謹牒。

　　戊子年二月十七日都頭、知懸泉鎮遏使、銀青光祿大夫、檢校國子祭酒、兼侍御史 安進通狀 。

　　（三）都頭知懸泉鎮遏使安進通狀上。

　　右今月廿日，當鎮捉道人走報稱，於八虞把道處有賊騎馬踪，共貳拾騎以來，過向北山何頭林木內，潛藏不出。進通。當時遂差游弈使羅鉢衲等二人親往踪出處探獲，的實在甚處跧藏，至定消息，星夜便令申報上州，兼當日差人走報常樂、瓜州。兩鎮收什人口、群牧、警備提防訖。此時皆仗令公神謀，不落賊人奸便，□已覺察，搋搋准備，兵士尋合奔逐支敵，必計不失機宜，擒捉梟首，部領送上府衙。謹遣武通達馳狀申報者，謹録狀上。牒件狀如前，謹牒。

天成三年二月廿日都頭、知懸泉鎮遏使、銀青光禄大夫、檢校國子祭酒兼侍御史安進通狀上。

（四）都頭知懸泉鎮遏使安進通狀上。賀端午獻物狀。

酒伍瓮，麨叁碩。右伏以蕤賓令節，端午良晨，輒申續壽之儀，用賀延長之慶。前件微鮮，謹充獻賀之禮，塵瀆威嚴，伏增戰懼。伏乞特賜容納，伏聽處分。牒件狀如前，謹牒。

天成三年二月廿日都頭、知懸泉鎮遏使、銀青光禄大夫檢校國子祭酒兼侍御史安進通狀上。

（五）都頭知懸泉鎮遏使安進通狀上。賀時新獻物狀。

酒五瓮，新麥麨五碩，胡林子壹碩，胡棗子五斗。右伏以前件物，謹充獻賀時新之禮，將表邊鎮土宜，伏 乞 臺威，特賜容納。伏聽處分。牒件狀如前，謹牒。

天成三年二月廿四日都頭、知懸泉鎮遏使、銀青光禄大夫、檢校國子祭酒、兼侍御史安進通狀上。

（六）都頭知懸泉鎮遏使安進通狀上。賀冬獻物狀。

酒、麨、胡林、胡棗。右伏以初陽啓軍，三冬膺時，動植知生長之源，敢陳慶賀之禮，伏乞臺威，特賜容納，伏聽處分。牒件狀如前謹牒。

天成三年二月廿日都頭、知懸泉鎮遏使、銀青光禄大夫、檢校國子祭酒兼侍御史安進通狀上。

（七）都頭知懸泉鎮遏使安進通狀上。賀正獻物狀。

酒、麨、胡林、胡棗。右伏以青陽肇啓，景福唯新，爰從獻歲之辰，用賀履端之慶。前件微鮮，輒申陳納，將表野芹，伏乞臺威，特賜 容 納 ， 謹 録 狀 上 ，伏請處分。牒件狀如前謹牒。

天成三年二月廿日都頭、知懸泉鎮遏使、銀青光禄大夫、檢校國子祭酒、兼侍御史安進通狀上。

原載敦煌文書 P. 2814

戊子年(九二八)梁戶某雇工契

戊子年二月廿九日立契。梁戶史汜三家中欠少人力,遂(於)平康[鄉]百姓杜願弘面上雇弟願長,斷作雇賈(價),每月斷麥粟捌斗柒斗。自雇已後,便須兢心造作,不得拋敧工扶(夫)□■汗衫一禮,若忙時拋工一日,勒物貳斗。若閑時拋工一日,勒■恐無交加,故立私契,用爲後憑。

雇兄願弘(押)

雇身弟願長(押)

原載敦煌文書 P. 5008

常庭訓建尊勝陀羅尼經幢

(經文略)

夫常庭訓伏爲先亡妻孫氏,發願造尊勝大悲幢子壹所。伏願亡妻生居淨土,早獲人天。每近西方之極樂,常聞化惠之聲吟。今則功德圓就,上報慈悲,但以九類四生,盡沾勝果。男郭七,女阿檻。天成三年歲次戊子四月丙子朔五日建立。

原載《五代石刻校注》

請定奏薦人數奏　　天成三年五月　　中書門下

在朝庶官有托故停官者,時日稍多,即却與前官。百司人吏合格者並從選,未合格者逐司以年勞奏薦,只與勒留官。凡百司長官月限將滿,及已有人替,不得奏薦人,使改補職次。諸道薦人,總與不可,全阻又難。今後諸道節度使每年許薦二人,帶使相者許薦三人,團練、防禦使各一人。節度、觀察判官並留旨授,書記已下即隨府。

原載《全唐文》卷 970

戊子年(九二八)六月五日某寺公廨麥粟出便與人抄録

戊子年六月五日,公廨麥粟出便與人抄録如後。

應戒、友慶、洪福、員德四人各粟壹斗,至秋陸斗。

赤心安官通便粟兩碩,至秋叁碩,(押)。見人杜寺主。

兵馬使曹智盈便粟肆斗,至秋陸斗。口承外生(甥)池略(押)。

赤心宋唱進便粟壹碩,至秋壹碩伍斗,(押)。口承阿嬭趙氏(押)。

趙善通便粟叁碩,至秋肆碩伍斗,(押)。口承沙彌幸通(押)。

賈法律便粟壹碩,至秋壹碩伍斗。口承沙彌幸通。

洪潤游懷潤便粟肆斗,至秋陸斗,(押)。口承曹保晟(押)。

莫高曹保晟便粟肆斗,至秋陸斗,(押)。口承游懷潤,(押)。

玉關傅流住便粟兩碩,至秋叁碩,(押)。口承敦煌安胡奴,(押)。

當寺僧義忠便粟肆斗,至秋陸斗,(押)。口承沙彌善通,(押)。

玉關傅流住便麥壹碩,至秋壹碩伍斗,(押)。口承敦煌安胡奴,(押)。

■粟伍斗至秋(柒)(斗)(伍)升,(押)。口承游懷潤(押)。

■斗,(押)。口承戒惠,(押)。

■斗,(押)。口承僧義忠,(押)。

■秋叁碩,(押)。口承沙彌幸通。

■斗伍升,(押)。口承彭員通,(押)。

■碩□斗伍升,(押)。口承神沙康通達,(押)。

龍勒程恩子便麥壹碩伍斗,秋兩碩貳斗伍升,(押)。口承康通達,(押)。

龍勒石章六便麥壹碩,至秋壹碩伍斗,(押)。口承安友妻裴氏,(押)。

普光寺尼索寺主便粟陸斗,至秋玖斗,(押)。口承喜喜(押)。

龍勒程恩子便粟伍斗,至秋柒斗伍升,(押)。口承喜喜(押)。

洪池鄧安久便麥壹碩,至秋壹碩伍斗,(押)。口承李安六(押)。

赤心李安六便粟壹碩,至秋壹碩伍斗,(押)。口承鄧安久(押)。

平康王安君貸麥壹碩伍斗,至秋壹碩柒斗。口承王寺主(押)。

王寺主貸麥兩碩,口承王安君(押)。

曹法律貸麥口斗,■。(後缺)

原載敦煌文書 P.3370

宣霧山造石堂羅漢記十一段

楊偃題記

刑州堯山縣宣務鄉山北楊村弟子楊偃與十六尊維那數同勾當，造石堂，兼修弟十一尊羅漢頭逐脚人數等。維那頭楊偃，同修功德人楊珍住楊村，身充使院，爲母添修。同修功德人楊楚住孫村，同修功德貴傅苣住東董村，同修功德馬遠住楊村，同修功德梁貴住染□村，同修功德周□、周寂住梁村，同修功德翟儒住小霍村，同修功德霍進住大霍村，同修功德張威住圮□村。伏緣修此功德，上爲帝王萬歲，當州太保千秋，下爲縣鎮圓僚常居祿位，更爲修此功德者，伏願過去先亡，見存眷屬，□爲供養。天成三年六月日弟子楊偃等疏。

趙宏珪題記

趙州昭慶縣太平鄉尹固村施主趙宏珪造羅漢尊，爲母陳氏、嫂孟氏、妻蘇氏、侄男方可、次男韓小七、男郭留、女二娘子、三娘子、四娘子。右件功德，令以圓就，奉爲過去先亡，見存眷屬，永爲供養。天成四年二月日，弟子趙宏珪。

霍珪題記

邢州堯山縣光藝鄉韓解村修第十三尊羅漢，維那頭霍珪獨造一尊，合家供養：霍珪、妻杜氏、十姑霍氏、男審瓊、比丘尼審登、男八郎、男馮留、男□。伏以修此功德，上爲帝王，伏願長居寶位，本州太保福比松筠，縣鎮三廳慶同丘嶽，更願闔門老幼悉保安康。天成四年三月十一日。

晁遇等題記

內丘縣長春鄉弟子晁遇與十六維那數同勾當，造石堂兼修弟十六尊羅漢。人數：維那晁遇住中平村，副維那周友住西周村，從故符令公押。同修功德人左亮住東楊村，同修功德人晁從、晁瑾住中村，同修功德人馮貴住時村，同修功德人周慶、周敬住西馮村，同修功德人孔賷、孔珪住慶村，同修功德人楊■，同修功德■，同修功■，同修功■，同修功■，同修功■，伏以修■，帝王■，員長居官■，達西方□□■供養。天成四年三月十一日。

王立等題記

堯山縣宣務鄉東俟村維那王立修弟(第)五尊羅漢。同修功德人劉彝住亦村，同修功德人王遇住樓村，同修功德人李瞻、李興二人并住慕化村，同修功德人王習住安仁坊，同修功德人石恭住尹村，同修功德人蕭江住南薛村，同修功德人牛德住南王村。伏以修此功德，上願國王萬歲，本州太保千秋，縣鎮官員常居禄位。天成四年三月十五日弟子王立等謹疏。

眭忠等題記

堯山縣宣務鄉李村維那頭押司録事眭忠，同修功德人李貴，同修功德人周■，同修功德人李進，同修功德人佐史進大寧□，同修功德人尚賢住尚村。伏以修此功德，上願國王萬歲，本州太保千秋，縣鎮官員常禄位。天成四年三月十五日弟子眭忠等謹疏。

穆金等題記

□□□□□太原村共造石堂弟(第)九尊，維那頭穆金同村共勾當，副維那王勛，同村施主等王唐、王遇、王威、眭□、眭□，南光村趙□、張馬村施主二人高□、韓遂，清河村施主劉鐸、趙貴、趙洪、李霸男、□慈，潤村李貴，北光村施主前堯山縣鎮使趙□，義譽都頭張宴、程端，□儀村施主尹實、宋□、樂□、宋佺、解實，施主翟晟、翟練。右件施主石堂共製羅漢同修，上願聖皇國祚萬畿，當州司徒文武寀僚永居禄位，更願過去先亡考妣，隨佛壽生，見存父母，闔家長幼保安清吉，咸願證□，永爲供養。天成四年歲次癸丑四月庚子朔。

討擊使等題記

邢州堯山縣宣務鄉□言村修第一尊羅漢，都維那、討擊使充鎮□□□□□會，同修功德官張真住北薛村，同修功德虞候李□、十將馬同住畢村，同修功德成選住成子王□，同修功德趙太住尚村，同修功德劉□住北大□村。內丘縣長春鄉新莊村維那頭衛千同修第一尊羅漢，施主眭誠、眭存住新豐村，施主楊存、常侍楊賛、楊玒、楊立、楊琮住累東村，施主王媒、王殷、孔鱗、孔□、趙進、怨周并住新王村。總須捨財已後，合家安樂，永保無災。現存春屬，一心供養。天成四年四月廿□。

霍選等題記

造第十尊羅漢都維𨙻霍選住南侯村，充鎮副將兼知□務巡。同造功德人衛瑫住北衛村，同造功德人李立住大□□，鄉霍村同造功德人□邵住東梁村，同造功德人馮端住光□鄉西□□。各捨財，施主總須無□□□中諸佛，□□合家，□爲供養。天成四年四月廿。後留故記，五日甲寅維那王勛書。

申智賢等題記

邢州鉅鹿縣君子鄉南合查村維那申智賢，昭慶縣臨河鄉王澗村同修功德人符公汴，聖佛村王公誠，南衛村蓋公進、胡文珪、楊申爽、郭全，肥鄉縣和村同修功德人張行武，宗縣丘固村同修功德人女弟子智香、林田、十姑，南和縣孫趙村同修功德人王宏遇、曹選、劉簡、王迺、王謙、趙會、郝進。

張他村邑衆等題記

邢州內丘縣長春鄉張他村□頭諸方邑衆等，都維那孫□□□邑録□□邑□、王臻、趙貴、□□□□□進□，趙興邑人孫□□、遇□□、張□、陳謹、李慶、張咢、李□、劉霸、李裕、李□□、呂□、劉鐸、馬武、劉太、柴裕、孫□、趙萬德、允慶、允金、石貴、朱端、吳亮、鞏保、王謙、薛貴、賈遇、孫霸、霍□、胡戢、□□□□□□□、王存道。

《八瓊室金石補正續編》卷40

天成三年(九二八)七月十二日都僧統海晏於諸寺配借幡傘等帖

（前缺）有常例，七月十五日應官巡寺，必須併借幢傘，莊嚴道場。金光明寺故小娘子新見要傘拾副，龍興叁副，官綉傘叁副，普傘壹副，幡伍拾口，經巾壹條，額壹條，安國大銀幡貳拾口，經巾壹條，額兩片，開元寺大銀幡陸拾口，靈修綉幡捌口，乾、淨土各額壹條。大雲寺要傘叁副，開壹副，國壹副，乘額一條，幡叁拾口，靈修銀幡貳拾口，經巾壹條，額壹條，傘壹副，大綉像二。靈圖寺要傘兩副，普兩副，奉唐寺幡貳拾口，安國寺幡貳拾口，額壹條，經巾壹條，普青裙額一條，靈修、蓮、安國官幡各七口。三界寺要傘，靈修傘壹副，大乘壹副，乘額壹條，經巾壹條，蓮、淨土各幡貳柒口，開大像貳，大額壹條，國經巾壹副。右上件所配幡傘,便須準此支付,不得妄有交互者。天成三年七月十二日帖應管內外都僧統海晏。

原載敦煌文書 S.2575

後唐戊子年(九二八)七月阿婆奴取物色憑

（前闕）

□□□ 褐九段, 戊子年七月 ■

□□還破中好羊壹口,又白褐 壹 ■

其褐不得,南山來取好羊壹口。

取物色人阿婆奴,口承弟馬富應

（後缺）

原載敦煌文書 S.10562

戊子年(九二八)七月兄弟社轉帖

兄弟社轉帖。右緣安三阿父身亡,準例合有贈送。人各粟一斗,祭盤準舊例,并送葬。帖至,限今日脚下,於凶家取齊。如有後到,罰酒一角;全不來,罰酒半甕。其帖,各自示名遞過者。戊子年七月日錄事貼。

法律、富千、阿父、定長、衍羅、丑奴、再成、再德、勿成、定德、善慶、佛奴、押牙、丑憨、願昌、願德、流定、氾富達。

原載敦煌文書 P.4987

於當居創造佛剎功德記

於當居創造佛剎功德記。

夫三界玄虛,久流曠遠;不憑奧旨,無以窮其源;浩浩烟波,非庸輩而可竭;隱靈雄粹,不越代而降神;歷寶英姿,遇清平而誕德。然則十地虛廓,六趣交橫;仰之者不測其淺深,演之者罕窮其理。故知發智生芽,難量叵測。厥今有清信弟子押衙兼當府都宅務、知樂營使張某乙,清河流派,塞外名家,文武不下於人倫,忠孝兩全而盡節。故得志謀廣博,能懷辨捷之功;得衆寬宏,乃獲怡和之性。善閑六律,調八音能降天神;不失宮商,合五好而陳教禮,故得陪府主而降此郡,縱恣異常,受恩蔭下,不闕晨昏,寧慚報得。所以割捨家庭,欽慕良公,謹於所居西南之隅,建立佛剎一所。内於西壁畫釋迦牟尼佛一鋪,南壁畫如意輪,北壁畫不空羂索,東壁畫文殊菩賢兼樂師佛變相,門外兩頰畫護法神二軀并二執金剛,莊飾并已功畢。若夫釋迦相好,項背圓光;如意輪王,有求必遂;不空絹索,濟養眾生;文殊菩賢,救愚拔厄;藥師發十二上願,無苦不除;護法善神,殄除灾沴;金剛二執,衛守釋風;大戒聲聞,助宣妙法。願使諸佛擁護,府主壽佛千年;賢聖照臨,百福應時如合會;灾央殄滅,邊方無燧火之憂;神理加持,長見年豐歲稔;亡過二親幽識承斯生净土連宫;已躬及見在宗親得壽,年長命遠。良功告罷之日,略記單行,用表後傳,流名繼迹。

檐楹攢集,冥世比净土□宫。架鏤分明,似龍宫之内樣。梁棟檀㸌,地砌磐陁,焚香早朝,然燈續夜。

于時天成三年歲次戊子九月壬申朔十五日丙戌題記。

原載敦煌文書 P. 3490 背

戊子年(九二八)十月一日净土寺試部帖

净土寺試部帖。戊子年十月一日,奉都僧統大師處分,諸寺遣徒眾讀(讀)誦經戒律論,逐月兩度。仰僧首看輕重科徵。於各自師主習業,月朝月半,維那告報。集眾後到及全不來,看臨時,大者罰酒半瓮,少者決丈十五,的無容免者。法律福銳百法論日誦五行

(後缺)

原載敦煌文書 S. 371

冬至百僚表賀儀注奏　　天成三年十月二十一日　中書

冬至日,文武百僚詣東上閤門拜表稱賀儀注:前一日,所司於閤門外量地之宜,設中書令捧表位、禮部郎中押表案位及文武常參官位,如常儀。其日,文武百僚依時刻俱詣闕門外列班如式。次通事舍人贊引中書門下入就位,立定。典儀曰"再拜",應在位官俱再拜訖。禮官通事舍人引中書令詣奉表位。禮部郎中取表,授中書令跪受,復

置於案。其案，禮部令史二人對舁。前導至位。中書令揩笏捧表跪授，閤門使跪捧表側立，候中書令退，歸本班立定。典儀曰"再拜"，應在位官俱再拜舞蹈，三稱萬歲，又再拜訖。閤門使捧表以進。次閤門使宣答，出詣中書門下班前，曰"有敕"。典儀曰"再拜"，應在位官俱再拜。宣曰："履長之慶，與卿等同之。"宣訖，典儀曰"再拜"，應在位官俱再拜舞蹈，三稱萬歲，又再拜訖。相次退如常式。

　　右太常禮院狀，准禮例修撰如前。案開元八年中書奏："冬至一陽生，萬物潛動，所以自古聖帝明王，皆此日朝萬國，觀雲物。禮之大者，莫逾是時。其日祀圜丘，皆令攝官行事。質明既畢，日出視朝，有國已來，更無改易。若親拜南郊，受朝須改。"因敕："自今已後，冬至受朝，永爲常式。"至永泰二年十一月詔："冬至，令有司祭南郊，于含元殿受朝賀。"至建中二年敕："宜以冬至日受朝賀。"貞元四年，中書侍郎李泌奏："冬至受朝賀，請准元日中書令讀諸方表。"敕旨："宜依。"准《六典》，殿中侍御史，凡冬至、元正大朝賀升殿者，伏以天運四時，節分二至，陰勝則臣道熾，陽盛則君德興。且一家之尊，祭先祖畢，受子孫之賀，豈萬國之主祀圜丘，止臣下之朝？宜按舊章，以光令節，冬至日望准本朝前後明敕處分。

原載《五代會要》卷5

唐故清河郡張府君（茂）夫人墓誌銘

　　洪流廣派，故分朝海之波；積德累仁，必有頤孫之慶。河朔名族，蓋世華宗，得無經濟之才，以嗣弓裘之美。祖諱則，字智明，其先清河郡人也。蓋自大漢司徒子房之後，因食封於渭，遂以爲氏。自在不仕，逍遙經歷，爲潞人焉。府君諱茂，字咸時，容質瓌偉，風度深沉。職役南衙，軍屬和衆，頃於光啓二年，咸命南關。便值孟氏狂謀，諸關徇逆，公遭驅擁，攻逼郡城，府內出軍，逆師大敗。因兹陷歿，白骨不歸，享年廿七。夫人鄭氏，三從備矣，四德彌彰。恬和於六親之內，親戚欽風；秉志於五十年中，輩流遵美。豈謂於天成三年，忽構微疾，不痊藥餌，至九月十八日，啓手足於私室，享年七十二。嗣子貴安，於家孝悌，處衆卑恭，逍遙不事於君侯，商賈自頤於鄉里。新婦崔氏，姑言婦順,常日聞之閨禮女儀,美名頗著。長孫女適王彥威,次曰洪筌,出家。孫男敬儒早亡。新婦皇氏,玄孫兒皮兒、孫女六娘子。共懷感慕,無以申侍奉之勤;每積殘嗟,有時念撫綏之款。於天成三年戊子歲十月壬寅朔廿九日庚午祔葬於府西三里之祖塋,禮也。乃爲銘云:

奇哉府君,咸命南歧。魂隨風燭,魄逐雲□。子孫泣血,見面無期。夫人鄭氏,實爲貞志。五十年中,播名鄉里。貞魄何賴,刻石爲紀。

志洛陽民間收藏志石

請臨軒册命奏　天成三年十一月　中書門下

舊制:凡降册命,至尊臨軒。伏自陛下纂襲,繼有封崇,但申持節之儀,尚闕臨軒之禮。今後有封册,請御正衙,雖勞萬乘之尊,冀重九天之命。如此則行之者禮備,受之者感深,寧惟轉耀於皇猷,實亦永標於青史。

原載《全唐文》卷970

上中書記事帖　天成三年十二月二日　學士院

樞密院近送到權知高麗國諸軍事王建表,今賜詔書者。其高麗國未曾有人使到關,院中并無彼國詔書式樣,未審呼卿呼汝,兼使何色紙書寫及封裹事例,伏請特賜參酌詳定報院者。

原載《五代會要》卷13

朝官具三代名諱一度奏　天成三年十二月十日　中書門下

朝官每遇待制,不計度數,具三代名諱奏聞。伏以臣子之道,資忠孝以爲先;祖考之名,形翰墨而非異。初升朝者不可有缺,久在諱者何必更然。日日赴朝,不處疏遠之地;時時待制;忍煩嚬蹙而書。況屢瀆於天聰,且無益于時政,宜更往例,別示新規。今後自外任除授朝官者,仰具三代名諱,一度聞奏,仍付所司。其久在班者,每遇待制,不令更通三代名諱。

原載《五代會要》卷5

撰太祖莊宗實録奏　天成三年十二月　史館

據左補闕張昭狀："嘗讀國書，伏見懿祖昭烈皇帝自元和之初，獻祖文景皇帝於大和之際，立功王室，陳力國朝。太祖武皇帝自咸通後來，勤王戮力，翦平多難，頻立大功，三換節旄，再安京國。莊宗皇帝親平大憝，奄有中原。儻闕編修，遂成湮墜。伏請與當館修撰，參序條綱，撰太祖、莊宗實録者。"伏見前代史館，歸於著作，國初分撰五代史，方委大臣監修。自大曆後來，始奏兩員修撰，當時選任，皆取良能，一代之書，便成於手。其後源流失緒，波蕩不還，冒當修撰之名，曷揚褒貶之職。及乎編修大典，即云別訪通才，況當館職在編修，合令撰述。

原載《五代會要》卷 18

論宰臣常朝宜拜奏　天成三年十二月　中書門下

逐日常朝宣奉敕不坐，兩省官與東西兩班並拜，押班宰相不拜。或聞班行所論，承前日有廊餐，百官謝食；兩省即各有常厨，從來不拜。或云"侍臣不拜"檢尋故實，不見明規。百僚拜爲有廊餐，即承旨合宣有敕賜食。供奉官不拜，亦恐非儀。且左右前後之臣，日面天顔，豈可不拜？臣等商量，今後常朝押班宰臣亦拜，通事舍人亦拜，閤門外放仗亦拜。

原載《全唐文》卷 970

解送監生奏　天成三年　國子監

請國子監每年祇置監生二百人。自後更與諸道相次解送，至十月三十日滿數爲定。又請頒下諸道州府，各置官學。如有鄉黨備諸文行可舉者，録其事實，申報監司，方與解送。但一身就業，不得影庇户門。兼太學書生，亦依此例，不得因此便取公牒，輒免本户差役。又每年於二百人數内，不繫時節，有投名者，先令學官考試，校其學業深淺，方議收補姓名。

原載《册府元龜》卷 620

河西歸義軍節度檢校太保曹議金狀

河西歸義軍節度觀察處置管内營田押蕃落等使金紫光禄大夫檢校太保兼令公御史大夫上柱國曹議金狀上。

右議金守邊遐徼,地僻天涯。所仗廊廁(廟)之資,遠威戎狄。伏惟相公軒冕清門,珪璋名器。自□臺輔,六合具瞻;帷幄運籌,四海□謐。故得四夷迴面,皆瞻天下之□;百辟承規,虔奉域中之大。議金自居。(後缺)

原載敦煌文書 P. 2675

朝官升任宜令中謝奏　　天成四年正月　　中書門下

准往例:起居補闕拾遺、御史、郎中、員外郎、少卿、監國子司業已下,每加新命,祇於正衙謝後便常朝。竊見邊遠令録,尚自對揚;班行臣僚,並宜中謝。今後凡升朝官,望並令中謝。

原載《全唐文》卷 970

後唐天成四年(九二九)三月九日普光寺置方等道場榜

普光寺置方等道場榜。

謹取三月十二日首净入道場。十三十四日停。十五日請令公祈願。十六日停。十七日請禪律諸寺大德榮發。其夜發露。十八日停。十九日問想。廿日停。廿一日祈光。廿二日停。廿三日甄別。廿四日停。廿五日過狀兼判。廿六日停。廿七日受戒。廿八日別置登壇道場,限至四月五日式叉須了。六日就僧寺求戒。右如來教式,歷代興焉;八藏玄文,今自見在。此時法事,不比別段之儀,須憑四分要門,彌罕練窮本典,仍仰都檢校大德等不違佛敕,依律施行。稍有不旋,必當釋罪者。

天成四年三月九日榜。(後缺)

原載敦煌文書 S. 2575

請復置格杖奏　　天成四年三月　　御史臺

臺中舊有格杖,近年不行,每有決遣公事,皆於河南、洛陽兩縣追取人杖。今緣臺中常有囚徒勘責，若一一於兩縣追取，又緣地理遙遠，及後差人往來，交妨指揮公事者。今臺請置行人杖，免妨滯公事。

原載《全唐文》卷970

群臣乞假覲省請量賜茶藥奏　天成四年三月　中書門下

孔子有言曰："教以孝，所以敬天下之爲人父者；教以悌，所以敬天下之爲人兄者；教以忠，所以敬天下之爲人君者。"往聖深旨，中古明規。方當孝理之朝，尤重人倫之本。今後群臣內有乞假覲省者，欲請量賜茶藥，所貴勸人之善，表主之恩，誠有益於皇猷，且無損於國勢。況在班行有父母者甚少，既資風化，動挂宸衷。

原載《全唐文》卷970

請准舊式五月一日起居奏　天成四年四月　中書門下

五月一日入閣起居，准貞元七年四月二十八日敕。昔者聖賢觀象，因天地交會之次，爲父子相見之儀，沿習成風，古今不易。王者制事，在於因人，酌其情而使中，順其俗以爲禮。咸覿之禮，既行父子之間；資事之情，豈隔君臣之際？自今後每年五月一日御宣政殿，與文武百僚相見，京官九品以上，外官因朝奏在京者，並聽就列。宜令所司量定儀注，頒示天下，仍編禮式，永著常規者。

伏以本朝舊制，近代不行，方當開泰之期，難曠會同之禮，宜興墜典，以耀明庭。五月一日應在京九品以上官及諸進奉使，並准貞元七年敕就位起居。自此每年，永爲常式者。

原載《全唐文》卷970

賜朝臣茶藥奏　天成四年五月四日　度支

准敕，中書門下奏，朝臣時有乞假覲省者，欲量賜茶藥，奉敕宜依者。切緣諸班官班省使，不見品秩高低，兼未則例，難議施行。各令據官品等第指揮。文班：左右常侍、諫議、給事、舍人、諸行尚書、太子賓客、諸寺太卿、國子監祭酒、詹事、左右丞、諸行侍郎，宜各賜蜀茶三斤。起居、拾遺、補闕、侍御史、殿中、監察御史、左右庶子、諸寺少卿、國子監司業、河南少尹、左右諭德、諸行郎中、員外郎、太常博士，宜各賜蜀茶二斤，蠟麵茶二斤，草豆蔻一百枚，肉豆蔻五十枚，青木香一斤半。國子博士、五經博士、兩縣令、著作郎、太常、宗正、殿中丞、諸局奉御、大理正、太子中允、洗馬、左右贊善、太子中舍、司天五官正，宜各賜蜀茶二斤，蠟麵茶一斤，草豆蔻五十枚，肉豆蔻五十枚，青木香一斤。武班：左右金吾上將軍、左右諸衛上將軍，宜各賜蜀茶三斤，蠟麵茶二斤，草豆蔻一百枚，肉豆蔻一百枚，青木香二斤。左右諸衛大將軍、左右諸衛將軍，宜各賜蜀茶二斤，蠟麵茶二斤，草豆蔻一百枚，肉豆蔻五十枚，青木香一斤半。左右率府副率，宜各賜蜀茶二斤，蠟麵茶一斤，草豆蔻五十枚，肉豆蔻五十枚，青木香一斤。

原載《五代會要》卷 12

條流租稅諸般錢穀奏　天成四年五月五日　戶部

三京、鄴都、諸道州府逐年所徵夏秋稅租，兼鹽麴折徵、諸般錢穀等起徵，條流如後：四十七處節候常早，大小麥、䵚麥、豌豆五月十五日起徵，八月一日納足；正稅匹帛、錢鞋、地頭榷麴、蠶鹽及諸色折料，六月五日起徵，至八月二十日納足。河南府、華州、耀、陝、絳、鄭、孟、懷、陳、齊、棣、延、兗、沂、徐、宿、汝、申、安、滑、漢、澶、襄、均、房、雍、許、邢、洺、磁、庸、隨、郢、蔡、同、鄆、魏、汴、潁、復、鄜、宋、亳、蒲等州，二十三處節候差晚，隨本處與立兩等期限。二十三州郡未見。一十六處節候較晚，大小麥、䵚麥、豌豆六月一日起徵，至八月十五納足；正稅匹帛、錢鞋、地頭榷麴、蠶鹽及諸色折科，六月十一日起徵，至八月二十五日納足。幽定、鎮滄、晉隰、慈密、青鄧、淄萊、邠寧、慶衍，七處節候尤晚，大小麥、䵚麥、豌豆六月十日起徵，至九月納足；正稅匹帛、錢鞋、榷麴錢等六月二十日起徵，至九月納足。并、潞、澤應威塞軍、大同軍、振武軍。

原載《五代會要》卷 25

己丑年(九二九)五月廿六日應管內外都僧統爲道場納色目榜

應管內外都僧統榜。

普光寺方等道場納色目等印。三科右奉處分,令置受戒道場,應管得戒式又沙彌尼等,沿法事,准往例合有所稅,人各麥油一升,掘(檞)兩笙,訶梨敕兩顆,麻十兩,石灰一升,青灰一升,苴萁兩束。諸餘沿道場雜要敷具,仍仰道場司校量差發,不得偏併,妄有加減。仍仰准此條流,不在違越者。

己丑年五月廿六日榜。

原載敦煌文書 S. 2575 6V

景宗宜合食太廟奏　　天成四年五月　　中書門下

先據太常寺定少帝謚昭宣光烈孝皇帝,廟號景宗。伏以本朝基構垂三百年,昭宗以中否東遷,少帝以沉冤晏駕。始封侯於偏室,新立廟於聖朝,追奕世之尊,雪當年之恥。先皇帝初定中原之後,昭宗少帝尋合一時入廟,所司不舉,遂成闕禮。既暌昭穆,難會烝嘗,太廟有合食之儀,外邑無登歌之奏。生曾爲帝,享乃承祧,既號景宗,合入太廟,如不入廟,難以言宗,須叶徵章,免貽群議。於理而論,祧以遠廟,安少帝神主於太廟,即昭穆序而宗祀正。今或且居別廟,即欲不言景宗,只云昭宣光烈孝皇帝,兼冊文内有“基”字,是元宗廟諱,尋常泛行詔敕,皆不迴避。少帝是繼世之孫,冊文内不欲斥列聖之諱,今改“基”爲“宗”字。

原載《全唐文》卷 970

請及第人文書詳書履曆年月奏　　天成四年七月　　禮部貢院

今年諸色及第人中,有曾攝州縣官及有御署攝牒,兼或有正授官及曾在賓幕赴舉者,諸條格中書奏及第人先曾授職官者。宜令所司於守攝文書内署重任舉及第年月日,或改名不改名,分明印押,懼其轉賜於人,假資冒進也。其中曾授正官御署並佐幕者,仍約前任資序與除一任官。如自中興以來諸科及第人曾授職官者,並令所司追給文書到日,准今年及第人例處分,已授官者不在此限。兼勒貢院將來舉人納家狀內,各分析曾爲官及不曾爲官、改名不改名,其曾爲職官者,先納歷任文書,及第後准例指揮。

原載《全唐文》卷970

請檢勘南郊行事官文書奏　天成四年九月　中書門下

來年二月南郊大禮,應諸司寺監合行事官。伏以明德惟馨,冀神靈之昭鑒;作事謀始,庶王道之和平。前件將來行事官等,既預嚴禋,希沾聖澤,先宜條貫,免忤擬倫。應合差行事官,但是前資并及第黃衣,及三司徵科勒留官充任。逐司寺監先引驗歷任告身分明,則得差補。若失墜文書,則須得本處當時公驗,不得憑諸處所給憑縣。如是州縣官,須見四道五道以上應攝文牒,皆是節察及直屬京防禦團練使差署。仍點勘逐任年月遠近、曾親公事及得替因縣,不是虛牒,則得收補。其逐司合差職員官吏,須是已經附奏者充,不得臨時放出虛牒。將來所司磨勘,如不依元指揮,公然顏情,互容謬妄,其逐司官吏并本人,并當勘責,各行嚴斷。

原載《全唐文》卷970

明堂致齋舊儀奏　天成四年九月　太常禮院

來年二月十八日致齋於明堂。准舊儀,皇帝服通天冠、絳紗袍,文武五品已上著袴褶,陪臣近侍祇著朝服。

原載《五代會要》卷2

後唐天成肆年(九二九)十月百姓姚義盈買舍契

天成肆年十月五日,百姓(姚)義盈買[百]姓 ▢▢▢▢▢
(中缺)

▢▢▢▢▢ ▢▢▢付壹伯▢(東)西不在,▢任字(自)覓舍▢若不出有資

▢姓姚義盈買乾貨種(中)▢(亭) ▢▢▢▢▢
　(後缺)

原載敦煌文書 S.5540

條陳貢舉事例奏　天成四年十月　中書門下

應諸道州府解送諸色舉人，須准元敕，差有才藝公正官，考試及格，然可給解。仍具所試詩賦義目帖繇送省。如逐州府解內不署出前件指揮事節，所司不在引試之限。禮部貢院考試諸色帖經舉人，今後據所業經書對義之時，逐經須將生卷與熟卷中半考試，不得依往例祗將熟卷試問。今後主司不得受內外官僚書題薦托舉人，及安排考試官，如或實講知有才學精博者，任具奏聞。若受書題囑托致有屈人，其主司與發書人並加黜責。其所舉人別行朝典，三銓南曹亦不得受諸色官員書題薦托選人，如違並准前指揮，應諸色落第人，此後所司具所落事繇，別張懸文榜，分明曉示。除諸州府解送舉人外，餘有於河南府寄應及宗正寺、國子監生等，亦須准上指揮。其中有依托朝臣者，於解內具言在某官某姓名門館。考試及第後，並據姓名覆試。諸色舉人至入試之時，前五日內，據所納到試紙，本司印署訖，却送中書門下，取中書省印，印過却付司給散，逐人就試貢院。合請考官試官，今後選舉業精通、廉慎有守者充。若在朝臣門館人，不得奏請。

原載《全唐文》卷 970

錢氏買地券

維天成四年歲次己丑十一月丙寅朔五日庚午，故錢氏地券。生居城邑，死安宅兆。龜筮叶從，相地襲吉。宜於犀浦縣陽侯鄉巴州里之原安厝。其地謹用五彩銅錢買得。東至青龍，西至白虎，南至朱雀，北至玄武，內方勾陳，分掌四域。丘丞墓伯，封步界畔，道路將軍，整齊阡陌。千秋萬歲，永無殃咎。訶禁之者，將軍亭長，收付河伯。今以牲牢酒禮，百味香新，共爲信契。財地交付，工匠修塋。安厝之後，永保貞吉。知見人：歲月主者；保人：今日直使。故氣邪精，不得忤杵。先有居者，永避萬里。若違此約，地府主吏，自當其禍。主人內外，存亡安吉。急急如五帝女清律令。

原載《五代石刻校注》

重定正冬朝會禮儀奏　天成四年十一月　禮官

《開元禮》三品以上升殿，群臣在庭。竊以九品分官，隨時有異，或以卑高定分，或以清濁爲資，積習是常，造次難議。請沿近禮，依内宴列坐。《開元禮》稱賀之後，皇帝戴通天冠，服絳紗袍，百官朝服以侍坐，解劍履於樂縣之西北。

竊以開元舊制，長安廣庭，故可以究皇儀而展帝容，陳百辟而贊群后。今京邑新造，殿廡未更，若用前規，慮爲狹隘。議請皇帝冠烏紗巾，服赭黄袍，百僚具公服，候朝堂宏廠，即舉舊儀。二舞鼓吹熊羆之案，工師樂器等事，縣久廢無次頗甚，歲月之間，未可補修。且請設九部之樂，權用教坊伶人。

原載《全唐文》卷 970

己丑年（九二九）陳佛德貸褐契（抄）

己丑年十二月十二日，陳佛德於僧長千面上貸紅褐兩段、白褐壹段。比至三月十五日，著還出褐叁段、白褐壹段。若於時限不還者，便看鄉原生利者，田承男丑，撻（下空）

原載敦煌文書 S.4445

己丑年（九二九）龍家何願德貸褐契

己丑年十二月廿三日，龍家何願德於南山買買（賣），欠小（少）褐，遂於永安寺僧長千面上貸出褐叁段、白褐壹段。比至南山到來之日，還褐六段。若東西不平善者，一仰口承定德、丑子面上取本褐。若不還者，看鄉原生利。恐人無信，故立此契，用爲後憑。

口承弟定德（畫押）

口承丑子（畫押）

取褐人何願德（畫押）

原載敦煌文書 S.4445

後唐天成年代都頭安進通狀稿（二件）

（一）都頭安進通狀上。

右今月某日已前,當鎮所有烽補(鋪)、捉道、城上更宿,一依官中嚴旨,倍加謹急,此旬四面并無動靜,不敢不申。謹錄狀上,牒件狀如前,謹牒。

某乙某狀謹封。

(二)都頭、知懸泉鎮遏使、銀青光禄大夫、檢校國子祭酒、兼御史大夫、上柱國、安△乙,乃覩古迹、神廟圮坼,毀壞年深,若不修成其功,恐慮靈祇無效。遂則彩繪諸神,以保河隍永固,賊寇不屆於疆場。護塞清寧,戎烟陷滅,潛異境□,乃豐登秀實,萬姓歌謠,有思神佛(狼心)早覺。于時天成□年某月日。

原載敦煌文書 P. 2814 背

賜高麗王敕　天成年間

敕高麗國王。省所奏,進奉謝恩紅地金銀五色綾織成日月龍鳳襖緞二枝,紅地金銀五色綾織成龍床褥二面,金星皮甲二副,罽錦銀皮甲二副,罽錦鍊鐵兜四副,罽錦紅地金銀五色綾織成花鳥罽錦捍胯四副,角弓四張,紅地金銀五色綾織成龍魚罽弓袋裁四具,行幹箭二百隻,貼金一百隻,貼銀木幹箭二百隻,紅地金銀五色綾織成雲龍箭釵袋四具,金銀裝欜鞘細鏤雲天玉劍一十口,内二口金銀裝罽錦鞘,金錦裝罽錦鞘,細鏤雲天長刀一十口,金銀裹槍一十根,金銀裝罽錦鞘匕首一十口,金銀裝鞘匕首一十口,細苧布一百匹,白氎二百匹,細中麻布三百匹,事具悉。卿世篤忠貞,家傳勛閥,爰屬承襲之始,遠輸貢奉之儀,貝錦成章,橦華讓貴,咸陳筐篚,皆是珍奇,而又兵器駢羅,戎衣鮮麗,莫非精妙,可驗傾勤,嘉獎所深,再三無已。

原載《全唐文》卷 112

又敕　天成年間

敕高麗國王。省所奏,進奉金銀裝所剌六根,罽錦鞘金銀裝劍六口,金銀裝罽錦鞘長刀一十口,紅地金銀五色綾織成花鳥罽錦捍胯二腰,紅地金銀五色綾織成花鳥罽錦倚背二面,紅地金銀五色綾織成花鳥罽錦裙腰六腰,紅地金銀五色綾織成罽錦鞘金銀裝匕首一十口,鍍金鷹鈴二十顆，銀鑼鏇子五色絛銀尾銅金鍍金鸕子鈴二十顆，銀鑼尾銅全細白氎布一百匹，細中麻布一百匹，人參五十斤，頭髮一十斤，金銀地鐵文剪刀一十枚，金銀細鏤剪刀一十枚，金銀細鏤剪髭剪刀一十枚，銀花細鏤剪刀二十枚，金銀重口大樣刀子三十柄，銀重口大樣刀子四十柄，金銀重口中樣刀子五十柄，銀重口中樣刀子五十柄，金銀重口小刀子五十柄，銀重口小刀子一百柄，金銀細鏤撇火鐮二十枚，金銀細鏤鉗子二十枚，香油五十斤，松子五百斤，事具悉。卿地控東溟，心馳北闕，奉九丘而作貢，歷萬里以來王，戎器堅剛，織文靡麗，苧麻如雪，至藥通神，首飾玩具之奇，香澤果寶之類，名器既眾，羅列甚多，省閱之時，稱尚良切。

原載《全唐文》卷 112

又敕　天成年間

敕高麗國王。省所上表，賀去年三月一日親幸澶州殺敗契丹事具悉。朕以契丹顯違信義，輒肆侵陵，親御戎車，往平桀虜，靈旗一舉，狂寇四奔。卿遠聽捷音，頗攄憤氣，載馳章表，來慶闕庭，嘉乃忠誠，不忘於意。

原載《全唐文》卷 112

庚寅年（九三〇）正月社司轉帖

社司轉帖。右緣准例建福一日，人各爐餅一雙，粟一斗。幸請諸公等。帖至，限今月四日卯時於大悲寺門前取齊。捉二人後到，罰酒壹角，全不來者，罰酒半瓮。其帖速遞相分付，不得亭（停）滯。如滯帖者，不准條取償。〔帖〕周却赴（付）本司，用憑告罰。庚寅年正月三日錄事董帖咨。太子、翟僧正、曹僧正、安僧正、羅僧正、宋法律、戒隨闍梨、王僧正、氾法律、馬法律、王法律、楊法律、徐法律、閻押牙、吳押牙、陰押牙、馬押牙、高押衙、索草場、宋押牙、司徒陰押牙。

原載敦煌文書 P. 3073

後唐長興元年(九三〇)正月法瑞交割常住什物點檢曆狀

（前闕）

金銅像□■經價壹、馬投盤壹、踏床兩[張]。

右通前件幡傘函櫃鐺鏊鍋釜氈褥家具什物等一一點檢分付後寺主定圓,具實如前。伏請處分。牒件狀如前謹牒。

長興元年辛卯歲正月日,法瑞狀。

原載敦煌文書 P. 3495

庚寅年(九三〇)二月三日寺家漢不勿等貸褐曆

庚寅年二月三日,寺家漢不勿白褐壹段,張押衙貸出褐兩段,畫定興買油褐壹段,畫會興買油褐壹段,蘇家永富白鞋壹兩斷麥壹碩貳斗,孔住延麥壹石二斗,索苟兒買油白褐壹段,僧友定白褐壹段,氾定昌褐壹段,令狐萬子貸白褐壹段,張家女貸白褐壹段,阿孃共張家女白褐壹段。

（後空）

原載敦煌文書 S. 4445IV

庚寅年(九三〇)龍勒鄉百姓曹員昌貸絹契(習字)

庚寅年四月九日立契。龍勒鄉百姓曹員昌伏緣家中欠匹帛,今遂亦(赤)以鄉百安全面上

（後缺）

原載敦煌文書 P. 4093

命婦表賀奏　長興元年五月　太常禮院

皇后今月十四日受册,准舊儀,外命婦並合赴皇后受册正殿門外就次,俟受册訖,司賓引入就位奉賀。今未有命婦院,請准例上表賀。

原載《五代會要》卷 4

命婦賀皇后稱殿下奏　長興元年五月　太常禮院

按儀制令,百官上疏於皇后曰皇后殿下,中外臣僚外命婦慶賀,

祇呼殿下，不言皇后。

原載《五代會要》卷 4

上皇后章表請呼皇后殿下奏　長興元年五月　中書

據太常禮院狀，若祇呼殿下，恐未合宜。至如舊制，皇太子亦呼殿下，若無分別，何顯尊卑？凡上皇后章表內，請呼皇后殿下，若不形文字，尋常並呼皇后。

原載《五代會要》卷 4

請禁師生稱謂奏　長興元年六月　中書門下

伏以國設高科，人貪上第，所望不小，其業須精。實以喪亂年多，苦辛人少，半失宣尼之道，倍勞宗伯之心，不望超群，且須合格。今逢聖運，大闡皇猷，設官共革於時訛，選士實期於歲勝。又朝廷較藝，爲擇賢才，或臣下收恩，豈成公道？時論以貢舉官爲丘門、恩門，及以登第爲門生。門生者，門弟子也。顏、閔、游、夏等，並受仲尼之訓，即是師門。大朝所命春官，不曾教誨舉子。舉子是國家貢士，非宗伯門徒，況又斥先聖之名，失爲儒之體。今後及第人放榜時，並須據才藝高低從上依次第安排，不得以雋科取鼎鳥岳斗之名爲貴，冀從敦實，以息浮澆。兼不得呼春官爲恩門、師門，不得自稱門生。除賜宴外，不得輒有率斂，別謀歡會。曾赴舉落第人，無故不得改名。將來舉人，並依據地理遠近，於十月三旬下納文解。如違，不在收受之限。

原載《全唐文》卷 970

詳覆進士雜文奏　長興元年六月　中書門下覆奏

敕新及第進士所試新文，委中書門下細覽詳覆，方具奏聞，不得輒徇人情，有隳事體。中書於今年四月二十九日帖貢院準元敕指揮，中書量重具詳覆者，李飛賦內三處犯韻，李轂一處犯韻，兼詩內錯書“青”字爲“清”字，並以詞翰可嘉，望特恕此誤。今後舉人詞賦屬對，並須要切，或有犯韻及諸雜違格，不得放及第。仍望付翰林別撰律詩、賦各一首，具體式一一曉示，將來舉人合作者，即與及第。其李飛、樊吉、夏侯珙、吳沺、王德柔、李穀等六人,盧價賦內"薄伐"字合使平聲字,今使側聲字,犯格。孫澄賦內"御"字韻,使"宇"字,已落韻。又使"膌"字,是上聲"有"字韻,中押"售"字,是去聲。又有"朽"字犯韻,詩內"田"字犯韻。李象賦內一句"六石慶兮",並合使此"奚"字;"道之以禮",合使此"導"字,及錯下事,"常"字韻內使"方"字。詩中言"十千","十"字處,合使平聲字,偏字犯韻。楊文龜賦內,"均"字韻內使"民"字。以君上爲駿騑之士,失奉上之體。"兼善"字是上聲,合押,遍字是去聲。"如"字內使"興"字,詩中偏字犯韻。師均賦內"仁"字犯韻,"晏如"書"宴如"。又"河清海宴","宴"字不合韻,又無理,"晏"字即落韻。楊仁遠賦內,"賞罰"字書"伐"字,"銜勤"字書"鍼"字;詩內"蓮蒲"字,合着平聲字,兼"黍粱"不律。王谷賦內"御"字韻押"處"字,上聲,則落韻;去聲,則失理。"善"字韻內使"顯"字,犯韻;"如"字韻押"殊"字,落韻。其盧價等七人,望許令將來就試,仍放再取文解。高策賦內,"於"字韻內使"依"字,疑其海外音訛,文意稍可,望特恕此。其鄭朴賦內言"肱股",詩中"十千"字犯韻,又言"玉珠"。其鄭朴許令將來就試,亦放取解。仍自此賓貢,每年祇放一人,仍須事藝精。其張文寶試士不得精當,望罰一季俸。今後知舉官如敢因循,當行嚴典。

原載《冊府元龜》卷 642

磨勘李範趙知遠奏　長興元年七月　吏部南曹

　　磨勘南郊行事官,前守濮州范縣主簿李範,是同光元年不納告身人數,準敕終身不齒。今又冒名於四方館行事。前河南府長水縣主簿趙知遠,使兄爲父蔭行事者。

原載《冊府元龜》卷 638

五代後唐長興元年(九三〇)造像碑

　　長興元年八月二十日造碣至天台山龍門院。邑人□蓋堂殿宇一間,寺院主僧奉景同弟惠呈、惠回。前河東天雄□得部前兵馬使治潞軍使起置石城稅官勾當。□□□頭會□石城村維□□謹□□□志□

□□□□□□林鄭注□□□解及解□□信□□解□史□□□王□李
信□□□□□□□大及□□張□李存□□□□□□□□劉□□解青
路千統□□□□□□解□□□□進□□□張佐史元鄭□□□□□
□□村維那江□邑人李□申應宋□宋□宋昌江□申□□□□祐李□
□□□岳□哲宋□申温□□郭□侯贇□□□□栗千劉□
當村維那□□□□□□尚崇賈千□尚□□□□□邑人賈□玉賈
□賈温□□□□□□壁維那張□邑人□□□□馬寶□□□進□
成□信□□□温□□□□□□□釗□□□車張貴□□□□□
□□□將臺□李思□□□□□□□男務□留□□□□李千□□
□匹□

原載《三晉石刻大全・長治市平順縣卷》

庚寅年（九三〇）九月十一日—辛卯年（九三一）七月九日諸色斛斗支付曆

　　庚寅年九月十一日，就北府莊上，付楊七娘子酒本粟貳拾壹碩，曹富員酒本粟貳拾壹碩，秋磑麻伍碩。十二月廿五日，吊孝達家夫人大社粟壹斗、小社粟壹斗。廿九日，閻骨子舍價粟拾碩。辛卯年正月九日，還令孤（狐）閻骨子舍價粟柒碩陸斗伍升，孔庫官社印沙佛粟壹斗。十七日，還氾都頭舍價粟壹車，靈圖寺保清張法［律］惠談李法律二人將去結壇布施粟玖斗伍升，曹家送日粟壹斗伍升，索阿朵子賭粟壹斗。二月廿二日，惠昌都頭粟兩碩壹升，布施粟壹碩貳斗，曹家兄弟寒食粟貳斗，臥醋粟玖斗，還曹達坦樹木價粟兩碩伍斗。閏二月七日，付侯定住磑麵粟兩車。長連下使油酒本粟肆斗，令孤殘兒贈粟壹斗。十四日，吊孝索家娘子粟叁斗，王像友贈粟壹斗，大讓莊韮子麻玖斗，吊孝善昌都頭粟壹斗，清忽種子黃麻壹碩伍斗，長員種子黃麻壹碩伍斗，索保宗贈粟壹斗。三月二日，丑撻都頭地價粟叁拾碩，□□渠賽神粟壹斗，都官社吊孝粟壹斗，親事吊孝鄧家阿師子粟壹斗。十八日，付侯定住磑麵粟兩車，買笓籬粟壹拾碩，孔住信贈粟壹斗，劉定子贈粟壹斗，閻都衙社粟壹斗。五月廿三日，付張清忽黃麻柒碩。六月十三日，吊孝保盈張都頭粟壹斗，又壹斗。十六日，付荆都頭粟

玖碩叁斗,親使吊孝粟壹斗。七月九日,付候定住磑麵粟壹。(後缺)

原載敦煌文書 P.4907

武功百姓劫縣科斷奏　長興元年九月　西京

武功縣百姓三千餘人,持白棒入縣,亂擊人吏,分却縣庫税錢公解什物。尋差兵士捉到結集首領武功鎮將跂跌琉等三十二人,各招本罪,稱縣令以大竿尺檢田,所以衆心難抑。其跂跌琉准法科斷,文玉罰七十直,主簿李彦柔罰五十直,並勒停。

原載《冊府元龜》卷707

請定銓選事例奏　長興元年十月　中書門下

吏部流内銓諸色選人,先條流試判兩節,並委本官優劣等第申奏。文優者宜超二資注擬,其次者,以同類官注擬。所以勵授毫之作,亦不掩歷任之勞。其或於理道全疏者,以人户少處州縣同類官中比擬,仍准元敕,業文者任徵引古今,不業文者但據公理判斷。可否不當,罪在有司。兼諸色選人,或有元通家狀,不實鄉里名號,將來赴選者並令改正,一一署本貫屬鄉縣,兼無出身,一奏一除官等,宜並不加選限。

原載《全唐文》卷970

唐故秦府君(進舉)墓志銘并序

蓋聞娲皇剖孕,宗族派流,生死輪迴,葬之以禮。府君□□州郃陽郡人也。大秦二十四帝之胤緒,嬴□公之苗裔。築長城之後,已姓之依,貫居上黨縣,鄉號雄山,湖渤之里西火村。土居莊東,鷄鳴嶺下。先祖塋内袷葬,高、曾二祖已立銘文,不繁再序。

公諱進舉。王母元氏。父諱君捷。夫人杜氏。府君享年六十有二。夫人志已從心,不幸俱喪人世。德也道芳,松桂可務,家偉母志斷機,曹娥之不異。嗣子定真,妻王氏。男孫審言,新婦賈氏。女孫六人,强備冤以爲□終如之禮。金堂玉櫬,立斯記畢。爰以長興元年歲在庚寅十一月庚申朔七日丙寅袷祔於本塋甲地。其境也,東連葛嶺,寶靈爲左翅。右倚雄峰,司空寺之金地。前有金鷄之嶺,馬跑神泉之水。後拔抱羊之山,聖廟危危。鳳勢莊東二里浩沙溝,四神備矣。伏恐年移代改,海變桑田,刊石標名,永爲不朽之記。

原載《西安碑林博物館新藏墓志彙編》

唐故郭府君(元)玄堂銘并序

　　郭氏之先出自於始□之,其祖太原人也。世世含生,人最爲靈。生則卜居爲聖,死則宅兆爲先。生事之以禮,葬之以禮。嗣子友順等,是以將金爲土,寶堕湮哀,修飾塋域,安置墓田,備□□禮,題之如左。曾祖并烈前史。府君諱元,松筠之□,鏡劍具□。夫人同郡武氏等,坤德美於六親,母儀光乎九族。育子一人,諱從實,在外亡殁。再取(娶)夫人,隴西郡李氏,嗣子二人。長□已終,諱□,娶婦安樂郡任氏,育子一人,幸存,上文村任敬芝家入門。次男友順,鄉黨英賢,郡邑領袖。娶新婦天水郡趙氏,已終,邑希有洛□之容,訓子有東鄰之望。育子二人,長曰幸璋,充州城□手。次男□□□□,一心慕道,割愛辭親,授具依年,看經進業,一世段姎。□女京兆郡田氏,育子二人。次第三男幸滿,次幸通。再娶南□郡劉氏,無子,殁故。再娶同郡張氏,無子。幸璋新婦劉氏,育子名十五。女三人,長曰婆女,次婆連,次婆奴。幸滿新婦任氏,育子小名什六。友順每思育養,罄捨家資,各抽暑服,槖釀寒衣,同謀葬禮,以代甘旨。乃擇長興元年歲次庚寅十一月庚申朔十三日壬申,葬於汾州南罩村東北二里自己地内,東去敬雲一里。其地乃東望抱腹高崗,西視久葱平原,南顧温水,北看子夏之山。左引龍歡普雨,右有供慶尋常,前至弓村而能定戈鈸,後有文侯而公卿不絶,先代祖考遂吉葬於盧。思日月玄遠,段隔桑田,玉石題名,永保歲宅。其銘曰:

　　遠祖英俊,古今傳説。府君美德,三端無闕。嗣子號天,肝心摧竭。泉堂一閉掩荒郊,孤墳獨守千秋月。

原載《三晉石刻大全·吕梁市汾陽市卷》

唐故任府君墓志銘并序

府君者,西河郡人也。始□混源,榮派玉□之芳;後迹□□,盛列金□□之冑。皆彰德葉累,繼崇勛幾,歷歲久之深,顓頊子孫之後。考諱公慶,妣太原郡王氏。長孫從實,早已亡歿,不追年月。見次子全立,冰清玉潔,量比寒松,於□有正直之規。□眷故有,傳禮□義。新婦隴西郡李氏,立身貞潔,禀性柔和,三從有韻,四德無虧。□女乃嚴,□曹氏訓子,乃捲賓□。嗟呼!潛□□疾,□謝□儀,時天成二年十月六日,卒於私室。見在次子,早立行德。長孫洪文,英賢秀氣,德量弘深,臺鏡雙彼。光流郡邑。名播四海,響振八方。三端有備,六藝能分。見在新婦,太原郡武氏,出恭入敬,四德無虧,禮儀比曹家之能,□同顏氏。孫女婆心,早已殞逝。兒□大孫小心,男女、新婦等,少□□□,今身無托。哀號擗踊,悲泣動天。欲報之恩,斷腸隳裂。義□嗣子,卜兆乾心,創□新田。時長興元年歲次庚寅十二月庚寅朔七日丙申,葬在洪折村南。西有紫微之嶺,北有□塵之崗,崗原,禮也。嗚呼!俯窺臥龍,遠噭□榮。子孫猶恐桑田□革,墳壘隳陵,遂刊石爲文,叙爲銘志。詞曰:

嘆堂堂兮念德,存耿概兮忠貞。敬賓朋兮好友,播遠近兮咸摒。

思□□兮失蔭,獻寒筭兮□□。從此別兮泣血,恨逝水兮長潊。

原載《三晉石刻大全·吕梁市汾陽市卷》

程光遠等造像贊

(上闕)發願捨□財,遂刊石鎸名,□□(下闕)者歸依禮□功德。況乎大士果圓十地,道滿三祇。□□□□□王却住瑠璃國,上或□開□□□世界,或救娑婆濁惡衆生,令離苦源,超昇極樂。於是手搖□□,□□而聲振三塗;掌捧玉珠,五色而光□衆苦。使劍樹刀山之鋒刃,成芙蓉疊翠之芳條。鑊湯炎猛之□□□凉冷波濤之渌沼。此我菩薩願力具大士神通,若不如然,因何出離。今則功圓果就,鏤玉實金,鎮□□之無疆,保算沙之不朽。贊曰:大國神京,士庶英明。敬僧重法,攝念修行。其一。投金擲玉,精藍植福。殁後津梁,生前備足。其二。刊石記名,表敬心精。天曹地府,冥部分明。其三。菩薩大士，儀容寫彼。到者發心，見生福利。其四。齋設一周，十分全收。地獄不歷，天堂法游。其五。功德所作，頓離濁惡。法界有情，一時利樂。其六。維那程光遠、張景思、李順、趙景思、李氏、尹氏。維那李坦、王崇、鄧密□、□彥勛。維那閻洪、李暉、裴彥威、徐楚、田暉、王氏。維那張鐸、郭瓔、李彥浦、馮彥、郭景。維那馬氏、張實、李可及、王知讓、白漢章、陳氏、李氏、宋氏、馬氏、蘇氏、李氏、劉氏、王氏、王氏、張氏、蘇氏、王氏、張氏、郭氏、王氏、張氏。維那楊法行、王氏、李氏。維那李氏、韋溫、嚴本、張進遇、祁知訓、李氏、孫氏、□氏、王氏、魚氏、樊氏、張氏、楊氏、王氏、郭氏、王氏。維那王氏、竺溫、王氏、郭氏、程氏、姚氏、王家劉氏、元氏。

　　長興元年歲次庚寅十二月庚寅朔二十九日戊午□，玉册院韓重鐫字。

原載《八瓊室金石補正》卷 79

請依舊格考試進士奏　　長興元年十二月　　學士院

　　伏以體物緣情，文士各推其工拙；掄材較藝，詞場素有其規程。凡務策名，合遵常式，況聖君御宇，奧學盈朝，倘令明示其規模，或慮眾貽其臧否。歷代作者，垂範相傳，將期絕彼微瑕，未若舉其舊制。伏乞下所司依詩格賦樞，考試進士，庶令分職，互展愙勤。

原載《全唐文》卷 970

命婦上表皇后不報答奏　　長興元年　　中書門下

　　其諸道節度使上表賀皇帝，其在朝外命婦所上皇后表章，進呈訖，不下令報答。自此不便進表。皇子妻、駙馬、公主及近密親舊，或有慶賀及進起居章表，內中委人主掌，進呈後祇宣示來使，並不下令。

原載《五代會要》卷 4

請定禘饗配食奏　　長興元年　　太常禮院

　　來年四月孟夏，禘饗於太廟。謹按《禮》經，三年一祫以孟冬，五年一禘以孟夏。已毀未毀之主，並合食於太祖之廟，逐廟功臣配饗於本廟之庭。本朝寶應元年定禮，奉景皇帝爲始封之祖，既廟號太祖，百代不遷，每遇禘祫，位居東向之尊。自代祖元皇帝、高祖、太宗以下，列聖子孫，各序昭穆，南北相向，合食於前。聖朝中興，重修宗廟，今太廟見饗高祖、太宗、懿宗、昭宗、獻祖、太祖、莊宗七廟，太祖景皇帝在祧廟之數，不列廟饗。將來禘禮，若奉高祖居東向之尊，則禘饗不及於太祖、代祖；若以祧廟太祖居東向之位，則又違於禮意。今所司修奉祧廟神主，及諸色法物已備，合預請參詳，事須具狀申奏。

原載《全唐文》卷 970

申明土貢奏　長興二年正月　戶部

當司所管天下合貢方物法，長興元年三月定，到七十餘州。舊例冬至齊到，正仗前點檢，至元日於殿前排列，當司引進。昨點檢今年正仗前七十州所貢方物，内六十七州正仗前至，其餘二十州，自正月至三月方到京師。其江陵府所貢胎白魚，臣勘本道進奏官狀稱：每年臘月裹造，至正仗未堪貢進，固難及限，猶慮其餘州未曾嚴加告諭，不可便議刑名。請行敕命約束，如來年正仗前貢物不齊，其本州録事參軍及勾押官典，量定殿罰。又棣州合進蘿藦子，本州稱無本色，折進價錢絹一匹。伏以任土作貢，必須產在封疆，本色不供，價錢何取？兼恐顧兹名目，廣有科求，其價絹請停。

原載《全唐文》卷 971

後唐長興二年（九三一）正月沙州净土寺直歲願達手下諸色入破曆算會牒

净土寺直歲願達

右願達，從庚寅年正月一日已後，至辛卯年正月一日已前，衆僧就北院算會，願達手下，丞（承）前帳迴殘，及一年中間田收、園税、梁課、散施、利閏（潤）所得，麥粟油蘇米麵黃麻麩滓豆布縷紙等總壹阡（仟）捌伯（佰）叁碩半抄：

伍伯（佰）貳拾柒碩伍斗肆勝麥，伍伯（佰）玖拾捌碩貳斗玖勝粟，陸碩捌斗伍勝半抄油，貳勝蘇，壹斗玖勝米，壹伯（佰）貳碩肆斗壹勝麵,玖碩叁斗伍勝半連麩麵,壹斗伍勝縠麵,捌拾玖碩貳斗半勝黃麻,伍拾陸碩肆斗麩,壹伯(佰)叁拾叁餅滓,貳伯(佰)捌拾柒碩玖勝豆,捌伯(佰)捌拾壹尺布,貳伯(佰)貳拾壹尺緤,貳伯(佰)張紙。

壹阡(仟)伍伯(佰)肆拾玖碩柒斗陸勝半抄麥粟油蘇米麵黃麻麩查豆布緤紙等丞(承)前帳舊:

肆伯(佰)伍拾叁碩柒斗壹勝麥,伍伯(佰)叁拾伍碩貳斗玖勝粟,叁碩捌斗壹勝半抄油,壹斗肆勝米,伍拾貳碩捌斗壹勝麵,伍碩肆斗伍勝半連麩麵,壹斗伍勝縠麵,捌拾柒碩伍斗伍勝半黃麻,肆拾肆碩肆斗麩,壹伯(佰)陸餅滓,貳伯(佰)柒拾陸碩肆勝豆,陸伯(佰)捌拾壹尺布,玖拾柒尺緤,貳伯(佰)張紙。

貳伯(佰)伍拾叁碩貳斗肆勝麥粟油蘇米麵黃麻麩查豆布緤等自年新附入:

柒拾叁碩捌斗叁勝麥,陸拾叁碩粟,叁碩肆勝油,貳勝蘇,伍勝米,肆拾玖碩陸斗麵,叁碩玖斗連麩麵,壹碩陸斗伍勝黃麻,壹拾貳碩麩,貳拾柒餅滓,壹拾壹碩伍勝豆,貳伯(佰)尺布,壹伯(佰)貳拾肆尺緤。

麥肆斗伍勝,宅內富恩念誦入。麥叁斗,正月燃燈社入。麥柒斗,郭骨兒妻患念誦入。麥叁碩,二月六日沿行像施入。麥兩碩,久子買史老宿偏衫價入。麥叁斗伍勝,高孔目母患念誦入。麥伍斗,高孔目患時念誦入。麥壹碩貳斗,春官齋儭入。麥拾碩,延康渠廚田入。麥伍碩伍斗,菜田渠廚田入。麥柒碩伍斗,自年人上菜價入。麥肆斗,王幸豐臘月念誦入。麥柒斗,宋家進達利潤入。麥壹碩伍斗,宋慶住利潤入。麥壹碩,游懷潤利潤入。麥壹碩,李欺泊利潤入。麥伍斗,彭住子利潤入。麥壹碩,王海潤利潤入。麥壹碩,安應子利潤入。麥伍斗,掉消人康信子利潤入。麥肆斗,李悉歹勺忠利潤入。麥叁斗,高胡子利潤入。麥肆斗,陽白胡利潤入。麥貳斗,王恩子利潤入。麥叁斗,武苟苟利潤入。麥壹斗伍勝,石友子妻利潤入。麥貳斗,張進明利潤入。麥貳斗,吳住兒利潤入。麥陸斗,王都料利潤入。麥貳斗,張安信利潤入。麥壹斗,索奴奴利潤入。麥壹斗,張萬達利潤入。麥壹斗伍勝,王什德利潤入。麥壹斗,米醜子利潤入。麥壹斗,李孔目利潤入。麥壹斗,李婆利潤入。麥壹斗,石友子妻利潤入。麥貳斗,石章六利潤入。麥壹斗,李盈達利潤入。麥叁斗,康員住利潤入。麥肆斗,曹恩子利潤入。麥壹斗伍勝,彭林子利潤入。麥壹斗,彭通信利潤入。麥貳斗,王文詮利潤入。麥壹斗伍勝,彭醜兒利潤入。麥貳斗,柴留信利潤入。麥壹斗伍勝,彭員通利潤入。麥捌斗,道引沽酒入。麥壹碩,自年十二月城上轉經神佛食及僧料入。西倉:麥肆斗伍勝,馬苟子利潤入。麥叁斗,賀善子利潤入。麥叁斗,曹保晟利潤入。麥叁斗,白孝順利潤入。麥叁斗,孔員子利潤入。麥陸斗,劉住子利潤入。麥陸斗,朱員住利潤入。麥貳斗,曹文達利潤入。麥陸斗,安住子利潤入。麥壹斗,劉苟子利潤入。麥陸斗,曹胡子利潤入。麥貳斗,菜僧胸利潤入。入(衍)麥肆斗,楊章友利潤入。麥肆斗,陳遏略利潤入。麥肆斗,楊娑略利潤入。麥貳斗,索苟兒利潤入。麥貳斗,安留德利潤入。麥貳斗,令孤住兒利潤入。麥肆斗,孔憨奴利潤入。麥肆斗,張再宣利潤入。麥壹斗,高娑奴利潤入。麥貳斗,彭員達利潤入。麥肆斗,李幸端利潤入。麥肆斗,張留住利潤入。入(衍)麥貳斗,馬友住利潤入。麥貳斗,陳留信利潤入。麥肆斗,楊難倉利潤入。麥肆斗,康青奴利潤入。麥貳斗,王文詮利潤入。麥陸斗,因會利潤入。麥貳斗,安文員利潤入。麥貳斗,郭慶德利潤入。麥貳斗,何阿腴利潤入。麥肆斗,張憨奴利潤入。麥陸斗,李欺泊利潤入。麥貳斗,索奴奴利潤入。麥貳斗,石佛德利潤入。麥貳斗,利文昌利潤入。麥陸斗,張骨子利潤入。麥叁斗,康安信利潤入。麥貳斗,石富子利潤入。麥肆斗,康留信利潤入。麥肆斗,安友子利潤入。麥肆斗,杜青子利潤入。麥壹拾貳碩伍碩叁勝,諸家貸將每碩頭上壹斗利潤入。粟叁斗,正月燃燈社入。粟陸碩捌斗,二月六[日]沿行像散施入。粟肆斗,高孔目母患時念誦入。粟叁斗,張員宗念誦入。粟壹碩貳斗,春官齋儭入。粟壹碩伍斗,安國寺程法律念誦入。粟壹拾柒碩叁斗,無窮厨田入。粟玖碩柒斗,自年人上菜價入。粟陸碩,自年衆僧菜價入。粟壹碩,石佛德利潤入。粟兩碩,陳婆利潤入。粟貳斗伍勝,張善善利潤入。粟伍斗,安應子利潤入。粟柒斗伍勝,馬善子利潤入。粟壹碩,張安信妻利潤入。粟兩碩,王信子利潤入。粟壹碩貳斗伍勝，僧志通利潤入。粟伍斗，陳順通利潤入。粟伍斗，曹留信利潤入。粟伍斗，柴留信利潤入。粟陸斗，郭安六折麥利潤入。粟肆碩，宋校揀換豆入。西倉：粟柒斗陳順通利潤入。粟柒斗，高娑奴利潤入。粟壹碩，賀善子利潤入。粟壹碩，彭住子利潤入。粟柒斗伍勝，索通達利潤入。油叁碩，自年梁課入。油貳勝，進君折黃麻替入。油貳勝，安應子折黃麻入。蘇貳勝，牧羊人入。米伍勝，行像社入。麵肆拾玖碩陸斗，自年春磑入。粗麵叁碩玖斗，自年春磑人。黃麻貳斗伍勝，王猪子利潤入。黃麻伍斗，賈延德利潤入。黃麻壹斗伍勝，索飯和利潤入。黃麻壹斗伍勝，安應子利潤入。黃麻陸斗，十二月城上轉經神佛食僧料油直入。麩壹拾貳碩，自年春磑麵入。查貳拾柒餅，自年梁課入。豆柒斗，二月六日沿行像施入。豆叁斗，保護折菜價入。豆兩碩捌斗，菜田渠麻地課入。豆壹碩伍斗，王應子利潤入。豆兩碩，孔粉堆利潤入。豆壹碩伍斗，羅黑子利潤入。豆柒斗伍勝，寧吉令利潤入。豆伍斗，石佛德利潤入。豆壹碩，安員住利潤入。布壹丈，高孔目初件念誦入。布壹匹，高孔目弟二件念誦入。不壹匹，春官齋儭入。不半匹，吳家七郎臨壙和（施）入。布壹匹，冬官齋儭入。布伍拾尺，梁戶郭懷義折油入。緤貳拾伍尺、細緤貳拾伍尺，高孔目念誦西倉付麥換入。粗緤貳拾肆尺，梁戶郭懷義折油入。粗緤伍拾尺，閻都知折黃麻入。

叁伯（佰）貳拾肆碩柒斗壹勝半抄麥粟油麵黃麻麩查豆布緤等沿寺修造破用：

壹伯（佰）肆拾陸碩叁斗麥，陸拾伍碩壹斗壹勝粟，叁碩叁斗肆勝半抄油，肆拾柒碩伍斗叁勝麵，叁碩貳斗叁勝連麩麵，玖碩黃麻，玖碩貳斗麩，壹拾壹餅查，玖玖碩豆，貳伯（佰）捌拾叁尺布，貳拾陸尺緤。

麥壹碩，正月與園子用。麥壹碩伍斗，買鐵新傘骨造釘塔用。麥伍拾碩，春磑淘麥麵用。麥叁碩，春磑粗麵用。麥肆碩，充磑課用。麥兩碩伍斗，後件與園子充春秋糧用。麥肆斗，臥酒就倉看指攎及鄉官衆僧等用。麥玖斗，十月臥酒，衆僧聚菜貿日及零散看客用。麥壹碩，恩子冬糧用。麥壹斗，送令公東行時回迎尚書日諸老宿買胡餅用。麥肆斗，臥酒迎令公回徒衆用。麥玖斗，冬至臥酒僧官節料及徒衆等用。麥肆斗，卧酒僧門貼設用。麥玖斗，葳卧酒僧官節料及衆僧等用。麥壹斗，卧酒正月十五日窟上燃燈頓定用。麥叁碩肆斗，令公上窟時酒本用。麥叁碩肆斗，寒苦入樨一車用。西倉：麥兩碩貳斗，李信子買水銀壹量用。麥叁碩，張胡胡邊買金水陸錢，渡菩薩頭冠用。麥叁碩，張兵馬使買銀壹量，打碗用，麥陸碩，張兵馬使買金花柒錢，渡金剛頭冠用。麥叁碩，李員住買金壹錢付庫。麥兩碩叁斗，徐和員買金半錢，亦付東庫保達。麥叁拾柒碩伍斗，當寺徒衆及諸僧尼面上買儭唱使軍捨施綾及綿紬，造傘裙并傘裏用。麥捌碩，充高孔目轉經縹價付衆僧各肆斗用。麥肆碩叁斗，賞當寺布薩法事保達保會用。麥叁碩伍斗，磑麵卧酒二年算會衆僧齋時用。麥兩碩柒斗，丑年恩子糧用。粟壹碩肆斗，因會手上卧酒，造送蝗蟲解火局席并徒衆等用。粟柒斗，造菩薩頭冠，從廿日至廿九日中間，供金銀匠及造傘骨闍梨兼釘鍱博士等用。粟柒斗，二月二日至六日中間，供縫傘尼闍梨酤酒用。粟兩碩壹斗，卧酒，二月八日齋時，看行像社人及助佛人衆僧等用。粟壹碩，正月與訥賛用。粟陸斗，與擎像人北門頓酤酒用。粟壹碩貳斗，二月七日與擎佛人覓助佛人用。粟伍斗，再縫傘兩日酤酒用。粟壹碩貳斗，二月九日賀僧政用。粟壹碩肆斗，造起傘局席及屈諸工像（匠）當寺徒衆等用。粟肆斗，賈都頭東行去時送路用。粟柒斗，僧錄窟上易沙用。粟柒斗，寒食祭拜初交庫日衆僧酤酒用。粟柒斗，二日交庫衆僧酤酒用。粟貳斗，納唐法律贈用。粟叁斗，拔羊毛用。粟叁斗，卧酒，春磑看博士用。粟叁斗，秤（秤）麵日酤酒用。粟陸斗，西窟上水衆僧酤酒用。粟陸斗，西窟迴日頓定用。粟肆斗，金銀匠設齋解勞用。粟壹斗伍勝，付本春官齋看鄉官用。粟兩碩壹斗，卧酒，窟上造設貼頓及衆僧迴來屈判官兼看料設人等用。粟兩碩伍斗，後件園子糧用。粟叁斗，剪殺羊毛用。粟壹斗，塑匠造佛焰胎日酤酒用。粟貳斗，佛焰初使膠布兩日看塑匠用。粟柒斗，卧酒看土門都頭修造鄉官衆僧等用。粟壹斗，碾傘裏綿紬用。粟壹斗，看郭上座用。粟壹斗，散道場日沽酒用。粟壹斗，與牧羊人送乳餅用。粟柒斗，付本料設時看門弟用。粟壹碩壹斗，報恩寺疊北園墻沽酒人事用。粟壹碩壹斗，蓮台寺設人事用。粟壹斗，酤酒迎使不趂衆僧用。

粟肆斗,破盆第二日沽酒衆僧用。粟兩碩壹斗,七月十五日破盆納官上窟等用。粟柒斗,卧酒衆僧秋坐局席用。粟貳斗,秋料官齋看鄉官用。粟貳斗,算西倉寫帳衆僧齋時沽酒用。粟肆斗,卧酒就倉看指撝尚書鄉官衆僧等用。粟兩碩,充磑課用。粟叁斗,送路令公及迴迎尚書等用。粟貳斗,洗縹博[士]用。粟壹碩,恩子冬糧用。粟肆斗,卧酒,迎令公迴時衆僧等用。粟捌斗,初冬卧酒,零看諸僧官及聚菜價衆僧等用。粟壹斗,又粟壹斗,令公東行時,大衆送路用。粟壹碩貳斗,卧酒僧門貼設用。粟貳斗,軍兵迴日大衆迎頓用。粟玖斗,冬至卧酒,僧官節料衆僧慶賀用。粟玖斗,卧酒歲僧官節料衆僧拜至用。粟貳斗,正月十五日卧酒,窟上燃燈看和尚頓用。粟肆斗,正月十五日路上迎上窟僧官頓用。粟壹斗,正月十五日上窟寺主納官用。粟叁斗陸勝,靈圖寺汜僧政納贈用。粟肆斗,令公上窟時卧酒窟上諸寺領頓用。粟柒斗,吳法律旋車人事用。粟兩碩伍斗,寒苦入柴一車用。粟伍斗,令公上窟時,大衆迎頓用。粟壹碩伍斗,算會願達逐日沽酒用。西倉粟叁碩,張兵馬使買銀壹量,打碗用。粟肆碩,李員住買金壹錢,付庫。粟壹拾叁碩柒斗,當寺徒衆及諸僧尼面上買儭唱使軍及綿紬綾造傘群并傘裏用。油伍勝,先年因會手上造送蝗蟲解火局席及徒衆等用。油壹斗,卯榫年衆僧紛[矜]放梁户用。油伍勝,梁户修石車破用。油肆勝,造菩薩頭冠,從廿日至廿九日中間,金銀匠及造傘骨令孤闍梨并釘鑷博士等三時食用。油肆勝兩抄,二月二日至六日中間,縫傘尼闍梨三時食用。油壹勝,堆園日衆僧齋時用。油肆勝壹抄,二月八日造粥齋時煮餺飥看社人衆僧等用。油壹勝,與擎大像人北門頓用。油壹勝,二月七日夜燃燈用。油半抄,九日收佛衣日炒臛用。油貳勝,再縫兩日供尼闍梨及衆僧等用。油叁勝,寒食與索寺主縫傘買用。油伍勝兩抄,造起傘局席諸工匠及衆僧等用。油半抄,初日交庫齋時炒臛用。油伍勝半,僧録窟上易沙窟上燃燈衆僧及學郎等用。油半抄,弟二日交庫衆僧食用。油叁勝,寒食祭拜及初日交庫衆僧食用。油半抄,易城垛日,衆僧解齋用。油壹抄,比得官料兩日供漢大德用。油壹勝,造餺飥撥羊毛用。油壹抄,壘義延界墻衆僧解齋齋時用。油兩抄半,納唐法律贈用。油壹勝,看春磑博士用。油壹勝,礎上燃燈及秤(秤)麵炒羅用。油叁勝半,西窟上水燃燈僧料用。油壹勝,壘園日,衆僧食用。油壹勝,西窟迴來迎頓用。油壹勝,春官齋看鄉官用。油陸勝,春季佛食用。油貳斗壹勝,官上窟時,僧門造設用。油叁勝半,修士門時看都頭鄉官工匠并衆僧等用。油壹勝,布薩時炒藥食用。油壹勝,與戒師用。油貳勝,料設時,看徒弟用。油貳斗玖勝,七月十五日佛盆破盆納官上窟等用。油肆勝,衆僧秋坐局席用。油壹勝,秋料官齋看鄉官用。油壹抄,算西倉寫帳衆僧齋時炒羅用。油壹勝壹抄,乞麻日衆僧齋時用。油叁勝,就倉看指搦鄉官及衆僧等用。油陸勝,秋季佛食用。油半勝,冬至解齋炒羅用。油貳勝,造食飯迎令公迴時衆僧食用。油肆勝,十二月城上轉經造神佛食,及轉經僧兩日解齋一日齋時用。油貳勝,納官供志明及西州僧食用。油叁勝納官供涼州兼肅州僧用。油貳勝弟二件供涼州肅州僧用。油叁勝,僧官造設貼用。油貳勝,十二月九日,雷僧政解齋用。油叁勝,十二月六日中間堂食解齋用。油半勝,大歲日解齋用。油壹抄,正月十五日,造胡餅上窟迎頓用。油壹勝,贈畾氾僧政用。油壹勝壹抄,令公上窟迎僧官頓及上窟僧用。油壹勝,堆園日衆僧齋用。油貳斗伍勝,歲付衆僧節料用。油叁斗,付道會燃長明燈用。油貳斗梁戶入苦水樨一車用。油壹斗伍勝,梁戶入粗緤壹匹用。油貳斗肆勝,入布伍拾尺用。油伍勝,梁戶買栓柵木用。油壹勝,歲付訥贊用。油叁勝,正月十五夜燃燈用。油壹斗,弟今放梁戶用。油肆勝,道引入麥沽將用。油貳勝,算會願達逐日炒羅用。麵壹碩肆斗,先年因會手上充造送蝗蟲解火局席及徒衆等用。麵壹碩捌斗,造菩薩頭冠,從廿日至廿九日中間,供金銀匠及造傘骨闍梨兼釘鑠博士等,三時食用。麵壹碩伍斗,二月二日至六日中間,供縫傘尼闍梨。三時食用。麵貳斗,堆園日衆僧食用。麵壹碩貳斗,二月八日,造粥齋時胡餅氣餅餺飴看社人及擎小佛子兼衆僧等食用。麵肆斗,與擎像人北門頓用。麵貳斗,九日收佛衣衆僧齋時用。麵陸斗,再縫傘兩日尼闍梨三時食用。麵兩碩叁斗,造起傘局席,屈諸工匠及當寺徒衆等用。麵捌斗,僧錄窟上易沙衆僧及學郎等用。麵貳斗叁勝,弟二日交庫衆僧齋時用。麵捌斗伍勝,寒食祭拜及初交庫日衆僧食用。麵壹斗，寒食與恩子用。麵壹斗伍勝，園中栽樹眾僧齋時用。麵伍勝，易城垛日眾僧解齋用。麵壹斗肆勝，比得官料兩日供漢大德用。麵貳斗，造胡餅拔羊毛用。麵貳斗，將羊群頭用。麵壹斗伍勝，義員壘界墻眾僧解齋齋時用。麵貳斗伍勝，贈唐法律用。麵貳斗，漢大德巡窟時輦從二僧食料用。麵貳斗伍勝，春磑麵看博士用。麵壹斗伍勝，淘麥日解齋齋時用。麵肆斗，秤（秤）麵日造冷濤用。麵柒斗，西窟上水眾僧食用。麵叁斗，西窟迴日頓用。麵貳斗，壘園日眾僧齋時用。麵貳斗，春官齋看鄉官用。麵壹斗剪殺羊毛用。麵貳斗造小佛焰子看塑匠用。麵叁碩伍斗，春季造佛食用。麵伍碩伍斗，官上窟僧門造設用。麵柒斗，修土門時看勾當都頭鄉官及諸工匠兼眾僧等用。麵壹碩壹斗，般礨眾僧齋時用。麵貳斗，易礨兩日眾僧齋時用。麵貳斗，與牧羊人送乳餅用。麵伍斗，料設時看門弟用。麵肆碩伍斗伍勝，七月十五日造佛盆破盆納官上窟等用。麵壹碩壹斗，眾僧秋坐局席用。麵貳斗，造胡餅眾僧收菜齋時用，麵貳斗陸勝，秋料官齋看鄉官用。麵壹斗伍勝，算西倉寫帳眾僧用。麵叁斗伍勝，乞麻日眾僧齋時用。麵柒斗，就倉看指攝鄉官眾僧等用。麵叁碩肆斗，秋季造佛食用。麵貳斗伍勝，冬至解齋用。麵肆斗，迎令公迴來，眾僧食用。麵玖斗，十二月城上轉經，造神佛食，及僧兩日解齋・日齋時用。麵柒斗，納官供志明及西州僧食用。麵壹碩伍斗，納官供肅州涼［州］僧食用。麵壹碩壹斗，弟二件納官供涼州肅州僧食用。麵陸斗，僧門貼設用。麵伍斗柒勝，十二月九日，雷僧政解齋用。麵壹碩貳斗，十二月六日中間解齋用。麵貳斗大歲日解齋用。麵貳斗伍勝，正月十五日上窟燃燈僧食用。麵叁斗，贈氾僧政用。麵肆斗，令公上窟，迎僧官及上窟僧食用。麵貳斗，堆園日眾僧齋時用。麵壹碩伍斗，算願達伍日眾僧解齋齋時用。粗麵壹斗伍勝，造菩薩頭冠時，厮兒女人食用。麵貳斗，縫傘時，女人食用。麵貳斗，堆園日，眾僧食用。麵伍斗，僧錄窟上易沙，眾僧學郎等用。麵壹斗，寒食與恩子用。麵壹斗，園內木栽 樹子日眾僧食用。麵壹斗，易城垛日，眾僧食用。麵壹斗，壘義員界墻日，眾僧解齋齋時食用時。麵壹斗伍勝，濤麥日，解齋齋時食用。麵肆斗，西窟上水，眾僧食用。麵貳斗，兩日易礨僧食用。麵壹斗伍勝，壘園日衆僧食用。麵貳斗，剪殺羊毛用。麵伍勝，迎令公時，造食女人食用。麵叁勝，義員出糞及掃羊粉食用。麵貳斗，卯年堆園日衆僧齋時用。麵貳斗，兩件造佛食女人食用。黃麻貳斗，進君入油替用。黃麻貳斗，安應子入油替用。黃麻陸斗，高孔目入熟銅律量造佛焰用。黃麻壹碩，入水銀用。黃麻肆碩，閻都知入緤用。黃麻壹碩伍斗，康鄉官邊買水銀用。黃麻壹碩伍斗，張縣令邊買熟銅造菩薩頭冠用。麩叁碩，春卧醋用。麩貳斗，供智明馬料用。麩兩碩伍斗，秋卧醋用。麩壹碩伍斗，正月十五日及官上窟時餕飼駝馬用。麩兩碩，與般麵車牛用。滓叁餅，餕腺羊用。滓伍餅，七月十五日燒培用。滓兩餅，中院餕腺羊用。查壹餅，後件與牧羊人用。豆貳斗，七月十五日買芯破盆用。豆肆碩伍斗，宋校揀入粟用。西倉豆叁碩，得麥替用。豆一碩叁斗，圖底奄皮 爛不堪用。布陸尺，王都料令孤都料通吊用。布捌尺，張家阿婆亡時，吊都頭及小娘子用。布兩匹唱傘裙綾價用。布叁尺，康博士女亡吊孝用。布肆尺，吳法律弟亡吊用。布壹丈伍尺，造幞兩個幀行像新舊傘用。布壹佰貳拾尺，褵小佛焰肆子個用。布肆尺，氾僧政阿叔亡時吊孝用。布叁尺，氾闍梨亡時吊僧政用。布壹匹，宋承住邊買樫一車用。緤貳丈陸尺，僧官造設時，諸寺賀令公用。

壹阡（仟）肆伯（佰）柒拾捌碩貳斗玖勝麥粟油蘇米麵黃麻麩查豆布緤紙的等沿寺破除外應及見在：

叁伯（佰）捌拾壹碩貳斗肆勝麥，伍伯（佰）叁拾叁碩壹斗捌勝粟，叁碩伍斗壹勝油，貳勝蘇，壹斗玖勝米，伍拾肆碩捌斗捌勝麵，陸碩壹斗貳勝半連麩麵，壹斗伍勝穀麵，捌拾碩貳斗半勝黃麻，肆拾柒碩貳斗麩，壹伯（佰）貳拾貳餅滓，貳伯（佰）柒拾捌碩玖勝豆，伍伯（佰）玖拾捌尺布，壹伯（佰）玖拾伍尺緤，貳伯（佰）張紙。

右通前件算會，出見破除，一一詣實如前，伏請處分。

長興二年辛卯歲正月日净土寺願達

徒衆（押）

徒衆（押）

徒衆

徒衆道會

徒衆寶

徒衆（押）

徒衆法原

徒衆（押）

徒衆保十

徒衆（押）

徒衆（押）

徒衆願真

徒衆净戒

徒衆保護

徒衆（押）

徒衆

徒衆

徒衆

徒衆

徒衆

徒衆

釋門法律願濟

釋門賜僧政紹宗

原載敦煌文書 P. 2049 背

幕府等官定限奏　長興二年二月　中書門下

　　準天成四年六月二十日敕，使准舊例以三年爲限，其少尹上佐官以二十五月爲限，府縣官准《長定格》以三十月爲限，其行軍副使、兩使判官已下賓僚，及防禦團練副使、判官、推官、軍事判官，并宜以三十箇月爲限。如是隨府，不在此限。

原載《五代會要》卷 25

大唐故金紫光禄大夫檢校尚書右僕射使持節衛州諸軍事守衛州刺史兼御史大夫上柱國張府君(唐)并隴西李氏夫人合祔墓志銘并序

君諱唐,字溫玉。望本清河,世居衛土,苗裔相承,衛人也。先代諱清,祖諱□,并不仕。皇考諱寧,仁孝成家,謙恭立己,鄉黨咸推於芬,義不仕世,奄於幽泉。至天成四年四月□□日,因子之勛,奉□贈左散騎常侍。皇妣冀氏,追封平陽縣太君。府君即常侍之子也。倜儻奇材,經綸宏業,當世抱風雲之氣,事君懷金石之心。董眾平凶,每著簞醪之咏;當分符竹,常聆五袴之謠。本冀壽等松鶴,不期纏綿疾瘵,守任二載,以天成四年十二月中薨於汲郡衛內,春秋六十有四。

夫人李氏,柔儀播美,令德傳芳,孝可閏於姻宗,禮可榮與家眷。奈何榮枯失准,衰盛有期,遐壽不終,絲蘿早墜。有子四人:長曰延超,天雄軍節度押衙,充共城鎮遏使兼勾當稻田事務。仲曰延嗣,弱冠之年不幸夭亡。三曰延祚,前攝相州戶曹參軍。四曰延翰。并以絕漿叩地,皆陳刺骨之悲;泣血號天,共切崩心之痛。今乃靈□叶吉,神告艮乾,垂崗勢匝於墳週,氣象交騰於墳側。莫不家資罄費,爲陳合葬之禮也。以長興二年歲次辛卯三月己未朔二日庚寅遷祔儀畢。恐後乾坤移改,山海覆傾,勒石記銘,以刊詞曰:

英雄太守,衣錦難偕。文武雙美,忠孝可推。芟夷狂孽,奉主無虧。揚名海內,萬古難遺。□□李氏,容儀可觀。三從罔失,四德周旋。賢明早著,□□難幹。芳譽凤彰,馬后何□。天之降禍,此禍唯偏。雙劍俱缺,鸞鳳歸泉。哀哉孤露,泣血號天。□葬儀終,千年萬年。

王夫人太原郡□□王伏□□□子□四人。

原載《新中國出土墓志·河南》(壹)

唐故王府君墓志銘記并序

原夫無而忽有者,生也;有而忽無者,死焉。生之者榮,事之已義,死之已終。則有府君者,并州太原郡人也,是三皇之苗裔,五帝之因依。遂爲因官逐任,分散他州,置潞府襄垣縣長樂鄉禮教坊人也,見今五房。高祖諱林,靈在古韓州北一里;夫人□□。曾祖諱清,夫人張氏,靈在園内。府君諱素才,准貫同得,及盛時,孝友成家,集心奉義。已天祐三年十二月六日,終於私第,享年七十有一。夫人常,幼從箴誡,德鈐閨風,操質懷伏釰之名,頡頑著斷機之美。已同光三年正月廿五日,歿於私室,享年八十四。亡兄二人:長兄元謹;次兄元重,充押司録事,已天祐四年十一月十日終於私第,享年卅一。新婦樂氏,年卅五。亡弟春,已天祐三年十二月終於私第。新婦傅氏。嗣子二人:一人元實,新婦李氏;孫男彦温,新婦衛氏,玄孫乙住、小住。一人元真,新婦連氏、張氏;孫男彦貧,新婦韓氏,玄孫黑猪、小猪;孫男彦球,新婦連氏、李氏;次孫彦珠,新婦楊氏,玄孫黑檁。嗣子等,宿夜悱懈,寢食難安,披髮悶離,號天罔極。遂乃別穿塋穴,再睹舊儀,棺凝鮮凶,儀臨路時,已長興二年歲次辛卯三月己未朔十四日壬申,用葬於城北一里祖塋之側平原。禮也! 坐祥天福,臺號義烏,盡八極之高原忻暢,四維之平朗;四神必被,五嶽來朝,轂將臨本位之崑,華蓋鎮卧龍之地。東觀隴岫,班公聖迹已常存;西接名鄉,甘羅而千秋不墜;南連朱雀,清漳而萬古東傾;北倚龍崑,五陰山而相引。時乃卜其宅姚,磬竭家資,六姻奠祭於墳前,社邑畢儀於瓊壤。伏恐山河改變,家國遷移,後世繼依,刊石爲記。其詞曰:

貞哉府君,乃武乃文。德名不朽,萬古千春。又詞曰:

逝水東流日影斜,墳臺安處是靈家。欲知腸斷添愁恨,片片悲雲對墓鴉。

原載《三晉石刻大全·長治市襄垣縣卷》

唐故王府君(素)墓志銘并序

原夫無而忽有者,生也;有而忽無者,死焉。生之者榮,事之已義,死之以終。則有府君者,并州太原郡人也。是三皇之苗裔,五帝之因依。遂爲因官逐任,分散他州,置潞府襄垣縣長樂鄉禮教坊人也。見今五房高祖諱林,靈在古韓州北一里,夫人。曾祖諱清,夫人張氏,靈在園内。

府君諱素。才准貫同,得及盛時。孝友成家,禁心奉義。已天祐三年十二月六日終於私第,享年七十有一。夫人常幼從箴誡,德洽閨風。操質懷伏劍之名,頡頏著斷機之美。已同光三年正月廿五日歿於私室,享年八十四。亡兄二人:長兄元謹。次兄元重,充押司録事,已天祐四年十一月十四日終於私第,享年冊一。新婦樂氏,年卅五。亡弟春春,天祐三年十一月終於私第。新婦傅氏。嗣子二人:一人元實,新婦李氏。孫男彦温,新婦衛氏。玄孫□住、小住。一人元真,新婦連氏、張氏。孫男彦贇,新婦韓氏。玄孫黑豬、小豬。孫男彦球,新婦連氏、李氏。次孫彦珠,新婦楊氏。玄孫黑攢。嗣子等宿夜悱懺,寢食難安。披髮悶離,號天罔極。遂乃別穿塋穴,再睹舊儀。棺凝鮮凶,儀隘路□。已長興二年歲次辛卯三月己未朔十四日壬申,用葬於城北一里祖塋之側平原,禮也。地祥天福,臺號□義,烏盡八極之高原,忻暢四維之平明。四神必被,五嶽來朝。穀將臨本位之岡,華蓋鎮卧龍之地。東觀壟岫,班公聖迹已常存。西接召鄉,甘羅而千秋不墜。南連朱雀,清漳而萬古東傾。北倚龍岡,五陰山而相引。皆乃卜其宅兆,馨竭家資。六姻奠祭於墳前,社邑畢儀於瓊壤。恐山河改變,家國遷移。後世繼依,刊石爲記。其詞曰:

貞哉府君,乃武乃文。■

又詞曰:

逝水東流日影斜■

原載《全唐文補遺》第七輯

請賜東丹王等姓名奏　長興二年三月　中書門下

東丹王突欲,遠泛滄波,來歸皇化。既服冠帶,難無姓名。兼惕隱等頃以力助王都,罪同禿餒,爰從必死,并獲再生。每預入朝,各宜授氏,庶使族編姓譜,世荷聖恩,允符前代之規,永慰遠人之款。自突欲以下,請别賜姓名,仍准本朝蕃官入朝例安排。

原載《全唐文》卷 971

請編録奏對公事奏　長興二年三月　史館

當館應諸處及諸司關送到合編録公事外,伏准舊制:國朝有《時政記》并《起居注》,并合送館,以備纂修。近代已來,闕行此事,只以每遇入閣,兼内殿起居。朝臣待制,轉對公事,逐人抄送當館。如有顯具頒行,逐司關報到者,旋據逐件一一於日曆收記。其有直下所司并行之事,當館無由得知,若只憑本官供到所奏狀本,未免簡編不備,本末難窮。已後待制轉對公事等,除顯具頒行關送到館外,應有直下所司及不行未行之事。伏乞宣付當館,旋依次第編録。其《時政記》《起居注》并内庭逐日合書日曆,亦乞相次逐旋。

原載《全唐文》卷 971

覆論周知微奏狀　　長興二年四月　　中書省

周知微踐揚華省,獻納明廷,所貢讜言,深符治道。蓋慮細微之物,便爲贓賄之名,遂致刑章,過行深刻。須知撙節,務守廉隅,或是監臨之司,或因公事之際,凡關取與,便涉阿私。物若顯屬貨財,並宜爲贓罪。其餘不是監臨,不因公事,不在此限。應推斷科條,不得有違格律。

原載《全唐文》卷 974

朝臣丁憂乞頒賚布帛奏　　長興二年四月　　中書門下

尚書都官員外郎、知制誥張昭遠丁母憂。伏以大臣枕凷,有弔祭之恩;群僚寢苫,無慰問之例。高下之位有間,君臣之事無偏。況卿士之甚多,有父母者極少,固於孝道上軫聖懷,張昭遠望量與恩賜。自此朝臣或有丁憂,亦乞頒賚。其狀尋已印出,今具官員等第,支給數目如後。文班左右常侍、諫議、給事、舍人、諸部尚書、太子賓客、諸寺大卿、監察御史、中丞、國子祭酒、詹事、左右丞、諸部侍郎,絹三十匹,布二十匹,粟、麥各二十五石。起居、補闕、拾遺、侍御史、殿中監察御史、左右庶子、諸寺少卿、國子監司業、河南少尹、左右諭德、諸部郎中員外郎、太常博士,絹二十匹,布一十五匹,粟、麥各一十五石。國子博士、五經博士、兩縣令、著作郎、太常、宗正、殿中丞、諸局奉御、大理寺、太子中允、洗馬、左右贊善、太子中舍、司天五官正,絹、布各一十五匹,粟、麥各一十石。左右諸衛大將軍、左右諸衛將軍,絹二十匹,布一十五匹,粟、麥各一十五石。左右率府副帥,絹、布各一十五匹,粟、麥一十石。

原載《五代會要》卷 8

覆崔琮請置病囚院奏　長興二年四月　中書

有罪當刑,仰天無恨,無病致斃,沒地無冤。燃死灰而必在致仁,照覆盆而須資異鑒,《書》著欽哉之旨,《禮》標例也之文,固彰善於泣辜,更推恩於扇暍。所請致病囚院望依,仍委隨處長吏專切經心,或有病囚,當時差醫人診候,治療後據所犯輕重決斷。如敢固違,致病負屈身亡,本屬官吏,並加嚴斷。兼每及夏至,五日一度差人洗刷枷匣。

原載《冊府元龜》卷 42

換給告身多有違礙奏　長興二年五月二十六日　中書

吏部南曹狀申,準敕換給諸色官員告身公憑。伏緣點檢選人歷任文書中,其間多有違礙事節,若旋具姓名申覆,竊恐人數繁多,互有陳論,遂成壅滯,當曹不敢施行者。

原載《五代會要》卷 21

選差勾當吏部甲庫狀　長興二年閏五月十九日　吏部

當司制敕甲庫專知官,一例近停廢者。伏緣當司主掌制敕甲庫,與三庫不同,常日檢尋,諸司取證,稍有差謬,所失非輕,無人主持,必虞敗闕。今欲於吏部令史內選差一員勾當,又緣公事至重,仍遣別不執行他事。無乞除本役外,特與減二年勞考者。

原載《五代會要》卷 14

京城請射空地造屋事例奏　長興二年六月八日　左右軍巡使

諸廂界內,多有人戶侵占官街及坊曲內田地,蓋造舍屋,又不經官中判押憑據,廂界不敢懸便止絕,切恐久後別有人戶,更於街坊占射,轉有侵占,不惟窄狹,兼恐久後別有人戶,及致人戶爭競。近日人戶係稅田地，多被軍人百姓作空閑田地，便立封疆，修築牆壁占射，又無判押憑據。及本主或有文契典賣，兼云占射年深。或有稅額，及無稅空閑，攔吝不令修蓋。以此致有爭競，厢界難以止絕者。

其在京諸坊曲，應有空閑田地，先降敕命，許人戶請射蓋造。及見種蒔公私田地，如是本主自有力，便令蓋造舍屋；若無力，即許人請射修蓋。自後相次諸色人陳狀，委河南府勘逐。如實是閑田，及不侵占官街，然後指揮劈畫交付。今所稱諸色人侵占街坊，及於見有主稅地內占射蓋造，必慮有妨車牛過往，及恐百姓互爭議論，須定規繩，各令稟守。京城應天街內有人戶見蓋造得屋宇外，此後並不得更有蓋造。其諸坊巷道兩邊，常須通得牛車，如有小小街巷，亦須通得車馬來往，此外並不得輒有侵占。應諸街坊通車牛外，即日或有越衆迴然出頭，牽蓋舍屋棚閣等，並須畫時毀拆，仍據搏截外，具留街道闊狹尺丈，一一分析申奏。此後或更敢侵占，不計多少，宜委地分官司量罪科斷。其街道內除水渠外，不得穿掘取土。若已有穿掘，各勒逐地分人戶速速填平。

京城內諸坊曲，除見定園林、池亭外，其餘種蒔及充菜園，并空閑田地，除本主量力自要修造外，并許人收買見定。已有居人諸坊曲內有空閑田地，及種蒔并菜園等，如是臨街堪蓋店處田地，每一間破明間七椽，其每間地價，宜委河南府估價收買。除堪蓋店外，其餘若是連店田地，每畝宜定價錢七千，更以次五千。其未曾有蓋造處，宜令御史臺、兩街使、河南府依已前街坊田地，分劈畫出大街及逐坊界分，各立坊門，兼挂名額。先定街巷闊狹尺丈後，其坊內空閑，及見種田苗，并充菜園等田地，亦據本主自要量力修蓋外，并許諸色人收買，修蓋舍屋地宅。如是臨街堪蓋店處，田地每一間破明間七椽，其每間地價，亦委河南府估價准前收買。除堪蓋店外，其餘連店田地，每畝宜定價錢七千。以次近外，每畝五千，更以次三千。未有人買處，且勒仍舊。遠僻處或欲置菜園，任取穩便，兼應本主所留，諸色人置到田地等，并限三箇月內修築蓋造，須見次第，仍不得兩處收買田地。其地祇許修造宅院，并其間小小栽植竹木外，不得廣作園圃，及種植田苗，仍令御史臺常加覺察。如有故違，仰具姓名申奏，當作嚴斷。

其所置田地，如是本主種田苗及見菜園，候收刈及冬藏畢，方許交割。據交割日限後修蓋，其已定田地內所有苗税等，宜令據畝數出除，其所買田地，除本主自要修蓋外，有合賣數目，如妄托形勢，輒有逗留，分外邀頡，固心占者，許買地人經臺論訴。勘逐不虛，所犯之人，當行重斷，其地仍准價例，畫時交與所買之人。其所買賣田地，仍令御史臺委本處巡按御史，旋旋給與公憑，仍免税契。

右宜令御史臺、兩街使、河南府專切依次第劈畫曉示，或有利便，亦可臨時詳奪奏聞。

原載《五代會要》卷 26

華嚴院神致題字

華嚴院住持主沙門神致□經石室□。時長興二載季夏十九日故題。

原載《八瓊室金石補正》卷 79

議覆收買京城坊户菜園條例奏　長興二年六月　河南府

准敕：京城坊市人户菜園，許人收買。竊慮本主占佃年多，以鬻蔬爲業，固多貧窶，豈辦蓋造？恐資有力，轉傷貧民。

原載《全唐文》卷 971

李玭五選集奏　長興二年七月　吏部南曹

前守鄆州盧縣令李玭，曾兩任秘書丞，一任國子《毛詩》博士。雖前任有升朝官，今任合準格五選集。

原載《五代會要》卷 22

辛卯年（九三一）百姓董善通張善保雇駝契

辛卯年九月廿日，百姓[董]善通、張善保二人往入京，欠少駝畜，遂於百姓劉達子面上雇拾歲黃馼駝壹頭，斷作雇駝價生絹陸匹。其叁匹，長肆拾尺；又叁匹，長三丈玖尺；又樓機壹匹，看行內駱駝價。

將駝去後,比至到來,路上有危難,不達本州,一看大禮(例)。若駝相走失者,雇價本在,於年歲却立本駝。或若道上瘡出病死,須同行證盟。立此文書,故勒私契,用爲後驗。(畫押)

駝主劉達子(畫押)

雇人董善通(畫押)

雇[人]張善保(畫押)

口承史興(男?)子(畫押)

口承押衙張慶明(畫押)

原載敦煌文書 P. 3448 背

唐府君墓志銘

　　二耀分形,三才定緯。資忠履孝,鐫銘之義攸存。謹按史書,唐家楚國唐侯之後,本魯國郡人,今爲邢州龍崗縣延慶村趙城鄉別業之莊。祖諱宗,考諱立。府君壽年六十六,終於私第。妣靈李氏,壽年五十五,早已傾背,於長興二年歲次辛卯十月一日合祔大塋。府君有兄武,次兄賓。并綿歷宦途,相次淪歿。有子行殷,早慕儒宗,幼親風教。當身處妙齡,尋書窗下。及年方弱冠,投□衙前,蒙錄勞能,差充衙院判官。□□初筵轉資,高節臨深,守事履薄,當公未及期年,旋蒙獎錄,復忝□恩,俾權糧料。受(授)銀青光祿大夫、檢校太子賓客、兼監察御史、上柱國。再臨難重,益見清通。□食軍租,咸富豐給。元戎倚賴,衆口推稱。復受薦論,繼頒真命。旋叨睿澤。特委權鹽,加殿中侍御史,充邢、洺、磁等州都蒲鹽務使。煮海斯臨,擎□愈重。轉積履冰之懼,彌深覆餗之憂。係省課租,畋無遺闕。屬州利潤,倍有盈餘。鄉縣蒸民,海例之均沾有則。府衙僚寀,金菊之介義無虧;孰謂松不成材,玉難就器。鵬飛座上,豈獨長沙!蛇落杯中,何須汲郡。以當年九月上旬染疾私第而終。新婦張氏,小男高、馬留女貴貴、馬賢,并病中受囑,枕上承言。葬我先君,合余亡妣,叔伯同歸於塋域,子孫咸祔於松楸。新婦馬留虔遵遺旨,特建佳城,副生前畢命之詞,□歿後送終之禮。其墳去州西五里,西面北面四至郭。思瀚青烏叶兆,玄鶴呈祥。大顯殊禎,永爲後嗣。其詞曰:

鬱鬱白城，深深厚地。萬恨徒增，千年永閟。

海變山崩，鳥馳兔走。瘞此貞珉，天長地久。

據洛陽師範學院毛陽光教授贈拓片録文

唐故李府君(繼)墓志銘并序

夫河分九曲，源引一枝；海納百川，滔流萬里。蓋轉還舊，浪體□別。宗其李氏，隴西丞相直□座胤也。因官逐任，遂爲潞人。貫上黨五龍鄉東故縣，村故壺關舊邑。

府君諱繼。府君性本温和，□唯質真。志勤耕鑿，躬若丘園。頃因時疾，以天祐元年七月一日終於私弟(第)，享年六十八。夫人□氏，天祐二年掩歿，享年六十八。志等絲蘿，□開□□。□□諱文通，嗣子八人：長行直，早慕卑戎。次上□，□□□□，甘養□浩，夙懷英間，長善才能，次□府□廿餘年，中於逝歿。次曰力，次曰章，次醜奴。見在男虔友、行謹。新婦□氏、牛氏，亡。新□王氏，巫氏。孫五人：彦暉，新婦程。次彦崇，新婦王。次孫兒，新婦牛氏。次三女。次王十。嗣子等。長興二年歲次辛卯十月乙卯朔十九日癸酉村東一里前□虎據之城，俟娥豐之嶺，東九龍之神，永記。

原載《西安碑林博物館新藏墓志彙編》

辛卯年(九三一)唐故趙府君墓志銘記并序

原夫無而勿有者，生也；有而勿無者，□焉。生之者，葬送之以儀；去之者，哀葬之以禮。即有府君者，伏羲之後，顓頊之苗裔，乃是秦州天水郡。潞府襄垣縣人矣，今貫居縣邑，户屬長樂之鄉。祖伐邯鄲，因寓到此，住居城郭。高祖諱超。曾祖諱古，夫人李氏。皇考諱姜，才雄貫國，得及盛時，孝友誠家，鄉閭播嘆。已天祐二載三月十七日，殯於私弟(第)，享年六十三。夫人劉氏、和氏，幼從箴誡，長習閨儀，操質有伏釗之名，頡頏著斷機之德，享年卅八，殯於私室。弟僧環，同光二年正月廿七日殯於私室，享年廿七。嗣子僧璠，門傳積善，孝行恭謙；常存奉侍之儀，每有遵誠之禮。悲哀罔極，號泣動天，寢寐無依，精魂失序，遂習儒風之道，教傚及曾參。塋域別開，吉辰遷厝，方乃光明再睹。重建新塋,選擇良時,葬送歸於吉地。長興二載十一月一日甲申,安墳去家二里。其勢也,地稱天福,臺號義烏,盡八極之方圓,稱四維之平暢。東連青龍一帶,講日月之盤旋;西接鸞臯白虎,遠臨之應瑞;南臨漳水朱雀,如鳥噎之聲;北倚巍峰玄武,霸公卿之位。可以四神備足,五嶽來朝,姻親獨賵於葬庭,社舍畢儀於墳壤。伏恐山河遷改,家園變移,後伐子孫刊石爲記。乃爲贊曰:

卓哉府君,乃武乃文。德名不朽,萬古千春。嗣子僧璠,新婦張氏;孫男:李九、胡兒、小胡、胡三、胡四;孫女:三女、仙姑。

原載《三晉石刻大全·長治市襄垣縣卷》

長興二年(九三一)河西歸義等軍某乙結壇回向疏

(上闕)九處結壇五日,每壇供僧一七人,散食燃燈,逐夜唱大■。布壹匹,駝皮壹肋。已前充僧儭。紙壹帖,緤■。右件結壇、轉經、供僧、唱佛、燃燈捨施所申意者。■龍天八部,護衛敦煌;梵釋四王,安民靜塞。所■吉逐舊歲,遠去他方,應是喜瑞嘉祥。隨□於□府。中天帝主,□闡大猷□□□而歸京,八表咸臻而獻款。大王保位,寵祿日新。等五嶽而齊高,比劫□而不替。天公主永泰,並桃李而芬芳。夫人乂安,以春花而恒茂。■書俊,□□□之全才。諸幼郎君,□□孝而許國。小娘子姊妹,承妙冶而居閨。合宅枝羅,保歡顏而納慶。然後傾□□□。牧童賀舜日之 謠 ,闔境康寧;野老播堯年之慶,田祥五稼。千門倍盈於東皋,歲□廣收於南畝。朝廷奉使早拜天顏,所奏邊情,果蒙聖允。時消疾散□,□瘣莫侵。刁斗藏音,狼烟罷滅,今因壇散,詣就道場,渴仰三尊,幸希回向。

長興二年十二月廿六日敕河西歸義等軍■

原載敦煌文書 S.1181

請申定官民喪葬儀制奏　長興二年十二月　御史臺

先奉敕,前守亳州譙縣主簿盧茂謙進策內一事。竊見京城內偶遭凶喪者,身不居於爵祿,葬有礙於條流,須使鼉甲車殯送者,事雖該於往制,敕已著於前文。或值炎鬱所拘,偶緣留駐,利便須期於時日,貧窮旋俟於告投,停日既多,塋園又遠,伏乞特付所司,別令詳定,權免龜甲車送葬者。

奉敕:送葬之儀,雖防越制;令文之設,亦許便時。其或候歷炎天,事從遠日,停留既久,遷送有期,車中便苦於撼搖,陌上可量於凶穢。人情所病,物議僉同,宜在酌中,庶成惻隱。應喪葬自五品已下至庶人,自春夏秋,宜并許第等置舉,其餘儀式,一切仍舊。兼喪車亦不全廢,如要令陳於靈輿之前,其舉大小制度及結絡遮蔽,所使匹帛顏色并擎舁人數次第,仍令御史臺詳核,據品秩等級,士庶高低,各定規制施行。兼空城内,舊制比無居人,近日許人户逐便居止,或有喪死,旋須遷送。其出時并舁遣次第,亦可穩便制置,務在得宜者。

今臺司准敕追到兩市葬作行人白望、李温等四十七人,責得狀稱:一件,於梁開平年中,應京城海例,不以高例及庶人使錦綉車舉,并是行人自將狀於臺巡判押。一件,至同光三年中,有敕著斷錦綉,祇使常式素車舉。其舉,稍有力百姓之家,十二人至八人,魂車、虛喪車、小舉子不定人數。或是貧下,四人至兩人,迴使素紫白絹帶額遮幛,舉上使白粉掃木珠節子,上使白絲,其引魂車、小舉子使結麻網幕。後至天成三年中有敕,條流庶人斷使舉,祇令別制造龜甲車載,亦是紫油素物,至今行内見使者。今臺司按葬作行人李温等通到狀,并於令内及天成四年六月敕内詳,穩便制置,定到五品至八品升朝官,六品至九品不升朝官等,及庶人喪葬儀制,謹具逐件如後:

五品至六品升朝官,使二十人舁舉車,竿高七尺,長一丈三尺,闊五尺,以白絹全幅爲帶額,婦人以紫絹爲帶額,并畫雲氣,周迴遮蔽,上安白粉掃木珠節子二十道。魂車一,小香舉子一,并使結麻網幕。魁頭車一,挽歌八人,練布深衣,披、引、鐸、翣各一,不得著錦綉。明器三十事,四神十二時在内,四神不得過一尺,餘不得過七寸。園宅一,方三尺。其明器物不得以金銀毛髮裝飾。共置八舉,内許兩箇紗籠。已上并不得使結絡錦綉裝飾。如事力不辦,任自取便。

七品至八品升朝官,使一十六人舁舉車,竿高七尺,長一丈三尺,闊五尺,以白絹全幅爲帶額,婦人以紫絹全幅爲帶額,周迴遮蔽,上安白粉掃木珠節子二十道。魂車、香舉子各一,并使結麻網幕。魁頭車一，明器二十事，以木爲之，四神十二時在内，四神不得過一尺，餘不得過七寸，不得使金銀雕鏤、帖毛髮裝飾。園宅一，方二尺五寸，共置六舁。挽歌一十六人，練布深衣，披、引、鐸、翣各一。已上并不得著錦綉結絡裝飾。如事力不辦，任從所便。

　　六品至九品不升朝官，使一十二人舁轝車，竿高六尺，長一丈一尺，闊四尺，以白絹全幅爲帶額，婦人以紫絹爲帶額，周迴遮蔽，上安白粉掃木珠節子一十六道。魂車一，香轝子一，並使結麻網幕。明器一十五事，并不得過七寸，以木爲之，不得使金銀雕鏤、帖毛髮裝飾，共置五轝。挽歌四人，練布深衣，鐸、翣各一，不得著錦綉及別有結絡裝飾。如事力不辦，任自取便。檢校兼試官并依此例。

　　庶人使八人舁轝車，竿高五尺五寸，長一丈，闊四尺，男子以白絹半幅爲帶額，婦人以紫絹半幅爲帶額，周迴遮蔽。魂車一，香轝子一，使結麻網幕。明器一十四事，以木爲之，不得過五寸，共置五轝。不得使紗籠、金銀、帖毛髮裝飾。除此外，已上不得使結絡錦綉等物色，如人户事力不便，八人已下，任自取便。其喪轝車已准敕不全廢，任陳靈轝之前者。

　　已上每有喪葬，行人具所供行李單狀，申知臺巡，不使別給判狀。如所供賃不依狀内及逾制度，仍委兩巡御史勒驅使官與金吾司并門司所由，同加覺察。如有違犯，追勘行人。請依天成二年六月三十日敕文，行人徒二年，喪葬之家即不問罪者。皇城内近已降敕命指揮，每有喪葬，以色服蓋身，出城外任自逐便，如迴來不得立引魂旛子，却著孝衣入皇城内者。今請再降旨命指揮，皇城内此後每有人户喪葬，令至晚净後取便出門，不得取内外諸色趨朝官。右謹具定到五品至八品升朝官、六品至九品不升朝官及檢校兼試官，并庶人喪葬儀制如右。

原載《五代會要》卷9

覆推勘盜賊致死狀　長興二年　中書

　　今後凡關賊徒，若推勘因而致死者，有故以故殺論，無故減一等。如拷決因增疾患，候驗分明，如無他故，雖牢内致死，亦以減一等論。

原載《册府元龜》卷 613

後唐辛卯年（九三一）後馬軍宋和信雇駝憑二通

（一）

馬軍宋和信

右和信先辛卯年，有陸歲馱駝壹頭，押衙氾潤寧雇將于闐充使，達至西府大國，即便病死。同行陰員住遂取孔別駕駝壹頭，病疾立本駝，還雇價一半，綿綾肆匹。

（後缺）

（二）

馬軍宋和信

右和信先辛卯年，有柒歲馱駝壹頭，押衙氾潤寧雇將于闐充使。此時共他立契，或若駝傷走走（失），立還

（後缺）

原載敦煌文書 P.4638

懷州方市邑衆堅立生臺記

和尚處分惠臻書。

夫離離秋月，出衆星以舒輝；皓皓釋風，戢四流而稱聖。是知教傳永代，寺啓多方。益皇化以及梨民，福群生而資異道。若乃山陵鷂路，院慣幽巖。一帶之雲岫凝凝，百處之欄房灼灼，即太行美矣。又以歲寒潔志，道抱清風。葺金地以集雲流，營孤藍而來士侶。實乃塑采月像，構堅俳佪。裝飾而諫色咸臻，焚睎而氛氳共霧。爰有孟州支郡，河內英聰，紹給孤之前踪，繼祇陁之後路。冰精玉地，金石齊昇。損家俸以甃殿基，捨珍財而平紅宇。壬晨之歲，月候青陽，營香積以供雲流，陳素文而贊上善。

（以上第一面）

伏願皇畿昌政，長垂舜祀之榮。大業永隆，時同堯光之茷。遍流沙界，資品彙而超因。次及郡風，運福星而有慶；功圓匠畢，補砌復

周。謹具芳名，以清永固。勾當僧德徽撰。後唐長興三年壬辰歲正
月癸未朔廿五日制。匠人許彦釗、牛思言、和彦，維那顛嫚仁遇，邑老
人史言，邑老人李瑭，邑老人路展，邑人焦琮，邑人劉宗，邑人許知援，
邑人鮑釗，邑人焦琮，邑人李延肇，邑人李彦溫，邑人張臻，邑人焦知
遠，邑人李知遠，邑人趙延懿，邑人史周，邑人郭簡，邑人薛武，邑人曹
彦溫，邑人李玫，邑人張韶，邑人賈武，邑人張□，邑人□德□，邑人□
清，邑人衛延肇，邑人□孔武，邑人張仁□，邑人韓儒，邑人夏侯進，邑
人劉温。

（以上第二面）

（經文略）

千手千眼觀世音菩薩廣大圓滿無障碍大悲心陁羅尼

南無、喝囉怛哪、哆囉夜哪。南無、阿利哪。婆盧羯帝、爍鉢囉
哪。菩提薩埵婆哪。摩訶薩埵婆哪。摩訶、伽盧尼耶。唵，薩皤囉罰
曳。數怛耶怛寫。南無、悉吉利埵、伊蒙阿利哪。婆盧吉帝、室佛囉
楞馱婆。南無、邪囉謹墀。醯利摩訶、皤哆沙咩。薩婆阿他、豆輸朋，
阿逝孕，薩婆菩哆、邪摩婆薩伽，摩訶特豆。怛侄他。唵，阿婆盧醯。
盧伽帝，伽羅帝，移醯利。摩訶菩提薩摩薩埵，薩婆。薩婆摩囉摩囉，
摩醯帝醯，利馱孕。俱盧俱盧，羯蒙。度盧度盧，羅闍哪帝。摩訶罰
闍帝。陁囉陁囉。地利尼。室佛羅耶。遮囉遮囉。摩摩罰摩。穆帝
麗。伊醯伊醯。室那室那。

（以上第三面）

阿囉嘇、佛囉舍利，罰沙罰參。佛囉舍哪。呼嚧呼嚧。醯利鎰
利。婆囉婆囉，悉利悉利。蘇嚧蘇嚧。菩提耶，菩提耶。菩馱耶，菩
馱耶。彌帝利耶。那囉謹墀。地利瑟尼耶。婆夜摩耶。娑婆訶，悉
陁夜。薩婆訶。摩訶悉陁夜。薩婆訶。悉陁喻藝。室皤羅耶。薩婆
訶，那羅謹墀。薩婆訶。摩羅那羅。薩婆訶悉囉僧、阿穆佉耶，薩婆
訶。婆摩，訶悉陁夜。薩婆訶。者吉羅、何悉陁夜。薩婆訶。波摩、
羯悉陁夜。薩婆訶。那羅謹墀。皤迦羅耶。薩婆訶。摩婆利、勝羯
羅耶。薩婆訶。南無、喝囉怛那、哆羅夜耶。南無、阿利耶。婆盧吉
帝。爍鉢囉耶。薩婆訶。南無、悉殿都。漫吒囉。達摩耶，薩婆訶。

（以上第四面）

佛頂尊勝陁羅尼真言

曩謨婆（去引）誐嚩（無可反）帝（引）怛喇（二合引轉舌）路（引）枳也（二合引）鉢囉（二合）底（丁以反）尾始瑟吒（二合引）野没馱野婆（去）誐嚩帝（引）怛你野（二合）他（引）唵（引）尾戍（引）馱野尾戍馱野婆（上）麼（鼻音）娑麼三（去引）滿哆（去引）嚩婆（去引）娑娑頗（二合）囉拏（鼻音）誐底誐賀曩娑嚩（二合）婆（去引）嚩尾秫（詩律反）第阿鼻詵（師謹反）左睹鈴（莫敢反引）素誐哆嚩囉嚩左曩（引）阿蜜嘌（二合轉舌）哆鼻矖（引）屭（引）摩賀（引）曼怛囉（二合）跛乃（引）阿（去引）賀囉阿（去引）賀囉阿庾散馱（引）囉尼（尼整反）戍（引）馱野戍馱野誐誐曩尾秫第鄔瑟捉（二合）灑尾惹野尾秫第娑賀娑囉（二合）囉濕茗（二合）散祖你帝薩囉嚩（二合）怛他（去引）誐哆嚩路（引去）迦娑播（引）囉弭哆（去引）跛哩布（引）囉捉。

（以上第五面）

薩囉嚩（二合）怛他（去引）誐哆紇哩（二合）娜野（引）地瑟耻（二合）多摩賀（引）母捺哩（二合）嚩囉（二合）迦（引）野僧賀多曩尾秫第薩嚩囉拏（鼻音）播野訥底跛哩尾秫第鉢囉（二合）底嬲囉多野阿欲秫第三麼野地瑟耻（二合）帝麼捉麼捉摩賀（引）麼捉怛闥哆（去引）部多句（引）智跛里秫第尾娑普（二合）吒没地秫第惹野惹野尾惹野尾惹野娑麼（二合）囉娑麼（二合）囉薩囉嚩（二合）没馱（引）地瑟耻多秫第嚩量（二合）囉陛嚩嚩（二合）婆（去引）嚩都麼麼設哩嚩薩囉嚩（二合）薩怛嚩（二合）難（去引）左迦（引）野跛哩尾秫第薩囉嚩（二合）誐底波跛哩秫第薩囉嚩（二合）怛他（去引）多（去引）室者（二合）銘三麼（引）濕嚩（二合）娑琰睹薩囉嚩（二合）怛他（去引）薩多三（去引）麼（去引）濕嚩（二合）娑（去引）地瑟耻（二合）帝没地野没地野（二合）尾没地野（二合）尾没地野（二合）冒（引）馱野冒（引）馱野尾冒馱野尾冒馱野三滿哆跛哩秫第薩囉嚩怛他（去引）薩多紇哩（二合）娜野地瑟姹（二合）曩地瑟耻（二合）哆麼賀（二合）母捺哩（二合）娑嚩（去引）賀。佛頂尊勝陁羅尼真言。

原載《五代石刻校注》

定衣服制度奏　長興三年正月　太常禮院

衣服制度,准貞觀四年八月十四日詔曰:"冠冕制度,已備令丈,彝常服飾,未爲差節。於是三品已上服紫,四品五品已上服緋,六品七品以緑,八品九品以青。婦人從夫之色,仍通服黄。"至五年七月一日敕:"七品以上服龜甲雙巨十花綾,其色緑;九品以上服絲布及雜小綾,其色青。"又咸通五年五月十日敕:"如聞在外軍人百姓有不依令式,遂於袍衫之内,著朱紫青緑等色短衫襖子,或在閭野,公然露服,貴賤莫辨,有蠹彝倫。自今已後,衣服上下,各依品秩,上得通下,下不得僭上。仍令所司,嚴加禁斷。"又武德四年七月十六日制:"三品已上服大料細綾及羅,其色紫;五品已上服小料細綾及羅,其色朱;六品已上服絲布雜小綾交梭,其色黄;七品、八品、九品、流外庶人服細綾絁布,其色黄白者。"又永徽三年八月十四日詔:"魚袋之制,恩榮所加,本緣品命。帶魚之法,事章要重者。"臣今詳酌,本非朝命,不得輒懸魚袋。内外臣僚所衣朱紫服飾,降於近代,不越時宜。將健衣裝,各立軍號,當司從來無例檢詳。其經商百姓等,則不得著色樣綾羅及紫皂雜色衣服金色帶,亦不載短長制度。

原載《全唐文》卷 971

定使相班位奏　長興三年正月　中書門下

見任宰臣四員外,其餘諸使兼侍中、中書令、平章事並是使相,向來班序,皆在見任宰臣之下。今緣秦王從榮是親王,新加兼中書令,與諸使相不同,每遇排班及到中書位次。今特商議,伏以政事之權,雖崇四輔;周行之列,亦長諸王,宜顯奉於本枝,固不同於異姓。今後望請親王官至兼侍中、中書令,則與見任宰臣分班定位,宰臣居左,諸王兼侍中、中書令居右。如親王及諸使守侍中、中書令,亦并是使相,既不知印、不署敕,亦分行居右。其餘使相,請依舊規。

原載《全唐文》卷 971

張思録造佛頂尊勝陀羅尼幢

（經文略）

福善坊河南府散從官張思録,妻田氏,先有願奉爲先祖亡靈□□□女子笪哥特造大悲兼佛頂尊勝幢一所,并立在塋邊,永充故記。

□□□□感夢法教來儀,貝葉興隆。朝代皆至,唐初聖后波利遠臨,時赴於清凉山中,親禮於曼殊古迹。忽遇耆老呵止令迴,却返西天取經梵夾,利濟東土,飜譯流行,廣益於群迷,多救於物品。此真言最勝,是佛頂大悲之尊,兑善住七返之身,除惡業三塗之苦。若書鎸於寶幢之上,或立在於舍利塔前。旋禮影佛者,罪滅福增。咒土沾身者,生天壽樂。今者思柔信心堅固,守意精專。先有願特捨諸詩珍愛,選荆山之玉石,召取名工,鎸書立在墳邊。所願先亡者決定生天,見存者永處青貞。久遠親姻,皈依法祐。特於金石之記。長興三年二月廿二日建立。

寫《觀音經》一卷,《法花經》一卷,《金光明經》一部,《地藏本願經》一部,《金剛經》一卷,《藥師經》一卷,《閻羅王經》一卷。立幢子日齋僧一七。地藏菩薩一軀,引路菩薩一軀。先祖父張武,先亡母史氏,亡母田氏,嫂見亡母殷氏。塋一所,東西一十三步,南北一十五步,三至賣地鄭德蒙,東至官地。河南縣平樂鄉朱陽村買百姓鄭德蒙地作塋一所。

原載《五代石刻校注》

星曆申送史館奏　長興三年二月　司天臺

奉中書門下牒,令逐年申送史館十一曜細行曆并周天行度、祥變等。當司舊例,祇依申星曜事件,不載占言。

原載《五代會要》卷 19

定十都督府額奏　長興三年四月　中書六下

天下舊有八大都督府,按《十道圖》,以靈州爲首,陝、幽、楊、潞、鎮、徐等州爲次。其魏鎮已升爲七府兼具員内。越、杭、福、潭等州,亦相次升爲都督府。望以十大都督府爲額,仍據升降次第,以陝爲首,餘依舊制。

原載《五代會要》卷 19

定四大都護額奏　　長興三年四月　　中書門下

據《十道圖》，有大都護，除單于、北庭等府久不置外，今具員內，
節度使中見有兩員外守安北都護、安東都護。今請祇以四大都護爲
定額，仍以安東大都護爲首。

原載《五代會要》卷 24

重定三京諸道州府地望次第奏　　長興三年四月　　中書門下

奉敕重定三京、諸道州府地望次第者。據《十道圖》舊制，以王者
所都之地爲上，本朝都長安，遂以關內道爲上。今宗廟宮闕現都洛
陽，請以河南道爲上，關內道第二，河東道第三，餘依舊制。又本朝都
長安，以京兆府爲上；今都洛陽，請以河南府爲上。其五府按《十道
圖》以關內道爲上。遂以鳳翔府爲首，河中、成都、江陵、興元爲次。
中興初升魏博爲興唐府，鎮州爲真定府，皆是創業興王之地，不與諸
府雷同。今望以興唐、真定二府升在五府之上，合爲七府，餘依舊制。

原載《全唐文》卷 971

武成廟從祀英賢設遵豆奏　　長興三年五月　　禮院

禮院檢《郊祀錄》《釋奠》：武成王廟，中祀例祭以少牢，其配座十
哲，見今行釋奠之禮。伏自喪亂已來，廢四壁英賢之祭。今准帖，爲
國子博士蔡同文奏，武成王廟四壁英賢，請各設一豆一爵祀享者。當
司今詳《郊祀錄》，武成王從祀諸英賢，各籩二，實以粟、黃牛脯；豆二，
實以菜菹、鹿醢；簠、簋各一，實以黍、稷；飯、酒爵一。禮文所設，無一
豆一爵之儀。

原載《五代會要》卷 3

潞州紫峰山海會院明惠大師銘記

原夫真乘不泯，爲□無形。迥具峭拔之機，超然物外，即有我大
師者也。大師父諱舉，俗姓顏氏，家本儒門，是瑯琊臨沂人也。幼懷
聰穎，姓自不群。每厭塵繁，志□求出離。遂於燕臺鶴林寺鑒律師爲
師，徒緇落髮，□獲具足戒。後涉江浙，偏倣名能，廣乎知見，乃遇監

官,得傳心印,因卜掛錫。比度淮洪,途至潞彰,人順道化。遂詣黎城縣松池院,栖心禪觀,爲衆開堂。可三兩載,復飛杖錫。又至淥水山,廣彰法眼,爲衆啓禪。人遇指南,奔赴如市。度僧一十七人:崇昭、玄誠、玄□、玄□、玄静、玄寂、玄□、玄□、玄□、玄□、玄相、玄廣、玄□、玄□、玄□、玄□。度尼三人:□□、超果、□惠。並散在羅空,任持傳譽。時有潞州節度使李罐,嚮重瓊旨,遥欽善價。三曾具請,願俱府城,自捨俸資,創修延慶院一所,命師住持,傳通法眼。師於乾符四年,有人報師,□保廣賊寇欲害於師,宜速迴避。吾□於□□□不怖焉。若被所誅,償宿債矣。其年正月十三日,果如所報。命隨寇忍,氣逐風燈。□色如存,復無污。天有祥瑞,焕曜明帝,主乃知傷道人矣。遂敕謚明惠大師。茶毗訖,小師崇昭等,捧舍利,奉命持建斯塔,兼賜陰院壇。越張井里等村田□□□一十四畝四至爲界:東至相州林慮縣大磻砣石爲界,西至七里嵷大崖下,南至大崖,北至大崖下爲界,充海會院地土。唯敕依例,蠲放名額土田。此乃聖主仰重,朝俗歸心,播十方而異香遠聞。於是乾符□而有□記字,長而再叙行□。厥爲頌曰:

他方菩薩,此地化緣。靈塔侵漢,永鎮名山。真形無往,不見人天。來時無所,去亦索然。

時長興三年六月日王暉捨手刊之。

原載《全唐文補遺》第七輯

净土寺陁羅尼經幢

佛頂尊勝陁羅尼經

《佛頂尊勝陁羅尼經》者,婆羅門僧佛陁波利儀鳳元年從西國來至此土,到五臺山次。遂五體投地向山頂禮曰:如來滅後,衆聖潛靈。唯有大士文殊師利,於此山中汲引蒼生,教諸菩薩。波[利所恨,生]逢八難,不睹聖容,遠涉流沙,故來敬謁。伏乞大慈大悲普獲令見尊儀。言已,悲泣雨淚,向山頂禮。禮已,舉頭忽見一老人從山中出來,遂作婆羅門語,謂僧曰:"法師情存慕道,追訪聖踪,[不憚劬勞],遠尋遺迹。然漢地衆生多造罪業,出家之輩,亦多犯戒律。唯有《佛頂

尊勝陁羅尼經》能滅除惡業,未知法師頗將此經來不?"僧曰:"貧道
直來禮謁,不將經來。"老人曰:"既不[將經,空來]何益。縱見文殊,
亦何必識師? 可到向西國取此經來,流傳漢土,即是遍奉眾聖,廣利
群生,拯濟幽冥,報諸佛恩也。師取經來至此,弟子當示文殊師利菩
薩所在。"僧聞此[語不勝喜]躍,遂裁抑[悲泣至心敬禮,舉頭之頃,
忽不見老]人。其僧驚愕,倍更虔心,繫念傾誠。[迴還西國,取《佛
頂尊勝陀羅尼經》],至永淳二年迴至西京。具以上事聞奏大帝。大
帝[遂將其]本入内,請[日照三藏法師及敕司賓寺典客令]杜行顗
等,共譯此經。

施僧絹三[十匹。其經本禁在]内不出。其僧悲泣,奏曰:"貧道
捐軀委命,遠取經來,情望普濟[群生,救拔苦難,不以財寶爲念,不以
名利關懷,請還經本,流行庶望,含靈]同益。"帝遂留翻得之經,還
[僧梵本。其僧得梵本將向西]明寺訪得善梵語漢僧順貞,奏昔翻譯,
帝隨其請。僧遂對諸[大德共順貞翻譯。譯訖,僧將梵本向五臺山入
山,至於今不出前後所]翻兩本,并流行於代。小小語有不同者,[幸
勿怪焉。至垂拱三年,]定覺寺主僧志静,因停在神都魏國東寺,親見
日照三[藏法師,問其逗留,一如上說,志静遂就三藏法師咨受神咒,
法師於]是口宣梵音,經二七日,句句委授,[具足梵音,一無差失。仍
更]取舊翻梵本勘校,所有脱錯,悉皆改定。其咒初注云,最後[別翻
者是也。其咒句稍異於杜令所翻者,其新咒改定不錯,并注]其音。
訖後有學者,幸詳此焉。[至]永昌元年八月於大敬愛寺,見西明寺
上座澄法師,問其逗留,亦如前說。其翻[經僧順貞見在住西明寺,
此經救拔幽顯,最不可思議,恐學者不知,故具錄委曲,以傳未悟
者矣。]

[天帝,此陁羅尼名吉祥,能净一切惡道。此佛頂尊勝陁羅尼,猶
如日藏摩尼之寶,净無瑕穢,净等虚空,光焰照徹,]無不周遍。若諸
眾生持此陁羅尼,亦復如是,亦如閻浮檀金,明净柔軟,[令人喜見],
[不爲穢惡之所染着。天帝,若有眾生,持此陁羅尼,亦復如是,乘斯
善净,得生善道。天帝,此陁]羅尼所在之處,若能書寫流通,受持讀
誦,聽聞供養,能如是者,一切惡道,皆得清净,一切[地獄苦惱,悉皆

消滅。佛告天帝：人若能書寫此陁羅尼，安高幢上，或安高山，或安樓上，乃至]安置窣堵波中。天帝，若有苾芻苾芻尼，優婆塞優婆夷，族姓男族姓女於幢等上，[或見或與相]近，其影映身，或[風吹陁羅尼幢等上塵落在身上。天帝，彼諸衆生，所有罪業，]應墮惡道地獄畜生，閻羅王界，餓鬼，阿修羅身惡道之苦，皆悉不受，亦不爲罪垢□染。[天帝，此等]衆生，爲一切諸佛[之所授記，皆得不退轉，於阿耨多羅三藐三菩提。天帝，何況]更以多諸供具，花鬘塗香末香寶幢幡蓋等，[衣服瓔珞作諸莊嚴，於四衢道造窣堵波，安置陁羅尼，合]掌恭敬，旋繞行道，歸[依禮拜。天帝，彼人能如是供養者，名摩訶薩埵，真是佛]子，持法棟梁，又是如來全身舍利窣堵波塔。爾時閻摩羅法王，於時夜分來詣佛所。到[已，以種種天衣妙花，]塗香莊嚴供養佛[已，繞佛七匝，頂禮佛足而作是言，我聞如來演說，贊持大力陀]羅尼，故來修學。若有受持讀誦是陀羅尼者，我常隨逐守護，不令持者墮於地獄，以彼隨順如來言教而護念之。爾時護世四天大王，繞佛三匝白佛言：世尊，唯願如來爲我廣說持陁羅尼法。爾時佛告四天王，汝今諦聽，我當爲宣說受持陁羅法，亦爲短命諸衆生說，當先洗浴，著新净衣，白月圓滿十五時，持齋誦此陁[羅尼，滿其千遍，令短命衆生，還得增壽，永離病]苦。一切業障，悉皆消滅。一切地獄諸苦，亦得解脫。諸飛鳥畜生含靈之類，聞此陁羅尼，一經於耳，盡此一身，更不復受。佛言：若遇大惡病，聞此陁羅尼，即得永離一切諸病，[亦得消滅。應墮惡道，]亦得除斷，即得往生寂静世界，從此身已後，更不受胞胎之身。所生之處，蓮花化生。一切生處，憶持不忘，常識宿命。佛言：若人先造一切極重惡業，遂即命終。乘斯惡業，[應墮地獄，或墮]畜生閻羅王界，或墮餓鬼，乃至墮大阿鼻地獄，或生水中，或生禽獸異類之身，取其亡者隨身分骨，以土一把，誦此陁羅尼二十一遍，散亡者骨上，即得生天。佛言：若人能日日[誦此陁羅尼二十]一遍，應消一切世間廣大供養，捨身往生極樂世界。若常誦念，得大涅槃，復增壽命，受勝快樂。捨此身已，即得往生種種微妙諸佛刹土，常與諸佛俱會一處。一切如來恒爲演說微妙之義，一切世尊即授其記，身光照曜，一切佛刹。佛言：若誦此陁羅尼法，於其佛前，先取净土作壇，隨其大小方四角作,以種種草花散於壇上,燒衆名香。右膝着地胡跪,心常念佛,作慕陁羅尼印。屈其頭指以大拇指押,合掌當其心上。誦此陁羅尼一百八遍訖,於其壇中,如雲玉雨華,能遍供養八十八俱胝恒河沙那庚多百千諸佛。彼佛世尊咸共贊言,善哉稀有。真是佛子,即得無障礙智三昧,得大菩提心莊嚴三昧。持此陁羅尼法,應如是。佛告天帝,我以此方便,一切衆生應墮地獄道,令得解脫。一切惡道,亦得清净。復令持者,增益壽命。天帝,汝云將我陁羅尼,授與善住天子,滿其七日,汝與善住俱來見我。爾時天帝於世尊所,受此陁羅尼法,奉持還於本天,授與善住天子。爾時善住天子,受此陁羅尼已,滿六日六夜,依法受持,一切願滿。應受一切惡道等苦,即得解脫,住菩提道,增壽無量,甚大歡喜。高聲嘆言,希有如來,希有妙法,希有明驗,甚爲難得,令我解脫。爾時帝釋至第七日,與善住天子,將諸天衆,嚴持花鬘塗香末香寶幢幡蓋天衣瓔珞,微妙莊嚴。往諸佛所,設大供養,以天妙衣,及諸瓔珞供養世尊。繞百千匝,於佛前立,踊躍歡喜,坐而聽法。爾時世尊舒金色臂,摩善住天子頂,而爲説法,授菩提記。佛言:此經名净一切道,佛頂尊勝陁羅尼,汝當受持。爾時大衆聞法歡喜,信受奉行佛頂尊勝陀羅尼經。

維大唐國洛京河南府鞏縣净土寺,今於當寺建竪尊勝經石幢。伏願皇風永扇,玉葉連芳。内外群臣,惟忠惟孝。次願鎮縣官僚,惟清惟政。先亡父母師僧和尚及兄楊簡、侄楊皤,(上闕)當處土地護伽藍神,前後亡殁師僧,仗自所年兵革非理煞傷。睹此勝因,早證菩提之道。長興三年壬辰歲八月己酉朔廿二日辛丑,建立鞏縣净土寺。主僧思敬,小師惠超。

原載《五代石刻校注》

長興三年(九三二)磚識

長興
三年
仲秋

月造。

壬辰年（九三二）十月洪池鄉百姓某乙雇牛契（樣式）

壬辰年十月生六日，洪池鄉百姓某乙闕少牛畜，遂雇同鄉百姓雷粉搥（堆）黄自（牸）牛一頭，年八歲。十月至九月末，斷作雇價每月壹石，春價被（破）四月叁匹。若是自（牸）牛并（病）死者，不關雇人之是（事）。若馱畜走煞（散），不關牛主諸（之）事。兩共對面平障（章），不許休悔。如先悔者，[罰]一馱（底卷書寫止此）

原載敦煌文書 S.6341

請更定諸州貢人朝拜儀制奏　　長興三年十二月　　禮部貢院

准《會要》長壽二年七月十日左拾遺劉承慶上疏曰："伏見比年以來，天下諸州所貢方物，至元日皆陳在御前，惟貢人獨於朝堂列拜。伏請貢人至元日列在方物之前，以備充庭之禮。"制曰："可。"近年直至臨鏑院前，赴應天門外朝見。今後請令舉人復赴正仗，仍緣今歲已晚，貢士未齊，欲且據見到人點引，牒送四方館。至元日請令通事舍人一員引押朝賀，列在貢物之前。或以人數不少，即請祇令諸科解頭一人就列。其餘續到者，候齊日別令朝見。如蒙允許，當司即於都省點別習儀。

原載《全唐文》卷971

請下兩浙荆湖購募野史奏　　長興三年十二月　　史館

當館昨爲大中以來迄於天祐，四朝《實録》尚未纂修，尋具奏聞，謹行購募。敕命雖頒於數月，圖書未貢於一編。蓋以北土州城，久罹兵火，遂成滅絶，難可訪求。竊恐歲月漸深，耳目不接，長爲闕典，過在攸司。伏念江表列藩，湖南奥壤，至於閩、越，方屬勛賢。戈鋋自擾於中原，屏翰悉全於外府，固多奇士，富有群書。其兩浙、福建、湖廣，伏乞詔旨委各於本道采訪宣宗、懿宗、僖宗、昭宗以上四朝野史，及逐朝日歷、銀臺事宜、内外制詞、百司沿革簿籍，不限卷數，據有者抄録上進。若民間收得，或隱士撰成，即令各列姓名，請議爵賞。

原載《全唐文》卷 971

靈武節度使表狀集

■

舅甥之好，昔有鐫碑，新頒鏤玉之文，寒暑無變。伏願皇帝壽齊海岳，福等江河，奸宄屏除，萬方安泰。稍或指策，願展微誠；千萬戎心，難寫天造。頓首頓首。謹言。

起居

聖躬：臣伏限守鎮，不獲親赴闕庭，臣無任瞻天望日，屏營之至，謹奉表起居以聞。臣頓首。僧䐈䐈法師者，中印度之人也。利名如來賢，歷代爲君，霸華氏國，乃釋種之苗裔。自幼出家，會五明□，解八般書，諸國宗師，推爲法器。游方志切，利物情殷，爰別梵天，遐登雪嶺，萬里冰山，曉夜豈辭於涼山之列；千重沙漠，春秋不憚於暑寒之苦。曾達朕封，淹停歲月。今則言旋震域，誓謁清涼，經行恐濫於時流，解學全高於往哲。華區英彥，京府王臣，請閱梵文，便知憋昧；願爲檀越，勿見栖遲。共成有學之心，必獲無疆之福。夫周昭王代，佛出西天，漢明帝時朝法傳東夏，自後累有三藏，攜瓶來至五峰。玄奘遇於德（太）宗，波利逢於大聖。前無垢藏，幸遇莊皇，此吉祥天，喜逢今聖。師乃生長在摩竭陁國內，出家於那爛陁寺中，唐標三藏普化大師，梵號羅麽、室利、襧嚙。早者別中天之鷲嶺，趨上國之清涼。歷（歷）十萬里之危途，豈辭艱阻；登百千重之峻嶺，寧憚劬勞。昨四月十九日平［旦］達華嚴寺，尋禮真容，果諧夙願，瞻虔至夜，宿在殿中。持念更深，聖燈忽現，舉衆皆睹，無不忻然。廿日，再啓虔誠，重趨聖殿，夜觀真相，忽現毫光，晃輝尊顏，如懸朗月。睹期（斯）聖瑞，轉切懇勤。廿一日，登善住閣，禮肉羅睺，嘆文殊而化現真身，嗟柏氏而生聖質。廿二日，游王子寺，上羅漢堂，禮降龍大師真，看新羅王子塔。廿三日，入金剛聖窟，訪波利前踪。玩水尋山，回歸寺內。廿四日，上中臺，登險道，遇玉華之故寺，歷菩提之新菴，齋畢衝雲，詣西臺頂，尋維摩對談法座，睹文殊師子靈踪，巡禮未周，五色雲現。攀綠岫，踏青莎,恣意巡游,回歸宿舍。廿五日,往北臺,穿碧霧,過駱駝島,渡龍泉水。啓告再三,至東臺宿,晚際有化金橋,久而方滅,來晨齋上米鋪,却往華嚴,駐泊一宵。次游竹林金閣,過南臺宿,靈境看神鍾,禮聖金剛,拂旦登途,至法花寺饒齋而別,奔赴佛光寺,音樂喧天,幡花覆地。禮彌勒之大像,游涅槃之巨藍,焚香解脱師前,虔祈於聖賢樓上,宿於常住。發騎來晨,齋於聖壽寺中,宿在福聖寺内,禮佛之次,忽有祥雲,雲中化菩薩三尊,舉衆皆禮敬。次至文殊尼寺,兼游香谷梵宫,宿在清凉。登峻層道,謁清峰道者,開萬菩薩堂,游玩浸宵,來朝過嶺,兼諸寺院蘭若,并已周游。却到華嚴,設齋告別。臨途之際,四衆攀留,既逞速已再三。伏惟千萬。

書本

久嚮徽猷,未諧趨鬱。恒抱吕安之懇,每增尋戴之言,積企徒多,魚箋罔敢,伫瞻匪少,蝶夢唯憑。近知某回承恩隆,別受獎眷,指山嶽而報德,望江海以酬恩。又書一間恩重,幾變歲寒,想渴仁隆,倍勞蝶夢,閑於窗下,尋舊句以恬心,悶向庭前,披新箋而豁意。疊蒙恩念,累賜瓊華,捧承丘嶽之言,益認滄波之眷。

正月賀

伏以玉燭調元,青陽應候,睹堯蓂之初坼,頒舜曆之重新。伏惟尚書,德冠標時,功名間代,履此三春之慶,更資百福之榮,虔祝之情,倚積微懇,伏惟俯賜,照察,謹狀。

二月

伏以淑景初臨,和風漸扇,柳含青翠,花坼芳新。伏惟某官,望美官常,德光聖世,乘兹令序,用納休徵,伏惟照察。

三月

伏以玉律移音,銅壺繼刻,花散園林之色,萍生池沼之新。伏惟某官,德比冰霜,材同梓漆。屬此妍韶之美,以期授爵之榮。

四月

伏以三月既謝,九夏方臨,令叶玉燭之調,序順清和之美。伏惟某官,瑞玉含輝,祥金振韻,屬此節宣之美,加以朝命之榮。伏惟照察。

五月

伏以月當五位,景曆南躔。方及梅雨之期,已盛彤雲之狀。伏惟某官,氣清松雪,價重珠璣。逢畏日而用納清休,遇昌時而更資洪福。未獲祇候門仞。

六月

伏以玉燭順時,火雲膺序,已扇鬱蒸之氣,方當處暑之風。伏惟某官道契明時,德叶盛世,乘此節戒,用副寵徵。

七月

伏以律移夷則,節屆白藏,爲虐暑以潛銷,屬高風而漸扇。伏惟某官,早崇德望,夙播清名,遇此高秋,將迎大拜。

八月

伏以節契中秋,律當南呂,木帶金風之韻,草沾玉路(露)之鮮。伏惟某官,德洽時情,才推衆望。爰因令序,更納貞祥。

九月

伏以節戒踐秋,律遷無射,樹凋殷葉,菊秀黃花。伏惟某官,德并松筠,才侔梓漆。秉此節宣之旦,用當寵拜之期。

十月

伏以黑帝司辰,玄冥戒序,初逢愛景,已認寒雲。伏惟某官,時望素崇,公才風瞻。歷此三冬之始,用資百福之新。

十一月

伏以月當子位,律膺黃鍾,正逢愛日之中,[恰]屬嚴凝之數。伏惟某官,芝蘭并秀,金玉同資,遇此中冬,以期大拜。

十二月

伏以律當大呂,節膺小寒,四氣調玉燭之殘,三冬順玄陰之正。伏惟某官,早推碩德,夙振嘉猷,遇愛景而永奉昌期,履節宣而長資寵禄。

別賀

伏惟尚書,令德素崇,勛庸久著,望顯潘(藩)垣之上,名光武庫之中。相府求賢,果膺慎擇。纔分寵寄,已慰疲民。

謝馬書

右伏蒙恩私，特此寵賜，遠路既難於辭讓，逸踶莫匪於權寄。收受之時，兢銘倍切，謹專修狀陳謝。伏惟照察，謹狀。

伏以某乙，朔野名王，天朝貴戚，威聲振於絕域，銳氣礱於於蕃。某遙嚮風猷，常傾欽矚；猥蒙知眷，遠叙歡盟。逾沙漠而專枉榮緘，隨貢奉而別頒厚禮，仰認勤隆之旨，倍深欣愧之誠。

送謝物

右件物等，才非麗密，色異鮮華，單微雖愧於輕塵，報復粗申於薄禮。幸希仁念，希賜檢留。每逢人便，皆捧台函，承鈞念以逾涯，沐褒揚之何稱？蓋阻雲烟波路遠，鱗羽少因，披誠難罄於魚箋，攀倚徒勞於蝶夢。豈謂令公，慈憐顯降，特辱瓊瑶，仰披數幅之憂隆，疊任八行之顧遇，銘肌篆骨，啓導難窮。伏以某乙，天資簡器，神授奇材，量寬而滄海非深，德望而嵩衡豈重。恩威振處，羌戎之稽首歸心，撫若（弱）凌强，外國之願追盟耗。果以皇州播美，紫塞嘉聲，遙瞻而恨面無由，述懇而筆舌寧既。因使回，謹修狀起居，陳謝，伏惟俯賜。

送物

右伏以某乙，叨奉皇華，遠賚紫詔，幸將庸末，獲拜王庭，既知遭遇之榮，合貢獻芹之禮。前件物雖量輕寡，輒敢浼瀆尊襟，下［情］無任惶懼，謹録狀上。

當道與某官，國唯世舊，唇齒相依，人使交馳，往來不滯。伏自近日，途路艱難，杳絕音耗，動經年序，莫知真的，可想事機。邇後勿吝好音，時希翰墨；冀明出入，俾遂相於。故合具細咨聞。伏惟照察，謹狀。

山川綿邈，音信難通，每於人使之間，是闕奔馳之禮。遐窺風裁，常牽魂夢之懷，忽奉芳音，兼辱緘封之貺。仍蒙厚眷，特專駿蹄；感荷所深，箋毫匪喻。

賀端午別紙

檢校國子祭酒、兼御史大夫、上柱國上。

伏以采艾芳辰，結廬令節，冀啓交歡之日，將臻納祐之祥。伏惟某，弧矢藝高，智謀名著，威望既傳於絕域，聲華益振於諸蕃。爰因午日之期，更納千齡之慶，況聯疆場，尤切禱祈。

別紙

聞青雲干呂,漢通聚窟之民;白雉呈祥,周貢越裳之俗。即知明君御宇,重譯賓王,諒夷夏之相須,歷古今而無別。方今聖上,心同白水,德輔皇天;會塗山而萬國俱來,師牧野而諸侯自至。一昨既寧中土,乃眷朔方;爰命矩才,遠臨當道。知金石之誠永固,爲蠻貊之邦可行。切諭絲綸,俾安玉塞。蓋欲北和冒頓,西接大宛,書有歸心,咸來稽顙。然則旅旅檠入貢,天馬興歌,國家稍籍其聲光,部族不妨於貨易。而又防送須差兵甲,往來皆備資糧,所貴懷柔,詎論經費,而況某官,從來向闕,最長諸蕃,誠青海之舟航,乃玉關之鎖鑰。驍雄之外,忠孝唯多。且某與某官,同風叶義,道路雖遙於千里,恩知豈異於一家?彼有所求,此無愛惜;此如奉托,彼堅依從。則勢合輔車,情孰魯[衛]。自今後,或凡是經過,請祛讎隙。貴道儻聞留滯,弊藩不免效尤。願弘招誘之仁,共贊雍熙之化。

伏以某乙,名重西陲,譽流上國。而自嗣興堂構,奄有狄鞮。每慕華風,常修職貢。竭丹誠而內附,作皇唐之外臣;不惟播美於一時,抑亦書勛於千載。某叨持將鉞,獲接仁封。但欽馨香,倍深景仰。豈謂某睦鄰道廣,繼好情專,特降使人,仍頒異物,兼認雅旨,許在孔懷。況已受獎知,固分同魚水。

別紙

專人忽至,華翰俄臨,捧閱再三,備認來旨。伏惟某官,名光大漠,德服西陲。弓裘克紹於家聲,績業已標於信史。加以輸誠向闕,任土充庭,萬里展子[婿]之心,千載睦舅甥之道。而又每執鄰好,迥卜歲寒;每捧華緘,皆蒙獎譽。

別紙

某官德義兼修,英威共著,控山河之遐境,臨玉塞之殊封。秉禮行,唯志於歲寒;持節操,每資於遠邇。但某叨於戎列,謬處藩維,忝恩契於箋函,沐殊私於寵賚,感抃兢灼,交積下情。

別紙

伏惟某官,鎮護一方,名高四遠,遐邇欽囑,朔漠縈倚。某早受恩光,素叨曩昔;承茲歲序,永固保嘉祥。拜荷未期,空增結戀。謹專修狀啓聞。伏惟照察。謹狀。

別紙

伏惟某官,位尊繼統,威冠殊方。不移聽誓之盟,常保歡愉之好。遠頒寵賚,深荷恩私。但以弊封,素無奇産,雖粗陳於往復,實懷愧於單微。諸具別狀咨聞。伏惟照察。謹狀。

別紙

伏惟某官,威德冠時,法令嚴肅。鎮烟塵於西北,修職貢於東南,言念忠誠,超於今古。洪河一曲,永無烽燧之憂;雁塞四封,但荷撫循之德。早通音好,深沐周勤;遠有寄及,不任佩戴。謹專修狀咨聞,伏惟照察。謹狀。

別紙

玉關路復,沙漠程遥。既無會睹之因,但有傾瞻之懇。伏以某官,天資武略,神授奇謀,耀瑞德於一方,夙懷忠敬;禀難姿於玄朔,寧改雪霜,然事繼前修,慶隆後嗣。將保存於信義,宜永奉於聖朝。今附箋毫,式達攀念。

賀端午

右伏以午日良辰,千秋令節。羞(饈)靈龜以順德,烹彩鶩以膺時。伏惟某官,位冠星辰,道扶日月,聲傳瀚海,名播燕山。固當迎啓佳辰,永臻景福。前件物等,實慚輕鮮,粗表涗塵。伏冀檢納。謹狀。

僧牒

高超像秀,迥達真宗,五乘馳驟於心田,三藏波飛於口海。携囊鷲嶺,早聞吼石之能;振錫金河,每聽鞭尸之力。悲心普化,志存游方;遂乃遠別中天,來經上國;翻傳妙典,譯布靈筌。爲梵守之笙簧,作緇徒之龜鏡。今則誓游震旦,願睹文殊。繼往哲之遺踪,踵前賢之令迹。所經郡國,要在逢迎,共助良緣,同修上善。

表本

臣聞開元聖帝,統有萬邦。薊門賊臣安禄山叛逆,傾陷中國,殄滅賢良;社稷烟灰,鑾輿西幸。某曾祖聖明,某官點率部下鐵騎萬人,親往征討;未及旬月,盡底剗除。上皇及肅宗皇帝却復宫闈。朝庭念以粗有巨功,特降公主。其於盟好,具載史書。自後回鶻興,唐朝代爲親眷。貢輸不絶，恩命交馳。一從多事以來，道途榛梗。去光化年初，先帝遠頒册禮，及恩賜無限信幣，兼許續降公主，不替懿親。初聞鑾駕東遷，後知已無宗派。瞻天望日，空切憤懷。今者陛下已統御寰瀛，恩沾遠邇。去冬剖陳志懇，亦已聞天。依賴陛下，便同唐朝天子，用結千秋之願，將連萬代之榮。重重血誠，輒具披寫。污瀆天聽。伏切慚惶。

表本

伏惟皇帝陛下，始隆寶位，創業鴻基，四遠來賓，八蠻歸化。闡蠶叢之勝境，大扇堯風，豁杜宇之關防，高明舜日。旋聞龜龍膺聖，樹桴標玉，不唯朽枒芳榮，抑以昆蟲遂性。加之金戈百郡，瞿塘之驚浪安流；鐵騎千營，甘亭之風烟自息。君明臣哲，國富人饒，邉古已來未之有也。某地居戴斗，積世蕃王，去光化年初，先皇特降王臣，顯頒册禮。雨露之恩尚濕，絲綸之詔猶新。自後大駕播遷，莫知所止。兵災内地，往返尤離（難）。去載伏聞陛下龍驤梁國，子育黔黎，蕃漢之境邑［不］殊，唯臣子之恩情不隔；是［以］專差小將，遠貢芹心。伏蒙陛下俯啓鴻私，特開玄造；頻令朝對，累赴設筵，兼賜優償（賞），負荷聖慈。謬忝周行。

別紙

伏惟某官，智匪通方，材唯散朴。謬忝周行之列，敢忘鄰國之知。伏以某官，奉職皇朝，來王丹闕，克顯尊周之至，罔渝朝禹之期。而又俯念卑僚，遠頒尊翰寫昌言於葵幅，捧持而若自天來；布異旨於江毫，跪讀而勿（忽）疑夢得。感激之至，惟切下情。

別紙

孕瑞星辰，稟靈山嶽，布惠和而昭甦萬類，流信義而底定一方。遂得遠邇畏威，咸望風而内附；昆蟲慕化，皆樂善以如歸。是宜永鎮金郊，常居玉帳；延子孫於萬億，增壽禄於千秋。克保我唐歡盟之好。幸因■

別紙

久嚮清姿，已聆冰碧。叨銜守職，每有事多，固合早附狀儀，用申丹素。切以難逢魚雁，闕貢緘封。今則將赴道途，即獲祇候，欣抃之懇,預積肺懷。

天福肆年己亥歲某某。

賀官

伏審光奉睿澤,榮膺册禮,伏惟慶慰。伏以某官,日絶英奇,神資俊異,克紹戴天之節,宜高裂地之封。今者光奉渥恩,顯膺册命,凡在寰宇,無不歡忻。某叨列朝庭,恭行大禮,慶抃之至,無任下情。別紙。某族盛天山,望雄玉塞。戴斗盡歸於部伍,海隅悉屬於指麾。因率梯航,遠陳土貢;路由弊府,猥恤名駒;仰認周旋,彌增感激,謹專修狀陳賀,兼伸(申)披謝。伏惟照察。謹狀。

天福叁年戊戌歲十一月日記。

別紙

久欽慈獎,風(夙)慕高風;未伸(申)趨奉之由,徒積攀顒之素。豈謂恩私曲布,先覘華緘;感激之誠,恒集卑懇。況大師不憚勞苦,諸國巡游,導引迷徒,澇籠有識。拜德雖期於在近,薄祐難叙於雲姿。近已體氣違和,以此莫申面話,謹修狀陳謝,兼伸(申)起居。伏惟照察。謹狀。

累日不睹冰姿,倍深攀戀。瞻恩之際,芳翰忽臨;褒獎逾海嶽之恩,曲詞過丘山之重。永言佩戴,豈易書伸(紳)。感謝未期,徒增銘鏤之至。謹修狀陳謝,兼伸(申)起居。伏惟照察。謹狀。右某乙,伏審肅州人使至,伏惟(此有脱頁)

右謹專送上。伏以佳節將臨,合陳贄獻;慚無異物,用效芹心。前件油麵等,聊申節料之儀,以表丹誠之禮。希垂不誚輕塵,俯賜留納幸甚。謹狀。

原載敦煌文書 P. 3931

按:據《敦煌表狀箋啓書儀輯校》一書的輯校者考釋,認定此件文書的時代爲後唐時期,其中表明後晉天福時期的兩段文書,由於爲同一件文書,不便分割,故仍保持原狀。

癸巳年(九三三)正月一日以後某寺諸色斛斗入破曆算會牒殘卷

□□□□□□□□■

合從癸巳年正月壹日以後□□□□年應入兩輪磑課及前帳□□□銀器紙布什物等總伍|伯柒拾陸碩玖斗貳勝地壹抄|■，叁|伯壹拾陸碩叁斗捌勝麥|，壹■，□伯碩貳斗陸勝|壹抄黃麻|，貳伯叁拾柒尺布。

貳佰柒拾伍碩叁斗貳勝壹抄斛斗紙布什物等同前帳存：

壹伯叁拾柒碩捌勝麥，

肆拾伍碩貳斗捌勝粟，

玖拾貳碩玖斗陸勝壹抄黃麻，

肆拾貳尺布。

叁伯壹碩陸斗斛斗紙布什物等今帳新附：

壹伯柒拾玖碩叁斗麥，

陸拾碩貳斗上磑入，陸拾碩貳斗下磑入，兩碩公廨汜法律手內貸入，壹碩玖斗城上轉經料入，壹碩五月官齋入，叁拾肆碩捌斗於公廨蘇老宿手下入，兩碩陳郎麻替入，壹拾|碩|官家開經儭入，叁碩捌斗後■散禪料入，壹碩捌斗■□碩叁斗張定|子|麻（後缺）

原載敦煌文書 S. 5753

修撰功臣列傳奏　長興四年正月十一日　史館

當館先奉敕修撰《功臣列傳》，元奏數九十二人，館司分配見在館官員修撰。其間亦有不是中興以來功臣，但據姓名，便且分配修撰。將求允當，須在品量。其間若實是功臣中興社稷者，須校其功勛大小，德業輕重，次第纂修，排列先後。今請應不是中興以來功臣，泛將行狀送館者，若其間事有與正史、實錄列傳內事相連絡者，則請令附在紀傳內，簡略書出。其無功於國，無德於人，但述履行身名，或述小才末伎，儻無可以垂訓者，並請不在編修之限。伏自有史傳以來，歷代咸有著述，皆存定制，不可更張。如《前漢》止述蕭、曹、絳、灌之流，《後漢》但書寇、鄧、耿、賈之例，并同翼戴，咸共匡扶，爵號功臣，先爲列傳。其餘宗室、外戚、文苑、儒林、游俠、逸人、循吏、酷吏之屬，名目甚眾，各有篇題，并隨其次第撰述。其大惡大善之人，有善若周、孔、夷、齊，惡若敦、玄、莽、卓，亦各特爲著撰，不附傳紀編修。或爲世家，或爲列傳,蓋欲取監前代,垂則後人,不可雷同,請令區別。其功臣未納到行狀者,館司見更催促,候到即更分配修撰。大凡行狀,皆是門人故吏叙述,多有虛飾文華,今請此後所納行狀,並須直書功業,不得虛文飾詞。其已納到行狀合著撰者,仍請委修撰官略其浮辭,采其實事。

原載《五代會要》卷18

修史規程奏 長興四年正月十一日　史館

　　史館奏當館承前修史事例。應合編録文書,分配在館修撰直館官員,逐人紀述。内修撰一員,充判館事,自除修撰外,應館中著述及諸色公事,都專主專監修宰臣通判。前修撰、直館等,其間勤恪者著述不閑,怠惰者自因循度日,祗藉館中揚歷,以資身事進趨,或別除官,或因出使,便將自己分合撰史籍,送付後人。後人效尤,依前懈惰,積疊不了公事,爲弊滋多。須設規程,庶無曠敗。謹具起請如左:自判館修撰已下,見充職任及此後充館,請以二周年爲限。據在職館中文書繁簡,逐季分配纂修,如月未滿,公事未闋,即當館給與公憑,仍旋申中書門下,請別商量。其職限内,遇本官本省署有遞遷,請不妨其序進,即請令依前充職,終其月限,并請不許未終職限,特更除官。如職限滿,有公事未了,不計幾月,請不別與除官及差使,并與遞遷本官。其曠職甚者,仍請量事殿罰。如據所分配文書修撰外,別能采訪得皇后、功臣事實,及諸色合編集事,著撰得史傳,堪入國史者,請量其課績,別加酬獎。如當館於職限滿官員中,籍令充職者,則旋具奏聞,乞就加陞陟。應此日已前曾充館職,配過文書,除丁憂官員則請與均分代修撰。其未了別除官者,所欠文書,不計多少,並與令本官修撰,速須了畢。其今日已前曠惰之過,特乞矜容。起今後若更將已前未了公事,遷延不速修撰了者,則別具奏聞,仰候聖裁。

原載《五代會要》卷18

正押衙設省職奏 長興四年正月　三司使

　　當省有諸道鹽鐵轉運使額,職員極多。見有左右都押衙及客司通引,今欲從正押衙設省職,爲轉遷之序,正押衙、同押衙、衙前兵馬使、討擊副使、衙前虞候、衙前子弟者。

原載《五代會要》卷 24

請量減選數奏　長興四年一月　中書門下

諸道州府官甚有闕員,前資官皆拘選限。其間有朝廷選擇,侯伯薦揚,得者無多,餘難驟進,或病踣於陋巷,或老謝於窮途,宜開振滯之門,雅合推恩之道。今等第減選者,一選者無選可減,親公事得資考者宜優與處分,不得資考者准格施行。兩選、三選者減一選,四選、五選者減兩選,六選、七選者減三選,八選、九選者減四選,十選、十一選者減五選,十二選者減六選。千牛、進馬、童子、齋郎、挽郎,宜准元和處分。

原載《全唐文》卷 971

後唐加句靈驗佛頂尊勝陀羅尼咒曰

（咒文略）

昆山縣春申鄉弟子滿入并妻李四娘闔宅以來同發心造此切德,保祐平安,舍入永光禪院内,永充供養。長興四年正月日弟子滿入并妻等。

原載《蘇州博物館藏歷代碑志》

試舉人定制奏　長興四年二月十六日　禮部貢院

今後試舉人日,請令皇城司公幹人,於省門外聽察叫呼稱屈,及知貢院有倖門者,引赴皇城司勘問。如是的實虛妄,請嚴加科斷。兼今年放榜後及第人看畢,便綴行五鳳樓前,列行舞蹈謝恩訖,赴國學謝先師。然後與知貢舉相識期集,祇候敕命,兼過堂及過樞密院。又舊例,侵晨張榜後,知貢院官及考試官已下便出。請今年張榜後,知貢舉官并考試官至晚出。

奉敕:宜令敕下後於朝堂謝恩,即赴國學。其試舉人日,宜令御史臺差人,聽其放榜日知貢舉官送出,自此永爲定制。及第舉人過樞密院,宜不施行。

原載《五代會要》卷 23

別鑿洛河引漕船奏　長興四年三月三日　三司

洛河水運自洛口至京,往來牽船下卸,皆是水運牙官,每人管定四十石。今洛岸至倉口稍遠,牙官運轉艱難,近日例多逃走。今欲於洛河北岸,別鑿一灣,引船直至倉門下卸,其工欲於諸軍傔人內差借。

原載《五代會要》卷 27

詳斷盧嵩等奏　長興四年五月　大理寺

既關威力之條,合處殺人之罪。但以情非巨蠹,事准格文,爰該免死之科,式表好生之德。盧嵩准格配流天德,曳撲人王光祚配流登州。

原載《全唐文》卷 971

定私鹽科罪奏　長興四年五月　諸道鹽鐵轉運使

應食課鹽州府省司,各置榷釀,折博場院,應是鄉村,并通私商興販,所有折博,并每年人户鬻鹽,并不許將帶一斤一兩入城,侵奪榷釀課利。如違犯者,一兩已上至一斤買賣,人各決臀杖一十三。放一斤已上至三斤買賣,人各決臀杖十五。放三斤已上至五斤買賣,人各決脊杖十三。放五斤已上至十斤買賣,人各決脊杖十七。放十斤已上,不計多少買賣,人各決脊杖二十,處死。有犯鹽人隨行錢物、驢畜等,并納入官,所有元本家業田莊,如是全家逃走者,即行典納。仍許般載脚户、經過店主人、脚下人力等糾告,等第支與優給。如知情不告,與買賣人同罪。其犯鹽人經過處地分,門司廂界巡檢節級所繇,并諸色關連人等,不專覺察,即據所犯鹽數,委本州臨時科斷訖,報省。如是門司、關津、口鋪捉獲私鹽,即依下項,等第支給一半賞錢。一斤已上至十斤,支賞錢二十貫文;五十斤已上至一百斤,支賞錢三十貫文;一百斤已上,支賞錢五十貫文。應食末鹽地界,州府縣分,并有榷釀場院,久來內外禁法,即未有一概條流,應刮鹹煎鹽,不計多少斤兩,并處極法。兼許四鄰及諸色人等陳告，等第支與賞錢。欲指揮此後犯一兩已上至一斤買賣，人各決臀杖十三。放一斤已上至二斤買賣，人各決臀杖十五。放二斤已上至三斤買賣，人各決脊杖十六。放三斤已上至五斤買賣，人各決脊杖十七。放五斤已上買賣，人各決脊杖二十，處死。如是收到鹼土鹽水，即委本處煎煉，鹽數準條流科斷。或有已曾違犯，不至死刑，經斷後，公然不懼條流再犯者，不計斤兩多少，所犯人并處極法。其有榷鹺場院員僚、節級人力、煎鹽池各竈戶、般鹽舡綱、押綱將軍、衙官、稍工等，具知鹽法，如有公然偷盜官鹽，或將貨賣，其買賣人及窩盤主人，知情不告，并依前項刮鹼例五斤已上處死者。其諸色關連人等，并各支賞錢，即準洛京、邢、鎮州條流事例指揮。穎、末、青、黃等鹽，元不許界分參雜，其穎鹽先許通商之時指揮，不得將帶入末鹽地界。如有違犯，一斤一兩，并處極法。所有隨行色物，除鹽外，一半納官，一半與捉事人充優賞。其餘鹽色，未有畫一條流。其洛京、并、鎮、定、邢州管內，多有北京末鹽入界，捉獲并依洛京條流科斷，欲指揮此後，但是穎、末、青、白諸色鹽侵界參雜，捉獲并準洛京條例施行。慶州青、白榷稅，元有透稅條流，所有隨行驢畜物色，一半支與捉事人充優賞，其餘一半并鹽并納入官。欲并且依舊，一斗已上至三斗，決臀杖十五。放三斗已上至五斗，決脊杖十二。放五斗已上，處死。安邑、解縣兩池榷鹽院，河府節度使兼判之，時申到畫一事件條流等，準敕牒，兩池所出鹽，舊日若無榜文，如擅將一斤一兩，準元制條，并處極法。其犯鹽人應有錢物，并與捉事人充優賞者，切以兩池禁棘峻阻，不通人行，四面各置場門，弓射分擘。鹽池地分，居住并在棘圍內，更不別有遣差，秖令巡護鹽法。如此後有人偷盜官鹽一斤一兩出池，其犯鹽人并準元敕條流處分，應有隨行錢物，并納入官。其捉事人，依下項定支優給。若是巡檢弓射池場門子，自不專切，巡察致有透漏，到棘圍外被別人捉獲，及有糾告，兼同行反告官中，更不坐罪，陳告人亦以捉事人支賞。應知情偷盜官鹽之人，一依犯鹽人一例處斷。其不知情關連人，臨時酌情定罪。所有透漏地分弓射及池場門子，如是透漏出鹽十斤已下，決脊杖十五；放一十斤已上，與犯鹽人同罪科斷。一斤已上至十斤，支賞錢一十貫文。十斤已上至五十斤,支賞錢二十貫文。五十斤已上至一百斤,支賞錢三十貫文。一百斤已上,支賞錢五十貫文。前項所定奪到鹽法條流,其應屬州府捉獲抵犯之人,便委本州府檢條流科斷訖,申奏別報省司。其屬省院捉到犯鹽之人干死刑者,即勘情申上,候省司指揮,不至極刑者,便委務司準條流決放訖,申報奏。

原載《冊府元龜》卷494

核定雪冤超資條例奏　長興四年五月　中書門下

准長興元年二月二十一日南郊赦書節文,州縣官在任日雪得冤獄,許非時參選,超資注官,仍賜章服。今詳敕命,凡云冤獄者,所司推鞫,定罪不平,迴曲作直,已成案牘,或經長吏慮問,或是家人訴冤,重結推訊,始見情實,迴死爲生,始名雪冤。仍須元推官典,招伏情罪。本處檢案牘事節,給與公憑,更於考牒内署出,候本官滿日,便准近敕非時參選。若活得一人,超一資注官,二人已上加章服。已有章服加檢校官,如在任除雪冤獄外,限内徵科了絕。減得一選已上,或招添戶口至一分已上,并許酬獎,如加官至五品已上,許奏聽敕旨。如雖雪得冤獄,徵科違限不了,合殿選者,亦待殿選滿日,與敘雪冤之賞。或逃却戶口,亦據降等敘官。如本司小小刑獄,未經別司,縱能處斷,不得援例。

原載《全唐文》卷971

判官考校州縣獎罰奏　長興四年五月　中書

準天成元年五月二十七日敕,諸使府兩稅徵科,詳斷刑獄,校官吏考課,合是觀察判官專判。其一州諸縣徵科糾轄提舉,合是錄事參軍本職。今後觀察判官、錄事參軍校量所屬州縣官吏,據每年徵科程限,刑獄斷遣,戶口增減,據州縣申報,子細磨勘詣實,然後於本官牒内據事件收竪。如官吏考課一一事實,其判官、錄事參軍候考滿日并與酬獎,別加職任。如考課不實,亦行殿罰。如有水旱灾傷處,許奏聽。

原載《冊府元龜》卷636

太子諸王見師傅禮奏　長興四年七月三日　太常寺

奉敕詳定太子諸王見師、傅禮如左：

一、準《開元禮》，皇太子與師、傅、保相見前一日，尉衛設次於宮門外道，西南向；伶官展軒懸於庭。其日，諸衛所部屯門列仗，典謁設師、傅、保位於西階之西，東向；三少位次之，少退，俱東向，北上。師、傅、保及三少至宮門，通事舍人引師、傅、保就次。左庶子奏"中嚴"，伶官師工人入就位。通事舍人引師、傅、保及三少立於正殿門西，差退，俱東向。左庶子奏"外辦"。皇太子著常服以出，侍衛如常，《承和樂》作。至東階下，西向立，樂止。通事舍人引師、傅、保及三少入，樂作。就位，樂止。皇太子再拜，師、傅以下答拜。若三少見時，則三少先拜。通事舍人引師、傅以下出，樂作。出門，樂止。左庶子跪奏，稱"臣某言禮畢"。

一、又準《禮閣新儀》，皇太子受册後，前二日，尚舍設次於崇明門外，南向，又設師、傅、保、中書門下文武百官，東西相向，以北爲上。宮臣及皇親陪其後。次左庶子奏"外備"。中官褰簾，皇太子常服出次，南向立，侍從如常儀。次中書門下就北向位再拜訖。禮官贊，皇太子再拜訖。中書門下班首一人前進賀訖，復位，再拜。皇太子答賀訖，又再拜。皇太子揖中書門下訖，相次退。通事舍人、禮官贊，皇太子再拜。師、傅等少避位訖。師、傅爲班首者一人進賀訖，復位，再拜。皇太子答賀訖，又再拜。皇太子揖，師、傅退出。內侍奉引皇太子就座，南向座訖，通事舍人引文武宮臣三品以下入，就北向重行異位立定。奉禮曰"再拜訖"。左庶子一人進，跪奏："具宮臣某等言賀訖。"復位，皆再拜，各分班東西序立。奉禮曰"再拜"。在位官皆再拜訖。左庶子少前跪奏："具宮臣某言禮畢。"近侍垂簾，皇太子降座，宮臣侍衛仗散如儀。

一、準《會要》，貞觀十七年，上謂房元齡曰："太子三師，以德導人者也。若師禮卑，則太子無所取則。"於是詔令撰《三師儀注》。太子出殿門迎，先拜三師，三師答拜。每門讓，三師坐，太子乃坐。與三師書，前"名惶恐"，後"名惶恐再拜"。

右據太常禮院狀。謹檢開元故事，《禮閣新儀》及《會要》，分析如前。其師、傅見親王，不同皇太子見師、傅。臣請師、傅、親王對拜、揖，各退。

原載《五代會要》卷4

見天下兵馬大元帥禮奏　長興四年九月　中書門下

秦王加天下兵馬大元帥，自歷朝以來，無天下兵馬大元帥公事儀注。或專一面之權，或總諸道之司。其儀注規程，公事條目，載詳故實，未見明文。臣等謹沿近事，伏見招討使總管，兼受副使已下橐鞬庭禮。今望令諸道節度使已下，凡帶兵權者，見元帥階下具軍禮，參見皆申公狀。其帶使相者，初相見亦以軍禮，一度已後，客禮相見。應天下諸軍務公事，元帥府行帖指揮。其判六軍諸衛事，則行公牒往來。其元帥府所置官屬，補授軍職，則委元帥奏請。

原載《五代會要》卷24

長興年間曹議金回向疏

請大衆轉經一七日，設齋一千五百人供，度僧尼一七人，紫盤龍綾襖子壹領，紅宮錦暖子壹領，大紫綾半臂壹領，其襖子于闐宰相換將。白獨窠綾袴壹腰以上施入大衆，布壹拾陸匹施入一十六寺，細緤壹匹充經儭，緤壹匹充法事。右件設齋轉經度僧捨施，所申意者，先奉爲龍天八部，調瑞氣於五涼；梵釋四王，發祥風於一郡。當今聖主，帝業長隆。三京息戰而投臻，五府輸誠而向化。大王受寵，臺星永曜而長春。功播日新，福壽共延於海嶽。天公主抱喜，日陳忠直之謀。夫人陳歡，永闡高風之訓；司空助治，紹倅職於龍沙。諸幼郎君，負良才而奉國；小娘子姊妹，恒保寵榮。合宅宮人，同沾餘慶。然後燉煌境内，千祥并降於王庭；蓮府域中，萬瑞咸來而自現。東朝奉使，早拜天顏；于闐使人，往來無滯。今日大衆，親詣道場，渴仰慈門，幸希回向。

長興四年十月九日，弟子河西歸義等軍節度使檢校令公大王曹議金謹疏。

布肆匹、緤肆匹施入大衆，緤壹匹充法事。伏睹建寅上朔，白傘廣布於八方；太簇末旬，翻花遍施於九處。願使龍天八部，降瑞色於龍沙；梵釋四王，遂邪魔於他境。大王微疾，如風卷於秋林；寶體獲安，願團圓於春月。合宅長幼，恒聞吉慶歡；遠近枝羅，同受延祥之喜。然後千門快樂，三農秀實於東皋；萬户謳歌，五稼豐登於南畝。朝貢專使，往來不滯於關山；于闐使人，回騎無虞而早達。勵疾消散，障毒殄除；刁斗藏音，災殃蕩盡。今因大會，令就道場，渴仰慈門，希垂回向。

長興伍年正月廿三日，弟子河西歸義等軍節度使檢校令公大王曹議金謹疏。

官布柒匹施入大衆，細緤壹匹充法事。右件捨施所申意者，先奉爲龍天八部，助蓮府而恒昌；梵釋四王，護神川而永泰。中天聖王，化見金輪，佛劫石而長年，等彌峰而延蔭。大王寶位，并七曜而齊明；寵禄俱臻，比五星而晶朗。天公主婉右助治，播美於邦家；夫人怡顔匡諫，每傳於君國。司空英傑，盡六藝之幽懸；諸幼郎君，窮九流之奧典。小娘子姊妹，玉葉爭鮮；合宅宫人，金枝溥潤。然後頃城長幼，年年喜色而歌謡；闔境黎民，歲歲歡聲而鼓腹。西成稼穡，垅畝廣盈而豐登；東作秀苗，善熟倍收而殷實。朝廷奉使，馹騎親宣；于闐專人，關山不滯。狼烟罷掃，勵疾蠲除；福慶咸來，災殃殄滅。今因大會，詣就道場。渴仰慈門，請申回向。

長興五年二月九日，弟子河西歸義等軍節度使檢校令公大王曹議金謹疏。

請大衆轉經一七日，設齋一千六百人供，度僧二七人。紫花羅衫壹領，紫錦暖子壹領，紫綾半臂壹領，白獨窠綾袴壹腰。已上施入大衆。布壹拾陸匹，麥粟豆共叁拾碩，黄麻叁拾貳斗，已上施入一十六寺。細緤壹匹充經儭，布壹匹充法事。右件轉經設齋度僧施捨所申意者，先奉爲龍天八部，降瑞氣，克伏五涼；梵釋四王，逼妖邪，廓清七郡。中天聖帝，澤潤無私，遐邇幅湊於仁明，戎虜欽風而仰賴。大王福祚，壽海無窮，寵禄俱臻，福山轉茂。天公主播美，日隆王母之顔；夫人温和，月闈仙娥之貌。司空俊傑，懷三令之奇能；諸幼郎君，負五伸之美德。小娘子姊妹，承訓範於宫門；合宅枝羅，匡軌儀於王室。然後河隍晏謐，烽燧帖静於四鄰；社稷恒昌，戈甲不興於一境。西成稼穡，三秋轉茂而豐登;東作秀苗,九夏殷盈於壟畝。朝庭貢使,沿路不阻於烟塵;還駕無虞,喜音速降於旬日。勵疾消散,疫障蠲除。遠近征徭,早還桑梓。今因大會,詣就道場,渴仰三尊,請申回向。

長興伍年五月十四日,弟子河西歸義等軍節度使檢校令公大王曹議金謹疏。

原載敦煌文書 P.2704

朱宏昭建陁羅尼經幢

竭誠推戴安邦保運功臣、樞密使、開府儀同三司、檢校太尉兼中書令、上柱國、沛郡開國公、食邑三千户、食實封三百户朱宏昭,伏爲清河郡夫人張氏、□氏,建造此佛頂尊勝陁羅尼幢一所。伏願承兹良因殊福,轉生净境,見佛聞法。甲午歲閏正月一日壬寅朔二十三日甲子建。

加句靈驗佛頂尊勝陁羅尼真言

（經文略）

原載《八瓊室金石補正》卷79

祧遷獻祖奏　應順元年正月　中書門下

太常以大行山陵畢祔廟。今太廟見享七室:高祖、太宗、懿祖、昭宗、獻祖、太祖、莊宗。大行升祔,禮合祧遷獻祖,請下尚書省集議。

原載《五代會要》卷2

請優經學出身選任奏　應順元年閏正月　中書門下

准天成二年十二月詔曰:“長定格應文學出身人,一任三考,許入下縣令、下州縣録事參軍,亦入中下州録事參軍。兩任四考,許入中下縣令、中州録事參軍。兩任五考,許入中縣令、上州録事參軍。兩任六考,許入上縣令及繁州録事參軍。”凡爲進取,皆有因依,或少年便授好官,或暮齒不離卑任。況孤貧舉士,纔年四十,始得經學及第,八年合選,方受一官。於初任之中,多不成三考,第二選漸向蹉跎,有一生終不至令録者?若無改革,何以發揚?自此經學出身,請一任兩考,許入中下縣令、下州録事參軍。

原載《全唐文》卷972

准敕修凌烟閣奏　應順元年閏正月　集賢院

　　准敕書修創凌烟閣,尋奉詔問閣高下等級。謹按凌烟閣,都長安時,在西内三清殿側,畫像皆北面。閣有中隔,隔内北面寫功高宰輔,南面寫功高諸侯王,隔外面次第圖畫功臣題贊。自西京板蕩,四十餘年,舊日主掌官吏及畫像工人並已淪喪。集賢院所管寫真官、畫真官人數不少,都洛後廢職。今將起閣,望先定佐命功臣人數,請下翰林院豫令寫真本,及下將作監興功,次序間架修建。

原載《全唐文》卷972

後唐甲午年(九三四)二月索義成付與兄懷義佃種憑

　　甲午年二月十九日,索義成身着瓜州,所有父祖口分地叁拾貳畝,分付與兄索懷義佃種。比至義成到沙州得來日,所着官司諸雜烽子、官柴草等小大税役,并總兄懷義應料,一任施功佃種。若收得麥粟,任自兄收,顆粒亦不論説。義成若得沙州來者,却收本地。渠河口作税役,不忓[自]兄之事。兩共面[對]平章,更不許休悔。如先悔者,罰牡羊壹口。恐人無信,故立文憑。用爲後驗。(畫押)

種地人兄索懷義(畫押)
種地人索富子(畫押)
見人索流住(畫押)
見人書手判官張盈潤(畫押)
原載敦煌文書 P. 3257

新立條件奏　長興四年二月　禮部貢院

　　一、九經、五經,明經呈帖經之時,試官書通不後。有不及格者,唱落後請置筆硯,將所納由分明却令自看。或是試官錯書通不,當與改正。如懷疑者,使許請本經書面前檢對。如實是錯誤,即更於帖上書名而退。

一、五科常年駁榜出，多稱屈塞。今年并明書所對經書墨義，云第幾道不，第幾道粗，第幾道通，任將本經書疏照證。如考試官錯書不粗，請別將狀陳訴，當再加考較。如實錯誤，妄陳文狀，當行嚴斷。

一、今年舉人有抱屈落第者，許將狀披訴貢院，當與重試。如貢院不理，即詣御史臺論訴。請自試舉人日，令御史臺差人受舉人訴屈文狀，并引本身勘問所論事件。或知貢舉官及考試官已下，取受貨賂，昇擢親情，屈塞藝能，應副囑托，及不依格去留，一事有違，請行朝典。

一、懷挾書策，舊例禁止。請自今年後，入省門搜得文書者，不計多少，准例扶出，殿將來一舉。上鋪後搜得文書者，准例扶出，殿將來兩舉。

一、遥口授人，迴授試處，及抄義題帖，書時諸般相救，准例扶出，請殿將來三舉。

一、自是藝業未精，准格落下出外，及見駁榜後，羞見同人，妄扇屈聲，擬爲將來基址，及別人帖對過場數多者，便生誣玷墜陷，或羅織毆罵者，并當收禁，榜送御史臺，請賜勘窮。如知貢舉官及考試官事涉徇私，屈塞藝士，請行朝典。若虛妄者，請痛行科斷，牒送本道重處色役，仍永不得入舉場，同保人亦請連坐。各殿三舉。

原載《全唐文》卷 971

諫親送葬奏　應順元年二月　山陵使

大行山陵四月二十七日掩元宮，以御札皇帝親奉靈駕至園陵，有司量事供備。臣等伏見累朝故事，人君無親送葬之儀，蓋承繼事大，非薄於送終。

原載《全唐文》卷 972

御明堂比正至奏　清泰元年四月　中書門下

皇帝以五月朔御明堂受朝，三日夏至祀皇地祇。前二日奏告獻祖室，不坐，比正至。是日有祀事，則次日受朝。今祀在五鼓前，質明行禮畢，御殿在始旦後。請比例行之。

原載《五代會要》卷 5

私齋不得廢大祀議　清泰元年五月　中書門下

據太常禮院申：明宗聖德和武欽孝皇帝今月二十日祔廟，太尉合差宰臣攝行。緣馮道在假，李愚十八日私忌在致齋內，今劉昫又奏見判三司事煩，請免祀事。今與禮官參酌，諸私忌日，遇大朝會入閣宣詔，尚赴朝參，今祔饗事大，忌屬私齋日，請比大朝會宣召例，差李愚行事。

原載《全唐文》卷 975

册拜王公車輅法物奏　清泰元年六月　中書門下

據太常禮院申，册拜王公，如在京城，所司備鹵簿車輅法物，皇帝臨軒行册禮；如在外鎮，正銜命使押册赴本道行禮。車輅法物，故事不出都城，禮無明文。今奉制命幽州趙德鈞封北平王，青州房知溫封東平王，皆備禮册命。其合用車輅法物，在兵部、太常太僕寺，請載往本州行禮後，送納本司。

原載《五代會要》卷 4

請定刺史選舉軍州判官條例奏　清泰元年七月　中書門下

自今年二月後，諸州奏軍州判官九人行之。擬新詳定敕文，慮在外未知詔，軍事判官宜令本州刺史自選擇舉奏。初且除本職，未得與官，或與刺史連任相隨，顯有勞能，許本刺史以聞，量與獎賞，仍不許橫有奏薦。其三月後九人，且與施行。

原載《全唐文》卷 972

後唐甲午年（九三四）八月鄧善子貸絹契

甲午年八月十八日，鄧善子闕少匹物，遂於鄧上座面上貸生絹壹匹，長叁丈捌尺五寸，福（幅）壹尺九寸。又貸生絹壹匹，長叁丈九尺，幅壹尺九寸。其絹限至十一月填還。若違時限不還，於鄉元生利。恐人無信，故立此契，用爲後憑。

貸絹人鄧善子（畫押）
見人押衙張宗進

見人上座宗福

原載敦煌文書 P. 3124

竊盜議定贓罪奏　清泰元年九月　大理寺

所用法書竊盜條,准建中年,贓滿三匹已上決殺,不及三匹量情決杖。本朝以量情之文不定,詔御史中丞龍敏等議。贓滿三匹,准舊法;一匹已上,決徒一年半;一匹已下,量罪以杖。大理寺又以量罪之文不定,申奏集寺重議。今議定贓滿一匹,徒二年半;不及一匹,徒一年半;不得財,杖七十。

原載《五代會要》卷 9

請差官詳議循資格奏　清泰元年九月　吏部三銓

所用循資格,先經詳定,然自次府司録參軍已下,無品第入官處,尋帖格式,參詳添入。又以經卑,不敢添注,請差官詳議。

原載《唐文拾遺》卷 59

薦送舉人先行鄉飲禮帖　清泰元年九月　中書門下

太常以長興三年敕,諸科舉人常年薦送,先令行鄉飲酒之禮。凡預舉人,例從鄉賦,遂奏《鹿鳴》之什,俾騰龍化之津。雅音既動於笙簧,厚禮復陳於筐筥,行茲盛事,克振儒風。宜令復行鄉飲酒之禮,太常草定儀注頒下諸州,預前肄習,解送舉人之時,便行此禮,其儀速具聞奏。

原載《册府元龜》卷 642

大唐故楊府君(洪)墓志銘并序

先祖本望弘農郡,枝葉散布,胤流天下,因□逐任,屆於今也,於魏州朝城縣有義鄉觀臺□,子孫居焉。祖諱,考諱泰,身諱洪,皆有文武,德藝超群,於家孝道,□全身如約君子,奈何變天降禍,萬藥無方,□□□□□□□歸於逝水。府君□□□□□□□日,終於私室。有男□□□□□□□□□女,一娘子聘□□□□□□□□□□□,在其

塋地東□□□□□□□至張家墓墳今擇得。清泰元年甲午歲十一
月七日□靈柩所居住處,宅西北城□□二里永定坊周佺地內創安墳
殯之。□□兒女等罄□遷殯,對靈泣淚,酸哽難□,恐後桑土詖移,水
□不定,然乃刻石鐫銘,以彰萬古。詞曰:

　　嗚呼府君,□□□□。□□□遠,□□閑聞。
　　且終延命,泉墓故人。良年赴吉,後世標銘。

原載《山東石刻分類全集·歷代墓志》

前任節度使綴班奏　清泰元年十一月　御史臺

前任節度、防禦團練使、刺史、行軍副使,近儀五日一度內殿起
居皆綴班,序立元係班簿,雖曰便殿起居,其遇全班起居時,亦合
綴班。

原載《五代會要》卷6

奏忌辰前後日不坐朝狀　清泰元年十一月　中書門下

二十六日明宗忌,群臣奉慰行香,固有常禮。恭以陛下初遇忌
辰,合存降殺。仰惟追感,難抑孝思,固於茲時,不同常歲。臣等商
量,請於忌辰前後各一日不坐。

原載《全唐文》卷974

請修奉列聖陵寢奏　清泰元年十一月　宗正寺

御史臺轉報:百司各抄六典令式內本司事,舉行職典。宗廟陵
園,列聖陵寢,多在關西,梁季為賊臣盜發。同光初,曾差供奉官李
説、工部郎中李途往關西巡陵祭告,屬朝廷有故不行。明宗天成初,
差丞李郁檢較(校)。又長興四年詔,掩閉無主墳墓。況列聖陵寢,伏
遇中興,雖有修奉之言,而無掩閉之實。乞差官檢討修奉,置陵令一
員,應屬陵之四封,各乞寺司管係。

原載《全唐文》卷972

請加吳山封號奏　清泰元年

天寶十載正月,封吳山爲成德公,與沂山會稽醫無閭同制封公。至德二年十二月,改吳山爲嶽,祠享官屬視五嶽。今國家以靈應告祥,宜示殊等。

原載《全唐文》卷 972

覆奏程遜等陳時務奏　清泰元年　中書門下

翰林學士程遜、學士和凝、張礪等上十三事:其一,前代帝王,親觀風俗,訊民利病。其後不暇親行,亦遣使巡行風俗。唐朝於十道置采訪使一員。請如舊制,亦冀民病蘇舒。其二,天成已來,久不括田。自水旱累年,民户疾苦不均。今歲夏秋,或稔於常歲。請行檢括,庶獲均輸。其三,中原邊上,率多閒田,可令近下軍都,興起屯田。舊時銅冶、鐵冶,亦令軍人興置,不費於民。其四,人君求理,欲廣視聽,須群臣上言。然則人才有短長,智略有能否,其於聽用之間,乞留睿鑒,伏恐失人。其五,朝野官吏,人數衆多,若不行黜陟之科,何以察其能否望准考課令?凡中外官歲終較考,以行進退。其六,古人得位相讓,所冀不掩賢能,得其髦俊。請依建中故事,群官受命後,舉人自代。其七,治道既知損益,務實去華。伏見自中興以來,或於邊境權立州縣名目,户口不多,虛張吏員,枉費禄食。其權置名目,望一切停省,以賑邊軍。臣伏見徐宿州管内,有泗濱院、徐山院、市丘院、白土務,所管人户共數千家。請罷廢名額,其户税請還州縣。其八,請止游惰,勸農桑,減冗食之員,停不急之務。其九,君上置諫諍之官,此期聞過。況聞官給諫紙,虛仿讜言。時政有所不便,請諫官陳論;詔書有所依違,請給事中封駁。其十,國朝承平時,諸監鑄錢不輟,尚不能給。今國家所鑄絶少,而市人銷錢,貴賣銅器,累行止絶,尚未知禁。伏乞嚴下條法,其銅除鏡、鞍轡、腰帶外,不許市賣銅器,犯者以贓論。其十一,沿邊鎮戍,請明斥堠,習戰陣,謹烽候,令夷狄知懼,戰必有功。其十二,每年給散鹽不敷斤兩,雜之以硝土。請給散之時,命清强官止絶。其十三,伏聞關西、河東人民饑饉,殍殍者多。其城市鄉村積粟之家,望令官司通指姓名,俾令出糶，以濟飢民。

中書門下覆奏程遜等十三事，其置采訪使，難擇公清之吏，却生僥倖之門，問疾苦則未能，勞供須則轉費。況刺史廉使，自合訪求，不勞別置。其累年水旱，欲與檢田，以均勞逸。今年夏苗已多災旱，秋稼今未及時，請下三司，可否聞奏。其屯田治務，興造之初，所費不少。今國力未辦，可俟佗時。其受官舉代，劉鼎近已上聞。其餘九件，並可施行。擇良善爲心腹，群官書考，併省州縣，止游惰，勸耕桑，諫官論事，給事封奏，斷用銅器，邊城習武備，差官散鹽鹽，均糶以濟飢民等事。

原載《全唐文》卷 972

大唐河西歸義軍節度左馬步都押衙錄（銀）青光禄大夫檢校右（左）散騎常侍兼御史大夫上柱國故張府君（保山）邈真贊并序

夫稟道懷志，莊周豈嘆於西馳；孰爲奇仁，魯父軫詞於東逝。況我公諱保山，字□□。雄門之將，性本奇聰。三端別秀於人倫，六藝每彰於西裔。彎弧伏獸，細柳未比於今時；舉矢猿啼，箭動傳空而雁泣。故得文深墨寶，詩書綴玉而成章；筆操龍飛，觸鋒七分而入木。智周五郡，不改始終；言以安人，謙謙守道。侍歷兩政，謹專一途。金王會臨，超先拔選。東陲大鎮，最是要關。公之量寬，僉然委任。新城固守，已歷星霜。茲鎮清平，人歌邵（紹）泰。隩都河而清流不乏，濬溝洫而湍涌澄波。五穀積山，東皋是望；貯功廩什（實），撫備邊城。效壯節得順君情，念依（衣）冠而入貢。路無阻滯，親入九重。上悦帝心，轉加寵秩，得授左散騎常侍兼御史大夫。迴騎西還，薦茲勞績，當僉左馬步都虞候。一從注轄，五載有餘。内外告泰安之聲，闓圄止訛斜（邪）之迹。冰清月皎，六街無奸盗之非；防險慮虞，百坊嘆長年之慶。譙公秉節，頭（傾）慕忠貞。公之英奇，頗能携薦。轅門指拓（揮），須憑盛族之良；軍府杞材，仍藉有功之士，轉遷右馬步都押衙。公幹當世，韜鈐鈐滿懷。膽氣出群，辛勤百戰。不辭寢甲，皓首提戈。常進智謀，再收張掖。洪軍霸戰，四路傳聲。要達皇王，刻名玉案。公之猛列（烈），不顧艱危。又至天廷，所論不闕。慕公忠赤，報以前勛,乃薦左都押衙。於是大縱龍韜,布雄芒於隴上;頓置橫綱,截十角之胸襟。方期岳鎮,舒廉牧之長材;俄爾云亡,不展平生之志。嗚呼!天何降墜,倏忽遄終。燉煌則寶劍停飛今世,七郡則卞璧不現。五子號叫,二女咸悲。六親哽噎於臨喪,鄰里停舂而澗(押)淚。崞奉執手,付囑再三,命撰高(稿)文,希申數字。枉爲頌曰:

　　爪牙之將,世所希逢。閨門甲第,乃有我公。謙謙君子,慎思守恭。寬弘得衆,剛柔處中。事親竭力,事君盡忠。文武雙備,六藝俱通。二十入事(仕),提戈輔戎。金王獎擢,百戰摧凶。立身苦節,蕃抱禮容。弓裘繼世,悉慕登庸。曾任雄鎮,改俗移風。譙公委重,鈐轄無容。肅清內外,不染針鋒。孤雲獨秀,行比貞松。張掖再復,挺劍先衝。五迴奉使,親入九重。貂蟬嘆念,應奏皆從。坐寄(出奇)決勝,涅槃臥龍。昔時班固(超),今世竇融。方期祿壽,永留高踪。何期逝逼,魂逐秋風。合郡哀噎,君主斂容。邈真題影,兼贊奇功。

原載敦煌文書 P. 3518

後唐清泰二年(九三五)正月敦煌鄉百姓張富深立嗣契

　　燉煌鄉百姓何保圓,男進成,年七歲。時清泰貳年乙未歲正月壹日,外男身生(外甥)張富深爲先因福鮮,種果不圓,感得孤獨一身,全無影背。小時自家懇苦,衣食隨時;忽至病疾,老頭甚處得人侍養?所以尋思空本,情意不安。五親商量,養外孫進成爲男,張富深更無貳意。應有莊田屋舍、家資活具,一物已上,分付養男。汝從已後,恭謹六親,溫和鄰里;上交下接,莫失儒風;懇苦力田,勤耕考夜;緊把基本,就上加添,省酒非行。只是報吾心願,不許閑人構扇,腹心異意。吾若後更有男女出者,針草亭支。忽若不盡吾百年,左南直北,便招五逆之罪,空手趁出門外。兩共對面,及諸親姻,再三商量爲定。准法不誨(悔)如先悔者,罰上馬一匹,充入不誨(悔)人。恐人無信,故勒斯契,用爲後憑,畫押爲記。

原載俄藏敦煌文書敦·12012

後唐乙未年(九三五)正月靈圖寺僧善友貸絹契

乙未年正月壹日,靈圖寺僧善友往於西州充使,欠少絹帛,遂於押衙全子面上,貸生絹壹匹,長肆(底卷書寫止此)

原載敦煌文書 S.4504 背

朝拜諸陵奏　清泰二年正月　宗正寺

北京永興、長寧、建極三陵,應州遂、衎、奕三陵,准曹州温陵例,下本州府官朝拜;雍、坤、和、徽四陵,太常、宗正卿朝拜。

原載《五代會要》卷4

乙未年(九三五)二月法弁等合種藍契

乙未年二月十四日,法弁少有 ☐ 兩畦共半畝,合種藍,共 ☐ 分。住子出地,法嵩出糞☐ 之事,不許悔休□☐ ,後無憑,故押 ☐

原載敦煌文書 S.10547

明宗魏皇后上諡奏　清泰二年二月　中書門下

臣聞漢昭帝承桃御歷,奉尊諡於雲陽;魏明帝繼體守文,思外家於甄館。而皆追崇徽號,祔饗廟廷,克隆敬本之文,式叶愛親之道。臣等又覽國史,竊見玄宗皇帝母曰昭成皇后竇氏,代宗皇帝母章敬太后吳氏,始嬪朱邸,俄閟玄宮,鴻圖既屬於明君,尊號咸追於聖母。伏以魯國夫人發祥沙麓,貽媲河洲。三母最賢,周母允成於天統;四妃有子,唐后先啓於帝基。仰惟當寧之情,彌軫寒泉之思,久虚殷薦,慮損皇猷。臣等謹上尊諡曰宣顯皇太后,請依昭成、章敬二皇太后故事,擇日備禮册命。

又,臣等伏聞先太后舊陵,永祔先朝,則都下難崇別廟,既追尊諡,合創閟宮。按漢朝故事,園寢不在王畿,或就陵所便立寢祠。今商量上諡後,權立同廟,以申告獻,配祔之禮,請俟他年。

原載《五代會要》卷1

後唐乙未年(九三五)三月押衙龍弘子貸絹契

乙未年三月七日立契。押衙龍弘子往於西州充使,欠少絹帛,遂於押衙閤全子面上貸生絹壹匹,長肆拾尺,福(幅)闊壹尺捌寸叁分。其絹彼(比)至西州迴來之日,還絹裏(利)頭立機細緤壹匹、官布壹匹。其絹限壹個月還,若得壹個月不還絹者,逐月於鄉原生裏(利)。若身東西不平善者,壹仰口豕(承)男某甲伍(祇)當。但別取本絹,無裏(利)頭。兩共對面平章,不喜(許)悔者,用爲後驗。

原載敦煌文書 S.4504 背

大唐故光禄大夫檢校司徒前使持節冀州諸軍事冀州刺史兼御史大夫上柱國清河郡商在吉墓志銘并序

惟司徒,北燕薊門人也。曾祖諱咸唐,皇曾效職涿州馬步使。祖諱元建,皇守職幽州節度押衙。父諱在吉,皇光禄大夫、檢校司徒,前使持節冀州諸軍事、冀州刺史兼御史大夫、上柱國。況司徒天生異氣,神授英姿。芬芳而玉樹迎春,瑩澈而永□向曉。惟忠惟孝,光累代之徽猷;成允成功,播四方之雅譽。幾曾齊分旗鼓,大振戈鋋。南過黃河,驅汗馬而十年血戰;北安紫塞,静胡塵而久鎮砂場。既標三覆之名,方授九天之命。蒙世宗皇帝□授興元都指揮使兼知軍州事,莫不訓戎有略,撫俗多方,常懷置□之規,每□□冰之誠。去天成元年十一月內,正授集州刺史。自後以陳儀□□,獻壽丹墀。每蘊赤心,上裨皇化。去天成二年正月內,伏遇□□皇帝。無幽不燭,有感皆通。凡抱忠貞,皆榮爵秩。又加檢校司空。敢不一心奉國,九□弘恩,□堅冰蘖之心。上荷乾坤之造,又伏遇明宗思於勛舊,念及班僚,既垂雨露之恩,皆沐雲天之施。至天成四年三月內,又蒙除萬州刺史,纔臨郡政,迴致人謡,遠彰去獸之名,別顯來蘇之化。至長興元年四月內,又加檢校司徒。便屬以蜀川作孽,劍嶺屯兵。數州皆陷於賊圍,一己鐲歸於[天]闕。家携萬里,恨無縮地之方;夜越千山,堅立朝天之志。既論忠孝,須議獎酬。至長興三年二月內,又蒙除授冀州刺史。可爲黃陂、廣、潤,樂鏡高懸。三秋之明月當空,一郡之生民自樂。至清泰元年七月內,又加光禄階。一分符竹,□歷星灾,既考榮名,却歸上國。司徒於清泰二年五月□日夜，忽覺心腹有疾，藥餌無徵，遂乃哭別明帝，甘歸大夜。舊日之衣冠尚在，太守何之？當時之弓劍空懸，將軍已逝。今則聊書德業，豈盡勛名。故勒貞珉，以記他日。贊曰：

忠孝立功，今古難同。一心拱極，萬里朝宗。掌中白刃，屏外清風。天地將變，其名不窮。

曾祖諱咸唐，皇涿州馬步使，夫人■郡■氏。祖諱元建，皇幽州節度押衙，夫人彭城郡劉氏。父諱在吉，皇光禄大夫、檢校司徒、前使持節冀州諸軍事、冀州刺史兼御史大夫、上柱國。夫人隴西郡李氏，早亡。夫人清河郡縣君張氏，夫人彭城郡劉氏。兄在本，前萬州司馬。長男守遠，内殿直、銀青光禄大夫、檢校太子賓客兼監察御史、武騎尉。次男守密，前冀州長史。小男守萼，前任武泰軍司馬。侄守殷，六軍押衙、銀青光禄大夫、檢校太子賓客兼監察御史、武騎尉，充侍衛勾押官。

大唐清泰二年歲次乙未三月二十日記。

地南北卅一步，東西廿一步。

原載《全唐文補遺》第二輯

後唐清泰二年(九三五)三月金光明寺上座神威等請善力爲上座狀并龍辯判辭

金光明寺徒衆上座神威等狀。

衆請善力爲上座。右前件僧，幼懷信德，別量英奇。行業恒表於緇從，軌範不乖於古則。寺中上下，情慕斯人。鴻業切藉幹勤，治務要平處衆。伏望都僧統和尚仁恩詳照，特 賜 任持。伏請處 分 。牒件狀如前，謹牒。

清泰二年三月日金光明寺上座神威等牒。

上座是六綱主務，切藉衆内能仁。況善力耳聾眼暗，便共畫影一般。寺徒衆請僉昇，不可違情。准狀補充，便須料事。九日龍晉。

徒衆法真　　　徒衆大進
徒衆願德　　　徒衆大悲
徒衆願勝　　　徒衆

徒衆慶寂

原載敦煌文書 S.6417

乙未年(九三五)押衙李應子欠駝價絹憑

乙未年四月九日,押衙李應子先欠高殘子駱駝價熟絹壹匹,長叁仗(丈)柒尺,福(幅)貳尺。其絹限至四月盡填還於尺數絹者。若於月數不得,看生利,如若押牙東西不平善,一仰口承人弟願興面上取絹。恐後交加,故勒此契,用爲後憑。(畫押)

欠駝價絹人押衙李應子(押)
口承弟願興(押)
原載敦煌文書 P.4885

避御史上一字奏　清泰二年五月　中書門下

御名上一字與諸王相連,按太宗、玄宗廟故事,人臣諸王,合避相連字,改從單名。

原載《五代會要》卷4

請改廟諱偏旁奏　清泰二年五月　中書門下

准天成元年正月十六日敕:本朝列聖及四廟諱,近日中外表疏,偏旁文字,皆闕點畫。凡當出諱,止避正呼。儻迴避於偏旁,則虧闕於文字,宜從樸素,庶便公私。凡廟諱但迴避正文,其偏旁文字不在減少點畫。今定州節度使楊壇、檀州、金壇縣等名,酌情制義,並請改之。

原載《全唐文》卷972

請改定枉法贓罪奏　清泰二年五月　中書門下

刺史位列公侯,縣令爲人父母,祗合倍加乳哺,豈合自致瘡痍?一昨張宗裔胥吏訟論,合當極典,法司據律,罪止徒流。向來此法極嚴,纔可存其軀命,即一二十年不復還鄉。却緣近日赦宥稍頻,遷易頗數,致其凶物,不顧嚴刑。臣竊惟立法稍嚴,則人不敢犯。其見行法律,望下所司再加詳酌。

原載《全唐文》卷972

後唐清泰二年(九三五)六月閻住和閻進子雇工契

閻住和閻進子今緣家中闕少人力,雇⊠。

清泰二年乙未歲六月五日孛(學)生閻弘潤記。

原載敦煌文書P.2216背

後唐乙未年(九三五)六月押衙索勝全換大馬契

乙未年六月十六日立契。押衙索勝全次著于闐去,遂於翟押衙面上換大䮘馬壹匹。其于闐使命到來之日,更還生絹壹匹、熟絹壹匹,各長叁仗(丈)柒尺,生絹福(幅)貳尺,熟絹福(幅)一尺玖寸;又緋綿紬壹匹。若路上東西不平善者,使命到來之日,一仰口承男勝盈及妻男押衙長遷面上,取生絹壹匹、熟壹匹、緋綿紬壹匹爲定。恐後無信,故立此契,用爲後憑。(畫押)

換馬人押衙索勝全(畫押)

口承人男勝盈(畫押)

口承男押衙長千(畫押)

知見人索衍子(畫押)

知見人穆富安(畫押)

知見人晶寺法律王會長(畫押)

知見人押衙李阿朵奴(畫押)

原載俄藏敦煌文書敦·2143

後唐乙未年(九三五)龍勒鄉百姓張定住貸絹契

⊡未年八月七日立契。龍勒鄉百姓張定住伏緣家中欠少匹帛,今遂於莫高鄉百姓張定奴面上貸帛生絹壹匹,長叁仗(丈)柒尺,福(幅)闊貳尺。其絹利頭現麥粟肆碩,其絹限至來年今月於日數填還。若不還者,看鄉元生利。若定住身不在,仰口承男德子取上好絹者。(畫押)

貸絹張定住

貸絹人德子

知見人好子

知見人定興

原載敦煌文書 P. 3603 背

請定朝官除任月限奏　清泰二年八月　中書門下

前大卿監五品升朝官西班將軍，皆在任許滿二十五月，如衝替已經二十月，即別任用。少卿監舊例三任、四任方入大卿監，五品三任、四任方入少卿監。今後並祇三任，逐任須月限滿無殿責者，便入此官。西班將軍罷任一年許求官。舊例三任、四任方入大將軍，今祇無殿責，或曾任金吾將街使、藩鎮刺史，特敕並不拘此例。諸道除兩使判官外，書記以下，任自辟請。應朝官除外任，罷任後一年，方許陳乞。諸道賓席未曾升朝者，若官兼三院御史，即除中下縣令，兼大夫中丞、秘書少監、郎中、員外郎，與清資初任升朝官。檢校官至尚書常侍、秘書監庶子，升朝便與少卿監。諸州防禦、團練、判推官，並請本州奏辟，中書不更除授。應出選門官帶三院御史供奉裏行及省銜，罷任後周年許陳乞。諸州別駕不除令錄，仍守本官月限，得替後一年許陳乞。長史、司馬因攝奏正，未有官者送名。

原載《全唐文》卷 972

清泰二年（九三五）比丘僧紹宗回向疏

敬誦諸佛菩薩壹萬句，誦般若心經伍伯（百）遍，誦無量壽咒壹千遍，誦減罪真言壹千遍，設齋壹伯人供，放家童青衣女富來并男什兒從良，施細緤壹匹，粗氎貳匹，布壹匹充見前僧儭，粟伍碩施入當寺，漆盤壹枚充法事。右件轉念設齋放良捨施所申意者，奉爲故慈母一從掩世，三載星環，魂飯善惡，不知魄牽往於何界，每慮生前積業，只爲男女之中，煩惱纏心，總是追游九族，中陰之苦，無人得知。捺落迦深，全無替代，生死獲益，能仁照臨。拔厄齊危，不過清棠。今日大祥之次，叩瀆聖凡，伏乞慈悲，請申回向。

清泰二年九月十四［日］，哀子比丘僧紹宗謹疏。

原載敦煌文書 P. 2697

逐年書考校優劣奏　清泰二年九月　尚書考功

今年五月中，翰林學士程遜所上封事內，請自宰相、百執事、外鎮節度使、刺史，應係公事官，逐年書考，校其優劣。以前件考課究尋臺閣，深遠歲年，若議興行，宜憑往制，具由中書門下宰臣判。設官分職，各有所司。本司自合將條格故實詳參，更檢尋遠敕條奏定。爲悠久緣，本司公事遂檢尋《唐書》《六典》《會要》《考課令》書考第。

原載《册府元龜》卷 636

試進士依舊例奏　清泰二年九月　禮部貢院

奉長興二年二月敕，進士引試，早入晚出。今請依舊例，進士試雜文，并點門入省，經宿就試。

原載《五代會要》卷 22

科目事宜奏　清泰二年九月　禮部貢院

奉長興元年敕，進士、五經、九經、明經、五科童子外，諸色科目並停。緣由有明算道舉人，今欲施行。又奉長興三年正月敕，每落第舉人，免取文解。今後欲依元敕格，請並再取解，十月十五日到省畢，違限不收。又奉天成四年敕，諸色舉人入試前五日納試紙，用中書印印訖，付貢院司。緣五科所試場數極多，旋印紙鎖宿內，中書往來不便，請祇用當司印。

原載《五代會要》卷 23

議臣僚居喪終制除授奏　清泰二年十月　中書門下

奉長興二年四月五日敕：朝臣居喪終制，委御史臺具名申奏。諸道幕府職事，除喪後宜行恩命。州縣官纔授官及到任一考前丁憂，服闋並與除授，依長定格自有節文。應州縣官新授及到任一考前丁憂服闋，准格取文解南曹磨勘，申中書門下，當與除授，不得經堂陳狀。

原載《全唐文》卷 972

後唐乙未年（九三五）十一月塑匠都料趙僧子典男契

乙未年十一月三日立契。塑匠都料趙僧子，伏緣家中户内有地水出來，闕少手上工物，無地方覓。今有腹生男苟子，只（質）典與親家翁賢者李千定。斷作典直價數：麥貳拾碩、粟貳拾碩。自典已後，人無雇價，物無利潤。如或典人苟子身上病疾瘡出病死者，一仰兄佛奴面上取於本物。若有畔上及城内偷却高下之時，仰在苟子祇當。忽若恐怕人無憑信，車無明月，二此之間，兩情不和，限至陸年。其限滿足，容許修（收）贖。若不滿之時，不喜（許）修（收）贖。伏恐後時交加，故立此契，用爲後憑。（畫押）

只（質）典身男苟子（畫押）

只（質）典口承兄佛奴（畫押）

商量取物父塑匠都料趙僧子（畫押）

知見親情米願昌（畫押）

知見親情米願盈（畫押）

知見並畔村人楊清忽（畫押）

知見親情開元寺僧願通（畫押）

原載敦煌文書 P. 3964

請更定朝班奏　清泰二年十一月　御史臺

今月二日，班入遇雨，移班廊下。知班臺吏董瑾引僕射在中丞三院御史以下。僕射詰問，董瑾稱准常例。臺司剌都省請簡討舊儀，都省稱國朝以端揆之重，師長百僚，雖在列司，皆爲統屬。且左右僕射常朝不在中丞之下，赴宴廊飧，并在中丞之上。況中丞有公參之理，避路之儀，詳其道理，自有等降。臺司又堅稱李琪、盧質任僕射日，班亦如此。又引通事舍人在一品班上，尋申中書門下，奉宰臣判：令廊下使重定班位。廊下使言今後遇雨移班廊下，欲請依殿前塼位次第。二品在三品前、一品後。若中丞大夫俱置，即大夫在中丞前，其西班准此。謹聞。

原載《全唐文》卷 972

明堂受朝大事不坐奏　清泰二年十二月　太常禮院

　　來年正月元日，合御明堂受朝賀，其日上辛，祀昊天上帝於南郊。依禮，大祠不坐。

原載《五代會要》卷 5

河西節度使司空造佛窟發願文

　　厥今廣崇釋教，固謁靈巖；捨珍財於萬像之前，炳金燈於千龕之內。爐焚百寶，香氣遍谷而翔空；樂奏八音，妙嚮（響）遐通於林藪。國母聖天公主，親詣彌勒之前；闍宅娘子、郎君，用增上願；傾城道俗，設净信於靈崖；異域專人，念鴻恩於寶閣者，有誰施作？時則有我河西節度使司空先奉爲龍天八部，護塞表而恒昌；社稷無危，應法輪而常轉。刀兵罷散，四海通還；癘疫不侵，攙搶（槍）永滅。三農秀實，民歌來暮之秋；霜疟無期，誓絕生蝗之患。亦願當今帝主，等北辰而永昌；將相百僚，應五星而順化；故父大王神識，往生函菅之宮；司空寶位遐長，等乾坤而合運；天公主、小娘了，誓播美於宮闈；兩國皇后乂安，比貞松而莫變；諸幼郎君昆季，福延萬春；都衙等兩班官僚，輸忠盡節之福會也。伏願太保云云。加以云云。割捨珍財，敬造大龕一所。其窟乃雕文克（刻）鏤，綺飾分明云云。是以無上慈尊，疑兜率而降下；每聞慶喜，等金色以熙怡；四大天王，排彩雲而霧集；密迹護世，乘正覺以摧邪；藥師如來，應十二之上願；文殊之像，定海難以濟危；普賢真身，等就（鷲）峰之勝會；阿彌陀則西方現質，東夏化身，十念功圓，千灾殄滅；不空胃［索］、如意輪菩薩，疑十地以初來；小界聲［聞］，超六通之第一；八部龍神，擁釋梵於色空；天仙競凑於雲霄，寶樹光華而燦爛。上來變相（下闕）。

原載敦煌文書 S.4245

河西節度使太傅啓願文

厥今青陽應候，請諸佛於梵天；卉木争春，闡金言於□（寶）地。是以爐添百和香，烟霧散於翔（祥）空；財捨七珍，祈恩必遂者，有誰施作？時則我河西節度使太傅捧爐啓願，先奉爲龍天八部，護陬界而怗清；梵釋四王，静橃槍而安社稷。癘消疾散，萬人咸（感）康泰之歡；障滅福崇，百姓賴安家之業。當今帝主，永帶（戴）天冠；十道争馳，八方順化。太傅鴻壽，以（與）五嶽而長存；尚書以（與）昆季郎君，并瓊花而盛茂。次爲小娘子金軀抱疾，列（裂）五内之不安；藥餌無方，痛六情而未息之福會也。伏惟我太傅天資鳳骨，地傑龍胎；廣含海嶽之能，氣齊風雲之量。遂使秉安遏塞，羌戎慕化而降階；托（拓）定邊疆，鄰蕃奉款而來獻。加以傾心大教，懇志玄門；轉五部之幽宗，開一乘之秘典。是以金經罷啓，玉軸還終；再收於琉璃匣中，欲復於龍宫藏内。其經乃釋迦留教，貝葉傳芳；實理虛文，頓無澗（間）斷。一勾（句）一偈，滅罪恒砂（沙）；一念一尋，除殃萬劫。是日也，銀爐發焰，金像輝宫；捨無價之珍奇，施有爲之錦采（彩）。以斯衆善功德，伏用莊嚴上界天仙，下方龍鬼，伏願威稜肅物，降福禎祥；滅妖星於天門，罷刀兵於地户。又持勝福，伏用莊嚴太傅貴位，伏願出龍旌節，以静萬方；入坐朝堂，百僚取則。來（永）逢元日，恒保上春。命等松筠，壽同海嶽。又持勝福，伏用莊嚴尚書以（與）諸郎君貴位，伏願智星永耀，小（少）海澄蘭（瀾）；磐石增高，維城作鎮。又持勝福（下闕）。

原載敦煌文書 P. 3085

後唐丙申年（九三六）正月赤心鄉百姓宋多胡雇洪池鄉百姓馬安住男契

丙申年正月十日，赤心鄉百心（姓）宋多胡，緣家内欠少人力，遂雇洪池鄉百性（姓）馬安住男營作九個月，從正月十五日至十月十五日末，不得抛直。限滿之日，任取穩便。斷作雇價，每月一馱，麥粟種停（中亭），春[衣]一對，皮鞋一量。如雇後所分付農具，若在畔間遺忘失却者，一仰造作人祇當。如收到家，令外賊偷將，一任主人自折。如抛公（功）一日，逐勒物一斗。若非理打煞畜生，一仰營作人祇當填

倍(賠)。兩共對面平章,更不許休悔。如先

　　(後缺)

原載俄藏敦煌文書敦·12012

後唐建幡竿人名記

　　建幡竿邑數:維那楊知□、談彥貞、燕匡贊、張返審、王金□■,李知遠、劉知謙、李光嗣、李光密、楊知過;坊郭邑眾:■杜暉、王仁遇、郝唐、朱彥鐸、薛思溫、楊彥暉。

　　奇哉妙緣,古聖相傳。救脫大士,利教人天。今有□□,特就祇園。劚楓瑩石,匠選□班。嵯峨勢逸,狀□□□。因果告終,福事周圓。願承斯祉,共□□安。邑眾■。

　　清泰三年歲次丙申正月庚寅十五日乙巳建。

原載《乾隆汲縣志》卷 20

清泰三年(九三六)曹元德回向疏

　　請大眾轉經五日,一十一寺每寺施麥叁碩、油伍勝充轉經僧齋時,緤壹匹充法事。右件轉經捨施所申意者,先奉爲龍天八布(部)瑞色,衛護燉煌;梵釋四王,逐邪魔,怗清蓮府。中天聖主,睿哲欽明,玄德至化於遐方,垂衣伏寧於款塞。司空禄位榮寵,共七宿長暉;福蔭咸宜,芳名以五星爭朗。闔宅長幼,喜慶來臻;遠近枝羅,俱沾福祐。然後龍沙管内,灾殃霧散於他方;玉塞域中,疫障奔馳於異境。年豐五稼,家家透滿於倉儲;歲富三農,户户殷盈而廩實。東西道泰,世路就於和平;南北路開,關山通而結好。今將寡鮮,投仗福門,渴仰三尊,希垂回向。

　　清泰三年正月廿一日,弟子歸義軍節度留後使檢校司空曹元德謹疏。

原載敦煌文書 P.3556

丙申年(九三六)正月馬軍武達兒狀

　　馬軍武達兒。

　　右伏以達兒先送皇后年，其弟名管馬軍，奉命西州充使，不達鄉際亡歿。兄達兒未入名字，有寄來瘦馬壹匹，汜都知專擅攪繞，言道著馬嚇，將細緤壹匹，不知東西，此年捉本分，同鋪人見在，自後人言緤則不合與他作其恩義，且亦潤却司人。去歲甘州爲使破散，比置立鞍馬，中間請官馬壹匹，然後私便買馬。去七月令捉道，汜都知將壯羊壹口放却。同月聞瓜州賊起，再復境界寧謐，軍迴至東定點檢，達兒只當一役枉耽罰羊壹口，准合汜都知招丞。昨向取自羊去來，不肯聽納，恰似有屈。今被羊司逼迫，難可存活，無處投告，伏乞司空阿郎仁恩，照察貧流，特賜與汜都知招丞、始有存濟。伏聽公憑裁下處分。牒件狀如前，謹牒。

　　丙申年正月日馬軍武達兒狀。

原載敦煌文書 P.4638

唐故宋府君墓志

　　原夫青山淥障，終歸散□之□□□□□□□□□□遂□今賢□郍抛去留焉。君諱□□□□□□□□□高辛之苗裔，殷湯之胤緒。由是子孫□□□□□□□曾諱□□，祖諱□□，考諱□□，名達定體□□□□□□大塋，有往不議。伯敬福，叔敬璋。君守□□□□□□已，居朋越衆，在庶無非，品行於人，襟懷志孝，□□□□兵馬使。去長興三年二月三日歿於私弟（第），享年四□□。□清河□氏，三從有備，四德無虧。秉貞志以立身，□□□婦禮。不固鶴年，殮歸大夜。去長興四年二月四日□□□□守，年六十有一。弟□□，弟□□。君有嗣子三人，長曰□，□聰有異，語論無階。在樂部之清奇，對王侯之恩寵。次□□，次□□。長新婦馬氏，次新婦李氏，次新婦田氏，不終侍奉，早棄人倫。孫女，曹八、留佳、姜三、姜四、姜五。並以生事愛敬，死事哀戚。卜其宅兆而安厝之。以清泰三年二月七日合葬於郡城西南萬戶鄉龍興莊。王重實邊，買到地一十二畝，創立墳塋。□塋前瞻碧障，却望清川。鶴覆龍□，□安新域。今恐效□□□，海陸遷騰，刊石斯銘，使旌千古。銘曰：

　　睹幽魂兮□□□，千行淚□□□血。愁雲起兮影俳佪，悲風動兮

聲慘□。□□□神識卧□，泉悄墳圍對孤月。夜臺一掩無曉天，今□
流□□□□。

原石藏於汾陽市博物館

僧行□移立尊勝幢記

維清泰三年歲次丙申二月十二日辛未朔，寶雲寺主僧行□，典座
僧師睿，再添修移立尊勝幢。俗弟張顒捨力共移尊勝幢。洛京石匠
陳延福。佛弟子韓思順，母侯，佛弟子王俊傑，佛弟子弋大節，弟子紀
令勛。佛弟子時恭爲父母。佛弟子白大娘，弟子李阿奴爲父母，劉崇
敬、母吳。上柱國秦仁福，妻崔。男翊衛大朗，男翊衛二朗。二朗孫
男品子，懷寶合家供養。弟子趙伏生，弟子諸葛萬成，妻董。陪戎校
尉邛匡言。弟子殷弘揩，妻任。弟子鄧仙童爲父母及妻合家平安供
養。弟子秦思奢，弟子王思惹，妻耿爲七世父母合家供養。弟子馮石
奴爲外婆供養。弟子儀元楷、妻耿，弟子楊小改，妻字，女二娘、三娘。
驍騎尉吳行詮，妻王。男懷琳。陪戎校尉奚思儼，妻韓。李懷玉，妻
韓三娘。

原載《五代石刻校注》

僧行□移立尊勝幢記

維清泰三年歲次丙申二月十二日辛丑朔，齊雲寺主僧行□、四座
僧師睿再添修、移立尊勝幢。

俗弟張顒捨□共移尊勝幢。

洛京石匠陳延福。

（下略）

原載《全唐文補遺》第7輯

今古服制令式不同奏　清泰三年二月　太常禮院

據尚書兵部侍郎馬縞上疏言："古禮嫂叔無服，蓋推而遠之。案
《五禮精義》，貞觀十四年魏徵等議，親兄弟之妻請服小功五月。令所
司給假差謬爲大功九月。"太常博士段顒稱："自來給假，元依令式，若

云違古，不獨嫂叔一條。舊爲親姨服小功，令式今服大功；爲親舅舊服小功，今服大功；妻父母緦服，今服小功；爲女婿爲外甥緦服，今并服小功。此五條，在令式與古不同，未審依馬縞所奏，爲復且依令式。”

原載《五代會要》卷8

請定内外官吏對見條例奏　清泰三年三月

内外官吏對見例，應諸州差判官、軍將貢奉到闕，無例朝見，以名衙奏，放門見賜酒食，得迴詔進榜子，放門辭。臣今後欲祗令朝見，餘依舊規。應諸道兩使判官、推官、巡官無例中謝，奏過放謝辭。如得替歸京，無例朝見。臣欲今後除兩使判官許中謝門辭，其書記已下新除授及得替，并依舊規。應文武朝官除授，文五品、武四品以上並中謝，以下無例對謝。以天成四年正月敕：凡升朝官新授並中謝。欲准此例，應諸道節度使差判官、軍將進奉到闕朝見，得迴詔下榜子，奏過令門辭。應諸道都押衙、馬步都虞候、鎮將得替到京，無例見。或在京授任，無例中謝，進榜子放謝辭。應諸道商稅鹽麴諸色務官在京差補，亦放謝辭，得替歸京，亦無例見。在京商稅鹽麴兩軍巡使即許中謝。應新除令録並中謝，次日放門辭，兼有只宣誠勵。應文武兩班差吊祭使及告廟祠祭，祗於正衙辭見，不赴内殿。諸道差進奏官到闕得見後請假得替，進榜子放門辭。已前六件，望准舊例施行。

原載《全唐文》卷972

後唐清太（泰）三年（九三六）洪潤鄉百姓辛章午牒

洪潤鄉百姓辛章午狀。右章午只緣自不謹慎，冒犯官□□條□格偷牛，罪合萬死。伏蒙前王鴻造，矜捨罪愆，腹生女子一人收將北宅驅使。伏奉處分遣章午與氾萬通家造作，三五年間，便乃任意寬閑。章午陪牛之時，只是取他官布一匹，白羊一口，餘外更不見針草。章午女子亦早宅内驅將總合平折已了。如此公子百姓，被他押良爲賤，理當怨屈。伏望司空仁造，念見貧兒，矜放寬閑，始見活路。伏請處分。

牒件狀如前,謹牒。清太三年五月日百姓辛章午牒。

原載敦煌文書 P. 4040

儭司教授福集法律金光定法律願清等狀

右奉處分,令執掌大眾儭利,從癸巳年六月一日已後,至丙申年六月一日已前,中間三年,應所有官施、私施、疾病死亡僧尼散施及車頭、齋儭,兼前儭迴殘,所得綾錦、綿綾、絹緤、褐布、衣物、盤碗、臥具、什物等,請諸寺僧首、禪律、老宿等,就净土寺算會,逐年破除兼支給以應管僧尼一一出唱,具名如左:

巳年官施衣物唱得布貳仟叁佰貳拾尺,陰僧統和尚衣物唱得布玖仟叁拾貳尺,價法律衣物唱得布叁佰陸拾叁尺,陰家夫人臨曠(壙)衣物唱得布捌佰叁拾尺。甲午年官施衣物唱得布貳仟叁佰貳拾尺,又壹件衣物唱得布肆仟捌佰壹拾尺,又壹件衣物唱得布伍仟佰捌拾尺,龍張僧政衣物唱得布肆仟柒佰柒拾陸尺,普精進衣物唱得布貳仟玖佰壹拾捌尺。乙未年曹僕射臨曠(壙)衣物唱得布叁仟伍佰肆拾尺,大王臨壙衣物唱得布捌仟叁佰貳拾尺,梁馬步臨壙衣物唱得布伍佰壹拾尺,國無染衣物唱得布叁仟肆佰柒拾伍尺,普祥能衣物唱[得]布貳仟伍佰捌拾尺,天公主花羅裙唱得布捌佰尺,王僧統和尚衣物唱得布陸仟叁佰捌拾貳尺,孫法律衣物唱得布貳仟貳佰陸拾陸尺。上件應出唱衣物,計得布伍萬捌仟伍佰貳尺。

迴殘:樓機綾叁匹,生絹伍匹,黃小綾襖子壹領,烏玉腰帶壹,鞝躁具玖事。計又得見布捌佰肆尺,粗緤叁拾匹,細緤柒匹,絹壹佰貳拾捌尺,綿綾貳匹。官施見布肆佰尺,粗緤壹拾壹匹,大綾貳匹,宰相錦襖子價樓機綾貳匹,散施綿綾叁匹。又綿綾壹匹,王僧統襖子價入細緤陸匹,粗緤柒匹,又粗緤玖匹絹價入。上件三年共得大小綾柒匹,生絹伍匹,綿綾伍匹,生絹壹佰貳拾捌尺,粗緤伍拾柒匹,計壹仟肆佰伍拾貳尺,細緤壹拾叁匹,計叁佰貳拾伍尺,布壹仟貳佰肆尺,已前出唱衣物及見緤,右都計陸萬壹仟肆佰伍拾陸尺。

出破數:樓機綾壹匹,寄上于闐皇后用。樓機壹匹,贖鞍上官家用。大綾壹匹,上司空用。又樓機綾壹匹,沿大眾所用。生絹壹匹,大雲、永安慶寺人事用。又生絹貳匹，郎君小娘子會親人事用。又生絹壹匹，賀官鞍價用。生絹壹匹，買粗綀玖匹，沿大衆用。生絹壹匹，二月八日賞法師用。生絹壹匹，天公主上梁人事用。絹捌尺，歸文寄信用。綿綾壹匹，聖光寺慶鍾用。綿綾壹匹，開元寺南殿上梁用。綿綾壹匹，安國慶寺人事用。綿綾壹匹，甘州天公主滿月人事用。綿綾壹匹，二月八日賞法師用。綿綾壹匹，于闐僧鞋衣用。綿黃綾襖子壹領，三界、淨土賞法事用。細綀壹拾柒匹，天公主滿月及三年中間諸處人事等用。粗綀伍拾柒匹，三年中間處人事、七月十五日賞樂人、二月八日賞法師禪僧衣直、諸寺蘭若慶陽等用。布貳仟柒佰壹拾尺，三年中間沿僧門、八日法師、七月十五日設樂，三窟禪僧衣直、布薩慶陽、吊孝等用。貳佰壹拾尺，申年修開永支布薩法事用。捌拾尺，賞監儭和尚用。壹佰伍拾尺，賞支儭大德三人用。玖拾尺，賞都司三判官等用。貳拾尺，支大衆維那用。肆佰尺，給算日供主用。貳佰肆拾尺，折送路漆碗叁枚用。已前件，都計破得大小綾肆匹，生絹捌匹捌尺，綿綾陸匹，細綀叁佰貳拾伍尺，粗綀壹仟肆佰貳拾伍尺，布叁仟玖佰尺。上件三年間破除外，見存大白綾壹匹，樓機綾貳匹，布伍萬伍仟捌佰陸尺。

應管諸寺合得儭僧計叁佰伍拾陸人，沙彌壹佰陸拾叁人，合全捌拾壹人半。合得儭大戒式叉尼計叁佰柒拾玖人，尼沙彌計柒拾壹人，合全叁拾伍人半。上件僧尼，通計捌佰伍拾貳人，人各支布陸拾尺，僧尼沙彌各支布叁拾尺。准前件，見存額半滿二種支付外，餘布肆仟陸佰捌拾陸尺。

右通前件三年中間，沿衆諸色出唱人事、吊孝、賞設、破除及見在，一一詣實如前，謹錄狀上，伏請處分。牒件狀如前，謹牒。

清泰三年六月日儭司法律顧清牒。儭司教授福集，儭司法律金光定。

原載敦煌文書 P.2638

丙申年（九三六）十月沙州報恩寺常住百姓名目

丙申年十月十一日，常住百姓老小孫息名目。

户張保山：男義成、妻阿楊、男醜子、妻阿石、孫女殘婢、僧婢、買察、會友、灰奴。户張願通：妻定女、弟再昌、妻勝子、男富興、會興、會友、女存子。户閻海全：弟海潤、海定、海昌、母阿張、男願昌、願太、男願存、存子、存友、存遂、存興、存勝、妻乙子、妻□、妻長、太女、女五娘。户閻存遂：母阿氾、女長太。户趙願昌：弟願山、長子六郎、妻連子、妻長友、男定昌、存定、定興、前妻員婢。户趙願德、弟願海。户李定友：妻員泰■。户石保全：弟■。員■。（後缺）

原載敦煌文書 P. 3859

丙申年（九三六）十月十七日報恩寺算會抄録

丙申年十月十七日報恩寺□□□算會大衆功廨司靈進□■衆抄録謹具如後：

合得本利麥壹拾叁碩貳斗□□□斗伍升■

原載敦煌文書 P. 4649

後唐清泰三年（九三六）十一月百姓楊忽律哺賣舍契

修文坊巷西壁上舍壹所，内堂西頭壹厅，東西并基壹仗（丈）伍寸，南北并基壹仗（丈）伍尺。東至楊萬子，西至張欺忠，南至鄧坡山，北至薛安住。又院洛（落）地壹條，東西壹仗（丈）肆尺，南北并基伍尺。東至井道，西至鄧坡山，南至坡山及萬子，北至薛安昇及萬子。又井道四家停支出入，不許隔截。

時清泰叁年丙申歲十一月廿三日，百姓楊忽律哺爲手頭闕乏，今將父祖口分舍出賣與弟薛安子、弟富子二人。斷作舍賈（價），每地壹尺，斷物壹碩貳斗，兼屋木并栿（栿），都計得物叁拾叁碩柒斗。其舍及物當日交相分付訖，更無玄（懸）欠。向後或有別人識認者，一仰忽律哺祇當。中間如遇恩敕大赦流行，亦不許論理。兩共面對平章，准法不許休悔。如先悔者，罰青麥拾伍馱，充入不悔人。恐人無信，立此文書，用爲後憑。（舍）主兼字。

出賣舍主楊忽律哺 左頭指
出賣舍主母阿張 右中指

同院人鄧坡山(畫押)

同陾(院)人薛安昇(畫押)

見人薛安勝(畫押)

見人薛安住(畫押)

見人吳再住(畫押)

見人押衙鄧萬延(畫押)

鄰見人高什德

鄰見人兵馬使鄧興俊(畫押)鄰見人張威賢知

原載敦煌文書 S.1285

丙申年(九三六)十二月某寺算會索僧正等領麻憑

丙申年十二月九日,徒衆就庫舍院齊座算會,常住黃麻除破及回造壓油外,合管回殘黃麻貳拾捌碩貳斗,管在僧正判官身上,一一詣實,後算爲憑。

領麻人索判官(押)

領麻人索僧正(押)

背面:

行索僧正欠麻一石一斗七升,惠陰法律欠麻三石二斗二升六合三圭,徐僧正欠麻兩石叁斗五升。

除破外,合管回殘黃麻。

原載敦煌文書 S.4702

請依統類計贓議　清泰三年　御史臺刑部大理寺

舊律,枉法贓十五匹,絞。天寶元年,加至二十匹。請今後枉法贓十五匹,準律絞。不枉法贓,舊律三十匹加役流。受所監臨五十匹,流二千里。今請依《統類》,不枉法贓過三十匹,受所監臨贓過五十匹。

原載《册府元龜》卷 613

後唐清泰三年(九三六)前後賣舍與姚文清契

（前闕）

出買（賣）與 敦煌 鄉百姓姚文 清 ，斷作舍賈（價）每尺兩石，都計舍物壹拾陸 碩 。其物及 舍 當日交相分付，并無玄（懸）欠昇合。自買矣（已）後，永世子孫，世世男女作主，李（本）家不得道東說西。後若房從兄弟及親因（姻）論諳（諍）來者，爲鄰看（覓）上好舍充贊（替）。中間或有恩敕流行，亦不在論理知（之）限，雨（兩）共對面平章爲定。

原載敦煌文書 S.5700

後唐清泰三年(九三六)抄放家童青衣某甲從良書(樣文)

放家童青衣女某甲

若夫天地之內，人者爲尊。貴賤不同，皆由先業。貴者廣修善本，咸得自煞（然）；賤者不造善因，而生下品。睢（雖）則二等，亦有尊卑。況某甲自從業綱羈來，累年驅馳，有恭謹之心，侍奉不虧孝道。念慈（茲）謙順，放汝從良。從今已後，任意隨情，竊窕東西，大行南北。將此放良福分，先薦（薦）過往婆父，不落三（塗）；次及近逝慈親，神生淨土。合家康吉，大小咸安。故對諸親，給此憑約。已後子孫男女，更莫吝護。請山河作折（誓），日月證明。嶽懷（壞）山移，不許改易。清（泰）三年某月日給曹主某甲放盡一記。

原載敦煌文書 S.5700

靈武節度使書狀集　後唐長興三年

右某伏念早將弱植（質），久忝恩深，內惟塵冗之姿，常佩□□之□。□□某官榮提相印，寵鎮帥壇，雖尋修陳賀之儀，而常闕專［介］之禮。蓋以方居絕塞，俯邇諸蕃，烽烟不隔於朝昏，途路常多於阻閉，鱗鴻莫達，人所難行。雖攀仰於尊嚴，實稽延於卑禮。是惟慚懼，莫惕遑寧。今則聊寫卑衷，輒飛專介，少叙感恩之懇，俾遵事大之儀。既掇僭逾，難任惕懼。今謹差押衙李某躬詣化府，聊寫栖依。伏惟臺［私］，特賜鑒察。

沙州令公書

某自守邊藩，每慚拙政，既披雲之莫遂，實仰德以空深。太傅令公每假隆移，曲垂異顧。繼飛等介，疊示華緘。褒稱逾海嶽之恩，信幣比瓊瑶之賜。永言戴佩，豈易書紳；感謝未期，徒深銘鏤之至。今差押牙孟元立等，再申和好，復諧貴藩；有少情儀，具載別幅。伏惟俯賜鑒察。

具信

右件物等，誠非珍異，仍愧纖微。況紝織以無功，在雕鎪而是切；輒爲浼瀆，益所兢惶。伏惟臺私，俯垂允納，幸甚。

又書

右伏以太傅令公，名標三傑，價重四英；擁萬里之山河，静之氛祲；以望信而遠匡北闕，而恩威而遐伏，西戎何獷猂（悍）而不柔，何烟塵而敢動。伏況聖上德惟懷遠，義在吊民。每觀貴道之使人，實以諸藩而復異□際，或聞西州天子、于闐大王咸慕北望令公司命，使人曲覃聖化，俾朝宗於洛汭，令貢奉於天庭。豈惟達外國之梯航，實乃見貴藩之功業。光輝史册，千載一時。某忝受眷遐，[頻]聆異政，輒貢管窺之懇，異[冀]垂允諾之恩。儻不阻於啓聞，固願竭於丹赤，諸勒面啓，伏惟深賜鑒詳，幸甚幸甚。

前袁州司徒

近睹報狀，伏承光奉天恩，特加朝命，伏惟慶慰。伏以司徒吳鈞耀彩，秦鏡分華；藴萬頃之波瀾，挺千尋之圭表。忠惟許國，孝以承家，既顯立於勛庸，是特應於渥澤。想房陵之異政，尚著人謡；列環衛之清資，益新帝誥。遐邇之内，慶忭同深。某早忝眷私，實逾倫等，欣慰之至，無以喻名。謹奉狀陳賀。伏惟。

諸道及朝要

右伏以金風乍扇，玉露初垂，既當納祐之辰，合貢以時之禮。伏蒙某官猥隆厚念，特降華緘，仰承奬飾之文，俯愧幽微之質。空銘殊造，愈切兢榮。謹專復狀謝陳。伏惟。

朝要

違辭漸久，攀戀彌深；況惟荒昧之姿，久忝煦鄰之分。雖魚腸雁足，時傾感戀之誠；而鵷頷虎頭，未卜趨承之日。其於瞻禱，徒役夢魂。今遇使行，路達卑懇。伏惟俯賜鑒察。

西京太傅書

某謬以瑣微，叨居屏翰；遐瞻恩德，每切攀瞻。況當僻處避（遐）荒，路遙京輦，每差人而作貢，須假道於仁封。伏蒙太傅曲示恩光，俯形厚念。每垂遙召，盡獲周豐。感恩而山嶽非輕，荷德而滄溟尚淺。銘篆之至，箋管寧窮。縱以總戎，不獲躬候臺砌，謹奉狀起居陳謝。伏惟俯賜鑒察。

三司院營田案院長書

某謬居紫塞，素仰清規，已乖披霧之儀，常切瞻風之懇。況當道地惟遐僻，民實凋殘。凡奏報於事宜，每兢憂於罪戾。伏審某官曲弘獎念，常假周旋，既蒙俞允之恩，盡自庇庥之力。諒感銘而增切，愧效報以稽遲。今者有少干塵，謹具別狀。伏惟仁明，俯賜鑒察。具信右謹寄上，聊表下情，誠愧丹微，深懷悚灼。伏惟不以干瀆，恩賜檢留，下情恩行。

青州侍中狀

伏以四時變序，三伏呈祥，平皋已扇於溫風，殘暑尚滋於畏日。仰惟景福，必協洪勛。是修陳賀之儀，冀表以時之政。伏蒙臺造特賜回緘，仰承褒贊之恩，倍切感銘之懇。謹復狀起居陳賀。

朝要書

違遠時多，攀於日積；塞恒（垣）途復，戎旅殷繁。雖仰戀恩光，當增肺腑。而操修翰墨，頗屬於乖疏。緬惟顧遇之恩，必期始終之念，某前聊■攀，伏惟仁明俯賜通鑒。

延州汝州鳳翔陝府侍衛左衛月旦書

伏以日躔東井，神馭南方，乃食藄之佳辰，是綱祥之令月。合陳柔翰，以祝殊勛。伏蒙恩私，猥貽榮誨，認褒褕（譽）之太過，積慚感以交深。謹專復狀陳謝，伏惟俯賜鑒察。

禮賓引進內省書

伏以司空星辰降瑞，嶽瀆儲休，匡君之[勛]業寧倫，濟物之功名罕并。伏自榮膺異寵，美播朝端，雖申深翰之儀，未效獻芹之禮。況叨恩顧，常切感銘，今則有少微誠，具則別幅。伏惟仁念，俯賜鑒察，幸甚。

具馬

右謹送上，聊表賀儀，雖無逐日之踪，願則朝天之騎。浼塵視聽，深切慚惶，伏惟仁私，俯賜容納。

周將軍宋司空書

某自到朔方，常牽成事，況道途以遐，遠值蕃處，以稍乘深翰之儀，常切向風之懇。某官恩私逾厚，獎與（譽）邇深，特枉華緘，過垂言諭。披言而如窺王聽，捧承而更重珠璣。仰佩之誠，無言以既。謹專表陳謝，伏惟照察。

樞密狀

右某伏念早將弱質，獲奉深恩。顧惟絲蟻之微，何謝嶽山之賜。而自幽州令公光膺異渥，未貢賀儀，既夙夜以懷慚，實寐食而情懼。今則輒將匪禮，聊表猥衷。謹具別狀上聞，伏惟俯賜。

具馬

右件馬名非騕裊，價異奇。馳踪而來自玉關，聳轡而願依金垺，難逃浼塵之罪，冀修慶賀之儀。干瀆台嚴，戰汗交積。其馬謹差某隨狀獻上，伏惟俯賜。

青州王相公賀狀

右某伏睹麻制，伏審榮奉鴻恩，鎮臨青社，伏惟慶慰。伏以太尉相公嵩衡稟秀，箕昴呈祥，分淮水之餘波，正緱山之遠韻。宗量是窺於無際，雄鉅乃見於不群。立蕭何佐漢之助，邁伊尹相湯之業。洎輟於雄閫，副以具瞻，允膺作礪之功，堯著爲霖之積。百闢荷陶鎔之賜，萬方懷煦嫗之私。恩威既溢於寰瀛，德業實超於今古。以是薦承紫詔，榮鎮青丘。仍賀掌武之尊，更益弛征之賦。雖溘汗渤海乍喜於新恩，而鳳閣鸞臺尚虛其舊位。仁再親於黃閣，當永福於蒼生。凡在邇遐，孰不欽囑。某謬臨邊鄙，深受鈞慈，抃躍虔祈，冠絕他等。伏限道途，不獲奔候台庭，下情無任攀戀，惶懼之至。謹具狀啓起居陳賀。謹録。

引進副使薛尚書客省副使楊僕射彥均同本

近睹報狀，伏承光膺聖渥，允副崇司，伏惟慶慰。伏以某官截海奇姿，輝川秀氣，偉亮顯超於叔度，清風高邁於伯倫。早懷衛社之勛，素貯濟時之略。道光今古,名溢朝端。故得榮奉新恩,寵膺異級,副一人之啓流,叶百群之傾瞻。仁從紫禁之權,更踐黃樞之貴。某謬司藩守,早仰恩光,抃蹈之誠,啓陳靡既,謹專奉狀陳賀。伏惟俯賜鑒察。

魏博相公狀

右某謬將弱質,獲忝天恩,既叨旄越(鉞)之權,實自陶鈞之力,合馳狀啓,以表卑私。伏蒙太傅相公曲示台慈,遠加寵翰,欲令卑瑣削去公文。雖仰奉鈞恩,固當稟敬而撫修。末品交不遑寧,且希容就於常儀,所貴稍安於卑懇。下情無任佩恩荷德,激載屏營之至。謹具狀啓起居陳謝,伏惟俯賜鑒察。謹錄。

新除西京留守安司徒 陝府張太保同

伏睹麻制,伏審榮奉天恩,光膺寵命,伏惟慶慰。伏以留守司徒,祥金耀彩,瑞輝緯地經天,早著匡扶之績;允文懷武,素彰翊贊之勛。蕭曹之事業攸聞,耿鄧之威名克著。功高鼎鉶,價重寰瀛。今則光奉帝俞(諭),榮司徒足_{陝州云:巨屏}。既備還珠之譽,將仰相印之榮。某謬以幽微,獲叨戎寄;仰清風而日久,限紫塞以程遙。莫申披霧之期,空積望塵之懇。謹具奉狀啓起居陳賀,伏惟俯賜鑒察。

涇州鈐鎋司空書

伏以司空鷹揚間氣,珪玉貞姿,早懷濟[世]之謀,夙蘊佐時之業。以是榮分重寄,上贊侯藩。仁於旦夕之間,別迃絲綸之寵。某久欽風義,恨未超承,瞻□之誠,箋簡寧喻。伏惟照察。

又

某自當留務,予□家皆,忽蒙天恩,特賜冊贈;仰承明命,殞烟難勝。伏蒙仁私,遠垂示諭,仰認周隆之德,倍懷感激之誠。使回復狀陳謝,伏惟照察。

涇州太傅狀_{爲述謝見示旌[節]官告使}

右某自總留權,方榮哀瘵,雖當竭馨,未効駑鉛。忽蒙聖恩,特頒寵渥。聞命而猶疑夢寐,承恩而如覯冰霜。伏蒙太傅曲示深恩,別形厚念,遠飛專介,先賜華緘,仰窺獎飾之文,彌認優容之德。荷載感泣,稽程[輸]誠。謹因使回,謹附狀啓起居陳謝。伏惟俯賜鑒察。

謹録。

謝四相 河南元帥 太尉令公

右某啓狀,蒙天恩就加寵爵,祇荷明命,兢懼失圖。伏以某器太瓶筲,才同梡櫟(甄礫),素昧隆中之略,蔑知圯上之謀;謝安之禮樂無間,魏絳之威名未立。行逢聖代,獲忝藩垣,纔叨仗鉞之榮,復荷秉鈞之位,任總兩鎮,官列三師。既無橫草之功榮,豈官伐檀之調咏。■鎔造俯示廟慈,垂仁而遍及朔陲,遇事而常加■。

原載敦煌文書 P. 2539 背

大唐前檢校黃池郡司户參軍趙府君(漼)墓志銘

公諱漼,其先河南府温縣望天水人也。祖前北海郡博昌縣令昉。父前和義郡威遠縣主簿象。公束髮求宦,平禄有聞,名即播於八方,行乃超於四極,此即公之德也。在官政直,冰雪自居。家理理,忠孝俱美。如木聳於高巖,若蘭秀於深谷。巍巍乎其有成功,蕩蕩乎人無能名焉。爲凶醜不寧,南寇斯亂。公有沉謀之術,懷秘略之能,檢校劍南道黃池郡司户參軍,處理多方,未遷高位。名未大遂,將亦後興,胡爲不壽,遐齡妖鵬。斯見秀而不實,其在兹乎。構疾彌留,奄從大夢。公以六月廿三日薨於洛陽縣界從善坊之私第,以八月四日葬於河南府洛陽縣平陰鄉王趙村之原。嗣子闡等擗勇送終,哀怖號絶。窮情殞復,終代胡追。痛悼何堪,悲纏松柏。記斯文述其終始,其銘曰:

天地終兮山谷深,人盛衰兮生死寢。嘆南陵兮吹棘心,月餘光兮松柏林。

原載《秦晉豫新出墓志搜佚》

唐故榮陽鄭公(傳古)墓志銘并序

鄉貢進士■

亡父諱傳古,字知邃,榮陽人也。其來顓頊之枝枝,派榮史載明德,文更不繁。祖諱祐,皇任登■。父諱立,攝長山縣令。公五運禎祥,■才華而不登上第。是以宦游即■風。安能久馳歧路哉?會平

盧軍■有三思。於事無貳過，於身風■附青州司事參軍。再攝益■
參軍。再攝青州司法參軍。■又攝司法參軍。又攝千乘■豈盡其
才，世運雖遷，清■焉。娶河東□氏，有子四人：長■女一人，笄年纔
及，并習■合漢增曜。文星不■日。終於別館。卜葬於齊■河沍。
作彼命詞，刊斯■惜哉！出爲人風分入■。

《全唐文補編》卷 121

□楚墓志

唐故定州義武軍節度隨使步軍都教練使左橫衝軍使西■使銀青
光禄大夫檢校户部尚書右監門衛大將軍守祁州刺史兼御史大夫上
柱■

府君諱楚，字夢巖，其先弘農人也。周宣王太子之後，其上爰自
興漢■麾鯀之貴，或軒裳寄重，迭居卿相之榮，雖派流已歷於千春，■
播乎徽音，用載其來，終難盡事。祖諱亦，■放曠而不趨名利，逍遥而
自取清閑，忘機懷隱士之風，達命■，府君即先府君之第二子也。府
君夙擅沉機，素韜■定欑棺，壯節難群，殊庸益著。先相府太師傾城
■橫得志，散霜戈而在野，凱捷如神。論功業則當■累踐隆途，伏遇
相公，載委征戎■宸聰，奏授祁州刺史。府君幼有出□之用，■，將出
塞帷之政，已興來暮之歌。清風■驥遺塵莫測，嘶鳴之地，嗟■相顧
徒竭，青囊夜魄，纔游■署，享年五十一。

室曰尹氏。有子二人：長曰■於倫□，藝能咸達於精微，并當■
天茹血，扣地銜哀，求擇兆之儀■州安喜縣鮮虞鄉公乘里之新塋，禮
也。■野帶昏愁之色，而况寰中知己，陌上行人，睹此■桑田貴，刻貞
珉用爲鄉記。

府君之生兮天賦英雄，□□之達兮□□列功。■彎弧而逝鳥投
空，身惟□□□主，心乃盡忠■聲傳黠虜，譽徹聖聰，既節義而行事，
合齡算■便□深□，胸中之竪子有徵，壁上之懸蛇致怪，奄■□□西
垂，流波東邁，一入松楸，永辭昭代。

原載《五代墓志彙考》

唐故登州刺史淳于公神道碑

唐故□□□□大夫檢校尚書左僕射使持節都督登州諸軍事登州■。

將仕郎檢校尚書機■

□□□享國延長,裔孫蕃茂,□姜分姓,始於姜□□朝□地受封■。□□□洋溢青編,代有其人,不可勝紀。暨隋■□□□朗爲萊州刺史,封燕國公,蔭緒□勛,■□覽之□不□□□之驥■直善於知□器之興宗,家範■則龍蛇文鬥□。故晉國□公爲■勛,廣平作牧,公爲國家■緋會□□之□爲□□國之■,甫以解圍賴弹■節□□□。以寄■績□□□□受代,陝■曰:可□□□矣,固知彼有人焉■。列戴知巳之恩,□□巳屬於■之在人,舉無遺策,復■部尚書,從晉公之■府謀策職在□公□公既授節,托公■。魏王舊國,□□仙鄉,非開達無以撫■,迎奉急徵,詔曰:爾頃佐元勛□國■思之節,詔到便可赴闕,別行委任公,捧詔■。□□寧戚之懷難抑,纔終禮制,便欲徵還。■□□□之規仁,察頒條之政,歸□與□■□□之盛□□無倫。先是所部狂悫縱□□民□公至■禮以遇物■靖■公而終。公■百口■,然■故太子少□□公,□之■於□□可□□□清師□尉■感慨天子□□其■。

原載《山左金石志》卷 14

刺史書儀

■矚之心,豈契群論之望,某叨依獎顧,但切所論。面賀未由,狀切惶悚之至。

都頭書

某智乏用人,量非及物,每思退謝,豈望進修,伏蒙某官潛假吹噓,暗垂羁拂,致忝竹符之位,寔懷尸素之憂。並蒙眷私,特出祖錢(餞)。銘咸(感)空深,指喻尤難,但增提慈(特)之至。

郎官謝狀

五月淑景漸回,炎光倏至,風散東郊之色,日迎南陸之威。伏惟某位冠隼旟,政符承薤,每因令旦,必納嘉祥,便從建巳之辰,當迓自天之福。忝承厚眷,祝戀徒深,特蒙仁私,猥垂示翰。云云。

賀官

詞材發秀,行葉騰芳。蘊荆岫之奇姿,含泗濱之雅韻。優游儉府,每吹葉贊之能。高步隗臺,益佐功勛之美。是以群情仰瞻,戴命斯臨。更章一席上之榮,益顯座中之貴。某叨承獎與,欣悦倍深,拜賀未由,但增惶悚。云云。

狀

叨在懿因(姻),常承顧遇,受惠雖當於有地,報恩終且以無階。慚度一生,空銘百世。今者欲隳肝膈,又瀆仁明。蓋因不違之年,便有疉之扣切。去歲并遭時疫,秋稼薄收,遂致債借稍深,年計有闕。況臨春種,交甚困懸,若不直具啓陳,必慮轉荒田作。伏望某不遺眷愛,曲念懸危,特於斛斗之中,輕垂假借之便。專俟夏稔,必却咨還。容易干祈,倍增慚灼之至。

謝狀

早將屛瑱,依托門垣。即未遂於丹誠,但空虔於卑志。今者遽蒙臺念,倅職郡封,獲佐英旄,得趨階砌。此蓋司空潛施煦物,特賜提持,致兹叨切之榮,實爲殊常之忝。但慚弱質,感恩德以難勝;内省凡愚,銘深慈而莫盡。云云。

受恩命後於東上閤門祗候　謝恩榜子。具全銜某乙。

右臣蒙恩,除授前件官,謹詣東上閤門祗候謝,伏候敕旨。

某日月下具全銜某乙狀奏。

只半張紙,切須鉸剪齊正,小書字。

正衙謝狀,依此兩紙。

具全銜某乙。右某蒙恩,除授前件官,謹詣正衙祗候謝,伏聽處分。牒件狀。年月日下具銜某牒。

進射恩馬狀。具銜。進謝恩赤扇馬壹匹。

右臣叨受聖恩,慚無勛效;迴沾渥澤,合貢芹誠。前件馬,性匪馴良,名非駔駿,輕塵聖德,但切憂惶。戰越之至,謹進。

年月日具全銜某乙狀進。

辭榜子依前半張。具全銜臣某。

右臣謹詣東上閣門祗候辭，伏候敕旨，月日狀奏。

又有著蒙恩一本具銜。

右臣蒙恩，除授前件官，謹詣東上閣門祗候辭，伏候敕旨。月日具全銜某乙狀奏。

正銜辭狀又兩紙。新授具銜某。

右某蒙恩，除授前件官，謹詣正銜祗候辭，伏聽處分。

年月日具全銜某牒。

辭諸官員書。

某啓：某昨者，叨蒙聖澤，再委郡符，但愧非才，實知榮忝。自獲趨拜，過沐周隆，方喜攀仁，又須拜別。其於離戀，唯積懇衷，謹修狀辭違，伏惟照察。謹狀。

月日具全銜某狀。

別紙。

某啓：早嚮尊私，莫諧際遇，咏瞻之積，惟集卑衷。某昨者伏蒙聖澤，再除郡印。退省實知於忝幸，夙宵佩切於僥榮，此皆某遠賜贊揚，曲委導薦，感銘之外，箋幅爰申。謹修狀陳謝。

申本道狀啓各一封。

具全銜某。右某狀，伏蒙聖恩，除授某刺史。有幸得伏事臺階，下情無任抃躍。去今月日謝恩訖。謹先具狀啓，起居申聞，謹録狀上。牒件狀。

申狀謝本道節度使，與前狀同。

具全銜某。右某蒙恩除授前件官，伏念某材非濟國，器本凡庸。伏蒙睿慈，再除郡印。退省徒增於忝冒，夙霄倍切於兢惶。此皆太傅迴降台慈，特垂陶鑄，據霑霈澤，盡出鈞嚴。誓竭捐愚，上酬台化。下情無任感恩，榮耀之至。謹具狀謝，謹録狀上。年月日。

行軍副使啓頭書。

某啓：某南北差池，早乖趨謁。今者出於際會，幸契卑誠。披仙霧以非遥，積光榮而倍切。遥瞻重德，每役夢魂。謹先修狀起居，伏惟照察。謹狀。

謝行軍副使書。

　　某啟：某性唯惡拙，藝乏並通。迴忝皇恩，再光符竹。惟積僥榮
之懇，未陳分寸之功。夙夜怔忪，難勝雨露。此皆某潛垂保薦，致此
輝華。將面拜於英聰，積忻榮於懇素。謹修狀起居陳謝，伏惟照察，
謹狀。具銜某。

　　申離京啟狀。具全銜某。

　　右某謬忝國恩，榮除屬郡，遙瞻台旆，但積光輝。去今月日已離
洛京，發赴本道，即獲參覲，喜躍伏深。謹具狀啟申聞。謹錄狀上。

　　中路已更申一狀。具銜某。

　　右某去今月日已到州某處安下。拜碧幢而在近，增喜躍以先深。
謹具狀啟起居申聞。謹錄狀上。年月日。

　　到界首申一狀。具銜。

　　右某今月日已達界首，即獲祗候台嚴，喜抃之誠，唯積愚懇。謹
具狀啟起居申聞。謹錄狀上。

　　送生料酒食謝狀。具銜。

　　右某伏蒙台恩，特賜前件物等。謹依鈞誨，跪授訖，下情無任感
恩榮躍。謹具狀謝。謹錄狀上。云云。

　　經過州郡節度啟狀。

　　右某伏蒙聖恩，再除郡印。今者徑赴本任，已達貴封。將獲祗候
台階，下情伏增抃躍。謹差某具狀啟起居申聞。謹錄狀上。云云。

　　謝所經過州送生料書誨狀。

　　右某幸因赴任，得拜台階。伏蒙鈞慈，累降尊誨。兼曲頒於生
料，實銘荷以惟深。下情無任重疊感恩榮躍。謹具狀陳謝。謹錄狀
上。云云。

　　所過州縣探前先與書一封。

　　某今者幸因赴任，徑歷貴封，面仁德以非遙，積忻榮而倍切。即
期披霧，先合啟聞。伏惟照察。謹狀。

　　右某自達台庭，迴蒙鈞造，自量庸懦，惟切感銘。今則已屆長途，
漸遙台煦，瞻戀之懇，但切離襟。謹具狀起居陳謝。謹錄狀上。

　　辭與副使行軍諸廳判官書。

　　某啟：纔獲披雲，方深喜躍。今則徑赴任所，須間英聰。感銘已

積於卑衷，凝戀難申於翰墨。惟望倍保尊重，以慰卑誠。謹修狀起居陳謝，伏惟照察。謹狀。

送土宜物色本道官員。物色件段。

右件物雖非珍異，粗表土宜，不避塵瀆，輒敢持送。伏惟眷念，甫賜容留。謹狀。月日全銜某狀。

與前使郡交代書。

某啓：某素無勛效，謬忝國恩，幸接英風，喜獲交代。實切僥榮之懇，惟深喜抃之誠。雖未面於清嚴，合先申於丹懇。謹修狀起居，伏惟照察。謹狀。其銜。

交侍送土宜色件。

右謹專送上，切以某忝獲交代，喜面英聰，輒敢輕塵，深慚容易。伏惟眷念，俯賜允留。謹狀。

具銜。某狀。

到本任後謝上表一道。

臣某言：蒙恩除授某州刺史，去今月日到本任，勾當公事訖。遠離天闕，已赴郡城，省躬而撫已知榮，過望而銜恩益懼。臣某誠惶誠感，頓首、頓首。伏惟皇帝陛下，文明仰（御）宇，武德開基，咸歸柔遠之風，迴布垂衣之化。但臣智非周物，藝乏通才，委任專城，每深恩慚於淺拙；叨承睿渥，實謬竊於光榮。旦夕兢惶，如臨泉谷。惟當竭節，上仰奉於明朝；誓盡駑鈆，下撫安於黎庶。伏限守郡，不獲奔詣彤庭，無任瞻天荷聖，激切屏營之至。謹奉表陳謝以聞。臣某誠惶誠感，頓首、頓首。謹言。

年月日下全銜臣某上表。

謝本道[節]度使已到任後狀。具銜某。

右某伏蒙聖恩，再除郡印。去今月日已到任訖。切以某功虧贊國，材乏濟時，謬忝渥因，實知過望，榮分符竹，深愧曠員。此皆太傅迴降生成，俯垂陶鑄，致蓬蒿之質，獲叨郡守之權。頂荷台慈，惟思竭節。下情無任感恩，榮躍之至，限拘郡印，不獲奔赴台庭，謹具狀謝。謹錄狀上。云云。

與本道官員謝上書。

某今月日已到本任，禮上訖，不任感慶。切以某才非濟物，業昧匡時，謬忝聖恩，再分符竹。深知非據，實愧曠員。此皆司空每賜保持，常垂獎借，俾叨恩渥，銘荷但深。未遂再面英聰，依戀徒切。謹修狀起居陳謝，伏惟照察。謹狀。云云。

封門狀書一通。

伏蒙仁私，特賜垂寵訪。既闕迎門之禮，尤增悚荷之誠。所示盛銜，不敢當捧。謹修狀封納陳謝，伏惟照察。謹狀。云云。

謝送物回書卑。物色臨時着。

右伏蒙眷私，特垂厚貺。稟依殷重，尋已捧留，不任感佩之至。謹狀披謝，伏惟照察。謹狀。云云。

得官後辭人書平交。

某自到闕庭，久陪譚笑，實受獎憐之惠，但深激荷之誠。今則幸忝聖恩，再叨郡印。既迫首途之日，難申面別之儀。攀戀悚惶，蕘集卑素。謹修狀辭違。伏惟照察。謹狀。

封門狀回書尊。

伏蒙司空獎念過深，又垂寵訪，恰值出入，不果迎門。將別旌軒，無任攀戀。所留華刺，莫敢捧當，謹隨狀封納。續冀專詣門屏，祗候辭違。謹先修狀咨聞陳謝。伏惟照察。謹狀。云云。

辭書平交

右某昨者獲參台斾，合獻芹儀。伏蒙某迴降鈞慈，特有頒賜。跪承台旨，不敢讓陳。謹依鈞命，捧受訖，下情無任感恩，榮躍之至。謹具狀謝。謹錄狀上。

謝生料筵設狀。具銜某。

右某獲趨台砌，惟覺光榮。伏蒙太傅累賜設筵，兼頒生料。受鈞慈而迴異，積銘荷以徒深。謹具狀謝。謹錄狀上。牒件狀，年月日。

辭本道節度使狀。具銜某。

右某自獲趨參，過承台念，未陳報效，但切鑴銘。今取旨發赴本任，謹隨狀詣衙祗候辭，伏聽處分。

辭了一兩程再申感謝狀。具銜某。

某將赴本任，欲守（首）道途，但緣諸事牽仍，不獲專詣門屏。攀戀惶悚,併集下情。受恩德已疊深,在懇懷而罔罄。謹專修狀辭違。
伏惟照察。謹狀。云云。月日某狀。

上任了謝書。

某今月某日已到本州赴任訖,祗荷渥恩,不任感懼。伏以某功虧
植柳,藝乏穿楊。遽忝雨露之恩,再忝符竹之寄。捫頂踵而實知儳
竊,荷輝榮而盡出吹噓,銘荷所深,斂宣莫既。謹奉狀起居陳謝,伏惟
照察。謹狀。

封門狀回書平交。

伏蒙恩私,特垂檢訪,少事出入,有闕祗印(迎),悚荷之誠,但切
卑懇。所留清銜,謹專封納陳謝,伏惟照察。謹狀。云云。

封門狀回書平交。

昨日伏蒙某眷私,特賜榮訪,偶以出入,莫果祗迎。既不遂於攀
延,實增慚悚。而更留於盛刺,倍切悚惶。其於感銘,造次奚喻,所留
寵示,豈敢捧當。謹修狀咨納,兼申陳謝,伏惟照察。謹狀。

與馬司徒。

某伏自間違,恒深攀仰。役夢魂而繼夜,寓毫幅以曠時。悚惶至
深,傾書書翰罔既竊審,先歸鳳闕。某亦在楊歧,即冀披霧於軒庭,預
切歡心於道路。爭面到京,無安泊處。如是,知有小院子,某乙差軍
將指引,權價賃安止。却緣久受恩憐,實以故非容易。儻不阻於咨告,
即先篆於僥榮。伏賴眷周,俯垂知悉。謹[差]軍將奉狀,伏惟照察。
謹狀。

與進奏書。

自間恩私,徒深攀謁,役夢魂而繼夜,寓毫幅以曠時。翹金之誠,
鋪陳莫盡。今者罷任,將遂到京,即冀披承,預深忻懌。輒有少故,合
具咨聞。切緣差軍將某下諸處狀啓,伏慮京中生疏,請爲指引去處。
儻不阻於卑誠,即僥榮之頗甚。謹狀附狀,伏惟照察。謹狀。

謝節料表本。物事臨時前頭著。具銜某。

右臣伏蒙聖慈,賜臣前件節料,臣無任感恩荷聖,激切屏營之至。
謹奉表稱謝。謹奏。

年月日具全銜臣姓某狀奏。

封皮上具全銜臣姓某狀奏謹封。

參賀門狀。具銜某。

右某謹詣台屏，祗候賀，伏聽處分。云云。具銜某。

右某謹祗候賀，伏聽處分。

并著年月日向下具全銜某牒。

入京中路奏狀一道。具全銜臣某。

右臣某近奉聖恩，遠承密旨，除替滿任，交代尋時。臣某即去今月日發離某州訖。星奔道途，罔安宿食，非惶時慚，匍匐朝天。臣無任頂日瞻恩，激切屏營之至。謹具奏聞。謹奏。

具年月日具全銜臣某狀奏。

中路與水南大王及諸廳狀。具銜某。

右某近奉恩詔，除替郡符。尋以交相，偶無遺闕。某去今月日已離舊地，奔徑朝天，見在道途，日夜不息。謹先修狀申聞，謹録狀上。

經過州縣別紙。

某近承渥澤，除替郡符。偶全日限之期，幸免通違之責。豈敢久淹外地，奔馳赴於京都。朝近天顏，再趨紫闕。經過封部，將遂披雲。謹先奉狀咨申，伏惟照察。謹狀。云云。

借館驛別紙。

某切以上下人多，兼及頭匹不少，每至宿程之處，店司安泊稍難。須具啓陳，罔避干牒。欲投館驛安下，全冀隆私，俯垂允容。感銘下懇，謹修狀咨聞，伏惟照察。謹狀。

得替到京朝見榜子。具銜臣某。

右臣得替到闕，謹詣東上閤門祗候見，伏候敕旨。

月日具銜臣某狀奏。

得替到京進朝見馬。具銜臣某進奉朝見馬一匹。

右件馬，謹隨狀進上，冒犯宸嚴，臣無任戰汗兢惶，激切屏營之至。謹具狀奉進以聞。謹進。

謝生料及熟飯等。

某出於幸會，得面清風。方切忻榮，惟積誠懇。伏蒙周眷，厚有賚賜，即來命以丁寧，欲讓辭而莫遂，捧授之際，銘荷愈深。謹修狀陳謝。伏惟照察。謹狀。

到本道參謝後上馬狀。具銜某。毛色壹匹。

右某叨除屬郡，獲拜台庭。合申芹菲之誠儀，不避潛逾之罪。前件馬，謹臨狀陳獻，冒犯鈞嚴，下情無任惶懼。伏聽處分。

謝本道節度使還答狀。分多少，臨時依色目。

年月日具銜臣某狀進。

得官後謝辭散語。

臣某言：臣素乏功勤，叨承睿渥。方憂曠職，未報明恩。今者伏蒙聖慈，曲降絲綸，再分符竹。誓竭駑鉛之效，將酬雨露之恩。臣無任感恩謝聖，激切屏營之至。

謝諸相公。

某伏蒙聖慈，除授某刺史。盡蓋相公曲垂陶鑄，致此僥榮。唯竭忠勤，上答台造。下情無任感恩榮懼。

朝辭。

臣某言：臣伏蒙聖慈，除授某州刺史。今赴本任，乍遠龍顏，臣無任瞻天戀聖，激切屏營之至。

辭諸相公。

某蒙恩除授某州刺史，今赴本任，乍別聖慈，委分符竹。實知僥忝，但積兢榮。此皆太傅迴賜薦揚，曲垂恩煦。誓將冰檗，上答生成，下情無任慈恩榮懼。

表本謝節料具銜臣某。

右某言：今月日蒙恩宣賜臣充生料者。捧承天命，伏積兢榮，誠歡誠忭，頓首、頓首。伏以臣叨逢聖運，未效功勤，徒陳犬馬之勞，累報□□之寄。誓堅忠赤，以荷絲綸。臣無任瞻天荷聖，歡呼抃蹈，激切屏營之至。謹奉表稱謝。謹奏聞。臣誠歡誠忭，頓首、頓首。謹言。

年月日具全銜臣某表上。

朝見記事。

初拜，兩拜，拜後舞蹈，舞蹈後又三拜，拜後不出班。聖躬萬福，又兩拜出班。致詞：臣某等得替歸闕，獲面天顏。臣無任瞻天荷聖，激切屏營之至。致詞後又拜三拜便出。

謝兩樞密笏記。

某蒙恩除授刺史，某素無勤迹，幸契休明，曾叨隼軾之榮，再忝熊車之任。伏蒙相公曲聞天聽，迴賜陶鎔。唯虔奉上之心，永荷獎擢之力。某無任感恩惶懼。

謝本道節度使笏記。

某蒙恩除授某刺史，有幸得伏事臺庭，下情無任抃躍。再致詞：某表門賤質，戎仵幽屏。伏蒙聖慈，再叨睿渥。獲保舜堯之代，兼榮榮軾之前。仰荷聖恩，慚裨皇化。叨居屬郡，仰但倚台衡，某無任感恩惶懼。

俵錢去處。

中興門、明福門、章善門、銀臺門、興善門，計分四貫文。客省門、通天門、閤門、光政門，計分二貫。九人將軍計分六貫七佰文。密院門八人計分一貫八佰文。閤門司二貫文。牽馬三佰文。應天門四百文。乾元門四百文。敷政門四百文。知班五佰文。爲僧末士，性并鉛刀，處衆無名，量同螻蟻。學昧金裨之志，素虧典女之名。

弔儀

自間冰慈，恒深攀望。值以某縈計不及，頻附懇誠。今則伏蒙眷私，以某家室傾逝，遠垂軍將馳送弔儀。物色收領，不任感創（愴）。專人回，謹復狀披謝。伏惟。

又

某言：禍故無常，日月流速。伏承賢兄傾［逝］，倍苦痛深，倍苦痛深！其於悲愴，何所迨及，何所迨及！謹奉疏慰，謹疏。

又

拜別雅上，渴戀但深，緬唯哀苦，下，寢膳如常。今則賢兄不幸傾喪，雖昆季之情切，蓋壽命以如斯。其於悲慘，更在寬弘。有少奠儀，具陳後幅。今修狀咨聞。伏惟。

又

昨者近知尚書得染疾，醫療不損，藥餌無徵，聞言身故。某在此冤苦、冤苦，痛當奈何！痛當奈何！某甚欲奔波陳慰，值地遙津路，致有乖違，乞不見怪。今因人使，謹修狀陳慰。伏惟。

又

某頓首、頓首，禍故無常。伏承某官傾[逝]，皆聞問惻怛，不能已已。惟哀慕摧割，何可堪忍。痛當奈何，痛當奈何！某官盛年，久蘊仁德，宜保遐壽。何圖積善無徵，奄遘凶禍。惟追慕抽割，何可堪[忍]。痛當奈何，痛當奈何！未由造慰，但增悲傃。謹奉白疏，慘愴不次。某郡月日頓首。

又問疾。

某啓：近曾奉狀，已合達聞。竊承某官尊體小有不安。蓋茲節氣未調，惟望善加攝理。某但緣縈拘職役，難果躬問寢興。謹奉狀咨候體氣。伏惟。云云。

又

昨者承知某官尊體小有違和，尋就平愈。伏惟慶慰。伏以某官素推德行，每敬神明。雖縈微患之災，粗有陰公之召，果當加護，已俟痊平，更乞好自保持，善爲茶藥。某甚欲奔波相看，緣在此有少公事未畢，兼人求來不得，謹修狀申達。伏惟。云云。

謝主務。

近曠馳緘，每深傾渴。瞻思雅用，無暇朝昏。伏料保調，計安寢膳。昨者某叨蒙台造，差主兵權，祗受鈞慈，不任感懼。但量塵末，實覺非才。此皆某官迴垂題品，每假吹噓致茲叨忝之榮，盡賴保持之力。今則遽蒙厚眷，特惠駝駒，此者專却讓辭，必慮有煩往覆，已依來旨捧受訖。其於銘感，但仁卑懷。謹修狀起居，兼申陳謝。伏惟。云云。

又

某昨者叨奉台恩，委以主轄兵務，但量冗末，實愧非才。此皆某官曲假吹噓，潛垂剪拂，致叨忝榮之幸，莫不賴於保持。豈謂隆深之念，特辱賀緘。懷感激以尤多，箋毫罔既。矩封過禮，難以捧當。謹修狀封還陳謝。伏惟。云云。

又

初熱，敬唯某官所履康吉。昨者某伏奉台恩，季縮兵務，祗受鈞慈,不任感懼。今則專勞致狀,備悉周勤,其於鎮務公事,更望多方葺遏。馳此披謝,敬唯照悉。云云。

西日不會客,丑不掛衣。

未不服藥,卯不穿井。

丁日不合醬,兼不剃頭。

子日不問卜。寅不祭祀。辰不哭泣。

某啓

近違慈念,莫暇傾瞻。昨者以旌斾到府,雖忻拜接,祗奉蕭疏。而況臨歧之日,值某小有不和,[既]之乖攀送之儀,有曠祖別之念。悚惶交切,併集下懷。伏惟旌騎已屆郡封,寢膳之中,惟希保護。謹修狀起居,伏惟。云云。

原載敦煌文書 P. 3449、P. 3864

縣令書儀

伏以氣臨北斗,日正南宮,當隆陰盈昊之輝,是韶景滿郊之[時]。伏惟長官門傳簪組,閥閱丞(承)家;暫分百里之憂,須副蒼生之望。爰因改候,必納殊祥。既沐獎憐,倍增虔禱。

伏以玄冬半盡,愛(靄)日初長,冰雪雖其冽寒,梅柳已待其方盛。伏惟僕射德業素高,惠和遠布,爰因令序,更納殊祥。某□受眷私。

伏以一陽啓運,北陸凝辰,愛(靄)日馳光,韶芳動景。融膏風於彩顏,銷媚態於晴雲,是五柳歡會之時,明三端慶洽之日。伏惟著作才高陸海,德聚陳星,文詞不讓於班楊,德行已光於顏、閔。爰因令節,更保休禎,仁迎寵陟於烟霄,當俟俳徊於仙島。某久叨恩眷,實切下情。

伏以時當子位,律膺黃鍾,是趙襄愛景之辰,乃周代歲初之首。伏惟司馬機謀濟物,妙略通時,常爲耳目於郡侯,能作腹心於水土。爰因令序,納慶嘉祥,即叨寵陟之榮,不出履長之候。某謬叨宰邑,常忝疵麻,每積虔祈,未離昏旦。

伏以玄律正中,黃鍾啓候,四序未分於此陸,一陽潛振於東方。伏惟判官,道匡禮樂,蘊濟國之高才;德冠珪璋,立安邦之事業。今者宰臨劇縣,名播清朝,履祚斯辰,伫聞徵(微)寵。某限拘所守,拜賀未由,但增悚戀。

又云

伏以長官才唯通濟,道著廉平,早彰避雨之仁,克振戴星之譽。忽聞留牘,欣愜倍深。專人特賜瑤緘,尤增悚荷之至,嘆賞之外,無以喻陳。

伏以節迎及長至,候啓一陽,當亞歲之良辰,允納。

伏以節休祥之正氣。伏惟長官化光馴雉,譽美割雞,是與物咸休,順將薦祉。眷私專垂示問,悚荷但深,禱祝之誠,實異倫等。

伏以四序將周,一陽肇啓;屬書雲之合節,當迎日之佳辰。伏惟長官道契明時,德符昌運,政理而弦歌已播,安民而制錦昭彰。因茲改候之辰,必俟殊常之寵。某早叨知獎,但積禱祈。

伏以三史即先,才高夢筆,詞超捫天,已彰奪席之能,未雪披沙之譽。爰因今序,即履殊榮,當千廬納岋之辰,是百福攸臻之日。某幸叨末官,獲忝知聞,每積虔祈,未離昏旦。

賀官

伏審天恩,特加寵命,伏惟慶慰。某倍增喜躍,榮抃寔深。伏以司空明誠貫日,勇氣凌雲,龍虎超騰則豺狼避路,鷹鸇挺特則燕雀投林。故得封境咸安,威名克振,移榮端揆,峻秩冬官。薦新水土之權,益顯麾幢之貴。某久丞(承)恩顧,抃賀實深,禱祝之誠,倍增卑懇。

伏審天恩,光膺寵命,榮捧吉秩,伏惟感慰。伏以司空挺生秀氣,傑出英旄,喜(嘉)聲早著於寰區,茂清素彰於令問。故得中朝倚矚,相府欽崇,錄勛遂貢於箋章,懋德俄加於水土。某叨蒙恩獎,實異等倫,欣抃之誠,造次難喻。

伏審天恩,榮膺寵命,伏惟感慰。伏以司空智符天假,才爲時生,蘊安拜(邦)靜寇之宏謀,盡許國匡君之勁節,自聯分兩郡,畏愛風清,顯自洪勛,薦丞(承)睿眷,不改符竹之貴,就昇水土之榮。中外人情,熟(孰)不欽賀。某叨蒙慈獎,常荷殊私。聞新命而雖則歡欣,限拘職而未獲趨賀。具銜。

右某今月某日得狀,探史倅狀報,伏審太保天使到州,榮加寵命,伏惟慶慰。卑吏忝伏事階墀，下情無任抃躍。太保官榮二品，位重三公，赤心匡輔於吾君，竭節保持於宗社。左擒右縱，勛高於漢代陳平；拓玉（土）盡疆，功蓋於秦朝白起。故得編（遍）加渥澤，曲被皇恩。重驅斧鉞於堯都，再受絲綸於晉國。奸豪攝（懾）懼，摧心稟廉藺之威；疲瘵謳歌，鼓腹賀龔黃之化。佇見追還龍節，入拜鳳池，長為梁棟之材，永作股肱之任。某忝居宰字，獲守化條，親觀虎去殊（珠）還，敢無足蹈手舞。某伏限卑守，不獲詣衙祗候參賀，下情無任惶懼。謹奉狀啓起居，謹錄狀上。

某蒙恩旨授，伏蒙元帥令公臺造，已賜指撝赴任，下情不任感慰。此皆遠依恩獎，每仗推楊（揚），致茲叨忝之榮，免負提携之力。唯憂拙致，何以當官。既無製錦之能，何效帶星之理。某今月某日已辭謝主留僕射訖，即期趨覲，欣慰已深。其它私懇，留面披豁。久違鄰（憐）獎，常切攀依，謁德恩仁，以時繫日。

伏蒙某官敦以中外之分，勿間（聞）昇況，尚垂昫顧之心，不遺姓字。豈謂某官十四郎，先蒙省問，曲賜華緘，啓封面眷愛喻（逾）涯，披咏面兢榮失次。但深感戴，豈備箋函。望風而未卜披雲，仰德而唯增下懇。伏緣某自到獎（弊）邑，公事殷繁，日夕驅馳，略無閑暇，以此未早有狀陳謝。

右某啓丘下士，魯國小儒，蹣跚莫進［於宦］途，輔（輠）軻尚拘於塵土。某前年中已隨常調，尋致參差，寧敢怨嗟，自甘蹇滯。去冬又之京洛，重下文書，首尾三年，當始判就。今則俯臨注擬，又少闕員，要路無媒，謀分力困，晨夕煎熬，慌忽何安。儻蒙老丈哀以清朝寡援，白髮滿頭，及弟（第）多年，未離一尉。伏乞老丈特開惻隱，曲賜薦揚，儻論姓字於銓衡，必使騫翔於宦途，既叨寸祿，自此蘇舒。投盟已對於神明，感謝豈欺於皎日。況某性唯魯樸，至不囂浮，於親朋未省疏道，向門館固無僥倖。竊緣某并遭兵火，事力窮危，有少獻芹，乃是當時處分，兼尋得一兩受員闕，謹具後狀咨聞。胃（冒）瀆尊慈，下情無任望恩，戰汗惶懼之至。

某才乖言偃，德謝淵明，雖無政績於蒸黎，粗暮（慕）恪勤於宦道，常懷廉慎，勉副指踪，猶希曲被於恩慈，未忘獎憐於記念。況某謬叨憒（憤）典,粗別恩讎,誓將鉛杇之心,不負丘山之德。但緣某到官日近,殊寡宦情,儻蒙且許於依投,終不負心於一館。當縣公事,輒希猥賜疵庥,他時苟未泣珠,異日必期吞炭。

伏惟某乙公事繁屑,不獲頻狀知聞,常切攀依,難申狀墨。伏以某官絳沙講學,珠（洙）泗尋師。果彰辨鼠之功,克就雕龍之業。春官省裏,誰爭奪席之能;孔子門中,自讓披沙之譽。便合飛鳴仙署,豈宜屈宰懸（縣）官。治民纔罷於琴齋,刷羽即還於省闥。某幸叨獎眷,謬忝同年,徒切依栖,常增禱祝。

某啓:某棄耕鄭國,嗜學鄒鄉,因通史籍於春闈,遂忝命官於宰邑。兼以干時寡援,履世孤單,出身已近廿年,入仕纔經一兩任。今則將沾寸祿,敢希至公,恩波儻及於卑僚,雷雨必滋於朽栦。

伏惟某官風雲間氣,鸞鳳殊姿;謙謙有君子之歲寒,耿耿稟大賢人之節操。分憂元市,能裨政事於萬機;力副梁王,并掌繁難於四鎮。尚留藩屏,未駕朱輪。終期作鎮山河,豈止[竹]符治郡。徒使人心瞻矚,衆口稱謡,是受生靈,威懷覆毓（育）。卑吏爰從苦學,得繼弓裘,粗分清濁之言,免挂（掛）是非之口,龍鍾莫進,鼇跋難前,朝中無半面之交,海內乏彈冠之侶。伏乞某官念茲淺近,素寡梯媒,不求論薦之書,祇假丘山之力。償（儻）開惻隱,果遂提携,兒孫共誓於酬恩,閤室同盟於報德。輒將血懇,冒瀆尊威,伏增戰越。

某啓:才非通變,學本荒虛,素無夢筆之祥,唯有雕蟲之譽。金門寸進,濁舍陸沉,偶隨長調於銓衡,遂忝徵（微）官於宰邑。今則將謀參上,幸獲起居,遽叨獎用之私,已變幽頑之質。儻蒙大夫終垂維挈,曲被鴻慈,戴恩既重於丘山,感德已深於江海。誓爲銘篆,豈望斯須。關頭若未一鳴,波上必期三顧。伏乞大夫念以淹延外府,凡事關如,計盡（畫）求夕爨,稍開惻隱,廣被陰功,知恩不獨於古人,當代豈無於義士;已磨鉛鈍,力副提携,馳心粗蓄於歲寒,秉志豈辜於德守。兼有少常例,謹具別狀。輕□□塵,臨帛兢惶,望風憂灼。

某行止乖僻,早闕拜塵,膽[睹]清儀,常垂丹懇。伏以某官言垂典法,道合公侯,爲鄭驛之清流,作燕臺之上客。未攀清桂,暫隱朱門。驚人終止於一鳴,泣玉不勞於三獻。未期披路（露）,但切瞻風;

曉夕攀依,難申箋簡。伏惟某獲接鄰封,極□□譽,已敦惠化,即拜真銜。謬忝連官,彌增祝望,期於寵陟,即■,不唯憂田(思),滋益交見,疲瘵舒蘇。■

原載敦煌文 S.078 背

書儀

孟春猶寒,伏惟令公尊體動止萬福。即日蒙恩,限以卑守邊鎮,不獲拜伏,下情無任惶懼。某乙謹啓。

某物色目具名。右伏以某乙臨陲小鎮,無產孤城,輒獻本鎮土儀,用賀時陳之禮;前件輕鮮,邊城所出,聊表野芹。塵黷威嚴,伏增戰懼。伏乞仁恩,特賜留納,謹狀。

仲春漸熱,伏惟令公尊體起居萬福。即日蒙恩,限以卑守邊鎮,不獲拜謝,下情無任悚懼之至,謹奉起居不宣,謹狀。

仲春漸暄,伏惟常侍尊體起居萬福。即日某乙蒙恩,不審近日尊體何似? 伏惟善加順節保重,下情所望。謹狀。

季春極暄,伏惟都頭尊體起居萬福。即此名思寧外蒙恩,不審近日尊用(體)何似? 伏惟倍加保重,下情所望。謹狀。

原載敦煌文書 P.2621 背

書儀

賀雨

伏以時久愆陽,民方思渴,滂澤忽降於膏潤,田苗益救於燋勞。某忝伏事旌幢,下情無任喜躍。

賀雪

愁雲緊空,瑞雪不降,農事絕來蘇之望,耕夫失歲計之謀。太保憂民道切,六出俄飄,大濟疲甿,益興稼穡。某忝伏事旌幢,下情無任喜躍。

謝授職

某器無所取,濫忝公銜,絕絲髮之劬勞,乏犬馬之酬效,豈謂太保曲弘殊造,美職爰遷,捧荷深恩,下情無任榮懼。

謝賜馬

某職列戎行，愈有時歲，無方寸之勤苦，乏片善之優稱。豈謂太保迴軫恩波，寵賜鞍馬，不敢輒陳退讓，已依尊命捧留，下情無任感恩激切之至。

謝駞

某藝無所取，職忝軍門，已叨獎擢之恩，不憚鐫銘之報。豈謂太保迴流弘造，特賜駁駞，感激旌麾，下情無任戴荷之至。

謝宅

某雖列軍門，慚無能解，濫忝班行之職，常慚不稱之虞。豈謂太保恩深，寵賜宅舍，感戴殊造，伏切下情，無任戴恩榮耀之至。

或差出迎天使辭語

奉差迎接天使，今日進途，乍違旌幢，下情無任攀戀。

見天使問道途苦辛

伏審榮衝帝命，頒錫極邊，銜砂磧之劬勞，度山川之險巇，道途平善，將及當州，某忝趨階墀，下情無任抃躍。

謝見天使

某邊州小吏，職忝衙庭，幸辱官差，獲面清重，下情無任榮抃。

謝天使留坐茶酒

某因緣差使，獲面尊慈，已切忝榮，但銘肌骨。豈謂尚書大造，特賜茶酒，下情無任感戴。

先辭歸州

某先欲歸州，已達平善，乍違階墀，下情無任攀戀。

原載敦煌文書 P. 3625

沙州書狀稿

適奉書誨，深認台私。所謂前年中迴沐鈞恩，遠差人使，特持禮幣，迄屆遐方；尋差使人遄赴復禮，至於中路，逢加回鶻大段般次，以茲人使却迴，信物之屬半遭蕃部偷劫，禮既不備，深若（著）在懷。況忝殊休，合伸（申）修書，謹專修書啓聞陳謝。伏惟。

伏蒙鈞念，遠辱箋章；塗路開通，盡因造化。貴府人使至，所示勾取弊(敝)藩入貢般次事，今差曹某等一行上京進奉，克副來書。一則望聖澤以臨邊，一則感台情之重寄。經過貴道，希賜周旋，迴復甘州，望獲平善。今則黃梅葉落，懶聽歸雁之聲；白帝辭秋，將迓玄英之候。更冀調護，別受天恩。某夙忝殊私，倍深虔祝，謹專修書起居兼伸(申)陳謝。伏惟。

原載敦煌文書 P.3151

謝語

謝賜駝(鞍)馬

某乙軍中塵賤，未彰分寸之勞，伏蒙阿郎恩慈，特賜鞍馬，下情無任感戴。

謝賜弓箭

某乙鸞弧效薄，舉矢功微，伏蒙阿郎恩慈，特賜弓箭，下情無任感激。

原載敦煌文書 P.3041

後　晉

晉高祖

　　後晉開國皇帝（892—942），太原（今山西太原西南）人。姓石，名敬瑭，沙陀族人。隨李克用征戰有功，官至洺州刺史。明宗以女永寧公主妻之。石敬瑭長期任河東節度使，清泰三年（936），拒絕調任天平節度使的朝命，與唐末帝決裂。他遣使向契丹求援，認契丹主耶律德光爲父皇帝，割燕雲十六州給契丹。契丹主自率五萬騎赴太原，擊敗唐軍主力。石敬瑭在契丹主的扶植下即皇帝位，都開封。每年向契丹貢奉金帛三十萬，吉凶慶吊從不怠慢。燕雲十六州的割讓，造成了非常嚴重的歷史後果。天福七年（942）死去，終年50歲，葬於顯陵，廟號高祖。

上唐末帝奏章　清泰三年五月
　　明宗社稷，陛下纂承。未契輿情，宜推令辟。許王先朝血緒，養德皇闈。儻循當璧之言，免負鬩墻之議。

原載《舊五代史》卷48

改元大赦文　天福元年十一月
　　古者君臨大寶，子育黎民，爰當御曆之初，宜布惟新之令，將冀昭蘇品物，蕩滌瑕疵，大推作解之恩，俾樂咸亨之運。恭以明宗皇帝經綸草昧，統御寰瀛，垂衣而八表歸心，負扆而十年無事，必謂盤維永固，鼎社無遷，立萬代之基圖，爲百王之軌範。洎遺弓劍，遂起干戈，逆竪延災,宗英失守,劫奪神器,侮亂天常,誅戮至親,虐害無告。顧予何咎,忽有異謀,無名而大舉甲兵,不道而廣勞生聚,寰中板蕩,天下驚搔,內外離心,遐邇積怨,嗷嗷士庶,若無所依。契丹皇帝不忘先朝,特存舊好,親提銳旅,遠殄群凶,未整鸛鵝,盡殲蛇豕。而復念中原之無主,憫四海之倒懸,欲泰群情,特申大義。猥惟涼德,俾纂寶圖,成命不迴,固讓莫得。殷湯以東征西怨,乃踐帝圖;夏禹以地平天成,遂興王業。矧予寡昧,有愧推崇,雖勉副群心,恭臨大位,將何以祇膺眷祐,統和人神? 以是馭朽興懷,宵衣在念,躋生民於富壽,保社稷於延洪。頒曆紀年,既有遵於典冊;推恩行慶,將普及於幽遐。宜改長興七年爲天福元年,大赦天下。十一月九日昧爽已前,應在京及諸州郡邑罪犯,及曾受僞命職掌官吏並見禁囚徒,已結正未結正、已發覺未發覺,罪無輕重,常赦所不原者,咸赦除之。應曾相連賊黨軍人百姓有奔竄山谷者,一切不問,任歸本貫;如却願在軍者,亦仰所司申送,當令本軍收管。易俗移風,宜遵善教,尊本敬始,自有常規。應明宗朝所行敕命法制,仰所在遵行,不得改易。悉力爲時,罄財助國,苟不推於恩信,亦何示於賞酬? 自舉義已來,應借率人戶及經抄括商旅資財錢物,委所司明置文籍,候平定之後,當議給還。京城將士,降附軍戎,自舉義以來,悉聞忠藎,宜加賞賚,以勸勤勞。應在京諸軍將領兵士等候並破賊寨,當議各加優賞。有沒於王事者,各與贈官,其子孫并與量才叙用。文武官僚等又輸推戴之誠,宜示獎酬之道,應在京及文武官僚及軍府將校並勸進官等,兼前資官內自五月後來未曾分掌職任,並各與遷轉官資,自五月後來已曾受官者不在此限。其軍府諸色職掌將吏等已及押衙職者,各與遞遷職次。鹽麥之利,軍府所須,倘不便放入,宜別從於條制,所期濟衆,無患妨公。在京鹽貨,元是官場出糶,自今後並不禁斷,一任人戶馭使雜易,仍下太原府,更不得開場糶貨,其麴每斤與減價錢三十文。恩推掩骼,義顯燭幽,允諧遐邇之心,冀叶陰陽之序。應自舉義已來,或有因事抵法之人,及九月十四日後殺戮賊寇,所在暴露骸骨未有骨肉收認無主者,委逐處長吏埋瘞。弓旌聘士,巖穴徵賢,式光振鷺之班,將起維駒之應。山林草澤賢良方正隱逸之事,委逐處長吏切加采訪,咸以名聞,當議量才叙任。昨以寇戎久在郊境,頗傷禾稼賦租,應近京畿五十里内委逐處令長檢覆,當與免今秋稅租差科。於戲!甘澤配天,萬物以之膏潤;震雷出地,百卉緜是發生。將欲道和氣於八方,示深仁於三面,永康聖曆,普洽民心。凡百庶僚洎方伯連帥,克奉明恩,勉揚厥職,共臻至化,稱朕意焉。赦書日行五百里,敢以赦前事言者,以罪罪之。布告中外,咸使聞知。

原載《册府元龜》卷93

御文明殿大赦文　天福元年閏十一月

　　蓋聞神無常祀,惟德是歆;民無常懷,非賢不乂。曆數有歸者,人祇共替;文明懷遠者,龜筮叶從。所以周開七百之基,夏作三王之首。伏自莊宗失馭,天下分離,萬國懷賢,三靈改卜。明宗皇帝潛符景運,克紹寶圖,一莅寰區,八周星律。僞主從珂,始因微績,序在維城,遇大國之多艱,以列藩而入統,剪絶裔嗣,屠害忠良,臨大寶而罔以德聞,御諸侯而惟將威脅。朕以明宗皇帝每弘厚遇,益勵微誠,無纖粟而使人可疑,無絲毫而事君不謹,豈期深苞禍釁,暗抱猜嫌,欲用奸謀,擬相魚肉。初以北門之事委朕一生,忽將汶上之田遷予十乘,二三其德,始終違心。既欲害於無辜,孰肯扶其不道?而遇北朝皇帝英明鑒古,威武冠今,嫉彼不平,閔予多難,遂致累殲凶寇,繼納降兵,每借巨功,俾成大業。朕自興基構,頗歷艱難,冀兆億而保安,敢興寐而輒怠?今則重光日月,再造乾坤,宜覃在宥之恩,以布鼎新之命。可大赦天下。今月二十九日昧爽已前,應在京及諸州府,凡有所禁囚徒,已發覺未發覺、已結正未結正,罪無輕重,常赦所不原者,咸赦除之。雷雨作解,瑾瑜匿瑕,宜加湯滌之恩,用示包容之應。中外諸色職掌官吏有受僞命者,一切不問。既除巨蠹,亦愍俱焚,難全者須正呂刑,可恕者特開湯網。僞庭賊臣張延節、劉延皓、劉延郎等,並奸邪害物,貪威弄權,罪已滿盈,理難容貸。除此三人已行敕命外,其有宰臣馬裔孫、樞密使房暠、宣徽使李專美、河中節度韓昭裔等四人,雖元事僞庭,咸居重位,每持忠懇,不務詭隨。僞主不任才謀,遂致傾覆。朕昔在藩邸,備所諳知。今並釋放,一切不問。應中外官僚之外有自舉義已來歸順者，委中書門下別加任使。應僞庭貶降官未量移者與量移，已量移者與復爵受官，亦與復資。應徒流收管人并放還。伏以少帝，地居嫡裔，位纂洪圖，王從珂始構異謀，非理屠害一家骨肉。將正承祧之典，式敦敬始之名，宜令中書門下追尊定諡，擇日禮葬。妃孔氏宜行追册祔葬。應有宿舊臣僚，并與量加叙用。昨者舉義之地，稱師之邦，必蹂踐於川原，要矜觸於興賦。其河東管内諸縣税租，今年秋及來年夏税各與減放一半。警蹕經過之地，望幸雖榮；蕃漢雜處之兵，禁暴難備。既頒渥澤，須示優矜。昨大將軍兵士自河東以至京畿沿路擾踐之處，宜委逐處長吏公當檢覆，據頃畝特與觸放今年秋税一半。朕昨於霸府，創置新軍，救時昔在於從權，恤下今徇於所欲，河東所有新招置義勝軍人並放逐。便賞罰二柄，激勸萬方，倘稽甄獎之恩，何答勤劬之效？應扈駕及相次歸順軍都，並與重加優賞。但緣宮内庫藏虚乏，宜令三司疾速抽徵諸道税物，以充賞給。其指揮使等並與超轉官資，五月後來已曾受恩命者亦與依資轉官。高懸朗日，炤臨必備於遐陬；大扇仁風，亭育罔遺於纖芥。應天下歸順節度使、刺史下賓席郡職及將校等，委中書門下各與改轉官資。覆車難襲，弊政宜遷，恤鄉邑之瘡痍，救民人之疾苦。其北京管内鹽當户合納逐年鹽利，昨者僞命指揮使每斗須令人户折納白米一斗五升，極知百姓艱苦，自後宜令人户以元納食鹽石斗數，自每斗依時價計定錢數，所取人户便隱折納。一人湯沐之奉，實在王畿；兆民凋弊之風，宜行仁恕。其洛京管内逐年所配人户實鹽，起從來年每斤特量減價錢十文。應道州府所徵百姓正税斛斗錢帛等，除係省司文帳外，所在州府並不得裹私增添紐配税物。應有懷才抱器，隱遁山林，方切務於旁求，宜遍行於搜訪，委所在長吏備達朝旨，具以名聞。致仕官或勮力未衰才能可任，將表乞言之敬，難從歸老之心，委中書門下商量奏聞，當議昇擢。義夫節婦、孝子順孫，委逐道奏聞，當加旌表。應自起義已來，或盡節捐軀，歿於王事，宜加褒贈，兼恤妻孥，俾義激於忠貞，庶恩沾於幽顯。鳴諫鼓以俟讜言，列柱石以申冤滯，將聞善以自戒，思與物以垂恩，備著前規，用光大業。或直辭可貢，或有理可矜，各務奏陳，皆當鑒納。明宗朝屬之内宿舊之中，或功名曾著於興情，或材氣可裨於公政，宜委中書門下量才叙録。關防凡有徵税，省司曾降條流，慮多時而或有隱藏，因肆赦而再頒條貫。應諸道商税仰逐處將省司各收税條件文牒於本院前，分明張懸，不得收卷，榜内該名目分數者即得收税，如榜内元不該説著係税物色，即不得收税。宜令所在長吏常加覺察，如敢有違條流不將文榜張懸，將不合係税物色收税，欺罔官法，停滯商賈，盡時具名申送。奇伎淫巧，往誥不容；務實去華，哲王所尚。應有浮虚假僞之物不鬻於市肆，委所在常加覺察，犯者加重刑責。士流之内有懷才抱器碩學殊能者，委中書門下搜訪任使，勿拘門地資歷。於戲！愛民如子，王者之所以勃興；損己從人，眇躬而安敢自忽。況朕驟主百靈之祀，創開萬乘之基，朽索在懷，求衣益勵，更賴庭中多士，閫外諸侯，咸罄良籌，共裨不逮，初寧鯨浪，適啓龍圖。冬陽開温焰之光，春雨灑涵濡之澤，惟新正令，不宰玄功。中外臣僚，體予深意。

原載《册府元龜》卷93

授趙瑩門下侍郎平章事桑維翰集賢殿大學士制　天福元年閏十一月

天有寶圖，應運者文明之主；國調金鉉，入司者經緯之臣。將冀大同，須資良弼，況謂建邦之始，難虚納揆之官。其有霸府舊僚，前籌上密，歷歲寒而斯久，弘益嘗多，經艱險而不渝，忠貞彌篤，式旌懿德，宜舉徽章，乃擇吉辰，爰行並命。翰林學士承旨、知河東軍府事、正議大夫、尚書户部侍郎、知制誥、賜紫金魚袋趙瑩，儒中端士，席上正人，襟靈而萬里坦夷，行葉而四時繁茂。洎陞簪履，旦夕之婉畫喧人；每侍籌帷，遐邇之折衝在我。翰林學士、權知樞密使事、正議大夫、尚書禮部侍郎、知制誥、賜紫金魚袋桑維翰，文場翹楚，學海波瀾，撓澄不變于二風，躁静同歸于一德，誠抱兼人之器，諒懷經國之才，十年伸揮翰之勞，數鎮有從征之役，而皆功參佐命，績顯坐籌，蕭、曹遠接于英猷，房、杜近齊於芳烈，成予丕業，職爾元勛，既協良辰，難稽懋賞，自董戎而居廊廟，繇内翰而秉鈞衡，乃用器能，仁觀燮贊。於戲！優賢異典，有國新恩，勉伸裨救之謀，共致升平之治，事繁罔避，言直勿辭，永修魚水之觀，以保雲龍之契。瑩可紫金光禄大夫、門下侍郎、平章事、集賢殿大學士，依前權知樞密使事。

原載《册府元龜》卷 74

赦事潞王從珂諸臣罪制　天福元年閏十一月

朕遠提義旅，尋克皇都，六部相次以奉迎，兆庶畫時而安堵，旋兹底定，已遂廓清。應文武百官等早列通班，各懷忠節，掩迹雖淪於污俗，推誠必候於維新，但當共罄嘉謨，副予虛佇。虞秦可鑒，在於用捨之間；堯舜爲心，方務含弘之德。勉堅臣節，深體朕懷。其兩班臣僚應事僞庭者並宜釋罪。

原載《册府元龜》卷 93

示百僚御札　天福元年十二月

朕猥以眇冲，式承眷命，雖宵衣旰食，不敢怠荒。而一日萬機，有虞曠闕。應在朝文武臣僚等，早升班序，竝蘊器能，懷康濟之才，展經綸之術，既逢昌運，宜罄讜言，須務救時，各思舉職。勿取容而避事，勿尸禄以曠官。或時經未叶於和平，必思獻替；或命令未諧於允當，必在箴規。苟有敷陳，並當開納，俟汝匪躬之節，副予仄席之求。凡在朝廷，共裨寡德，咨爾卿士，宜體朕懷。

原載《册府元龜》卷 103

授馮道門下侍郎平章事制　天福元年十二月

舜任五臣，坐致穆清之化；漢尊三傑，克成王霸之基。皆所以君臣義通，上下情洽，得以寅亮大化，遵揚休聲。百工允釐，垂衣裳而御宇；萬方率服，鑄劍戟以爲農。式緣輔弼之功，兆此隆平之運。朕謬膺開創，初統寰瀛，炤臨將被於淳風，宰制實憑於良輔。其有功宜締構，業紹經綸，兩朝輸翊戴之勛，萬彙仰陶鈞之力，是宜重膺夢卜，再踐廟堂，俾光新造之邦，共闡無爲之化，經邦致理，翊戴功臣。特進、守司空、上柱國、始平郡公、食邑二千五百户食實封三百户馮道，禮天蒼璧，鎮國元龜，夏璜爲稀世之珍，軒鏡是辟邪之寶。方諸才業，良、平有可差其肩；較彼忠貞，姚、宋不得並其響，可謂人臣之刀尺，造化之丹青。自明宗皇帝克紹基扃，仰膺圖讖，於草昧皇靈之際，有攀鱗附翼之功，密贊皇猷，靜司帝誥，出納奉命，周旋八年，持葛秤以定錙銖，浮殷舟而拯沉溺。四時成歲，陰陽畢順於調燮；九德不愆，朝野咸推於表式。緊於薄德，獲彼寵靈，將惕勵以爲懷，恐負荷之弗克，宜憑勛德，共濟艱難。是用重啓巖廊，俾持埏埴，水土之崇資不改，弘文之大柄仍兼。於戲！造膝陳謀，爾無辭於俾救；開懷納諫，朕不怠於聽從。致社稷於昌期，納生靈於壽域，其臻至理，勿墜前功。唯于大臣，不俟多訓。可守司空、兼門下侍郎、平章事、弘文館大學士。

原載《册府元龜》卷 74

獎張允《駁赦論》詔　天福元年

張允位居近侍，志奉遠圖。屬將來之助致小康，睹已往之頻行大赦。若惠奸稍甚，則蠹政亦多。推恩務洽於華夷，作解慎調於疏數。所貢論宜付史館。

原載《册府元龜》卷 523

封唐後備三恪敕　天福二年正月

周以杞、宋封夏、殷之後爲二王後，兼封舜之後爲三恪，唐以周、隋之後封公爲二王後，又封魏之後爲三恪。宜于唐朝宗屬中取一人封公世襲，兼隋之酅公爲二王後，以周後介國公備三恪。其主祀及赴大朝會，委所司具典禮申奏。其唐朝宗屬中，舊在朝及諸道爲官者，各據資歷，考限滿日，從品秩序遷，已有出身，任令參選。

原載《五代會要》卷 5

改唐莊宗陵名詔　天福二年正月

唐莊宗陵名與國諱同，宜改爲伊陵。應京畿及諸州縣，舊有唐朝諸帝陵，并真源等縣，並不爲次赤，却以畿甸緊望爲定，其逐處縣令，不得以陵臺結銜，考滿日依出選門官例指揮，隔任後準格例施行。其宋州亳州節度使刺史，落太清宮使副名額。

原載《舊五代史》卷 76

遷擢中外臣僚詔　　天福二年正月

有晉開國，新命臨人，宜弘不二之規，以廣無私之化。應在朝中外臣僚及節度、團練、防禦使、刺史、留守司及州府縣官等，宜并與加恩，擢材委任，不問常例。

原載《冊府元龜》卷 81

朝臣除外任準同在朝例昇進敕　　天福二年正月

外官內官，陳力實關於共理；或出或處，藉才難執於常規。近睹朝臣偶除外任，三年替罷之後，再來擬官之時，不計新職之勤勞，唯循舊官之資歷，比藉幹濟，翻成滯淹。宜別立於規繩，貴各期於激勵。宜今後應朝臣中，有藉材特除外任者，秩滿無遺闕，將來擬官之時，在外一任，同在朝一任昇進。其就便自求外職及不是特達選任者，不在此限。

原載《冊府元龜》卷 636

追封萬石君詔　　天福二年六月

宗正卿石光贊奏，滎陽道左有萬石君石奮之廟，德行懿美，宜示封崇，用光遠祖之徽猷，益茂我朝之盛典，贈奮太傅。

原載《舊五代史》卷 76

贈李遹右諫議大夫詔　　天福二年七月

東都奏：留守判官監左藏庫李遹，當張從賓作亂之際，遣李彥珣強取錢帛，李遹稱：不奉詔旨，安敢從命！尋遇害。朕以李遹讀古人書，持君子行。攻苦食淡，承家不墜於素風；激濁揚清，歷宦咸推於貞操。一昨叛臣猖獗，凶黨憑陵，而能守正不回，臨難無懼，忘身徇節，雖死猶生。若無優異渥恩，何以光揚忠烈？仍聞母老子幼，鄉遠家貧，宜超贈於華資，兼賞延於嫡嗣，是覃漏澤，慰彼沈冤，可贈右諫議大夫。其母田氏，封京兆郡太君。所有子孫，候服闋日，量才叙錄。朝廷雖已特支救接錢帛粟麥，其本官賵贈物色，宜依常例指揮，仍長給遹在生官俸祿，終母一世。噫！朕以薄德，屬茲多難，致害忠良，實多軫惻。以子之俸，終母之年，用表盡傷，俾慰存殁，布告中外，當體朕懷。

原載《冊府元龜》卷 140

慎刑詔　天福三年五月

刑獄之難，古今所重，但關人命，實動天心。或有冤魂，則傷和氣，應諸道州府凡有囚徒，據推勘到案款一一盡理，子細檢律，令合格赦。其間或有疑者，準令文讞。大理寺亦疑，申尚書省省寺，明有指歸，州府然可決遣。

原載《冊府元龜》卷 151

放定州夏稅詔　天福三年八月

朕自臨寰宇，每念生民，務切撫綏，期於富庶。屬干戈之未戢，慮徭役之或煩，以彼中山，偶經夏旱，因茲疾苦，遽至流移。達我聽聞，深懷憫惻。應定州所奏軍前夫役逃戶，夏稅并放。

原載《冊府元龜》卷 492

升汴州爲東京詔　天福三年十月

爲國之規，在於敏政；建都之法，務要利民。歷考前經，朗然通論，顧惟涼德，獲啓丕基。當數朝戰伐之餘，是兆庶傷殘之後，車徒既廣，帑廩咸虛。經年之挽粟飛芻，繼日而勞民動衆，常煩漕運，不給供須。今汴州水陸要衝，山河形勢，乃萬庚千廂之地，是四通八達之郊。爰自按巡，益觀宜便，俾升都邑，以利兵民。汴州宜升爲東京，置開封府，仍升開封、浚儀兩縣爲赤縣，餘升爲畿縣。應舊制開封府時所管屬縣，並可仍舊割屬收管，亦升爲畿縣。其洛京改爲西京，其雍京改爲晉昌軍。

原載《冊府元龜》卷 14

停兵部尚書王權官詔　天福三年十月

王權昨差北朝國信使，堅不肯收接敕牒，兼有狀推托事故，不遵朝命者。王權久在班行，衆推夙舊，固曉爲臣之節，宜遵事主之規。豈得繳命乘軺，遽聞托故。莫有奉公之道，益彰慢事之心。若以道路迢遠，即鸞閣之臺臣亦往。若以筋骸衰減，即鳳山之冊禮繳回。既黷憲綱，宜從殿黜。宜停是任，仍勒歸私家。

原載《冊府元龜》卷481

公私鑄錢條章詔　天福三年十一月

國家所資，泉貨爲重，銷蠹則甚，添鑄無聞。爰降條章，俾臻富庶，宜令三京、鄴都、諸道州府無問公私，應有銅者，并許鑄錢。仍以"天福元寶"爲文，左環讀之。委鹽鐵司鑄樣，頒下諸道，令每一錢重二銖四參，十錢重一兩。或慮諸色人接便將鉛鐵鑄造，雜亂銅錢，仍令三京、鄴都、諸道州府依舊禁斷。尚慮逐處銅數不多，宜令諸道應有久廢銅冶冶處，許百姓取便開錬，永遠爲主，官中不取課利。其有生熟銅，仍許所在中賣入官，或任自鑄錢行用。其餘許鑄外，不得接便別鑄銅器。如有違犯者，并准三年三月敕條處分。

原載《五代會要》卷27

獎王易簡進漸治論詔　天福三年

王易簡手演王言，心資帝業。當開創之運，以遠大而論，天不能蹙變四時，地不能躁成萬物，况當革夏，盡已從周，化未可以驟行，事只宜於漸治。不疾而速，其在兹乎？所貢論宜付史館。

原載《冊府元龜》卷553

以宰臣一人知中書印詔　天福四年八月

皇圖革故，庶政惟新，宜設規程，以諧公共。其中書印，祇委上位宰臣一人知當。

原載《舊五代史》卷78

勒林恩鄭元弼歸國詔　天福四年十月

朕仰承天命，肇啓帝圖，黃屋非尊，蒼生在念。旰食宵衣而修庶政,推恩示信以御萬方,要荒未綏,責躬勤止,誕慕文德,不愆夙心。
乃眷甌閩,素惟藩翰,王昶昨修傾向,來效貢輸。朕亦釋以前非,待之
厚禮,越群方之常例,崇列國之真風,爰及繼恭,并昇方伯。不謂恃其
險阻,肆彼僭差,矯誣上天,狎侮君子。左散騎常侍盧損等泛舟陽海,
持節遐陬,王昶自大自尊,不迎不見,寢停詔命,脅辱使臣。遣鄭弼再
詣闕庭,使林恩別陳狀訴,隳君臣之事體,希書札以往來,悖禮慢言,
長無畏忌。朕顧惟寡昧,虔賀景靈,所慮德之不修,豈患人之未服?
然以失道愆義,引惡紊常,人祇之心,憤怒俱至,是用懲其跋扈,何須
振以威刑。鄭元弼等處此亂邦,罹茲虐政,諒非獲已,良可哀矜,宜令
所司切加安撫。所賷文字及諸貢物不在通進、并諸州綱運等,勒林
恩、鄭元弼管押速歸。

原載《册府元龜》卷 233

立唐五廟詔　天福四年十一月

德莫盛於繼絕,禮莫大於敬先。莊宗立興復之功,明宗垂光大之
業,逮乎閔帝,實纂本枝,然則丕緒洪源,皆尊唐氏。繼周者,須崇后
稷;嗣漢者,必奉高皇。將啓嚴祠,當從茂典。宜立高祖、太宗及莊
宗、明宗、閔帝五廟。

原載《册府元龜》卷 174

答曹國珍請修大晉政統詔　天福四年

國珍職居諫諍,志在恢弘。當其鼎社開基,乃欲象魏懸法,請詳
前代之編簡,別創新朝之楷模,以示將來,甚爲允當。其詳議官,宜差
太子少師梁文矩、左散騎常侍張允、大理卿張澄、國子祭酒唐汭、大理
少卿高鴻漸、國子司業田敏、禮部郎中吕咸休、司勛員外郎劉濤、刑部
員外郎李知損、監察御史郭延升等一十人。

原載《册府元龜》卷 559

正朝班詔　天福五年正月

官爵之班,即分高下,見謝之位,豈有異同? 宜立通規,以爲定

制。今後宰臣使相，朝見辭謝，並於崇元門內，與諸官重行異位，一時列拜，假內橫行，即從舊例。又入閣之儀，其翰林學士及前任郡守等，今後入閣，宜依百官班列，不得先出。

原載《五代會要》卷 6

諭安州節度使李金全詔　天福五年五月

　　邊藩都護三載一更，古之制也。嗣守世及，則勞役不均。朕俾全節代卿，將授卿以重鎮，何猶預熒惑而有異圖？近覽復州上言，云東陵、泂口、官波三戍皆稱江下，鳩集水軍，大發樓櫓，與卿應授；又賈貞、蔡進等咸以蠟書章表來投闕庭。故旋命六將，徵兵三萬，如能轉負從順，朕亦待爾如初。予之食言，何以享國？若其迷途不返，即聾從昧，則夷宗覆族，良可哀也！

原載《冊府元龜》卷 166

贈賈仁詔右衛將軍詔　天福五年七月

　　故銀青光祿大夫、檢校左散騎常侍兼御史大夫賈仁沼，頃自內廷，出爲外職，李金全愚冥而猜忌，胡漢筠邪佞而貪殘，竟罹塗地之殃，誠堪嘆息；爰示漏泉之澤，用表褒崇。必有貞魂，欽玆茂典。可贈右衛將軍。

原載《冊府元龜》卷 140

贈桑千等官詔　天福五年七月

　　故安州馬步軍副都指揮使桑千、威和指揮使王萬金、成彥溫等，皆精武略，咸著軍功，或列偏裨，或嘗屯戍，當奸臣之叛國，或執節不從；全烈士之徇名，或銜冤而死。實興永嘆，宜示追崇。或列部符，或升環衛，賁諸幽壤，彰彼明誠。千可贈峽州刺史，萬金可贈左監門衛將軍，彥溫可贈左千牛衛將軍。

原載《冊府元龜》卷 140

翰林學士公事并歸中書舍人詔　天福五年九月

　　《六典》云："中書舍人掌侍奉進奏參議表章，凡詔旨制敕，璽書策命,皆案故事,起草進畫,既下則署而行之。其禁有四:一曰漏泄,二曰稽緩,三曰違失,四曰忘誤。所以重王命也。"古昔已來,典實斯在,爰從近代,別創新名,今運屬興王,事從師古,俾仍舊貫,以耀前規。其翰林學士院公事,宜並歸中書舍人。

原載《舊五代史》卷149

過格選人準降資注官詔　天福五年十月

過格選人等,早列宦途,合依選限,或值戈鋌之隔越,或緣貧病以淹延,既礙舊條,永爲廢物。適當闡創,宜憫湮沉,可赴吏部南曹準格召保,是正身者,與降資注官。

原載《冊府元龜》卷633

寬竊盜贓罪詔　天福五年十月

朕自臨區夏,每念生靈,惡殺爲心,實慈是務,凡于獄訟,常切哀矜。況時漸興文,民皆知禁,宜伸輕典,用緩峻刑。今後竊盜贓滿五匹處死,三匹以上,決杖配流,以盜論者,依律文處分。

原載《冊府元龜》卷613

定朝會禮節樂章詔　天福五年

正冬二節,朝會舊儀,廢於離亂之時,興自和平之代,將期備物,全繫用心,須議擇人,同爲定制。其正冬朝會禮節樂章二舞行列等事,宜差太常卿崔梲、御史中丞竇貞固、刑部侍郎呂琦、禮部侍郎張允與太常寺官一一詳定。禮從新意,道在舊章,庶知治世之和,漸見移風之善。

原載《舊五代史》卷144

褒安叔千詔　天福四年至六年間

安叔千爲滄州節度,奏圖圄空。詔曰:"安叔千折獄惟良,化民有術,治彼無訟,使之知禁。鳴枹息於砥路,茂草生於圜土。求之古人,何以臻此。三載考績,不忘明允之能;五刑有服,無違中正之道。以斯爲政,良可嘉焉。"

原載《册府元龜》卷 673

罷冬至寒食等節進奉詔　天福六年正月

朕自御寰區,每思黎庶,貴除聚斂,以活疲羸。訪聞遐僻邊境之州,或無公廨利用之物,每因節序,亦備於貢輸,輟官吏之俸錢,率鄉園之人戶,雖云奉上,其奈害公!今後冬年寒食、端午、天和節及諸色謝賀,所屬州縣處俱不得進奉。

原載《册府元龜》卷 168

封唐叔虞臺駘詔　天福六年正月

全晉奧區,興王重鎮,唐叔之英靈未泯,臺駘之古廟猶存。朕頃在并門,長承陰助,永言正直,宜用封崇。唐叔虞宜封興安王,臺駘宜封昌寧公。

原載《册府元龜》卷 34

修葺嶽鎮海瀆廟宇詔　天福六年正月

嶽鎮司方,海瀆紀地,載諸祀典,咸福蒸民,將保豐穰,宜申虔敬,俾加崇飾,以奉神明,其嶽鎮海瀆廟宇等,宜令各修葺,仍禁樵蘇。

原載《册府元龜》卷 34

停朝貢置宴詔　天福六年二月

臣子之心,務申勤敬;國家之體,自有規繩。凡侯伯之來朝,或君臣之相見,豈煩貢奉,方啓宴筵?事既非宜,理當改制。臣下置宴,今後宜停。

原載《册府元龜》卷 66

岳牧善政委倅貳官條奏詔　天福六年五月

王者行考績之文,重爲政之本,若存功課,自有旌酬。或仗鉞守方,著安民之術;或剖符刺部,彰恤物之仁,凡著政聲,悉聞朝聽。遒者數州百姓舉留本部長官,遂涉道途,徑趨京闕,皆陳善治,並述公清。或指使而方來,或感激而自至,勞煩行役,妨廢耕耘,言念苦辛,倍深軫憫。今後岳牧善政,委倅二官條件奏陳,必當旌別勤勞,審詳課最。如不愆於名實,固無吝於渥恩。

原載《冊府元龜》卷 636

決滯獄詔 天福六年七月

政刑所切,獄訟惟先,推窮須察於事情,斷遣必遵於條法。用弘欽恤,以致和平。應三京、鄴都及諸道州府縣見禁諸色人等,宜令逐處長吏常切提撕,疾速決遣,每務公當,勿使滯淹。

原載《冊府元龜》卷 151

幸鄴都赦文 天福六年八月

自昔聖皇明帝,膺圖受命,必觀風而設教,或展義以省方,上則順彼天道,下則從其人欲。朕創開基業,每遵舊章,期四海之混同,法五載之巡狩,乃眷全魏,肇啓新都。頃屬經綸,嘗兹潛躍,宜從望幸,俾慰來蘇,遂整明鑾,旋臨舊地。雷雨作解,式覃曠蕩之恩,日月無私,用廣炤臨之道。應三京新都諸道州府天福六年八月十五日昧爽已前諸色罪犯,已結正未結正、已發覺未發覺,罪無輕重,常赦所不原者,咸赦除之;其持杖行劫並殺人賊免罪移鄉,仍配逐處軍都收管;其犯枉法贓人雖免罪,即不得再有任用。或始因罪犯,久處竄流,特行洗滌之恩,各遂歸還之望。應配流人並已前逢赦不在放還人等並放還,徒罪年限未滿者并放。偶負瑕疵,爰從黜降,俾量移於近地,宜漸復于舊資。應貶降官等未量移者與量移,已量移者約資叙進用。或歲因災沴,民用艱辛,久係逋懸,宜示蠲免。應欠天福五年終已前夏秋稅租並公徵諸色及營田租課,并與除放。朕頃當開創,爰在並汾,或傾歸順之心,首謀翊戴;或擁驍雄之旅,力效推崇。洎汜水興妖,鄴城伐罪,每令致討,皆立奇功,漸臻開泰之期,愈念艱危之際,宜頒殊渥,允答茂勛。應河東起義之初,佐命效順收復鄴都汜水立功臣僚將校等,並與加恩,其亡殁者更與追贈子孫,已有官職者與遷改,未有身名者與叙用。經過郡縣，迎奉乘輿，既供億以爲勞，宜旌酬而示寵。自東京至鄴都沿路供頓官員職掌等並與加恩。六飛行幸，萬騎扈從，慮旁午於路岐，微損傷於苗稼。應沿路有傍道稍損却田苗處，其合納苗子及沿徵錢物等據畝數並與除放。載念雀臺，昔居侯服，撫綏六郡，臨蒞四年，眷彼職員，依然父老，無怪推恩之典，仍敦尚齒之風。鄴都并相澶貝博衛等州官員職掌內有頃歲潛龍時在職者，並與加恩。管內耆老八十已上者，並與版受上佐官。爲國之規，利物爲本，農器俾從於改革，耕民必致於便宜。諸道鐵冶三司先滌疏百姓農具破者，須於官場中賣鑄時，却於官場中買鐵。今後並許百姓取便鑄造買賣，所在場院不得輒有禁止攪擾。擢文武之才，今之急務；旌孝義之行，古有明文。贊治道以克隆，致人倫之式序。山林草澤內有文才武藝爲衆所推者，委長吏切加搜訪，具以名聞，當議量才叙用。孝子順孫，義夫節婦，並與旌表門閭。天覆地載，無所不容，改過自新，於斯爲美。應亡命山澤負罪潛藏者并放罪招携，各令歸業，所在切加安撫；如過百日不出者，復罪如初。唐室忠臣，鄴臺靈廟，濟蒼生於一境，正皇統於中區。宜命褒崇，用彰激勸。唐梁國公狄仁傑與追贈官秩。主掌曠敗，錢物逋懸，宜示矜容，聊加蠲免。應天福三年終已前諸色場院官欠負官中錢物人等，累經徵理通勘實無錢物家業者，並與除放，其人免罪，任從逐使，不得再任使。無黨無偏，徇至公之道；去泰去甚，戒求利之心。私下債負徵利已及一倍者，並與除放；如是主持者，不在此限。邊陲管界，藩部經繇，言念疲羸，良深軫恤。忻、代、蔚、并、鎮州管界內有經藩部踐踏却苗稼者，其合納苗子沿徵錢物等，據頃畝與除放；其經燒爇舍室、殺傷人命者，據戶下合徵苗稅並與除放。於戲！居域中之大，爲天下之君，按巡既展於盛儀，渙汗宜覃於慶澤，人情允洽，帝道有光，更期忠蓋之臣，永贊隆平之運。布告遐邇，知朕意焉。

原載《冊府元龜》卷 94

諭安重榮詔　天福六年八月

爾身爲大臣，家有老母，忿不思難，棄君與親。吾因契丹而興基業，爾因吾而致富貴，吾不敢忘，爾可忘耶！且前代和親，只爲安邊，今吾以天下臣之，爾欲以一鎮抗之，大小不等，無自辱焉。

原載《舊五代史》卷98

贈狄仁傑太師詔　天福六年十月

唐室中圮，賢臣挺生，凛然英風，迥冠千古，不有典册，曷旌忠良！唐梁國公狄仁傑，稟五行正氣，聳九諫直操，鼎祚危而復安，黔庶否而獲泰，惠流河北，名振寰中。惟爾事君，無愧臣節，用光遺像，式示明恩。筠簡寶函，著周官之貴位；貞魂英爽，焕魏土之靈祠。欽是寵嘉，永光緹素。可追贈太師，仍令所司擇日備禮册命。

原載《册府元龜》卷140

除放積久詔　天福七年二月

朕自臨天下，每念民間。御一衣思蠶績之勞，對一食想耕耘之苦。而况職官俸禄、師旅資糧，凡所贍供，悉因黔庶，得不救其疾苦，憫彼灾傷？徵宿久慮流離者不歸，均殘租恐貧饑者漸困。今春膏雨繼降，農作方興，宜示渥恩，俾蘇疲瘵。天福二年至四年夏秋租税，一切除放。

原載《册府元龜》卷492

獎涇州節度使王周詔　天福七年三月

王周佐國賢臣，殿邦良帥，戰伐之功顯著，葺綏之政尤彰。昨者殄寇常山，總戎涇水，安邊静塞，克施撫馭之方，察俗觀風，盡去煩苛之弊。備陳條件，足驗公清，一方既洽於咏歌，百姓頓期於蘇息。王周宜賜詔獎飾，兼頒下諸道，仍付所司。

原載《册府元龜》卷673

削張彦澤官階詔　天福七年四月

張彦澤刳剔賓從，誅剥生聚，冤聲穢迹，流聞四方，章表繼來，指陳甚切。尚以曾施微功，特示寬恩，深懷曲法之慚，貴徇議勞之典。其張彦澤宜削一階，仍降爵一級。其張式宜贈官，張式父鐸弟守貞男希範并與除官。仍於涇州賜錢十萬，差人津置張式靈柩，並骨肉歸鄉。所有先收納却張式家財物畜，並令却還。其涇州新歸業戶，量與蠲減稅賦。

原載《舊五代史》卷 80

令沿河使尹兼河隄使名詔　天福七年四月

近年以來，大河頻決，漂蕩人戶，妨廢農桑。言念蒸黎，因兹凋弊，凡居牧守，皆委山河。既已在封巡，所宜專切。起今後，宜令沿河廣晉開封府尹，逐處觀察。防禦使、刺史等，並兼河隄使，名額任便，差選職員，分擘勾當。有堤堰薄怯，水勢衝注處，預先計度，不得臨時失於防護。

原載《冊府元龜》卷 497

進策人定三等詔　天福七年五月

應諸色進策人等，皆抱才能，方來贊獻，宜加明試，俾盡臧謀。今後應進策，中書奏覆，敕下，委門下省試策三道，仍定上中下三等。如元進策內有施行者，其所試策或上或中者，委門下省給與減選或出身優牒。合格選用：其試策上者，委銓司超一資注；其試策中者，委銓司依資注擬；如所試策或上或中，元進策內不曾施行，所試策下，元進策內曾有施行者，其本官并仰量與恩賜發遣。若或所試策下，所進策內并不施行，便仰曉示發遣，不得再有投進。餘准前後敕處分。

原載《五代會要》卷 13

答杜篏請開種荒田敕　天福二年二月

闢彼污萊，期於富庶，方當開創，正切施行。往日雖曾指揮，漸恐廢墮，當在申於勸誘，期共樂於豐穰。宜令逐處長吏遍下管內，應是荒田，有主者一任本主開耕，無主者一任百姓請射。佃蒔三年內，並不在收稅之限。

原載《冊府元龜》卷 70

衙前大將差補都虞候敕　天福二年二月

諸道馬步都虞候，今後朝廷更不差補，委逐州府于衙前大將中選久歷事任曉會刑獄者充，仍以三年爲限，不得於元隨職員中差補。其今日已前見在任者，如無罪犯，宜令終其月限，候將來得替。仰本道於衙前收管，不得赴闕。

原載《五代會要》卷 24

得替官限家居一年方得赴闕敕　天福二年二月

應諸道前任行軍副使等，例從替罷，久住京師，每念滯淹，常懷惻憫，極欲疾速發遣，穩便安排。但以擬除一人，須俟一缺，授命者纔去，得替者便來到，闕既專望渥恩，在任又須終月限，循環不已，積滯轉多。而況在京所費亦倍，必想在外，一年事力，纔充在京數月支持，比候闕員，多稱委困。當別行於條貫，期各守於規程。起今前件官員等，如得替後，且就家私穩便安居，限一年後方得赴闕，朝廷當據職資便與比擬。或非時有闕，與就便安排，自然公私得濟，出處合宜。有員闕以安排，無歲時之停滯，事關悠久，情在優矜，各委遵承，勿得逾越。其先得替在京者，宜令中書據見有員闕處，量材安排。仍降敕諸道，各令知委。

原載《冊府元龜》卷 633

禁薦人藩鎮敕　天福二年二月

州縣之官，俾其戢理；錢穀之職，委以秉持。須選廉勤，豈容薦托？一時苟從於私徇，久遠必紊於公方。頃在唐朝，曾有敕命，貴杜僥倖之漸，明懸誡約之條，時異理同，再宜申舉。自今後中外臣僚，或因差使出入，并不得薦囑人於藩鎮希求事任，如有犯者，并準唐朝長興二年敕條處分，仍付所司。

原載《全唐文》卷 115

嚴約軍法敕　天福二年二月

古之用兵，必先立法，等第既分於將領，高卑自有於規繩。或聞

近年,多逾此制,至於行間士卒,罔遵都内指揮,既侮國章,且乖師律,
適當開創,要整紀綱,宜示條流,免干法制。應在京及諸道馬步諸軍
將領節級長行等,今後仰并依階級次第,凡事制禦區分。如是長行或
有違犯,即將將便可據罪處理。如是副將十將違犯,即便勒本指揮使
據罪科處,指揮使違犯,不出軍時,即委都指揮使具録事由騰奏,當行
勘斷。如是行營在外,即便委行營統領依軍法施行。其餘諸道軍都
見在本處者,或有違犯,便委本處節級防禦團練使刺史據罪科處。事
要整齊,法宜遵守,分明告諭,咸使聞知。

原載《册府元龜》卷 66

予文武百僚先代封贈敕　天福二年二月

朕以爰膺寶歷,方啓金行,既風教之誕敷,諒寰區之漸泰。而由
股肱元輔,藩郡重臣,咸著大功,同爲至治,雖列地顯爵,盡布新恩,而
追遠奉先,猶虧舊典。宜示襃功之寵,俾祛風樹之悲。自在朝文武百
僚至見任刺史,先代未封贈者,據品秩與封贈,已封贈三代者,與加
封贈。

原載《册府元龜》卷 131

予臣僚母妻叙封敕　天福二年二月

朕以削平禍亂,開創基局,漸成銷偃之期,永協興隆之運。亦由
左右元輔。中外勛臣,弼予一人,宅是四海,茂績雖彰於王室,覃恩未
及於私門。德盛母儀,貴而因子,禮優婦道,榮必從夫。宜加涣汗之
恩,顯示封崇之典。其未叙封者,據品秩與叙封,已叙封國號者與
進封。

原載《册府元龜》卷 131

招撫流亡官健敕　天福二年二月

敕:訪聞諸道州府等,昨以朝廷近有指揮,搜羅官健,震驚户口,
撓動鄉原,致彼編甿,不思樂業,結集徒伴,藏避山林。其間亦有接便
爲非,率意行劫,事不獲已,想非故心。今既國步晏寧,春事興作,宜

行告諭,各便歸還,但務耕農,況無徭役。切慮有無知之輩,懼罪不歸,須示條流,冀令安靜,限敕到後與量地里遠近與限,各令復業。已前爲非,一切不問,如限内不來者,其物業許鄰近人請射承佃。或有不認招携,尚行偷劫者,一聽居停及鄰人密來陳告,便許占射賊人物業充賞。如賊無物業,即與逐處指揮,每告一人,即與賞錢二十貫文,如至十人已上,更賜銀鞍轡馬一匹。此外並依所告得人數,支與賞錢,仍據所願穩便處,與補職安排,即委逐處長吏遍下管内,令於山谷道口津渡,如法粉壁曉諭,仍不任差人四向專切招携。如是不能悛改,尚務結集者,委逐處差兵掩殺。

原載《册府元龜》卷 166

令法司改正法書文字敕　天福二年三月

李遐改官,鄭觀去世,更候差遣,轉慮稽延。宜令大理寺,其合改正國號廟諱等文字,如是不動格條,不礙理義,便可集本寺官員,檢尋改正。如或顯繫重輕,須要商議,別具奏聞。其御史臺刑部所有法書,合改正文字者,亦宜準此。

原載《册府元龜》卷 613

幸汴州敕　天福二年三月

王者省方設教,靡憚於勤勞;養士撫民,必從於宜便。顧惟涼德,肇啓丕圖。常務去乎煩苛,冀漸臻於富庶。而念京城俶擾之後,舟船焚爇之餘,饋餉有虧,支費殊闕,將別謀於飛挽,慮轉困於生靈,以此咎心,未嘗安席。今以夷門重地,梁苑雄藩,水陸交通,舟車必集,爰資經度,須議按巡,寧免暫勞,所期克濟。宜取今月二十七日巡幸汴州,諸道州府節度防禦團練使刺史,不計遠近,並不得輒離州城,來赴朝覲。文武兩班,委宰臣酌量,逐司量差官員,隨所應奉公事外,餘並留守司。所在行宮,一聽仍舊,不得修葺,經過量事通得車馬外,方當農時,不得勞役人户修治。沿路食頓,並委所司破省錢物,預前排備。所在州縣,並不得輒有科歛。布告中外,咸使聞知,凡百臣僚,宜體朕旨。

原載《册府元龜》卷 114

聽以見居官品封贈三代敕　天福二年四月

自家刑國,歷代明規,祖德宗功,前王至訓,在君上之尊則異,在臣下之孝皆同。凡有公田,並立私廟,自經多難,不舉舊章。今以應運開基,體元布化,不思奉已,專務安人,高低推念祖之誠,內外保貽孫之慶。其內外官等,準敕合與三代已下封贈者,並以見居官品數比擬,冀使人臣之列,不輕王父之尊,永載簡編,普示孝理。

原載《冊府元龜》卷61

封贈三代不得第降敕　天福二年四月

其內外准敕合與三代已下封贈者,並以見居官品比擬,不得第降。付中書門下准此。

原載《五代會要》卷14

幸汴州赦文　天福二年四月

歷代省方,蓋觀風而設教;前王展義,皆利國以便民。雖今古以有殊,在皇上而無異。朕艱難創業,宵旰臨朝,每軫念於瘡痍,敢自辭於癃瘵? 近以浚郊粵壤,梁苑名區,乃舟車通會之都,實人物殷繁之地。春秋租稅,可贍給於兵師;遠近蒸民,免煩勞於饋運。爰從清洛,遂整鳴鑾,六飛既議於按巡,四海漸期於開泰。今則已臨汴水,宜順薰風,思覃渙汗之恩,特布如綸之命。普安區宇,首念狴牢,況當長養之時,曲示矜寬之澤。應天福二年四月五日昧爽已前,諸道州府見禁囚徒,大辟已下,罪無輕重,並從釋放。凡關布澤,務在及民,宜加軫憫之恩,俾遂蘇舒之望。天福元年已前諸道州應係殘欠租稅,並特除放。諸道係徵諸色人欠負省司錢,宜令自偽主清泰元年終已前所欠者,據所通納到物業外,並與除放。或水旱為災,蟲螟作沴,儻無軫恤,何致阜豐? 朕昨行至鄭州滎陽縣界路旁,見有蟲食及旱損桑麥處,委所司差人簡覆,量與蠲免租稅。河陽管內酒戶百姓應欠天福元年閏十一月二十五日已前不敷年額麴錢並放。其諸處應經兵火者,亦與指揮。當罪即誅,式明常典,既往可憫,宜示深仁。偽主清泰中臣僚內有從誅戮者,並許收葬。要荒之內,鄉黨之中,宜弘養老之規,式表問年之道。天下百姓有年高八十已上者,與免一子差徭,仍令逐處簡置上佐官。過滎陽而因思紀信,屆夷門而尚想侯嬴,著高義者猶足嘆嘉,蹈忠節者固宜旌賞,事資激勸,恩在褒揚。梁故滑州節度王彥章赦命當時,致身所事,凛千年之生氣,流百代之令名,宜令超贈太師,子孫量才叙録。亡命藏奸,此自攘搶之際;好生惡殺,宜弘曠蕩之恩。應諸道州府管界内有自僞命抽點鄉兵之時,多是結集劫盗,因此畏懼刑章,藏隱山谷,宜令逐處曉諭招携,各令復業。自今年四月五日已前爲非,一切不問;如兩月後不來歸業者,即令所在長吏嚴加捕逐,復罪如初。於戲!撫俗安民,御宇式明於敏政;行慶施惠,爲君用顯於推誠。況潛躍之時,開創之始,外則五侯九伯協力裨助,内則四輔三公同心翼戴,已寧華夏,實賴忠良。既光帶礪之勛,無忘盤盂之誠,凡百有位,更竭乃誠,共致隆平,永輔寡昧。布告遐邇,宜體朕懷。

原載《册府元龜》卷93

答王權奏請禁貢獻奢侈敕　天福二年四月

王權素推華族,方處重官,睹四海之貢輸,虚陳巧麗;察五兵之器用,枉飾珍奇。不惟耗彼生靈,實且傷於淳素。爰陳章疏,將召和平。宜允敷揚,明示誠約。自今後,臣僚貢奉不得務其淫巧,衣甲器械不得飾以金銀。咸委遵行,勿得逾越。仍付所司。

原載《册府元龜》卷56

更定銓選章程敕　天福二年四月

應諸道前資州縣令官等,明庭選士,歷代通規,各係職司,共將掄擬,顯有去留之式,明分真濫之源。今者,州縣前資官員,悉於中書陳狀,來事却慮,虚陳銓管,永無常調之人,並在鼎司難遏躁求之者。去歲以國朝創業,州縣缺官,思廣渥恩,是從優異。今則彝倫攸叙,庶政咸修,宜舉規程,俾無侵越。其今日已前在中書陳狀諸色人等,見點檢引驗,如不欠少出身歷任文書及無逾濫者,旋具奏擬。宜令今日後諸道前資州縣官等,若是資考已出選門,及一任除官未入選門,並一考前丁憂及活得冤獄者,準元敕年限滿日,許經中書陳狀,當與檢勘事理施行。此外，須令並依前後敕格程限，赴吏部參選。或有公材出眾，政績異常者，臨時超擢，不在此限。

原載《冊府元龜》卷 633

令立妃及拜免三公等並降制命敕　天福二年四月

九五之尊，億兆所賴，法天敷化，師古宣風，宜循歷代之規，以補前王之闕。今據翰林志，言立后不言立妃，言儲君不言親王、公主，兼三師位在三公之上，亦不在其間。起今後，立妃及拜免三公宰相及命將封親王公主，宜令並降制命，餘從令式處分。

原載《冊府元龜》卷 61

久任長吏敕　天福二年五月

今後正官滿日，宜令逐處長吏，準元敕預前奏聞，必在審擇能官，不得朝差暮替。如顯有過犯，不在此限。仍令曉示諸道。

原載《冊府元龜》卷 633

量寬文書駁放敕　天福二年五月

參選之日，考驗之間，稍容易，則必長奸欺；若艱難，則或成淹滯。今後宜令所司點檢文書，如有粟錯，詳酌事理，非藏奸隱倖者，不要駁放。

原載《冊府元龜》卷 633

減放洛京魏府夏稅敕　天福二年五月

朕自臨御寰瀛，躬親庶政，靜惟師古，動欲便民。雖物力方虛，每牽經費，而田疇微損，亦欲矜蠲。朕見洛京內麥苗，今春稍似旱損，尋睹魏府奏報，境內亦有微傷。須聊示於優饒，冀克諧於通濟。比欲差官就檢，又恐生事擾人。其洛京、魏府管內所有旱損夏苗縣分，特於五分中減放一分苗子，其餘四分，仍許將諸色斛斗，依倉式例與折納。所期渥澤，以及眾多。報告人戶，各令悉知。

原載《冊府元龜》卷 492

流高信等敕　天福二年五月

高信曾剖郡符，繼弘方參禁職，凡於語默，合曉規儀，豈得輒於内庭恣行私忿，肆喧嘩而頗甚，侮憲法以若無，既駭物情，尤傷事體，苟無懲沮，何戒逾違？尚示含容，止從譴逐。高信宜送復州收管。王繼弘勒停，送義州衙前，仍常知所在。

原載《册府元龜》卷 154

許罪人收葬敕　天福二年五月

王業肇興，德音屢降，念兹既往，屬我維新，宜弘掩骼之仁，以廣燭幽之德。其太社内應收掌唐朝罪人首級，並許骨肉或親舊僚屬收葬，其喪葬儀注，聊備飾終，不得過制。仍付所司。

原載《册府元龜》卷 42

示百僚御札　天福二年五月

朕自祗膺大寶，虔奉丕圖，每念創業之艱難，未嘗終食而懈墮。所冀炤臨之内，將臻康泰之風，庶幾億兆之中，漸息瘡痍之痛。雖疚心罔暇，而逆耳無聞，豈視聽之不開，無箴規之未貢？應在朝文武臣僚等，各懷異術，早踐通班，宜陳經濟之謀，用贊興隆之道，勿失讜直之議，無苟循避之規，咸罄乃誠，同規不逮。宜令在朝文武臣僚，每人各進封事一件，仍須實封通進，務裨闕政，用副虛懷。凡百寀僚，宜體朕意。

原載《册府元龜》卷 103

授張休官敕　天福二年六月

進策官、前攝鄭州防禦巡官、前鄉貢明經張休以廉科擢第，義府游心，既堅拾芥之勤，果契然薪之志，而能救斯時病，來貢封章，覽其所陳，甚爲濟要，旌諸憂國，示以寵章，王畿式解於褐衣，縣簿仍超於常品。可將仕郎、守河南府伊陽縣主簿。

原載《册府元龜》卷 97

贈石奮太傅敕　天福二年七月

漢太中大夫石奮，德盛軒裳，道光簡素，享萬石休明之禄，成一門忠孝之名，彰茂實於前修，契隆興於景運。宗正卿石光贊特上章疏，欲示封崇，冀表深源，式昭豐祚。宜贈太傅。

原載《册府元龜》卷 476

授李晟五代孫官敕　天福二年七月

朕聞王者，懷於有仁，所以享靈長之運；賞延於世，所以勸忠烈之臣。唐開府儀同三司、守太尉兼中書令、西平王、上柱國、岐國公食邑三千户、食實封一千五百户、贈太師、謚曰"忠武"李晟五代孫職，以爾上祖西平王昔在德宗皇帝幸梁洋之歲，而有保定大功、中興返正、扶持社稷之力，載諸史氏，予嘉乃德，日篤不忘。宜升五代之孫，禆陟六聯之位，光乃前烈，焕乎後昆，可將仕郎、耀州司户參軍。

原載《册府元龜》卷 131

允梁文矩致仕敕　天福二年七月

昔魏舒，人之領袖，以二摸而解官。劉寔，邦之宗模，自三公而遜位。所以審去就之常分，保始終之令圖，成功退身，盡善盡美。太子少保梁文矩，爲仁由己，以道事君，烈士徇名，久輸忠於象闕；達人知足，堅請老於菟裘。東路角巾，南窗羽扇，爾思高致，朕實嘉之。進登保傅之班，永顯君臣之義，可太子太保致仕。

原載《册府元龜》卷 899

招撫尹暉婁繼英敕　天福二年七月

昨者魏府帥臣忽興狂悖，河陽兵士小有驚搔，已各命於討除，仁盡平於巢窟。軍興之際，賊計多奸，時發細人，潛齎蠟彈，意在離間上下，點污忠良，朕固無疑，人何懷懼？近聞尹暉忽然出外，不赴朝參。又婁繼英誤有傳聞，亦兹潛匿。且尹暉、婁繼英位居班列，事合審詳，不謂此時偶乖斟酌。朕情深軫憫，恩在矜寬，專遣招携，時議釋放。各委家人諸處招唤出來，却令如舊，一切不問。此後諸處收捉到奸細文字等,其捉事人依舊支給優賞;其細人畫時處斬,文字當處焚燒。
冀表推誠,免令惑衆;布告中外,咸使聞知。仍付所司。

原載《册府元龜》卷 166

贈王思勛左武衛大將軍制　天福二年七月

思勛早承家蔭,久列内廷,奉王命而不辭,顧賊衆而無懼,宣揚朝
旨,勸諭兵師,遂被凶徒横加殺害。而聞厥父抱疾,其家甚貧,不有旌
酬,何彰忠烈? 可贈左武衛大將軍,仍以思勛舊請俸禄終王元正一
世。思勛男候有長成者,量才叙録,兼令所司厚給賻贈。噫! 以子之
俸,終父之年,足表渥恩,以慰存殁,布告中外,咸使聞知。

原載《册府元龜》卷 140

平張從賓赦制　天福二年八月

雷雨作解,表天道之推恩;瑾瑜匿瑕,顯國君之含垢。顧惟師古,
敢怠弘仁? 關河既静於昏霾,綸綍宜覃於慶澤。昨者張從賓輒萌逆
節,遠結叛臣,釁起三城,悲躔兩地,占據我都邑,虔劉我士民,丸泥欲
閉於虎牢,祅霧幾迷於鳳闕。賴乾坤垂祐,將相協謀,渠魁送死於網
羅,凶黨咸膏於原野,捷音繼振,惡蔓皆除。宜施曠蕩之恩,以撫驚搔
之地,仍頒霈澤,遍及縲囚,貴感召於淳和,速蕩平於氛祲。天福二年
八月二十五日昧爽已前,天下見禁囚徒,除十惡五逆、光火劫舍、持杖
殺人、合造毒藥、官典犯贓、欠負官錢外,其餘不問輕重,已發覺未發
覺、已結正未結正,并宜釋放。應自張從賓作亂已來,有曾被張從賓
及張延播脅從染污及符彦饒下隨身軍將等兼安州王暉徒黨,除已誅
戮外,並從釋放,一切不問。尚恐無知之人,暗有恐動物色,委洛京留
守、河陽節度使明加察訪,犯者重斷。或無辜被害,或徇節忘生,既抱
沉冤,宜申贈典。應自張從賓作亂已來諸色官僚内有殁於王事者,並
與追贈,有子孫量才叙録。或是諸軍小節級長行已下殁於王事者,
具給本家三年糧賜,有男成長者委侍衛典諸軍内酌量安排。富
父春喉,須誅元惡;文王葬骨,式表至仁。自張從賓作亂已來所在
殺傷者,並委逐處差人收拾骸骨葬瘞。張繼祚在喪紀之中,承逆豎

之意,顯從叛亂,難貸刑章。乃眷先臣,實有遺德,邊茲之祀,深所
軫懷。其一房家業準法雖已籍没,所有先臣並祖及母墳莊祠堂並
可交付親的骨肉主張。應有犯事人親的骨肉,除已誅戮外並放,一
切不問,所有祖先墳塋亦仰準此交付。負國者天地不容,爲逆者人
神共怒,永惟盼饗,實有感通。昨出師之時,將帥虔禱,頗聞陰祐,
成此戰功。唐衛國公宜封靈顯王,其餘鄭州並汜水管内神祠宜令
長吏差官點檢,如有隳損處,便委量事修葺,貴伸嚴飾,以答陰功。
五嶽承天,四瀆紀地,自正當陽之位,未伸望秩之儀。宜令差官遍
往告祭,兼下逐州府量事修崇。所有近廟山林,仍宜禁斷采樵。降
黜之科,既然不濫;洗滌之道,足使自新。應自創業已來降黜者並
可放還。兵興已來,邊疆多事,或因虜掠,或偶滯留,歲序遷移,家
鄉迢遞。魚腸雁足,常懸骨肉之恩;月夕霜天,必起桑榆之思。宜
令收贖,俾遂歸還。自梁朝、後唐已來前後奉使及北京沿邊管界虜
掠往向北人口,宜令官給錢物,差使齎持往彼,一一收贖,放歸本
家。興兵動衆,蓋殄元凶;伐罪吊民,須安兆庶。應内府管界内今
年夏税,近指揮只徵五分,今以方駐兵師,無不勞役,并宜蠲放。於
戲!顧惟薄德,屬此多艱,敢忘御杇之規,思廣納污之道。爰敷渙
汗,貴洽蒸黎,更在中外輔臣、文武列辟,同扶寡昧,以致隆平。告
報寰區,宜體朕懷。

原載《册府元龜》卷 93

恤囚敕　天福二年八月

方柱狴牢,又縈疾疹,在典刑之自別,顧醫藥以何妨,實可施行,
足彰仁憫。宜下刑部大理寺御史臺及三京諸道州府,或有繫囚染患
者,並令逐處醫博士及軍醫看候,於公廨錢内量支藥價。或事輕者,
仍許人看候。所有罪犯,合據杖責,仍候痊損日科決。

原載《册府元龜》卷 42

禁喪葬舉樂敕　天福二年九月

喪葬有期,哀情慘極。其或舉樂,可謂乖儀,始因伎藝苟求,遂致

澆訛漸起。所陳章疏頗正時風，宜下有司，永令止絕。

原載《册府元龜》卷 160

判官參選敕　天福二年九月

清泰二年三月已前，諸州府所差馬步判官，有勤績者，宜準元敕赴吏部參選，不得於中書陳狀。

原載《五代會要》卷 21

停差縣令檢巡河隄敕　天福二年九月

修葺河岸，深護田農，每歲差隄長檢巡，深爲濟要。逐旬遣縣令看行，稍恐煩勞。堤長可差，縣令宜止。

原載《册府元龜》卷 497

加恩追尊四廟行事官敕　天福二年十月

應追尊四廟行事官等，追尊四廟，式展盛儀，行事庶官，合頒溥澤，貴承光寵，共贊孝思。宜令銓司準元敕磨勘，如守選年深過格及已合格指受赴任不得並次一選兩選者，先與注官加欠；三選四選月限不滿衝替下許非時注擬者，即相次注官仍頒，各依資序。如不依元敕指揮欠選數多者，即仰都具奏聞。

原載《册府元龜》卷 81

張昭遠班次敕　天福二年十一月

新除翰林學士張昭遠，早踐綸扉，久司史筆，曾居憲府，累陟貳卿，今既擢在禁林，所宜別宣班序。其立位宜次崔梲。

原載《五代會要》卷 13

答殷鵬請加恩叙封敕　天福二年十二月

人子之道，祿貴在於及親；王者之恩，事必從于尊本。應內外文武臣僚，父母在，如子品秩及格與加恩，在朝行者，父與致仕官，母與叙封郡邑號。其外四品已上節度、團練、防禦使、刺史父，與致仕官。

其餘與同正官,母與敘封郡邑號。如内外官父已有致仕及同正官,母已曾敘封,子品高者,更與加進半俸,續議指揮。如父有職官,不在此限,餘並準格文處分。仍編令式永常規。

原載《册府元龜》卷 476

允成德軍請立節度使安重榮德政碑敕　天福二年

安重榮功宣締構,寄重藩維,善布詔條,克除民瘼,遂致僚吏、僧道詣闕上章,求勒貞珉,以揚異政。既觀勤功,宜示允愈。其碑文仍令太子賓客任贊撰進。

原載《册府元龜》卷 820

獎于鵬忠諫敕　天福二年

于鵬官居諫諍,志在輔裨,所閱貢陳,咸關政化,備詳端盡,良切嘆嘉,宜陟階資,以申酬獎。其于鵬加朝散大夫。

原載《册府元龜》卷 549

加恩選人敕　天福三年正月

舉選之流,辛苦備歷,或則耽書歲久,或則守事年深,小有違礙格條,例是不知式樣。今則方求公器,宜被皇恩,所有選人等,宜各令所司,除元駁放及落下事由外,無違礙,並與施行。仍令所司遍下諸道,起今後文解差錯,過在發解州府官吏。

原載《册府元龜》卷 633

避嫌名敕　天福三年二月

朝廷之制,今古相沿,道在人弘,禮非天降。況以方開曆數,虔奉祖宗,雖喻孔子之文,未爽周公之訓。冀崇孝行,永載簡編。取爲二名及嫌名事,宜依唐禮施行。乃付所司。

原載《册府元龜》卷 31

令鹽鐵使禁銷錢鑄器物敕　天福三年二月

朕以歷代鑄錢,濟時爲寶。久無監務,已絶增添。邇來趨利之人,違法甚衆,銷鎔不已,毀蠹日滋。禁制未嚴,奸弊莫止。既無添而有損,耗國以困民。將致豐財,須行峻法。宜令鹽鐵使禁止私下打造鑄瀉銅器,速具條流事件聞奏。

原載《冊府元龜》卷 501

令百官上封事御札　天福三年二月

百官,曾有宣示,令進封事,據到者未及十人。朕雖無德,自行敕後數月,至懵人也應有一件事。食禄於朝,卒無一言。可不知《貞觀政要》説:"言而不用,朕所甘心;用而不言,誰之責也?"

原載《冊府元龜》卷 103

復陳保極官制　天福三年四月

朝散大夫、衛尉寺丞陳保極,夙蘊才名,早登科第,泪居班列,深顯器能。近者假限既違,朝章是舉。自聞左降,深悟前非,宜推宥罪之恩,俾奉自新之命,勉伸傾竭,繼俟陟遷。可復行尚書倉部員外郎,賜紫金魚袋。

原載《冊府元龜》卷 149

諭鹽鐵度支户部等敕　天福三年四月

鹽鐵度支户部應監臨主持場院倉庫官吏等,制置場務,總確課程,將期共濟於軍流,免使偏竭於民力。向者所差官吏,鮮有專勤,省思録任之時,盡言永蘖,及郡府主持之後,例縱輕肥,莫濟公家,但營私室,所以處處多聞其逋欠,年年空係其徵催,固執遷延,坐期躝放。每惟此輩,并合嚴誅。又以開創之初,含弘是切,既往者已關恩制,今後者別立嚴規,或蹕前非,必難輕恕,豈是願行峻法,欲致豐財。蓋帑藏猶虚,師徒甚衆,俟期克濟,難縱隱欺。宜懸畫一之文,兼舉必行之令。

原載《冊府元龜》卷 66

聽私門立戟敕　天福三年五月

將相之崇，朝廷所重，竝輸忠節，仰奉宗祧，宜旌佐國之功，顯示榮家之慶。應中外臣僚帶平章事、侍中、中書令及諸道節度使，並許私門立戟，仍竝官給，并各賜詔書，仍據官品，依令式處分。

原載《册府元龜》卷 61

褒薛融直諫敕　天福三年六月

薛融官居諫署，志奉皇圖，特貢忠言，備彰直道，載觀臣節，深契朕懷。其洛京大内，先令葺修，今宜停罷。

原載《册府元龜》卷 547

答竇貞固請定舉士官賞罰敕　天福三年八月

進賢受賞，備有前文。得士則昌，斯爲急務。竇貞固名參國籍，職在禁庭，貢章疏以傾心，請班行而薦士，於可否之際，分賞罰之科，無愧當仁，無或曠職。今後宜許文武百僚，於縉紳之内、草澤之中，知灼然有才器者，列名以奏。納其章疏，記彼姓名，否臧盡達於予懷，用舍免私於公議。仍付所司。

原載《册府元龜》卷 68

給復同絳等州敕　天福三年八月

朕奄有四方，尊爲萬乘，所務誕敷教化，普濟黎元。蓋全師致討於妖狂，而比戶未臻於富庶。仍聞關輔，偏屬旱災，致使鄉村，多有逃竄。達我聞聽，深用憫傷。宜加矜恤之恩，俾遂歸還之計。應三處逃移人戶，下所欠累年殘稅，并今年夏稅差科，及麥苗子，沿徵諸色錢物等，并放。其逃戶下秋苗據見檢到數，不計是元額，及出剩頃畝，并放一半。仰觀察使散行曉諭，專切招携應歸業戶人，仍指揮逐縣，切加安撫，勉施惠養，副我憂勤。

原載《册府元龜》卷 492

令銓司檢點御署官文書敕　天福三年八月

御署官員等,自前並於中書陳狀,引驗文牒擬官。承乏之官,從權所任,例逢興運,咸被異恩,其間慮有曾立事功,或未親官業,宜稍分於殿最,將審驗於行藏,免興濫進之譏,用副當仁之選。其御署官員,今後宜令於銓司投狀,銓司追引點檢歷任文書分明者,申送中書門下,以憑旋據逐人御署因由奏擬。

原載《册府元龜》卷633

流韓延嗣敕　天福三年八月

韓延嗣因別喝見不避路者,輒行毆擊,致傷人命,法寺定刑,比不因鬭故毆傷人辜内死者,依殺人論,蓋徵相類,且非本條,罪有所疑,法當在宥。宜決脊杖十八,黥面配華州,發運務收管。

原載《册府元龜》卷150

復范延光等官爵制節文　天福三年九月

頃朕始登大寳,未靜中原,六飛纔及於京師,千里未通於懷抱。楚王求舊,方在遺簪;曾子傳疑,忽成投杼。尋聞悛悔,遽戮奸回,干戈俄至於經時,雷雨因思於作解,果馳賓介,疊貢表章,向丹闕以傾心,瀝衷誠而效順,而况保全黎庶,完整甲兵,納款斯來,其功非細,得不特頒鐵契,重建牙章? 封本郡之土茅,移樂郊之旌鉞,至於將吏,咸降絲綸。於戲,上玄之運四時,不愆者信;大道之崇三寳,所重者慈。活萬户之傷夷,息六師之勞瘁,遂予仁憫,旌爾變通,永貽子孫,長守富貴,敬佩光寵,可不美歟! 可復推誠奉義佐運致理功臣、天雄軍節度管内觀察處置等使、開府儀同三司、守太傅、兼中書令、廣晉尹、上柱國、臨清王、食邑一萬户、食實封一千户改授鄆州刺史、天平軍節度、鄆齊□等州觀察處置等使,賜鐵券,改封高平郡王,仍令擇日備禮册命。以天雄軍節度副使、檢校刑部尚書李式檢校尚書右僕射,充亳州團練使;以貝州刺史孫漢威爲檢校太保、隴州防禦使;以天雄軍三城都巡檢使薛霸爲檢校司空、衛州刺史;以天雄軍馬步軍都指揮使王建爲檢校司空、虢州刺史;以天雄軍内外馬軍都指揮使藥元福爲檢校司空、深州刺史;以天雄軍内外步軍都指揮使安元霸爲檢校司空、隨州刺史;以天雄軍都監、前河陽行軍司馬李彦珣爲檢校司空、坊州刺史。

原載《舊五代史》卷77

招安魏府敕　天福三年九月

敕:魏府城内馬步諸軍將校員僚、節級軍將長行及參佐官員、僧道百姓等,朕以范延光是明宗舊臣,與朕素敦分義,因開懷而捨釋,果瀝懇以歸明,君臣之義宛然,金石之言無改,亦縣諸軍將士參佐職員同輸歸向之誠,共感懷柔之道,備觀忠孝,深所歡嘉。將遍示於渥恩,宜先行於慰撫,表予大信,安爾衆心。應在城官員將校常行今日已前,罪無輕重,一切不問。范延光已除授鄆州節度使,賜鐵券,封本郡王。孫漢威等將校等第除授防禦、團練、刺史。已各別行制敕,命使往彼宣賜恩命,仍令各取便路赴任。恩命未到間,仍且委薛霸充都巡檢使、喬謹充副巡檢。候范延光赴任後,即可取便路發赴所任。其餘將帥及參佐官吏隨職員,並一一分折名銜奏聞,當議各加渥澤。其應在城馬步軍將廳子指揮散員,親從左右義勇先鋒,并入馬直有馬步人神勇弩手,鄭韜、張進于下兵士并薛霸、王建遣諸色將校衛隊名額軍都,並陞爲侍衛親軍排連。所有今年冬衣見闕綿數,已指揮楊光遠收寨内綿勘會俵散。應有先被張從賓脅從、符彦饒驚擾及衛州黎陽陷失,因兹走入及隔過官員使臣將士等,兼自興師以來前後離背軍都住彼者,並不問罪。其官員使臣等並與録任,其將士等各與依舊請受諸軍收管。如有入城後遷轉職名者,便據見守職名支給請受。如有諸色人輒敢恐動,並當深罪。在城將校及諸色官員應有物業爲人請射者,並許給還依舊爲主。先有抽入城義軍,並放歸本家;如是已配在諸軍者,各隨本人所願,如願在軍者即依舊收管,願歸農者即放歸本家。所有府城四面人户三十里内,與放二年秋夏租税;三十里外,委逐縣令佐專切點檢,如實曾經砍伐桑柘、毁折屋舍者,分析申奏,盡與蠲放租税。切仰招携,速令歸業。應九月二十五日已前因事被殺之家,不得更有論訟及相讎報,妻孥家産已配没者並給還。如有自去年七月十九日後來曾經在城將校及諸色人請射合干等，或爲配率柴薪，或爲自要供燒毀折却者，只據九月二十五日後見在者舍宇交割，其有已破除却間未數日，不得更有論索。如内有屬官舍宇，亦仰準此指揮。應自去年七月十九日已前有諸色商旅，或城内與城外親情相識，應是寄留諸色錢物羊馬牛畜等，或經括率，或以没納入官，或破磬盡，不計是何公私官員寄付，並不許更有論索。如敢以救前事相告言及相讎報者，以其罪罪之。朕方啓基扃，務安華夏，每推誠而待物，日仗信以懷來，布兹誓言，質諸天地。天雄軍節度副使、朝請大夫、檢校刑部尚書、賜紫金魚袋、刑部李式可中大夫、檢校尚書右僕射、亳州團練使；金紫光禄大夫、檢校司徒、貝州刺史孫漢威可檢校太保、隨州防禦使；天雄三城都巡檢使、檢校户部尚書薛霸可檢校司空、衛州刺史；天雄軍馬步都指揮使、檢校工部尚書王建可檢校司空、虢州刺史；天雄軍内外馬軍都指揮、檢校户部尚書藥元福可檢校司空、深州刺史；天雄軍内外步軍都指揮使、檢校兵部尚書、綉州刺史元霸可檢校司空、隨州刺史。李式，本延光舊客。

原載《册府元龜》卷93

平范延光大赦文　天福三年九月

天有四時，首布和陽之命；君臨萬國，先弘曠蕩之恩。所以垂膏肆之文，則周基遠大；示寬仁之詔，則漢業興隆。朕猥以眇躬，獲膺大寶，顧惟涼薄，每懼顛躋。旰食宵衣，恐一夫之失所；臨深履薄，憂庶政之未乎。雖粗致小康，而未臻大化。一昨灾躔沙鹿，兵駐銅臺，擐甲執兵，頗勞師旅，飛蒭挽粟，重困生靈。賴天地垂休，將相叶力，克寧邦家，永静烟塵，凱歌共樂於班還，喜氣實騰於遠邇。豈一人之感召，蓋群后之扶持。弓矢載櫜，大慶已流於中外；雷雨解作，普恩宜被於寰區。庶使齊人，咸沾霈澤。可大赦天下。應十月二十五日昧爽已前，除犯十惡、光火殺人、僞行印信、官典犯贓、合造毒藥、屠牛鑄錢外，其餘罪無輕重，已結正未結正、已發覺未發覺，咸赦除之。侵官潤己，爾其有諸？督責暴徵，我所不忍。應係省司課利場院官等，宜依近行宣命期限磨勘徵督，内有送納所欠錢物得足者，其違限愆罪特放;如有没納本人及保人家業盡底外,尚欠錢物更無抵當者,其所欠並與蠲放。其逐人罪犯特從減等。其去年降宣命月日後來欠負者,不在此限。昨以水旱爲沴,什一未均,冀便蒸黎,因令檢覆。未明公法,或彰隱漏之愆;爰念小民,宜示矜寬之典。近令檢田有隱漏合當罪犯者並放;所有合罰令陪納租稅者特放,並令却依實頃畝輸納。貨泉所聚,徵督必行,況係省之逋懸,宜應期之供辦。但以兵戈之後,帳籍空存,已行蠲放之恩,尚憂未普;再示優饒之命,式表推恩。天福元年應經兵火處,州府諸色場院因此失陷錢物等,先曾指揮蠲放一半者,今並全放;未曾經減放者,今與蠲放一半。天災或降,地分所招,携老幼以流離,棄田園而蕪没,深懷惻憫,宜示招安。蒲同晉絳滑濮魏府鎮定等州人戶,或經亢旱,或屬兵戈,逃移人戶等應移戶所欠今年已前,諸雜稅物並特除放,宜令州縣曉示招携;如有復業者,仍放一年秋夏租稅、二年諸雜差徭。爰自攻圍,每多徭役,或因兵死,尚有戶存,言念傷痍,屢宜優恤。應差赴魏府城下人夫内有傷中身死者,除已支孝贈外,特放戶下三年諸雜差徭。勤官奉國,既彰盡瘁之誠;賞善酬勞,爰舉必行之命。應魏府側近州,或曾祗應供饋,或曾部領人夫,當職員僚及州縣官等宜令逐處速具名銜分折申奏,當與加恩。區宇之表,咸在炤臨;疆場之間,寧容隔限? 示王者之無外,期國家之大同。應淮南西川兩處邊界,自今後不得阻滯商旅。明堂欲構,必自群才;大道曲全,俱無棄物。將期多士,詎可遺賢? 累朝廢棄官員與量才叙用。頃者借率,猶有逋懸,方務優饒,豈宜徵督? 先率借洛京舍錢,其所欠並放。七萃師徒,五營吏士,偶因罪負,遂至逋逃,念曾效於忠勤,宜顯行於招誘。自用軍已來應有諸軍及諸色負罪逃背諸處人等,限一百日内,許所在陳首,並不問罪,却與放管;如限内不出,復罪如舊。諸州府應有見禁此色人家口骨肉,並從釋放。恩隆加等,固有明文;道在恤孤,宜弘異渥。自去年出師來諸軍將校有没於王事者,子孫並與量才叙錄。皋陶五刑,既從流放;商王一德,用解網羅。想其憔悴之容,爰示哀矜之道。應貶降官與量移,已量移者與復資,流配人等並放還。仁及枯骨,澤渥重泉,眷哲后之芳踪,乃有國之令典。魏府管内用軍已來墳墓所毀無主者,委逐處官吏指揮,隨事修整

祭奠,仍費官中支給。賦斂未省,杼軸猶空,言念疲羸,聊得蠲貸。諸
道州府營田户部院務省莊等,天福元年秋夏租課錢帛斛斗諸雜物色
等除已納外,應有逋欠,並與蠲放。於戲!萬靈蠢蠢生成,咸賴於上
玄;六合茫茫舒慘,悉由於元首。朕每興念慮,莫釋焦勞,遂覃在宥之
恩,將合好生之德。朝野士庶,中外臣僚,體予蕩蕩之懷,而贊我巍巍
之治,無怠於協謀戮力,共期於偃革修文,益勵乃誠,永俾寡德。布告
遐邇,咸使知聞。

原載《冊府元龜》卷 94

答曹國珍進賣温顔習武策敕　天福三年十月

習戰講武,歷代通規。選士練兵,其來舊制。宜以每年農隙時講
武,仍準令式處分。

原載《冊府元龜》卷 476

册于闐王李聖天制　天福三年十月

制曰:"于闐國王李聖天,境控西陲,心馳北闕,頃屬前朝多事,久
阻來庭,今當寶歷開基,乃勤述職,請備屬籍,宜降册封,將引來遠之
恩,俾樂無爲之化。宜册封爲大寶于闐國王,仍令所司擇日備禮册
命。"以供奉官張光鄴充使。

原載《冊府元龜》卷 965

封王繼恭臨海郡王制　天福三年十一月

王者居域中之大,以天下爲家,兩曜炤臨,必覃聲教;二儀覆載,
咸布寵綏。矧夫地鎮南臺,心傾北闕,遙識興隆之運,顯輸翊載之誠,
得不竝舉徽章,式旌亮節。爰當吉日,遂降明恩。威武軍節度、福建
管内觀察處置等使、光禄大夫、檢校太保兼御史大夫、上柱國、瑯邪縣
開國伯、食邑七百户王繼恭,淮水源長,緱山系遠,代襲弓裘之業,家
承帶礪之勛。劍有龜文,乃是干星之器;玉稱龍府,居爲炤廊之珍。
當年已得於佩刀,繼世連持於瑞節。紅蓮綠水,幕中多倚馬之賓;貝
胄犀渠,帳下悉曳牛之將。號令而秋霜肅物,撫綏而時雨隨車,嶽鎮

一方，風行萬里。而況誠專會禹，道著尊周，挂帆檣而遠涉滄波，貢章表而備陳丹懇。青茅畢至，無虧任土之儀；玉帛咸來，悉是充庭之寶。爾能若此，朕實嘉焉！是用益以井田，榮之黻冕，階昇峻級，爵極真王，冀旌奉上之心，仍錫推忠之號。於戲！航深梯險，爾無怠於恭虔；崇德報功，朕敢稽於渥澤。勉承休命，永保令圖！可特進檢校太傅、福州大都督府長史、威武軍節度、福建管內觀察處置兼三司發運等使，封臨海郡王，加食邑二千戶，食實封三百戶，賜推忠奉節功臣。

原載《冊府元龜》卷179

封錢元瓘吳越國王玉冊文　　天福三年十一月

　　唯天福三年，歲次戊戌，十一月甲辰朔，五日戊申，皇帝若曰：王者握圖立極，崇德報功，或開國以建邦，或苴茅而錫壤，乃樹藩屏，式獎忠勳，古先哲王，率由斯道，惟朕薄德，敢忽彝章？況夫奠南服之奧區，鎮東甌之重地，懋績雖高於列土，殊榮未繼於肯堂，得不申加等之恩，降非常之命？用紀代天之業，特頒鏤玉之文，乃擇吉辰，爰敷盛典。咨爾，興邦保運崇德志道功臣、天下兵馬副元帥、鎮海鎮東等軍節度、浙江東西等道管內觀察處置、兼兩浙鹽鐵制置發運營田等使、開府儀同三司、檢校太師、守中書令、杭州越州大都督府長史、上柱國、吳越王、食邑一萬五千戶、實封一千五百戶錢元瓘，嶽靈稟粹，天象儲精，蘊文武之兼材，受乾坤之間氣，既寵承吳越，功邁桓文，運妙略以平凶，用奇兵而制變，祗嗣基構，表率英雄，淮夷之屏氣銷聲，海嶠之波澄浪息。而況興我昌運，竭乃宏猷，懋勳庸而忠貫韓壇，奉玉帛而誠先禹貢，語尊獎則獨標大節，顧封崇則未稱鴻名，宜舉徽章，俾奉先正。矧其天文當南斗之分，地志控勾踐之都，眷茲舊封，允屬全德。是用異車服於群后，盛簡冊於列藩，上二國之土疆，錫九天之寶瑞，表予嘉命，纘乃舊邦，大振家聲，夾輔王室。今遣使太中大夫、尚書左丞、上柱國、賜紫金魚袋王延，使副中散大夫、尚書司門郎中、柱國、賜紫金魚袋張守素持節備禮，冊爾為吳越國王。於戲！服袞衣而佩玄玉，位壓諸侯；駕戎輅而握兵符，名尊九伐。馭貴之重，象賢之

榮,爾其祇荷天光,勉清國步,往綏厥位,永孚於休,戒之慎之,勿忝
前烈。

原載《吴越備史》卷2,《五代史書彙編》

答馬承翰封章敕　天福三年十二月

馬承翰所貢封章,俾人知禁,雖曾條貫,恐未周詳,宜依。餘準近
敕處分,仍付所司。

原載《册府元龜》卷613

任公私鑄錢敕　天福三年十二月

先許鑄錢,仍每一錢重二銖四參,十錢重一兩。切慮逐處缺銅,
難依先定銖兩,宜令天下無問公私,應有銅處,有鑄錢者,一任取便酌
量輕重鑄造。因兹不得入鉛并鐵,及缺漏不堪久遠流行。仍委鹽鐵
使明行曉示,餘準元敕指揮。仍付所司。

原載《五代會要》卷27

賜僧法城敕　天福三年

敕法城:卿佛國棟梁,僧壇領袖,今遣内官賜卿矽金虚縷沈水香
紐列環一枚,至可領取。

原載《清異録》卷上

處分選舉人文解差謬敕　天福三年

今後選舉人文解差謬,過在發解州府官吏,其選人、舉人,亦準格
處分。

原載《五代會要》卷22

禁擅加賦稅詔　天福四年二月

朕自臨區夏,每念蒸黎。常夜思而晝行,冀時康而俗阜。其如干
戈乍息,瘡痏猶多,由是疚懷,不能安席。復又車徒甚眾,廩藏方虚,
雖賦租未暇於矜蠲,而煩擾當行于禁止。俾除暴斂,式洽群心。應郡

守、藩侯,不得擅加賦役。及縣邑別立監徵,所納田租,委人戶自量
自概。

原載《冊府元龜》卷488

遺後蜀後主告即位書　天福四年三月

大晉皇帝奉書大蜀皇帝,伏自中原多故,大憝繼興,朱氏不道,而
皇天不親。沙陀背義,而蒼生失望。不期景運,猥屬眇躬,方鼎足以分
疆,宜鄰好之是睦,況有姻親之舊,敢交玉帛之歡,機務方殷,保攝是望。

原載《蜀檮杌校箋》卷4

封回鶻奉化可汗制　天福四年三月

回鶻可汗仁美,雄臨朔野,虔奉中朝。一方之烽燧蔑聞,萬里之
梯航繼至。自當開創,益效傾輸。備觀尊獎之心,爰降冊封之命。宜
封爲奉化可汗,擇日備禮冊命,遣衛尉卿邢德昭持節使之。

原載《冊府元龜》卷965

禁朝臣薦托敕　天福四年五月

訪聞朝臣於外州侯伯,求其表狀,奏薦交親。朕以應天順人,開
基創業,大化方流於區宇,至公必絶於澆訛。私謁不容,朝經具舉,更
茲告諭,止在依行。今後文武庶官不可更行薦托,如有狀書,便宜密
具進呈觀察使。散下諸州,亦準此處分。

原載《冊府元龜》卷66

權停貢舉敕　天福四年六月

尚書禮部,歷代懸科,爲時取士,任使貴期於稱職,搜羅每慮於遺
才。其如銓司注官,員闕有限;貢闈考第,人數不常。雖大朝務廣於
選求,而常調頗聞於淹滯,每候一闕,或經累年,遂令羈旅之人,多起
怨咨之論。將令通濟,須識從權,庶幾進取之流,更勵專勤之業。其
貢舉公事,宜權停一年。

原載《冊府元龜》卷642

禁鑄私錢敕　天福四年七月

先令天下州府公私鑄錢，近聞以鉛錫相參，缺薄小弱，有違條制，不可久行。今後祇官鑄錢，私鑄錢下禁依舊法。

原載《五代會要》卷 27

許符彥饒等收葬敕　天福四年七月

符彥饒、張繼祚、婁英、尹暉等皆受國恩，悉虧臣節，孽非天作，感實自貽，尋正典刑，屢遷歲月。宜示燭幽之道，用推掩骼之仁，宜令近親任便收葬。

原載《冊府元龜》卷 42

答桑維翰請免籍沒賊人財産敕　天福四年九月

桑維翰佐命功全，臨戎寄重，舉一方之往事，合四海之通規。況賊盜之徒，律令俱載，此爲撫萬姓而安萬國，豈忍罪一夫而破一家。聞將相之善言，成國之美事，既資王道，實契人心。今後凡有賊人，準格律定罪，不得沒納家資，天下諸州，皆準此處分。

原載《冊府元龜》卷 613

封李從益爲郇公敕　天福四年九月

周受龍圖，立夏、殷之祀；唐膺鳳曆，開酅、介之封。歷代相沿，百王不易。朕顯符景運，肇啓丕基，乃眷前朝，載稽舊典，宜開土宇，俾奉宗祧，用推繼絕之仁，以示惟新之德。宜以郇國三千戶封唐許王李從益爲郇國公，奉唐之祀，服色旌旗，一依舊制。以西京至德宮爲廟，牲帛器服，悉從官給。

原載《冊府元龜》卷 173

停寒食七夕等節進獻敕　天福四年九月

每年寒食、七夕、重陽及十月暖帳，内外臣寮進獻，並宜停止。

原載《五代會要》卷 5

流李道牧敕　天福四年十月

李道牧前爲陸渾縣主簿，狠直求官，強詞抗敕，厚誣宰輔，累犯乘興。措言孰顧於斥尊，構意只謀其撓政，將懲狡蠹，須舉典刑。宜令決杖配流，永不齒録。

原載《册府元龜》卷154

禁創造寺院敕　　天福四年十二月

凡爲精舍，將結勝緣，清虚則神亦相依，混亂則人皆不重。其或偶然乘興，率爾栖心。鄉村接漁獵之家，廛里定屠沽之户，佛雖無染，僧豈不輕。宜崇釋梵之因，永肅人天之化。所有自前院宇，即且依舊住持；今後城郭村坊，一切不得創造。

原載《册府元龜》卷52

元日推恩制　　天福五年正月

朕自勉副群心，恭臨大寶，承歷代荒屯之後，屬前朝喪亂之餘，每務綏和，漸期富庶。尋以東遷梁苑，北定鄴都，國力既虚，軍資甚廣，所司以供億爲念，督責是專，常思凋弊之民，倍軫焦勞之意。今我事漸簡，農時欲興，將導達於休和，用頒宣於渥澤，宜蠲宿負，以惠黎元。應天福元年終已前，公私債欠，一切除放。

原載《册府元龜》卷492

福州貢物私商準律處分詔　　天福五年正月

朕自御萬方，于今五稔，每推誠而待物，貴捨己以從人。乃有不體朕懷柔，恣行凶慝，顯干紀律，須舉憲章。福州王昶，恃彼偏方，亂其彝典，於使臣而倨傲，向朝闕以邀求，深虧臣子之儀，固掇神祇之怒。尚全大體，特示寬恩，所有貢輸，悉令回復，舞羽而聿思修德，轉規而猶冀省愆。而王建立三上奏章，楊光遠繼陳表疏，朝行之内，邦計之司，同有敷揚，謂非允當。且王昶以無用之物，取利中華，萌不軌之心，僭稱大號，盜乘輿之式度，竊冠冕之威儀，眩誘良家，招收奇貨。此而可恕，孰不能容！或貢讜言，請從籍録，鄭元弼等相次上狀，不願回歸，亦可憫傷，各令存恤。其福州貢物私商，宜準律處分。

原載《册府元龜》卷66

常安公主出降儀敕　天福五年二月

納采之時，主人再拜，使者不答，雖《開元禮》具載其儀，今宜答拜，仍令郡王重貴主其婚禮，中外不賀。餘依所奏。

原載《五代會要》卷 2

科劓耳稱冤罪敕　天福五年三月

劓耳稱冤人，准大中六年十二月十五日敕，若有犯者，決杖流配，訴雖有理，不在申明。今後所陳，與爲勘斷，劓耳之罪，准律別科。

原載《五代會要》卷 10

改承旨官名敕　天福五年六月

承旨者，承時君之旨，非近侍重臣，無以稟命。是以大朝會則以宰臣承旨，草詔書則以學士承旨，若無區別，何表等威？除翰林學士承旨外，殿前承旨改爲殿直，樞密院承旨改爲承宣，御史臺、三司、閤門、客省承旨，並令別定其名。

原載《五代會要》卷 24

答淮東鎮書　天福五年七月

昨者灾生安陸，釁接漢陽，當三伏之炎蒸，動兩朝之師旅，豈期邊帥，不稟上謀？洎復城池，備知本末，尋已捨諸俘執，還彼鄉閭，不唯念效命之人，兼亦敦善鄰之道。今承來旨，將正朝章，希循宥罪之文，用廣崇仁之美，其杜光鄴等，再令歸復。

原載《舊五代史》卷 79

奏狀須印署敕　天福五年七月

應内外諸使諸司及諸州府，凡有諸色公事，須具奏聞，今後不得白狀及札子記事申覆。如事關機密，即準元降宣命，實封斜角，不題事目通下。其合申中書及中書勘會公事所申狀，亦須是本司及逐處官員印署，不得將白狀及記事札子，兼令司局抄札子申。宜令御史臺及宣徽院、三司、侍衛司、諸道州府準此。

原載《五代會要》卷 24

令修唐史敕　天福六年二月

有唐遠自高祖，下暨明宗，紀傳未分，書志咸闕。今耳目相接，尚可詢求。若歲月寖深，何由尋訪？宜令戶部侍郎張昭、起居郎賈緯、秘書少監趙熙、吏部郎中鄭受益、左司員外郎李爲光等，修撰唐史，仍令宰臣趙瑩監修。

原載《五代會要》卷 18

封王建高麗王制　天福六年五月

王者法二象以覆載，齊七麗以炤臨。既符有道之文，是布無私之化。其有誠懸象魏闕，路越鯨津。首傾拱極之心，久勵事君之節，得不示四時之信，同萬國之風，用顯英賢，俾行典禮。大義軍使、特進、檢校太保、使持節玄菟州都督、上柱國、高麗王王建，天資間傑，神授機謀，宇量矜嚴，靈襟洞達，志堅金石，操凜雪霜。每切朝宗，常勤事大。守三韓之重地，仁義兼修，定百濟之強鄰，恩威並振。暨朕握圖，御宇膺籙，開基遣猶子以朝天，備彰忠節；改名臣而稱賀，益認深誠。而又叙立國之繇，述連姻之舊，慕予正朔，顯爾籌謀。是用時舉徽章，聿覃豐澤，階升一品，位統三師，加以戶封，兼其真食，勉膺寵命，以保令猷。可開府儀同三司、檢校太師，依前使持節玄菟州都督、充大義軍使，食邑一萬戶，食實封一千戶，高麗國王。

原載《冊府元龜》卷 965

幸洛都御札　天福六年七月

朕自承天命，肇啓帝圖。期四海之混同，法五載之巡狩。眷惟全魏，實曰奧區。人物殷繁，山河雄壯。地雖升於都邑，民未識於乘輿。皆傾望幸之情，宜展省方之義。取今月五日暫幸洛都，沿路供頓，并委所司，以官物排比，州縣官不得科率人戶，其隨駕內外官員并馬步兵士等，不得擾人，踐踏苗稼。中外遐邇，宜體朕心。

原載《册府元龜》卷 114

令開墾曠土敕　天福七年二月

鄧、唐、隨、郢諸州管界，多有曠土，宜令逐處曉諭人户，一任開墾佃蒔，仍自開耕後，與免五年差徭。兼仰指揮其荒閑田土，本主如是無力耕佃，即不得虚自占吝，仍且與招携到人户，分析以聞。

原載《册府元龜》卷 70

停迎送使臣敕　天福七年四月

時屬炎蒸，路當衝要，使命之往來甚衆，州府之迎送頗多，既有煩勞，所宜軫惻。自鄴都至襄州沿路州府，除專到使臣依尋常迎送外，其餘經過并不在迎送。

原載《册府元龜》卷 66

鄴都諸門賜名敕　天福七年四月

鄴都諸門宜賜名額：羅城南磚門爲廣運門，觀音門爲金明門，橙糟門爲清景門，寇氏門爲永芳門，朝城門爲景風門。大城南門爲昭明門，觀音門爲廣義門，北河門爲靖安門，魏縣門爲膺福門，寇氏門爲迎春門，朝城門爲興仁門，上斗門爲延清門，下斗門爲適遠門。

原載《五代會要》卷 19

大晉皇帝致北朝皇帝遺書

大晉皇帝謹致遺書於北朝皇帝足下，頓首頓首。某曾聞遇陰則慘，既滿必虧。鞠大道之推遷，符人世之奄忽，在於理顯情達，魂東游以心甘；却是恩深報輕，目北望而淚落。强持余命，虔瀝幽襟。某代爲將家，志徇戎校。頃輔明宗之基業，繼分全晉之山河。屬季主以相猜，舉驕兵而致討。九拒之謀雖設，四向之援且孤。遂飛危城，仰卜大造。果蒙皇帝深憤不平之事，親御無敵之師。控弦雲起於塞間，交鋒雪飛於城下。挑戰決勝，揚威納降。雅同注海傾江，救魚爛於沸

鼎。仍致變家爲國，屬龍飛於渺躬。何則資蕭王新市之兵，未濟驅除
之力；歸漢主灞上之地，非爲援立之恩。静想高明，亮無責報；自矜深
薄，未曾敢安。致疾恙以潛生，極醫藥而不治。將臨大漸，再念中原。
茫茫蒸民，倏忽不可無主；桓桓師旅，須臾不可乏君。必歸纂嗣於子
孫，用期臨御；將荷生成之英睿，必竭始終。長子齊王某，植性矜嚴，
用知文武；粗懷剛斷，堪荷寶圖。遂親召輔臣，乃執付遺制。當遣樞
前即位，遽令境内安心。約禮雖協於舊章，托孤終陳於聖德。伏望皇
帝陛下，握天關，固輕清之蔭；緩日鄉，延久照之恩。示大信而質陰
陽，敦高義而堅金石。疾勢漸極，延望轉傷。夜雨灑崆峒之山，無階
共泣；秋芊滿蒼梧之野，即往埋魂。備頃寄托之心，旋瞑窀穸之目。
某無任感涕，栖倚哀惶之至。

原載敦煌文書 S.4473

晉出帝

　　後晉皇帝（913—974），姓石，名重貴。爲晉高祖侄子。高祖共六
子，其中五子早夭，石重睿年幼，所以立重貴爲帝。宰相景延廣主張
對契丹稱孫不稱臣，引起了契丹的兩次大規模的進攻，均被晉軍擊
退。開運三年（946），契丹再次進攻，晉以杜重威爲帥率大軍抵禦，杜
重威却勾結契丹，率軍投降，欲效法石敬瑭當兒皇帝。汴梁城破，後
晉滅亡，出帝及其嬪妃被擄，在建州（今遼寧朝陽境）過了 28 年亡國
奴生活後，於遼景宗天贊六年（974）死去。

即位大赦文　天福七年七月

　　古先哲王，開創丕業，未嘗不櫛風沐雨，旰食宵衣，安黔首於八
紘，保鴻圖於萬世。恭惟先皇帝艱難啓運，恭儉臨朝，以武功定寰區，
以文德安黎庶，日慎一日，無怠無荒，載洽隆平，永傳基構。顧惟冲
渺，獲奉纂承，念負荷以爲難，集哀摧而罔極，期終喪制，旋逼群情，竭
推戴以彌堅，執讓辭而不獲，勉臨大寶，以御兆民。宜頒在宥之文，用
布惟新之澤。可大赦天下。應天福七年七月十七日昧爽已前，四京

及諸道州府諸色罪犯，除十惡五逆、殺人強盜、官典犯贓、合造毒藥、屠牛鑄錢、諸色偽造外，其餘罪犯已結正未結正、已發覺未發覺，咸赦除之。已前諸色配流人等，除終身不齒、嘗知所在、縱逢恩赦、不放還人及曾爲強盜已配諸處收管人外，其餘並放還。其今日已前放還人內舊有職官者，量與叙用。吊民伐罪，用遵懲勸之恩；改過自新，必務含弘之道。其襄州安從進如能果決推誠，一稟朝旨，並從捨釋，各與官榮。朕恭承顧命，初嗣丕基，而文武群臣，中外良佐，肅清輦轂，保佐國家，備彰忠孝之心，咸竭推戴之力，宜覃恩渥，用表旌酬。在朝內外臣僚侍衛諸軍將校及諸道節度使、防禦、團練、刺史並與加恩。修奉園陵，考詳故實，務遵禮典，副朕孝思。凡曰在官，悉能陳力，爰逢昌運，宜示溥恩。諸道賓幕將校職員、見任京六品已下官、州縣官、三司場院監冶帶使額者，普與加恩。其諸道職員，押衙已上與轉官，兵馬使已下與轉職。懸車官秩，前任職資，載敦尚齒之風，爰示念功之典。致仕官前任文武朝臣內諸使司已下、前任節度使防禦團練刺史行軍兵從少尹上佐官、前諸道都指揮已下、前任京六品以下官及前資州縣官帶使額場院官等，並與加恩。京師職掌，夙夜勤勞，竭力有聞，推恩無吝。應在京諸司職掌亦量與恩澤。奉守文之業，敦孝治之風，宜加幽顯之恩，用慰哀榮之意。內外臣僚、內諸司使及侍衛、諸軍指揮使已上，父母在者與官封，已有官封別與遷改；已亡殁者並與封贈，已有封贈更與妻封贈；其有郡邑國號者與進封，未有者與叙封。曾竭臣誠，殁於王事，良深悼往，宜示賞延。自天福元年後來文武臣僚終有殁於王事與追贈，已追贈者更與追贈；有子孫未有職官者與録用。蝗蟲作沴，苗稼重傷，特示欽卹，俾令蘇息。應諸道州府經蝗蟲傷食苗稼者，並差官檢覆，據所損頃田與蠲放稅賦，仍委逐處長吏切加安撫，務令存濟。山林逸士，草澤遺賢，將裨教化之風，宜廣搜羅之道。應有懷才抱器、隱遁丘園者，委隨處長吏切在搜訪，具以名聞。敦崇孝義，旌顯門閭，式恢王化之基，用正人倫之本。應有孝子順孫、義夫節婦，委逐處長吏具名聞奏，當議旌表。於戲！纂繼大業，司牧群黎，小心必本於舊章，恭己難忘於朽索，不敢逸豫，以召和平。更賴將相大臣，文武多士，遵顧托於先帝，永翊戴於冲人。開保延洪，爰覃渥

澤，報告遐邇，咸使聞知。赦書日行五百里，敢以赦前事相告言者，以
其罪罪之。

原載《册府元龜》卷 94

賜襄州粟詔　天福七年八月

襄州城内百姓等，久經圍閉，例各饑貧。宜示頒宣，用明恩渥。
大户各賜粟二石，小户各賜粟一石。宜令襄州以見在數充。

原載《册府元龜》卷 106

給復襄州詔　天福七年八月

叛逆之臣，必行於討伐；凋傷之俗，宜示於撫綏。一昨逆賊安從
進，不戒滿盈，輒謀違背，占據城壘，虐害人民。元凶已就於嚴誅，比
屋宜加於霑澤。俾令蘇恩，用示軫傷。應在城人户，除已行賑貸外，
特放今年秋、來年夏城内物業上租税。其城外下營寨處，或有砍伐却
桑柘，及毁折却屋舍處，特與除放。今年、來年二月，合係租税，其管
内諸縣人户等，被安從進數年誅剥，多是貧寒，應天福七年夏税已前
諸色殘欠，及沿徵錢物，并公私債負等，并與除放。

原載《册府元龜》卷 492

除留守降麻敕　天福七年九月

留守之任，委寄非輕，凡降絲綸，宜同將相。今後除留守宜降
麻制。

原載《五代會要》卷 19

太廟置庫敕　天福七年十一月

天地、宗廟、社稷及諸祠事等，訪問自前所司承寬，多不精潔。宜
令三司預支一年諸司合請祠祭禮料物色等，於太廟置庫，仍差宗正丞
石載仁專主掌，監察御史宋彦昇監庫，兼差供奉官陳審璘往洛京，於
太廟内穩便處修蓋庫屋五間。俟畢日，催促所支物色監送入庫，交付
訖，取收領文狀歸閣。每有祠祭，諸司合請禮料，至時委監庫御史宋

彥昇、宗正丞石載仁旋旋給付。其大祠、中祠兼令監祭使檢點撰造，小祠即令行事官檢點。如致慢易，本司當準格科罪。其祭器未有者修製，已有者更仰整飭。

原載《五代會要》卷 4

修製祭器敕　天福七年十一月

天地、宗廟、社稷及諸祠祭等，訪聞自前所司承管，多不精潔。宜令三司豫支一年諸司合請祠祭禮料物色等，於太廟置庫，仍差宗正丞石載仁專主掌，監察御史宋彥昇監庫，兼差供奉官陳審璘往洛京，於太廟內穩便處擘畫，修庫屋五間候奉。修畢，催促所支禮料物色，監送到庫，交付宋彥昇、石載仁並同點檢。入庫交付訖，供奉官陳審璘齎交，領文狀歸闕。每有祠祭，諸司各請禮料。至時委監庫御史宋彥昇、宗正丞石載仁旋給付逐司。其太祠、中祠兼令監察使點檢饌造，一一須得精潔，如或更致慢易，本司當準格律科罪。其祭服祭器未有者修製，已有者更仰雅飾。

原載《冊府元龜》卷 34

禁兩稅加耗敕　天福七年十一月

朕自居藩邸，每務躬親。稟先帝之聖謨，見萬方之庶政。洎登宸極，思致時康。屬蝗旱爲災，耕桑失業，顧惟寡昧，深軫焦勞。舉一食思稼穡之艱難，行一事期黎民之蘇息，爲光清朝名士，朱邸舊僚，深窮蠹政之源，備得養民之本。況藩侯郡牧，察俗觀風，必能副冲人委仗之心，駐疲俗逋逃之足。明行條制，俾絕侵漁。使稅額無虧，戶口獲濟，斯爲急務，要在頒行，便可散下諸州，嚴誡主者，盡令遵守，無致因循，遍繫惠養之功，共致昇平之運。仍付所司。

原載《冊府元龜》卷 488

遇大祭祀等不得行極刑敕　天福七年十一月

宜令四京及諸道州府，遇大祭祀、正冬、寒食、立春、立夏、雨雪未晴，已上日並不得行極法。如有已斷下之案，可取次日，及雨雪定後施行。

原載《五代會要》卷 10

天福七年（九四二）曹元深回向疏

　　請大德壹九人揭諦道場三日。逐日每僧念《廣多心經》一百遍，《真言》一千遍，六時禮懺。紅錦襖子壹領准絹五匹，粟叁拾陸碩，細緤壹匹充法事，小娘子施紫羅衫子壹領。右件道場供僧轉經捨施所申意者，先奉爲龍天八部，調瑞氣於燉煌；梵釋四王，布祥雲於蓮府。中天聖主，化洽萬方。四夷驟貢而來庭，八表咸臻而伏款。司徒寶位，寵祿日新，同劫石而長榮，并江淮而不竭。尚書異俊，抱文武之宏才；幼小郎君，負忠孝而盡節。合宅清泰，承厚蔭而長歡；內外枝羅，保延年而納慶。然後千門晏謐，萬戶長寧。牧童播舜日之謠，野老賀堯年之慶。朝廷奉使，早拜天顏，所奏沿邊，果蒙聖允。往來途路，僉泰無危；人使通流，關山不滯。狼烟永滅，戈甲不興。癘疾消除，長聞喜慶。今因壇罷，詣就道場，謁仰慈門，希垂回向，謹疏。

　　天福七年十一月廿二日，弟子歸義軍節度使檢校司徒兼御史大夫曹元深疏。

原載敦煌文書 P.4046

顯陵行事官加階減選敕　天福八年正月

　　顯陵行事及祔廟等行事官，並宜加兩階，減兩選，理減外，合格日免取文解，便與注官。過格者，降一資爲事。勒停者，許從勒停日理本官選數，仍與減兩選，合格日免取文解，仍注邊遠同類官。

原載《册府元龜》卷 634

還幸東都御札　天福八年二月

　　控制寰中，梁苑得舟車之要；撫寧河朔，鄴臺有粟帛之饒。先皇帝肇啓其扃，咸昇都邑，南北非遠，來往是常。今則時正晏清，候當和煦，宜回金輅，往幸夷門。宣取今月十一日還幸東京。應沿路州府并不用修飾行宮開治道路，食宿頓遞，并以官物供給，勿令科斂人户。

側近州府長吏，勿來朝覲。凡在遐邇，宜體朕懷。

令佐招携户口加階敕　天福八年三月

　　諸道州府令、佐，在任招携户口，比初到任交領數目外，如出得百户以上，量添得租稅者，縣令加一階，主簿減一選；出二百户以上，及添得租稅者，縣令加兩階，主簿減兩選；出三百户以上，及添得租稅者，縣令加兩階、減兩選、別與轉官，主簿加兩階、減一選；出四百户至五百户以上，及添得租稅者，縣令加朝散大夫階，超轉官資，罷任後許非時參選，仍録名送中書；如已授朝散大夫及已出選門者，即別議獎酬；主簿加三階。其出剩不及一百户者，據户口及添租稅數，縣令加一階，參選日超一資注官，主簿加一階；如是一鄉收到三十户或五十户以上，一村收到三户五户以上者，其及本鄉村節級等，與免本户二年諸雜差使科配；如是一鄉收到一百户以上，一村收到十户以上，本鄉村節級等，與免本户三年諸雜差徭。如願且充節級，所由未得差替，如願歸農，便與免放。仍仰本縣准敕，分明給與憑據。自災沴已來，户口流散，如歸業者，切在撫安。其浮寄人户，有桑土者，仍收爲正户。其歸業户，天福五年已前逃移者，放一年夏秋租稅，並二年諸雜差遣；天福七年已前逃移者，放一年夏秋一半租稅，並放一年雜差遣。其創收户如先有租稅，即依元額輸納；如元無租稅，即據所營地畝，且收半稅，并放二年差徭。如鄉村妄創户，及坐家破逃亡者，許人糾告，勘責不虛，其本府與鄉村所由，各決脊杖八十，刺面配本處牢城執役。縣司本典知情，並同罪。告事人放三年租稅差徭，仍將放免數却配蓋藏。創户及坐家破逃户本鄉所由，均分輸納。今後天下州縣所收新添户口租稅，限十二月二十日以前申送户部點檢。如違限，本處判官、録事參軍罰五十直，仍削一級，孔目官、勾押人、本案人吏杖七十，降一資。

禁盛夏滯獄敕　天福八年四月

自臨寰宇，思致和平，以四海爲家，慮一物失所，每念狴牢之內，或多枉撓之人，屬此炎蒸，倍加軫憫。冀絶滯淹之嘆，用資欽恤之仁。應三京、鄴都及諸道州府見禁罪人等，宜令逐處長吏嚴切指揮，本推司及委本所判官疾速結絶斷遣，不得淹延，及致冤濫，仍付所司。

原載《册府元龜》卷 151

疏通吏部注擬敕　天福八年五月

吏部已判成選人等，訪聞人數絶多，闕員甚少，頗爲淹駐，例是饑貧，宜推振滯之恩，用廣進身之路。諸州府判掾見有員闕不少，其見在黄衣選人等，宜令注授，前件官除三京鄴都掾曹外，其餘並許注擬。候秩滿無遺闕者，五選六選減一選，七選八選減兩選，九選十選減三選，内有超資者，再入官日，即依本資叙理。河東管内及鄜、延、涇、邠、秦、隴、鳳等州管内闕員不少，選人以家私不便，多不伏官，宜令所司不拘超折注擬。仍俟秩滿無遺闕者，五選六選減三選，七選八選減四選，再入官日，却依本資叙理。所注前項州縣官等，宜令銓司依判成次第注擬，切在公當，不得阿私，仍不許選人通關。仍付所司。

原載《册府元龜》卷 634

夏令赦文　天福八年五月

朕荷上天之眷命，守先帝之丕基，日午坐朝，恐一物之失所；夜分不寐，思比屋之可封。身雖安於九重，心常懸於億兆。屬飛蝗作沴，膏雨久愆，流民倍切於撫安，徵賦頻令於蠲減，未能感召，深軫焦勞。念獄訟之繁，當炎蒸之候，欲臻和氣，宜去深文。特行寬大之恩，用叶哀矜之旨。應三京鄴都諸道州府見禁罪人，除十惡、行劫、諸殺人者及僞行印信、合造毒藥、官典犯贓外，人犯死罪者減一等，餘並放；内有欠官錢者，宜令三司酌量與限監出徵理。中外遐邇，宜體朕意。

原載《册府元龜》卷 94

勒停李鼎現任敕　天福八年十月

李鼎方居憲府,合稟朝章,豈可八月中喪妻,十月後供狀,欺公冒寵,以死爲生,既彰罔上之愆,難處觸邪之地。止停見任,尚示寬恩,宜敕停見任。

原載《册府元龜》卷 522

封錢宏佐吳越國王玉册文　天福八年十月

惟天福八年,歲次癸卯,十月丙午朔,六日辛亥,皇帝若曰:在天成象,拱辰分將相之星;惟帝念功,啓土列侯王之國。朕所以法昊穹而光宅,稽典禮以疏封。而況世著大勛,時推令器,探寶符而嗣位,仗金鉞以宣威,羽翼天朝,藩籬東夏,宜列諸侯之上,特隆一字之封,簡自朕心,叶於輿論。咨爾保邦宣化忠正翊戴功臣、起復鎮國大將軍、右金吾衛上將軍員外置同正員、檢校太師、兼中書令、杭州越州大都督、充鎮海鎮東等軍節度、浙江東西等道管内觀察處置兼兩浙鹽鐵制置發運營田等使、上柱國、吳越國王、食邑一萬七千户、實封四千户錢宏佐,爲時之瑞,命世而生,負經文緯武之才,蘊開物成務之志,英華發外,精義入神,亞夫繼社稷之勛,顧榮擅東南之美,眷言祖考,志奉國朝,清吳越之土疆,執桓文之弓矢,天資厥德,代有其人,荷基構以克家,事梯航而述職,殊庸斯在,信史有光,是舉彝章,爰行盛典。土茅符節,方推翼世之賢;黻冕輅車,更重策勛之禮,斯爲異數,允屬真玉。今遣使光禄大夫、檢校司徒、行太子賓客、上柱國、太原縣開國男、食邑三百户王玫,使副正議大夫、行尚書吏部郎中、柱國、賜紫金魚袋趙熙等持節備禮,册爾爲吳越國王。於戲! 周寵元臣,四履錫命;漢封異姓,八國始王。指河岳以誓功,俾子孫而襲爵,爾纂服舊業,朕載考前文,勿忘必復之言,更廣無窮之祚,懋昭前烈,爾惟欽哉!

原載《吳越備史》卷 3,《五代史書彙編》

親征詔　天福九年正月

朕以恭承先旨,尊奉北朝,無事不隨,有求皆應。竭國家之財用,務蕃漢之歡和。豈謂貪殘，終隳信義，直驅戎虜，深犯封疆。如是憑陵，安能俯就？顧師徒之憤惋，念生聚之凋傷。頃議親征，用平醜類。蓋救驚搔之患，寧辭跋涉之勞。取此月十三日，躬御六師，北征雜虜，指期旦夕，悉蕩氛霾。凡爾百僚，當體朕意。

原載《册府元龜》卷118

復置翰林學士院敕　開運元年六月

翰林學士與中書舍人，舊分爲兩制，各置六員，偶自近年，權停內署，況司詔命，必在深嚴，將使從宜，却仍舊貫，宜復置翰林學士院。

原載《五代會要》卷13

改元開運大赦文　開運元年七月

王者化家爲國，既開創以惟難；纂業承基，亦負荷而尤重。朕虔承遺命，嗣守丕圖，顧眇躬而懼不克堪，持小心而曾無暇逸，外以生靈是念，內以宗社爲憂，若涉大川，如馭朽索。然猶功非及物，德不動天，蟲螟爲害苗之災，夷狄作亂華之患。尚賴謀臣猛將，義士勇夫，共成戡剪之功，復致澄清之運。今則狂戎逃遁，年穀豐登，時屬小康，禮當終制。雖三年無改義，欲化於人倫；而正朔有常理，宜新於鳳曆。爰布改元之令，仍覃在宥之恩。天福九年宜改爲開運元年，可大赦天下。應今年七月一日昧爽已前，三京鄴都諸道州府見禁囚徒，除十惡五逆、光火劫殺、屠牛鑄錢、官典犯贓、僞行印信、合造毒藥外，罪無輕重，已發覺未發覺、已結正未結正，咸赦除之。流竄之徒，其實有咎；和平之道，亦許自新。其流配人除終身不齒常知所在人外，未經量移者與量移，已經量移者與叙用。蟲蝗災疾之邦，流夷頗甚；獫狁經過之地，凋弊尤深。須議優饒，用明軫憫。其岐、雍同華、蒲、陝、涇、邠、耀、威管內人户，委長吏切在招携，復業之家免一年租稅。魏博、貝、冀、滄、景、德等州，曾經虜騎剽攘，特放今年秋稅；其餘經過之地，亦量與矜蠲。乃眷親軍，實推忠節，或從征醜虜，顯立勛勞，或出討叛臣，方期平定。至於邊陲守戍，藩鎮分屯，盡繫捍防，皆施勤效，雖賦稅未集，帑藏猶虛，宜示頒宣，用明獎賞。應將校兵士量與等第優給。

連年失稔,常賦愆期,國用未克,軍須不足,是行率借,以濟贍供,誠非欲爲,蓋不獲已。敕書到日,盡時罷征,出彼家財,資予國力,宜加甄別,以示優隆。出一千貫已上者特免科徭,出一萬貫已上者咸授官秩,無資給者與本處上佐,有官名者依本品序遷。竭彼臣誠,没於王事,恩宜加等,禮有明文。當契丹侵犯之時,有守城臨陣盡節亡身者,宜令逐處長吏以名銜奏聞,當議超加褒贈,或孫或子並與旌酬。含垢匿瑕,捨過宥罪,前王令典,有國通規。應有曾行劫盜之人,並宜放罪,願在軍者與配軍收管,願歸農者委本縣安存。務局因循,職掌敗闕,空係連懸之數,徒行徵督之文,宜示哀矜,並令除放。於戲! 承祧繼統,御極居尊,雖旰食宵衣,每勤庶政,而利兵秣馬,未息殷憂。更賴四輔三公,五侯九伯,文武叶力,上下同心,竭彼忠貞,佐予寡昧,舉朝廷之急務,盡軍旅之沉謀,使鼓卧旗偃,俾成寧謐,同文共軌,速洽隆平,表乃有功,致我無事。

原載《册府元龜》卷 94

親征契丹命將制　開運元年八月

　　宣王講武,逐獫狁於太原;漢帝出師,走匈奴於瀚海。是知蠻夷猾夏不能絶之於古今,戎狄無厭不能拘之以信義。先皇帝昔當草昧,方在龍潛,未登鄙邑之壇,始有晉陽之難。契丹主徑驅蕃部,直抵并郊,遂解重圍,助成大統。我之興也,彼有力焉。於是邀之以鬼神,申之以盟誓,載諸簡册,傳厥子孫。爾後常念前因,每思厚報,減宮闈之服玩,罄府藏之珠珍,供億無時,道途相望。而契丹貪殘滋甚,驕縱異常。通使命於江淮,徵貢輸於郡國。苞藏既久,奸謫漸萌。既而興議喧嘩,群情憤激,軍民扼腕,中外同辭,請興貔虎之師以遏豺狼之患。先皇帝重其信誓,篤以初終。降萬乘之尊,禮不義之虜,耗中原之力,奉無已之求。迨于纘受丕圖,虔承顧命,每欲息民繼好,敢忘屈己從人? 所以厚禮卑辭以隆其意,推心置腹以示其誠。其如鴆毒潛深,獸心難革,乘我歉歲,伐予大喪,平視中原,竊窺神器。朕實不德,民罹其殃,愧悼增深,寤寐興嘆。向者躬提黄鉞,親指靈旗,駐於甘泉,自春徂夏。賴祖宗垂慶,天地儲休,猛將如雲,謀臣若雨,士百其勇,人一其心。寸鏃不遺，狂戎自潰，氛霾少息，師旅凱旋。今則漸入秋，深慮爲邊患。朕以志平寇難，不敢荒寧，將期親率全師，恭行天討，庶幾一舉，永靜三邊。罔辭櫛沐之勞，用拯生靈之患，得不精求將帥，慎柬偏裨？冀成破竹之功，以殄折膠之寇。爰於剛日，乃降命書。順國軍節度、鎮深趙等州觀察處置、幽州道行營副招討等使、特進、檢校太師兼中書令、行真定尹駙馬都尉杜重威，地居戚里，神授戎韜，久服金革之勞，累濟艱難之運。虎牢晝閉，一麾而蝥賊自消；河朔未寧，再駕而氛妖繼息。戡定之業，溢於鼎鐘。太平軍節度、鄆齊棣等州觀察處置兼管内河堤等使、光禄大夫、檢校太尉平章事張從恩，清明可鑒，忠正無邪，夙懷刺虎之謀，早列濯龍之籍。當襄陽之役，克成監護之助。及北虜之來，實賴藩籬之固，器業之用，可謂縱橫。西京留守起復檢校太尉兼侍中、行河南尹景延廣，文武全才，雲龍際會，指經綸於掌内，藏甲馬於胸中。久權七萃之師，繼委十連之帥。軍民畏伏，畿甸肅清。左右之勞，書於盟府。武寧軍節度、徐宿等州觀察處置等使、開府儀同三司、檢校太師兼侍中趙在禮，河嶽鍾靈，松筠植性。授玉鈐之秘略，得金版之沈機。輔翼數朝，周旋重鎮。述職而必先九牧，事君而唯盡一心，尊獎之功光乎史冊。建雄軍節度、晉慈隰等州觀察處置等使、特進、檢校太師平章事安叔千，衆推武庫，素曉陣圖，疾惡如讎，見義思勇。觴酒豆肉，無虧撫士之心；尺籍伍符，盡得總戎之訣。軍旅之任，實契僉諧。前泰寧軍節度、兖沂密等州觀察處置等使、特進、檢校太師平章事安審信，久處腹心，早攀鱗翼，倜儻乃萬夫之長，驍雄真六郡之豪。鳶頷虎頭，咸仰將軍之相；牙璋犀節，累持方伯之權。英特之名，播於中外。河中護國將軍、節度管内觀察處置等使、開府儀同三司、檢校太師平章事安審琦，嚴明無斁，寬簡自居，善知奇正之謀，備熟孤虛之法。首赴風雲之會，昔同帶礪之盟。累殿藩垣，嘗堅夾輔，連帥之重，倚若長城。河陽三城節度、孟懷等州觀察處置管内河堤等使、青州行營副都部署、特進、檢校太師符彦卿，惟爾先臣，實爲名將，世襲弓裘之慶，門傳忠孝之規。西漢三雄，徒稱傑出；東京七校，乃爲時生。竭盡之心，貫于金石。義成軍節度、滑漢等州觀察處置管内河堤等使、北面行營馬步都虞候、開府儀同三司、檢校太師皇甫遇，劍敵萬人，力摧九虎。赤羽若日，蒲大夫之英風；快馬如龍，曹景宗之意氣。繼承重寄，必竭純誠，義烈之稱，播於寰海。北面行營馬部都排陣使兼馬軍都指揮使、特進、檢校太保、右神武統軍張彥澤，猛若關、張，氣吞荊、聶。薦膺委寄，每著勤勞。鳴鏑離弦，既得吟猿之妙；青萍出匣，久彰斷兕之名。營陣之間，皆推果毅。橫海軍節度、滄景德等州觀察處置管內河堤等使、幽州道行營右廂排陣使、特進、檢校太師王廷裔，鬼谷傳書，神龜授印。委鎮臨於滄海，賴控扼於邊陲。繕甲治兵，暗蓄摧凶之計；深溝高壘，不移持重之心。捍禦之謀，斷於胸臆。保義軍節度、陝虢等州觀察處置等使、特進、檢校太尉宋彥筠，威恩兼著，膽氣無儔。累佐戎權，善貞師律。千軍萬馬，憚陳慶之雄名；三令五申，得孫武之戰術。將帥之選，皆謂當仁。前懷德軍節度管內觀察處置等使、光祿大夫、檢校太傅田武，早從戎武，備歷艱難。安邊展頗牧之才，制勝合韓吳之法。向者仗其舊德，委以邊藩，頗資外禦之功，實有分憂之績。忠貞之節，雅叶東求。北面行營步軍都排陣使兼步軍都指揮使、特進、檢校太保、左神武統軍潘環，幕府書勛，師干著效。攻城野戰，獨麾鄭國之旗；陷陣先登，幾獲魚門之冑。泊外環衛，彌見公忠，兵革之時，所宜登用，而皆位崇侯伯，任重茅土，俱爲社稷之臣，悉是棟梁之具。或推忠徇義，或報國忘家，常堅翼戴之心，夙蘊澄清之志。朕所以告於宗廟，質以蓍龜，授之以征鼙，付之以蕭鐵。但以狂戎侵掠，生聚虜劉，既貽中國之羞，抑亦人臣之恥。爾等上則受先皇顧托，輔予冲人，次則副朝廷倚毗，委之重任，所宜同德比義，戮力齊心，各竭乃誠，共安國步，功業可以不朽，富貴可以無窮。況今芻粟俱充，士卒咸憤，旌旗萬隊，甲馬千群。呼吸則山嶽蕩搖，號令則乾坤震動。以此制敵，何敵不摧？以此攻城，何城不克？佇期獻俘清廟，懸首素旗，同集大功，永清四海。於戲！周王任吉甫、南仲，乃憎戎夷；漢帝任去病、衛青，遂空沙漠。今吾命帥，皆謂得人，勉立異勛，速平多難，無令數子獨擅前功。凡我股肱，當體朕意。杜重威充都招討使，張從思充兵馬都監，景延廣充馬步軍都排陣使，趙在禮充馬步軍都虞候，安叔千充馬步軍左排陣使，安審信充馬步軍右排陣使，安審琦充馬步軍都指揮使，符彥卿充馬軍左都指揮使，皇甫遇充馬軍右都指揮使，張彥澤充馬軍排陣使，王廷裔充步軍左都指揮使，宋彥筠充步軍右都指揮使，田武充步軍左厢排陣使，潘環充步軍右厢排陣使。

原載《冊府元龜》卷120

答靈武節度使馮暉制　開運元年八月

非制書忽忘，實以朔方重地，非卿無以彈壓。比欲移卿內地，受代亦須奇才。

原載《資治通鑑》卷284

復置明經童子科詔　開運元年八月

明經、童子之科，前代所設，蓋期取士，良謂通規。爰自近年，暫從停廢，損益之機未見，牢籠之義全虧。將闡斯文，宜依舊貫，庶臻至理，用廣旁求。其明經、童子二科，今後復置。

原載《冊府元龜》卷642

整飭吏治詔　開運元年八月

向者朝廷無事，經費尚多，今則師旅方興，支贍尤廣，必資國力，以濟軍須。近以四海災傷，頻年饑饉，賦租減少，筦榷虧懸，帑藏不充，公私重困。今歲三時不害百穀，用成所在流民，漸聞歸業商旅之人稍衆，山澤之利咸通。郡邑徵科，自然容易，務場課額，必有增盈，較量之間，斷可知矣。牧宰之任，選擇非輕，至於阜俗康民，豐財益國，乃爲本職，固合用心。苟能一一躬親，孜孜臨莅，必絕滯凝之事，兼除僥倖之門，副我憂勤，顯爾政績。將求課最，須設科條。況藩侯郡守等，皆是良臣，各膺重委，盡傾誠穀，以奉國朝。式當倚注之時，宜示勸懲之道。應天下諸州各以係省錢穀、秋夏徵科爲帳籍，一季一奏。一年賦稅及限，更委在任一年，次年又不稽違，聽三周年爲滿，三年皆得辦事，即與別議陟遷。如或纔到任所，課績不前，亦當即時罷替。其間災沴之地，須明具敷陳，審其虛真，別有處分。於戲！朕纘承大業，于茲三年，虔奉基局，不敢失墜，競競業業，若履春冰。小信未孚，咎徵斯降，旱蝗相繼，連歲爲灾，兵革未寧，四方多事，下慚黔首，仰愧蒼穹。所賴將相公卿，元戎郡守，或先朝宿舊，或當代英賢，送往事居，始終如一，分憂共治，誠節彌堅。倚賴既深，傾輸亦至，必能爲國盡忠，臨事公勤，不更假於指縱，固自知其陳力。凡百有位，宜體朕懷。

原載《册府元龜》卷 636

修省詔　開運元年九月

朕虔承顧命，獲嗣丕基，常懼顛危，不克負荷，宵分日昃，罔敢怠荒，夕惕晨興，每懷祗畏。但以恩信未著，德教未敷，理道不明，咎徵斯至。向者頻年灾沴，稼穡不登，萬姓饑荒，道殣相望。上天垂譴，涼德所招。仍屬干戈尚興，邊陲多事，倉廩不足，則輟人之糇食；帑倉不足，則率人之資財；兵士不足，則取人之中丁；戰騎不足，則假人之乘馬。雖事不獲已，而理將若何？訪聞差去使臣，殊乖體認，不能敦於勉諭，而乃臨以威刑。自有所聞，益深愧悼。旋屬守臣叛命，戎虜犯邊，致使甲兵不暇休息，軍旅有戰征之苦，人民有飛挽之勞。疲瘵未蘇，科斂尚急，言念于此，寢食何安？得不省過興懷，側身罪己，載深減損，思召和平。所宜去無用之資，罷不急之務，棄華取實，惜費省功。一則符先帝慈儉之規，一則慕前王樸素之德。向者造作軍器，破用稍多，但取堅剛，不須華靡。今後作坊制造器械，不得更用金銀裝飾。比於游敗，素非所好，凡諸服御，尤欲去奢。應天下州府，不得以珍寶玩好及鷹犬爲貢！在昔聖帝明君，無非惡衣菲食，況予薄德，所合恭行。今後太官常膳，減去多品。衣服帷帳，務去華飾，在禦寒濕而已。峻宇雕墻，昔人攸誡；玉杯象箸，前代所非。今後凡有營繕之處，丹堊雕鏤不得過度。宮闈之内，有非理費用，一切禁止。於戲！繼聖承祧，握樞臨極，昧於至道，若履春冰。屬以天灾流行，國步多梗，因時致懼，引咎推誠，期於將來，庶幾有補。更賴王公將相，貴戚豪宗，各啓乃心，率由兹道，共臻富庶，以致康寧。凡百臣僚，宜體朕意！

原載《册府元龜》卷 145

親征詔　開運元年十一月

朕以蕃寇未平，邊陲多事。選求將帥，徵發師徒，北面屯軍，汾河守禦。即日雖無侵軼，亦須廣設隄防。朕將親率虎貔，躬擐甲冑，俟聞南牧，即便北征。不須先定日辰，別行曉諭。所有供億支用，宜令三司預自指揮。令隨從諸司職員并宜常備行。諸侯不得朝覲，亦不得以進獻供侍借斂吏民，凡百臣僚當體是意。

原載《冊府元龜》卷 118

下禮部貢院敕　開運元年十二月

敕禮部貢院："自前考試，進士皆以三條燭爲限，并諸色舉人等，有懷藏書册，不令就試。宜並準舊施行。"

原載《冊府元龜》卷 642

收復青州大赦文　開運元年閏十二月

高祖皇帝應天順人，化家爲國，勤勞庶政，安輯四方，御衆以寬，懷遠以德，高秩厚祿，以獎勛勞，推食解衣，以重賢戚。至于匹夫匹婦，皆被亭毒之恩；草木昆蟲，悉覃忠厚之德。朕恭承丕訓，嗣守宗祧，奉以周旋，不敢失墜，兢兢業業，若涉大川。所賴將相公卿，同德比義，共扶不逮，庶洽於隆平。而揚光遠頃以微功，驟升亞將，後承僞命，來拒義師，始則爲桀犬吠堯，終則背楚降漢。先皇帝方弘大義，推以赤心，忘彼仇讎，歡如魚水，亟承重寄，久綰親軍，累典大藩，亦兼重鎮。邇後選男，尚主待之，以懿親裂地封王，寵之以極致，人臣之盛，近代無儔。至於諸子之中，皆擢爲牧守；家臣之内，多有遙領郡符。比外有非理邀求，違法僭濫，國家務存終始，悉與含弘。奈何自至滿盈，不勝富貴，恩深致怨，物盛乃衰？而輒信奸邪，虛有怨望，聞我大喪之後，乘我饑饉之年，外則勾引蕃戎，倚爲勢援，内則竊據城壘，潛肆窺覦，遂使河朔數州頓成瘡痏，青丘一境獨陷蔚羅。朕所以命將興師，吊民問罪。然猶堅壁拒命，自夏徂冬，固執其迷，自稔其惡。其子楊承勛見衆情之携貳，知孤壘之困窮，深懷滅族之憂，遂有悛心之請，解其戈甲，待罪軍門，梟彼凶徒而傳首於闕下。氛霾遽息，中外同歡。

此皆宗社降靈,乾坤眷祐,將帥戮力,士卒齊心。掃千里之封狐,不爲民患;除三穴之狡兔,甚泰物情。念彼一方,未能高枕,宜行在宥,用拯疲羸。可取閏十二月十七日昧爽已前,應諸州管內州縣見禁囚徒,已結正未結正、已發覺未發覺,罪無輕重,咸赦除之。拾爵策勛,前王之令典;録功旌義,有國之常規。應收復青州將校兵士等,一自征行,再罹寒暑,頻親矢石,備歷艱辛,賊壘既平,秋毫不犯,雖已行頒賚,而更議甄酬,厚秩美名,我無愛惜。其將校自副兵馬使已上員僚并監押使臣並與加恩,十將已上各賜功臣名號,已有功臣者更宜改賜。自楊承勛納款歸明,楊光遠亦拜章請罪,朝廷務弘恩貸,而特與全生,既許自新,終懷憂憎,遂至疾作,以及亡身。雖悖逆之人,眾所憤怒,在君臣之分,朕實憫憐,斷棺戮尸,情所不忍。其楊光遠尸首許令骨肉收葬。楊承勛比從頑父,同作不臣,志力既窮,覆亡可待,而能轉禍爲福,全身保家,果傾嚮義之心,所謂見幾而作,宜加恩澤,以示獎酬。其楊承勛宜與起復,除授防禦使,仍加官秩,其一家骨肉並放罪。其弟承祚、承信已在哀制,放歸私第。烈火焚山,始識珪璋之性;嚴霜殞夜,方知松柏之心。適當危亂之時,乃見忠貞之節。故淄州刺史翟進宗清風凜物,貞骨凌秋,當光遠跋扈之初,被逆黨脅驅之際,而仗節守義,經死徇忠,終異叛徒,以及遇害,雖已行褒贈,而未稱朕懷,宜覃延賞之恩,仍示殊常之禮。其翟進宗靈櫬委本處類會本人骨肉加禮歸葬,葬事官給;其子仁欽可特授官資,補充東頭供奉官。去順效逆,頗蠹人倫;濟惡助奸,難逃國典。前登州刺史張萬迪,恩隆郡寄,顯受朝恩,不能事君盡忠,輒敢從人於亂,備彰逆節,須舉明章。其張萬迪宜從別敕處分,尚在寬宥,特免族誅,其骨肉並從釋放。國家兵士,恩澤頗隆,賞賜以時,衣糧甚厚。其中有凶惡之輩,輕狡之徒,不顧妻孥,輒背軍伍,如期僥倖,難道嚴誅。其青州城下兵士有走投入賊城者,並令指揮殺戮,所有逐人骨肉宜從釋放。叛城既下,污俗宜新,同惡者皆就剿除,詭隨者並從停廢,其餘詿誤,宜示矜寬。其楊光遠下惡黨皆已梟首,所有隨幕賓從除已殺戮外,餘皆配送邊遠州府,常知所在,終身不齒,縱逢恩赦,不在放還之限。其在城及管內州縣鎮員僚將校曾被楊光遠脅從者,一切放罪。亡命之人,比來懼罪,所宜招諭,却復耕農。自楊光遠作叛已來，或有鄉村百姓接便遞相劫殺逃竄山林者，並皆釋放，仍委本處官吏明宣朝旨，招喚歸業；如敕命到兩月不歸者，復罪如初，當令擒捕，顯行刑戮，其莊田物業亦許力及人户請射佃蒔。忠力之士，稟君命而不避危難；良善之人，入亂邦而橫遭迫脅。罹兹患難，實可憫傷。自楊光遠作叛之初，應有差去使臣非理而死者，如子孫量與量才叙用。攻圍之際，役使實煩，凡有區分，皆繫急速，稽緩者固當抵罪，辨集者豈惜酬勞？應青淄登萊兗沂密鄆齊棣等州職員、州縣等曾部署輦運者，並與加階减選及轉官加職。軍旅所至，雖切戒嚴，營寨所經，寧無踐食？宜寬常賦，以慰編甿。自王師攻討逆賊，大軍下寨之處所有田苗桑棗應遭蹂踐砍伐，宜委本處官吏子細通檢，除今年見苗供輸外，來年夏税並與放一半。其去青州三里内，更免今年秋夏殘租。興師動衆，勞費生靈，或則負畚鍤以從軍，或則徵輦運而赴役，疲於供命，不暇息肩，言念蒸黎，宜加優恤。應青州管内及鄆齊棣兗沂密等州諸縣人户自攻討已來差役科配頻併，其今年夏麥殘欠并沿徵錢物並與除放。所有逃移户口，宜令逐處長吏切加招携。青州城市居人等久經圍閉，頗是凋殘，楊光遠率彼資財，奪其糧食，至此餓殍，宜示憫傷。其在城見在貧民委本道以食糧賑恤，所有城内屋税特放一年。應洞子頭及城下夫役有遭欠石致死者，宜令逐處長吏子細通勘，與放二年徭役。城郭之内，餓殍極多；墟墓之間，暴骨甚衆。方隆渥澤，豈限幽明？其青州城内餓死百姓及城外墳墓曾遭發掘者，並令本道掩藏埋瘞。於戲！亂常干紀，天地不容，負國欺君，人祇共怒。是知福善禍淫之道，信而有徵；孤恩背義之人，敗不旋踵。今則干戈少息，海岱已寧，凡在股肱，更思康濟，庶臻治道，同享升平。布告寰區，咸知朕意。

原載《册府元龜》卷 94

流楊麟等詔　開運元年

　　"楊光遠隨幕賓從等，久在樽罍，比資參佐。當光遠始謀逆節，未嘗聞拯救之言。及楊承勛决意歸明，又不是贊成之數，但思朋附，悉合誅夷。尚示寬恩，俾從遠竄。"麟流威州，節度掌書記任邈流原州，觀察支使徐晏流武州，縱逢恩赦，不在放還之限。

原載《册府元龜》卷925

贈翟進宗左武衛上將軍敕　開運元年

故淄州刺史翟進宗，不穀不德，營兵叛予，陷爾屬階，力屈遇害。念茲忠瘁，實用盡傷。蜀主恕其黃權，魯繆誅其卜國，皆非罪也。吾將贈之，用慰貞魂，宜頒漏澤，可贈左武衛上將軍。

原載《册府元龜》卷140

令三銓詳看關牒敕　開運二年正月

銓總之司，提舉是務，時臨注擬，尤在精詳。宜令三銓仔細看驗關牒，或稍涉差謬，即據理科條，將澄刈楚之風，用誠侮文之吏。

原載《册府元龜》卷634

疏理獄訟瘞埋病亡敕　開運二年正月

淹延刑獄，實啓倖門；稽滯瘞埋，尤傷和氣。追呼既廣，勞擾斯煩；檢驗取裁，停駐爲弊。宜令凡有禁繫，不得分外追人；百姓死亡，亦仰及時葬送。既無重擾，式叶化風。仍付所司。

原載《册府元龜》卷66

準廣雪冤賞例詔　開運二年正月

理冤申屈，勞績可嘉，内職外官，課最無異，苟能雪活，何吝甄酬。宜先録公文直具聞奏，或實官滿，到闕投狀，無致隔年，庶絕濫訛，用分真偽。宜依。

原載《册府元龜》卷634

祭中嶽令河南尹行禮敕　開運二年二月

盧復請河南尹親及廟貌，冀表精虔。在禱祝山川，誠爲重事。且浩穰都邑，豈可闕人？今後祭中嶽，宜令河南少尹往彼行禮。

原載《册府元龜》卷594

收瘞骸骨敕　　開運二年二月

契丹違天背惠,猾夏渝盟,無名侵犯於封疆,縱暴殺傷於生聚,毒流數郡,怒積群情,果敗衄於漳州,乃退歸於燕塞。今則長驅虎旅,誓滅胡塵,雪萬姓之沉冤,期四方之昭泰。每念蕃寇經過之處,邊隅陷沒之人,未掩殭尸,何安恨魄!軫傷既切,惠澤宜加。其常、定、邢、洛管界,蕃寇經過之處,枉遭殺害,無主收葬者,宜令本州差大將一人,所在收瘞,量事祭奠,訖具事以聞。

原載《冊府元龜》卷 135

改泰州屬定州敕　　開運二年三月

眷唯泰郡,素乃漢疆,偶隸蕃戎,久罹塗炭。遇王師之進討,傾臣節以來降。況地處要衝,人推勇悍,將控臨於黠虜,宜係屬於雄藩。其泰州宜割屬定州爲屬郡,以狼山寨主孫方簡爲泰州刺史,仍檢校尚書右僕射、本州守禦都指揮使、充定州東西面都巡簡。

原載《冊府元龜》卷 118

答桑簡能請斷冤獄封事敕　　開運二年五月

囹圄之中,縲紲之苦,奸吏苟窮於枝蔓,平人用費於貨財。由茲滯淹,兼致屈塞。桑簡能體茲軫憫,專有敷陳,請長吏躬親,免獄官抑逼,深爲允當,宜在頒行。

原載《冊府元龜》卷 151

征契丹還大赦文　　開運二年五月

堯仁御極,尚興丹浦之師;軒后承乾,亦有阪泉之戰。是知五材並用,王者不能去兵;四氣同功,天道不能止殺。朕自躬傳神器,勉徇人謀,戢干戈而寧耀武威,撫夷狄而但修文德。而契丹見利忘義,負約渝盟,大爲猾夏之災,屢肆窺邊之暴。須爲民而除害,遂命將以伐戎,駐五輅於大河,勞六師於極塞。賴乾坤祐助,社稷威靈,將相一心,貔豺戮力,致群凶之敗衄,血滿平川;使元惡之奔逃,魂消廣漠。今則朔陲稍靜,中夏小康,宜上答於穹旻,俾特施於赦宥,用導和平之氣,適符長養之風。可大赦天下。開運二年五月二十一日昧爽已前,應三京鄴都諸道州府見禁囚徒,除十惡五逆、持杖殺人、强盜、官典犯贓、合造毒藥、屠牛鑄錢、僞行印信外,其餘罪犯,已發覺未發覺、已結正未結正,咸赦除之。諸色配流人,除終身勿齒并縱逢恩赦不在放還人及曾爲盜賊并自契丹内來諸色人已於諸處收管外,其餘配流人并常知所在者並放歸,其開運二年正月一日後來配流人等不在放還之限。兵戈之地,可料傷殘,惻隱之心,不捨晝夜,所宜優惜,用恤疲羸。應常定邢貝相并鄴都已北管界,自今年契丹犯境已來,有人户實經虜殺劫人者,所通撿到夏苗十分已令減放二分苗子,并沿徵錢物今更特減放一分。其今年徵正税錢物等,亦與十分内減放二分。行幸之時,往來之處,奉迎不闕,供億實繁,宜示渥恩,以獎勤效。應滑澶兩州迎奉車駕并沿路供頓官員職掌等,仰逐處具名銜申奏,當與加恩。出師已來,遇敵之處,忠烈之士,皆效命以衝鋒;行陣之間,遂損身而報國。宜加延賞,用慰真魂。應北面行營將士等除已與加恩及第支賜優應給外,其有没於王事者職員,宜令逐處分析聞奏,當議超加褒贈,子孫已有官者當與叙用;其節級長行等如有親男堪充征行者,宜令逐處酌量配軍收管,支給衣糧。戎夷侵軼,驅脅吏民,雖陷虜庭,旋歸漢境,所宜慰納,以示綏懷。應近北沿邊州縣軍鎮官員職掌被契丹脅擁入蕃得便逃得歸來者,並放罪,仍仰切加安撫。眷彼易水,最處邊陲,經戎虜之攻圍,賴軍民之固守,將校齊一,生聚保全,念此忠勇,宜加旌賞。其易州被契丹圍逼之時應在州守把城池刺史官員職掌等,仰具名銜申奏,並與加恩。征討之際,饋運之民,不唯飛挽之勞,或有抄截之患,宜令存恤,用示優弘。應鎮定刑洛先差隨軍運糧百姓偶有不迴者,委逐處用勘,如有此色,其本户骨肉切加安撫,免三年差徭。儌擾之際,輕俠之徒而偶聚;盜於崔蒲,遂亡命於山澤。宜令招携,俾復農桑。訪聞鄆齊棣等州管界及河北諸縣百姓内,有昨因蕃賊入界接便爲非,今遇安寧怕罪未來歸業者,宜令逐處長吏遍行榜示告諭,所有今月一日已前罪犯,一切不問,宜令並放歸田業,各務營生,仍委縣鎮鄉村切加安撫,不得恐動;如告諭後過百日不來歸業仍前爲惡者,復罪如初。逃背軍都,誠爲極罪,誅夷家口,乃是常刑,將議寬矜并從捨釋。應諸州府見禁及本營枷項并常知所在諸軍逃走兵士家口等,並宜釋放。場院積弊,官吏承寬,致課額之逋懸,勞朝廷之徵督。久淹刑獄,深軫予懷,爰示優容,俾令除放。其安邑、解縣兩池前催鹽使王居敏、王景遇,禁盤鹽欠折軍將兩界逋懸,累年禁繫,宜令三司各詳逐人所欠,如有人家業錢填納者,可與盡底據數納官,餘欠並本人並放;如有欠負錢物數内全無家業錢物填納者,宜與免死,配送邊遠諸處收管,仍永不得差使,所欠特放。河中府雍同華陝虢等州管界内人户,有欠王居敏、王景遇盤鹽脚價者並特放。於戲! 雁磧方秋,稍息烟塵之患;鷄竿肆赦,是覃雷寸雨恩。更賴文武大臣,中外宿德,或決策巖廊之上,或提戈軍旅之間,嘗膽爲懷,摧凶是念,速除餘孽,共集殊勛,克致澄清,永銷氛穢。仍遣赦書日行五百里。敢有以赦前事相擾告者,以其罪罪之。布告遐邇,當體朕懷。

原載《册府元龜》卷 94

御史不得以小事請假敕　開運二年八月

今後諸御史,宜令除准式請假外,不得以私故小事請假離京,并除奉制命差勘公事及按察外,不得以瑣細事差使出外。

原載《五代會要》卷 17

以郎署兼侍御史敕　開運二年八月

御史臺準前朝故事,以郎中、員外郎一人兼侍御史知雜事,近年停罷,獨委年深御史知雜,振舉之間,紀綱未峻,宜遵舊事,庶叶通規。宜却于郎署中,選清慎强幹者兼侍御史知雜事。

原載《舊五代史》卷 149

答邊玕請五日一録囚敕　開運二年十月

人之命無以復生,國之刑不可濫舉,雖一成之典,務在公平;而三覆其詞,所宜詳審。凡居法吏,合究獄情。邊玕近陟周行,俄陳讜議,更彰欽恤,宜允申明。

原載《册府元龜》卷 151

招充西京太常寺樂工敕　開運二年十一月

太常寺見管西京雅樂節級樂工共四十人外，受添六十人。內三十八人，宜抽教坊貼部樂官兼充，餘二十二人，宜令本寺招召充填。仍令三司定支春冬衣糧，月報聞奏。其舊管四十人，亦量添請。

原載《五代會要》卷 7

答陶穀請禁伐桑棗敕　開運二年十二月

陶穀方思豐國，切欲勸農，以貿易於柴薪，多砍伐於桑棗，請行禁絕，宜舉科條。仍付所司。

原載《冊府元龜》卷 70

科陳延福罪敕　開運二年

陳延福位居牧守，首被訟論。移市肆以創迴圖，已彰生事；假役夫而科采捕，猶驗擾人。但以稱贍本州，云承累政，雖除奸革弊，全昧經心，而案罪計贓，未明入己。聊從懲罰，用顯含洪，宜罰徵馬十匹放。

原載《冊府元龜》卷 699

流張嗣宗敕　開運二年

張嗣宗已招過犯，斷處徒刑，雖定徵銅，更難居任。既聞除替，便合稟承，乃敢拒違，益彰狡惡，須加竄謫，俾省愆尤。宜配流商州。

原載《冊府元龜》卷 707

賜高麗王王武詔　開運二年

卿才略耀奇，規模冠俗，荀息之忠貞自許，翁歸之文武兼全。鷹瞵鶚立之姿，折衝萬里；夏屋春臺之煦，化洽一隅。而又尊獎誠深，貢輪禮備，是於剛日，乃降明恩。宜旌命世之英，俾峻真王之秩，爰旌亮節，仍進崇階。可檢校太保、持節玄菟州都督、上柱國、充大義軍使，仍封高麗國王。今命使光祿卿范匡政，使副太子洗馬張季凝等往彼宣賜官告敕牒國信物等，具如別錄。敕賜高麗國王竹冊法物等，竹冊一副，八十簡。紫絲縧聯紅錦裝背冊匣一具，黑漆銀含陵金銅鏤鑰二副,攀環紅錦托裏襯冊文兩幅,黃綾夾帕一條,蓋冊匣三副,黃綾夾帕一條,蓋冊匣三副,黃絹油夾帕一條,舉冊匣熟紫絲板二條,絡冊床熟紫絲油畫檐床一張,銀裏腳角竿頭金柏木冊案一面,紫綾案褥一領,夾裙襈全行事紫綾席褥一副,襯冊床紫綾一副。

原載《全唐文》卷 118

賜高麗國王王武敕

省所奏,以先臣遺命及官吏推請,權知國事,事具悉,圭茅積慶,忠孝因心,早彰幹蠱之名,顯著象賢之譽,雅當嗣襲,深契物情。見先臣知子之明,成後嗣克家之美。遠陳章奏,尤驗純誠,欣慰之懷,寤寐無已。

原載《全唐文》卷 119

定親王公主婚禮法物詔　開運三年二月

今後凡修制親王婚禮法物并冊文,出降公主九樹華釵、箱盝等,宜令不得用龍鳳紅絛帕。

原載《五代會要》卷 16

令長吏掩埋暴骸詔　開運三年二月

自冬徂春,稍愆雨雪,掩骼埋胔,必契陰靈,將召純和,宜藏暴露。宜令所在長吏,依此掩藏,仍付所司。

原載《冊府元龜》卷 42

差攝官滿五年授官敕　開運三年五月

省司差攝官員,今日已前任攝滿五年者,宜追驗本司差攝文牒,及親公事文書,并鄉貫三代點檢者,與授初官。起今後,所司如更有闕,須差攝官者,可具所攝鄉貫三代奏聞。

原載《五代會要》卷 17

天福十年(九四五)五月牒(二件)

(一)(前殘)散兵馬使,牒奉處分,彰善癉惡者,干格言賞,功任

(成)狗・〔烹〕傳諸五訓。苟立貔貅之績,或彰虎兕之雄,須特示於甄酬,俾别加於恩惠,勸其來者,可不務乎? 前件官,氣禀崆峒,名揚漠・〔□〕識移孝資忠之道,懷見危致命之誠,自歷歸於加(?)門,實立戎旅,守信而不僭,風雨陰奸而□蕩虹蝀,□□□之嘉猷,藴匪石之雅操。今當傳轉,宜示優恩,爾其善保迺圖,無隳令問,更勵鷹揚之志,别呈隼擊之能,佇當陸以□霄,必擺鱗於張羽,勉崇懿績,勿怠初心,事須改補充衙前兵馬使,牒知者,故牒。

天福十年五月日牒。

(二) 衙前兵馬使牒奉處分,威柔獷悍,壯觀藩垣,外則式仗於群雄,内則毛(?)資於衆彦,然可鏡清境,霧廓三邊,永言馭物之方,寔在惟良之左,謂難能也,得不然乎? 前件官,名著山西,聲聞龍右,或簪纓之洪胤,或冠劍之籌(?)宗,昂掩千里之駒,落落邁百夫之特。松貞有操,玉潤無瑕。盛懷入室之才,皆禀修墻之敬(?)。事君盡節,王常鐵石推堅;字俗多能孔鶱(?)之脂膏莫染。而自迴旋官路,綿歷周星,未伸蠖屈之形,尚戢鵬搏之翼。咋叨膺渥澤;獲正節旄,緬惟盡瘁之誠,是降叙遷之命。爾其無渝厥志,慎保克終,常懷匡救之心,勿赴徒勞之嗔。甘(?)上之腰(?)金,掩紫於□爲(克)榮人間之厚禄,高官在吊,不悕其酖獎,須自勉旃,事須改補充節度押衙。准狀各帖所由,仍牒知者,故牒。

天福十年五月日牒。

原載敦煌文書 P. 3016

禁横薦官僚敕 開運三年六月

諸道不許横薦官僚。爰自近年,頗逾舊制。起今後,諸道藩鎮防禦、團練、刺史,如本處幕席中有闕,準元敕合奏薦,當與除授,不得横薦前資賓從;州縣官及諸色職員,希於在朝及外官安排,不得有違。

原載《册府元龜》卷 66

禁選人妄陳文狀敕 開運三年十月

今年四月二十五日,釐革應前資州縣官一考前丁憂,一任除官。

雪活冤獄及在任日招添得户口稅錢,曾授御署官,進策官,諸州馬步
判官,諸色選人等,今後並須準敕格參選,不得直經中書陳狀。近日
有諸色人,依前紊亂紀綱,披陳文狀,欲以嚴行於懲戒,先明示於指
揮。國家大啓銓曹,高懸選格,諸色選人宜歸常調,合赴所司,稍立政
能,足可進退,豈得罔循常制,唯務僥求? 敕釐革而不遵,帖告示而不
退,向路隅而陳接,隨馬後以誼譁,或稱罷秩家貧,或訴住京日久。朝
廷須存公道,難徇私懷,若事可施行,雖朝陳狀而夕得官,未足言速;
既理有違礙,雖歷祁寒而經暑雨,不必言遲,戚本自貽,咎將誰執? 殊
不知官不可乞,敕不可違,若無誠懲,何以齊整? 應諸色選人等,並須
準近敕取解赴選。其有招添得户口,增益得稅錢及雪活冤獄,合該敕
條酬獎者,仰於所司投狀,如有司不與公當區分,顯有抑滯,在經中書
陳狀,當與指揮。此度分明告諭後,諸色選人等,如更不稟指揮,依前
妄陳文狀,當送御史臺勘問,必無輕恕。仍付所司。

原載《册府元龜》卷 634

答竇儼請禁酷刑敕　開運三年十一月

　　文物方興,刑罰須當,有罪宜從於正法,去邪漸契於古風。竇儼
所貢奏章,實裨理道。宜依所奏,準律令施行。

原載《册府元龜》卷 151

量留晉陽令劉繼儒詔　開運三年

　　興王舊地,原廟所存,載懷瞻奉之心,允屬循良之吏。以爾莅官
有政,晉人美之,假其省銜,許留周歲,更圖盡瘁,以稱陟明。可檢校
工部員外郎,仍量留一年。

原載《册府元龜》卷 701

貸鄧州節度宋彦筠擅殺敕

　　王者約法之義,比在防非,將致一平,所期共守。昨以憲司舉
職,有國舊規,宋彦筠尋悔愆尤,理可矜恕。念兹勛績,深軫朕懷。
特開宥過之恩,庶叶匿瑕之道。凡百有位,宜勵乃誠,所犯科條并

釋放。

原載《册府元龜》卷 449

降契丹表

孫男臣重貴言：頃者，唐運告終，中原失馭，數窮否極，天缺地傾。先人有田一成，有衆一旅，兵連禍結，力屈勢孤。翁皇帝救患摧剛，興利除害，躬擐甲胄，深入寇場。犯露蒙霜，度雁門之險；馳風擊電，行中冀之誅。黄鉞一麾，天下大定，勢凌宇宙，義感神明，功成不居，遂興晉祚，則翁皇帝有大造於石氏也。旋屬天降鞠凶，先君即世，臣遵承遺旨，纂紹前基。諒闇之初，荒迷失次，凡有軍國重事，皆委將相大臣。至於擅繼宗祧，既非禀命；輕發文字，輒敢抗尊。自啓釁端，果貽赫怒，禍至神惑，運盡天亡。十萬師徒，望風束手；億兆黎庶，延頸歸心。臣負義包羞，貪生忍耻，自貽顛覆，上累祖宗，偷度朝昏，苟存視息。翁皇帝若惠顧疇昔，稍霽雷霆，未賜靈誅，不絶先祀，則百口荷更生之德，一門銜無報之恩，雖所願焉，非敢望也。臣與太后、妻馮氏於郊野面縛俟命。

原載《契丹國志》卷 20

晉高祖李皇后

晉高祖皇后（？—950），唐明宗第三女，封永寧公主。天福六年（941）尊爲皇后。次年六月，尊爲皇太后。後晉亡國，被擄塞北，後漢乾祐三年（950）死於建州。

降契丹表

晉室皇太后新婦李氏妾言：張彦澤、傅住兒等至，伏蒙皇帝阿翁降書安撫者。妾伏念先皇帝頃在并、汾，適逢屯難，危同累卵，急若倒懸，智勇俱窮，朝夕不保。皇帝阿翁發自冀北，親抵河東，跋履山川，逾越險阻。立平巨孽，遂定中原，救石氏之覆亡，立晉朝之社稷。不幸先帝厭代，嗣子承祧，不能繼好息民，而反虧恩辜義。兵戈屢動，駟馬難追，戚實自貽，咎將誰執！今穹昊震怒，中外携離，上將牽羊，六師解甲。妾舉宗負纍，視景偷生，惶惑之中，撫問斯至。明宣恩旨，曲示含容，慰諭丁寧，神爽飛越。豈謂已垂之命，忽蒙更生之恩，省罪責躬，九死未報。今遣孫男延煦、延寶奉表，請罪陳謝以聞。

原載《契丹國志》卷20

曹元忠

　　五代歸義軍節度使(？—974)，曹議金與甘州回鶻公主之子。後晉開運元年(944)，兄死繼位。後晉任其爲沙州歸義軍留後，自稱"歸義軍節度使、檢校太保"。後周顯德二年(955)，周世宗任其爲節度使、檢校太尉、同中書門下平章事。宋建隆二年(961)，封其爲推誠奉國保塞功臣，歸義軍節度瓜沙等州觀察處置、管內營田、押蕃落等使，充歸義軍節度使。乾德二年(964)自稱"敦煌王"。與于闐、北宋保持密切往來，境內佛教流行，統治穩定。

開運四年(九四七)曹元忠請金光明寺馬僧政等爲故兄太傅大祥追念設供疏

　　金光明寺請馬僧政、索僧政、就法律、劉法律、二索法律、二張法律、二賈法律，已上大德二十人，成子闍梨、定安闍梨、曹家新戒二人、羅家新戒、平家新戒、大會、再德。右今月十一日就衙奉爲故兄太傅大祥追念設供，伏乞慈悲，依時早赴。

　　開運四年三月九日，弟子歸義軍節度使、檢校太保曹元忠疏。

原載敦煌文書 P.3388

歸義軍節度使曹元忠設齋功德疏

　　弟子歸義軍節度使、檢校太保曹元忠於衙龍樓上，請大德九人，開龍興、靈圖二寺大藏經一變，啓揚鴻願，設齋功德疏。施紅錦壹匹，經袂拾箇充靈圖經㦤。生絹壹匹，經袂拾伍箇充三界經經㦤。馬壹匹充見前僧㦤。

原載敦煌文書 S.3565

河西歸義軍節度使曹元忠潯陽郡夫人等供養具疏

弟子敕河西歸義軍節度使、檢校太保曹元忠以潯陽郡夫人及姑姨姊妹娘子等造供養具疏。造五色錦綉經巾壹條，雜彩幡額壹條，銀泥幡，施入法門寺，永充供養。右件功德今並圓就，請懺念。賜紫沙門聞。

原載敦煌文書 S. 3565

馬重績

後晉官員。少精術數、天文，仕晉爲太子右贊善大夫、司天監。曾編撰《調元曆》，行用數年，因有誤差而廢之。

上調元新曆表

臣聞爲國者，正一氣之元，宣萬邦之命，爰資曆以立章程。長慶宣明，雖氣朔不渝，即星躔罕驗；景福崇玄，縱五曆甚正，而年差一日。今以宣明氣朔，崇玄星緯，二曆相參，方得符合。自古諸曆，皆以天正十一月爲歲首，循太古甲子爲上元，積歲彌多，差闊至甚。臣改法定元，創爲新曆一部二十一卷，七章上下經二卷，算草八卷，立成十二卷，取唐天寶十四載乙未，立爲近元，以雨水正月朔爲歲首。謹詣閣門上進。

原載《全唐文補編》卷 100

請改正漏刻法疏

漏刻之法，以中星考晝夜爲一百刻。八刻六十分刻之二十爲一時，時以四刻十分爲正。此自古所用也。今失其傳，以午正爲時始，下侵未四刻十分而爲午。由是晝夜昏曉，皆失其正。請依古改正。

原載《全唐文》卷 849

崔居儉

五代官員（870—939），清河（今河北清河西）人。唐末進士及第。後梁時任中書舍人、翰林學士、御史中丞。唐莊宗時，爲刑部侍郎、太常卿。末帝時任祕書監、吏部侍郎、尚書左丞、户部尚書。後晉天福四年(939)卒。

請停預用員缺奏

今年選人内，八十三人無闕注擬，詞訴紛紜。蓋因近敕減選，入仕者多門。雖可區分，難抑詞理。請下格式，取四月後合用員闕發遣。中書門下奏先以銓曹論員闕，遂却置户椽一員，諸州一百五十員，格式元送闕簿六百四十餘處。後又許超折資序。又堂帖令畿赤已上，雖擬議許開銓後除授，不合豫請用四月後員闕。望於移省限内并須了絶，不得更令選人有詞。

原載《全唐文》卷850

大祠中祠車駕不出奏

大祠、中祠差官行事，皇帝雖不與祭，其日亦不視朝。伏見車駕其日或出，於禮不便。今後請每遇大祠、中祠，車駕不出。

原載《五代會要》卷4

張希崇

五代官員(？—939)，幽州薊縣(今北京西南)人。早年爲燕帥劉守光部下裨將，周德威守幽州時，又在其部下效命。唐明宗時爲平州刺史、靈武節度使。晉高祖時，任朔方節度使。天福四年(939)卒。

張希崇題記

張希崇■春歸闕時。清泰二年歲次乙未十月二十三日，固謁清廟，乃留是題。

原載《金石萃編》卷119

郭氏義子與親子争財判

父在已離，母死不至。止稱假子，孤二十年撫養之恩。儻曰親兒，犯三千條悖逆之罪。頗爲傷害名教，安敢理認田園。其生涯並付親子，所訟人與朋奸者，委法官以律定刑。

原載《舊五代史》卷88

李 郁

五代官員（？—940），李唐宗室。後唐時累遷爲宗正卿。晉高祖時，任光禄卿。天福五年（940）卒。

請復園陵舊制奏

兩京畿甸園陵之制，其地四十里曰封山。爰自唐室已來，收在公田之籍，今方紹襲，宜正規儀。

原載《册府元龜》卷174

裴 皞

五代官員（856—940），河東望族。唐末進士及第，任校書郎。後梁時任翰林學士、中書舍人。後唐時任禮部侍郎、太子賓客、兵部尚書。後晉時任工部尚書。其多次主持貢舉，宰相馬裔孫、桑維翰皆其門生，時論榮之。天福五年（940）卒。

請刺史經三考許替移奏

方伯郡守之任，與大朝分理疆土，共養黎民。委寄非輕，古今所重。親人之職，莫過於是。伏請啓今後諸州刺史，經三考方可替移。使能理者盡展所能，弊政者自彰其濫。優劣既判，黜陟可行。則州縣免迎新送故之勞，朝廷得惠養除煩之理。太平之道，無易於斯。

原載《册府元龜》卷475

安重榮

　　五代節度使(？—941)，朔州(今山西朔州)人。父祖皆爲邊將。後唐明宗時，爲振武道巡邊指揮使。晉高祖即位，授成德軍節度使。常自言曰："天子，兵强馬壯者當爲之，寧有種耶！"有跋扈之志。契丹使者過境者，或殺或罵。天福六年(941)反叛，被官軍擊敗，殺之，函其首送契丹。

請討契丹表

　　臣昨據熟吐渾節度使白承福、赫連公德等，各領本族三萬餘帳，自應州地界奔歸王化。續準生吐渾并渾葼苪兩突厥三部落南北將沙陀安慶九府等，各領部族老小，并牛羊車帳甲馬，七八路慕化歸奔，俱至五臺及當府地界已來安泊。累據告勞，具説被契丹殘害。平取生口，率略羊馬，凌害至甚。又自今年二月後來，須令點檢强壯，置辦人馬衣甲，告報上秋向南行營。諸蕃部等實恐上天不祐，殺敗後隨，例不存家族，所以預先歸順。兼隨府族各量點檢强壯人馬，約十萬衆。又準沿河党項及山前山後逸利、越利諸族部落等首領，并差人各將契丹所授官告職牒旗號來送納，例皆號泣告勞，稱被契丹凌虐，憒惋不已，情願點集甲馬，會合殺戮。續又朔州節度副使趙崇與本城將校殺僞節度使劉山，尋已安撫軍城，乞歸朝廷。臣相次具奏聞。昨奉宣頭及累傳聖旨，令臣凡有往復契丹，更須承奉。當候彼生頭角，不欲自起釁端，貴守初終，不忝信誓。仰認睿旨，深惟匪瑕。其如天道人心，至務勝殘去虐，須知機不可失，時不再來。竊以諸蕃不招呼而自至，朔郡不攻伐以自歸，蓋繫人情，盡由天意。更念諸陷蕃節度使等，本自勛勞，早居富貴，没身邊塞，遭酷虐以異常，企足朝廷，冀傾輸而不已。如聞傳檄，盡願倒戈。如臣者雖是愚蒙，粗知可否，不思忌諱，罄寫丹衷，細具敷陳，冀裨萬一。

原載《舊五代史》卷98

毛 汶

後晉官員。撰此志時署攝節度判官、兼掌書記、檢校尚書水部員外郎、賜緋魚袋。

大晉故號王(李仁福)妻吳國太夫人瀆氏墓志銘并序

從表侄孫攝節度判官、兼掌書記、檢校尚書水部員外郎賜緋魚袋毛汶撰

夫人望重華族,德光清節,禀彩裳之挺質,曜霞帔以降神,四德咸推,六行兼著。柔明表則,温凝之婉淑難偕;仁智才能,雅順而雍容罕比。褒頌而益慚荒斐,執毫而奚贊徽猷。粗述賢和,莫盡其美。即夫人乃故號王之貴室,今元戎相國之令親。景曜垂祥,月華表瑞。效《葛覃》之美構,二南標婦道之成;《樛木》矜寬,六義著子孫之盛。一自榮登高户,寵適勳埗。彩雲之五色詔書,頻來仙鳳;萬垂之重重綸旨,繼踵王臣。光列國之殊勳,益侯門之盛德。而乃榮昇國號,貴適賢王。抱英規而舉善推能,樊妃價寢;藴高節而揮謙純孝,鄧氏聲沉。由是碧網攢光,紅箋曜彩。鳳藻龍綸之寵,焜耀宗親;寶軸珠品之榮,益隆門望。比其壽齊椿桂,歲茂松筠。何圖忽遘斯疾,針砭匪驗。膏膜之雙童據胃,青曩之百藥無徵。魄散烟霞,魂歸逝水。嗚呼!疾雷秋葉,隙影風燈。嗟浮世以如流,痛人生之似夢。即去天福六年三月五日,終於府城私第,其享也,年六十。有男五人:其嗣承彝殷,節度使、檢校太尉、同平章事。英威遠振,惠化昭彰。外遏番渾,内安黎庶。爲國朝之柱礎,作邊垣之景星。彝謹,管内蕃漢都指揮使、檢校司空兼御史大夫。早負氣能,益彰武勇,飛鏃無慚於百中,臨敵克就於□□。隨使馬步軍都教練使、檢校尚書左僕射兼御史大夫彝氳。武略超群,才謀特異。藴摧凶之茂績,抱通變之宏規。彝超,故節度使、檢校太傅兼御史大夫。彝温,故隨使左都押衙、檢校右僕射兼御史大夫。女四人:長曰適李氏,見充馬步軍教練使。次適劉氏。次適梁氏,先夫人早亡。次曰適梁氏,志願高閑,不趨官路。自鍾荼苦,俱

增泣血之悲；毀質摧形，益抱哀號之痛。今則將臨宅兆，已卜松楸。莫不霧慘長空，風悲覆樹。六親傷痛，九族心酸。即去天福七年二月日，祔葬於烏水河之北隅，端正樹之東側。汝伏念世依勛宇，顯受煦慈。彌增仰戀之心，徒灑潸然之淚。汝叩蒙寵命，悚愴尤深，但稟指縱，因避冗散。臨箋濡染，益抱淒涼。其銘曰：

　　貴爲王室，榮陟國封。賢明罕並，邁古超今。紫殿頌恩，皇庭降寵。寶軸金箋，帝恩殊重。三天克備，四德彰明。謙勤奉禮，顯著嘉聲。忽縈小疹，大夜雲歸。親屬慟泣，行路哀啼。婉娩雍容，如珪之德。作程垂節，英聰之質。百行昭著，三英罕倫。澤勻九戚，惠普六規。愛女令孫，悲淒殞咽。恨間慈顏，終天永訣。逮下經心，惠澤不忒。舉善薦能，夫人之職。恩容漸遠，淚積交流。將安宅兆，克赴丘墟。攀恩戀德，悲咽纏綿。鐫石鏤銘，永紀千年。悲哉！膏肓之疾遽侵，日月之符難尋。逝川之水何速，隙駒之影忽沉。至孝哀兮殞姪，親族痛兮柩輅漸遠，異香烟兮組帳空深。八頌爰求，良時難易。棘人盈衢，雙輀將適。玄丘莫尋，唇華忱惜。烏水河兮去渺芒，端正樹兮烟幕幕。春草綠兮怨望，春雲愁兮飄颭。嗟幽泉兮永訣，勒貞石兮徒傷。事覬存兮陵遷谷變，名不朽兮地久天長。

原載《全唐文補遺》第八輯

梁文矩

　　唐、晉時官員（885—943），鄆州（今山東東平西北）人。後梁時任太子校書、秘書郎、項城令。唐莊宗授天平軍節度掌書記。唐明宗時，歷任右諫議大夫、御史中丞、吏部侍郎、禮部尚書、兵部尚書。晉高祖時，任吏部尚書、太子少師。天福八年（943）病卒。

請頒示敕令表

　　臣近聞有敕命：夏秋苗稅，取天成二年額爲常定。雖聖主時行憂軫，而黎民未甚聞知。伏請再降明敕，令粉壁曉告。

原載《全唐文》卷 851

請許收河南北人口奏

上年平蜀以來，軍人將到西川人口甚多。骨肉阻隔，恐傷和氣，請許收認。

原載《全唐文》卷 851

請詳議任瑶封事奏

臣看詳左拾遺任瑶所進封事，切見唐莊宗朝宰臣豆盧革、韋説，洎歷數朝，累行宥典，俱遂昭雪，頗是分明。然則令河令豆盧昇、南頓令韋濤，因父配流，遂停官爵。況曾居郎署，久在朝行。或已被茜袍，或已紆紫綬。前後十遷歲歷，八奉赦書。至於常赦不原，亦得乘時被寵。況豆盧昇等，唐少帝之時，刑部已得雪牒，便可却復舊官。旋屬僞廷，却除宰子，既塵墨綬，須服荷衣。敢望明朝，特加殊澤。竊以任瑶所進封章，請復豆盧昇等官序服色，望中書商議。

原載《全唐文》卷 851

進石光贊封事奏

臣伏奉敕牒，令參詳文武百官所進封事。内宗正卿石光贊上章云：「伏見滎陽縣道左萬石君廟，本前漢大中大夫石奮之廟。德行惠績，備列前書，乞降封崇，俾光宗祖者。」切以萬石君播盛德於漢朝，立嚴祠於鄭圃。爰開聖緒，永叶昌期。石光贊所上公言，備章職分，深爲允當，望賜施行。

原載《全唐文》卷 851

進左墀策奏

前汴州陽武縣主簿左墀進策十七條，可行者有四。其一請於黄河夾岸，防秋水暴漲。差上户充隄長，一年一替，委本縣令十日一巡。如怯弱處不早處治，旋令修補。致臨時渝決，有害秋苗，既失王租，俱爲墮事，隄長、刺史、縣令勒停。

原載《全唐文》卷 851

四廟謚號廟號陵號議

奉敕旨定四廟謚號、廟號、陵號者。伏以四代祖朔州使君府君，自天所祐，應時而生。肇啓靈源，始基鴻業。謹案，謚法："寬容平和曰安。"臨事屢斷，撫俗多方。有□達之能，無屈撓之事，豈不謂之"寬容平和"乎？又靖者，柔德教衆之義也。又義者，行業不失者也。請備神主，追尊謚曰孝安皇帝，廟號靖祖，陵號義陵。三代祖右省常侍府君，動静有常，夙夜匪懈，憂人若已，視民如傷。謹案，謚法："一德不懈曰簡。"富且不驕，貴而好禮，有典有則，無怠無荒，豈不謂"一德不懈"乎？又肅者，剛德克就之義；惠者，寬裕不苛者也。請備神主，追尊謚曰孝簡皇帝，廟號肅祖，陵號惠陵。皇祖振武僕射府君，淳德不雜，素風自高。得安邊静塞之機，有阜俗濟民之術。謹案，謚法："執事有制曰平。"積善積德，允武允文，動不爲身，行惟濟物。豈不謂"執事有制"乎？又翼者，思慮深遠之義。又康者，安樂撫民者也。請備神主，追尊謚曰孝平皇帝，廟號翼祖，陵號康陵。皇考洺州太傅府君，天資睿德，神贊沈機，臨戎則有敵必摧，撫恤則無民不悦。謹案，謚法："主善行德曰元。"盡善盡美，乃神乃聖，功焕龍圖，慶流鳳扆。豈不謂"主善行德"乎？又憲者，博聞多能之義；昭者，明德有功者也。請備神主，追尊謚曰孝元皇帝，廟號憲祖，陵號昭陵。

原載《全唐文》卷 851

劉　昫

唐、晉大臣（888—947），涿州歸義（今河北雄縣西北）人。唐末任易州軍事衙推、觀察推官。後唐莊宗時，任太常博士、翰林學士、膳部員外郎、比部郎中。明宗即位，歷任中書舍人、户部侍郎、端明殿學士。不久，拜中書侍郎兼刑部尚書、平章事。晉高祖時任東都留守、判河南府事。開運初，授司空、平章事、監修國史。開運四年(947)卒。

大唐檢校兵部尚書王公(璧)墓志銘

乾化二年三月十七日，檢校兵部尚書祁門王公終於家，厥孤朝散大夫思聰以其自爲狀請予銘其墓中之石。予納交尚書公父子甚善，不敢以不敏辭，則受而銘之。按狀，公諱璧，字大獻，姓王氏，出晉丞相始興文獻公導之後。導十七傳至唐丞相琅琊簡懷公璵，生二子，長及、次乂。及爲中書舍人，生右諫議大夫鏚，鏚生丞相魯國公摶；乂生鏚，公所自出也，母李氏。公生有奇節，好讀書任俠，由杭遷居祁門北隅。值世亂，以婿鄭傳負才略，相與倡義，集衆保境。每賊至，畢力捍禦。乾符四年，巢賊領三十萬人從寧國入涇縣來寇，據險阻設鹿角棧道以禦之，卒免害。胡曹犯婺源，尋寇本縣，力却之。趙言領五千餘人屯西鄉，恣劫掠。夜令人以吾幟插賊營，飛火箭於中，大鳴鑼鼓。賊見幟驚駭，不知所措，自相擊殺殆盡。中和四年，劉迺從建德度櫸根嶺，欲據險以寇，公力破之。光啓中，李仲霸入寇，見鄭傳營，曰："此王公之智將也，吾不敢擾矣。"即引去。景福初，孫端自鄱陽來寇，率勁卒千余人迎擊水亭，敗之。乾寧中，夏章聚五千人來寇，勢甚熾。公所秘計，衝破賊營，縱兵擊之，生擒五百人，俘獲甚衆。陳旭徙浮梁，來寇高塘。公於險阨峽山、雷湖村等處設寨，先設伏兵。賊至，發伏兵襲之，矢大發，賊軍大潰，遁去池州界。時楊行密爲宣歙觀察使，命陶雅守歙，雅累奏公之功，歷補軍職。以見摶入相，請進奏京師。會董昌叛浙東，詔鎮海節度錢鏐討之，加摶右僕射、宣撫浙東西。摶令公以書遺鏐，傻力王事。摶未行而鏐誅昌，請公參其軍事，授鎮東節度判官。光化三年，摶爲崔胤贊害，公痛恨，説鏐以兵問罪。值宣歙將田頵攻杭甚急，鏐遣顧全武求救於行密，命公傅其子傳、瓘爲質於頵。頵還宣州，陰叛行密。行密遣將擊斬頵，以公宣歙舊人，留爲牙將，而令公少子思謙奉傳、瓘歸杭。公從李神福西討杜洪，又從王茂章南擊安全義，皆預有功。時行密得承制封拜，累授公銀青光禄大夫、檢校兵部尚書加金紫光禄大夫。行密卒，子渥嗣，淫虐不道，出公行祁門縣令。公遂請老，卜邑西百餘里苦竹港家焉，以壽終於正寝，享年六十有八，葬文溪社灣坦。配章氏，封夫人；側室程氏、周氏。公九子：曰思聰，朝散大夫；曰思聯，諫議大夫；曰思仲，中散大夫；曰思茂，行軍司馬，戰没，贈越州防禦使；曰思會，宣州統帥；曰思憬，洪州教授，先公卒；曰思經，直秘省；曰思諒，通議大夫；曰思謙，仕吴越爲客省舍人。女二：三小娘，適檢校司徒兼御史大夫上柱國鄭傳；次四小娘，幼亡。家僮陳迪，處州人也，夷險未嘗離側。公特親愛之，以婢彭三姐娶之，遺命守墓。於乎，公其人豪也哉！有功于一鄉，有功於列郡，有功朝廷，宜其生榮死哀，而後胤蕃盛，則天之所以報善人者，其在斯乎！銘曰：

　　于維司馬，琅琊之裔。才兼文武，心存博施。平定巨寇，保障鄉間。受命于朝，金紫其輝。灣坦之原，埋玉於茲。幽先不泯，永錫後嗣。

　　後梁乾化二年壬申歲秋八月吉日，朝散大夫檢校吏部尚書兼中書門下侍郎賜紫金魚袋歸義劉昫書。

　　　　　　　　原載(明)王應斗《新安琅琊王氏統宗世譜》卷10

文苑表

　　臣觀前代秉筆論文者多矣，莫不憲章謨誥，祖述《詩》《騷》。遠宗毛、鄭之訓論，近鄙班、揚之述作。謂"采采芣苢"，獨高比興之源，"湛湛江楓"，長擅咏歌之體。殊不知世代有文質，風俗有淳醨，學識有淺深，才性有工拙。昔仲尼演三代之易，刪諸國之詩，非求勝於昔賢，要取名於今代，實以淳樸之時傷質，民俗之語不經，故飾以文言，考之弦誦，然後致之不泥，遠代作程。即知是古非今，未爲通論。夫執鑒寫形，持衡品物，非伯樂不能分駑驥之狀，非延陵不能別雅、鄭之音。若空混吹竽之人，即異聞韶之嘆。近代唯沈隱侯斟酌二南，剖陳三變。攄雲淵之抑鬱，振潘陸之風徽。彼律呂和諧，宮商輯洽。不獨子建總建安之霸，客兒擅江左之雄。爰及我朝，挺生賢俊。文皇帝解戎衣而開學校，飾賁帛而禮儒生。門羅吐鳳之才，人擅握蛇之價。靡不發言爲論，下筆成文。足以緯俗經邦，豈止雕章縟句。韶諧金奏，詞炳丹青。故貞觀之風，同乎三代。高宗天后，友重詳延。天子賦橫汾之詩，臣下繼柏梁之奏。巍巍濟濟，輝爍古今。如燕、許之潤色正言，吳、陸之鋪揚鴻業，元稹、劉貴之對策，王維、杜甫之雕蟲，并非肄業使然，自是天機秀絕。若誅璣色澤，無假淬磨。孔翠羽毛，自成華彩。致之文苑，實焕緗圖。其間爵位崇高，別爲之傳。今采孔紹安已下,爲《文苑》三篇。覬懷才憔悴之徒,千古見知於作者。

請宣功臣傳付史館奏

史官奏:天成二年九月,詔纂修太祖至莊宗實録及功臣列傳。四年十一月,修懿祖、獻祖、太祖紀年實録二十卷、莊宗實録三十卷呈進。其功臣列傳,委元修史官張昭遠與史館修撰相次編纂。列傳計三十卷,今年閏月七日進呈,未下所司。臣以立功立事,須標於竹帛。記言記事,靡漏於簡編。貴資褒貶之文,備述艱難之業。伏惟陛下大明御宇,至道臨人。定寰區以武功,守宗祧以文德。輝耀三古,超越百王。莫不萬國來庭,千官舉職。臣叨居鈞軸,已愧庸虛。曾無筆削之勞,謬處監修之任。輒兹舉奏,冒瀆宸嚴。

請令朝臣巡視均田奏

天下州郡,於天成二年括定税率,迨今八年。近有民於本道及詣闕訴田不均,乞簡視。

請試新學士權停詩賦并內賜題目奏

臣伏見本院舊例,學士入院,除中書舍人即不試,其餘官資,皆須先試麻制答蕃書批答各一道,詩賦各一首,號曰五題。所試並是當日內了。便具進呈。從前雖有召試之名,而無考校之實。每值召試新學士日,或有援者,皆豫出五題,暗令宿構,至時但寫净本,便取職名。若無援者,即臨時特出五題,旋令起草。縱饒負藝,罕能成功。去留皆繫於梯媒,得失盡由於偏黨。此乃抑挫孤寒之道,開張巧偽之門。積弊相沿,澆風未改。將裨聖政,須立新規。況今伏值皇帝陛下德合乾坤,明懸日月。大興淳化,盡革澆風。矧惟翰墨之司,專掌絲綸之命。宜從正直,務絶阿私。自今後凡有本院召試新學士,欲請權停詩賦,只試麻制答蕃書并批答共三道。仍請內賜題目,兼定字數,付本院召試，然後考其臧否，定其取捨。貴從務實，以示均平。庶令孤進者得展勤勞，朋比者不能欺罔。事關穩便，合貢芻蕘。

原載《全唐文》卷853

請差官紀録時政疏

自明宗朝，每見宰臣節度使爲軍民政事，有所敷陳，或宸旨宣揚，皆關道理。唯近臣聞聽，外面不知。先朝時詔樞密直學士闔至，於奏對時記録，逐季下史館，以備纂修。自今年四月後，詔李專美記録，今以改官，其記録望別差官。

原載《全唐文》卷853

議册四廟狀

臣等據太常博士段顒議云：“夫宗廟之制，歷代爲難。須廣按禮經，旁求故實，通古今之理爲規式，合天道人情爲楷模。”伏緣禮有隨時，損益各異。遂致議論多別，禮出衆途。今總歷代之宏規，議新朝之定制。謹按《尚書·舜典》曰：“正月上日，受終於文祖。”此是堯之廟也，猶未載其數。又按《郊祀録》云：“夏立五廟，殷立六廟，周立七廟。漢初立祖宗廟郡國，共計一百六十七所。後漢光武中興後別立六廟，魏明帝初立親廟四，後重議，上依周法立七廟。晉武帝受禪，初立六廟，後却立七廟。宋武帝初立六廟，齊朝亦立六廟。隋文帝受命，初立親廟四，至大業元年，煬帝欲遵周法，議立七廟。次便禪命於唐。武德元年六月四日，始立四廟於長安。貞觀九年，命有司詳議廟制，遂立七廟。後至開元十一年後，創立九廟。”又按《禮記·喪服小記》曰：“王者禘其祖之所自出，以其祖配之，而立四廟。”鄭玄注云：“高祖以下至禰，四世即親盡也。更立始祖爲不遷之廟，共爲五廟也。”又按《禮記·祭法》及《王制》、《孔子家語》、《春秋穀梁傳》並云天子七廟、諸侯五廟、大夫三廟、士二廟。此是降殺以兩之義也。又按《尚書·咸有一德》曰：“七世之廟，可以觀德。”又按《疑義》云：“天子立七廟或四廟，蓋有其義也。如四廟者，從禰至高祖已上親盡，故有四廟之禮。又立七廟者，緣自古聖王，祖有功，宗有德，更立始祖。

即於四親廟之外，或祖功宗德，不拘定數。所以有五廟、六廟或七廟、九廟，欲後代子孫觀其功德。故《尚書》云：'七世之廟，可以觀德'矣。"又按周捨論云："自江左以來，晉、宋、齊、梁相承，多立七廟矣。"今禹等參詳，唯立七廟、四廟，即並通其理。伏緣宗廟事大，不敢執以一理定之，故簡錄七廟、四廟二件之文，俱得其宜。他所論者，並皆勿取。請下三省集百官詳議。敕旨宜依者，臣等今月八日，於尚書省集百官詳議，伏以將敷至化，以達萬方。克致和平，必先宗廟。是以孝爲教本，所以宏愛敬。而厚人倫。禮乃民防，蓋欲辨尊卑而明法制。故《禮記·王制》云："天子七廟，諸侯五廟，大夫三廟。"《疏》云："周制之七廟者，太祖及文王、武王之祧與親廟四。太祖、后稷也。殷六廟，契及湯與二昭二穆。夏則五廟，無太祖。禹與二昭二穆而已。自夏及周，少不減五，多不過七。"又云："天子七廟，皆據周也。有其人則七，無其人則五。若諸侯廟制，雖有其人，則不過五。此則天子諸侯七五之異名矣。至於三代已後，魏晉宋齊隋及唐初，多立六廟或四廟，蓋於建國之始，不盈七廟之數也。"伏惟皇帝陛下大定寰區，方興教理。既先自家型國，固當率土咸賓。今欲請立自高祖已下四親廟，其始祖一廟，未敢輕議，伏惟聖裁。恐於講德論功，有失靈源茂緒，禀自中旨，共謂得宜。臣等幸列明庭，獲逢景運。顯奉如綸之命，共詳立廟之儀。雖竭討尋，慚非該博。有愧上塵聖鑒，實慮未協宸衷。不免迂疏，仍虞漏略。

原載《全唐文》卷 853

嫂喪宜依《開元禮》議

伏以嫂叔服小功五月，《開元禮》《會要》皆同。其令式正文內元無喪服制度，只有一本內編在假寧令後，不言奉敕編附年月。除此一條，又檢七八條令式，與《開元禮》相違者。所司已行多年，固難輕改。既當議事，須按舊章。今若鄙宣父之前經，紊周公之往制，隳太宗之故事，廢開元之禮文，而欲取差誤近規，行編附新意。稱制度且違大典，言令式又非正文。若便改更，恐難經久。臣等集議，嫂叔服并諸服紀，並請依《開元禮》爲定。如要給假，卻請下太常，依《開元禮》內五服制度録出一本，編付令文。

原載《全唐文》卷 853

乞免行香奏

中書以近敕祠祭行事官致齋内，唯祀事得行，其餘悉斷。又宰臣行事致齋内，不押班，不赴内殿起居，不知印。臣緣判三司公事，其祀事、國忌行香，伏乞特免。

原載《五代會要》卷 13

宗廟制度議

臣等今月十三日，再于尚書省集百官詳議。夫王者祖武宗文，郊天祀地，故有追崇之典，以申配享之儀。竊詳太常禮院議狀，唯立七廟，即並通其理，其他所論，竝皆勿取。七廟者，按《禮記·王制》曰：“天子七廟，三昭、三穆，與太祖之廟七。”鄭玄注云：“此周制也。”詳其禮經，即是周家七廟之定數。四廟者，謂高、曾、祖、禰四世也。按《周本紀》及《禮經》《大傳》皆曰：“武王即位，追王太王、王季，以后稷爲堯稷官，故追尊爲太祖。”此則即周武王初有天下，追尊四廟之明文也。故自漢、魏以降，迄於周、隋，創業之君，追尊不過四世，約周制也。此禮行之已久，事在不疑。今參詳都省前議狀，請立四廟外，別引始祖，取裁未爲定議。

續準敕，據御史中丞張昭奏，請創立四廟之外，無別封始祖之文。況國家禮樂刑名，皆依唐典，宗廟之制，須酌舊章。請依唐朝追尊懿祖宣皇帝、獻祖光皇帝、太祖景皇帝、代祖元皇帝故事，追尊四廟爲定。

原載《五代會要》卷 2

曹國珍

後晉官員，幽州固安（今河北固安）人。少爲僧。後唐時任左拾遺、吏部郎中。後晉時歷任左諫議大夫、給事中、陝州行軍司馬。

請修大晉政統奏

請於內外臣僚之中，擇選才略之士，聚《唐六典》、前後《會要》、《禮閣新儀》、《大中統類律令格式》等，精詳纂集，別爲一部，商議今古，俾無漏略，目之爲《大晉政統》，用作成規。

原載《全唐文》卷 853

論竇温顏進策疏

臣聞去華務實，捨短從長，片言不遺，群材畢錄。切詢古道，宛是良圖。將隆講武之規，宜舉訓戎之典。故《左氏春秋傳》云："禁暴、戢兵、保大、定功、安民、和衆、豐財。"此所以昭宣七德，制服萬邦。又云："春蒐夏苗，秋獮冬狩。皆於農隙以講武事。"此所謂聿修戰法，俾耀軍威。又云："三時務農，一時講武。不教民戰，是謂棄之。"所請每月旦教習事。伏乞宣駙馬步軍都指揮使簡練馴閱，甚爲允當。望賜施行。

原載《全唐文》卷 853

吕 琦

五代官員（？—943），幽州安次（今河北廊坊市舊州）人。唐末任代州軍事判官。明宗時任殿中侍御史、駕部員外郎、侍御史知雜事。後晉任秘書監，參與《舊唐書》的編寫。天福八年（943）卒。

請疏通注擬奏

臣竊見四時選人，三銓待闕，停滯已及於數百，栖遲列困於累年。南曹繫日申選，常有三十二十格式。每月送闕，不過五員七員。竊慮闕員漸稀，人數轉多。拋耕稼於鄉里，忍窮餓於街坊。名利之途，人所難格。朝夕之困，事亦可矜。若不改張，恐未通濟。欲請勒定月日，南曹注納文解，只據見在判成待闕選人，取殘闕及逐月新闕，量人材優劣，據員闕好弱，許超折注擬。如此即歲暮至新春已來，相次發遣應盡。其將來選人，即依舊至來年十月下解，南曹應期判成，銓司准格注擬,至次年選畢。有正格敕,用正規程。

原載《全唐文》卷 851

鄭受益

後晉官員(? —943)。任右諫議大夫、京兆少尹。天福八年(943)坐贓誅。

再論張彥澤疏

臣自貢封事,已及九日,未聞施行,實深激憤。且臣家在晉昌,備知踪迹。彥澤在涇州殺式之後,至故雍復害軍將楊洪,一如式之屠割。此乃是陛下去歲送張式令彥澤屠戮,致今春楊洪又遭此苦。中外觀者,痛入骨髓,陛下聞之,情無愍傷?伏自陛下臨御已來,萬方咸歌仁聖。一何乖爽,大點皇猷。又彥澤在涇州日,擅將甲兵討伐蕃部,尋皆陷歿,靡有孑遺。乃行酷虐之令,括爲充填舊數。奪取婦女,率掠金帛。從順者包羞免禍,違阻者飲恨被誅。近遠聞王周交代,條件上聞。凡有濫訛,應在其內。今陛下略無所問,臣實不平。沮王周守法奉公,黨彥澤殺人害物。臣竊慮此後諸侯,效作好事者少,繼爲惡事者多。蓋陛下喜怒不分,賞罰有濫。既無黜陟之法,是退賢良之心。今外議沸騰,皆言陛下廣受彥澤進獻,許行非法之事。況在郡括馬,將及萬蹄,到闕獻誠,止滿百匹。臣痛恨此賊者,致陛下招此惡名故也。是敢繼犯宸嚴,再具論列,必乞速行法令,免致天下咨嗟。臣又觀陛下前月十八日時降敕命,過五日一度內殿起居,許臣僚具所見事實封文奏其間,敕語曰:“恐一物失所,以百姓爲心。”可謂憂民疾痛者矣。今臣所論奏彥澤,蓋爲涇州一方。陛下詔墨未乾,自違其旨。如水投石,不動聖心。臣切慮奸邪,潛謀罔惑,致其明聖,有此二三。奈何陛下不與執政之臣商量,而聽庸愚之輩掩蔽?伏以宰臣馮道以下,皆忠貞直性,輔弼當仁,久居調鼎之權,上贊垂裳之理。而況晨趨玉陛,日面龍顏,每於造膝之時,必竭沃心之奏。伏乞宣示前後所貢二狀,令對御座子細詳讀。若臣所論彥澤奴事謬妄,不愜聖旨,即乞便降朝典，令天下知彥澤無罪，諫臣妄有陳論，兼明陛下無朝令夕改之謗。臣職忝諫諍，理合抗論，不避嚴誅，希迴英斷。

鄭雲叟

五代隱士（870—943）。隱居於華山一帶，與高士李道殷、羅隱之友善。後唐明宗、後晉高祖聞名召請，任以官職，皆不赴。天福末卒，終年73歲。

辭徵聘表

臣聞君子有應敵之方，因時俯仰。介士有不移之操，與性逍遥。康堯佐舜者，洽道於君臣。洗渭巢箕者，寄形於天壤。惟聖人之效業，在庶物以由庚。微臣學圃無成，文場不調。頃屬兵交四海，怨暴三場。梁室亂離，走蘭成於荒谷。江都淪覆，遁庾袞於天山。而又蔡順少孤，虞丘三失。倉野之女，遠國飄零。王祥之男，一時雕落。喪家室而有鰥在下，悲身世而無處求生。因投迹元元，委心虛静。長揖當途之客，群居在野之人。幽蘭以備於重襟，灌木用成於虛室。或臨窗嘯傲，或植杖耕耘。樂在其中，老而將至。西山采藥，已有咏歌。北闕彈冠，曾無夢想。安期綄綷，下及烟蘿。日月方耀於太清，世冑適躋於高祖。任賢勿貳，位事惟能。衡門不傑之才，繇來有愧。詔局殊常之命，未敢以聞。夫功大者其任尊，職充者其責重。任必安於所據，責不致於非才。方今内服百工，外拜五長。百爾黎獻，一存至公。載惟清朝，奚急百士。誠繇陛下天綱地絡，容無所遺。夏雨春風，恩無不及。青陽振其沉穎，旭旦起乎幽栖。將令匹微，罔不率俾。固宜勇别環堵，言隨輯車。拜丹地之明廷，奉皂囊之清職。東望心踊，其如病何。賦分隱淪，滅思聞見。九徵而往，雖有語於莊周。三召不行，獨無求於殷浩。仰祈皇鑒，俯宥愚衷。

盧　詹

後晉官員，京兆長安（今陝西西安）人。唐末爲河中從事。莊宗
授以知制誥、中書舍人等職。明宗時歷任禮部侍郎、知貢舉、御史中
丞、兵部侍郎、尚書左丞、工部尚書等官。晉高祖時，任禮部尚書。開
運初，卒於洛陽。

請罷論奏復稽課最表

一同分土，五等命官。所以字彼黎民，司其興賦。至於田租桑
稅，夏斂秋徵，或旨限不愆，或簡量增羨。殊非異政，乃是常程。竊見
諸州頻奏縣令，多以稅輸辦集，便作功勞。諸道纔有表章，朝廷已行
恩命。且徵科是縣令之職分，不過合望於甄酬。若一年兩度轉遷，則
三載六升階級，并加寵渥，慮失規程。伏乞止絕薦論，但稽課最，即銓
司黜陟，自有等差。貴塞倖門，以循舊制。

原載《全唐文》卷853

請令夷人觀樂疏

歌稱九德，彰聖哲於一人。國啓四門，睦臣賓於萬宇。伏惟陛下
登臨宸極，統御寰區。普天之來享來王，率土之爲臣爲子。所以西戎
獻款，北狄輸誠。五谿之蠻獠皆臻，百越之梯航畢至。華夷率服，聲
教遐流。竊見外國朝天，諸藩到闕，多於便殿引對，中外不知。既聞
來自殊鄉，宜使觀於盛事。此後每有四夷入貢，伏乞御於正殿，列彼
群臣，立天仗於廣廷，臨宸軒而端拱。庶使邊荒異俗，向慕華風。亦
具禮樂威儀，更顯聲明文物。

原載《全唐文》卷853

桑維翰

後晉大臣（898—946），洛陽（今河南洛陽）人。唐同光中，登進

士第。石敬瑭任河陽度使時任掌書記，此後數鎮，一直跟隨之。石敬瑭勾結契丹之策，出自於桑維翰。故後晉建立後，授其翰林學士之職，遷禮部侍郎、知樞密院事，尋改中書侍郎平章事、集賢殿大學士，充樞密院使。天福四年(939)，出任相州節度使、晉昌軍節度。晉出帝時再次拜相，任樞密使，封魏國公。開運三年(946)十二月，契丹進入汴梁，被張彥澤殺害。

諫賜優伶無度疏

曏者陛下親禦胡寇，戰士重傷者，賞不過帛數端。今優人一談一笑稱旨，往往賜束帛萬錢，錦袍銀帶。彼戰士見之，能不觖望？士卒解體，陛下誰與衛社稷乎？

原載《全唐文》卷854

論安重榮請討契丹疏

竊以防未萌之禍亂，立不拔之基局，上繫聖謀，動符天意，非臣淺陋所可窺量。然臣逢世休明，致位通顯，無功報國，省己愧心。其或事繫安危，理干家國，苟猶緘默，實負君親。是以區區之心，不能自已。近者相次得進奏院狀，報吐渾首領白承福已下舉衆內附，鎮州節度使安重榮上表請討契丹。臣方遙隔朝闕，未測端倪。思陛下頃在并、汾，初罷屯種，師少糧匱，援絕計窮，勢若綴旒，困同懸磬。契丹控弦玉塞，躍馬龍城，直度陰山，徑絕大漠，萬里赴難，一戰夷凶，救陛下累卵之危，成陛下覆盂之業。皇朝受命，于此六年，夷夏通歡，亭障無事。雖卑詞降節，屈萬乘之尊，而庇國息民，實數世之利。今者，安重榮表契丹之罪，方恃勇以請行；白承福畏契丹之強，將假手以報怨。恐非遠慮，有惑聖聰。方今契丹未可與爭者，其有七焉：契丹自數年來最爲強盛，侵伐鄰國，吞滅諸蕃，救援河東，功成師克。山後之名藩大郡，盡入封疆，中華之精甲利兵，悉歸虜北。即今土地廣，人民衆，戎器備而戰馬多。此未可與爭者一也。契丹自克捷之後，鋒銳氣雄，南軍因敗衄以來，心沮膽怯。況今秋夏雖稔，而帑廩無餘，黎庶雖安，而貧弊益甚，戈甲雖備，而鍛礪未精，士馬雖多，而訓練未至。此未可與爭者二也。契丹與國家恩義非輕，信誓甚篤，雖多求取，未至侵凌，豈可先發釁端，自爲戎首。縱使因兹大克，則後患仍存，其或偶失沉機，則追悔何及？兵者，凶器也；戰者，危事也。苟議輕舉，安得萬全？此未可與爭者三也。王者用兵，觀釁而動，是以漢宣得志於匈奴，因單于之爭立；唐太宗立功於突厥，繇頡利之不道。方今契丹正抱雄武之量，有戰伐之機，部族輯睦，蕃國畏伏，土地無災，孳畜繁庶，蕃漢雜用，國無釁隙。此未可與爭者四也。引弓之民，遷徙鳥舉，行逐水草，軍無饋運，居無竈幕，住無營柵；便苦澀，任勞役，不畏風霜，不顧饑渴，皆華人之所不能。此未可與爭者五也。戎人皆騎士，利在坦途，中國用徒兵，喜於走險。趙魏之北，燕薊之南，千里之間，地平如砥，步騎之便，較然可知。國家若與契丹相持，則必屯軍邊上，少則懼夷狄之衆，固須堅壁以自全；多則患飛挽之勞，則必逐寇而速反。我歸而彼至，我出而彼迴，則禁衛之驍雄，疲於奔命，鎮定之封境，略無遺民。此未可與爭者六也。議者以陛下於契丹有所供億，謂之耗蠹；有所卑遜，謂之屈辱。微臣所見，則曰不然。且以漢祖英雄，猶輸貨於冒頓；神堯武略，尚稱臣於可汗。此謂達於權變，善於屈伸，所捐者微，所利者大。必若因兹交構，遂成釁隙，自此則歲歲徵發，日日轉輸，困天下之生靈，空國家之府藏，此爲耗蠹，不亦甚乎？兵戈既起，將帥擅權，武吏功臣，過求姑息，邊藩遠郡，得以驕矜；外剛內柔，上凌下僭，此爲屈辱又非多乎？此未可與爭者七也。願陛下思社稷之大計，采將相之善謀，勿聽樊噲之空言，宜納婁敬之逆耳。然後訓撫士卒，養育黔黎，積穀聚人，勸農習戰，以俟國有九年之積，兵有十倍之强。主無內憂，民有餘力，便可以觀彼之變，待彼之衰，用己之長，攻彼之短，舉無不克，動必成功，計之上者也。惟陛下熟思之。臣又以鄴都襟帶山河，表裏形勝，原田沃衍，戶賦殷繁，乃河朔之名藩，實國家之巨屛。即今主帥赴闕，軍府無人。臣竊思慢藏誨盜之言，恐非勇夫重閟之意，願迴深慮，免啓奸謀。欲希陛下暫整和鑾，略謀巡幸，雖櫛風沐雨，上勞於聖躬，而杜禍防微，實資於睿略，省方展義，今也其時。臣受主恩深，憂國情切，智小謀大，理淺辭繁，俯伏惟懼於僭逾，裨補或希於萬一，謹冒死以聞。

殷 鵬

　　後晉官員，大名（今河北大名）人。後唐時進士及第，任鎮州從事。後入朝任右拾遺、左補闕、考功員外郎、史館修撰，遷刑部郎中。後晉時任中書舍人、樞密學士。契丹滅晉後，其亦病卒。

晉故竭誠匡定保乂功臣特進檢校太保右金吾衛上將軍兼御史大夫上柱國長沙郡開國公食邑二千八百户食實封一百户贈太傅羅公（周敬）墓志銘并序

　　朝請大夫行起居郎充使館修撰柱國殷鵬撰并書

　　夫天地肅物，松柏猶或後凋，郊藪呈芳，芝蘭焉能長秀。故老氏有必摧之嘆，仲尼興不實之悲，衆木低而梁棟傾，嚴霜重而祥瑞去，物之有矣，可得喻焉？

　　公諱周敬，字尚素。其先顓頊之裔也。封於羅，以國爲氏，地連長沙，因家焉。公即長沙之後也。曾祖讓，皇檢校司空，累贈太師，封南陽王。娶宋氏，封越國太夫人。祖諱弘信，皇天雄軍節度使、檢校太師兼中書令、長沙王，累贈守太師、累封趙王，謚曰莊肅。娶趙國夫人吕氏，先薨，又娶吳國夫人王氏。爲時之瑞，命世而生，倜儻不群，英雄自許。有唐之末，大盜勃興，鎮守一方，廓清千里，上則忠於社稷，下則施及子孫。烈考諱紹威，皇天雄軍節度使、守太師兼中書令、鄴王，贈守尚書令，謚曰貞莊。天地鍾秀，山河孕靈，下筆則泉涌其文，操戈則雷震其武。惠惟及物，明可照奸，曠古已來，罕有其比。貞莊有子四人：長廷規，天雄軍節度副大使、檢校太傅、駙馬都尉，少薨，贈侍中。次周翰，義成軍節度使、檢校太傅、駙馬都尉，亦少薨，贈侍中。次周允，前保大軍行軍司馬、檢校兵部郎中兼御史大夫、柱國、賜紫金魚袋，早歷通班，繼爲上介，倬有器業，可奉箕裘。公即貞莊公第三子也，性稟淳和，生知禮樂，早失天廕，幼奉母儀。秦國夫人劉氏，即故兗州節度使、太師公之第三女也，肅雍無比，柔順有聞，示以愛慈，加之訓導，遂令諸子悉著美名。時梁乾化初，公之次兄方鎮南燕，公時年九歲，秦國夫人歸寧於兗州太師之宅，遂命侍行，至闕下。梁末主宣召入內，對揚明庭，進退有度，上甚器重之，遂授檢校尚書、禮部員外郎，仍賜紫金魚袋。自此恒在宮禁，出入扈從乘輿，與皇親無間，侍立冕旒，多備顧問，無非辯對，深洽宸衷，上尤奇之。其年秋七月，歸南燕。甲戌秋七月，公之次兄薨於滑州之公府。上聞訃奏，乃謂近臣曰：“羅氏大勛之後，宜賞延。”遂命公權知滑州軍州事、檢校禮部尚書。冬十月，上表乞入覲。十一月，至京師，朝謝畢，翌日有制授宣義軍節度使、檢校尚書右僕射。年方十歲，位冠五侯。甘羅佩印之初，未爲少達；王儉登壇之日，已是老成。十二月至自京師，乙亥春三月，鄴中構亂，河上屯兵，況處要衝，屬茲征伐，事無巨細，公必躬親，道路有頌聲，軍民無撓政。丙子春二月，移鎮許田，加檢校尚書左僕射，是歲，公年始十二，作事可法，好謀而成。政絕煩苛，人臻富壽，忽下徵黃之詔，俄諧會屬之期。戊寅秋七月，朝於京師，有詔尚主。公拜表數四，辭不獲免。遂授檢校司空、守殿中監、駙馬都尉。壬午冬十月，出降普安公主，傅粉何郎，晨趨月殿；吹簫秦女，夜渡星橋。一時之盛事難儔，千古之清風盡在。癸未春三月，除光祿卿。冬十月，唐莊宗收復梁園，中興唐祚，屬當郊祀，無失職司，遂封開國侯，加食邑三百户。至明宗纂紹之初，除右金吾衛大將軍充街使。秋九月，轉左金吾衛大將軍充街使，執金在彤庭之前，佩玉向丹墀之上，仕宦之貴，無出於斯。上以公久居環衛之班，頗著警巡之效。至戊子二月，有制授匡國軍節度使，加檢校司徒，仍賜耀忠匡定保節功臣。下車之後，布政惟新。福星爰照於左馮，暖律又來於沙苑。庚寅夏四月，上以圓丘禮畢，慶澤溥行，就加檢校太保，仍降璽書。其年冬十一月，朝於京師，除左監門衛上將軍。九月，轉左領衛上將軍。辛卯夏六月，轉左武衛上將軍。癸巳五月，除左羽林統軍。甲午春，加特進階，封開國公，食邑二百户，改賜竭誠匡定保乂功臣。丙申九月，唐廢主以汴師北征，命公以所部禁旅巡警夷門。公英斷不回，至仁有勇，當危疑之際，立鎮靜之功，浚郊之民，於今受賜。今皇帝并門鳳舉，洛水龍飛，力願推崇，首來入覲。上嘉其懿效，旌彼殊庸，遂除右金吾上將軍。美哉！出總藩宣，入居嚴衛，外則作疲民之藥石，內則爲天子之爪牙，文武兩班，踐揚將遍。物禁太盛，古之有言。壽年未高，染疾不起，以天福二年七月二十七日薨於汴州道德坊之私第。享年三十有三。

嗚呼！皇天莫問，徒云輔德之言；大夜何長，共有殲良之嘆。上聞所奏，惻怛哀慟，輟視朝兩日，厚加賻幣，贈太傅。君臣之義，終始克全。公以己丑歲五月梁普安公主薨於同州，後再娶東海郡徐氏夫人，即故東川節度使、太師第五女也。蕙質蘭姿，懿德令範，孰念孤鸞之嘆，自傷黃鵠之歌。公有侄延□，見任閑厩副使，即魏博□大將軍侍中之子也。樸玉其儀，渾金其器。度評□□相貌□□□□□人□□□。公亦三子四女：長子延賞，守太子舍人。次延緒，次延宗。皆稟庭訓，悉紹家聲，龍駒鳳鶵，得非天性，良金瑞玉，自是國楨，終天懷風樹之悲，踏地有《蓼莪》之痛。長女適郝氏，次適婁氏，二女方幼。諸子皆普安公主之出也。公主靜惟閒雅，動有規儀，休聲首冠於皇□，淑德克彰於婦道，帝王之女，無以過焉。公性不好弄，幼善屬文，嚴毅而至和，溫恭而難犯，言惟合道，動不違仁。張充一變之年，已功成名遂；□□□□之日，乃善始令終。以丁酉歲冬十月六日，安葬於洛陽縣之原，禮也。孤子延賞等泣告鵬曰："公之履行，爲衆所知。公之勳庸，歷代罕比，若非故舊，孰能縷陳？"鵬列親表之間，受顧念尤最，難避狂簡，輒勒貞珉。序不盡言，乃爲銘曰：

積慶之門，挺生奇傑。入覲堯庭，出持漢節。十乘啓行，萬夫觀政。宵旰無憂，袴襦入咏，英華發外，清明在躬。惟忠惟孝，立事立功。滑臺去思，璧田來暮。藹然休光，綽有餘裕。摛繡文翰，傅粉容儀。承顏紫禁，飛步丹墀。門盛七葉，祿逾萬石。外冠時英，內光帝戚。歷事累朝，薦逢多難。動有成功，舉無遺算。秋敗芳蘭，地埋良玉。山雲晚愁，林風夜哭。王孫一去兮不復還，陵園草色兮秋黃春綠。

洛陽縣清封鄉積潤村。

原載《五代墓志彙考》

請加恩敘封疏

切聞司封格式，內外文武臣僚，纔昇朝籍者，無父母便與追封、追贈。父母在即未敘、未封。以臣所見，誠爲不可。此則輕生者而重死者，棄今人而録古人。其榮有何？其理安在？又云父母在品秩及格者，即與封其母，不言其父，便加邑號，兼曰太君。遂令妻則旁若無夫，子則上若無父。豈有父則賤而母則貴，夫則卑而妻則尊？若謂其父未合加恩，安得其母受賜？若謂以子便合從貴，曷得其父不先？伏以父尊母卑，天地之道。尊無二上，國家同體。今母受封父無爵，名教不順，莫大於茲。臣伏乞自今後文武臣僚，父母在，其父已有官爵者，即敘進資品，以及格式。或不任禄仕，即可授以致仕。或同正官所貴，得以敘封妻室。即父母俱榮，孝子無不待之感；閨門交映，聖君覃慶賞之恩。噫荷陛下孝治之風，受陛下榮親之禄者，靜而屈指，不過數人。陛下得以特議舉行，編爲令式。勸天下之爲善，令域中之望風。自然見前代之闕文，成我朝之盛典。況唐明宗朝長興元年德音內一節，應在朝中外臣僚，父母在，并與加恩。司封不行明制，堅執前文。儻布新恩，兼合舊敕。庶使事君事父，常遵一體之規；爲子爲臣，不失兩全之義。臣又聞司封令式，內外臣僚官階及五品已上者，即封妻蔭子。固不分於清濁，但祇言其品秩。且諫議大夫、給事中、中書舍人并是五品，贊善大夫、洗馬、中允奉御等，亦是五品。若論朝廷之委任，宰相之擬掄，出入之階資，中外之瞻望，則天壤相懸矣！及其敘封，乃爲一貫，相沿至此，其理甚非。而況北省爲陛下侍從之臣，南宮掌陛下彌綸之務，憲臺執陛下紀綱之司，首冠群僚，總爲三署，當職尤重，責望非輕。此則清列十年，不遂顯榮之願；彼則雜班兩任，便承封蔭之恩。事不均平，理宜改革。伏乞自今後，應諸司官及五品已上者，即依舊制施行。應三署清望官及六品已上，便與封蔭。清濁既異，秩品宜昇。仍下所司，議爲常式。

原載《冊府元龜》卷476

李　

五代唐、晉時人。

晉故清河郡路公郭氏夫人合祔志銘并序

夫子李□撰

公不得諱字，始自周之胤緒，邗應路氏之穆也。其先自清河郡公之後，本貫桑梓河內溫縣人也。後因罹亂，遷於洛陽，子孫相繼不絕焉。曾祖不得諱，皇不仕，夫人不得姓氏。祖亦不得諱，皇不仕，夫人不得姓氏。父亦不得諱，皇不仕，夫人不得姓氏。公即次子也。節行堅貞，神姿蕭蕭。早負能之術，尤彰今古之名。好樂林泉，逍遥不仕。籛鏗之壽考難比，慕道之其命如何。去光化元年五月十三日寢疾，奄歸泉夜，春秋三十九。夫人郭氏，父不得諱，太原郡公之女也。早著閨儀，名光令族。箴誡習於孟母，令範繼於陶家。守孀嗣三十有五春，中外親姻，咸仰重德。去清泰元年正月十六日奄終天壽，享年七十有七。權葬在城東，今年月日利便改葬，於洛京城西南、於河南縣龍門鄉南王村所買得百姓任詮田地壹畝叁分，造塋壹所，以將合祔。四至并是任家，兼外於任家地內出入。嗣長子敬章娶季氏，次子敬溫未有姻婚。各德行謙恭，禮□□奉。爲人有邕和之譽，立志多無爭之名。心愜衆情，身堅孝道。即以天福元年□月廿二日自洛京城□□□神襯歸於上件所買，到任家地內，永固玄宮，之禮焉。恐後年移代革，名變陵遷。乃刊貞珉，用旌不朽。其詞曰：

裔傳周室，枝派清河。仁風上善，晉代其英。緯哉盛族，紹繼周姬。時因夢奠，寒暑偶虧。赴泉臺之夜永，睹人世之無歸。卜兆平原以安厝，鐫題姓名而已矣。

原載《五代石刻校注》

張　沇

五代官員（？—952），徐州（今江蘇徐州）人。後唐時，任河南府巡官。後晉時歷任著作佐郎、集賢校理、右拾遺、殿中侍御史、翰林學士。後漢時任工部尚書、禮部尚書。後周時任刑部尚書。卒於廣順二年（952）。

大晉故金紫光禄大夫檢校户部尚書右千牛衛將軍兼御史大夫上柱國魏郡申公（鄂）墓志文

朝議郎秘書省著作佐郎充集賢校理張沆撰

公諱鄂，字秀封，其先本自周，武王克殷之後，太公受封於齊。故其源出於姜姓，封尚父於申國，其後氏焉。晉吏部尚書鍾即公二十一代祖也。始自西晉，家于洛濱。公即河南府緱氏人也。曾祖固清，皇任襄州襄陽縣令。祖弘雅，皇任金州司户參軍。烈考知海，皇任懷州武德縣丞。士元屈佐於鳴琴，梅福無心而徇禄。纔終考秩，嘉遁林泉。公即武德第三子也。公始齔之年，遇黄蔡之亂，丁家艱，且耕且學，舉孝廉不第，以刀筆受唐丞相陸公扆深知。一見若傾蓋之舊，釋褐授潞州上黨縣主簿。秩滿，還居舊第。值梁氏革政，命福王友璋節制西楚。奏公銀青光禄大夫、許州長史，知留邸事。唐莊宗皇帝反正，中書令霍公改節于徐，奏公檢校工部尚書。洎明宗踐位，太師夏公自許遷鎮于遂，素嚮公淑慎瀋密，遂表公授刑部尚書，委留邸事。旋屬董璋據左蜀之險，吞鄰道之兵。俄而，夏公遇害於巴蜀。明宗皇帝召公，引見便殿，爲之泄涕，特拜右千牛衛將軍。少主即位，覃勸進之恩，制加檢校户部尚書，加階金紫。公以時方多事，謝疾退居，不友世務。閉關寂慮者將四五載。以天福二年六月二十六日遘疾捐館於東都延福私第。享年六十有三，即以十二月十二日合葬於河南府緱氏縣芝田鄉故縣村祔先塋，禮也！先妣太夫人隴西李氏，以公幼慕典墳，早孤撫育。慮沉研之酷志，則暗徹蘭膏。備豐潔之迎賓，則曾傷鬢髮。允繫内訓，不廢令名。太夫人之力也。公婚天水趙氏，先公即世。公二子，長曰文炳，一舉中進士第。歷河陽推官，尋轉支使。以侍養除鄆州鄆城縣令，婚清河張氏。次曰文緯，應進士舉。公居敬行簡，修身踐言。謙光照灼於士林，行業馨香於朝籍，而喜善如不及，處暗無所欺。事上以恭，接下以禮。自奉以儉約，交游以始終，則又爲一時之標的也。於戲！公之壽逾耳順，不爲夭矣。公之官列環衛，不爲不達矣。而時方紛擾，未展宏圖。將爲命耶，將貽慶於後耶。觀其保家之令嗣，則叩馬高蓋之門可翹足而待，有以知積善餘慶矣。沆顧惟闇茸，早荷慈憐。嗣宗降友於阿戎，郭泰曲容於子厚。猥承見托，

追叙平生。痛伯牙之弦,知音永失。清孺子之酒,寄奠莫從。拉涕濡毫,謹爲銘曰:

釣渭清濱,嵩高降神。維師尚父,生甫及申。鷹揚豹變,暢敛文茵。華宗啓胄,茂德垂仁。其一貽慶裔孫,允文允武。學優則仕,義以爲檐。負朱逆遠,帶經志苦。三虎八龍,重規疊矩。其二爰偶知己,擢才效官。捧檄動色,視膳承歡。車前跕驥,棘上栖鶯。黔黎懷惠,人忘凋殘。其三梁氏禪唐,親賢仗鉞。延請恩重,晨昏志忉。璧田上佐,銀青峻列。奉以周旋,曾無玷缺。其四遂寧連師,傾蓋論心。堅辭上介,仰答知音。府城告變,杞梓摧林。我公入覲,寵彼纓簪。其五言踐班行,入居環衛。珩佩清響,鹓鷺華綴。志尚閑逸,恥奉權貴。謝病杜門,優游卒歲。其六倏嬰舊恙,砭藥無功。皆善其始,獨全厥終。稺松阮竹,素履清風。印興王氏,門大於公。其七先遠有期,眠牛兆吉。緱嶺旌表,滕公啓室。陵遷谷變,金材玉質。劫盡有窮,永標茂實。其八

男文緯書

原載《五代石刻校注》

孫紹榮

後晉天福時人。

後晉高明寺經幢記

加句靈驗佛頂尊勝陀羅尼真言

(咒文略)

清信弟子孫紹榮,因小男楊三疾患,遂捨净財,奉爲亡考十五郎□造陁羅尼幢□貳所。捨入天台幽溪禪院,永充供養。

伏以真乘肇啓,大教潛興,化演千門,滋道牙而益茂;途歸一里,因法本以彌堅。其有尊勝開宗,梵音成偈,功唯有證,利實多彰。今則爰發精誠,敬鐫貞石,裝嚴已畢,功德將圓。意者追薦先靈,拔超冥路,伏願速登彼岸,長被勝因。諸佛證明,資善緣而不泯;衆靈加護,

居妙相以長新。時天福二年歲次丁酉七月辛亥朔十五日乙丑記。

原載《兩浙金石志》卷 4

龍　晉

五代敦煌僧人。後梁貞明三年(917)爲沙州應管内外釋門都僧錄。後唐明宗初爲河西副僧統，尋爲都僧統。卒於後晉出帝天福八年(943)後。

清泰肆年(九三七)都僧統龍晉等牒稿

應管内外釋門都僧統賜紫沙門龍辯、都僧錄惠雲、都僧政紹宗等。

右伏以司空五才神將，降世以定龍沙，七德變通，護六州而治蓮府。大開四路(八表)，朝聞投款之聲；内育(覆恤)蒼生，萬姓長承乳哺(人民有攀援之處)。昨者(時)臨凝雅不被(際人君避)烈風，巡山川，喜戲軍營愍(則百獸皆傷賢存)邊城照社稷(萬人)基固。自從司空出境，天暖似覺重暖，日夜歡娛(晝雖静烟雲)，心中元(懷)生爽切(城隍)人人(卜)憂(悴)邑，晨夕無(静)安，九類惶惶隨更克實增攀慕(愧)。伏望(乞)迴軍(駕)西陲，司空高懸玉鏡(合郡有招蘇之慶)，願照衆情(伏增戰懼謹録狀上)，幸誰早降於龍沙(伏請特賜處分)，草木有初榮之喜(允從處分)，不敢不申，伏請處分。

牒件狀如前，謹牒。

清泰肆年十一月十八日應管内外釋門都僧統賜紫沙門龍晉、都僧錄惠雲、都僧政紹宗謹牒。

原載敦煌文書 P.4638

清泰肆年(九三七)都僧統龍晉等牒

應管内外釋門都僧統賜紫沙門龍晉、都僧錄惠雲、都僧政紹宗等。

草豉壹斗，麥酒壹□瓺，謹因來旨，跪捧領訖。右龍晉等忝爲釋吏,一無助君之功;希履道門,又闕課念之力。昨者司空出境,巡曆遐遙。嚴風冒犯(觸)於威嚴(顏),冷氣每臨(漬)於貴體,不得資鷹(某乙等闕是從),兢悚倍常。特蒙仁恩(台慈),遠垂重禮(恩賜)。龍晉等萬生榮幸,減恐誠惶。准合趨步(無任抃躍之至),銘荷軍前(例合趨詣幕下),伏爲奉守城治(面拜威容王格難違,遠離怠慢社稷),不敢專擅。謹遣都頭張信盈往彼馳狀陳謝(伏增戰懼),謹録狀上。

牒件狀如前,謹牒。

清泰肆年十一月十八日應管内外釋門都僧賜紫沙門龍晉、都僧録惠雲、都僧政紹宗謹牒。

原載敦煌文書 P.4638

清泰四年(九三七)都僧統龍晉等獻酒牒

應管内外釋門都僧統兼佛法主賜紫沙門龍晉、都僧録紫沙門惠雲、都僧政賜紫沙門紹宗等。

酒貳瓮。

右伏以運偶昌晨,時當朱夏;麥壠飛芒之際,階蓂吐葉之初。伏惟司空應天文之德,定押河湟;禀地里之祥,肅清九郡。龍晉等桑門折足,釋教么愚。幸逢端午之榮,兼值祝壽之慶。前件少鮮,雖慚貢獻,聊表釋儀。伏乞府賜,特垂容納。謹録狀上。牒件狀如前謹牒。

(後缺)

原載敦煌文書 P.4638

張 恕

後晉官員,韶州始興(今廣東始興)人。官刑部郎中。

請放還僞廷貶降官奏　天福二年十月

伏以革故從新,方恢於聖運。赦過宥罪,繼洽於君恩。故澤布九天,無所不及。慶流萬國,無所不周。伏惟皇帝義布幽明,化均動植。改秦隋之覆轍,繼周漢之昌圖。上簡帝心,蕩蕩方臻於壽域。下符民欲,熙熙將返於淳風。彌寬含垢之情,遐廣推恩之道。臣伏見去年閏十一月二十九日赦書節文,應偽廷貶降官未量移者與復資,責授官亦與復資,應徒流收管人並放還者。又睹今年八月二十五日德音節文,應自創業已來降黜者,並與放還。枯鱗再泳,朽木重芳。是知宏貸之朝,大舉哀矜之典。所有偽廷貶降官等,雖經量移,盡思歸復。每望雲天之澤,嘗懸省責之心。特冀聖慈,更加念恤。未敢希復序資品,且乞令放還鄉閭。所冀表明代之好生,遂小人之懷土。臣叨司刑典,獲奉赦條。願迴解網之仁,用廣垂衣之化。

原載《全唐文》卷 829

陳　拙

後晉時人,鄉貢進士。

晉故彭城郡劉(珪)氏夫人墓志銘并序

鄉貢進士陳拙撰

粵稽古昔,肇判胚腪,天法乾而地法坤;陶甄萬彙,陽稟日而陰稟月。運序四時,晝夜縣是無恒,寒暑於焉不息。所以死生之位列,修短之數分。至理既然,其誰可逭? 逮萬斯載,咸一其悲。或乃存而有聞,歿兮可紀。俾內則之風不泯,中和之譽克彰者,其在夫人歟。

夫人姓劉氏,諱珪,號至真。其先出豢龍氏之苗裔,厥後遷徙汶陽,今爲汶陽人也。曾祖諱光,皇任登州黃縣令;祖諱道,抱好尚之志,遂不仕焉;考諱貞,皇任鄆州園林使、銀青光禄大夫、檢校國子祭酒、兼御史中丞;妣潁川陳氏。夫人即中丞之長女。陰精構質,坤德儲休,秀異標於始孩,婉淑彰於既長。丞順由其天性,靡看趙郡之書;功容稟彼目然,匪授曹家之訓。四德聿備,百兩宜遵。愛以簪笄之年,式納皮馬之幣。歸于東平郡呂公,名知遇。公即故光牧、尚書諱環之令子焉。以積德累功之基,荷其出如綸之澤,累遷至邢、洺、磁等州置榷鹽使、金紫光禄大夫、檢校尚書左僕射、兼御史大夫、上柱國。泊夫人告虔榛栗,盡敬舅姑,非唯叶鳳凰之鳴,抑亦慶必螽螽之羽。

律娣姒之禮樂，令高門有穆若之風；教子孫以詩書，俾士揖揚灼然之
譽。雖桓少君之德行、蔡文姬之辨才、謝道蘊之賢明、鍾夫人之鑒識，
亦不足加也。比謂壽山永固，寒柏長青，何期夢奠兩楹，疾生二竪。
盡元化五禽之術，胡獲小瘳；用景純九卷之方，彌成大漸。即以天福
五年庚子歲十二月五日啓手足於萬年縣安上街之私第，享年六十八。

噫！不登上壽，遽逐逝川。違乎偕老之文，決彼終天之別。附佳
城於汶水，方/且阻艱；卜吉土於秦原，靡無不利。即以七年夏五月一
日窆厝於長樂原北之權禮也。

夫人之子曰名繼旻，將仕郎、前守礠州長史。黃陂度量，緒柳風
姿，一鶚栖於士林，獨鶴翻於文囿。清辭落紙，麗若春華，和氣襲人，
煦如春日，誠可謂積善餘慶之所及也。女長曰蘭，適前幽州司馬/瑯
瑘王公諱延裕，不幸早逝；次曰芝，適前金州進奏官、銀青光祿大夫、
檢校左散騎常侍、兼御史大夫、上柱國河南祝公名翔，或守性柔和，各
契桃夭之旨，或立身夷雅，皆推玉潤之名；次曰蕙，以幼慕真如，早從
披落，法號堅能，講《般若經》爲業。孫兒七哥、女五哥以其母早亡，皆
夫人親鞠之撫之，是彝是訓。長史自遘倚盧之禍，弗忘陟屺之懷，泣
血迫於三年，絶漿逾於七日。孝誠所感，梟鳥爲之輟巢；哀毀過常，里
人爲之罷社。載念欲奉盡先之敬，上醻岡極之恩，宜叙述其芳猷，而
摭揚於懿行，盍憑鴻筆，奚屬鯫儒。實以拙素叨鮑叔之知，夙忝孔融
之待，遂臨鉛槧，直録見聞。銘曰：

懿哉劉氏，淑德令名。厚坤孕秀，皓月儲精。門高汶水，郡茂彭
城。眷乎家牒，具載芳聲。爰自笄年，歸于君子。奉上以恭，使下以
禮。關關雎鳩，采采芣苢。諒蘊賢和，式符詩旨。閨閫肅肅，子孫振
振。情深費祖，愛極軻親。乃聞既長，乃見立身。慈訓之善，熟能比
倫。方享遐齡，遽縈美疢。著卜成妄，藥攻靡應。蘭敗國香，鸞孤皎
鏡。傷悼之情，茍潘可并。欲返故鄉，其如路長。乃從龜筮，權葬牛
崗。松楸既樹，宅兆斯康。祐茲良胤，永保吉昌。

原載《陝西省考古研究院新入藏墓志》

楊敏昇

後晉官員。任淄青登萊觀察推官、將仕郎、弘文館校書郎。

晉故隴西郡夫人關氏墓志銘并序

前緇青登萊觀察推官、將仕郎、守弘文館校書郎楊敏昇撰

延州長興延慶禪院僧惠進書

夫二象始分，三才已別。禀氣含靈之內，形影相須；遷移寒暑之中，短長斯繼。大夜逝川之嘆，露華風葉之悲，今古皆然，賢愚豈免？顏子智而周物，算不延長；籛鏗性乃顓濛，壽而遐永。豈非博厚？蓋自前修。

隴西郡夫人關氏，即同州馮翊縣人也。其先春秋時未詳所出。蜀將鎮國大將軍、荊州都督羽之後也。因徙隴西，乃郡焉。遠則龍逄逆鱗，次則雲長戰勇。其後代生俊哲，世不乏賢。具載簡編，此不繁述。皇考前同州司馬諱。英奇邁古，朗秀超今。參郡佐之上僚，著州鄉之美稱。及於罷秩，志樂林泉。厭爵禄之浮華，慕優閑之高逸。不再位事，至於終年。皇妣太夫人天水趙氏，長自名家，聘于豪族。德流胤嗣，慶及子孫。即郡夫人司馬府君之女也。郡夫人智因天縱，惠乃神資。五色卿雲，自是長空之瑞；九苞靈彩，本爲丹穴之祥。皓質無雙，濃華獨異。生而自秀，長乃不群。洎及笄年，適于前鎮國軍節度使致仕司徒王公。司徒王公匡時振譽，佐國成功。玉殿承恩，貴戚光連於帝室；金門示寵，推誠位列於藩宣。虎節雖持，龍樓每覲。勤政聲於二華，顯惠愛於三峰。公以位望穹崇，恐妨寵路，尋求休退，乃就懸車。則竭力扶天，盡心翊主。凡於著美，悉自家肥。

郡夫人有女一人，男一人。女即唐明宗皇帝妃也。皇太妃九天仙態，都苞麗質之中；三洞靈儀，盡統元精之內。貞姿絕代，異貌傾城。奪越水之烟光，容超西子；比晉文之寵侍，美過南威。崿山之空説雲飛，洛浦之虛聞雨散。加以智匡邦國，賢贊宮闈。九重之注意偏隆，萬乘之安危斯托。及明宗宴駕，嗣帝承基。首膺禮册之文，實貫

古今之盛。今上自臨寶曆，聖澤頻仍。輝華晉室之聯姻，煥耀唐書之史錄。郡夫人有男，任內園使、權洛京大內□武德等使、金紫光祿大夫、檢校尚書右僕射兼御史大夫王延福。地靈標秀，天爵垂祥，傳詩禮於府門，咸推高格；歷班資於紫禁，衆仰英材。爰自起家，便昇峻秩，瓊樓入侍，常規鳳扆之傍；寶殿趨朝，每近龍顔之側。累遷內職，益厚渥恩。乃忠乃孝之心，不移全節；蘊武蘊文之藝，寧測前途。方慶晨昏，忽茲鍾禍。婚隴西郡李氏。郡夫人理家之要，布惠之餘。訓子義方，則卜鄰截髮；穆親和眷，則勻帛散金。至於厮養之徒僕，使之恩煦如冬日也。梁氏之一門三后，比盛猶虧；王家之同日五侯，方斯未貴。其於內外親屬，悉乃光榮。郡夫人自遘疾已來，日漸一日，藥石備至，所患匪瘳，遽至膏肓，奄辭昭代。即以六月二十一日，終於洛京思順坊私第。嗚呼！好花易落，秀木先摧。嗟急景以逡巡，嘆逝波而迅速。凶問達闕，悲慟宮庭。愁雲布而九族哀，泉戶深而六親痛，即選八月二十二日喪於河南縣平樂鄉朱陽村北□之□原郡夫人塋也。郡夫人芳容永榭，素質難窺，芙蓉帳裏尚香殘，鸞鏡臺前塵已滿。□□浮生若夢，□兔如流，桃開柳坼昔追游，孤壠荒郊今掩迹。兒號女哭，添牽素慕之愁；哀挽悲歌，引動丹旌之旆。敏昇學慚畫虎，藝愧雕龍，承重命以須遵，顧拙材而何補。祗憑實錄，非敢飾詞，乃爲銘曰：

其一，門族方盛，室乃資賢。慶鍾於□，德實自先。芳容宛美，麗質淑然。抱柔和氣，□懿範焉。其二，婦禮生知，母儀□□。稟慈順風，苞堅貞固。松老益青，竹寒彌茂。不俟浮華，唯勤儉素。其三，姻連帝室，戚接皇闈。貴盛斯極，謙謹不違。禮親無倦，論道忘疲。遽成□救，蓋自家肥。其四，方正盛年，忽茲遘患。藥餌乏微，膏肓遽絆。隙影難停，逝川興嘆。魄往泉臺，魂留几案。其五，光容永榭，形彩寧窮。寶鏡塵生兮人不照，金鴨香殘兮帳已空。北忙原上兮淒淒夜月，洛水河邊兮慘慘朝風。□石鐫銘兮永存斯紀，谷變陵□兮不泯高踪。

原載《全唐文補遺》第一輯

晉故隴西郡李公（俊）墓志銘并序

□□□萊觀察推官、將仕郎、弘文館校書郎楊敏昇撰

夫繼勛襲爵，少昇貴位者，能有幾人；主寵家□，□□□物者，實□□矣。其有天潢流潤，雲葉傳華，卓爾令名，囂然國器。張慕先之博識，尚愧未萌；杜元凱之英謀，猶爲寡昧。天奪壯志，何乃速乎？黄壤雖沉，清風豈泯。悲夫！禍福□間，賢愚者哉！

公諱俊，字，河東太原府人也。唐明宗皇帝之孫，晉故南陽太師之子。皇考諱從瑾，任威勝軍節度使、檢校太師，封洋王。以軍功匡大□，以忠孝立家□邦，定攙槍於革命之時，效英勇於中興之際。莊皇再造，已振威名。明宗嗣昌，顯旌高節。一扶□運，□頒藩宣。政聲歌廉范之謡，勛績邁韓白之略。施仁及物，慶保子孫。皇妣京兆郡夫人田氏，以懿範播閨闈，以母儀標女□，□芝朱草，産爲昭代之祥；楚璧荆金，出作明時之瑞。誕於賢哲，光彼德門，公即太師長子也。弓能落雁，劍可刺犀，幼在皇闈，長親紫殿。龍樓侍寵，早歷職於諸司；虎帳承榮，位頗隆於清切。敦詩閱禮，抱義懷仁。三已腰懸，獨有四方之志；六鈞在臂，邈窺萬里之程。爰自起家，□□□秩。天成二年，授六宅副使、銀青光禄大夫、檢校右散騎常侍。雀扇展開，步舞向丹墀之列；鑾輿□從，清塵隨碧落之班。三年，遷綾錦使，加左散騎常侍。長興元年，郊埋禮畢，涣汗流恩，轉六宅使，加檢校工部尚書。官降八座，榮顯一時，勵臣節以彌堅，顧忠貞而益異。二年，上以公早推勇捍，素習韜鈐，將嚴宿衛之師，須委腹心之寄，宣補右捧聖第四指揮使。整齊戈甲，訓練驍雄，將倖指□，□伸效用。三年，以王侯之子，軍旅位卑，復授宫苑使、加檢校兵部尚書，晝司宫禁，夜肅警巡。時上寢疾，將期□□，□至晏駕，所管乂寧。少帝承桃，倍加寵遇。未期潞王赴國，寶祚俄移，復示新恩，仍於舊貴。清泰元年□□，以公久縻内職，頗屈雄程，選自宸□，遷於環衛，授右金吾衛將軍。□□朝天，曉逐駕鴻之列；執金儼□，夜嚴貔虎之營。尋屬晉祚俄興，先皇創業。天福二年，太□薨變，尋□苫廬。三年，授起復雲麾將軍，繼歷哀誠，懇堅辭讓，帝命非允，就洛留司。秋落，起復檢校尚書左僕射、右威衛大將軍。四年，除授封州刺史。皂蓋朱幡，已顯分符之貴；褰帷撫俗，

尚遥共理之心。五年,轉授□□刺史,加左僕射,頻驅畫隼,累位頒條,志奉九重,但瞻雙闕。六年,先皇棄國,□上承基,□□□□朝,首膺渥澤,授博州刺史。□上以前朝皇戚,寵厚元勛,言念博關,稍遥宸極,遂移鳳詔,別委魚□,除授虢州刺史、加金紫光禄大夫、□□□□。公自到任,值歲蟲蝗,出己俸而濟饑民,寬政刑而□療□,□□□化,惠及疲羸。開□□□授商州刺史。關防六里,聖委緝綏;貴顯百城,君恩所囑。公無何不親政理,任用失人。蓋由福去灾來,乃至情移志變,罷替歸闕,旋就休閑,頓□□華,栖心玄圃,屏笙歌而爇炷,斷酒肉以恒齋。初披戴於焦尊師,次受畢法籙於劉若拙。九霞真帔,常□五夜之□;三洞靈書,法畢一時之籙。忽爾玄穹降禍,事匪由人,遽至身終,沉於泉壤。即以開運三年秋九月二十六日夭終於洛京立德坊私第,春秋三十□□。

□松曰大,不能遏迅急之風;皓月九霄,豈可免盈虧之數。七賢共逝,千載同悲。公先婚陸氏,早亡。後婚□□郡君張氏,即故□州節度使温之女。有弟三人:長曰興,性唯高逸,志鄙宦途,訪慕林泉,不□干禄。次曰直,早□禁職,遍歷朝行,將舒雲漢之□,漸近烟霄之列,任左領軍衛將軍。次曰泰,襟懷豁達,氣量恢弘,著□□□,永□王室,任西頭供奉官。有子八人,女七人。長曰欽叡,任商州衙内指揮使。次曰欽贊,任虢州司馬。余或在髫年,或居丱歲,悉遭哀制,咸處喪儀。將軍司徒與昆季同謀遷奉,共俟送終,竭家力以修塋,罄資財而舉事。即以當年冬十二月四日,殯於伊闕縣□□□□□里之高原,即公之塋也。公蘊文蘊武,唯謹唯恭,啓問求賢,虛懷待物,見不平而發憤,遇義勇以開博,至於詩酒琴瑟,管弦絲竹,軍前馬上,今古無論。然雖佩魚符,□□龍節,平生之貴,亦乃足乎?敏昇□咸朱門,曾伸栖托,今叨清顧,□異□□,空悲昔日之恩,徒紀此時之石,捧承佳請,但愧荒虛。乃爲銘曰:

仙源靈派,皇室令孫。生知禮樂,神衹温恭。其一。巍巍美貌,凛凛形真。有忠有孝,蘊武蘊文。其二。□□中興,明宗繼位。朱邸承榮,清門顯貴。幼乃英果,長全忠議。蘊略苞謀,懷材抱器。其三。□歷諸難,數遷州職。佩玉朝君,執金拱極。累佩魚符,頻登熊軾。

卓有政聲，靄然芳迹。其四。年華正盛，聖歷□□。□抗禄位，就洛
跧藏。頂冠披褐，静室焚香。籙傳三峒，帔耀九光。其五。福去禍來
兮人豈□，釁起於家兮情可惜。悲夫壯歲兮忽沉泉，痛彼藝能兮無處
覓。伊水河西兮創孤壠，嵩少來兮紀□石。谷變陵移兮志永存，地久
天長兮人共□。

原載《全唐文補遺》第五輯

僧繼莊

唐、晉時洛陽僧人。

超化寺石香爐贊

　　洛京河南府密縣衆僧等，共造石香爐於超化寺舍利塔前供養。
伏以釋氏遺教，顯福利於人天，示現雙林，□舍利於他界。但以叨依，
佛忝僧倫，睹先師之真身，禮我佛之靈塔，各抽衣鉢，共造香爐。上祝
威光，同希福祐。然願皇王萬壽，國界安寧，同會同□，咸沾勝利，乃
爲贊曰：

　　寶石奇功，鎮塔龍宫。名留不朽，福報無窮。解脱香焚，遍法界
空。無前無後，□證六通。

　　都維那僧法興等，□均、謙信、元智、□通、道廣、由弼、師□、□
興、楚明、審宗、□萼、崇□、□真、□爨、宏懿、明通、宏壽、清朗、清雅、
清貴、清□、知元、智堅、□□，寺主賜紫大德師贊，典座法□，王岫施
車牛於鄭州，船載□寺界，王□鄉貢三傳范善佐、上官□王□、攝國子
四門助教姚宗吉。

　　大晉天福六年歲次丑四月庚寅八日丁酉建造。

　　僧繼莊書。

　　石匠人吴全章。

原載《八瓊室金石補正》卷 80

趙 普

後晉官員。撰此志時署前衛州軍事衙推、將仕郎、試大理評事。

晉故均州刺史光禄大夫檢校司徒兼御史大夫上柱國開國男食邑三百户安府君（萬金）墓志

前衛州軍事衙推將仕郎試大理評事趙普撰并書

蓋聞天地之間,人形爲貴,方圓動静,一像乾坤。高縣日月以照臨,大納江河而灌溉,七星九曜,五嶽四時者矣。

公諱萬金,字寶山。其生也,上禀於德星;其長也,才包於六藝。弓開似月,紛紛而射落妖星;劍擲爲龍,矯矯而劫迴瑞日。勇能嚼虒,力可拽牛。夜思書行,豹略始因於玄女;左擒右縱,龍韜元受於黄公。昔縱武皇,破黄巢而定紫塞;久權兵柄,擎愛日而滅妖星。明宗念以夙勛,除受嚴州刺史。憐其碩德,特委魚符。留伴飯於天庭,未許歸於本郡。再承寵渥,除受貝州刺史。百姓歌其來暮,一人蔚其去思。興農佩犢之謡,喧喧四海;恤寡矜孤之惠,藹藹八紘。清泰二年,除受均州刺史。露冕而六條清静,騫幰而千里愷康。賞罰既行,闔境之奸邪黜竄;恩威並布,一方之疲弊舒蘇。曾諱德昇,銀青光禄大夫、檢校太子賓客、故鎮武馬軍指揮使、索葛府刺史。箭射九烏,聲震四海。入陣而六鈞弓硬,臨戎而丈六戈輕。祖諱重胤,銀青光禄大夫、檢校工部尚書、静塞軍管内都游弈使、索葛府刺史。撫綏封疆,四境之夜無吠犬;剗除奸盗,千里之杜絶凶渠。皇諱進通,銀青光禄大夫、檢校尚書右僕射、守應州別駕、索葛府刺史,長興二年贈司空。正清如水,顯令譽於八紘;恩惠如膏,展驥足於千里。妣曹氏,長興二年贈鹿邑縣太君。公即司空太君之愛子也。公本自稷契之苗裔也,始因周平王治國,六蕃來侵。將軍奮劍一揮,萬夫膽碎;操戈直指,八表晏清。上旌功勞,乃命氏族焉。公即將軍二千年後玄孫也。初索葛府刺史,遷馬軍左第二軍使,遷昭義軍左游弈馬軍指揮使,遷塞寧軍使,遷右先鋒指揮使,遷昭義軍衙隊指揮使,遷昭義軍在城及守禦左右廂都指揮使，後除巖州刺史。前後指揮使七處，刺史三任。

先婚何氏，長興元年十月內封陳留縣君，生男二人：長元進，內殿直、銀青光祿大夫、檢校國子祭酒兼御史中丞、驍騎尉。次延超，銀青光祿大夫、檢校左散常侍兼御史大夫、武騎尉、護聖副兵馬使。女一人，事梁家。次室米氏，生子一人元審，前索葛府刺史。次室王氏，生子一人，元福，殿前承旨。次室張氏，生子一人韓留。次室趙氏，生女一人，事石家。公於天福二年五月奉宣令往西京，請見任刺史俸祿就便養老。其年十月內忽縈寢疾，善終於私第，享年七十六。於十一月戊辰朔十七日甲申，與陳留縣君遷祔於河南縣北邙山張楊里伯樂原，禮也。普叨忝姻婭，幸沐嘉招，慚非黃絹之辭，獲刊翠珉之上。銘曰：

生我兮天地，毓我兮二儀。天生天煞，天地之宜。俾我七權兵柄，荷堯雲之靄靄。受予三携郡印，感舜日曦曦。□由戀其聖代，不爲頓隔明時，北邙山上，永表旌麾。

原載《全唐文補遺》第五輯

杜同文

後唐、後晉時人，曾在後唐任溫縣令。

晉故左諫議大夫致仕杜公（光乂）石記

杜氏之先，唐萊國公如晦之胤也。公即萊公八代孫。公諱光乂，字啓之，公外氏滎陽鄭氏也。公幼而歧嶷，長實辯材。洎十九謷弟即道州歸尚書門生也。自後累遷華級，繼陟清曹。出入承明，踐歷建禮。尋遇先公太尉之薨，公以疾遂不仕。終喪紀然，閑居歲久，故絕宦進之門。後唐再立，遷公工部郎中。俄拜左諫大夫。致仕直至於終，猶請俸給。俄以疾苦所縈，以天成二年六月九日終於洛京會節方之故第也。公以處身正白，不雜於時。沒世無兒，人所共嘆。有弟前新安縣令昉，竭力扶護，以報慈顏。敬奉負荷，上答憐憫。以天福二年十一月二十三日歸祔於京兆府萬年縣洪原鄉龐村李夫人之舊寢也。同文叨聯棣萼，旦沐慈流。抆淚書紳，謹勒貞實。時晉天福二年十一月二十三日。

堂弟同文述并書

原載《西安新獲墓志集萃》

裴 琪

後晉時期人。

佛頂尊勝陁羅尼經并序

大陰寺崖……裴琪書

《佛頂尊勝陁羅尼經》者，婆羅門僧佛陁波利，儀鳳元年從西國來至此土，到五臺山次，遂五體投地，向山頂禮曰："如來滅後，衆聖潜靈，唯有大士文殊師利，於此山中汲引蒼生，教諸菩薩。波利所恨，生逢八難，不睹聖容，遠涉流沙，故來敬謁。伏乞大慈大悲普覆，令見尊儀。"言已，悲泣雨淚，向山頂禮。禮已，舉首忽見一老人，從山中出來，遂作婆羅門語謂僧曰："法師情存慕道，追訪聖踪，不憚劬勞，遠尋遺迹。然漢地衆生多造罪業，出家之輩亦多犯戒律。唯有《佛頂尊勝陁羅尼經》能滅衆生惡業。未知法師將此經來不？"僧曰："貧道直來禮謁，不將經來。"老人曰："既不將經，空來何益？縱見文殊，亦何必識？師可却向西國取此經來，流傳漢土，即是遍奉衆聖，廣利群生，拯濟幽冥，報諸佛恩也。師取經來至此，弟子當示師文殊師利菩薩所在。"僧聞此語，不勝喜躍，遂裁抑悲淚，至心敬禮。舉頭之頃，忽不見老人，其僧驚愕，倍更虔心。結念傾誠，回還西國，取《佛頂尊勝陁羅尼經》，至永淳二年回至西京。具以上事聞奏大帝。大帝遂將其本入內，請日照三藏法師及敕司賓寺典客令杜行顗等共譯此經，施僧絹三十匹，其經本禁在內不出。其僧悲泣奏曰："貧道損軀委命，遠取經來，情望普濟群生，救拔苦難，不以財寶爲念，不以名利關懷，請還經本流行，庶望含靈同益。"遂留翻得之經，還僧梵本。其僧得梵本，將向西明寺，訪得善梵語漢僧順貞，奏共翻譯。帝隨其請，僧遂對諸大德共貞翻譯訖。僧將梵本向五臺山入金剛座，於今不出。今前後所翻兩本並流行於代，小小語有不同者，幸勿怪焉。至垂拱三年，定覺寺主僧志静，因停在神都魏國東寺，親見日照三藏法師，問其逗留，一如上説。志静遂就三藏法師咨受神咒。法師於是口宣梵旨，經二七日，句句委授，具足梵音，一無差失。仍更取舊翻譯本勘校，所有脱錯悉皆改之。其咒初注云："最後別翻者是也。"其咒句稍異于杜令所翻者，其新咒改定不錯並注其音，訖後有學者幸詳此焉。至永昌元年八月，于大敬愛寺見西明上座澄法師，問其逗留，亦如前説。其翻經僧順貞見在住西明寺。此經救拔幽顯，最不可思議。恐學者不知，故具錄委曲以傳未悟。

《佛頂尊勝陁羅尼經》一卷

大晉天福三年歲次戊戌四月戊寅朔八日乙酉

石匠成公貴鐫男延敏同

修建□主僧重光弟子道實弟子道幽弟子道隱弟子莫善童子小兒

原載《三晉石刻大全·運城市絳縣卷》

釋希寧

後晉時僧人。

金剛經贊

祥夫《金剛經》者，摧邪顯□□□相理事□圓串□□空□實□□圓迥異，遂於祇園會上，悲□海中，流三乘於國土，接五柱於世間，是知□柱中寂，假名言之方顯。乃有信重姓李名恭，經持二萬五千餘遍，懇□□□□一齋心素身而戰馬□□□□咸化□□曾遭水溺，廣闊而渺漭無邊，如同陸地無殊，曾無少損。此皆持經靈□，豈昧聖慈，方欲顯示於信心，乃幸歸於逝水。然今清信孤□萬達，奉□□過□尊靈宿□舊願，志□□嶻，未遂酬還，掩歸長夜。孤子萬達受父母之嚴訓，關骨肉之深情，□咸有爲之賄□崇無上石壁這經，所貴不昧平生，上報劬勞之澤。粵以大晉天福三年歲次戊戌四月戊寅朔十五日，敬鐫石壁《金剛經》一卷。斯乃嵒□峭峻，嵯峨之迥出群峰；碧岫峥嶸，□

峗之□□□嶽。實住佛之勝境。爲此土之良因，山名合玄之山，寺號太平之寺，遂□公舒仰睇，嘆以其能；王耳澄眸，嗟其罕有；伏惟堯雲永布，舜日長明，玉葉金枝，光榮萬嗣。冀以三途八難，法界異生，見在先亡，俱登證覺。乃爲詞曰：

> 惟有此經，諸經中上。持□有靈，十方無量。其一
> 巖谷深遠，潛龍膺息。鶴壽青霄，水流碧澗。其二
> 孤子資薦，志酬往願。經壁周圓，定生勝善。其三
> 本智證真，毫光遍，動念才生，圓鏡以心。其四

原載《唐文續拾》卷 8

康　贊

後晉官員。撰此志時署前隰州軍事判官、將仕郎、試秘書省校書郎。

晉故推忠静亂克定功臣光禄大夫檢校司徒使持節隰州諸軍事行隰州刺史兼御史大夫上柱國太原縣開國伯食邑七百户郭公（洪鐸）銘并序

前隰州軍事判官將仕郎試秘書省校書郎康贊撰

詳夫上天垂象，俾日月以騰光。厚地捧靈，使山河而孕秀。可大可小，昏寅迭照於華夷。不騫不崩，今古齊居於宇宙。其或儲精英彦，降氣賢豪。通命世之奇才。作清朝之元輔，則其公也，無得名焉。公諱洪鐸，字聲遠。露冕遥源，墜才餘派。乘流播美，終遠泛於仙舟。治郡稱良，乃先期於竹馬。緬惟胤緒，實曰番昌。曾祖諱弼，字匡政。不慕榮名，每耽游玩。丘園醉卧，知否泰之程期。山水間尋，得逍遥之旨趣。祖諱偉，字仁範。守鄭州文安縣令、將侍郎，試大理評事。詩吟煮豆，賦述《長門》。然居展驥之資，竟阻搏鵬之勢。父諱順清，字崇化。幽州左都押衙、銀青光禄大夫、檢校尚書左僕射、兼御史大夫、上柱國、贈左威衛大將軍。風神偉異，氣貌恢奇。雖懷謹願之心，每執謙冲之操。貞廉叢列，當惟洎於一門。積善崇祥，更貽休於數世。公即將軍第三子也。幼多敏晤，長乃剛强。潛苞背水之謀，暗蓄

登山之志。天祐初，值寰中擾亂，遂歸燕主。英雄伏衆，果毅出群。
周旋既識於機籌，擊伐俄成於勝捷。未即歲餘，受義兒指揮使。俄值
燕主將謀篡弒，公孝於家忠於國。惡聞如是，乃歸太原。因掾莊宗皇
帝，時未即位，梁室稱尊，君臣既輯，父子同心，誓指山河，願復家國。
旋授匡衛指揮使，加銀青光禄大夫，檢校右散騎常侍。公遽受異恩，
襧添壯節。周營夜立，披介胄以霜寒。衛幕朝巡，戢驍雄而草偃。洎
從莊宗皇帝開基河朔，創業山東。凡經行陣之間，盡遂縱擒之計，以
功又遷馬前直左第二指揮使。至同光元年乃平梁室，盡滅凶徒。歸
牛馬於山林，混車書於夷夏。莊宗皇帝曾因朝罷，宣公上殿，以手拊
公背，謂公曰："卿實忠勇，朕變家爲國，由卿力焉。"遷馬前直左第一
指揮使。至二年，超加檢校左僕射。至三年，補充隨駕左右奉宸都指
揮使。值莊宗皇帝晏駕，明宗皇帝登朝。以其有助於前朝，加金紫光
禄大夫、檢校司空、授涿州刺史，賜竭忠建策興復功臣。公到任後完
堅壁壘，撫育疲羸。吏不枉於六條，人盡謡於五袴。天成三年，又值
定州節度使王都叛逆，勾引契丹，蹂躪邊陲，俘擒士庶。公潛敷偵邏，
密筵籌謀。因施孫武之機，大獻曹仁之捷。煞賊衆千餘人，奪牛馬數
千頭匹。上聞之，嘉獎不已。所賜優給，不可盡録。四年初，又轉授
瀛洲刺史、檢校司徒。公下車之後，招携戶口，添置賦租，恤物安民，
光前絶後。及罷任後歸朝之日，兒童惜別，父老遮留。爭攀國平之
轅，競卧君房之轍。清泰初，以有遺愛於瀛洲，授隰州刺史，加光禄
階，兼緒封太原縣開國男，食邑三百户。公到任後益敦信義，尤示慈
仁。高飄逐扇之風，大降隨軒之雨。未即歲月，俄至豐饒。洎我后乘
乾，二年攻討魏府，充四面義營都部署。板築諸寨長連城，兼充五龍
稿寨主，以其有功，進封開國子，食邑五百户。明年，授深州刺史，進
封開國伯，食邑七百户。公未到任，逆壘俄降。國朝大賞勛勞，改授
隰州刺史，兼賜推忠靖亂克定功臣。公到任後，盡求瑕瘝，迴布化條，
鰥孤荷字育之恩，疲瘵抱來蘇之慶。俄而公寢疾，疊以表乞退休，上
終不見允。二豎既處於膏肓，三世竟無於嶽效。四年，薨於正寢，享
年六十有八。皇帝聞之，頗愴聖情。是日也，雲愁水咽，霧慘風悲。
淒凉遍滿於街衢，號泣喧闐於市井。義夫貞婦，如銜苦楚之冤。幼子

孤兒,似失依投之所。以其年葬于洛陽縣清風鄉高村里平洛原。

夫人天水郡君,質唯婉儷,性實柔和。雅同林下之風,靜得閨中之秀。有男勛,在殿直班。儀形磊落,器量恢弘。仁慈善繼於門風,忠孝可承於餘慶。有女三人,長適懷德軍節度使潘氏之長子。仲曰寧哥,季曰人哥,方居乳哺,未曰成人。嗚呼哀哉!公之勛業,公之德行,不可以殫録也。贊業不雕蟲,才非夢鳳。叨依館宇,濫獲知憐。既命絶於勛庸,實多慚於漏落。靡量幽拙,敢作銘云:

偉哉大晉,有此異人。風姿拔衆,膽氣絶倫。謙而有光,其儀不武。致主成謀,爲民作則。孰能發譽,何以立功。於家稱孝,在國推忠。素蘊貞廉,聿修仁義。不染是非,詎貪名利。始惟獻捷,終致殊勛。超今冠古,緯武經文。位處百城,光揚四海。牧彼烝黎,迥鐘慈愛。欻然傾逝,實怨穹蒼。不垂福祐,禍此賢良。春山積愁,白日無照。谷鳥偕啼,路人相弔。笳簫嗚咽,贈送駢羅。車徒聯屬,金張孔多。爰卜丘墟,卧牛惟泰。一閉玄扃,千秋萬載。

天福四年歲次己亥八月己亥朔四日壬寅志,鄉貢進士郭逢吉書

原載《五代石刻校注》

强　道

後晉官員。撰此志時署前原州防禦推官、將仕郎、秘書省校書郎。

原武縣令京兆王公(化文)墓志銘并序

前原州防禦推官將仕郎秘書省校書郎强道撰

公諱□,字化文。其先文王少子高之後也。肇自周室分封,畢郊流芳,則晉國大夫傅慶。乃□□□□秦漢之始,因命氏焉。時有蘭陵侯悼,即公之三十七代祖。輝華簡册,焕赫圖諜。□□□□唐御宇之年。軒冕相襲盛矣。曾祖諱定,進士及第,考功郎中、知制誥、轉諫議大夫,贈禮部尚書。祖諱仲周,進士及第,任利、明、台三州刺史,國子祭酒、□□州刺史。父巘,任河南府密縣令。有子五人,公處其長,器

宇冲和，風□□□。幼彰孝悌，長乃忠純。負理物之宏才，抱濟時之
盛德。黃陂浩淼，比識量以和偕；嵇松□峨，方貞直而尚遠。公自唐
大中中以文章自□，鄉里見推，匪由□鵠之科，便□栖鸞之秩。初任
宿州臨渙縣主簿。三年佐理，闔境安寧。去群吏之奸回，俾□司而整
肅。卓然令望，赫爾嘉猷，相次任澤州、陵川縣令。公以寬猛相濟，恩
威悉行。政布一同，□施百里。琴堂暇日，或調子賤之七絲；花縣春
時，別種淵明之五柳。聲光益著，仁教顯揚。至咸通中，任鄭州中牟
縣令。魯侯舊地，鄭伯遺封。雖驥足未伸，而牛刀尚屈。戴星苦節，
求瘼問俗。奉公罔倦於驅馳，潔己俄觀於去獸。至中和三年，任鄭州
原武縣令，值陳蔡興兵之後，屬生民積弊之秋。公則以職親人，惟德
施化。逋亡者務集，奸匿者冰銷。瘡痍頓見其痊除，疲瘵尋聞於蘇
息。□秩將滿，須卜解龜。百姓請留，表聞天聽。述公之善政，舉公
之葺綏。國家以赤子是憂，皇情曲軫。尋加俞允，旋□絲綸。時公兩
奉□□，六周星律。修其五教，務以三時。上分天子之憂勤，下撫黎
元之凋瘵。飛蝗越境，□鳳來庭。事乃異於古今，名亦光於竹帛。方
期安义，別□徵求。豈知遘以沉痾，遽歸長夜。隙駒莫駐，薤露俄悲。
以景福元年歲次壬□二月一十四日，終於滑州私第，享年五十有八。
　　夫人隴西李氏，唐故滑州節度使李諱福之猶女也。規繩娣姒，銜
鏡閨門。四德聿修，六姻咸順。馳婉淑於婦道，垂貞賢於母儀。而逝
水雌追，永言東注。夕光何促，先報西沉。以光啓二年二月十七日早
終，春秋七十有五。夫人與公神櫬自滑州扶護，至原武縣舊宅權厝。
至晉天福四年十月十七日，葬於滎澤縣廣武鄉崇德里廣武原，祔先祖
之塋，禮也。有男一人，□□郎，前守耀州富平縣令兼監察御史洮。
六龍擅價，三虎馳名。聲華早冠於□朝，□□□□於劇邑。才兼八
斗，行等四科。未報劬勞，空思罔極。卜宅之兆既畢，孝終之□□□。
□□□，公之才智未窮，不謂修短有數，雖歸冥録，不泯芳塵，道興乏
攄金，功資琢玉□□□□□敢□辭，濡毫但愧□荒虛，刻石實慚於藻
思。盡搜淺拙，聊述□□，□□：
　　□□□□，誕□英哲。偉器倜儻，盛名昭烈。□□□□，克紹家
風。有寬有猛，乃清乃通。□□□□，□□蒿里。爰刊翠珉，用旌

佳美。

杜　謙

後晉官員。撰此記時署將仕郎、試秘書省校書。

太原郡小娘子尊勝幢記

佛頂尊勝陁羅尼真言曰

故太原郡小娘子幢記

將仕郎試秘書省校書杜謙述

欷乎！皎皎秋宵有月，而何嘗不遲遲；春日無花，而得解長榮。是則人世，徒深愛別所，繫陰陽之運者，寧休去住之悲乎！小娘子素質標奇，芳容挺秀，眉纖柳翠，瞼潤花紅，行馥蘭蓀，操凝松柏，夙叶解圍之志，曾無過梱之言。分九族之榮，斂抱三從之義。本冀永延福壽，光彩門風，豈圖倏降春霜，俄摧嫩蘂。以天福元年歲次丙申十月二十六日殞于時，年十九。靈珠掩曜，皓目沉暉。塵翳粧臺，香銷蘭室。精神則去，魂魄無來。舊服依依，尚睹綉紋之迹；深膕悄悄，休聞應諾之期。父推忠保順功臣、安遠軍節度副使、金紫光禄大夫、檢校司空、兼御史大夫、上柱國彦廣，道備五常，功全七德。持經邦之善價，鬥定難之沉機，方當輔國成家，榮枝茂葉。嗟爾未及笄屮，先謝人寰，是知造化無恒，吉因莫准。恨結而雲填滿臆，悲纏而珠落盈襟，思再見以何時？立貞幢於是日。刊其行節，俯于先塋。兄姊斷腸，縣君哀涕。夜臺瘞玉，殘月留眉。悲哉！悲哉！更爲銘曰：

生滅兮雖常，汝去兮何忙？形消兮而影絶，地久兮而天長。

長兄將仕郎、試大理評守汾州録事參軍繼□，次兄孝感鎮使繼彬，同姊□郎婦。

時天福四年歲在己亥十月戊戌朔廿三日建。

余 談

後晉官員。前攝宋亳單潁等州觀察推官、將仕郎、試大理評事。

晉故銀青光祿大夫檢校右散騎常侍右內率府率同正兼御史大夫上柱國郭府君(彥瓊)墓志銘并序

前攝宋亳單潁等州觀察推官、將仕郎、試大理評事余談撰

郭氏府君,乃前唐安邦樂翊定難功臣、檢校司空、左監門衛上將軍弘素之玄孫也。其高祖征南蠻有功,標名在京兆府東北鳳政原七十二功臣數內,碑記見存。今京兆府昭應縣靈口店南原上,墳莊見在。茲年敕賜私門立戟,乃烏頭閥閱,迄今存焉。高祖乃天授雄謀,神傳韜略。負拔山之英概,懷背水之沉機。憂國奉公,資忠秉義。加復門敷彩戟,位重功臣。繼露冕之嘉猷,襲約關之慶祚。蟬聯世祖,蔓延子孫。皆負奇能,羽翼昭代。汪洋續嗣,至於公焉。

公諱彥瓊,字隱光,京兆府萬年縣洪固鄉冑貴里人也。曾王父諱權,皇任檢校工部尚書、左領衛大將軍。曾王母清河張氏。祖王父諱元弼,皇任朝議郎、安州別駕。祖王母弘農程氏。烈考諱師直,皇任檢校左散騎常侍、右驍衛將軍同正,年未從心,奄鍾禍釁。先妣天水趙氏,年將耳順,遽喪遐齡,□繼妣清河張氏。皆母儀克耀,懿範流芳。外傳肅敬之規,內保宜家之則。公即皇考之令子,乃先妣趙氏之所降也。仲弟漢溫,前攝磁州長史。季弟仁魯,翰林待詔、將仕郎、守殿中省尚食奉御、賜緋魚袋。孰謂方居職位,修短有期,未至立身之年,俄遭廢床之禍。

公年纔弱冠,娶於彭城劉氏,乃左龍虎軍押衙、檢校右散騎常侍允實之長女也。劉氏爰自初笄,嬪於公焉。故得行著蘋蘩,禮芳閨壼,懷母儀於截髮,全婦道於齊眉,繼誕承宗,累生良胤。加以內親無隱惡,外族無怨讎,揚令淑於三從,播賢和於四德。公有子二人,女八人:長子庭美,攝秘書省正字,不幸早亡。次子宸,守職翰林待詔、朝散大夫、前太僕丞,早婚新婦河內司馬氏,乃右神武大將軍□之長女

也。有女孫二人：長曰堂哥，次曰平哥。新婦司馬氏忽於天福三年七月十九日遘疾，終於東京望仙坊僦居之第，尋殯於東京東北之權儀。長女、第二、第四及第五女鐵牛，見次至第七、第八女，共六人，或未離乳哺，或將及笄年，相次淪亡，難盡編録。第三女先娉堂後官晉州別駕清河張仁嗣，其第三女年三十四，不幸早亡。第六女見適堂後官右監門衛將軍同正、太原王願。皆貞白進身，公清立事。秉筠篁之節操，持霜雪之威容。美夫！公選東床，所爲冰清與玉潤也。公乃門承勛閥，代襲弓裘，性抱貞純，情懷摭實。修於身而蘊於德，卓爾奇仁；貌思恭而色思温，儼然君子。爰自幼年入仕，歷任内司，不苟進於階緣，但循環於資品。始自前唐官告院守職。光化二年初，任度支巡檢官、銀青光禄大夫、檢校國子祭酒兼監察御史，次任永州長史，次授泉州長史，並依前充職。頃遇唐昭宗皇帝遷都郟鄏，扈從鑾輿，尋居洛京，綿歷三紀。後以前唐季末受禪歸梁，公以舊職不移，新恩顯著，遂轉充官告院院官。復遇唐祚中興，莊宗皇帝入洛，顯承宣命，職處舊司，仍遷陟知官告院事。次加檢校右散騎常侍兼授處州長史。次任右衛率府副率同正。次轉左清道率府率同正。後於清泰元年，次授右内率府率同正，守職舊司，累遷寵命。公自弱冠之歲，將及從心之年，授□重上官資，守四十載之職禄，當苟難重，履歷數朝。洎乎革故鼎新，未有不沾恩渥。蓋以傾心莅事，潔志公途，致應奉以無遺，在功名而益播，顯隆盛績，備著嘉聲。及遇大晉開基，重新日月，公以辭榮告老，解職退閑，尋奉允俞，克全終始。後於天福二年月惟夏初，大晉皇帝巡幸兔園，建都梁苑。孝子宸職當待詔，扈從宸游。慮違養以時多，恐辭親而日久，遂於當年冬初迎侍二親，到於東京望仙坊僦居之第。方忻奉色，纔喜承顔，孰謂樹欲静而風不停，子欲養而親不逮。以至天福三年十月二十八日，公忽嬰疾恙，綿歷經時。眷惟貞亮之姿，宜保延洪之壽，豈意災生二豎，譽遘三彭，遽至彌留，鍼砭莫效，尋於天福四年歲次己亥三月癸卯朔十四日丙辰即世，享年六十有九。

孝子宸自丁茶苦，毀瘠過儀，類高柴泣血之情，同曾子絶漿之志。纔終卒哭，遽降明恩，顯奉宣追，令復舊職。然未全於禮制，遂扶力以支持。雖赴公參，每思遷奉。遂於洛京祖塋之東一里已來，別卜塋

地,而乃選就良便扶護靈櫬,歸至洛陽安喜門外東北隅五里已來。即
以天福五年歲次庚子二月丁酉朔十一日丁未,啓葬於河南府河南縣
平樂鄉杜翟村里之平原,禮也。親婦司馬氏亦自東都同時遷舉祔葬
於塋内。時也春山色慘,烏啼濛密之叢;煦日光愁,花泣朝晞之露。
恭以孝子宸,禮勤厚葬,情切送終,將陳封樹之文,欲叙藏山之志。如
渥者才虧鸚鵡,詞乏鳳凰,捧命再三,讓不獲已。濡毫纂録,但愧荒
虚,紀實之餘,而爲銘曰:

三才備兮萬彙昭彰,英傑生兮爲國楨祥。惟郭氏之名族,著勛業
於皇唐。祖封功臣兮樂翊安邦,門傳閥閲兮代襲軒裳。朱紫相承兮
浹洽,子孫流胤兮汪洋。公之繼嗣兮鬱有餘馨,幼居職禄兮輝焕門
庭。事上兮當思竭節,處下兮惟慕忠貞。既辭榮兮告老,□□□以□
情。□大限兮□速,奄遐壽於泉扃。洛水之北兮定孤墳,邙山之南兮
葬歸魂。□□愁兮雲慘慘,□□□兮錯昏昏。恐陵谷兮易變,勒貞石
兮長存。紀遺芳於萬古,爲盛德於家門。

　　前攝太常寺奉禮郎將仕郎試秘書省校書郎吉昌胤書

原載《五代石刻校注》

張　粲

後晉官員。前軍事判官、朝議郎、試大理評事、兼監察御史。

創建斛律王廟記

前軍事判官朝議郎試大理評事兼監察御史張粲奉命撰

推誠奉國保乂功臣光禄大夫檢校太保使持節絳州諸軍事行絳州
刺史充本州防禦使兼御史大夫上柱國清河郡開國侯食邑一千户張建立

我后以一著戎衣,天下大定,於今五載矣。分宵軫慮,待旦乞言,
庶營欲于嬰兒,睨道德於老子。四三皇而興國,何國不興;六五帝以
化民,何民不化。其高也無蓋,其大也無外,瑞日停中天之照,榮河流
澈底之清,光宅寰區,永寧函夏。郡主太保清河公,派成國器,獨占將
星,心懸八陣之圖,舌挂九天之法,長城拓塞,岱嶽横空,肅然三令五

申，凛若秋霜冬雪，力能拔象，勇可掫犀。貔虎宣牙，豆拆狼貪之輩；蛟龍露爪，瓜分鯨縱之徒。爰自武庫開關，智囊解括，劍批紫電，戟削白虹。弓挽六鈞，晝日之蟾蜍影滿；箭飛四羽，晴天之霹靂聲高。陣前無脫兔之踪，帳外有牽羊之迹，情專拜井，威重刺山，幹僞朝而績用無雙，樹真主而功名第一。邇乃策勳宗社，旌載簡編，遺五袴於人謠，轉二天於郡守。今者恩流丹陛，惠浹絳臺，數年之赤壤郊圻，一旦之清風歌頌。遠比文公之教，但革古今；近徵杜母之名，祇分先後。合中庸之德，齊上善之功。土鼓污樽，克致神明之享；鋪雲渠雨，不愆民望之期。廩盈紅腐之饒，陌蔑黃沙之嘆。而且恪恭梵宇，虔奉靈祠，得不獲天人之佑輔者哉！

當州子城內正衙東北隅，有北齊季世斛律王影堂，云葬於此，構諸孤墳之上矣。王諱光，字明月，實北齊之良輔也。屈事溫國公，不得志於當代。屬以後主荒殞，多士卷藏，外則疣贅生靈，內則蠆賊儔乂，戕殘友弟，屠膾慈親，王以剥第侵膚，艮腓滯趾。騏驥伏棧，郇伸千里之踪；鳳凰在笯，寧展九霄之翼。蓋敦忠孝，不難存亡，繇是三諫聲高，一心志切。情同杜蕢，無聞飲主之規；言若比干，唯見喪身之患。君何太昧，臣何太忠，善不納而其滅宜然，諍不從而其逃可也。嗟乎良哉！何痛如是。

公曰：“余聞聰明正直惟神，則斯可謂神矣。”人曰：“頗有靈覘，不可犯也。”何歲月久換，廟貌不興，向者民無所依，神乏其祀。遂以錢鋪事隙，田畯方閑，乃度土工，議板築，雲屯聽命，楨幹率從。掃墠陳詞，三獻能通於天地；庀徒任力，千夫不憚於朝昏。幾多之塗茨將昇，百堵之垣墉已立，工訪周人郢匠，材求秦梓齊梧，揮斤之響亮乘風，層構之巉岏架日。螭蟠護砌，可言龍鬪于時；蝀蝀排梁，誰謂虹藏不見。磨礱鑑物，剖劂通神。鴛鴦之瓦成行，垂櫩若翥；芙蓉之石布坐，連柱疑香。晚烟凝靳鞴之花，曉日爛元黃之色，繡柹畫拱，依希三洞移來；鏤窑雕甍，仿佛十洲化出。旋乃從長近日，鳴薦惟馨，才聞六變之音，俄睹一靈之表，瞿然如在，卓爾同生。隅目高眶，若執彌縫之節；瓌姿愠見，如申謇諤之言。星綴冕旒，霞封寶座。壁上之霓旌羽斾，實異今朝；筵中之玄卣獻鱒，頓殊往日。愜心主祀，隨革故以永沉;逆耳臣名,遂鼎新而長在。加以上參倒影,下瞰澄瀾,亭亭而鰲載鴻蒙,屹屹而蜃呵寥廓,鎮臨勝概,控引韶光,清虛而松島合風,靡麗而錦城鋪暖。其或鶯歌媚物,柳舞迎春,夭桃借素杏之紅,岸竹接池荷之綠。龍鱗葉密,陰穢闃闃之間;鳳腦花縈,香滿帷箔之內。睹茲壯觀,實彼休禎,得不福善乎,得不依民乎?善長民和,何灾灾之有?鄙石言于晉地,掩神降於莘郊。假使谷變陵移,斯靈也明齊日月;任歷時遷歲改,斯廟也固等乾坤。則知公事主分憂,爲民求福,爲而不有,何用不臧。綮幼愧生知,長慚待闕問,俯聽流謙之命,寧述素賁之辭,詎僭厥功,直書其事。時天福五年二月十日記。

原載《山右石刻叢編》卷10

李 芝

後晉官員。任前攝河南府文學。

晉故商州長史安定梁府君(瓛)墓志銘并序

前攝河南府文學李芝撰

府君諱瓛,字楚臣,涇州安定人。自昔因封立氏,食菜承宗。古往今來,非唯一姓。後漢大將軍竦,則府君之三十代祖也。邇後門傳閥閱,世繼軒裳。青史具標,此難備載。王父諱寶,高尚不仕。祖母天水趙氏,皆早即世。列考諱慶,弱冠從軍,壯年陷敵。五兵未戢,方謀授柄之權;二豎皆藏,俄促下泉之魄。遽染疾而終。先妣太原王氏,亦相次而沒。府君即先君之第五子也。少而好古,長乃披書。移孝資忠,克揚家諜。有隱無犯,雅有父風。始在梁朝,知華州進奏。及銜命遠藩,宣諭稱旨,特授銀青階、檢校工部尚書、守商州長史,餘如故。朝庭賞功也。粵自貞明初,迄於同光末,爲一方耳目,勾千里梯航。事主事君,盡善盡美。方期大用,遽染沉痾。難齊松柏之堅,忽驚霜露之隟。至後唐甲申歲七月一日,終於洛京中州私第,享年四十九。用其年十一月十三日,歸窆於河南縣平洛鄉杜翟村。

夫人瑯耶王氏,前秦丞相猛之良族也。松蘿久附,方論偕老之期;麻苧興悲,俄□□凋之恨。三子皆泣淚成血,絕漿改容。親戚勉之曰:"毀不滅性,謂無後也。"遂漸抑哀摧,迨至服闋,長子德浚,顯荷基構,爰襲弓裘。嘗充陝、虢進奏官,又遷邠寧□院使,歷銀青階級,假兵部尚書。每謂通材,咸聞立事。娶沛國朱氏,前晉襄陽太守序之源流也。爲君子之室,有淑女之風。孫兒鐵牛。次子德昭,銀青光禄大夫、檢校國子祭酒、前安州進奏。公忠奉上,友愛承家。淹留暫滯於鵬飛,拏躍終期於豹變。娶弘農楊氏,漢樓船將軍僕之枝派也,早亡。孫兒妹哥。第三子德义,見充三司通引官、銀青光禄大夫、檢校太子賓客,列脂膏之務,作喉舌之司。待陟亨衢,無詞屈迹。噫!先夫人以府君未及中年,俄隨朝露。目視諸子,益加撫焉。朝出晚歸,每動倚閭之念;斷機擇里,深勞勸學之慈。暑往寒來,僅二十載。一日,忽有言曰:"吾年六十四,不爲無壽。子孫五人,不爲無後。"時天福五年正月一日,寢疾而終。用其年三月十八日,啓府君之塋合葬焉。諸子等柎膺擗地,停喘言情。思陟岵陟屺之詩,痛罔極劬勞之感。請爲紀述,用載年華。芝藝實荒虛,才非敏贍。灰中藏火,曾無比晝之勤;沙裏淘金,粗有一專之苦。勉辱來命,謹作銘云:

人生一世,乎不百年。有遐有夭,何後何先。若言禍促,若以福延。顔回何折?盜跖何綿?其一。欽哉梁公,君不恨死。有職有官,有妻有子。壽雖不長,後還昌祀。魯國臧孫,無過於此。其二。英雄胄胤,卓犖儀形。生知禮樂,長習書經。於家盡孝,爲官畢清。勿爲無福,夫貴妻貞。其三。兒孫兩淚,親戚雲奔。閃閃丹旐,邙邙古原。夫人王氏,□□玄門。貞珉是勒,垂譽後昆。其四。

從表侄前攝弘文館校書郎李□□書。

原載《全唐文補遺》第一輯

□志鵬

後晉高祖天福中人。

大晉故推誠奉義匡運致理功臣昭義軍節度使澤潞遼沁等州觀察處置等使開府儀同三司持節潞州諸軍事行潞州刺史檢校太師兼中書令食邑一千户贈尚書令瑯琊王（建立）墓銘

韓王姓王氏，諱建立，字延續，遼郡榆社人也。后稷之苗胄，王畺之後，武王克商，追諡五族，以爲王□，□□冠蓋，莫可殫述。曾祖諱秋，贈右散騎常侍。祖諱喜，贈左散騎常侍。父諱弁，贈太保，母高氏，追封渤海郡太君。並著家聲，方鍾餘慶。王即太保子也，生而岐嶷，故事明宗皇帝，勛高列校，累假冬卿。洎牧野張旗，版泉插羽，厭歌聲於北里，享禴祭於西郊。明宗皇帝自銅臺登寶位，天成元年丙戌，授檢校司徒，充鎮州兵馬留後。春，超授檢校太傅、成德軍節度使，不登熊軾，便擁龍旌，彰乎異能也。三年春，徵入拜尚書右揆、判三司事、中書侍郎平章事、集賢殿大學士。上以王秉鈞仗鉞，改賜本進德鄉爲將相鄉，榮耀桑梓也。是冬，出授檢校太尉、同平章事、平盧軍節度，封開國公。五年春，上郊祀禮畢，改元長興。以上黨名區，明皇舊地，令塞宸帳，是付鸞書，更峻大貌。元年，□崇掌武，堅陳章疏，因遂高閒。四年癸巳，明宗皇帝俄厭萬幾，王乃方居丘園，畢陳哀薦，盡臣節也。來年，潞王入洛，改清泰元年，徵出授天平軍節度兼中書令，抑高節也。及數窮士德，運旺金行，今聖皇帝懷其故人，乃降新命，除授平盧軍節度使。天福二年五月，封臨淄王。三年夏，進封東平王。五年春，降聖節入覲，頗悦宸襟，授太師兼中書令、昭義軍節度使，進封韓王，仍部遼、沁二州，以光晝錦。暮春二十四日離京，聖上御明德樓祖送，百辟郊外綴班餞別。由是再鎮壺關，重清潞水。無何，忽嬰微疾，漸見沈痾，至五月二十二日戌時，有大星殞於府署，遂命賓介緘其遺章，諷諫猶陳，始終永訣。是夕，啓手足於正寢，歸從先人也。聖上悼彼元臣，流於殊澤，贈尚書令，疊降使臣，累加祭贈。

王娶于秦國夫人田氏，有令子一人守恩，少乃遷歷内史，三任符竹，金紫光禄大夫、檢校司空、守衛州刺史，即故燕王周太師之子婿也。任衛州，徑申省侍，忽遭艱憂，乃成家之偉器也。女一人，出家，法名妙惠，賜紫，號嚴因大師。孫子七人，並衛牧子也。長繼榮，授金紫光禄大夫、檢校尚書右僕射，行儀州刺史，充韓王衙内都指揮使，弼贊臺庭,涵濡睿幄。其次者或蔭而授官,或幼而未字。女孫七人,并衛牧子。長孫早亦出家,法名智超,賜紫,號妙果大師。其次悉在髫年,未有適。王有女弟一人,適楊氏,不仕。王享年七十,生於辛卯,薨於庚子。昔當台鉉,預創墳塋於榆社之西。冬十月十七日,至孝衛牧扶護歸於所造石室,禮也。志鵬叨承再命,聊述徽猷,比夫馬史麟經,以書萬一。銘曰:

　　瑯琊韓王,命世雄傑。群后衡鏡,天朝圭臬。海苞德量,山崎勛烈。巨鼎洪鈞,真封瑞□。聖君方重,昭代何別。捧日雲飛,擎天柱折。一人悲悼,多士慘切。既指青鸞,孰陳□□。國恩具降,葬禮斯設。龍返滄溟,鳳歸丹穴。輝前映後,鎔金鑄鐵。親戚官常,子孫□□。

　　又曰:

天禄高兮與壽長,錦衣粲兮歸故鄉。帶河礪嶽兮有盟誓,萬古千秋兮騰聲芳。

原載《全唐文補編》卷 100

胡熙載

後晉官員。撰此志時署文林郎、前守懷州獲嘉縣主簿。

大晉故隴西李氏夫人墓志銘并序

文林郎前守懷州獲嘉縣主簿胡熙載撰

清濁既分,陰陽式序,二星繫婚姻之道,三星遵伉儷之期。必冀松桂齊芳,芝蘭並秀,何謂半榮半瘁,一升一沉,莫伸偕老之心,遽失宜家之慶。夫人即今檢校太傅、守右驍衛上將軍李□之第三女也。太傅夙彰令德,早蘊貞規,抱公忠而歷佐數朝,處重難而久參環衛。曾臨劇郡,飲泉之譽彌清;銜命遐方,專對之才首出。經邦之任,絕席之尊,帝澤君恩,方深倚注。夫人端莊秀出,聰惠生知。撫朱弦而偏熟秦箏,唯疑神助;標麗質而全殊越艷,綽有仙姿。纔及簪笄,禮適故大河南尚書令齊王之孫季宣,乃故特進、檢校太保河陽軍節度留後諱業之子。太傅以曩歲故交，有金蘭不渝之分；先王以昔年際會，保松柏後雕之心。尋綴密親，早居懿分，後以階緣志切，倚附情深，續劉范之舊風，同國高之嘉授。疊伸慶美，重叙姻聯，當時而衆所推稱，追古而諒難儔比。含章穆穆，已光柔順之名；鳴鳳喈喈，克叶賢和之德。遐徵禮幣，則有玉鏡臺；次列瓔奇，則有合歡扇。選東床之彥士，配南國之姝容，實曰好仇，真爲佳偶。先王首佐唐朝，在僖昭之際，逮於鼎革，立渾郭之勳。至莊宗克振宗祧，重光帝室，保釐洛汭，垂四十年，追復本朝，繼三百祀。連綿十鎮，統冠四方，撫士如傷，愛民若子。每臨之地，則去弊除奸；所理之方，則還淳返古。致父慈子孝，兄友弟恭，老安少懷，家肥國泰，盡善盡美，著在策書，此不可備述也。年及壽考，寢疾而薨。先太保志氣恢弘，宇量沉默，言必稽古，動合機先。屬不測之容，立難犯之令，孝惟直諫，忠乃忘身，爰自牧民淄沂，去虎鄭亳，皆敷美政，盡布化條。其後歷汶上睢陽，主留懷孟偶，未正節鉞，俄嘆壞梁，季宣即先太保之第六子也。頗親詩禮，迥著謙恭，秉志不回，操心有節，將俟駕行之寵，且居鴻漸之資。青史猶新，必復公侯之位；令名積善，克承基構之功。故夫人絳樹騰芳，瑶林挺秀，雅奪飛瓊之質，遠超弄玉之真。榮自德門，歸於茂族，而能和睦娣姒，整肅閨門。每循必請之言，但守不逾之戒，事上榛栗以敬，懷枭婉娩以從，不尚喧華，多務謹静，必覬室家慶賴，琴瑟諧和，永奉蒸嘗，不虧紹嗣。豈謂身縈疾疹，厄在膏肓，藥石無痊，殞謝俄迫。以天福五年歲在庚子二月七日變故於洛京私第。

　　六親哀慟，九族凄涼。念阮氏之迷津，莫逢花貌；想恒娥之奔月，杳隔芳容。所恨者，別鶴同悲，孤鸞易感。莊周垂誡，空慕於昔賢；安仁悼亡，徒吟於清什。情多惻惚，涕若緩麼。即以其年十一月二十三日遷葬於河南縣永樂鄉徐婁村，附先太保塋，禮也。永辭畫閣，積恨難銷，長秘玄宫，香魂莫返。熙載叨居瓜葛，早熟門墻，輒吐蕪詞，聊叙懿德。謹爲銘云：

　　桂魄垂精，瑶臺降靈。香芬羅幌，蓮對雲屏。芳如蘭茝，華如桃李。懿彼淑人，配於君子。蕣英易殞，栖鳳難留。朝霞夕露，閱水悲秋。髮髻紅顔，依俙玉步。眇邈追思，貞魂何處。銀釭欲謝，素月將沉。空堂聞爾，莫忍徽音。馬鬣封成，牛崗路促。刊紀垂休，以防陵谷。

原載《芒洛冢墓遺文》卷下

房　凝

後晉官員。撰此志時署朝議郎、守尚書膳部郎中、柱國、賜緋魚袋。

唐故大同軍防禦營田供軍等使朝請大夫檢校右散騎常侍使持節都督雲州諸軍事雲州刺史御史中丞柱國賜紫金魚袋贈工部尚書瑯耶支公（謨）墓志銘并序

朝議郎守尚書膳部郎中柱國賜緋魚袋房凝撰

蓋聞感精象緯，鑄才子於積善之門；效祉山河，誕靈臣於興王之國。莫不始乎孝友，竟以忠貞。兼文武以居中，不左不右；體寒暄而一貫，無盛無衰。當官必行，遇節斯立。近則欽承堂構，外則固護土風。足以光史氏之縑緗，動人倫之觀聽。況復澆波滅頂，獨立以拯淫倫；頹風靡林，勁挺而同山岳。訐指鹿獻蒲之狀，抗迴天轉日之權。孤軍克全，朝聽免惑。不有君子，其能國乎？載於古者尚稀見，於今也惟一，即我大同軍使支公其人也。

若其因生賜姓之原，隨地立望之本。列諸先志，可得而言。東晉沃洲，緇中麟鳳。後趙光禄，將家孫吳。當風吼雲烝，龍蛇起陸。及天清海晏，珪組盈門。保玉裕於春坊，耀金章於公府。爾後，子孫擇土，著族瑯邪，遂爲郡人，弈葉無替。高祖元亨，普安郡司馬。曾祖□，江州潯陽丞。並以卿校之材屈於州縣。位未充量，德終不孤。祖成，太子少詹事，贈殿中監。贊輔訓之規，宮僚允穆；毗隱練之政，儲德昭宣。治官而道重兩宮，追寵而聲光六扃。父竦，歷郡守王官，分司告老。以鴻臚卿致仕，累贈司空。爰在弱齡，早揚令問。洎乎結授，即播能名。操刀而磐錯自分，披牘而絲毫畢見。常克己以復禮，有事君之小心。方丈盈前，珍味莫先於冰蘖；高衢騁力，崇班止願於魚符。蓋以惠政所施,隨少而多及物。清節苟立,可蒲盧而化人。累刺五州,風移俗易。率是心也,天其捨諸。故能功積於齊民,慶流於後嗣。有令子八,並允文允武,入孝□忠。瑒琢其章,黻藻其行。慕山東之士子,務大門閭;鄙江介之儒生,空勤文藻。由是里爲冠蓋,籍甚縉紳。且公且侯,有典有則。

公諱謨,字子玄,即司空之第三子也。垂髫學步,因心之愛遽萌;毀齒能言,好善之機自發。初,公生孩而早失慈親,汝南太君譚夫人,洎勝衣就傅,讀《孝經·感應章》,涕泗歔欷,主庠序者異之。既歸,訊於保母曰:“生我者誰?”姆指繼嫡崔夫人示之,曰:“此生爾也。”亦既聞之,肅然競喜。由是倍加孺慕,動出常情,始卒不渝。兼之友悌,與次弟詳,塤篪笙磬,合契同規。致魯國太夫人,視之若一。家肥姻睦,見美士林。王休徵至行絕倫,感深方變;周伯仁推恩積紀,理極乃乎。曷若我率性自然,上慈下順。年十八,舉明經,一試而捷。前後三場考覈,無一義不通,無一字非樣。春闈裴公嗟賞以勵群儒。明年,貢六節判,特爲考官高元經所標榜,朝中顯薦者接迹。適屬歲多就敵,以初舉見遺。尋爲外叔祖將作監崔公奏署内作使判官。有制授家令寺主簿,充職三宮營繕,總領百工大匠。殊爲全因小□,减省樽截,允得其宜,官長胥徒,悉皆嘆伏。月限滿,轉家令丞。太府卿實澣以茂用英姿,典護國帑,出納財賦。其屬數員,唯備邊一司異額,別躬宰執,專判度支通管。受斯委寄,時以爲難。乃奏授司農寺丞兼專知延資庫官事。量入爲出,睹劇識閑。瞻候雁之可期,法尸鳩之均養。至於估定等級,貴賤罔差,給付程期,遐邇合度。宰相夏侯公嘗對朝賢獎激,詞意俱深。其大農本司,錢穀蠹蝎,徇奸則利,獨潔則危。公斟酌兩端,周捨雙妙,去其尤甚,許以自新。曾未及期,十正六七。惟月書其懿績,考以殊尤。繁星挹比嘉聲,增之粉澤。屬塞垣多事,雜虜爲虞。詔以左金吾衛大將軍蘇弘靖爲天德軍使。副車之選,僉屬良籌。即除公侍御史内供奉,賜緋魚袋,充倅邊上。諸軍常艱餽運。驅之戰也,固敵是求;置之閑也,惟食爲切。充國破羌之策半在屯田,牽招養士之基全資求利。因勸誘諸軍將士重浚古渠,擘出黃腴溉田幾百萬畝。昔之米價,絹易一斗;今日絹價,匹平五石。故計相曹公悅我奇效，賁之寵章。加檢校庫部郎中兼御史中丞，賜紫金魚袋。久之，拜太府少卿，知度支左藏庫出納。官，雖新命，人實曩顯。庶務諳詳，吏慣習莫不竹迎刃解，妖值鏡亡。亞三珪九棘之班，藹然間望。當小藏上供之貳，密爾寵榮。咸通末，方病淮夷，仍虞草寇。海岱河碣，豺狼晝行。嚴廊軫懷，慎擇廉牧，以公爲濮州刺史。中謝之日，對揚惟明，天顏俯怡，清問多及。非唯盡頒宣條化之旨，抑亦叙兄弟皇華之事。言切意懇，至於沾纓宸衷，允諧悉許宣下，特示殊渥。加秘書少監怗御史中丞。同時剖符，莫與爲比。下車旬朔，痾瘵頓蘇。視事周星貪饕漸革。明年，丁内憂。見星而馳，聚居有洛。念陔蘭之永遠，痛風樹之長往。勻溢纏屬，欒棘難辨，窀穸禮畢，攀號愈切。遂獨留塋墅，盡力栽倍。過人之志，詎唯一等。訖於服闋，猶在邙山。時室有聞，累書詔，□至，拜右金吾衛大將軍、知街事。仗衛崇嚴，翊居於紫禁。街坊浩穰，詰奸慝於皇都。訛僞積年，一朝丕變。漢主因觀細柳，知亞夫之可委急難；魏相暫適昆池，覺蘇綽之堪充軌範。三事已下，每與公語，未有不欽味殷勤。於時，沙陀恃帶微功，常難姑息，逞其驕暴，肆毒北方。朱耶克用，屠防禦使一門，率鹽泊川萬户。其父但謀家計，靡顧國章。嘯聚犬羊，虔劉邊鄙。太原屢陳警急，雁門不足隄防。公遂守本官，檢校左散騎常侍、充河東節度副使，仍便指揮，制置征途，逮半節□馳歸。軍府空虚，凡百無序。於是權其宜而設其備，聲其武而曄其文。羽檄媲魯連之書，犒師侔鄭賈之計。人謀鬼佐，陰閉陽開。狂狄驚疑，稍相引退。緬惟并部，王業攸基。命帥匪良，久孤人望。息肩之寄，咸謂繫公。那期晉政多門，曹翔作伯，移公於大同。宣諭尋有後敕討除二凶。時也，俘剿剗慘之餘，公私懸罄。遂彌縫整緝，瘳死醫傷。激勵赫連鐸兄弟，優其禮秩；厚撫吐谷渾部落，實彼腹心。孤軍寖安，鄰鎮皆協。克用桀逆有素，□頑叵當，統乎逐日之師，欲爲天柱之舉。輕騎詭道，次於平陽。北都巨防，莫敢支礙。公乘間得廣糧繕甲，訓勵貔貅。南結常山，東通燕薊。冀因機便，一展神奇。而朝廷熒或邪謀，竟無接助。直至年支常賜，亦所在駐程，賴天誘其衷，罪人斯得。五年十二月，克用乘圖南之氣，迴薄雲中，虎搏鷹揚，摩壘挑戰。公示之以怯，悄若無人，賊乃略地言旋，

不爲後慮。公即命□馬尾，襲抵其私莊，叢弧射之洞，臆而斃。克用
虓勇，工騎射，國昌號之萬人敵。恃此陸梁，暨茲興尸，闔族喪氣。恐
四方乘虛深入，乃取一瞎虜，年貌相類者，詐人云克用存焉。時寵略
上流，詭譎膠固，內外叶附，持此死虜，以脅國家。公前後陳奏，終不
聽信。六年夏，任遵暮入奏，固稱克用身在，大言於朝，遂除蔚、朔、雲
三州節度使。輦轂喧駭，華夷震驚。但穹蒼轉高，閶闔逾密。雲州噍
類，悉隸凶殘，冤號動天，何路聞達。仍轉公左散騎常侍、司農卿。蕃
錫寵徵，欲以魏郡之人甘心於狄，於是三軍九姓之士，排閣雲集，僕面
拊膺云："國昌父子怨，當軍勤王，俾渠不得其志。今朝廷已將赤子委
豺虎。常侍寧忍棄我輩性命，徇一官寵榮。"公憫而諭之，信宿方解。
居數日，反覆籌策，求其適歸。嘗獨言曰："去則違衆，犯水火之怒；止
則招謗，貽骨肉之憂。既不能作李炬之背盟，又不能如馬超之捐百
口。祇茲入地，即是昇仙。"十一月下旬告疾。十二月薨位，享年五十
一。自衙庭營幕，街衢市肆，慟哭相弔，哀聲四合。遼東義勇陳祠於
太僕之墳，河右羌胡剺耳於校尉之柩。以今方古，諒彼不誣。幽州李
司空抗疏上諭，請加旌異。有詔贈工部尚書。嗚呼！蘭膏自消，楚老
興嘆。山木自寇，莊生格言。煞身成仁，見危授命。死且不朽，斯之
謂歟！況乎孝友惇睦，根諸性恪勤敏，辨得之天，考叔不匱之心，姜肱
共被之事。五常懿行，所得者多。

　　前夫人朱氏，吳郡學家，三世《開元禮》入仕，先公若干年卒。後
夫人韋氏，京兆縣君皋之孫。長子藻，右千牛備身，稍勝衣而見圭角
矣。次子杜九。長女楊十。次小十。俱在童蒙提抱之間。粵以庚子
歲七月十五日，葬於河南縣之杜翟村，祔於先司空墦櫃之後。若夫琢
珉廣陌，備遺闕於春秋；鐫琰玄扃，防遷換於陵谷。彭門元戎，當今之
悌弟也。感深同氣，痛貫分形，希獲菁藻，庶揚丕烈。謂凝周旋於門
官之舊習，熟鴻雁之間，式昭無愧之詞，少抒終天之恨。銘曰：

　　偉哉盛族，肇興中古。有忠有孝，或文或武。處必璆琦，仕皆簪
組。根深原濬，弓良治詡。八騎騰驤，二龍臨御。出征入幹，外攘內
序。昌平開國，□空闢署。玉帳勛崇，金鉉道著。沂海渟濚，瑯岱礚
礴。絪縕秀潤，肟豰興作。王既南徙，葛亦西落。獨此一宗，富斯天

爵。猗那鴻臚,遠紹其餘。白能受采,清可察魚。迺歷戎幕,連飛隼旟。惟仁是宅,非善何儲。德必不孤,祚兮爲往。厚禄眉壽,高名重獎。形同荀淑,□殊任昉。珠玉滿堂,烟霄齊上。英英大同,允執其中。綉兹鞶帨,效彼雕蟲。政在色養,勤惟餞躬。誰言科舉,雅有儒風。廣内同工,備邊積貨。創葺承旨,支收應課。務雜敏稽,吏藏功過。一經提整,遂光參佐。紫塞作倅,黄流溉田。濮陽公竹,凋瘵行痊。贊播謡咏,聲添管弦。逃珠復浦,陰鶴聞天。武侯彤墀,羽儀緹綺。環衛圭表,雄班瑋器。動鄖素浪,静持白賁。官業俱舉,兵符萃至。帝念雲代,驟罹狂胡。撫我遺人,仗爾全摸。匹馬來莅,危邦載蘇。進戰退耕,歲月其徂。運有弦夷,謀有臧否。如何昊天,及賊是受。鎧丈在身,詔敕在手。一朝翻然,信義何有。兩族二軍,久結怨仇。便彼得志,此必盡劉。哀哀赤子,寄命郡侯。生死不捨,欲去何由。中旨不迴,奸謀孔聖。化假爲真,俾邪稱正。温原錫晉,清人刺鄭。爰加急徵,且有新命。烈校冤訴,五營悲啼。豈能棄我,快彼鯨鯢。視□目慘,聽之心凄。許同存歿,僅免睽携。亦既深籌,遂臻拯致。自我貽蹙,無身何累。與夫變大難明,曷若捨小從義。幾吁天而謝生,終飲氣而就死。嗚呼哀哉!吴沉伍子,秦殞三良。賢愚吐息,今古增傷。丹旐歸洛,青烏卜邙。千齡萬嗣,休問無疆。

原載《五代石刻校注》

封庭隱

後晉官員。任前攝同州司馬。

大晉故渤海郡封公(準)墓志銘并序

曾聞兩曜處天,止其虧缺;五嶽鎮地,寧免崩摧。況乃人乎,何逃修短?惟身歸泉壤,名感謝於聖時者,但渤海公也。惟從周裔,家本漢臣。萬樹花發芳藂,七步成章於子建,皆公遠祖之德也,更不具載。祖諱成。考諱述。公諱準,先公第三子,前攝絳州長史。幼攻文筆,長尋武略,禮讓温和,鄉閭敬美。忽因癉瘵,湯藥無徵,享年七十六,去長興二年十月三十日終矣。有兒女等，同力安葬在千秋之地，永安也。

　　夫人曹氏，有子五人：長子延暉。次子庭隱，前攝同州司馬。已次子庭迅。二子少亡。各懷逯氏之譎，抱曾子之才，甘旨不虧，德以傳於千里。有女三人等，行處斷腸，無時暫止，數追福延僧，未知何托。此乃罄其家資，備以安葬。於天福五年歲次庚子十二月壬辰朔廿九日庚申，於興唐府廣晉縣孝義鄉大王村恩愛里之先塋也禮葬。其墳東有金堤爲青龍，西枕洛陽道爲白虎，前臨酈固爲朱雀，後靠龍樓爲玄武。於中土厚水深，堪充久矣。恐後年代綿遠，陵峪變移，難明姓字，故勒詞文，年光不朽。

　　前攝同州司馬封庭隱撰。

　　劉審贇寫。

原載《全唐文補遺》第四輯

高居誨

　　後晉官員，天福時任彰武軍節度判官。《宋史・藝文志》記有平居誨《于闐國行程錄》一卷，則高居誨應爲平居誨之誤。

使于闐記

　　自靈州過黃河，行三十里，始涉沙入黨項界。曰細腰沙、神樹沙，至三公沙，宿月支都督帳。自此沙行四百餘里，至黑堡沙，沙尤廣。遂登沙嶺。沙嶺，黨項牙也。其酋曰捻崖天子。渡曰亭河。至涼州。涼州西行五百里，至甘州。甘州，回鶻牙也。其南山百餘里，漢小月支之故地也。有別族號鹿角山沙陀，云朱邪氏之遺族也。自甘州西始涉磧。磧無水，載水以行。甘州人教晉使者作馬蹄木澀四竅，馬蹄亦作四竅而綴之。駝蹄則包以氂皮，乃可行。西北五百里至肅州，渡金河。西百里出天門關，又西百里出玉門關。經吐蕃，男子冠中國帽，婦人辮髮戴瑟瑟。云珠之好者，一珠易一良馬。西至瓜州、沙州。二州多中國人，聞晉使者來，其刺史曹元深等郊迎，問使者天子起居。

瓜州南十里鳴沙山，云冬夏殷殷有聲如雷，云《禹貢》流沙也。又東南十里三危山，云三苗之所竄也。其西渡都鄉河曰陽關；沙州西曰仲雲族。其牙帳居胡盧磧。云仲雲者，小月支之遺種也。其人勇而好戰，瓜沙之人皆憚之。胡盧磧，漢明帝時征匈奴，屯田於吾盧，蓋其地也。地無水而常寒多雪，每天暖雪消乃得水。匡鄴等西行入中雲界，至大屯城，仲雲遣宰相四人、都督三十七人候晉使者。匡鄴等以詔書慰諭之，皆東向拜。自仲雲界西，始涉釀磧。無水，掘地得濕沙，置之胸以止渴。又復渡陷河，伐檉置水中乃渡，不然則陷。又西至紺州。紺州，于闐所置也，在沙州西南，云去京師九千五百里矣。又行二日至安軍州，遂至于闐。聖天衣冠如中國，其殿皆東向，曰金册殿。有樓曰七鳳樓。以葡萄爲酒，又有紫酒、青酒，不知其所釀，而味尤美。其食粳沃以蜜，粟沃以酪。其衣布帛。有園圃花木，俗喜鬼神而好佛。聖天居處，嘗以紫衣僧五十人列侍。其年號同慶二十九年。其國東南曰銀州、盧州、湄州。其南千三百里曰玉州，云漢張騫所窮河源，出于闐而山多玉者，此也。

原載《全唐文》卷 850

劉光度

晉天福中鄉貢進士。

澶州建奈河將軍堂記

詩云："太山巖巖，惟魯所瞻。"標群嶽之首，隱衆靈之府。靈者，神也。神生於無神之神，陰陽不測而爲神，日月照輝而爲明。無神之神者，至道也。《道德經》云："杳杳冥冥，於中有精。恍恍忽忽，於中有物。"此之謂也。

天福六年三月十七日，新澶州岳社頭郭肇專智以金門貢藝，玉署呈才，風雲□□於二龍，奮躍素高於雙驥。副社頭郭肇□情涵珠海，鑒澈冰潭。貯茂異以盈懷，抱才實而鑠志。因乘暇豫，同慕勝游。陟彼□原，共睹橋舸。飲酒酣暢，而相與言："胡不聞賈誼云：'生□也若浮,生死之也若休.’莊周云:‘生之也道行,死之也物化.’人□短分定,豈不在乎神明哉!"遂乃拱志修崇,歸心祀享,結集岳社,化被邑人。不期月間,總四十户。至天福元年三月十日,社衆西自新州,東之太□遠備牢醴,克置羞薦。無愧叩儳,惟竭至誠。但有遺曠,庶幾增建。

竊見宮宇炳焕,峰巒迴合。□□□□□□尊神象列侍者。星繁唯奈河,□元非靈廟。是以歷覽林藪,履蹈河壖東望則天之壇,西臨鬼仙之洞。疊嶂重巖倚其後,飛雲流水枕其前。得此一方,實爲殊勝。是以擘畫砂礫,□□□□任便裁基,隨宜創迹。召公輸於魯甸,招匠石於郢郊。截岨崍之花松,斷新甫之文柏。奇材異石,窮神役思以蘊崇。碧瓦銅塼,盡心畢力以駢集。□□秉斫,争工不異於雷震。劇木飛繩,競巧可同於電捷。天福三年五月十日建就。堂一所三間,四下栿遇迴行墙二十四堵,門樓一所,悉以粉飾藻繪,秀麗精華。取金碧於十洲,運丹青於三島。香僚綺井,返植蓮荷。畫棟瑚梁,高横蟠蝀。翠欄朱網,亭亭而日麗九天。複道重階,落落而露凝五色。天福五年三月九日,迎入將軍夫人真形兩座,廝兒妮子兩人,夜义一對。郭肇等命以□者告厥成功,釃酒焚香,虔誠启仰。忻然應變,但覺酡顏。迴風繞壇,實謂神降。此則天意人事,聖道合符。體乎元元,不可窮紀。光度學輸鍾會,才謝丘遲。堅讓不從,輒敢承請。是以凝元扣寂,□簡□毫。力課短懷,用旌刊飾。銘曰:

瞻彼奈河,泉流清清。噫彼逝人,魂飛冥冥。善惡斯作,禍福隨情。應業受分,靡迹厥靈。將軍英靈,祠堂窅窱。一氣散化,萬神應兆。事有克彰,物無不照。輔贊天孫,□室嵒峭。□□□優游高士,放曠清人。豫構陰德,思振芳塵。物景代謝,事迹相仍。成此廟貌,永司其津。

原載《全唐文》卷 851

穎　至

後晉時人,鄉貢進士。

大晉故博陵崔氏夫人墓志銘并序

鄉貢進士穎至撰

蓋聞一氣判而萬物作，肇有人靈；三代興而九伯隆，稍開姓氏。或因地，或因官，或因居，或因號焉。先王茂典罰惡而咸欲誨民，哲后永圖賞善，而皆能割地。大則千里，周封呂望於營丘；小則一城，齊食丁公於崔邑。則其先也，因爲氏焉。其後深根固蒂，綿瓜瓞於千秋；同源異流，導崑崙於九派。强吞雄據，聖人之大寶頻移；傑出間生，盛族之英才不一。銘題座右，漢稱子玉之賢；兵貯胸中，魏耀伯淵之策。瞻奮甘泉之藻思，聲振齊朝；皎申北部之威風，名高唐世。門傳盛德，代有奇人。曾祖諱□，姓□氏。高祖諱叔律，姓李氏。皇考諱環，姓左氏。夫人左神策軍都知兵馬使、充步軍軍使、銀青光禄大夫、檢校工部尚書兼御史大夫、柱國之長女也。卿雲上瑞，夢月殊祥。桃李當春，耀夭夭之淑質；松篁拂雪，聳落落之貞姿。奉蘋早學於蒸嘗，能全婦道；采葛每親於繁冗，甚有女工。爰自妙年，備兹令德。段氏之蕙心高邈，不視凡夫；孟光之蘭抱清貞，待其良配。遂適於權氏，禮也。夫人事舅姑同於日嚴，接娣姒懷於夕惕。鬼神歆其饗祀，中外播其温恭。加以奉梁鴻而盡心，如承大祭；敬郄克而有禮，似對嚴君。關雎才可以同群，雊鵲實欣於共處。祥鸞彩鳳，和鳴自保於千齡；瑞玉明珠，吉夢雅符於九子。

夫人所生七男：長男令詢，娶何氏。次男令詵，娶李氏。次男令詡，娶韓氏。次男令諤。次醜漢，早亡。次男誼，娶丹陽左氏。次男令諲，不仕。二女早亡。并風神俊邁，器宇宏深。高陽之苗族雖傳，八龍何貴；渤海之于門斯闢，駟馬可期。騏驥有逐日之蹄，非徒洼水；圭璧負連城之價，蓋出藍田。夫人道足肥家，神宜降福。方將陳鍾列鼎，享榮養於高堂。何其隙駟道飆，促遐齡於玄夜。享年五十五。於大晉天福六年九月二十八日，薨於洛京積善坊私第。嗚呼！大塊載□，達士每□於冉冉；逝川閲水，聖人官嘆於滔滔。生死之期，盗跖與顔回齊致；夭壽之數，老彭與殤子同終。若拘大道之場，鼓盆者獨能拔俗；如在有情之域，泣血者自可激人。況夫人懿行素高，芳猷夙著。疾生無妄，冀成積善之徵；藥莫有瘳，翻作禍盈之事。是以孝子割膚鳩之愛,返哺增傷;剛夫興舞鏡之悲,離群更苦。内外想文成之術,重降香魂;里間思太一之功,却迴仙魄。情不可極,時且難逢,乃建佳城,言歸真宅。遂於天福六年十一月十六日,葬於河南縣金谷鄉焦谷村。其地也,帶龍樓於東道,氣勢自雄;控熊耳於西厢,崗阜甚壯。南望而川原掃霧,日月貞明;北瞻而叢薄含風,烟霞半卷。實爲福地,何必南山。於是告馬鬣之成功,望牛山而屆路。靈輀動軔,孰無卧轍之心;幽隧及泉,誰没殉身之志。生前之母儀内則,既已肅人;殁後之谷變陵遷,宜存刻石。嗚呼哀哉! 謹爲銘曰:

上天降氣,明月垂精。崔夫人禀,崔夫人生。有禮有法,私門和平。宜夫宜子,聖代顯榮。降年不永,何人不驚? 墳於金谷,地邇玉京。千秋萬歲,賢母之名。

侄女婿將仕郎試太常寺協律王鱗書。

原載《全唐文補編》卷100

蘇禹珪

五代官員(895—956),高密(今山東高密西南)人。後晉時歷任諸州從事,累遷户部郎中。後漢初,任中書侍郎平章事、集賢殿大學士。後周初,罷相任司空。顯德三年(956)卒。

重修蒙山開化寶嚴寶閣記

太原故郡,大夏名封。郊野列於參墟,山川開於晉國。俗通馬首,垒管羊腸。稱號神京,實爲樂土。皇朝鳳舉,三百年之遺迹尚存。聖祖龍飛,一千載之耿光斯應。士馬雄盛,井邑駢羅。語之八都,并爲最也。而又俗敦釋教,重二乘方便之門。人貴善根,導五濁昏迷之性。金繩寶樹,雁塔蜂臺。大有莊嚴,鉢光像法。

據傳記,開化寺北齊文宣帝天保末年,鑿石通蹊,依山刻像,式揚震德,用鎮乾方。成招提之勝因,俸釋迦之真相。人皆迴向,時凑福田。齊後主然油萬盆,光照宮内。仁壽元年,隋朝造大閣而庇尊像焉,仍改爲净明寺。泊唐高祖在藩邸時,至此寺瞻禮回,夜夢化佛滿空,毫光數丈。登極之後,復改爲開化寺。後顯慶二年,高宗駕至,出左右行藏,資緡寶玉,崇嚴飾之。後會昌甲子歲,敕廢大閣,露尊像,雨滴風摧。僅六十載,化隨消長,道有污隆,明矣。乾寧二年,武皇虎踞并州,龍潜晉水。遥奉擎天之業,克安在鎬之君。一境烟静塵消,不修□□千里民稐俗阜。正樂豐穰。或乃治兵,閒修講武。上西山而指顧,登北禮於慈悲。痛望真身,而受霜露。迺下令遣紂徒管内講化,計口隨年錢收數百千萬緡。更有自施信財者,不可勝計,復造大閣焉。時也擇班輸之物已豐多,斵徂徠之松材□藏足。既當農隙,□乃興工。□役者荷鍤如雲,剡木者運斤震地。工無舍夜,人不知勞。自乙卯至己未,首尾五年,蓋成大閣,兼裝佛像。厥功三十萬,□所聚財盡矣。莫不獸簇千楹,星攢萬拱。榱題黰黝,階□嶙峋。甍宇齊平,可下觀於罔險。□擱偃闊,宜上摘於星辰。仰之彌高,觀之尤麗。萬人瞻仰,樹福於兹,至今五十載矣。

莫禁二鼠,日月般而年代移。□從四蛇,高閣隳而聖儀毁。非國王大臣力,其可再修乎?遇北平王鎮臨之五年也,疆境乂安,人民豐足,衣錦而彰七德。玉帳論兵,出籌而藴六奇。金臺禮士,穟稭不舉,烽燧皆停。暇日游西山,至開化寺焚香,見閣宇傾欹,佛像崩闕,乃言曰:"縱有僧洒掃供養,豈令人喜瞻禮乎?"遂舍俸錢,重修薦之。爰求郢匠,俾聚杍材。功用具充,役工畢至。是薦大閣五層一百三十間,并添换瓦木,文彩賁飾,乃閣内尊像,沿寺功德,護法善神,塗金彩畫,大小咸具,無不畢備。兼創造斗帳四間,閣上二十四窗,竹網特蓋。行墻五間,并諸殿宇,一新其舊。及置閣上麻網一十五扇。蓋將己俸,不撓民財。况日給於米鹽,更時頒於賞勞。百工無怠,衆役惟勤。逾時而畢,重新鹿苑。載耀鷄園,視高閣於淩。雲悉施藻繢,變睟顔於净域。别顯相儀,浮柱霞栖。倔□而生玉葉,飛梁虹指,岧嵽而在金田。美哉輪焉,焕乎盛矣。四人依仰,二衆焚修。實資奉福之因,允叶募緣之果。王睠其功畢,大會沙門。慶贊而雷殷梵音,供養而雲籠香焰。成兹勝概,乃樹貞珉。撰記仁祠,靦顔主擇。禹珪謬塵郗桂,獲厠庾蓬。隨簪玳以履珠,忽承明命。則援毫而滌硯,須抒諛聞。非敢虚詞,止書實録。庶貽後代,以紀芳猷。

大晉開運二年七月十三日記。

興邦佐命忠力保定功臣、北京留守、河東節度管内觀察處置等使、北面行營都統、開府儀同三司、檢校太師、兼中書令、行太原尹、上柱國、北平王、食邑一萬三千户、實食封二千二百户劉知遠立石。

原載《山右石刻叢編》卷10

吕　氏

後晉時婦人。

吕氏爲夫造尊勝大悲幢贊

佛頂尊勝陁羅尼真言，千手千眼觀世音菩薩□大圓滿無障礙大悲心陁羅尼。

媚妻吕氏，特舍資捐建《尊勝大悲陀羅尼》幢，奉爲亡夫資薦去識。曾聞善住天子，得脱七返之身。累劫沉淪，因此而超昇於净城。若人課誦，暫得聞經，九有四生，河沙罪滅。今則有媚妻吕氏，將酬襁褓，上報慈尊，聊陳示誨之恩，冀□□□□得。由是磨礱削石，命匠輸金，八連之修飾光輝，一座之寶鮮絜鑴《陀羅尼》□□，寫秘密之靈文，用答孝誠，將酬掬育。於是慶雲布彩，烟惹長空，瑞色射於九天，亡靈生界，標乎像事，彰在墳傍，福利奇載。乃爲贊曰：

佛陁尊勝，起自西天。文殊示觀，波利齎還。取其梵本，翻譯唐言。若人持續，枯骨生天。今有妻子，志舍資捐。爲其亡夫，追薦九泉。一承妙善，長在佛前。先亡利苦，勝事俱圓。貞石克備，永固萬年。

天福七年歲次壬寅三月甲辰十二日丙寅建立。

原載《八瓊室金石補正》卷80

張仁溥

唐晉時官員，任大寧縣丞。

龍窠飛縱摩崖題記

時大晉天福七年三月二十六日，守大寧宰張仁溥請絳推田匡圖留一絕，以記他日。

折花携酒看龍窠，鏤玉長旌俊彥過。他日各爲雲外客，碧紗龍却又如何。

守宰張仁溥書，主簿王知進題。前新田宰任廷傑與京兆推官同志名山采藥，遇筆搜吟。

原載《三晉石刻大全·臨汾市大寧縣卷》

張廷胤

後晉官員。撰此志時署前義成軍節度館驛巡官、將仕郎、前攝河南府巡官、秘書省校書郎。

故竭忠建策興復功臣光禄大夫檢校太傅使持節前蔡州諸軍事蔡州刺史兼御史大夫上柱國汝南郡開國伯食邑七百户周公(令武)墓志銘并序

前義成軍節度館驛巡官將仕郎前攝河南府巡官秘書省校書郎張廷胤撰

叙曰：庖羲没而神農舉，耒耜爰興；炎帝徂而軒轅生，金木由作。則冬穴夏巢之代，一變於古風；圓首方足之徒，再明於書契。暨唐虞已降，周漢隆興，文物畢備於寰中，禮樂乃罩於域外，或有功王室，積慶私門。上則遺美簡編，用光秘閣；下則勒名貞石，俾焕玄扃。伸自家刑國之功，叶資父事君之道，冀存不朽，其在此乎？

公諱令武，字允和，涿州范陽人也。本姓姬，周之裔，曾祖諱□，高尚不仕。祖諱詢，高尚不仕。考諱佺，職至幽州節度押衙、盧臺軍使、贈檢校尚書左僕射。母清河張氏，追封清河郡太夫人。公家世北居燕甸，烈考歷職薊門，古先以開國承榮，後胤乃因封命氏，皆祖枝傍茂，姓派遠流。襲慶魯公，代濟匡扶之業；分榮漢相，□符締之勛。此則略而書之，不可備而載也。公早抱雄圖，壯明奇策，勇概悉由於天受，儀□不假於神傳，然有志四方，罷□一室，遂策名戎府，建職藩維。

前唐天祐初，劉氏之王燕邦也，公雅尚韜鈐，素明術略，書劍克光於祖德，弓箕不墜於家聲。竟署職盧龍，分管士伍。昭王贊國，樂君終別於燕臺；項羽失圖，韓信須歸於漢主。時唐莊帝居三晉也，將謀復宇，整切用軍，睹公有孫吳之才，委公領爪牙□□，詎勞階級，唯務得人，尋署河東押衙、右鐵林廂指揮使，超授金紫光禄大夫、檢校尚書右僕射兼御史大夫、上柱國。公即竭力爲臣，奮心事主，當創業開基之際，著南征北討之功。戰伐既多，位匪虛受。俄又轉右鐵林都指揮使、檢校尚書左僕射。攀龍鱗而附鳳翼，許仲康劍氣凌空；訓虎旅以練熊師，曹景宗弓聲徹漢。夷祅戡難，動合機鈐。同光元年冬，梁蓮纔終，唐祚初啓，掃攙搶而寰宇無事，混車書而華夏畢同，玉律資和於舜朝，金鏡重明於漢道。莊帝以公勤勞王室，左右皇家，經綸□□以□心，濟活兆人而合德。顧南陽之耿鄧，錫號旌功；酬西漢之韓彭，進官表績。授協謀定亂匡佐功臣、檢校司空，餘如故。仍領禁軍，未離扈蹕。黃石公素書在目，每作箴規；田穰苴兵法居心，常爲模楷。邇後莊皇晏駕，明帝承祧，念沛中之□人，罷分七萃；捧堯庭之新命，出擁一麾。天成元年，除蔚州刺史，地控邊陲，境聯藩籍，妙得和戎之策，深明撫士之方。下車日新，布政斯遠。天成二年，改賜竭忠建策興復功臣、檢校司徒，除復州刺史，仍封汝南郡開國男，食邑三百户。改號疏封，歲月頻加於茂績；列官任土，夙宵思報於皇恩。公化俗誠堅，治民志切，教去華而務實，勸賣劍以買牛，刑政交施，風聲愈振。長興元年中，有詔指公罷朝象闕，就縮魚符，轉檢校太保、宿州刺史兼本州團練使。泗水連封，臨淮接境，是人物殷繁之處，乃舟車畢會之鄉。公上副□條，下蘇凋瘵，民即歌於襦袴，吏絶犯於絲毫，舒慘數年，風俗一變。解印赴闕，止未逾時，又捧明恩，別分□寄。應順元祀，除絳州刺史。清泰元年，進封開國子，加食邑二百户。郡處六雄，位光五馬，盜賊去而十縣豐泰，暴虎渡而千里乂安。□伯棠陰，又繼當時之善政；孟嘗珠浦，後傳今日之清名。天福元年，主上之登極也。寰海息肩，方隅絶警，是崇德報功□□，乃頒綸出綍之秋，念公久有勛庸，又除博州刺史。公將辭輦轂，即邸襜帷，旋降制書，俾統禁衛，改除右神武統軍。秉象笏於金殿，密邇龍顏；樹牙旗於御營，不離鳳闕。當歲轉左神武統軍。天福二年,有敕除新澶州,截牽牛之渚,建杜預之橋,不日而成,自公之力也。主上嘉其勤效,特示獎酬,轉檢校太傅,進封開國伯,加食邑二百戶。天福三年,自統軍出除蔡州刺史。桑中可咏,所歷俱同;陌上成陰,與往無異。在□日,屬疊生安隆,聲起帥戎,唯此汝陽,實當衝要,黑稍與彤弓并進,戰車兼駟騎□馳。送去迎來,不失勤劬之節;輸忠納款,彌堅愛戴之情。仍充彼軍儲,給茲賦廩。部下不勞於撓督,軍□已覆於逆殿,賴公悉力傾心,多方設法,凡資國計,盡出家財。尋罷郡朝天,獻功就列,主上知其忠盡,諭而久之。天福六年秋,九有來王,八表通賮,鑾輿省方鄴下,委公巡警梁園。常輟寢以廢食,但忘家而憂國。未經周歲,詔至闕庭。馬伏波之功庸,寧稽拜將;班仲宣之志操,秩待封侯。無何,夢構兩楹,疊生二豎,忽違耄歲,奄謝□時。即以天福七年壬寅歲五月十四日薨於東都私第,享年六十九。今龜筮叶從,良日有卜,便取其年八月九日遷神櫬葬於西京河南縣平洛鄉朱陽村,從吉兆也。

渤海郡夫人高氏,閨儀有則,母道克彰。桓少君之重夫,良可比也;顧子通之敬婦,實亦宜然。罔違前哲之謀猷,雅契古人之糟粕。公有男五人:長曰霸崇,故充殿直,先公而殞,綿歷年祀;霸明,見充殿直;霸欽,前蔡州衙內都指揮使;霸能,前山南東道觀察支使;霸饒,前蔡州別駕。皆稟義方,盡明詩禮。倣陳寔之子,例號三君;同鄧禹之男,各習一藝。有女六人:長適益都符氏,次適莊莊皇子,亦先公而亡。在室女妹不弱兒、不羨兒、蔡娘子等,言行諧和,舉止貞順,潔白稟閨房之秀,清□資林下之風,並著和柔,能遵家法。嗚呼!公五轉兵權,六提郡印。事累朝而險夷備歷,挺一心而終始不渝。名位益崇,階爵尤峻,被寵渥數代,非溫暖一身。長男頃列於朝行,次女早適於戚里。殊勛茂績,實顯赫於鄉閭;遺事故風,更輝華於耆舊。標儀雖泯,刊勒具存。廷胤文墨小儒,簪裾後進。師涓坐上,徒矜濮上之音;夫子門前,難問斐然之作。蓋以謳吟肄業,敢將紀頌爲辭,聊吐芳馨,謹爲銘曰:

偉矣明公,周王之裔。英賢代生,祖宗翊世。志在韜鈐,心通書計。有則有儀,多才多藝。其一。早領貔貅,夙攀鱗翼。忠勤素稱,

夷險備歷。功振天庭，名宣砂磧。歲寒自潤，終始無易。其二。繼捧
皇恩，疊分符竹。貴而且德，滿而不覆。袴暖疲民，喧生寒谷。美哉
史書，其善可録。其三。八覲龍樓，常司虎旅。訓齊軍門，綱紀戎府。
秀拔神情，汪洋氣宇。事留旌裳，績著衛羽。其四。官列星辰，位尊
保傅。方當盛時，俄殞泉路。令問長存，姿容漸故。聖皇聞之，噫歟
賵賻。其五。嗣子哀號，□□□□。□光已銷，草木微落。賓雁□
□，秋風索索。葬□伊何，郊□□□。其六。

原載《全唐文補編》卷 100

任　珪

後晉官員。撰此志時署前攝秦州清水縣主簿、將仕郎、試太常寺
協律郎。

有晉故兵部尚書西河任公（景述）墓志銘并序

前攝秦州清水縣主簿將仕郎試太常寺協律郎任珪撰并書

嗚呼！公姓任氏，諱景述，字美宣。其先出軒轅皇帝之胤裔也，
始建候於任城，因地而命氏。子孫牧於汾州，望在西河，厥後徙居京
兆，今爲京兆人也。本枝繼盛，棠推水薤之名；厥胤彌昌，昉著文章之
稱。代揚其美，史不絶書。曾諱□，祖諱□，考諱存閏。公器局深沉，
識度弘遠，幼稟義方之訓，長有老成之風。非禮勿言，作事可則。心
算乃窮微盡數，福輿則抱智懷仁。生知公才，天與直氣。不以勞神苦
思爲發身具，終以資忠履信爲筮仕基。落落然真構厦之材；鬱鬱然無
息肩之地。奇才未展，恨依繞何枝；孝道純深，乃仕不擇禄。遂委質
公室，就列虎門。晉昌節度使彭城掌武，察其言，觀其行，置之肘腋，
付以簿書。期自下以昇高，乃潔道而晦迹。厥後康相國莅政，委公依
然。掌繁總之司，上下無怨；聯行綴之内，容止可觀。抑又清河少師
奉詔梁朝，保釐咸鎬。從其長而捨其短，器其度而善其才。乃任以腹
心，冠之左右。擢公爲留守、都孔目官兼管步奏將，仍奏授銀青光禄
大夫、檢校左散騎常侍兼御史大夫、上柱國。泊客省清河太保權留守

事,公悉心罄慮,日有所陳,極力盡忠,言無虛發。留守仰其明敏,重以强能,乃奏授教練使,遷工部尚書。未期,又奏授右廂馬步使,遷刑部尚書。務在警巡,職司刑憲。剖鷄定詐,不愧前修;鞭絲辯疑,每有先見。俄遷授右都押衙。值兩蜀構逆,大國興師。大晉先皇帝邸下龍潛,臣於王室,奉辭伐罪,拜將登壇。移玉帳之籌,進金牛之路。公轉粟流輸,弘濟艱難。衆議舉行,軍儲不爽。及還公室,尋獲奏章,遷列都莊宅、營田、三白梁河院事。府庭之務,不亦重乎?職任之權,斯爲美矣。決渠降雨,不愆農事之期;栖畝餘糧,無爽公田之盛。值甲午歲,國朝多事,軍府危疑。相國王以征伐不迴,司局以首領多闕。兩衙神職莫得其人,左右轄司悉虛其位。公訥言敏事,在邦必聞。留守乃委以兼左右都押衙、左右廂馬步使,遷刑部尚書。舉領提綱,趑趑於牙旗之下;片言折獄,明明於侯府之中。才了十人,雖聞舊史;權兼七務,罕擬當仁。居藩屏之中,實於斯爲盛。公深才偉量,高概不群。素有高門大宅之志,然而事親盡節,能捨榮取義,其在公歟?洎禮畢送終,志常隱約。嘗謂執友曰:"大丈夫仕不及二千石,安能老之將至碌碌而循階乎?"自兹宦路灰心,軍門滅志。非雲霞不足以結賞,非山澤不足以論交。遂累貢讓辭,懇謀休解。元戎籍其英毅,壯彼軍容。闕有所須,進無不補。雖餘事獲允,而極職難辭。又任左都押衙。更經數載,遷兵部尚書,階勛如故。當膽壯心雄,已思静退。及齒危髮秀,倍厭驅馳,既獲替人,因而斂迹。雖陶先生之解印,不乏田園;痛馮子敬之白頭,竟爲郎署。天福七年龍集壬寅寢疾。八月一日啓手足於私第。享年五十有九。

娶太原王氏。婉挽承家,肅雍垂範。内外仰謙和之德,始終恢令淑之名。輕謝道韞之雪詩,未盡善也;踵張茂先之女誡,生而知之。有子一人,曰繼崇,風神秀拔,器度恢弘,空谷白駒不足方其駿,九皋鳴鶴不足擬其聲。曾任西頭供奉官。曉踏螭頭,平視烟霄之路;朝親鳳扆,躬承日月之光。雖家風不墜於箕裘,而人事難逾於否泰。娶扶風馬氏。婦容令德,金瑩玉貞。婉然林下之風,卓爾閨中之秀。有女五人:長曰增嬌,次曰添嬌,次曰千嬌,次曰小勝,或長而及笄,或幼而在褓。靄然淑質,綽有遺妍。嗟乎!賢不賢,性也;遇不遇,命也。夭遂之事同期,修短之數分定。人生到此,天何言哉！即以其年十月二十二日,葬於京兆府長安縣義陽鄉小郭村,禮也。嗣子繼崇,窮咽倚廬,號咷滅性。慮以遷其陵谷,懼以泯其聲塵,遂命以抽毫,俾紀之茂實。珪叩聯宗派,備熟徽猷,結氣銜悲,跪爲銘曰:

軒后垂裔,建候於任。因封錫氏,自古迄今。枝分脉散,蒂固根深。德惟善政,文耀詞林。代有其人,芳不絶史。公之禎祥,孝之終始。懷土事親,捨彼取此。進不擇禄,仕維鄉里。歷職侯府,授秩宰庭。八座循陟,七務權并。成人之美,惟德是馨。保兹延譽,退養遐齡。俄因膏肓,啓乎手足。蟬蜕何恨,牛崗叶卜。子孫泣血,丘壟埋玉。積善餘慶,世膺多福。

原載《長安碑刻》

崔禹文

後晉官員。撰此志時署文林郎、前守河南府長水縣主簿。

晉故隴西李氏夫人墓志銘并序

文林郎前守河南府長水縣主簿崔禹文撰

夫軒裳貴胄,禮樂清門,不有令人,孰彰厥德？夫人隴西李氏,家傳族望,世襲文儒,或嘗列班行,或情高物外,源流寖遠,不復俱載輝策。曾祖延叟,皇任尚書屯田郎中。祖約,皇不仕。父□淵,前左金吾衛長史。夫人即長史之女也,挺生柔順,早著賢能,婉娩令儀,工容雅度,奉上以敬,撫幼以慈。玉樹庭前,必興無慚於賦雪;青綾障下,討論必解於義圍。言叶典經,動依禮教。唯以溫恭接物,不將才地驕人。璞玉川珠,宛然至寶;卿雲甘露,別是殊祥。爰自笄年,適聘賢彥,故工部尚書、贈左僕射吳公諱翯,字秀川,昔仕梁室,薦歷周行,早以鴻名,尋昇顯列。聯綿省閣,齒極搢紳,事雖振於簡編,位未登於宰輔,奄辭昭代,遽隔明時。以至中外吁嗟,文武嘆咏,苟非才行,詎欽嘉聲者歟？公情深偕老,志在和鳴,何期鶴算不終,鸞鏡云缺。夫人四德□齊,夙播清風。梧桐半枯,徒有哀摧之恨;蘭蓀不改,終全芬馥之名。理內有方，貞節□□。孟母擇鄰之志，俾在親仁；陶家截髮之傷，無妨接士。蓋庭闈之訓誨也。有子二人：長曰紹□，任御史臺主簿。次子盧八，方居稚齒，遽逐逝波，將慶德門，無先令嗣。唯臺簿侍御史蔭承榮，琢磨有立，時稱驥足，咸曰鳳毛。頃自千牛備身，授秘省正字，次任畿邑，復拜憲臺，鴻將漸陸之程，捧俟摩霄之勢，比榮彩服，永養慈顏。於戲！風樹難停，隙駟不返，俄終覼縷，莫報劬勞。夫人以天福七年二月六日寢疾終於洛京永泰里之私第，享年四十有五。時侍御方隨鑾輅，偶在雀臺，請言歸京，躬侍藥餌，景公遇病，已在膏肓，曾子發哀，徒傷肝腦，痛深泣血，殆至絕漿，毀不自勝，仗而後起，卜陶公之吉地，得滕氏之佳城。既定遠期，將安幽圹，晉天福七年歲次壬寅十一月辛巳朔二十五日乙巳歸葬於河南縣清豐鄉杜澤村之塋，禮也。詞慚淺陋，學謝該通，幸契階緣，猥蒙請托，直書方志，用記塋丘，輒抒銘曰：

　　玉在璞兮，其色含章。珠在川兮，其媚騰光。蘊茲符彩，惟人是方。厥有賢德，挺生明時。蕣華稟韻，桃李呈姿。祥鸞應瑞，威鳳標奇。月貌花容，何彼穠實。熏灼才行，輝煥軒裳。芬馥之望，孰可比量。難期寢疾，遘此禍殃。前旌指路，窆以高崗。千齡萬代，惟蕃惟昌。

原載《五代石刻校注》

李匡堯

後晉官員。撰此志時署六軍推官、鄉貢進士。

晉故銀青光祿大夫太子左庶子致仕上柱國濟陽蔡府君墓志并序

　　前六軍推官鄉貢進士李匡堯撰

　　府君諱□□，[字]□□，京兆人也。昭義節度掌書記振，大王父也。清河張氏夫人，曾祖母也。□州沁水縣令虛舟，王父也。清河張氏夫人，祖母也。尚書工部郎中烈考也。博陵□氏太君，先妣也。

　　公由明經及第，三禮登科，榜下除授慈□呂香縣令，次任絳州太平縣令,□□年良留三年,次任絳州曲沃縣令。唐乾化三年末,□授華陰縣令。公又河中府冀王請攝鄭鄉縣令,又攝河中府永樂縣令,後除晉州録事參軍,在任三年,良留三年。次除國子《毛詩》博士。天成三年,恩賜朱紱銀魚。□□充寧江軍節度使西方鄴旌節官告國信使。天成三年,差□崇元殿,莊宗皇帝寶册,加朝散大夫階,兼守太常博士,加朝議大夫階。長興二年,集賢相公□愚請考試進士九經、五經、明經,除國子司業、檢校尚書金部郎中,加中大夫階,次加太中大夫階。清泰元年,檢校尚書駕部郎中,加通議大夫階。□册鳳翔節度使李從曠爲西平王,禮衣冠劍使、都衙押、鹵簿儀仗使。長興三年五月,奏待制,請於國子監雕刻九經書印板,仍宣天下,永爲楷模,以定妍醜。天福四年致仕,除授銀青光禄大夫,太子左庶子致仕、上柱國。

公先娶周氏、張氏二夫人。並淑令德,各抱志貞。周氏夫人先公而殁,有二子,長之仁行,明經登第,初任絳州曲沃縣主簿,次任昭義長子縣主簿,次河南府□寧縣主簿,次任大理評事,次任陝州平陸縣令,在任終之。次子明濟,齋郎出身,初任同州司户參軍,次任河南府告城縣主簿。公以天福七年十二月十五日,寢疾薨於東都綏福里第,卜明年正月十一日,歸葬於新安縣龍澗鄉王村里府君之先塋也,以周氏夫人合祔焉。公以文行忠信,立身立事,平生多矣。布衣歷官,朱紱昇朝,自將仕郎,階至銀青光禄大夫、太子左庶子、上柱國勛焉。事十二朝之聖主,歷五十年中,宦名宏哉良哉。匡堯與公之分最熟,久要早期,想□手於混明,念追游於長樂。是以實録,銘志以□超群。
銘曰:

白楊蕭蕭兮悲風起,落日冥冥兮寒雲□。東北邙兮西熊見,年之吉,月之利,地久天長,千秋萬歲,嗚呼! 蔡府君永□佳城於此。

原載《東都冢墓遺文》

丁　拙

後晉官員。任前攝慶州軍事押衙推、將仕郎、試大理評事。

晉故慶州刺史光禄大夫檢校太傅兼御史大夫上柱國清河縣開國男食邑三百户張公(明)墓志銘并序

門吏前攝慶州軍事押衙推將仕郎試大理評事丁拙撰并書

公諱明，字德明，清河郡人也。近世徙家於徐，又曰彭城人也。曾祖諱彎，贈工部尚書，曾祖妣扶風郡馬氏。祖諱幹，贈檢校户部尚書，祖妣南安郡單氏。先考諱楚，贈檢校尚書、右僕射，先妣天水郡莊氏，追封太君。

張氏之先，即漢安昌侯之胤也。自禮泉分派，芝蔓傳芳，或麟角稱奇，或龍頭顯貴，克隆禄位，互列徽章。而况問聖孤高，門風清雅，迄於當代，繼踵尤多。公即右僕射之第三子也。生而有異，長乃多奇，□玄女之沉機，得黄公之妙略。由是劍埋豐壤，氣高貫於斗牛；璧産荆岑，光遠凝於霞彩。公以晨昏道切，敬愛心專，有臨渭之基，且非釣國，居卧龍之數，全異邀名。道近播以徽猷，鄉黨重其高潔。乾化年中，朝庭知公忠宜佐國，孝有傳家，迺下詔書，遐頒星使。初授徐州蕭縣鎮遏使，次遷徐宿海等三州游弈使，遽遷雅隊都頭，再遷曹州司步軍都指揮使。邇後或□□紫禁，或出佐雄藩。雨露方濃，官資屢改。龍德中，屬以衛州作梗，宵旰增憂，於是大展戈矛，命公討罰。公揮戈賈勇，奮劍請行，纔運長謀，俄觀陷壘。捷書方奏，皇澤已臨，未解兵符，兼提郡印，尋授衛州刺史，旋屬莊宗皇帝龍興晉水，鳳翥洛郊，始自本州，遽朝天闕。同光初，再授衛州刺史。邇後以王師破蜀，儲貳登壇，詔授行營先鋒橋道使，俄以金牛，□就司馬，公自□勛高。畫鼓聲□，淮陰侯因兹名振。既而雲棧烟斂，錦水波澄，□□□□□□新命，初授□□縣□□制置使，遽遷興州刺史。後屬明宗皇帝□□□宇，應□開基，□别龜城，來朝鳳闕，初授□州刺史，次授龍虎大將軍，次遷登州刺史。清泰□中，朝庭以□□□□□□□□□興戍，■公□□激憤，驚□增感，衛□□□□堰，李陵以之破虜，蟾蛛未滿■三□□□迴心共□尊於百□，次授西北面步軍都指揮使，桑乾河畔，□□□□，□□山前，高張大旆，遇胡兵之□□□□□□□中□□齊驅，烏鳶已殄，熊□既翠，豺豕争奔，自此一掃狼烟，□清□□□□□，代州刺史兼□□□步軍□□候。次屬大行皇帝□□受禪，□□□基，

■貝州□□使□□左羽林□□□□天福四年十二月十三日，遷□□州刺史，□□也，遐□□□□上■公■千里■二天俄■以天福□年三月■七十有四。

先娶隴西□李氏□□夫人四德有□，五□□□，化■是禮外■而官■德行高習弓裘■二人一人■萊子斑衣，愛□五■域□奉誠■虧於■一人□□□□□□里朝■一人■一人■尹氏，前蔚州刺史。一人出吳氏，一人出□氏，鄜州■君子□□哲人親孫□人光義郭□□□親孫女二人，□哥，□哥，皆■進□，卜天福八年歲在癸卯正月六日，葬於伊闕縣□□□□川村，□李氏亡夫人■作□□□□著在前史，□□刊志鐫碑，傳乎後代，斾而承寵，栖大廈以增慚，斬衣未效於捐軀，挽輅俄悲於失■不及□，折寸木以量天；□窮綿□，□□甌而酌海。寧度澥溟，聊抉斐詞，謹爲銘曰：

　　□□□□，□□□□。　聖主賢臣，春蘭秋菊。公□□□，□□□□。名□□□，□□□□。□□□□，位登玉□。民□□昭蘇，□無□□。慘舒既在，生死長存。□□□□，□□□□。魄逐逝波，魂游岱嶽。追想高風，天涯地角。

原載《東都冢墓遺文》

王　卿

後晉官員。撰此志時署横銀州營田判官、將仕郎、試秘書省校書郎。

大晉故夏銀綏宥等州觀察支使將仕郎試大理評事賜緋魚袋南陽郡何公（德璘）墓志銘并序

表弟横銀州營田判官將仕［郎］試秘書省校書郎王卿撰

公諱德璘，字光隱。家多精慶，代足名人，德水長深，靈源不竭。曾祖敏，皇任泰州軍事衙推、將仕郎、試太常寺奉禮郎，妣平盧郡曹氏。祖遂隆，皇任朝議郎、守京兆府功曹參軍兼大理評事，妣弘農郡楊氏。考子嵒，皇任儒林郎、守夏州醫博士、試太常寺奉禮郎。妣太原郡王氏。公父賢母德，禀和氣而生。公性實温恭，心能穩密，出身入仕，歷職授官，咸以器材，皆從勤效。梁開平二載，先太尉以公世紹勛風，少年可畏，許以前途，始補衙前虞候，繼職軍門。後唐同光三年，故號國王在位，以公繼之家伐，習以方書，藥有十全，功傳百中，特署州衙推。天成四年，先王改署觀察衙推，尋奏授右監門衛長史之職。清泰元年，今府主紹位，以公博瞻三醫，恭勤兩政，遷署節度衙推兼銀州長史。公以見知殊厚，遷陟漸高，謙退益多，兢畏尤甚。府主深益知之，頻所嘉嘆，遂奏授觀察支使、將仕郎、試大理評事，仍兼朱紱。其重節概，俾稱才能。公職列賓階，位親籌幄。沉機妙畫，皆成有國之規；忠論誠言，□□全家之道。其或民有迫切，公不隱藏。凡藥石以上聞，必春膏之普及。由是連朝繼夕，承密論於從容；贊理傾心，益群情之嘆伏。何圖皇天不祐，白日喪賢。堪傷構厦之材，俄積逝川之嘆。晉天福八年二月十四日逝於府之私第，其享年五十有六矣。

公合清河張氏，母儀婦道，絶後光前。嗣子二人：長曰紹文，藝可承家，術多濟世，□□禮讓，爲衆所推。府主委而用之，賞其忠盡，署以觀察衙推兼綏州長史。次曰紹倫，幼年未仕。有女一人，適韓氏。生知四德，大合六親。號天泣血，哀毁痛極。以其年四月二十五日，備葬於朔方縣崇信鄉綏德里張吉堡之右，禮也。所謂積善之家，必有餘慶者也。於戲！自古皆有死，没而有令名，又何患於喪乎？佩感公恩，玖悲□逝，勉强揮毫，書公之實。其銘曰：

古猶今也，代有名臣。猗歟何公，高踪少卿。忠義立性，聰敏爲人。天何不吊，鍾禍於身。丈夫平生，重其節概。公之操修，輝映千載。盡瘁於主，死忠於代。高岸徒遷，佳名永在。今則青烏叶兆，白馬臨喪。去彼西□，□於鬼鄉。

大野蕭蕭兮萬籟悲，孤魂兮藏日輝，重泉冥寞兮一去何時歸。□□荒郊兮黯望，佳城悄悄兮松依依。

表外甥押衙。

原載《五代石刻校注》

李彥賓

後晉時任隨使押衙。

後晉李彥賓造石香爐記

隨使押衙李彥賓■，有願造石香爐壹■者，伏爲與父司徒離■有虧參勤，遂啓丹誠，■此功德，願早父子相見■，東官清吉，闔家安樂，永無哉苦。

天福八年九月日記。

原載《益都金石記》卷 2

劉　皞

五代官員（892—952），涿州歸義（今河北雄縣西北）人。早年在梁將謝彥章下爲客，後入荊南爲幕僚。後唐時歷任監察御史、水部員外郎、史館修撰、兵部郎中、太府卿。後晉時任秘書少監。後漢時任宗正卿。周初，改衛尉卿。廣順二年（952）春，爲高麗册使，中途病卒。

晉故左威衛上將軍贈太子太師安定郡梁公（漢顒）墓銘并序

門吏中大夫守秘書少監柱國賜紫金魚袋劉皞撰

悲夫！滔滔逝川，隨晝夜而長邁；苒苒浮世，繫修短之定期。當巢穴之時，籩豆未設；暨棟宇之後，封樹漸營。備其哀送之儀，盡以孝思之道，尚懷罔極，猶或如疑。

公諱漢顒，字慕傑。其先咎繇，其宗仲衍，或開國於安定，或授封於夏陽。自成周歷炎漢，尊而爲伯，褒以爲侯，枝葉滋蕃，源流廣大。著七序以顯志，彰五噫而避榮，繼有嘉聲，尤難備載。曾祖諱璟，皇任忻州長史。祖諱恩，皇不仕，累贈國子祭酒。考諱弘武，皇不仕，累贈左散騎常侍。公星辰稟慶，山嶽含貞，挺端儼之姿，受純和之氣。生而有異，見滿室之神光；幼而不群，絕同儕之戲豫。性惟廉儉，言合規

謨,才及佩觿,便思筮仕。中和己亥歲北京事,武皇念其恭勤,選居近
侍。彎弧挾矢,漸出於輩流;夜寐晨興,更先於耆宿。自癸丑至甲辰,
從武皇綴行仵奔,逐黃、蔡,收復邠、寧,屯師渭橋,入覲京闕。以其親
信多處監臨,脫患難於梁園,共迴還於晉壤。久涉艱險,擢任偏裨,奏
授銀青光祿大夫、檢校太子賓客兼監察御史、上柱國。累主軍都,備
精訓練。其後,入薊門,定振武,收澤潞,下邢洺,歷數十年,經幾百
戰。凡有征討,無不從行,累蒙奏授檢校工部尚書兼御史大夫、上柱
國,繼充右護衛都知兵馬使兼本廂第一指揮使。武皇顧命,莊宗統
臨,録其舊功,委之重任,授檢校尚書左僕射,充散都頭廳直都指揮
使。平夾寨,下金燕,鎮定會盟,魏博歸命,兩軍封壘,繫日交兵。無
一去不爲前鋒,無一回不爲後殿。殄平大敵,宗社中興,各叙功勛,普
行爵賞。同光二年,由散員都指揮使改授協謀定亂匡佐功臣、興聖宮
押衙、充右龍武第五散都頭廳直都指揮使、金紫光禄大夫、檢校司徒、
使持節濮州諸軍事、守濮州刺史兼御史大夫、上柱國、安定縣開國男,
食邑三百户。公下卓求瘼,布政安民,闔境謳謠,咸推惠愛。中原雖
定,西蜀未賓,爰命帥臣,專行問罪。於時,改授光禄大夫、檢校太保、
充西面行營馬步都虞候。公申嚴法令,整肅軍戎,劍關險巇,閣道遼
遠,彼衆守隘,我軍鼓行,如虎兒之奔,決蛛蝥之綱,成都已定,王師凱
還。康延孝構逆漢中,窺謀蜀地,公承命攻討,專統貔貅,凶黨就擒,
捷音屢奏。時屬莊皇晏駕,明宗御天,褒其積功,遷諸重鎮。天成元
年五月,授依前光禄大夫、檢校太保兼御史大夫、充忠武節度觀察留
後,仍進封開國子,食邑五百户。許田韓鄭邊鄙,虢鄶密鄰,地阨山
川,民素獷硬,揭竿爲擄,弦木爲弧,迭相侵攘,舊難控禦。以公勛高
戰伐,志在撫綏,示以恩威,明其刑賞,或望風而屏迹,或懷德以悛心,
黎庶熙蒸,邊界清肅。天成元年十一月,遷授協謀定亂匡佐功臣、静
難軍節度、邠寧慶衍等州觀察處置、管内營田押番落等使、光禄大夫、
檢校太保、使持節邠州諸軍事、守邠州刺史兼御史大夫、上柱國、安定
縣開國子,食邑五百户。邠郊土田瘠薄,山澗崎嶇,户口貧虚,租賦繁
重,舊於稅額別配折科。公則備録上聞,乞輸正色,官或微斂之易,民
無迴易之難,疑高圉以重臨,謂公劉之再化。天成二年進封爵邑四百

户,改賜耀宗匡定保節功臣。三年,得替歸闕,擢在通班,授特進、檢校太傅、右威衛上將軍。迹躡彤庭,躬陪郊祀。長興元年七月改賜耀宗匡定保節功臣、威勝軍節度、鄧唐隨郢等州觀察處置等使、特進、檢校太傅、使持節鄧州諸軍事、行鄧州刺史兼御史大夫、上柱國、安定縣開國伯,食邑七百户。穰侯舊地,杜母故墟,道路榛蕪,山林幽暗。公親行勸諭,遍加招安,流亡者襁負而來,游墮者戮力而作,以至餘糧栖畝,行旅讓衢。秩滿歸京,官復環衛,時推宿德,命以懸車。自庚寅本官守太子少師致仕,至丁酉皇晉隆興,洪恩普降,再加緒録,又列朝行,復授特進、檢校太傅、守左威衛上將軍,仍示優饒,留司京洛。天福七年八月,就加安定郡開國侯、食邑三百户,至當年十月二十九日薨於清化坊私第,享年七十有三。焕乎功濟皇家,名耀青史,三歷重鎮,任乃非輕;累冠通班,位亦極重。既福且壽,善始令終,舉世榮之爲人足矣。

公有二細君:夫人清河張氏,性惟慈愛,道叶惠和,《鵲巢》之譽既高,母訓之風不墮。天成四年二月進封清河縣君,先公而亡。夫人天水趙氏,肅雍令德,柔順貞規,閨房以清,宗親以睦。天福五年六月進封天水縣君,恭勤祭祀,鞠育兒孫,身茸家資,親營葬事。公有子四人:長曰光弼,早承蔭緒,職列内庭,補西頭供奉官、銀青光禄大夫、檢校國子祭酒兼御史中丞、上柱國。立性撝謙,莅事勤恪;常自和同,謹願衆謂乎“富而無驕”,及聞天喪,咨磋共嘆乎“秀而不實”,先公而亡。禮婚京兆田氏,亦已早亡。弟三:曰繼玭,次公而亡。二曰繼璘,次曰繼珣。幼女六哥。長子孫曰守徵。並雖童稚,各有秉持,至孝在心,好學不倦,供其中禮,備以送終。以天福八年十月九日葬於河南縣平洛鄉朱陽里,禮也。歔欷! 輀車既往,松遂長扃,想巨浸兮桑田,刻貞石而表紀。嵊久依門館,累厠屬僚,承命而難議堅辭,懷感而稱美書事。其銘曰:

圓蓋之覆,方輿之載。奔馳兩曜,須臾萬代。桑田已變,陵谷焉在。恍兮瞳矓,惚兮晻曖。仲衍垂休,皋陶遺令。受封夏陽,顯望安定。廟食洪勛,世濟傳政。赫矣靈源,大哉著姓。滔滔逝水,苒苒浮生。禄位之重,石火之榮。碧憧去世,青史揚名。賢室令胤,叶兆卜塋。前臨清洛,後枕北邙。永安窀穸,垂慶吉昌。悠悠獵獵兮迴素帳,冥冥寞寞兮奄玄堂。子子孫孫兮朱輪紅斾,蕭蕭颿颿兮青松白楊。

娘子張氏，二娘子吳氏，久承恩寵，立位年多，各有一男，列名前項。知客王氏、六哥姊子張氏。

都勾當塋事、元從押衙、知客、銀青光祿大夫、檢校工部尚書兼御史大夫、上柱國王廷翰。

同勾當元從押衙王虔、張實。

鄉貢進士夢奇書并篆。

原載《全唐文補遺》第五輯

請慎擇牧守疏

藩侯郡牧，仗鉞分符。繫千里之慘舒，行一方之威福。自古選任，須擇賢明。近代統臨，爲酬勛績。將邦域之生聚，展將領之人情。識分者附正營私，黷貨者嚴刑廣取。諸頭剝削，多贍爪牙。自黃巢已來，僞梁之後，公署例皆隳壞，編户悉是雕殘。或不近邊陲，不屯師旅。無城郭郡邑，非控扼藩垣。試任廉能，且權常理。逐年屬州錢物，每季申省區分。支解有餘，罄竭供進。府庫漸足，黎庶稍蘇。縱有過愆，亦施懲責。言雖鄙近，望賜施行。

原載《全唐文》卷 856

殷希甫

後晉時人，進士出身。

晉故承務郎守耀州富平縣令太原郭公（在巖）墓志

進士殷希甫撰

嘻，事有可知而人生事有不可知而没世，人盡榮可知而諱没世。故命有可定而人不能營，生有損折而人盡畏。生則死本，死則生元，動繼玄元，致乎生没。生則存名於竹帛，死則刊鐫於金石。則有故富平宰郭公，諱在巖，其先并州太原人也，唐汾陽王尚父五代之孫。公之曾祖也，任東都河南府福慶縣令，諱鎔。公之王父也，任光祿少卿，諱師簡。公之皇考也，任滄州乾符縣令，諱重。京兆太夫人韋氏，公之皇妣也。鴻臚少卿在徽，公之亡兄也。潁州司馬在微，公之次兄也。河東裴氏，公之夫人也。太廟齊郎孝殷，公之長子也。孝豐，公之次子也。長女適晉鳳翔兵曹參軍李仲誨，即公之聟也。幼女在室焉。公即滄州乾符縣宰第三子也。生而歧嶷，長乃魁和，幼襲家風，壯而入仕，加之迴修祖德，期仕進於天朝，遠繼弓裘，著聲光於州縣。唐光化二年初授虢州弘農縣主簿，僞開平元年又授汴州封丘縣尉。佐僚有譽，咸稱栖棘之鸞；紀職彰名，且屈漸鴻之任。乾化四年又任沂州費縣令，同光三年又任淄州鄒平縣令。懿績孤標，處處咏淵明之政；清廉獨異，重重歌子賤之風。長興四年又授邠州三水縣令。惠流三載，化洽一同。公賦自充，曉夕不喧於獝鵲；私家蓄，清貞何止於釜魚。洎晉天福六年又授耀州富平縣令。纔茂莅事，已顯政能。既蘇疲瘵之民，益振强明之宰。公以疾疹彌留，以天福八年十一月十六日歿於富平任所，春秋七十矣，以明年十一月十五日歸葬於雍州萬年縣義善鄉鳳栖原之舊塋焉。夫人裴氏，出自華宗，夙承榮慶，豈謂輔仁爽驗，俯厚地而難追。積行無徵，仰高天而靡訴。嗣子孝殷、孝農、幼女等，聞雷絕氣，淚柏將枯，勒銘石以告神，思問天而撫櫬。略陳梗概，豈盡清風。聊叙徽音，庶傳不朽。其詞曰：

　　宰君之域，尚父故塋。南瞻秦嶽，北瞰帝城。洪勛令緒，佐國衣纓。良時吉土，送往傷情。天長地久，百代垂名。

原載《新出土郭子儀五代孫郭在嚴墓志考》

蘇　旼

後晉時人，鄉貢進士。

大晉故竭忠匡運佐國功臣橫海軍節度滄景德州觀察處置管內河堤等使充北面行營步軍左右廂都指揮使特進檢校太師使持節滄州諸軍事行滄州刺史兼御史大夫上柱國太原郡開國公食邑三千戶食實封一百戶贈侍中王公（廷胤）墓志銘

　　鄉貢進士蘇旼撰

　　夫列宿呈祥，孕人靈於下土；明王顯瑞，符至德於穹旻。如其道致雍熙，功除禍亂，必資文武，以定興衰。爰生間世之才，以助隆平之化。

　　公諱廷胤，字紹基，并州太原人也。即晉司徒導之良嗣矣。世本京兆，因歷任茲地，遂累世居焉。曾祖宗，皇興元節度使、檢校司空、守金吾衛大將軍、充街使，贈太傅。術邁武侯，勇欺關羽。警蹕每聞於忠力，鎮臨恒著於咏思。祖處存，皇易定節度使、檢校太保兼侍中，贈太師。自唐龍紀年，主上蒙塵錦水，返政玉京。諸侯之間，獨有盛績。特頒宣於鐵券，乃仗節於中山。然歷遐年，如新罔墜。叔祖處直，皇易定節度使、檢校太師兼中書令，贈守太師。統戎功大，作鎮名高。感藩后之欽崇，得黎民之輯悅。父鄴，皇晉慈隰等州節度使、檢校司空，贈太保。聲傳四海，望振九重。淮陰之智略克先，郄縠之詩書更盛。公即其子也，自幼以鄉曲鄭重，豪俠聞知。讀書足記於姓名，講武唯堅於夙夜。鳶肩鷰頷，然稟奇姿。廟食雄飛，素懷本志。況乃名堪療病，箭可穿楊。負龍韜豹略之籌，精金匱玉鈐之訣。風雲每看，察勝敗於斯須；城寨常攻，定孤虛於掌握。洎以榮聯帝戚，世本侯家。河東故先晉武皇帝諱克[用]，是公之親舅氏也。莊宗皇帝，是公之親表兄也。莊宗聞拓國祚，平持僞梁，以公親族之中稱其孝勇，遂抽擢委任，充馬前直都指揮使兼貝州刺史，因而侍從，令縮貔貅。自北徂南，衝霜冒熱，莫不逢城頃下，遇寇必摧。付以郡城，委之兵柄。於天成元年，除授忻州刺史。及莊宗奄有天下，公勛烈獨烈。後明宗皇帝大契寰瀛，帝求碩德，以公雖沾國分，素有令名。藉以宏材，崇其勳舊。於長興二年中，授密州刺史，次加司徒。長興四年，又授澶州刺史。以公薦分符竹，歌顯袴襦，又授隰州刺史。應順皇帝登臨寶位，當年加轉太保。清泰皇帝既遵人望，選任元良，尋授相州刺史。大晉故天福皇帝龍飛晉野，建號洛陽，在倚注恩偏，搜羅澤被。去天福三年，遇范延光作孽於銅臺。君上付之以甲馬，充魏府行營中軍都指揮使兼貝州防禦使。權其銳旅，運以沉謀。不勞於築室返耕，俄示於牽羊輿櫬。旋授相州節度使，加太傅。睹黎民息念，社稷推功。當安重榮將發釁端，在朝庭正懷猜議，思其鄰道，須托忠義。自後果據趙封,凌侵魏闕。知公能安士卒,洞曉軍機,遂移鎮中山。先作其巨屏擊巢之遽覆,獲清廟以再寧。賞此忠勤,又分茅土,授橫海軍節度使。又遇今皇帝重新日月,重以股肱。於天福七年,加太尉,至天福八年,授幽州道行營右廂都指揮使。將平黠虜,冀靜中原。戈甲纔興,戎王已遁,蓋公之威武也。於開運元年,改授太師,充北面行營步軍左右廂都指揮使。公所臨劇鎮,最控遐邊。先爲獫狁奔衝,青丘接援,虜劉我生聚,侵毀我疆封。公每扼腕傷哀,痛心疾首。竭力血戰,盡命忘家。手足結於胼胝,介冑生於蟣虱。煞犬戎之人馬,數目何知;奪車帳於川原,踪橫莫問。公自唐天祐五年終開運元年,七典郡符,三分節制,唯勤戮力,奉事七朝。内外兵帥,遍曾疊領。公以匡邦衛社,送往事居,雖舅犯夷吾,未可儔比。殊功善政,曷可備書。

公娶沛郡夫人周氏。班姬讓德,馬后慚名。門傳千室之風,行著三從之美。不幸早先薨没,痛慕難追。次娶清河郡夫人張氏,子房之後裔也。清範傳於閨壺,懿行馥於蘭蓀,斷機垂孟母之規,重士播陶家之德。有子五人:長曰昭敏,任橫海軍衙内都指揮使、銀青光禄大夫、檢校工部尚書兼御史大夫、輕車都尉。次子昭懿,任橫海軍中軍使、銀青光禄大夫、檢校太子賓客兼武騎尉。次子昭煦,任橫海軍節院使、銀青光禄大夫、檢校國子祭酒兼騎都尉。次子昭素,任橫海軍山河使、銀青光禄大夫、檢校御史中丞兼武騎尉。次子合子,見無所任。衙内已下,皆早聞詩禮,不墜箕裘。深抱古人之風,大播今時之美,悉公與夫人教誨也。公姊一人,適趙殷圖,任太原府西尹。妹一人,適楊廷顏,任龍門鎮遏使。俱增妙行,咸振芳猷。弟□□,任河東鷹揚軍使。方□仕進,頗顯奇能。嘆亮玉之先沉,恨苗而之不秀。公當任浮陽日,專出巡城,退還公署,覺氣疾□□□□□□□,主上遍宣醫治,莫能差愈。乃謂諸子曰:“吾名已光於聖朝,榮又及於親族。念幻泡□□□□難逃,□憂者醜虜□□,淮夷尚熾,而國恩未報,壯志俄銷。”遂命紙筆,作遺表叙事。纔終,奄然瞑目。時開運元年秋九月二十三日,薨於浮陽所任,享年五十有四。諸子攀號,郡邑悲慟,戎藩罷市,軍國輟朝。□主□顏,群僚墮淚。累加敕祭,尋追贈侍中。自□□□□□護。於開運二年四月十四日,卜宅兆與周氏夫人合祔於西京河南縣平樂鄉杜翟村北邙原也。諸子恐世□禩深，岸移陵變。令畋紀標厚績，抶罄短才，用刊貞珉，以旌不朽。乃爲銘曰：

厥有靈彦，光扶化圖。執殳荷戟，爲王前驅。性懷忠勇，貌蘊謙恭。變家成國，静難除凶。足印龜文，首標月角。族貴門高，瓊枝帝萼。嵇松千丈，黄陂萬頃。藩郡勸農，疲民集整。威攝戎夷，德傳中夏。破趙降魏，安邦定霸。聖代難留，勛庸罔歇。名焕丹青，魄隨烟月。霧翳長川，風颺古邑。列士停鑣，行人仁泣。其坤默默，其水涓涓。松丘一閉，永謝千年。

原載《全唐文補編》卷102

王虚中

晉漢時人，鄉貢進士。

大晉故鎮寧軍節度副使光禄大夫檢校司空兼御史大夫上柱國太原縣開國伯食邑七百户閻公（弘祚）墓志銘并序

鄉貢進士王虚中撰

夫古之君，今也哲人，愧當年而功未宣，疾没世而名不顯。矧乎自天降命，繼族匡君，笑巢由晦迹於市朝，慕珪組圖榮於富貴。克揚芳績者，非英才命德，其孰能播於美歟！

公諱弘祚，字德餘，其先太原人，近祖徙家汶陽，今爲鄆州人也。昔在姬朝，命族爰興於洪緒；下分晉室，疏封遂易於華宗。居漢魏之間，方崇祖德；歷隋唐之際，罔墜家聲。經文緯武者，枝葉漸繁；食菜調梅者，圖謀未泯。自遄陂邐，代不乏賢。曾祖諱少均，任黄州别駕，夫人侯氏。祖諱佐，任海州太守，夫人張氏，追封清河太君。或展驥居官，或褰帷按部。良工未鑒，埋利器于豐城；大廈將興，選宏材於幽谷。考諱寶，皇任天平軍節度使、檢校太師、累贈太原王。三夫人：長曰徐氏，韓國太夫人，次姜氏，次孟氏，封平昌郡君。秩冠三師，榮居十乘。時逢此否，扶禍亂而拯頹綱；道合雲龍，匡聖明而開有國。功傳青史，事載丹碑，此略而不備述矣。公即太師第十子也，長自綺紈，蔭從門構。宛駒未習,難淹千里之程;穴羽纔生,便具九苞之彩。洎東周多難,大道中微。蛇未斬而壘蕀四郊,龍欲戰而運潛九野。莊皇乃尚屯師旅,仍據并門。覃墨制之殊恩,録英賢之洪胤,授公金紫光禄大夫、檢校工部尚書。後丁太師之憂,守制終年,方寸不亂。明宗初臨大位,方俟急賢,繇是覃德音,下綸詔,徵勛後,赴闕庭。纔面天顏,入參鑾殿,以公授東頭供奉官,兼加右揆華資。主上念功元臣,澤及方面,將求俊彦,可使遐藩,以公爲東川加官使副。至歸朝,轉左僕射。邇後以頻奉皇華,并汾犒宴,遠將暑服,雲應須宣。大朝之方舞朱干,封豕之遽興夏土。或委公延安飛挽,或委公鄧國轉輸,固得士不言勞,軍懷宿飽。及明宗晏駕,至清泰僭朝,告哀於四藩,餽舟車於兩郡。既復兹命,又賞厥庸,差令點檢内酒坊事。公毫髮無私,夙夜匪懈。仍逢大晉方啓霸圖,有將星忽殞於東齊,致宸扆須懷於震悼,以公爲青州吊贈使。知公出疆有禮,臨事幹能,乃分水土之官,尋轉糾轄之職,以遷司空,改授西京右軍巡使。公清而率下,嚴不煩刑,外安鄽閈之民,内屏奸回之輩。秩滿,轉供軍作坊使。庶事允修,百工咸理,見括羽者成美,知從華者必良。罷總繁司,出參雄閫,移澶州倅。公之在任也,清如水,譽若蘭,寬猛足以馭疲氓,才術足以贊賢師。未諧列鼎,便迫藏舟。以開運二年五月二十日終於澶州私第,享年五十。卜當年十一月十五日令子扶護靈櫬至西京河南縣平樂鄉杜翟村,與彭城縣君合祔,禮也。背倚邙丘,前流洛派,既龜從而告吉,期牛卧以思封。果契佳城,永安神寢。兄九人:長兄弘鐸、次兄弘佶、次兄弘煤、次兄弘遇、次兄弘倫、次兄弘讓,六人早逝矣。次兄弘儒,前西京副留守。次兄弘魯,前鄆州行軍,守興州枚。次兄弘矩,前開封府別駕。弟弘威,前棣州厭次縣令。或任倅雄藩,或榮分郡印,居題興而久次,當製錦以推能。比賈氏急難,名且倍於三虎;異荀家昆仲,迹更超於八龍。有子六人,三人早逝。長男希遜,新婦張氏,先已亡矣。次男希贊,小男壽之。有女五人:長適陳氏,次適王氏,三人尚稚。次男希贊,在此勾當塋奉,號籲告天,孺慕泣血。將臨遠日,請撰斯文,庶防深谷之遷移,以備貞珉之刊勒。辭不獲免,謹作銘云:

閻氏著姓,晉侯興族,派決洪河,枝疏建木。門啓苴茅,名鎸金玉,貽厥後昆,慶兹弘福。爰生令哲,久贊垂衣,官分水土,業繼弓箕。鵬程將運,驥足忽疲,松扃一閟,千載何期!

勾當元從押衙劉蘊。

原載《五代墓志彙考》

大漢故齊州防禦副使銀青光禄大夫檢校尚書左僕射兼御史大夫上柱國譙郡夏公(光遜)墓志銘并序

鄉貢進士王虛中撰

公諱光遜,本先譙郡人,近祖徙家青丘,又移貫焉。帝顓頊之分苗,以伯禹之錫系,洎乎列國,寖廣英風。姬文受命之秋,華宗孔熾;沛祖入關之後,貴冑益繁。厥易古今,間生賢哲。根盤鰲背,蔭圍木以天長;派激龍門,導遄源而谷濬。前列於焉而有德,啓令嗣者莫京;後昆豈可以無人,構崇閫者必大。道光族緒,事焕簡編,不欲馨而述也。

曾祖諱相,皇任登州長史,夫人鄭氏。祖諱存,夫人張氏。父諱魯巖,皇任銀青光禄大夫、檢校尚書左僕射,晉贈太子洗馬,夫人劉氏,追封彭城縣太君。公即洗馬之長男,故遂府太師之猶子也。承貽謀之慶,傳積善之門,生乃在於綺紈,長必隆於弓冶。尋干戈之事,眾許梟雄;習禮樂之規,未嘗自伐。故梁寧武彭城公是公之諸院初從舅也,方開宜社,待築齋壇,念公有翹楚之能,賞公以拔茅之薦。潛思采厥,始奏銀章,仍遂起家,特縻好爵,授銀青光禄大夫、檢校左散騎常侍兼御史大夫。尋值中原鹿走,武庫劍飛,莊宗皇帝駕戎輅以吊民,梁主輕寶符之喪國。既寧有載,大啓霸基,溥降明恩,俄昇憲座,轉工部尚書兼攝益州司馬。榮分典午,位列冬卿,戒懷而時雨罔愆,莅事而秋毫莫犯。罷司假□,乃換乘輿。天成元年,改授汝州別駕。利解全牛,才淹展驥。在公無玷,韞之以藍岫瓊輝;視物□明,動之以寶匣菱彩。才終上佐,擢入通闈,拜東頭供奉官,居侍從之班,處清華之級。峨冠結帶,優游久踐丹墀;振鷺鏘鸞,出入幾經於玉歷。遄離中禁,忽上亨衢,加氈毯副使、檢校尚書右僕射。上國分司,□雄傑而作貳;文昌設象,仰端揆以居先。是獎忠良,顯酬勞績。晉少主之臨寶,膺乾受禪,出震承祧,輟環衛之天官,覃絲綸之帝渥。名茲俊乂,寵亞廉車,改齊副使。將歷茲途,奈拘屯運。羽書交聘,慮列郡以多虞;隼旆徂征,痛疲民之何治。方思委恩榮,欲令權知軍州事,遷檢校尚書左僕射兼充本州尋檢使。公乃察俗,無訟有斷。夜嚴刁斗,絕暴客以扣關;曉振威風,見凶徒而屏迹。泊逢有漢得替,歸報聖上,念闕軍厨,出斯公帑,旁求幹蠱,密奉皇華,委充華州,和糴斛斗,使躬馳宸翰,屆及遐藩。事正計於彀中,病忽纏於膏上,未遑復命,遽奄重泉。遂於天福十二年十月八日終於華州卻館,享年五十。家宰等扶護至洛,欲於乾祐元年春二月十日葬於西京河南縣平樂鄉杜郭村,禮也。夫人張氏,故漢州使君之女也。蘭有異香,玉溫饒潤,瑤琴撤弄,對別鶴以空悲;藻井慵窺,痛高梧之先殞。弟三人:孟曰光胤,故兗州主城都指揮使,力戰賊城,歿於王事。仲曰光贊,見任西頭供奉官。季曰光祚,學究及第,見任襄州鄧城令。唐弟二人:長曰光銳,前任左金吾衛大將軍,充街使,食邑三百户。次曰光懿,前任陳州項城縣令。或職在禁庭,或榮登科第,一則執金而馭,一則製錦以字。人嗤賈虎無斑,名且超於往彦,學卜龍五角,事可躋於良規。男一人,早歲而亡矣。女六人,四人先逝,一人許適青州副車男安氏,一人尚幼。嗚呼哀哉! 公方欲雄飛,不延遐壽,身遂榮於數紀,禄未享於千鍾,縱有餘馨,奚能備録,將鎸怪璞,托述斯文,虛中學昧生知,非才夢得,禀命而心憂若醉,含毫而四拙多遲。閱汲冢之書,敢言刊勒;指邢山之碣,恐漏堤防。慮奉嘉召,謹爲銘曰:

我族著姓,自禹疏宗。姬炎將盛,源派潛通。世襲冠冕,門啓勛風。聞生賢哲,乃紹英風。其一。爰仕大朝,早推餘刃。列職禁庭,身倚虞舜。亞內貴班,權廉使印。未復皇華,忽辭昌運。其二。南眺嵩兮右倚瀍,舊無壟兮新有阡。薤赴歌兮苔作錢,黽言吉兮牛自眠。其三。悲風慘兮衰古楊,白馬鳴兮下峻崗。神安寢兮既盛,慶後人兮多福昌。

原載《五代石刻校注》

魚崇遠

後晉官員。撰此志時署鳳翔管内觀察支使、朝議郎、檢校秘書少監、兼御史中丞、柱國、賜紫金魚袋。

晉故秦國賢德太夫人墓志銘并序

鳳翔管内觀察支使朝議郎檢校秘書少監兼御史中丞柱國賜紫金魚袋魚崇遠撰

曰若稽古，厥初生民。時維有邰有娀，育稷育契，莫不形天命於始兆，啓神明於遂通。所謂嚴祀潔躬，武敏履而百穀播；清源濯質，乙卯墮而五教敷。斯則非常之母而誕非常之子者矣。於戲！古風去遠，信史空存，與其傾耳而博聞，何若拭目而廣視？至乃稟聖善之弘德，降崧高之正神，六親奉家道之嚴，五福享人倫之盛者，則於故秦國賢德太夫人見之矣。

夫人姓劉氏，岐州人也。翼善傳聖之皇胤，隆準龍顔之世孫，本枝敷蔭於銅池，源派通流於銀漢。爲人圭表者，代有其士；作國柱石者，史不絶書。疏之則墨妙筆精而莫殫；譚之則更僕命席而難訖。張家葬地，貴顯未多；王氏淮流，衰凌何速？其宗族光大也如此。曾祖諱思冲。祖諱翶，或天台訪道，抗迹烟霞；或陽岐隱居，拂衣軒冕。遁世無悶而自尚，塞門不仕以養高，優哉游哉，聊以卒歲。考諱岳，皇鳳州防禦判官，贈左散騎常侍。木仁爲本，玉德在躬，縱橫尚約長之辭，捭闔究先生之術。落鳬毛而知時事，翦鶉首以識天心，爰叶力於五蛇，遂揚名於一鶚。亨衢不待，良圖雖爽於尊榮；陰德所憑，餘慶乃鍾於淑媛。夫人即常侍愛女也，珠明掌上，冰澈壺中。剪髮侵膚，孝恐傷於長意；學文師古，對不屈於兄言。道韞篇章，彼何爲者；憲英才鑒，胡可比焉。髫丱之年，有相者奇之，曰：“此女後當祇見貴人，誕生貴子。”是時先王地稱强國，武蓄勝兵，屬土運之綴旒，據金方而投袂。感平王之遷洛，踵穆公之治秦。長戟高鋒，南取漢中之地；深根固蔕，北通綿上之山。由余懷德以匡躬，杜宇畏威而蹶角，磊磊落落而稱盟主，濟濟鏘鏘而顯霸圖。微竇融之保河西，蟻封五郡；鄒隗囂之據天水，鷗義二邦。加以富貴及親，晨昏致養，無周冢宰寄袍之苦，異丘吾子嘆樹之悲。中庸動合於儒經，內治聿修於陰教。恭循往制，妙選良家。夫人奉母訓而四德彰聞，志女功而六義丕顯。卜叶莫京之兆，禮遵必敬之文。百兩既歸，三月乃奠。懿夫內言外言而執誠，左佩右佩而服勤。采沼沚之蘩，祭如神在；慈旨甘之味，養盡曰嚴。宜其天與國香，時生人傑者也。今鳳翔節度使秦王即夫人長子也，識瓌稟異，當璧符祥。世家濟美於九功，辰象降全於五事。彤弓玈矢以作翰，金璽鼇綬以爲王，其事君也盡忠，其事親也盡孝。翼翼勵承顏之道，兢兢愼唯疾之憂。夫人既榮且安，方壽而樂，豈比夫扇枕溫床而貧寠，累鑄列鼎而感思者耶？矧復歷朝覃恩，光揚盛典；暨乎皇晉受命，蟬聯徽章。天福三年，進封秦國太夫人。五年，加號秦國賢德太夫人。葳蕤絲綸，渙汗湯沐，母以子貴，何其盛歟！故忠武節度使從昶、前邠州行軍司馬從昭、前鳳翔衙內都指揮使繼暉，皆子也。仁者安仁，孝乎惟孝。雲間五鳳，固爲希世之祥；座上八龍，悉是承蒙之寶。長女出適盧氏，早世。次適鳳翔節度判官韓昉。次適鳳翔節度推官張居遜。詩稱穠矣，禮重絢兮，華姻合厭瘱之音，嘉選得乎尹之潤。其宗親廣大，孫息衆多，載譜牒以猶繁，寫琬琰而寧備。嗚呼！百年之限，世雖大同；七旬之期，人且罕至。苟生有殊行，歿有異聞，縱爽壽於期頤，亦冥符於陰騭。載詢事實，可得言焉。先是天福八年癸卯歲夏，陽九發其咎徵，蝗旱遍於區宇。七曜仍臨於秦分，天災愈酷於齊民。人多餓于翳桑，俗無資於乾椹。夫人見聞疾首，動息疢心，悵然謂其親戚左右曰：「饑饉浸深，星辰方至。儻陰譴可謝，時沴可禳，願以衰老之身，塞其庶民之責。」異乎言意，形於禱祠。時夫人雖年俯縱心，而體亡宿疢，几杖未嘗御，針石無所施。忽一日，焚修退居，恍惚思寐，狀如熟寢，奄然而終，即其年十月八日也。本其至誠，契若得請，享壽六十有七。嗚呼哀哉！嗚呼哀哉！惟王孝以因心，毀將滅性，昊天罔極，觸地無容。絕曾子之漿，孺慕何已；泣高柴之血，創鉅難勝。天子悼心於朝，王人奔命於路，撫問相繼，吊賻有加，仍以茅社之崇，金革之重，務從順變，旋奪至情。夫人以開運二年乙巳歲十一月二十七日祔葬於先王宅兆,禮也。稽其形狀,總而記言,蓋優柔慈顏,煦嫗和氣,居尊高而善下,享榮貴以誠盈。中外仰之如天,親疏赴之若海。依奉能仁之教,誦持大乘之文,習玄觀以神凝,扣真空而響答。其生也弘福蔭物;其歿也遺德在人。彼空桑化石者,異則異矣,安可等級寄言哉! 竊以祖序賢明,志銘幽顯,藏之厚地,垂於終天。豈伊謏聞,所堪辱命。誠以崇遠早塵幕吏,幸預門人,薄伎推於愛忘,懿行知其詳審。撰論所付,遜避非宜。雖勉副於指呼,終退慚於漏略。齋心稽首,謹作銘云:

夫人氏族,肇自聖皇。夫人門地,隆於霸方。我鄉我里,夫王子王。富貴薰灼,福祉繁昌。救時屯沴,誓命禱禳。天意若曰,母躬善當。恍惚奄棄,感通昭彰。音容雖逝,功造不亡。吾王巨孝,哀不勝喪。吾君至德,情亦過傷。吊恤如禮,抑奪有章。青鳥告吉,丹旐啓行。霜露思苦,筋蕭恨長。雲愁斂色,日慘韜光。穹隆馬鬣,嶷嶙龍崗。卜宅歸祔,慶後無疆。

鳳翔府功曹參軍孟居業書。

鳳翔節度押衙銀青光禄大夫檢校尚書右僕射兼御史大夫上柱國孫福鐫字。

原載《五代李茂貞夫婦墓》

齊 嶠

後晉官員。撰此志時署銀州防禦判官。

大晉綏州故刺史金紫光禄大夫檢校太保兼御史大夫上柱國李公(仁寶)墓志銘并序

銀州防禦判官齊嶠撰

公諱仁寶,字國珍,迺大魏道武皇帝之遐胤也。自儀鳳之初,遷居於此。旅趨輦轂,便列鵷鴻。或執虎符,或持漢節者,繼有人也。以唐中和之歲,國家多難,聖主省方。又聞骨肉之間,迥稟英雄之氣,長驅驍銳,却復翠華。厥立奇功,果邀異寵,遽分矛土,遂賜姓焉。七八十年，四五朝矣。山河遠大，門族輝華，莫可比乎，孰能加也！

　　曾祖副葉，皇任寧州、丹州等刺史、金紫光禄大夫、檢校司空兼御史大夫、上柱國拓跋副葉。祖重遂，皇任銀州防禦度支營田等使、金紫光禄大夫、檢校太保兼御史大夫、上柱國李重遂。考思澄，皇任定難軍左都押衙、銀青光禄大夫、檢校工部尚書兼御史大夫李思澄。公渾金重德，遠大奇材。風神雅而緒柳一株，器度廣而黃陂萬頃。體唯溫克，性本善和。訴公之讜直難同，治亂而經綸少比。天邊一鶚，誰知騫翥之程；雪裏孤松，可辨歲寒之操。鬱爲時彦，宛是人龍。高持謹願之風，顯著忠貞之譽。故虢王睹其節概，舉以才能，遂署職於軍門，頗彰勤績。俄分符於屬郡，甚有嘉聲。莫不洞曉魚鈐，深明葛陣。行驅隼旆，坐鎮雕陰。張堪任蜀之年，尤同善政；侯霸臨淮之日，可類清名。朝廷以久立邊功，爰加寵命。布龍綸於碧落，降鈿軸於丹墀。累轉官資，繼頒爵秩，位崇保傅，權計慘舒。而又逢存亡進退之機，知榮辱成敗之理。求歸別墅，獲替府城。朝辭鵲印魚符，暮入雲峰烟水。自怡情性，獨縱優游。張平子月下秋吟，陶静節籬邊醉卧。功成名遂，無以比焉。方且綺季連衡，株松等壽。壹意忽縈疾疹，便困膏肓。問神之心緒徒施，洗胃之功夫漫誤。重泉忽往，逝川不迴。嗚呼！皓月韜光，德星沉彩。即於開運二年十月二十八日，薨於阪井舊莊，其享也七十二矣。蘭臺之馨香空在，鼎鍾之問望猶新。莫不内外悲傷，家邦痛惜，九族灑闌干之淚，六親興楚鬱之懷。諸夫人目斷幽津，遽失和鳴之響；兒女等愁生白晝，莫聞庭訓之言。結戀何窮，重泉永隔。即於開運三年二月五日，祔葬於先祖陵闕之側也。臨雲淡淡，如資愴恨之容；春草萋萋，似動悲凉之色。今以唯虧夢筆，固昧知人。素無黃絹之醉，兼白眉之譽。貴遵請志，聊敢滌濡。其銘曰：

　　勛績早著，德望彌高。明彰露冕，惠著投醪。孝敬誰同，忠貞少比。價捏龍須，名光鳳尾。善驅五馬，能撫辱城。靄然令問，鬱以嘉聲。時謂棟梁，民歌襦袴。仰賴居房，何奢叔度。望□竹帛，身退園林。事同往哲，年過從心。方樂優游，忽縈疾恙。良藥無徵，重泉可愴。□天墜月，太華摧峰。露沾香蕙，風折喬松。内外興悲，親姻聚泣。隙駒影微，逝川□急。令嗣痛裂，九族凄凉。遺愛徒在，列宿韜光。夢幻堪嗟,丘輪不測,聊刊真珉。

原載《榆林碑石》

林 弼

後晉天福二年(937),任太常博士。

唐太子少保贈太子少傅朱漢賓諡議

漢賓常恃倜儻,不習廉隅。遏鄴都奸卒之流言,時銷叛亂。却華師親隨之浮議,俗致安康。開國承家,忠貞保義,而又散已俸而代逋欠,闢荒榛而種菽黍。民有袴襦之謠,野無萑蒲之患。安民禁暴,威惠兼行。而又知進退存亡之理,得善始令終之名。亦所爲知幾其神也。諡法:"忠道不撓,保節揚名曰貞。愛民好學,寬裕慈仁曰惠。"請諡"貞惠"。

原載《全唐文》卷 850

何光乂

後晉天福二年(937),任汴州浚儀縣主簿。

進策

竊見諸處邊郡小縣,多是山鄉。雖舊有敕,正官滿時不許差攝充替。無那遠地,多越明規。攝官既已到來,見任豈敢違拒。況聞所差攝者,大半是本州府使長臨時與旋署虚銜,强替見任正授官員。其最不可者,頗有當年之内,或兩度三度替移。來者須逆,去者須送。配從門内,率自鄉中。悉是權行,誠非本分。如斯得倖,豈肯力官。非惟紊公,當且害物。自今後伏乞特行明敕,顯自新朝。其邊郡縣官,仰節度刺史,或有見任因事停罷,即許差曾入仕者權令撫綏。仍又須候正官到官,不可以攝替攝官。或經半載,或過一年,如能志遠脂膏,道著清白,招添得户口,徵督得賦租,百里傳聲,群黎咸惠,衆狀舉請,即仰奏聞,特乞大朝,便行真命。如此則皇王恩遠,赤子幸深。免被煩苛,漸期蘇息。

原載《全唐文》卷 850

第二策

竊見諸道選人,合格下解,不出十月,立定三旬。此則常程,向來舊制。却是或有因解樣所誤,式例稍虧,字内點畫參差,印處高下訛舛,便乃駁犯,致有艱難。其如有七年八年選期,千里萬里途路,羈窮取士,辛苦到京。若粟錯不容,乃滯塞無計。自今後伏乞特行明敕,顯布新規。其黄衣選人,只驗出身文書,已有前任者,據考牒及解縣歷子,轉年得盡合格,不許便與判行。小小不賜駁犯,則天下感明時事易,聖主恩寬,不使吏徒得行奸計者。

原載《全唐文》卷 850

杜 篔

後晉天福二年(937),官隴州長史。

請開種荒田策

伏見近年百姓,頗遇灾荒。縱納得王租,即不充口食。此蓋播種不廣,頃畝無餘。既税外無溢數之苗,致民中有不及之弊。且國以民爲本,民以食爲天。苟百姓不足,君孰與足!伏請曉示天下,應有荒田,一任百姓開種。候及三年外,即檢照所開種頃畝多少,量納一半租税。所貴國家富饒,上下通濟者。

原載《全唐文》卷 850

周元休

後晉天福二年,任朝議大夫、殿中侍御史。

東嶽冥福禪院新寫藏經碑

述夫元黄判而清濁分，三才叙而萬彙育。散乎元素，簡易之體猶存。降□中庸，澆薄之風益扇。雖群分類聚，上智下愚，靡不惡其死而愛其生，□其得而□乎喪。緬惟盤古，爰及當今，咸欲致身於常樂之鄉，立名於無疆之域。而嗜欲窒性，好尚由心，□苦海而□，迴蹈迷途而繼踵。竟致惡而必得，愛而必忘。浩浩□猶百川之□者□□而言也。至於用慈儉□□□體冲虛而爲質，駕□□鸞之侣，俯仰八紘，餐霞御氣之流，逍遥六合。或丹丘暫别，或羽化俄歸，亦不能忘情於生死之源，絶迹於□夷之境。降兹以往，何足道哉！

洎乎西域誕靈，曜列星而應瑞。漢庭入夢，挺金質以呈祥。法被寰中，言超象外。遠究天人之際，廣開方便之門。現無生爲不死之□□□，示有相入無形之域。修正真真之□□□網能除。□□□之至明，暗室皆曉。觸類斯長，無幽不通。元化普洽而不窮，虛谷有聲而必應。至矣哉！總萬法而爲方，即絶迹出塵，無如佛者。夫其道也，大慈廣運，宏濟無方。闢衆妙□□元關□啓。導一乘之教，覺路難登。寂滅虛空，真如綿邈。窈冥莫測，識智難量。是知騫長空者，必假以羽翰。濟巨浪者，須資於舟檝。將欲以言觀法，以法觀心，窺解脱之門，究□□□□□是者即莫□乎經。夫其要也，始則演以一音，次則偈於四句。變拳石爲千峰之秀，導勺水爲萬派之源。於是貝葉緹緗，流行斯廣。龍宮寶藏，□□攸繁。莫不指示迷方，津梁彼岸。使□□珠者必求罔象，涉麗水者果獲祥金。披文則萬象皆呈，得意則一言以蔽。能宏是者，其唯釋門之達士哉！即今經藏主隱公，是其人也。

公生於鎮州靈壽縣，俗姓裴氏，法名志隱。出家於奉恩寺，受戒於光化寺。幼無童心，長有佛性。名山勝境，靡不經游。先止於岨崍山光化寺，修行二十餘年，剃度三十餘人。遠近傾依，緇俗瞻仰。是院先有主者僧順公，本貫定州深澤縣人也。俗姓李氏，法名智順。出家於本州開元寺，受業於法華院。後因巡禮，遂至山門，與先院主僧道言，相繼住持六十餘載，剃度二十餘人。修崇院宇功德佛事，並已周圖濮陽，化召得施主李彦章等，特建鐘樓經藏。雖斤斧丹青，焕乎畢備,而經文典誥,咸且闕諸,遂乃堅請主持,假其緣化。既從請托,遂果成□□□募彼信心,資乎敏手。堅比移山之志,勤用覆簣之功。僅越十年,始就前願。凡寫藏內經律論及聖賢傳記等,共五千四百八十卷。并新紙墨,咸得精詳。永用緘藏,是圖悠久。今院主僧行□供養主僧行感典座□行隱,並禪林擢秀,□水澄波。護戒珠而如握靈蛇,傳祖印而非關墮鵲。三千世界,不染六塵。八萬法門,皆歸一念。身居五濁,蓮花生於淤泥,□燃百燈。太陽入於暗室,住持真境。炳煥釋□況方嶽之中,俗宗爲首,地臨齊魯,境壓淮沂。玉几金床,宛留勝迹。天門日觀,下瞰長空。爰屬盛明,即期封禪。方今千載啓運,四境無塵。緇徒雖廕於法門,野老咸知其帝力。府主太師相公,勛高社稷,□列山河。下車而比戶咸蘇,出令而連營盡肅。論兵玉帳,謀深起翦之流。禮士金臺,價重鄒枚之選。故得時康俗阜,氣淑年和,成此莊嚴。□□風教,遂釋子歸依之願,契如來付囑之言。得不備以良因,紀之貞石! 元休功虧力學,敏謝生知。幸見托於斯文,實懷慚於染翰。式揚功德,迺述銘云:

　　浩浩浮生,茫茫曠劫。惡積禍胎,福生善業。覺路難尋,愛河易涉。瞻彼波瀾,□□舟檝。爰有大士,百億化身。戒珠不纇,□□鏡無塵。演茲妙法,濟彼蒸民。門闢覺路,指示迷津。妙旨幽深,微言秘奧。宜宜靈源,茫茫元造。孰究真真宗,孰探法寶。□□欲探,必資經誥。猗歟□典,列聖徽猷。一音□演,萬法斯流。雕金鏤玉,貝葉緹紬。將求佛性,捨此何求。偉哉達士,成此至功。□乎寶藏,宛若龍宮。生雖有岸,法本無□。天長地久,永播真風。

原載《全唐文》卷 850

竇溫顏

後晉官員。天福三年(938),任隰州蒲縣令。

請肄武策

　　兵不可不戰,將不可不擇。每於月旦,宜令教習。楚莊立功而心懼，晉文戰勝而色憂。居安慮危，古之道也。此乃鴻圖永固，霸業彌芳。

原載《全唐文》卷 850

任 贊

唐晉時官員，後唐時歷任房州司馬、太子左庶子、工部侍郎、左散騎常侍、判大理卿事。後晉任太子賓客、兵部侍郎。

請州縣官先考試貢舉人表

伏以聖代設科，貢闈取士，必自鄉薦，來觀國光，將叶公平，惟求藝行。蓋廣搜羅之理，且非喧競之場。伏見常年舉人等，省門開後，春榜懸時，所習既未精研，有司寧免黜落。或嫉其先達，或恣以厚誣。多集怨於通衢，皆取駭於群聽。頗虧教本，却成亂階。宜立新規，以革前弊。自今後諸舉人，不是家在遠方，水陸隔越者，望本令各於本貫選藝精通賓僚一人考試。如非通贍，不許妄薦。儻考覈必當，即試官請厚於甄酬。若薦送稍私，并童子盡歸於竄逐。冀彰睿化，免紊儒風。庶絕濫進之人，共守推公之道。

原載《全唐文》卷 850

勿啓倖門奏

郊天前，有犯重罪，合當極法者，並令推鞫斷遣，無容開啓倖門。

原載《册府元龜》卷 475

李 象

後晉官員。任朝散大夫，刑部員外郎。

邂逅致死勿論奏

據刑法統類節文云："盜賊未見本贓，推勘因而致死者，有故者以故殺論，無故者減一等。"又云："今後或有故者以故殺論，無故者或景迹顯然，支證不謬，堅恃奸惡，不招本情，以此致死，請減故殺罪三等。其或妄被攀引，終是平人，以此致死，請減故殺罪一等。"臣按上文云："有故殺者以故殺論"，此即是矣。其無者亦坐減罪，即恐未當。假如官司或有刑獄，未見本情，不可全不詰問。據言有故者，則是曾行拷捶，及違令式，或粗枷大棒，強相抑壓。以此致死者，並屬有故。無故者，則是推勘之司，不曾拷掠，又不違法律，亦不堅有抑壓。此則並屬無故，不可坐刑。假若有犯事人舊患疾病，推勘之際，卒暴身亡，不可亦坐推司減等之罪。又據斷獄律云：若依法使杖，依數拷決，而邂逅致死者勿論。邂逅謂不期致死而死，且彼言拷決，尚許勿論，此云無故，却令坐罪。事實相背，理有未通。請今後推勘之時致死者，若實無故，請依邂逅勿論之義。

原載《全唐文》卷851

散官犯罪不得當贖奏

請今後凡是散官，不計高低，若犯罪，不得當贖，亦不得上請。

詳定院覆奏：應內外文武官，有品官者自依品官法，無品官者、有散試官者，應內外帶職廷臣賓從、有功將校等，並請同九品官例。其京都軍巡使及諸道州府衙前職員、內外離任鎮將等，並請准律，不得上請當贖。其巡司馬步司判官，雖有曾歷品官者，亦請同流外職。准律，杖罪已下依決罰例，徒罪已上，仍依當贖法。

原載《五代會要》卷10

大晉故建雄軍節度使左龍武軍統軍檢校太尉贈太子太師西河郡開國侯食邑一千三百户相里（金）公神道之碑并序

朝散大夫行尚書刑部員外郎臣李象奉敕撰。

鄉貢進士成知訓書。

詳夫周朝始盛，則濟濟多士於是乎生；漢祚復興，則詵詵衆賢於是乎出。誅紂牧野，則八百諸侯共其功；戮莽漸臺，則三十二將同其力。莫不須憑羽翼，以蕩烟塵。□□□□之丕基，成拔地之大業。銘

□鏤鼎，表攀龍附鳳之勤；礪嶽帶河，受翼子傳孫之慶。則有樂郊舊族，豐沛故舊。結袵提戈，終始共平於艱險；當原撲燎，辛勤密契於風雲。立百戰百勝之殊勛，爭一得一□之大節。撫士展草□之□，安民喧五袴之謠者，則見乎故建雄軍節度使、左龍武統軍、檢校太尉、贈太子太師相里公有此功能焉。

公諱金，字國寶，其先河間人也，顓頊高陽氏之苗裔焉。顓頊生大業，大業生庭堅，庭堅仕堯，爲大理官。至殷末，有理徵爲殷伯，其孫仲師逃紂之禍，故去玉字而稱里氏。至周時，晉有大夫里克，其妻同成氏携少子季連，避地居於相城，時人遂呼爲相里氏。[適]避害全身之道，見因地得姓之由。後有相里武、相里覽。武任漢朝御史，覽爲前趙將軍。蓋軒冕相聯，文武不墜矣。公七代祖唐相州刺史遵，其先馮翊人。遠祖食禄西河，因居汾晉，則今爲汾州西河縣人也。曾祖諱祐，皇不仕。放言潔身，隱居遂志，自得林泉之趣，無求簪組之榮。祖諱厚，皇任銀青光禄大夫、檢校左散騎常侍、遼州別駕兼御史大夫、上柱國、贈左武衛大將軍。□□之封，莫展龐生之足；三台之量，宜歸呂氏之刀。皇考諱福，任銀青光禄大夫、檢校刑部尚書兼御史大夫、上柱國，贈饒州刺史。氣猛材雄，志高行端。負文武之至譽，揚忠孝之英名。皇妣雁門縣太君成氏，追封雁門郡太夫人。蘊閨秀之風，敦聖善之懷。慮民惡上，誠伯宗之無用直言；市肉表誠，恐孟軻之或爲不信。奉夫以謹，訓子以仁。婦德母儀，塗歌里[閭]。公即贈饒州刺史之嫡長子也，追封雁門郡太夫人之所生焉。公氣局雄稜，形貌魁廓。幼負倜儻之志，每形慷慨之言。嘗謂時輩云：驥褭以迅驟爲能，鷹隼以輕捷爲妙。雖暫雌伏，終俟雄飛。羡高敖□，自取功名；□□揚世，業恨無才。其時屬塵飛五嶽，鹿走中原，周道凌遲，王塗蕪穢。唐大祖武皇帝將誅暴逆，廣募賢良。公以武勇自持，轅門入仕，纔年十八，有志四方。既六藝有越於等倫，蒙賜姓，仍編爲戚屬。自是勞效苦骨，秣馬礪兵。待春長狄之喉，期貫□□之臂。舉二丈之大稍，彭樂慚顏；引十石之勁弓，康生失色。太祖武皇帝憐其膽武，倚作腹心。出則先鋒，入爲後殿。西攻宜禄，南下平陽，北收薊門，東取襄國。莫不身當矢石，手掃祅氛。後□莊宗皇帝上黨解圍，柏鄉得儁。

齊行勇爵，所募者驍□；□作新軍，所難者將領，故擢公自副兵馬使充
匡衛指揮使。是時太原新置此軍，後於胡柳陂獻捷，德勝寨成功，超
轉右帳前指揮使。同光元年，授銀青光禄大夫、檢校左散騎常侍兼御
史大夫、權□□帳前都虞候。後莊宗皇帝克定兩京，重安九廟。寒浞
既戮，方紹大禹之前規；董卓就誅，再定高皇之舊制。乃申恩録效，析
爵賞功。二年五月内，除忠勇拱衛功臣、右帳前指揮使，轉檢校工部
尚書兼御史大夫、上柱國。當年七月内，改補充右羽林二軍右帳前指
揮使兼充左右帳前都虞候，轉檢校刑部尚書。

　　天成元年四月内，轉充左右羽林都虞候。當年七月内，除授檢校
尚書右僕射、使持節忻州諸軍事、行忻州刺史兼御史大夫、上柱國。
三刀入夢，五馬行春，普頒恤物之厚恩，盡革害民之蠹政。至四年四
月内，奉詔徵赴闕庭，蒙恩除授守左神武統軍，功勛階爵封賜如故。
一麾出守，三年專城，却歸君子之營，復坐將軍之樹。至長興二年，改
賜忠義匡衛功臣，充北面行營馬步都虞候，轉檢校尚書左僕射。遭
憂，至當年七月内，除授起復雲麾將軍，依前檢校尚書左僕射、使持節
隴州諸軍事、行隴州刺史、[兼]本州防禦使。應順元年閏正月内，就
加轉檢校司空。撫綏氓庶，防禦邊陲，震擒猾去暴之威，著懸魚留駒
之譽。當年七月内，改賜推誠叶贊保乂功臣、[充]保軍節度陝虢等州
觀察處置等使，加金紫光禄大夫、檢校司徒、陝州大都督府長史、上柱
國、西河縣開國男、食邑三百户。封鄰桃塞，境壓茅津，仗兹勤舊之
臣，鎮彼咽喉之地。洎我皇帝龍飛晉水，鳳翥參墟。陳師於涿鹿之
原，則蚩尤□□；□□□鳴條之地，則夏桀逃亡。從億兆推戴之心，受
乾坤眷佑之命。公上觀天意，下[察]人謀。殷將滅而微子奔□，項羽
敗而陳平歸漢。脱身於草昧之際，立功於綿蕞之初。尋於天福元年，
奉敕特贈顯忠匡運保國功臣，改授建雄軍節度、晉慈隰等州觀察處置
等使，加光禄大夫、檢校太傅、使持節晉州諸軍事、行晉州刺史、西河
郡開國侯、食邑一千户。公下車布政，露冕宣風，晨絶□飲之羊，夜無
暫喧之犬，馬虚厩而靡入，珠離浦以復還。人人願挽於鄧攸，户户思
留其侯霸。至三年四月内，就加檢校太尉，加食邑一千三百户。政成
三載，澤下九霄，徵赴彤庭，累□□□□□清問。至四年三月内，除

充左龍武統軍，功勛散官如故。公既權禁旅，迴沐天波。安漢祚者必在絳侯，定羌戎者無逾充國。是日也，砥平六合，鏡静三邊，時正太而位已崇，心甚壯而運何否。誤泄三驪之語，終成二豎之□。於天福五年八月二十四日，薨於東京望仙坊私第，享年六十有九。主上軫悼良深，惻愴彌久，且曰：“天不憖遺，予將疇依？”遂降優詔，輟朝厚賻，迺贈太子太師。巷陌不歌，鄽闤罷市，登壇胙土，生榮殁哀，人之貴焉，於斯爲盛。夫人河内郡夫人常氏，蕙心芬馥，蘭質柔明，奉機案以如賓，托絲蘿於偕老。何啻烏□月朗，鏡皎鸞孤，苟存未亡之身，永茹移天之痛。有弟四人。一曰奉謹，虢州長史，先公而亡。次弟曰奉虔，充保安十將，早没於敵，斷布示勇，折樹馳。陳安勢窮，至奪矛而後死；典韋力屈，猶大罵以方殂。次弟曰法才，爲僧賜紫，幼慕空門，早栖鷲嶺，護戒珠之無缺，□劫燒以飛空。次弟曰奉斌，前保義軍衙内都指揮使，壯類卧羆，猛同虓虎，幼挺探穴之志，累彰破竹之功。有妹三人：一適曹氏，次適武氏，次適衛氏。並藴淑德，悉配高門。有子曰彦超，前建雄軍衙内都指揮使、銀青光禄大夫、檢校工部尚書兼御史大夫、輕車都尉。仁孝挺志，純謹立身，負文武之全材，顯忠貞之壯節。言其操也，則冒雪孤松，高峙於寒歲；語其後也，則逢秋一鶚，猛擊於晴空。挺然間世之令人，卓爾承家之偉器。次曰彦韜，前隰州長史。次曰彦昇，充西頭供奉官，幼而穎晤，長甚瓌奇。早□難弟之名，永保肥家之道。次曰彦琮，前慈州司馬。次曰劉九、劉十。有女一人，甚幼，美矣儀質，邈爾諸孤。新婦鉅鹿郡時氏，隨姆中禮，擊絲甚工，事姑彰至孝之名，從夫表宜家之慶。有孫二人：一曰韓五，次曰劉七，次曰榮哥，次曰晉榮，雖其幼冲，並有氣骨，既積餘慶，果有令孫。公累代名家，數朝舊瓌。蕭祇謁處，驚訝異人；温嶠見時，嘆伏異物。傾身禮士，散俸濟貧，恩洽而闔境如春，令出而連營挾纊。前後無征不從，有陣皆摧。未斷嚴顔之頭，已喪高歡之膽。玄感徒方於項羽，崔浩妄比於張良，較此優稱，彼有慚德。而況立功馬上，取□行間，著竭忠盡節之名，馳善始令終之譽。雖五湖未泛，范蠡難訪於舟中；而七戰皆奔，畢萬終薨於牖下。即以當年十月十七日，護喪葬於汾州西河縣唐化鄉大相里原，禮也。孀妻令子，愛弟幼孫，并茹痛銜酸，號天泣血。嘆樹風之不止，哀隙駟以難留。既懸窆有期，遷神即路。六親悲送，二子哀隨。離汴水以涉長歧，歸汾川而就玄□。皆以佳城既鬱，幽壤永扄。冀存美譽於人謠，願勒貞珉於墳隧。臣叨居粉署，恭奉綸言，敢不抒思冥搜，撢實紀述，録已往之異績，顯如在之芳猷。縱使東海水枯，共高天之不朽；南山石爛，垂後嗣以長存。罄其鄙才，乃爲銘曰：

　　於赫茂族，顓頊靈苗。因事受姓，武穆文昭。同源異派，分枝布條。帝孫庭堅，掌理仕堯。其一。理徵因官，臣殷見忌。仲師逃禍，去其玉字。里克罹難，季連避地。潛居相城，配姓有自。其二。間生傑出，桂馥蘭薰。居漢御史，爲趙將軍。英聰邁衆，雄武不群。近代祖禰，食禄并汾。其三。卓爾儀形，偉哉髦儁。負氣從戎，策名仕□。幼有殊功，出爲横陣。美譽遐喧，威聲大震。其四。惟忠惟孝，百戰百征。摧堅則脆，在醜不爭。剪挼群孽，收復上京。匡乎景運，致此昇平。其五。酬爵賞勛，分符剖竹。塞北撫寧，隴丘清肅。胙土虞城，作鎮狐谷。苛虐頓除，疲民受福。其六。位居掌武，職統禁戎。撫我鋭卒，護我帝宫。虎居岸上，龍隱人中。勛雖已立，運乃有窮。其七。曾聞積善，必受餘福。合徵吉人，永荷天禄。胡神不祐，殞命唯速。輟朝罷市，鄰悲里哭。其八。工季合嗣，嬌女幼孫。吞酸茹苦，叩地銜冤。卜吉遠日，宅兆高原。遷神即路，歸葬故園。其九。車馬奔馳，旗旐搖曳。古木蕭颭，白日黔曀。明代長辭，玄扄永閉。立碑表墳，式光來裔。其十。

原載《全唐文補遺》第六輯

<h2 align="center">劉□度</h2>

後晉時人，鄉貢進士。

太嶽奈河將軍廟堂石記銘

　　鄉貢進士劉□度撰

　　《詩》云："太山巖巖，惟魯所瞻。"標群嶽之首，隱衆靈之府，靈者,神也。神生於無神之神,陰陽不測而爲神,日月照耀而爲明,無神之神者,至道也。《道德經》云:“杳杳冥冥,於中有精;恍恍忽忽,於中有物。”此之謂也。天福六年三月十七日,新澶州岳社頭郭肇專智,以金門貢藝玉署,呈才風雲,佳十於二龍,奮躍素高於雙驥。副社頭郭肇□情涵珠海,鑒澈冰潭,貯茂異以盈懷抱,才實而鑠志,因乘暇預同募,勝游陟彼□原,共觀橋舸,飲酒酣暢,而相與言,胡不聞賈誼云:生□也,若浮生死之也若休。莊周云:生之也道行,死之也物化,人□短分定,豈不在乎神明哉!遂乃拱志修崇,歸心祀享,結集岳社,化彼邑人。不期月間,總四十户。至天福元年三月十日,社衆西自新州東之太□。遠備牢醴,克盡羞薦,無愧叨僭,惟竭至誠。但有遺曠,庶幾增建,竊見宮宇炳煥巒迴合,尊神象列侍者,星繁唯奈河。□元非靈廟,是以歷覽林藪,履蹈河墕,東望則天之壇,西臨鬼仙之洞,疊障重巖倚其後,飛雲流水枕其前,得此一方,實爲殊勝。是以擘畫砂礫□□□□任便裁基,隨宜創迹,召公輪於魯甸,招匠石於郢郊。截岨嵊之花松,斷新□之文柏,奇材異石,窮神役思,以蘊崇碧瓦銅塼,盡心畢力,以駢集□□□秉斫爭工,不異於雷震劇木,飛繩竟巧,可同於電捷。天福三年五月十日,建就堂一所三間,四下椓週,迴行墻二十四堵,門樓一所。悉以粉飾藻繪,秀麗精華,取金碧於十洲,運丹青三島香寶,綺并返植蓮苟,畫棟琱梁,高橫螮蝀,翠欄朱綱,亭亭而日麗九天,復道重階,落落而露凝五色。天福五年三月九日迎入。將軍夫人真形兩座,斯兒妮子兩人,夜義一對。郭肇等命以□者,告厥成功,釅酒焚香,虔誠啓仰,忻然應變。但覺酡顏迴風繞壇,實謂神降,此則天意人事,聖道合符體乎!元元不可窮紀,光度學輪鍾會,才謝丘遲,堅讓不從,輒敢承請。是以凝元扣寂□簡□毫力課短懷用旌,刊飾銘曰:

瞻彼奈何,泉流清清。噫彼逝人,魂飛冥冥。善惡斯作,禍福隨情。應業受兮靡迹,厥靈將軍英靈。祠堂窈窱,一氣散化萬神應。兆事有克,彰物無不照輔。贊天孫□室嵒峭,優游高士放曠。清人預構陰德,思振芳塵物景。代謝事迹相仍,成此廟貌,永司其津。天福六年歲次辛丑三月辛酉朔十七日己丑□□。

原載《山左金石志》卷14

孔明亮

後晉官員。天福六年(941)，任歸義軍上司内外孔目官。開運二年(945)，任都孔目官。

後晉故歸義軍都頭守常樂縣令薛善通邈真贊并序

晉故歸義軍都頭、守常樂縣令、銀青光禄大夫、檢校國子祭酒、兼御史大夫、上柱國薛府君邈真贊并序。

節度上司内外都孔目官兼御史大夫中丞孔明亮撰。

府君諱善通，字良達。公乃昆峰麗質，杞梓良才。門傳虎豹之裘，代習龔黄之美。幼年聰俊，夙負英奇。托胎而異衆殊祥，藝透而超倫獨秀。忠勤奉國，深懷吳漢之功；孝訓於家，兼播六順之教。故得文成玉雪，不□映而覽千張；武亞金星，弦鳴而空中泣雁。雄之以猛，謀申九拒之威；操之以能，妙捷七兵之略。伏自曹王秉政，收復甘肅二州，公乃戰效□猇於沙場，納忠勤於柳境。初任節度押衙，守常樂縣令。主鎮當人，安邊定塞。畏繁喧於洗耳，怯光榮於許由。辭位持家，譙公再邈於御史。方欲報其旄越(鉞)，何圖業盡難留。天命奪微，神藥無驗。孤妻號叫於蒼穹，雉(稚)女悲啼於枳地。(明亮)忝同戟佐，慚無薄藝之功，既奉固邈，不敢遺命。乃爲頌曰：

公之德也，異衆殊功。公之貌也，絕代高宗。
幼年聰俊，夙播英雄。在家奉國，至孝至忠。
文兼武備，六藝俱通。理人恤物，遺富留窮。
南征北伐，不顧西東。軍前馬上，捷而驍風。
方期報國，疴瘵不蒙。壽限有逼，殤殞傾薨。
□瓔兒號叫，雉(稚)女搥凶。圓形寫影，萬載留踪。

于時天福六年辛丑歲二月二十四日題記

原載敦煌文書 P. 3718

裴　垣

後晉官員。天福初,任太常少卿。

四廟后妃追尊謚議

奉敕定四廟皇后追尊謚議者。伏惟四代祖妣秦氏,積行芝蘭,含貞閨壼。徽猷令聞,厥彰内則之賢;懿静柔明,綽有禮閑之節。諒非餘慶,何啓昌期。謹案謚法:“宣慈惠和曰元。”請追尊謚曰“孝安元皇后”。伏惟三代祖妣安定太君安氏,門稱盛族,代謂良家。修德行而義冠稽天,蘊柔明而風昭齊體。若非淑惠,寧協休徵。謹案謚法曰:“貴賢尚義曰恭。”請追尊謚曰“孝簡恭皇后”。惟皇祖妣高平縣太君米氏,令惠生知,賢才天禀。四德早聞於親戚,一齊仍著於閨庭。淑問嘗彰,貞柔自固。謹案謚法:“嚮惠德義曰獻。”請追尊謚曰“孝平獻皇后”。皇妣南陽郡太夫人何氏,族惟華貴,德乃寬冲。禮諧義聽之文,詩協和鳴之咏。履大迹而鍾慶,衬神龍而克祥。固有靈符,來宏景祚。謹案謚法:“温柔聖善曰懿。”請追尊謚曰“孝元懿皇后”。

原載《全唐文》卷851

韓保裔

後晉天福時人。

請狴牢加藥餌奏

伏請天下狴牢,特頒惻憫。抱沉疴者,宜加藥餌。無骨肉者,勿使饑寒。庶裨解網之仁,用補泣辜之德。

原載《全唐文》卷852

徐台符

　　後晉官員。天福中，歷任監察御史、尚書膳部員外郎、翰林學士、知制誥。後周時任禮部尚書、翰林學士承旨、知貢舉。

條陳貢舉試義奏

　　貢舉之司，條貫之道，有沿有革，或否或臧。蓋趣向之不同，致施行之有異。今欲酌其近例，按彼舊規，參而用之，從其可者，謹條如右。九經元格帖經一百二十帖，對墨義、泛義、口義共六十道，策五道。去年知舉趙上交起請罷帖書，泛義、口義，都對墨義一百五十道。合今請去泛義、口義，都對墨義六十道。其帖書對策，依元格。五經元格帖書八十帖，對墨義五十道，臣今請對墨義十五道，其帖書對策依元格。明法元格帖律令一十帖，對律令墨義二十道，策試十條。去年罷帖，對墨義六十道，策試如舊。臣今請並依元格。學究元格念書、對墨義各二十道，策五道。去年罷念書，都對墨義五十道。今請依去年起請。三《禮》元格對墨義九十道，去年添四十道。臣今請並依元格。三傳元格對墨義一百一十道，去年加對四十道。臣今請並依元格。《開元禮》、三史，元格各對墨義三百道，策五道，去年加對五十道。臣今請並依元格。進士試雜文、詩、賦，帖經二十帖，對墨義五道。去年代帖經、對義，別試雜文二首。臣今請依起請，別試雜文，其帖書、對義，請依元格。童子元格念書二十四道，起請添念書都五十道，及三十通者放。臣請依起請。

原載《册府元龜》卷 642

孔昭序

　　後晉官員。後唐任右諫議大夫、給事中。後晉天福中，任太子賓客、左散騎常侍、工部尚書。

請復北省官常朝不拜疏

伏見本朝儀制,北省官爲近侍之班,遂異常參之禮。所以百僚則曰拜,蓋云謝食。北省官不赴廊飧,食於本署,故常朝不拜。況今耆舊,皆目睹躬行。伏望陛下順考古道,率由舊章。正立朝之常規,遵先王之定制。

原載《全唐文》卷 852

李慎儀

後晉官員。天福中,任翰林學士、考功員外郎,遷都官郎中、中書舍人。晉出帝時,任右散騎常侍、翰林學士承旨、兵部侍郎、尚書左丞。

乞修飾祠宇疏

今春已來,稍愆雨澤。陛下念稼穡之重,深宵旰之憂。倍軫聖心,遍走群望。盈尺則告瑞於元朔,如膏則潤浹於暮春。可卜豐穰,動諧響應。請天下凡祠宇有益於人者,下本處常令修飾,冀集洪休。

原載《全唐文》卷 852

請委銓曹檢點選格奏

諸道州縣,皆是攝官,誅剝生靈,漸不存濟。此蓋郭崇韜在中書日,未詳本朝故事,妄被閑人獻疑,點檢選曹,曲生異議,行矯枉過直之道,成欲益反損之文。其選人凡關一事闕違,並是有涉逾濫:或告赤欠少,或文字參差;保內一人不來,五保皆須並廢;文書一紙有誤,數任皆不勘詳。且自天下亂離將五十載,無人不遇兵革,無處不遭焚燒,性命脫免者尚或甚稀,文書保全者固應極少。其年選人及行事官一千三百餘員,得官者纔及數十,皆以逾濫爲名,盡被焚毀棄逐,遂令選人或斃踣於旅店,或號哭於行途,萬口一詞,同爲怨酷。臣等頃曾商議,堅確不迴,以至二年已來,選人不敢赴集,銓曹無人可注,中書無人可除。去年闕近二年,授官不及六十,乃致諸道皆是攝官,朝廷

之恩澤不行，縉紳之禄秩皆廢，銜冤負屈，不敢申陳，列局分曹，莫非
僥倖。且攝官只自州府，多因賄賂而行，朝廷不知姓名，所司不考課
績。皆無拘束，得恣貪殘。及有罪名，又不申奏，互相掩蔽，無迹追
尋，遂使人户流移，州縣貧困，日甚一日，爲弊轉多。若不直具奏聞，
別爲條例，不惟難息時病，兼且益亂國章。臣等商量，伏請特降敕文，
宣布遠邇，明言往年制置，不自於宸衷，此日焦勞，特頒於睿澤。兼以
選曹公事，情僞極多；中書條流，亦恐未盡。望以中書所條件及王松
等所論事節，並與新定選格，有輕重未盡處，並委銓曹子細點檢酌量。
但可以去其逾濫，革彼弊訛，不失本朝舊規，能成選曹永例者，務在酌
中，以爲定制，別具起請條奏。

原載《册府元龜》卷632

孔崇弼

　　後晉官員。後唐時，任吏部郎中、給事中。後晉天福中，遷左散
騎常侍。

請禁乾没公廨什物奏

　　天下州縣長吏，每到任造得公廨什物，罷任之時，多事已有，不係
案牘。此後請公廨什物，明立文案，不許乾没，免致擾人。

原載《全唐文》卷852

石光贊

　　後晉官員。天福中，任宗正卿。後漢乾祐初，任太子賓客。

請修萬石君廟疏

　　昔周武王奄有天下，過商容之閭，必式見比干之墓，即封蓋褒賞
賢良，尊崇忠義。伏惟皇帝陛下顯膺天命，開創鴻圖，解網行仁，救時
順動，樂業不知於帝力，悦隨但聽於山呼，盛德難名，太平可待。臣伏

見滎陽道左有萬石君廟，本前漢太中大夫石奮之廟。奮有子四人，各二千石禄。景帝曰：“人臣尊寵，畢集其門。”故號“萬石君”。德行懿績，備列前書。唐大中十三年，鄭州司馬石貫稱裔孫，刊石廟廷，備紀其事。伏遇皇帝行幸浚郊，經過滎水，展義已聞於岐路，覃恩宜布于幽明。其萬石君廟，伏乞俯弘霈澤，特降封崇，俾光遠祖之徽猷，益茂我朝之盛典。

原載《册府元龜》卷 621

高鴻漸

後晉官員。天福中，任將作少監、大理少卿。

請禁喪葬不哀奏

伏睹近年已來，士庶之家，死喪之苦，當殯葬之日，被諸色音樂伎藝人等作樂，求覓錢物。伏乞顯降敕文，特行止絶。或所在官吏等通容，不與覺察，請行朝典。

原載《全唐文》卷 852

李　詳

後晉官員。後唐時任左補闕。後晉天福中，任中書舍人、禮部侍郎。晉出帝時，歷任工部、禮部、刑部侍郎，遷尚書右丞、吏部侍郎。

諫修德省災疏

臣聞天地之道，以簡易示人，鬼神之情，以禍福爲務。王者祥瑞至而不喜，灾異見而輒驚，罔不寅畏上玄，思答譴告。臣聞北京地震，日數稍多。臣曾覽國書，伏見高宗時晉州地震，上謂群臣曰：“朕政教不明，使晉州屢有震動耶？”侍中張行成對曰：“天，陽也；地，陰也。陽，君象；陰，臣象。君宜動轉，臣宜安静。今晉州地震，彌旬不休，將恐女謁使事，臣下陰謀。且晉州，陛下本封，今地震焉，尤彰其應。伏願深思遠慮，以杜未萌。"又，開元中，泰州地震，尋差官宣慰，又降使致祭山川，所損之家，委隨事制宜奏聞。伏惟陛下中興唐祚，起自晉陽，地數震於帝鄉，理合思於天誡。臣伏思陛下統臨萬國，於今六年，猛將如雲，銳師如虎，出無不捷，叛無不擒，歲稔時豐，人安物阜。臣慮天意恐陛下忘創業艱難之時，有功成矜滿之意，欲陛下有始有卒於兢兢業業也。今伏望聖慈，特委親信，兼選勛賢，且往北京慰安，密令巡察；問疾苦於黎庶，彰其應。伏願深思遠慮，以杜未萌。又，開元中，泰州地震，尋差官宣慰，又降使致祭山川，所損之家，委隨事制宜奏聞。伏惟陛下中興唐祚，起自晉陽，地數震於帝鄉，理合思於天誡。臣伏思陛下統臨萬國，於今六年，猛將如雲，銳師如虎，出無不捷，叛無不擒，歲稔時豐，人安物阜。臣慮天意恐陛下忘創業艱難之時，有功成矜滿之意，欲陛下有始有卒於兢兢業業也。今伏望聖慈，特委親信，兼選勛賢，且往北京慰安，密令巡察；問疾苦於黎庶，俾議蠲除；備祭祀於山川，各加虔禱。然後乞陛下鑒前朝得喪之本，采歷代聖哲之規，近君子而遠小人，任賢無貳，杜邇言而求讜議，擇善而從，崇不諱之風，罷不急之務。則景公修德，熒惑退舍以爲祥，太戊小心，桑穀生朝而不害。自然妖不勝德，所謂弘之在人，寰瀛永戴於無疆，遐邇長歸於有道。

原載《冊府元龜》卷 547

條奏節度刺史州衙前職員事疏

臣聞除舊布新，故順天而設教；惟名與器，不假人以樹恩。所以示宇縣之至公，所以仰朝廷之大柄。今則既逢英主，未革前踪，是敢聊舉一端，輕塵四達，酌其損益，幸補涓埃。伏睹南北兩班，內庭諸局，或有不文不武，非舊非勛。論伎術則罔有所長，語才行則罕聞其異。但思月限，以冒官常。俾五細以在庭，使四方而何則？有虛華級，仍蔭私門，忝榮更及於子孫，祿利徒銷於府庫。況今乃興戎事，久困生民，因無用之官僚，具員無闕；計有限之財力，帑藏正虛。若不去留，空成耗蠹。伏望略加澄汰，稍辨幽明。則支分或減於殷憂，內外庶成於通濟。又睹十年已來，肆赦頻降，諸道職掌，一例獎酬。藩方不守於規程,奏薦罔論其高下。僕隸則動逾數百,絲綸則皆示特恩。所以倉場管鑰之微人,曹局簡札之小吏,至於伶倫賤類,灑掃庸奴,初命便假於貴階,銀章青綬;拜賜遽披於法服,牙笏紫袍。乃致貴賤不分,寵榮濫被。雖雷雨作解,渥澤恐遺於萬物;而衣裳在笥,貞規何法於百王?此後或有溥恩,應諸道職員,除主兵將校外,其衙前職列,伏乞明示條章,俾循事體。節度州只許奏都押衙、都虞候、教練使、客將、孔目官及有朱記大將十人,仍取上名;支郡則只許薦都押衙、都虞候、孔目官,其諸色人并委本道量轉職次。則得之者感恩有異,受之者與眾稍殊。寰區仰天子之尊,藩后知王澤之貴。名器之重,治亂是資。伏惟皇帝陛下,俯回宸覽,略照愚衷,勿爲小善不行,勿謂舊弊難改。失之在漸,謀之在初。儻或因此留神,自可觸類而長。

原載《冊府元龜》卷 476

彈裴諝文

異李朝隱一判,破桓敬等五家。附會三思,狀驗斯在。天下聞者,莫不寒心。刑部尚書從此而得。

原載《全唐文》卷 852

劉知新

後晉官員。歷任考功郎、吏部郎中、右諫議大夫、給事中、右散騎常侍。

請賜尚書省月糧奏

尚書省京師會府,輦轂繁司。奏議雖委於官僚,行遣亦資於胥史。六典之制,官史有俸有糧。其尚書省諸司令吏,伏請給賜月糧,俾其奉職。

原載《全唐文》卷 852

麻　麟

後晉官員。天福中，任刑部員外郎。

請限年除刺史疏

　　臣聞漢朝除吏，苟稱其職，不數遷移。自先朝開國已來，牧守多酬勛舊，以寵勞臣。竊見晉朝除刺史，或數月驟替，或一歲即移。不惟送故迎新，轉成煩擾。其次廉能者未暇施政，貪濁者轉急誅求。以臣愚管，望朝廷立定年限，觀其考課，以議轉遷。

原載《全唐文》卷 852

陳保極

　　後晉官員，閩中（今福建）人。後唐天成中進士及第，任秦王府從事，遷禮部員外郎。晉天福中，桑維翰任宰相，貶其爲衛尉寺丞，後雖遷爲倉部員外郎，然仍銜憤而卒。

請置資福道場疏

　　元冬告謝，密雪未零。竊慮今夏龍德啓圖，鑾旌赴闕。擁十萬衆，臨九重城。豐怖龍神，震驚方位。致瘥札爲沴，風雨失時。請在京諸寺觀置迎年消災資福安土地龍神道場。

原載《全唐文》卷 852

趙仁錡

後晉官員。天福中，任司天少監。

請停諸衛官遥授刺史疏

　　臣聞自古創業之君，開基之主，設官分職，革故鼎新，必有强名，用爲公器,以誘英彦,皆不徒然。伏見近年酬賞,在京諸指揮使,皆遥授刺史。得非朝廷以貴其地望,優其禄利乎?臣以爲大轄起推輪之始,濫觴成方舟之流,但恐滋深,不可改易,非創業制命之所宜也。今六軍諸衛,品秩皆高,不用酬勛,是成虚設,遂使掌禁軍者,鄙昇朝之貴;貪外任者,無戀闕之心。稍涉官邪,徒費國用。其六軍諸衛官員,伏望委宰臣,約前唐故事,依文班品第,加以料錢。自此後非有軍功,不可輕授名器。無假中外迭居,豈唯正於等威,抑亦省於經費。

原載《册府元龜》卷 476

盧　燦

後晉官員。天福中,任洪洞縣主簿。

慎刑策

伏以刑獄至重,朝廷所難。尚書省分職六司,天下謂之會府。且諸道決獄,若關人命,即刑部不合不知。欲請州府凡斷大辟罪人訖,逐季具有無申報刑部,仍具録案款事節,並本判官馬步都虞候司法參軍法直官馬步司判官名銜申聞。所貴或有案内情曲不圓,刑部可行覆勘。如此,則天下遵守法律,不敢輕易刑書。非惟免有銜冤,抑亦勸其立政者。

原載《全唐文》卷 853

賈元珪

後晉官員。開運元年(944),任殿中侍御史。

請押班宰相宜列班奏

是非既異,沿革不同。舉之則雖有舊規,考之則全無故實。且夫酌人心而致禮,依神道而設教,此乃經國之大端也。況通事舍人居贊導之職,押樓御史當糾察之司,一則示於紀綱,一則防於謬誤。所以静觀進退,詳視等威。實非抗禮於庭,所謂各司其局。俾令不拜,雅合其宜。伏以宰相押班,率千官而設拜。起居内殿,統百辟以致詞。儀刑文武之班,表式鵷鸞之列。不得比贊導之職,詎可同糾察之司。統冠群僚,所宜列拜。臣位居憲府,迹厠同班。言或庶其得中,罪難逃於多上。

原載《全唐文》卷853

桑簡能

後晉官員。開運二年(945),任殿中丞。

請盛夏速斷冤獄封事

伏以天地育萬物,廣博厚之恩。帝王牧黎元,行寬大之令。是知恤刑緩獄,乃爲政之先。布德行惠,實愛民之本。今盛夏之月,農事方殷。是雷風長養之時,乃動植蕃蕪之際。宜順時令,以弘至仁。竊以諸道州府都郡縣應見禁罪人,或有久在囹圄,稍滯區分。胥吏舞文,枝蔓乃衆。捶楚之下,或陷無辜。縲絏之中,莫能自理。苟一人拘繫,則數人營財。物用既殫,功業亦罷。若此之類,實繁有徒。竊恐官吏因循,寖成斯弊。伏乞降詔旨,令所在刑獄,委長吏親自録問,量罪疾速斷遣,務絶冤濫,勿得淹留。庶免虛禁平人,妨奪農力。冀召和氣,以慶明時。

原載《舊五代史》卷147

劉　渙

後晉官員。開運三年(946),任太常丞。

請添置樂工奏

當工全少樂工,或正冬朝會,郊廟行禮,旋差京府衙門首樂官權充。雖曾教習,未免生疏。兼又各業胡部音聲,不聞太常樂曲。伏乞宣下所司,量支請給,據見闕樂師添召,令在寺習樂。敕太常寺見管西京雅樂節級樂工共四十人外,受添六十人。内三十八人,宜抽教坊貼部樂官兼先。餘二十二人,宜令本寺招召充填。仍令三司定支春冬衣糧,月報聞奏。其舊管四十人,亦量添請。

原載《全唐文》卷 853

盧　優

後晉官員。開運二年(945),任右補闕。

祭中嶽請遣河南尹行禮奏

臣聞國之大事,在祀與戎。祀則必盡其誠,戎則不加無罪。伏見以時祭嶽瀆,皆是本道觀察使親齎御降祝文,祠所行禮。唯中嶽頃自故河南尹張全義年德俱高,遂請少尹或上廳賓席攝祭,近歲多差文參府掾,習以爲常。不唯有瀆於靈衹,兼慮漸隳於祀典。臣欲請河南尹却於華州、袞州、定州、孟州觀察使例,親行獻禮,仍令本縣令讀祝文者。

原載《册府元龜》卷 594

石　昂

後晉官員,青州臨淄(今山東淄博)人。後唐時任臨淄令,因不堪宦官凌辱,憤而辭官。晉高祖時任宗正丞,遷少卿。晉出帝時,朝政日壞,屢諫不聽,遂再次辭官,壽終於家。

請赦范延光表

臣伏見銅臺逆豎,漳水叛城,始見利而忽起禍心,終負釁而難歸至化,遂使雄師大舉,元惡未除。雖寵極祓興,宜奮雷霆之怒;而勢窮力屈,可哀螻蟻之生。況師老費財,民勞失本,赦過宥罪,素垂範於典經;含垢匿瑕,事頗關於仁恕。伏望陛下施雲天之澤,收霜雪之威,捨獨夫百死之愆，救一鎮萬家之命。俾范延光令移本任，別與小藩，於滄、邢兩州，自選一鎮。庶令省過，俾遂自新，率彼百萬之資金，犒我千營之將士。庶明陛下不將威脅，但以得柔，施好生惡殺之仁，彰捨短從長之道。暫行虛刃，必致太和。所有隨從官員，一任將行赴任，或是本城兵士，屬府職僚，亦仰依舊主持，更無移改，普覃恩惠，不問罪愆。臣自請獨駕單車，徑入逆壘，布穹昊不言之信，闡陽春不報之恩，仁見偃武修文，再睹唐堯之化，放牛歸馬，必興姬發之風。

原載《冊府元龜》卷 533

徙封越王錢鏐爲吳王敕

敕曰：朕嗣登大寶，統理萬方。有推誠待人之心，少撥亂反正之略。京畿叛亂，宗廟震驚。來周公宅洛之謀，定商王遷殷之業。當茲更始，式表殊勛。檢校太師守尚書侍中兼中書令上柱國越王錢鏐，一代偉人，三朝元老。定衰救亂，素存忠義之心。濟世經邦，夙擅英雄之志。鄉兵一起，義聲四馳。黃鉞初麾，江表大定。包茅時登乎天府，版籍歲貢於有司。日月塵昏，牛女尋常拱北。淮河鼎沸，浙江日夜朝東。用徙於越之封，大畀勾踐之境。爾其糾率侯服，翼戴中朝。選將練兵，務農積粟。進可參桓文之烈，退可守吳越之區。寧俾古人，專美前史。於戲！夫差適顛沛之際，罔替尊周。仲謀方爭攘之時，猶知有漢。況爾名德，殿此大邦。必能宏濟艱難，一匡天下，予一人實有賴焉。《詩》不云乎：「幹不庭方，以佐戎辟。」爾尚勉旃，可徙吳王，加食邑二千戶，實封二百戶，餘如故。

原載《全唐文》卷 854

封錢鏐爲吳越王玉冊文

皇帝若曰：天之視聽在人，有人斯得國。國之興廢在德，有德則易興。雖曰曆數有歸，亦由人心允協。此商所以割夏，周所以克殷也。迺者有唐告終，王政日紊。婦寺亂常於內，蠻貊犯順於邊。列鎮張膽而相攻，大臣悶心而無措。惟思家族，遑恤朝廷。朕起自兵戎，歷階節度。憂皇天之不吊，閔黎庶之倒懸。誓衆興師，爲民請命。東征西怨，共俟我后來蘇。簞食壺漿，咸若厥角墜地。竟以數州之力，大翦諸國之鋒，歷試諸艱，遂叨九錫。稽舜禹之禪，法隋唐之敕。天步未夷，人情習亂。因商民之思紂，嗾桀犬以吠堯。職具不供，何所不至。咨爾啓聖光運同德功臣上柱國吳越王錢鏐，山川毓秀，二五儲精。以不世出之才，行大有爲之志。納交伯府，翼戴中朝。清淮甸之邪氛，不得紊我王氣。斬羅平之妖鳥，不得鳴我王郊。迨乎授禪之初，首遣宣諭之使。頗知天命，不效狂謀。匪兼二國之封，曷獎尊王之義。今遣使金紫光祿大夫尚書上柱國姚坰使副尚書禮部主客員外羅袞持節備禮，胙土分茅，册爾爲吳越國王。於戲！車徒萬乘，何戎狄之不可膺。節制三方，何强梁之不可伏。矧百粵夏后駐蹕之地，三吳太伯肇封之疆。勾踐用之以親周，夫差以之而駕晉。方賴率三軍而梃荆楚，糾列國以平淮戎。允爲東海屏藩，永保中原重鎮。毋姑息以敗事，毋誇大以墮功。欽哉欽哉，其聽朕命。

原載《全唐文》卷 854

趙　熙

　　後晉官員。後唐起家秘書省校書郎，天成中，累遷至起居郎。後晉天福中，參與《舊唐書》的修撰，歷任兵部郎中、右諫議大夫。契丹滅晉，趙熙奉命搜括百姓，被百姓殺死。

請令詔書關送史館疏

　　伏以皇帝陛下應天御宇，纘聖承乾。咸從睿哲之功，克致文明之運。始自乾坤蕩定，京輦廓清。箴規委諫諍之臣，輔弼任賢良之士。莫不盡編竹帛，已播遐陬。其有聖德憂勤，睿謀沉密。至理每叶於神化，格言皆契於天時。或拱極侍衛之臣，或秉政樞機之地。或陛下有籌畫之妙，或大臣得應對之儀。外班既不聞知，直史憑何紀録。實慮歲月深久，永作遺文。自此凡是内中公事，及詔書奏對，應不到中書者，伏乞委内臣一人，旋具抄録，月終關送史館，庶使簡編畢備，言動無遺。垂萬古之美談，顯一時之盛事。

原載《全唐文》卷854

請令文武兩班更互奏對疏

伏自陛下乘乾之後，纘聖已來，從諫如流，求賢不倦。遂令五日之內，一度敷揚，百辟之間，咸陳管見。伏睹武班朝士，皆大國賢臣。或纘委藩任，或盡知民瘼。或久諳師旅，或深知兵機。或將相子孫，或貔貅列士。或銜命每推於專對，或臨戎嘗立於殊功。蘊器業而不敢自陳，有籌畫而無繇上奏。方今烝黎尚困，兵革未銷。儻一言仰合於天心，一事有資於軍志，可裨睿算，便致小康。抱材能者，無愧於朝廷。懷義勇者，何慚於休運。伏望令兩班更互奏對。

原載《全唐文》卷854

李　鏻

唐晉時官員，李唐宗室。唐末爲趙王王鎔從事。唐莊宗時，任宗正卿、工部侍郎。唐明宗時，歷任兵部、户部侍郎，工部、户部尚書。晉天福中，任太子少保；開運中，遷太子太保。後漢初卒。

請朝官舉賢疏

朝班自四品已上官，各許薦令録兩人；五品六品官，許薦簿尉兩人。使廉慎能名者，同受爵賞。貪婪害物者，並坐刑書。各舉所知，不蔽賢路。

原載《全唐文》卷854

龍　敏

唐晉時官員（886—948），幽州永清（今河北永清）人。早年爲河東巡官。唐莊宗時，任司門員外郎、户部郎中、諫議大夫、御史中丞、吏部侍郎。後晉時，任尚書左丞、太常卿、工部尚書。後漢乾祐元年

（948）病卒。

條陳臺中事宜疏

一伏以臺司除御史中丞隨行印，及左右巡使、監察使並出使印等外，其御史臺印一面，先准令式，即是主簿監臨。近年已來，緣無主簿，遂至内彈御史權時主持，常隨本官出入不定。伏緣臺中公事，不同諸司，動繫重難，常憂遲滯，當奏申堂之際，及牒州牒府之時，事無輕重，並使此印。今准令式，逐日有御史一員臺直，承受制敕公文。其御史臺印，今欲勒留臺中，不令在外。選差令史一人，帖司一人，同知此印。凡有諸色文案印發之時，指揮諸司，各置印曆一道，具其事節件數，書在曆中，即於直官面前，點檢印發，其印至夜封閉，候交直轉付下次直官，共議執行，保無差謬者。一伏以御史臺事總朝綱，職司天憲，所管人吏色役最多。上至朝堂，次及班列；或在京勾檢公事，或外地催勘稽違；監守猘牢，行遣案牘；或隨從出使，或祠祭監臨。凡有係於臺司，皆須籍其人吏。俾無闕事，以贊國容。近年以來，人數極少，及月限者授官出外，爲官滿者追呼未來，人力既到不免，公事便至停滯。切以往歲臺中亦闕人吏，曾於諸州抽取。今欲於諸州使院内，量事差取十人，據臺中諸司闕人臨時量才填補者，一其臺中令史。今欲條流凡出官考滿却來歸司者，便具到日，申堂請以到日繫其選限，如有經年不到，追領不來，即具申堂，便乞除落名姓。

原載《冊府元龜》卷 517

張敬安

五代後晉時人。

後晉張敬安等造象

弟子張敬安、楊彦、楊承俊、楊□□娘、謬一娘等，至心供造阿彌陀佛一軀。願此功德上報四恩，下際三塗諸苦，遍下界乾坤，盡此三報，□同生□涉樂國，佛說迴向真言：（下略）

時開運二年四月□日乙巳歲記。

原載《十二硯齋金石過眼録》卷15

劉　珣

五代官員。晉高祖時已入仕。後周顯德元年（954），任河陽三城節度使、檢校太尉、同中書門下平章事，轉侍中、行京兆尹，充永興軍節度管内觀察處置等使。

渭水象天河賦_{以題爲韻}

昔我先王，肇修人紀，乃建邦國，以立都鄙，或處沃而稱奥，或宅中而爲美。周分景臺之測，用會陰陽之擬；漢據鶉首之分，實爲山河之理。故右扶風而左馮翊，距涇川而浮渭水。潼涵襟帶，鄠鄂巍峨，下則崇岡於地險，上乃取範於天河，城雉周環而斗設，宫觀駢牙而星羅，轉曲江於前岸，俯冀闕於中波。車馬誼流，渾沤聲之交錯；風塵日夕，與津霧而相和。蓋聖人垂則，必天之象；王者都會，大治斯享。運璇衡以齊玉燭，法露盤以崇金掌，四方輻凑，萬國攸仰，風雲以之吸合，日月於焉澄朗。苟禎祥而應會，則乾元之攸往。何必河出圖，洛出書，然後爲卜食之華壤者也。

懿哉作者元后，中興後嗣，同天之道，順人之意。橫橋乃牽牛之設，素溢則飲龍之謂。晚光澹灩，接鳳苑之祥烟；曉色清明，連斗城之佳氣。樓臺傍而津涯隱伏，鐘鼓作而波濤汩沸，不睹斯焉以取斯，寧復知王者之貴？不察所由於所以，又安明坎德之靈而生乎渭？徒觀其遠界沂隴，橫截秦川，沃長安之霞日，浮京兆之雲天。都邑傍於左右，舟楫來而泝沿，上林之烟開霧卷，建章之户萬門千。朝而望兮，蓬瀛若留乎岸側；夕而臨也，河漢宛在乎目前。是以婁敬云："被山帶河，四塞爲固。"豈不謂天道無親，惟德是輔。祥符不及，瑞圖斯遇，以登仁壽之理，用表坤靈之喻。請謂東周安處先生之徒與，須知西都翰林主人之作賦。

原載《文苑英華》卷34

范延光

唐晉時大臣(？—940)，相州臨漳(今河北臨漳西小莊)人。唐莊宗時，任檢校工部尚書。唐明宗時，任宣徽南院使、樞密使、成德節度使。唐末帝時，任樞密使、天雄軍節度使。後晉天福二年(937)反，次年歸降朝廷，以太子太師致仕。天福五年(940)，被西京留守楊光遠所殺。

請捕盜用重法奏

副使王欽昨報，管内頻有盜賊，剽劫坊市鄉村。差兵巡捕，嚴切隄防。緣此歲蠶麥不熟，游惰之徒，結集爲惡，或傷殺攘奪。及捕獲處斷，又前後法條不一。以天成二年敕：應山林群盜害物殘人，若捕捉勘結不虛，全家處置。有偶然劫盜者，正身准法，知情者同法。又以長興四年敕：據天成敕，只爲界内連結黨惡，害物殘人，所以誅族，此中興之初權行之法。若斷獄只坐此條，恐違於律令。今後結黨連群爲害者，并男十五已上，並准元敕處斷。其父母兄弟妻女小兒，一切不罪。有骨肉中與賊同惡者，亦同罪。如同謀不行，或受贓不受贓，則准律科斷。臣當管賊盜屢發，蓋見用法太寬。只罪一身，又不籍没家産，又不連累家屬，得以恣行凶惡。今後捕盜，權行重條，俾其知懼，易爲禁止。

原載《全唐文》卷849

請賜指揮俸料奏

諸道指揮使月俸未有定制。請大藩鎮都指揮使，月賜料錢三十貫，糧二十石，春衣十五匹，冬衣二十五匹。其餘藩府，約此爲等第。

原載《册府元龜》卷508

添支侍衛親軍指揮料錢奏

侍衛親軍都指揮與小指揮，每月料錢，春冬衣賜，元一例支給，無等差。昨併省軍都自捧聖嚴衛相、羽林已下,逐廂都指揮使,新定名管禁兵五千人,欲爲等第,每月添支料錢各三十千,糧十五石,衙官糧十分。

原載《冊府元龜》卷 508

鄭　搏

後晉官員。天福四年(939),任侍御史。

彈李鼎奏

伏見李鼎今月十一日銜謝妻陳叙封事,察認群言,似逾常例。臣遂簡詳按內,具李鼎去年八月中請妻亡准式假,十月中供狀請叙封,有此過尤,致招群論,竊循職分,理合擧明者。

原載《唐文拾遺》卷 47

賢　義

後周廣順三年(953),益都縣大雲寺講經沙門。

雲門山功德記

伏自玉毫掩相,求瞻睹以無由;金像遺踪,猶修崇之可托。且我佛住世莫久,像教是依。了達者位證三乘,漸成者道隆五福。伏以雲門山大雲寺者,未可知其始建之時也。因覽古碑云:開皇年中,曾有修建。但以寺居峻嶺,地枕長郊,睹聖像之陵夷,見精藍之荒廢。近則雖興新構,必知未稱舊基,唯有壁龕彌勒石像,依稀相□隱映儀形。風雨交侵,間損雕鎪之質,歲華綿邈,全無彩繪之踪。蓋事有廢興,理關舒慘。豈期今日,獲遇信心。□清信弟子彭仁福,本貫浙江,寓居海岱。固安賜履,未遂三乘。唯□夙懷善因便至,信知修崇之可托,明幻惑之不堅。是以廣□□因投諸蘭若,此則因參遠寺,傍睹真容,遂乃慎選良工,精求彩筆,果得入神之妙。□瞻如在之儀,重新兩龕。

加□修飾,雖遥奈苑,何異□峰？一群遠黎,豈起□□之想！四來□□頓生恭敬之心。諒此净因,必獲多福。更有會同良友,亦是□知各起齋心,助成勝事。仍雕□□□□□庶使萬古千秋,不泯增修之狀;陵遷谷變,常開化導之門。如賢義者,迹忝緇衣,辭虧黄絹。常復斯言之戒,敢述刊述之文,蓋猥付非才,而堅令叙録,既難退讓,何免衍尤。謹題。

原載《全唐文》卷 920

闕 名

後晉丁酉年(九三七)莫高鄉百姓陰賢子買車具契

丁酉年正月十九日,漠(莫)高鄉百姓陰賢子,伏緣家中爲無車乘,今遂於兵馬使氾金(鋼)面上,買車脚壹具并釧,見過捌歲羺(羳)耕牛壹頭,准絹

（後缺）

原載敦煌文書 P.4638 背

請建宗廟表 天福二年正月

皇帝到京,未立宗廟者。夫以受命握圖,既啓無疆之祚;宗文祖武,宜遵有國之規。伏惟皇帝陛下曆數在躬,艱難創業,拯黔黎之塗炭,廓宇宙之氛霾。寰區既定於一戎,基構方開於萬祀。恭惟宗廟,須切追崇;將示肅恭,豈宜稽緩？臣等商量,望令所司,速具制度典禮以聞。尊始敬先,既光於太后;徽章茂典,永顯於洪猷。

原載《全唐文》卷 963

丁酉年(九三七)正月社司轉帖

社司轉帖。右緣春秋局席幸請諸公等,人各油麵斤麥粟。帖至,限今月廿日辰巳時,於靈圖寺門前取齊。捉二人後到,罰酒壹角。全不來者,罰酒半瓮。其帖速遞相分附不得停滯。如滯帖者,準條科罰。帖周,却赴本司,用憑告罰。丁酉年正月日録事某乙帖。陰僧

政、馮老宿、曹老宿、氾上座、法詮、福證、云被、法瓊、喜瑞、善住、惠
朗、福會、福全、應願、潤成智力、安定、智行、智德、願行、沙彌瑞道、遂
保盈、法俊、法圓、義弘、慶達、價延實、李安住、趙再和、令狐富貴、價
憨奴、良賢、再集、留得、宗兒、灰奴、宋音三、鄧像通、閻安信、祐子、友
慶、恩議、盧和信、史文威、米員喜、孟恩子、阿楑、范延昌、吳海深、唐
員醜、陳懷諫、索進清、張將頭、畫撝攉、就沈、羅佛利子。

原載敦煌文書 P. 3391

後晉丁酉年(九三七)二月雇工看梁磑充梁磑課契

　　丁酉年二月一日立契。捉油梁户、磑户二人某等，緣百姓田地
窄狹，珠(遂)捉油梁水磑，取看一周年。斷油梁磑課少多，限至年
滿，並須填納。如若不納課稅，掣奪家資，用充課稅。如若先悔者，罰
看臨事，充入不悔人。恐人無信，故勒此契，畫押爲憑，用爲後憑。

原載敦煌文書 P. 3391 背

覆冊四廟奏　　天福二年三月　　尚書省

　　臣等今月十三日再於尚書省集百官詳議。夫王者祖武宗文，郊
天祀地，故有追崇之典，以申配饗之儀。切詳太常禮院議狀，唯立七
廟、四廟，即並通其理，其他所論，並皆勿取。七廟者，按《禮記·王
制》云："天子七廟，三昭三穆，與太祖之廟而七。"鄭玄注云："此周制
也。"詳其禮經，即是周家七廟之定數。四廟者，謂高、曾、祖、禰四世
也。按《周本紀》及《禮記大傳》皆云：武王即位，追王太王、王季、文
王，以后稷爲堯稷官，故追尊爲太祖。此即周武王初有天下追尊四廟
之明文也。故自漢、魏已降，迄於周、隋，創業之君，追謚不過四世，約
周制也。此禮行之已久，事在不疑。今參詳都省前議狀，請立四廟
外，別引始祖，取裁未爲定議。續准敕，據御史中丞張昭遠奏，請創立
四廟之外，無別封始祖之文。備引古今，細詳沿革，合前王之茂典，是
歷代之通規。況國家禮樂刑名，皆約唐典，宗廟之制，須據舊章。請
依唐朝追尊獻祖宣皇帝、懿祖光皇帝、太祖景皇帝、代祖元皇帝故事，
追尊四廟爲定。臣等考詳典禮，上奉聖明，雖共竭於懇誠，實倍慚於

淺近。

原載《冊府元龜》卷 594

請准舊式賜食儀制奏　天福二年三月　御史臺

　　唐朝令式：南衙常參官文武百僚，每日朝退，於廊下賜食，謂之"堂食"。自唐末亂離，堂食漸廢。仍於入閣起居日賜食。每入閣禮畢，閤門宣放仗，群臣俱拜，謂之"謝食"至偽主清泰元年中，入閣禮畢，更差中使至正衙門口宣賜食，百官立班重謝，此則交失唐朝賜食之意，於禮實爲太煩。臣恐因循漸失根本，起今後入閣賜食，望不差中使口宣，准唐明宗朝事例處分。

原載《全唐文》卷 972

百巖寺功德邑衆造七佛記

　　聞至人興化，慈極元邊；巨聖挺生，利門難惻。隨機撫教，同歸濟物之場；逐器垂刑，共趣菩提之路。現希有事，割愛綱之籠羅；説不思議理，指苦源之漂溺。敢依者滅罪恒沙，念持者遇龍花會。唯我過去諸佛之聖力也。即有邑衆維那等，至信清善，曩葺良因，挾無爲，乃五善齊修妙有，作一毫靡棄，若不然者，何得内藏真理，悟果堪憑；外影功嚴，知因可准。是以各涓浄賄，共構良緣。著行願於般若園中，修七佛於十拾巖内。磬清省谷，和梵嚮已，韻擁□儔，爐郁馨雲，與功德而圓成大果。

　　上願國王萬歲，次及南北重臣、州縣官僚、庶士、群品、維那等，初修俱就，感賀聖賢。設大供以請佛延僧，焚寶香就山門而聲贊，願現前眷屬長承三寶之恩，過去先靈托質十方浄土，成其大功，永保供養。直述見聞，乃爲贊曰：

　　妙相之空，無有之有。外道來除，魔王稽首。遠召良工，刻石不朽。各紀姓名，用之可久。合邑並願年消九惱，日滅三災。希百福已雲臻，保千祥而霧至。

　　時大唐天福二年歲次丁酉四月一日甲申朔八日庚寅建記。

　　寺主僧悟達，典座僧懷密，供養主僧懷通，維那僧懷志，沙彌懷净。石匠□□。功德邑維那邑衆等。馬□維那三□□□□遷。五□村維那李同、李立。□□村維那侯立，女弟子張氏。馮營村維那王真、郭遇、楊京全、李固。邑維那趙遷、温柔、劉京思、袁令温、女弟子李氏。鄴城作維那眭審思、李重建、張謹、張延嗣、宋彦温，重泉屯維那李茂賓、鄭進、趙實、龐安。録事王修己、主琮、桑建武。維那劉思温、劉實。

原載《五代石刻校注》

封贈三代降等奏　　天福二年四月　　中書六下

准二月二十六日敕，内外臣僚亡父母、祖父母，據品秩未封贈者與封贈，已封贈三代更加恩命。按舊制，一品官亡父已上三代，約其子官品等降一等，亡母追封國號，祖母已上，第降一等。

原載《五代會要》卷 14

宣示赦書德音奏　　天福二年四月　　中書

准《翰林志》，凡赦書、德音、立后、建儲、行大誅討、拜免三公宰相、命將制書，並使白麻書，不使印。雙日起草，候開門鑰入而後進呈。至隻日，百僚立班于宣政殿，樞密使引案，自東上閣門出。若拜免宰相，即便付通事舍人，餘付中書門下，並通事舍人宣示。若機務急速，亦使雙日，甚速者，雖休假亦追班宣示。

原載《五代會要》卷 13

行朝起居依在京事體奏　　天福二年四月　　御史臺

文武百僚，每五日一度内殿起居。在京城時，百官於朝堂幕次，自文明殿門入，穿文明殿庭入東上閣門，至天福殿序班。今隨駕百官，自到行朝，每遇起居日，於幕次東出昇龍門，與諸色人排肩雜進。自外繚繞，方入内門。臣竊見昇龍門外庭宇不寬，人徒大集，或是諸司掌事，或是諸道使臣，方集貢輸，不可止約。若令與衣冠雜進，朝士並趨，則恐有壞天官，見輕朝序。權時之義，事理難安。起今後每遇百官赴内殿起居日，請依在京事體，百官於幕次自正衙門入東出横門,既協京國常儀,兼在行朝便穩。

原載《全唐文》卷 972

請復舊制廊下賜食奏　天福二年四月　御史臺

文武百僚,每月朔望入閣禮畢,賜廊下食。在京時祗於朝堂幕次兩廊下,今在行朝於正衙門外權爲幕次,房廊湫隘,間架絕少。伏恐五月一日朝會禮畢,准例賜食,即於幕次難爲排比。伏見唐明宗時,兩省官於文明殿前廊下賜食。今未審每遇入閣日,權於正衙門兩廊下排比賜食,爲復別有處分者。

原載《全唐文》卷 972

丁酉年(九三七)四月□元寺羊契(習字)

丁酉年四月立 契 。□元寺羊群一年,現■
兒女
(後缺)

原載敦煌文書 P. 3391 背

王氏小娘子墓志

《玄堂經·生冢術》:其靈幽冥,以此爲極;陽覆陰施,大道之則;五精變化,□魂之德。子孫興盛,諸災永息。河東節度押衙、充都鹽麴使、銀青光禄大夫、檢校工部尚書、兼御史大夫、上柱國郭知密,敬爲故琅琊郡王氏小娘子。時大晉天福二年歲次丁酉孟夏月十八日庚子,于晉陽縣界赤橋社龍山之原安立塋域。千秋萬歲,永附山川。故記。

原載《山西太原晉祠後晉墓發掘簡報》

後晉丁酉年(九三七)五月社人吳懷實遣兄王七承當社事憑

社户吳懷實,自丁酉年初春,便隨張鎮使往於新城,其乘安坊巷社內使用三贈,懷實全斷所有,罰責非輕,未有排批。社人把却綿綾二丈,無一物收贖。今又往新城去,今遣兄王七口承,比至懷實來日,

仰兄王七追贈。或若社衆齊集破罰之時,着多少罰責,地内所得物充
爲贈罰。若物不充,便將田地租典,取物倍(賠)社。或若懷實身東西
不來,不管諸人,只管口承人王七身上。恐後無人承當社事,故勒口
承人押暑(署)爲驗。丁酉年五月廿五日。

社人吳懷實(畫押)

口承人男富盈(畫押)

見人吳永住(畫押)

口承人兄吳王七(畫押)

原載敦煌文書 P. 3636

清泰四年(九三七)馬步都押衙陳某等牒

　　右馬步都押衙銀青光禄大夫檢校右散騎常侍兼御史大夫上柱國
陳彥□左馬步都押衙銀青光禄大夫左散騎常侍兼御史大夫上柱國羅
□□等

　　香棗花兩盤,苜蓿香兩盤,菁苜香根兩盤,艾兩盤,酒貳甕。

　　右伏以蕤賓戒節,端午良晨,率境稱歡,溥天獻上。禮當輪壽之
祥,共賀延齡之慶。前件馨香及酒等,貴府所出,願獻鴻慈。誠非珍
異,用表野芹。塵黷威嚴,伏僧憚懼。伏乞仁恩,特賜容納。謹録
狀上。

　　牒件狀如前,謹牒。

　　清泰四年酉歲五月日左馬步都衙銀青光禄大夫檢校左散騎常侍
兼御史大夫上柱國羅□□。

　　右馬步都押衙銀青光禄大夫檢校右散騎兼御史大夫上柱國陳
彥□。

原載敦煌文書 P. 4638

高陽鄉麻浩等造像碑

　　維大唐天福二年歲次□酉七月辛亥朔二日壬子,青州北海縣高
陽鄉明村人都維那麻浩糾化施主等,再建東明寺兼立碑銘一座,上爲
國王、帝主,下及師僧父母、七代先亡、見存眷屬,普爲法界群生,齊登

佛果。夫分元□莫辯希夷，既有陰陽而成晝夜，置其寒暑立以火風，用産□萌□滋凝□是知微細。莫了幽玄，難免死生，甯逃去住，聞雪山六載，除人我早已寒灰，霧嶺三乘，伏狂□□爲静水空門，□辷凡處，無違化正菩提。名標□睹□□世感，以蒼生乃懼輪迴，可增利益，興修廢寺，妝佛像而已。滿堂用示，他年刊碑石而爲後記，頌曰：合勤上善，固飾金儀，願生極樂，以表□□碑刻。范村院主僧□□、供養主僧從貞、北高界□願寺主僧□□、穆陵開院主僧惠海、管村院主僧從嚴、密州光聖禪院僧繼嵩、僧□明、僧□□、幽州聖果寺尼□□、感聖寺尼□□□□□□于貴劉□院行者毛鐸、妻高氏，高陽鄉北固里諸李村安山郡貢學究藺莊、嗣左莊、嗣□代□京□管□□等，泊青丘貫居北海□明村人維那麻浩，□□□□糾化爲立東明寺碑銘。□嗣全家，虔心利禮，造功德兩軀，供成因果，願從今而去，□障永除。

　　鄉貢李□□藺嗣疏□施利，妻王氏同施村人綦氏女子三娘子，施主藺□妻劉氏，息□共修□象兩尊。施主京兆郡鄉貢□□、杜延廓妻□氏，合家共修石像兩尊。具□碑材□□□□□□□□□，合家□造石像一尊。施主麻殷妻□□、麻勃弟廣母趙氏、麻公妻□□、棋□賈周施主、麻□妻趙氏，合家共修石佛一尊。麻温母温氏、麻過、麻佺、麻□、麻凝、麻謙、麻坑母韓氏、麻榮、許縞、周□、周肇、周暉、李□□、□□□、張宏章、張遇、張言、妻劉氏、張貴、張安、妻高氏、潘真、趙璠、郭供丘、温田福、妻董氏、男延□、夏温、韋周、□母王氏、傅□、妻趙氏、劉嗣、蕭進、殷肇、王暉、吳晟、孫恊、母于氏、董郎、劉懷記，□諸李村施主蕩暉、妻董氏、男□札、妻王氏、女□愛、趙通、妻劉氏、李晏、妻趙氏、□稠、母劉氏、王暉、趙迢、李□、母麻氏、杜蒙、王禮北、高漯村寺都維那趙師珣、副維那賀暉、李在禮、劉瓊、王貴、王孺、妻□氏、周□、徐爽、趙殷、張法女、□錢□知事維那麻□□、夏義、□□環、妻王氏、孫遇、妻王氏、王進、妻時氏、女弟子季氏、曹氏、新王村索造、張暉、王真、維那韓周、劉□林、王靖、妻□□、王□、周□、劉鐸、高暉，郭下户李高、李□、劉延贇、母王氏、王遂鄰、陳貴，維那劉遇、張林、□福，都維那□□□□、母徐氏、蘇實、妻郭氏、男唐仙、唐尊，南高累村録楊詹、維那張温，都安村周□、男暉、孫男延□、弟韓奴、張□妻賈

氏、周晏母李氏、李黯、劉瀚。長興二年,修文殊菩薩□□□□□□;
應順元年,□□安村西明寺令□東明題□於後。

原載《八瓊室金石補正》卷80

買賣使八十陌錢奏　天福二年七月十二日　度支

三京、鄴都並諸道州府市肆買賣所使見錢等,每有條章,每陌八
十文。近訪聞在京及諸道街坊市肆人戶,不顧條章,皆將短陌轉換長
錢,但恣欺罔,殊無畏忌。若不條約,轉啓幸門。請更嚴降指揮,及榜
示管界州府縣鎮軍人、百姓、商旅等,凡有買賣,並須使八十陌錢。兼
令巡司、廂界節級、所由點檢覺察。如有無知之輩,依前故違,輒將短
錢興販,便仰收捉,委逐州府枷項收禁勘責。所犯人,準條奉處斷訖
申奏。其錢盡底没納入官。

原載《五代會要》卷27

唐故河西歸義軍節度内親從都頭守常樂縣令銀青光禄大夫檢校國子祭酒兼御史大夫上柱國陰府君(善雄)墓志銘并序

府君諱善雄,字良勇,即武威郡貴門之勝族也。其先著姓帝嚳之
苗裔,殷王武丁之後,因號陰氏焉。皇祖敕授凉州防禦使、檢校工部
尚書兼御史大夫、上柱國諱季豐。門承禮訓,代襲温良。行潔貞松,
無幽不察。故得威臨大郡,政化先彰。安邊效静塞之功,奉主運子房
之策。尊考歸義軍管内都知兵馬使兼御史大夫諱升賢。神情肅物,
俊氣凌雲。武縱六奇,文標七步。府君天生俊骨,受性英靈。治縣而
恩威并行,才高而文武雙美。遂使發流星之箭,塞虜沉聲;張滿月之
弓,邊烽息焰。方欲分憂助理,永静邊塵。奈何奄棄明時,魂沉幽壤。
當清泰四年丁酉歲八月十四日,壽卒於欽賢坊之私第,春秋五十。以
其月二十日,權葬於州南莫高里之原,禮也。男保安、保受等,并英
才出衆,勇捷不群。爲文善夢錦之能,運武負猿啼之妙。宿緣福薄,
禍及慈顔。刻志高墳,用傳貞桂。其銘曰:

忠良君子兮世不居,人生修短兮實亦有期。立功終始兮方當大
用,天何不順兮致此傾離。九族哀號兮再無見日,一郡愛惜兮倍積含

悲。寶劍沉江兮空庭寂寞，高墳銘志兮用記他時。

原載《全唐文補遺》第九輯

佛頂尊勝陁羅尼經序

《佛頂尊勝陁羅尼經》者，婆羅門僧佛陁波利，儀鳳元年從西國來至此土，到五臺山次，遂五體投地，向山頂禮曰：如來滅後，衆聖潛靈，唯有大士文殊師利，於此山中汲引蒼生，教諸菩薩，波利所恨生逢八難，不睹聖容，遠涉流沙，故來敬謁。伏乞大慈大悲普覆，令見尊儀，言已悲泣雨淚，向山頂禮。禮已，舉頭忽見一老人從山中出來，遂作婆羅門語，謂僧曰："法師情存慕道，追訪聖踪，不憚劬勞，遠尋遺迹。然漢地衆生多造罪業，出家之輩亦多犯戒律。唯有《佛頂尊勝陁羅尼經》，能滅除衆生惡業，未知法師頗將此經來不？"僧曰："貧道直來禮謁，不將經來。"老人曰："既不將經，空來何益。縱見文殊，亦何得識，師可到向西國取此經來，流傳漢土，即是遍奉衆聖，廣利群生，拯濟幽冥，報諸佛恩也。師取經來至此，弟子當示師文殊師利菩薩所在。"僧聞此語不勝喜躍，遂裁抑悲泣，至心敬禮，舉頭之頃，忽不見老人。其僧驚愕，倍更虔心，繫念傾誠。迴還西國，取《佛頂尊勝陁羅尼經》。

至永淳二年迴至西京，具以上事聞奏大帝，大帝遂將其本入內，請日照三藏法師及敕司賓寺典客令杜行顗等，共譯此經，施僧絹卅匹。其經本禁在內不出，其僧悲泣奏曰："貧道捐軀委命，遠取經來，情望普濟群生，救拔苦難，不以財寶爲念，不以名利關懷，請還經本流行，庶望含靈同益。"帝遂留翻得之經，還僧梵本。其僧得梵本將向西明寺，訪得善梵語漢僧順貞，奏共翻譯，帝隨其請。僧遂對諸大德共貞翻譯。譯訖，僧將梵本向五臺山，入山於今不出。今前後所翻兩本，並流行於代，小小語有不同者，幸勿怪焉。至垂拱三年，定覺寺主僧志靜，因停在神都魏國東寺，親見日照三藏法師，問其逗留，一如上説，志靜遂就三藏法師咨受神咒。法師於是口宣梵音，經二七日句句委授，具足梵音一無差失。仍更取舊翻梵本勘校，所有脱錯，悉皆改定。其咒初注云，最後別翻者是也。其咒句稍異於杜令所翻者，其新咒改定不錯，並注其音，訖後有學者幸詳此焉。至永昌元年八月於大敬愛寺,見西明寺上座澄法師,問其逗留,亦如前説。其翻經僧順貞見在住西明寺,此經救拔幽顯,最不可思議,恐學者不知,故具録委曲,以傳未悟。

佛説佛頂尊勝陁羅尼經　罽賓沙門佛陁波利奉制譯

（以下經文略）

邑主持羅寶□□□智□,天福二年八月廿八日,□□主持僧寶□邑衆等周仁遷。大哉皇覺,□彼倉田。五審所代,□□□□往之何□□□□□□□□□□殷王□御□住持僧□□信□,千秋萬古,永保平安。具可年載,不委不□。郭贇,郭逢。□□□吳延逢,吳慶□。

原載《五代石刻校注》

選差馬步判官奏　天福二年九月　吏部

奉長興四年五月敕:"應諸州府馬步判官,令於前資簿尉、判司正官中選差,近日多不遵守。今後須於前資正官中任俠,若滿二周年無遺缺者,與減二選,仍委本州府給與公憑。如欠三選已下者,仍便給與文解赴選。所有自前差攝官,充馬步判官已二年無遺缺者,亦令本州府給與公憑,仍便申奏,更四年後給與文解赴選,比擬初官過一周年者。敕到後,宜令本州府別差前正官充替。"清泰二年三月二十四日,敕停廢前資攝正官充馬步判官,其敕已封鎖不行。

原載《五代會要》卷 21

晉故牛府君(崇)墓志銘并序

夫天地初泮,分二氣於中元。烏兔輪迴,運死生於無始,睹斯前兆焉。免去來爰,有牛氏之姓。殷王之苗裔,宋微子之榮宗。知帝代之興衰,陳九籌於西伯。文王聽命,封一郡於東州。後有牛公官至司寇,食禄隴西。元勛商胤,累代雄稜。其後分枝,因官流派至於潞州大都督府上黨縣西原里,子孫興焉。曾祖諱勛,祖諱武。府君前守節度押衙充觀察孔目官、銀青光禄大夫、檢校工部尚書,兼御史大夫、上柱國諱崇。昆季二人,家傳儒業,代繼簪纓。懷玉石之貞心,抱歲寒之節操。生逢明代，弼輔無私。享年七十有一，以長興二年四月十日寢於永夕。仲弟郅懇心靡仕，但慕耕耘。輸貢王租，志圖家備。純和德行，撫育無私。高下咸欽，親姻共美。夫人楊氏，素蘊閨風，早彰令淑。三從克備，四德無虧。家處義方，訓誡從美。忽鍾構禍，早奄泉扃。育二子、愛女一人。長男守節度押衙、銀青光祿大夫、檢校左散騎常侍守貞。早年歷任，門播清風。以酒爲娛，慕道爲樂。六姻咸美，四友欽風。仲子守衙前兵馬使守謙，弱冠從職，輔贊無遺。敦行謙恭，公庭播美。家傳孝義，温清無虧。花萼一人，適於傅氏。門傳淑女，貌比芙蓉。禮節無虧，馨風迴播。何期天不賞善，釁禍失身。孫男五人，孟孫延蕴，守衙前討擊副使。仲孫延韜，季孫延秘、僧哥、佛保。天生惠性，幼慕群書。誦習以詩，學無費業。壯心屬志，思哲齊焉。嗣子守貞緬思尊祖，旦暮奚安。玉骨金軀，未歸塋闕。遂與姻親同議，詮擇名師。揀覓良原，卜宅安厝。恐移時運，人世幾何。特造玄堂，將申葬禮。以天福二年丁酉歲十月十七日丙申祔葬於城西南七里創置靈塋。其地東限鳳闕，西倚龍崗。南望炎峰，北連壯嶺。四神克備，八卦咸全。丘隴牢，山河作固。卜斯良野，永托尊靈。伏慮代易人遷，奚憑作記，名山刊石，永俟他年。其辭曰：

懿哉牛氏，周顯名勛。洪範九籌，世代絶倫。文王見聽，邑號封君。隴西分派，流易漳濱。

原載《五代石刻校注》

謝賀上表准貞元制奏　天福二年十月　中書門下

按《禮閣新儀》，正元二年十月七日御史臺奏，每月慶賀及諸上表，並合上公行之。制可。今後凡有謝賀上表，望並準元敕上公行之。如三公闕，令僕已下行之。中書門下別貢表章。

原載《五代會要》卷4

進苑恕策奏　天福二年十月　詳定院

前洺州雞澤縣主簿苑恕進策五件，可行者有二。其一云："伏見諸道行遣公事，皆有前後通規，定知後所縣置遞符脚力，每遇緩急，嘗遣往來。既有嚴程，孰敢慢事？近日州使多差牽攬散從承符步探官等下縣追督公事，始發一替專人，又致續催使者。事則一件、兩件、使乃五人、七人，非唯剝削蒸黎，實爲撓煩縣邑。及官吏無暇區分庶事，唯當祇奉專人，如此弊訛，特望條貫。若令佐稍虧職分，或後公期，顯有憲章，請行法典。"其二曰："自前兩稅徵賦，已立三限條流，官員懼殿罰之威，節級畏科懲之罪，苟非水旱，敢怠區分？未嘗有不了之州，何處是不前之縣？臣今睹諸道省限未滿，州使先追，仍勒官員，部領胥徒，云與倉庫會探，務行誅剝，因作瘡痍，全無軫恤之心，但恣貪求之意。"外邑所繇等，不免牽費。非理盤纏，例總破家，皆聞逃役。自今之後，伏乞只憑倉庫納數點算，便即委知，仍取縣司申聞勘會，以明同異。若實違省司期限，請依常典指揮，會探之名，特乞停寢者。"

臣等參詳苑恕所陳事件，要絕煩苛，當務息民，以裨求理，誠爲允當。望賜施行。

原載《全唐文》卷 972

進竇溫顔策奏　天福二年十月　詳定院

前隰州蒲縣令竇溫顔進策一十一件，可行者有二。其一曰："伏見所在縣令，有差配百姓紙筆及課錢戶者。朝廷付以宰字，貴要撫綏，支給料錢，合專慎守。逐日紙筆之用，所費不多；隨處等力之名，皆有定數，多是擅放，甚爲貪污。特望降以嚴條，除其宿弊。伏慮州縣官逐月所給正俸，皆無見錢，使府給配之時，皆是虛頭計算。伏請州縣官所給料錢雜物。准折一依逐處時估者。"

臣等參詳，凡關課戶，皆是強名。縣宰將治凋疲，不合別生差配。據茲條件，請賜改更，所給料錢，難議條理。

原載《全唐文》卷 972

唐故浩府君(義)墓志銘

夫二儀元旨，應合三才，孕靈盤古媧皇，傳之後裔。貫稅澤郡，戶寄高平鄉神農團池村人也。曾祖諱貞，祖璋，府君諱義。伏以府君文傳七步，武透九圍，蘊事奇能，在里閭之最首。庚年七十，命掩□泉。

夫人程氏，容儀端貞，撫幼子以多能，處捨難過，治家廷之無失。享年六十，定歸泉夜。嗣子一人，福新，婦王氏。大女李郎婦，次女劉郎婦，次女張郎婦，次女郭郎婦，女王郎婦，女畢郎婦。孫男天留，新婦宋氏。天福二年歲次丁酉十一月庚戌朔十七日丙寅，祔衬村南二里，卜其宅地，永固玄堂，慈順里也。其地勢平如堂，四望俱全。東有長崗而掩，西連遠岫而遮；前望玉案高源，後倚烈山大嶺。恐後桑田改變，山谷更移，琢石題文，傳於後嗣。

尊祖俱沉在墓中，神魂長鎮嶺花峰。唯願親靈垂擁護，兒孫享祭萬春冬。

一哉吾君，百福生存。義重賢子，孝有其孫。

原載《三晉石刻大全·晉城市高平縣》卷上

職事官覲省及給裝束假奏　天福二年十一月　中書門下

按《六典》，尚書吏部，凡職事官，應覲省及稱病，不得過程，謂身有疾病滿百日，若所親疾病滿二百日，及當時解官，申省以聞。其應侍人材用灼然要藉驅使者，得帶官侍養。及準雜令，諸外官授給裝束假，去所授官一千里內者四十日，二千里內者五十日，三千里內者六十日，四千里內七十日，過四千里八十日，並除程。其假內欲赴任者聽之。若有事須早還者，不用此令。若京官身先在外者，裝束假減外官之半。

原載《五代會要》卷12

分別常參官奏　天福二年十一月　中書門下

准唐貞元二年九月五日敕，文官充翰林學士及皇太子諸王侍讀，武官充禁軍職事，並不常朝參，其在三館等諸職事者，并朝參訖，各歸所務者。自累朝以來，文武在內廷充職，兼判三司，或帶職額及六軍判官等，例不赴常朝，元無正敕。准近敕，文武職事官未昇朝者，按舊制並赴朔望朝參。其翰林學士、侍讀、三館諸職事，望准元敕處分。其在內廷諸司使等，每受正官之時，來赴正衙謝後，不赴常朝。大朝會不離禁廷位次。三次職官免常朝，唯赴大朝會。其京司未昇朝官

員,祇赴朔望朝參,帶諸司職事者不在此例。文官除端明殿翰林學
士、樞密院學士、中書省知制誥外,有兼官兼職者,仍各發遣本司
供事。

原載《全唐文》卷 972

丁酉年(九三七)報恩寺牧羊人康富盈算會憑

　　丁酉年十一月三日 立契 。報恩寺徒眾就大業寺齋座算會,牧羊
人康富盈,除死抄外,分付見行羊數。大白羊羯壹拾貳口、二止(齒)
白羊羯肆口、大白母羊壹拾柒口、又白羯貳口,計白羊大小伍拾口;大
羖羊羯壹拾陸口、二止(齒)羖羯壹口、大羖母羊壹拾肆口、二止(齒)
羖母羊壹口、羖兒只無四口、女只無叁口。計羖羊大小叁拾玖口,一
一詣實。後笔無憑。(畫押)

牧羊人康富盈(押)

牧羊人兄康富德(押)

牧羊人男員興

原載敦煌文書 S. 3984

清泰四年(九三七)十二月洪潤鄉百姓氾富川賣牛契

　　清泰 三(四)年丁酉歲十二月,洪閏鄉百姓氾富川爲家中力欠小
(少),田(填)納兩户地水七十畝。全緣□有定母(屋)舍三口,兩家
到(對)面買(賣)六歲庚(耕)牛,全自相交却納布,必有布。如兩
相交却,還布得二匹者。如先有者,睘(還)絹一匹。

見人王骨子、見人陰買子、陰少兒

原載敦煌文書 S. 2710

戊戌年(九三八)令狐安定雇工契

　　戊戌年正月廿五日立契。洪潤鄉百姓令狐安定,爲緣家内欠闕
人力,遂於龍勒鄉百姓龍聰兒造作一年。從正月至九 月 末,斷作價
直,每月五斗。現與春肆箇月價與收勒。到秋,春衣壹對,汗衫褌襠
並鞋壹兩,更無交加。其人立契,便任入作,不得抛功,一日勒物一

斗。忽有死生,寬容三日,然後則須驅驅。所有農具等,並分付聰兒,不得非理打損牛畜事,打倍(賠)在作人身。兩共對面慮審平章,更不許休悔;如先[悔]者,罰羊一口,充入不悔人。恐人無信,故勒此契,用爲後憑。

（後缺）

原載敦煌文書 S. 3877

花敬遷尊勝幢題名

佛頂尊勝陁羅尼真言

（經文略）

佛説千手千眼觀世音菩薩廣大圓滿無障碍大悲心陁羅尼真言

（經文略）

天福三年歲次戊戌二月九日建。

左飛龍使、贈司徒、行當州諸軍事花敬遷,夫人康氏,縣君李氏。男殿前承旨光進。弟降(絳)州長使(史)敬友。唐(堂)弟内殿直進威。

原載《八瓊室金石補正》卷 80

敕歸義軍節度使牒

洪潤鄉百姓張留子女勝蓮年十一。牒得前件人狀稱有女勝蓮,生之樂善,聞佛聲而五體俱歡;長慕幽宗,聽梵響而六情頓喜。今爲父王忌日,廣會齋筵,既願出家,任從剃削者,故牒。清泰五年二月拾日牒。使檢校司空兼御史大夫曹示。

原載敦煌文書 S. 4291

請改正漏刻奏　天福三年二月　司天臺

《漏刻經》云:“漏刻之制,起自軒轅。所以上揆天時,下著人事。”是故日行有南北,晷漏有長短,以黄道去極之度,而求漏刻日移之變。夫中星晝夜一百刻,分爲十二時,每時有八刻三分之一。假令符天以六十分爲一刻,一時有八刻二十分,四刻十分爲正前,四刻十分爲正後，二十分中必爲時正。上古以來，皆依此法。自唐室將季，黃巢犯京，既失舊經，漏刻無准。

　　伏以見行漏刻，自午初四刻，元稱巳時，已入未時，猶打午正，若不改更，終成錯誤。今欲每時初打一刻，至四刻後正時正牌，打八刻終一時，後一時却從初起，即上同往古，下驗將來。

原載《全唐文》卷 972

奉請避諱狀　天福三年二月　中書門下

　　《禮經》云：“禮不諱嫌名，二名不偏諱。”注云：“嫌名謂音相近，若禹與雨、丘與區也。二名不偏諱，謂孔子之母名徵在，言在不稱徵，言徵不稱在。”此古禮也。唐太宗二名並諱。元宗二名亦同，人姓與國諱音聲相近，是嫌名者，亦改姓氏，與古禮有異。廟諱平聲字，即不諱餘三聲；諱側聲，不諱平聲字。所諱字玉文及偏旁闕點畫，望依令式施行。

原載《全唐文》卷 974

遵敕改定漏刻奏　天福三年二月　司天臺

　　臣等據諸家曆數，及《太霄論》《漏刻》等經，皆以晝夜百刻，分爲十二時，每時有八刻三分之一。凡一時以打一刻起於時初，八刻終於時正。近取到水秤較驗，方知見行漏刻差誤。假令以午時爲例，從午時五刻上行作午時一刻，侵至未時四刻始滿八刻，方終午時。此則午未兩時中，各取半合爲一時也。自日出後至日入以來，時刻皆如此例相侵，伏乞改正。從時初打一刻，至四刻後進正牌，八刻終爲一時，後時却從初起，時辰自正，晷漏無差。

原載《全唐文》卷 972

改更漏刻錯誤奏　天福三年二月　司天臺

　　臣等准《漏刻經》云：“漏刻之制，起自軒轅，所以上揆天時，下著人事。是故日行有南北，晷漏有長短，以黃道去極之度，而求漏刻日移之變。”夫中星晝夜一百刻，分爲十二時，每時有八刻三分之一。假令符天以六十分爲一刻,一時有八刻二十分,四刻十分爲正前,四刻十分爲正後,二十分中必爲時正。上古以來,皆依此法。自唐室將季,黄巢犯京,既失舊經,漏刻無准。伏以見行漏刻,自午初四刻,元稱巳時,已入未時,猶打午正。若不改更,終成錯誤。今欲每時初打一刻,至四刻後正時正牌,打八刻終一時,後一時却從初起。即上同往古,下驗將來。奉敕:"宜依。令本司集僚屬討定奏聞者。"臣等據諸家曆數及《太霄論》《漏刻》等經,皆以晝夜百刻分爲十二時,每時有八刻三分之一,凡一時宜打一刻起於時初,八刻終於時正。近取到水秤較驗,方知見行漏刻差誤。假令以午刻爲例,從午時五刻上行,作午時一刻,侵至未時四刻,始滿八刻,方終午時。此則午未兩時,中各取半,合爲一時也。自日出後,至日入以來,時刻皆如此例相侵,伏乞改正。從時初打一刻,至四刻後進正牌,八刻終爲一時。後時却從初起,時辰自正,晷漏無差。

原載《五代會要》卷 10

進盧燦策奏　天福三年三月　詳定院

前守洪洞縣主簿盧燦進策云:"伏以刑獄至重,朝廷所難。尚書省分職六司,天下謂之會府。且諸道決獄,若關人命,即刑部不合不知。欲請州府凡決大辟罪人,請逐季具有無申報刑部,仍具錄案款事節,並本判官馬部都虞候、司法參軍、法直官、馬部司判官名銜申聞。所貴或有案内情緖不圓,刑部可行覆勘。如此則天下遵守法律,不敢輕議刑書,非唯免有銜冤,抑亦勸其立政者。"臣等參詳,伏以人命至重,而國法須精。雖載舊章,更宜條理,誠爲允當,望賜施行。

《全唐文》卷 972

進李祥疏奏　天福三年三月　宰臣

李祥才光鳳閣,志奉龍圖,聰明有作誥之方,名器無假人之理。以兹留意,爰具上章,乃是大綱,且非小善,既叶聖人之教,可嘉君子之言。所奏節度刺史、州衙前職員等事,望賜施行。

原載《全唐文》卷 972

法行寺尊勝幢題字

佛頂尊勝陁羅尼經

（經文略）

天福三年四月一日建，主□□記施主女■。

原載《八瓊室金石補正》卷 80

請准段禺修齋壇屋宇奏　　天福三年四月　　詳定院

太常博士段禺進封事云：“臣竊見雒京四面所有祠祭諸壇等，自近年以來，相次官員祭告，不住芟薙掃除，漸似低平，久虧增飾。今乞下太常寺，牒河南、雒陽兩縣，應有管係壇所，方以農務未興之時，各勒逐近量差三十人功，添補修泥，須及元格尺丈高闊。其齋宮慮有經費，據難修營，稍候秋登，亦望條理。自然百靈允集，萬福攸歸。”臣等參詳，大凡祀祭，事在敬恭，惟於齋壇，最宜崇飾。

原載《全唐文》卷 972

制皇帝受命寶奏　　天福三年六月　　中書門下

准敕制皇帝受命寶。今按唐貞觀十六年，太宗文皇帝刻之玄璽，白玉爲螭首，其文曰：“皇帝景命，有德者昌。”敕：“宜以‘受天明命，惟德允昌’爲文，刻之。”

原載《五代會要》卷 13

請詳定明宗朝敕制奏　　天福三年六月　　中書門下

伏睹天福元年十月敕節文，唐明宗朝敕命法制，仰所在遵行，不得更易。今諸司每有公事，見執清泰元年十月十四日編敕施行，稱唐明宗朝敕，除編集外，盡已封鏁不行。臣等商量，望差官將編集及封鏁前後敕文，並再詳定，其經文可行條件，別錄聞奏施行。

原載《全唐文》卷 972

韓延嗣合斬奏　　天福三年八月　　大理寺

左街史韓延嗣爲百姓李延暉衝者，本街使連喝不住，歐擊致死。

准律,鬭毆者原無殺心,因相鬭毆而殺人者,依故殺人者斬。其韓延嗣准律合斬。《刑法統類》節文:絞刑,決重杖一百處死。

原載《五代會要》卷 9

後晉天福三年(九三八)張員進改補充衙前正十將牒

敕歸義軍節度使牒。

前作坊隊副隊張員進右改補充衙前正十將。牒奉處分,前件官英靈晚輩,博覽多奇,六藝久蘊於胸懷,三端每施於何内。故得奇工傑世,巧性出群。致使東西尤聞恪節。念汝勞勳,以給班行。件補如前,牒舉者,故牒。

天福叁年十一月五日牒。使檢校司徒兼御史大夫曹示。

原載敦煌文書 P. 3347

天福三年(九三八)大乘寺徒衆諸色斛斗入破曆算會牒

(上闕)肆斗,春秋貳季佛食入。麥兩碩,粟捌斗,自年烟火賈入。戊戌年麥壹拾肆碩,又麥伍碩,粟壹拾肆碩,黃麻自年磑課入。麥兩碩叁斗,粟兩碩貳斗,自年磑課入。麥捌碩,厨田李粉堆入。麥兩碩,粟兩碩,厨田李通子入。麵壹碩,厨田石安慶入。麥壹碩,石賢者厨田入。麥兩碩,粟捌斗,自年烟火賈入。麥貳拾柒碩陸斗,粟叁拾貳碩壹斗,自年沿磑外支入。麥肆碩,自二月八日設料入。黃麻壹碩伍升,自年二月八日設料入。麥壹伯陸拾壹碩捌斗,粟壹伯伍碩捌斗,黃麻壹拾肆碩肆斗伍升,上件貳年中間,應入斛斗油麵緤褐等,計貳佰捌拾壹碩玖斗伍升,内丁酉戊戌貳年中間,沿寺諸處修飾用得麵壹佰伍碩,用得粟玖拾伍碩叁斗,用得油兩碩柒升半。麥粟陸拾叁碩貳斗伍升,内丁酉戊戌貳年中間,沿河下白刺買木打砧搇雇釧四大口水官馬料烟火賈網鷹人飯馬圈口佛盆等用,通前破除外,合管迴殘麵粟肆碩肆斗。右通前件斛斗油麵粟等,破除及見存一一詣實如前,謹録文案與充後算爲憑。天福叁年戊戌歲十二月六日法律□□真等□□。徒衆真意、徒衆修果、徒衆妙惠、徒衆承因、徒衆真妙(下闕)。

原載敦煌文書 S. 1625

十力世尊經殘石

（上闕）竪諸幡□□□□名香其□（闕）世間無與等十力世尊（闕）天人羅刹等見［大］力魔佛（闕）可思議。是時天人以種種雜（闕）後覺諸人民作如是言：汝（闕）無我，汝等勿爲放逸，不行（闕）悔當勤方便，精進求道（闕）弟子普皆端正威儀具足，（闕）入迦葉所，即與四衆俱就（闕）弟子釋迦牟尼佛於（闕）常愍下賤貧惱衆生彌（闕）爲彌勒佛所贊百千億（闕）爾時説法之處，廣八十（闕）衆生令得法眼滅度之（闕）刹弗等，歡喜奉行（闕）大晉天福三年（闕）爾等觀菩薩定自在（闕）菩薩常舉（後闕）

原載《五代石刻校注》

後晉天福四年（九三九）正月姚文清雇工契

天福四年己亥歲正月壹日，百姓姚文清爲無人力，遂雇同鄉百姓程議深男壹人。斷作雇價每月壹馱，麥粟各半，春衣壹對，長袖壹領，汗衫壹領，褐袴（綺）壹腰，皮鞋壹量。餘外欠闕，任自排備（排比）。自從入作已後，不得抛工壹日。如若欠作壹月（日），克物貳斗。不得偷他麥粟、苽菓（瓜果）、羊牛，忽若捉得，自身祗當。手上使用籠具失却，倍（賠）在自身。若逢賊打，壹看大例。（底卷書寫止此）

原載敦煌文書津藝 169 背

後晉天福肆年（九三九）正月押衙賈奉玖請僧爲故尊父都小祥追念疏

（前缺）老宿一人、二賈闍黎、比丘道真、符大德。右今月十九日，就弊居奉爲故尊父都小祥追念，伏乞尊慈，希乘道具光顧。

天福肆年正月十七日弟子節度押衙賈奉玖疏。

原載敦煌文書 P. 2836 背

奏李自倫孝義狀　天福四年正月　户都

深州司功參軍李自倫六世義居，奉敕准格處分，按格敕節文，孝義旌表，苟存虚濫，不可褒稱。必在累世同居，一門和睦，尊卑有序，財食無私，遐邇欽承，鄉閭推伏。州縣親加按驗，狀迹殊尤，簡覆既同,准令申舉,方得旌表。當司當本州審到鄉老呈言等,自倫高祖訓、訓生燦、燦生財、財生忠、忠生自倫、自倫生光厚。六從弟兄,同居不妄。

原載《全唐文》卷 974

己亥年(九三九)二月十七日某寺貸油麵麻曆

己亥年二月十七日,郭僧政貸油肆升,索■付紙匠。洪漸貸麵貳斗。郭僧政貸麵叄斗。□□□通。郭法律貸麻兩碩、金光會。信力貸麵貳斗。郭彥弘貸麻壹碩肆斗,又一石叄斗,保人鄧法律。洪漸貸麻壹斗。氾法律貸麻壹碩伍斗,宗明。大庫貸數麵伍斗,拔毛用。鄧上座貸麻貳斗。王欺子貸麵兩秤,油壹昇。索上座貸麵叄碩,南山。大庫又貸數麵陸斗。郭僧政貸麵壹碩叄斗。氾法律貸麵貳斗,屈作坊孔日用。郭寺主貸麵叄斗。吳盈子貸麵壹秤。 不清 貸叄斗。紙匠張留住貸麵叄斗。闇加口貸麵□□斗。李義盈妻貸油半昇。張流住貸麻柒斗,窟上磑□□。普光寺所由貸麻,開元寺貸麵叄碩玖斗,付上座惠郎。惠郎壹碩,法受貸麻貳斗。龍建貸麻貳斗,付道通。賀安定貸麻貳斗(押)。弘漸貸麻貳斗(押)。七月五日,闇友子貸麻壹□□■斗。吳保子貸黃麻壹斗,□□■。吳保子□■。

原載敦煌文書 S.5845

大晉故郭府君(斌)墓志銘并序

粵以物玄虛境,終期入於崦嵫;人處浮生,乃盡於泉壤。似雲中之電掣,如石內之火光。時來而莫住須臾,運去而難停晷克。爰有郭氏之姓,雄望太原人也。其後宗枝,因官從宦,來斯潞封,構第宅以生涯,葺園林而頓迹,爲上黨五龍鄉苗人矣。子孫興焉。祖諱秀,祖婆王氏。府君諱斌,敦仁敬讓,鄉黨推賢。與朋友交,言而先立信。豈謂壽限有期,以天福四年二月七日,忽染微痾于私弟。夫人崔氏,母儀令淑,閨訓早彰。奈何風燭不停,咸漂逝水。有嗣子弘簡,性便疏逸,不利不名。勤□府於東皋,鄰家業於南畝。又切常供□□,晨省夕□無虧。長侍二親,陪全忠孝。聚新婦常氏,夙彰五彩,遐著三從。上能奉事於尊,下亦訓從於子。孫男常住,次男小住,並乃孝誠遠譽,

義讓早聞。猶是同選郊堈，而安遷厝。墳去村東北二里，有其勝地，
□穩川上。德合陰陽，時宜良順。墳地東觀□墓之岳，西望炎皇，
南百聖山祠，北望五龍之岫。時也，青陽屆候，律膺仲春。取是月
下旬，啓乎大事。于是凋搏琢石，磨瑩而萬古長昌；築堆修圍，安固
而千秋不壞。伏恐年代永遠，厥變丘陵。庶彰他日之恩，故立貞石
之記。以天福四年二月三十日，舉啓終畢，刊石銘文。聊命彩毫，
而爲詞曰：

英哉若人，與窮終始。□□□□，哀號孤子。

原載《五代石刻校注》

請建慶昌宮奏　天福四年二月　中書門下

陛下應天順人，握圖御宇。電繞虹流之地，既焕禎符；出潛離隱
之鄉，宜光稱謂。其太原潛龍莊望建爲“慶昌宮”，使相望鄉改爲“龍
飛鄉”，都尉里望改爲“神光里”。

原載《全唐文》卷972

造觀音殿記

天福四年己[亥]歲[三]月二十五日開此路。上山作基址，竪造
觀音殿。十都勾當、興國中直都隊將冷□、都軍頭李安記。

原載《五代石刻校注》

乞御史照舊例分判事宜奏　天福四年三月　御史臺

按六典侍御史，掌糾舉百僚，推鞫獄訟。居上者判臺知公廨雜
事，次知西推贖三司受事，次知東推理匭。伏乞今後准故事施行。

原載《全唐文》卷972

己亥年(九三九)六月通頰鄉百姓安定昌雇工契

己亥年六月五日立契，通頰鄉百姓安定昌，家內欠少人力，遂於
赤心鄉百姓曹願通面上。(底卷書寫止此)

原載敦煌文書S.1485背

日食救護奏　天福四年六月　司天臺

七月一日，太陽有虧，缺於北，極於東，復於南，未盈而没。太常禮官祥舊制，日有變，天子素服避殿。太史以所司救日於社，陳五兵五鼓，麾東戟南予，西弩北盾。中央置鼓，服從其位，百職廢務，素服守司，重列於庭，每等異位，向日而立，明復而罷。今所司法物，咸不能具，去歲正旦日有食之，唯謹藏兵仗，皇帝避正殿，尚素食，百官守司而已。

原載《全唐文》卷 972

日變依舊禮奏　天福四年七月庚子朔　中書門下

謹案舊禮，日有變，天子素服避殿，太史以所司救日于社，陳五兵、五鼓、五麾，東戟南牙，西弩北楯，中央置鼓，服從其位。百職廢務，素服守司，重列於廷，每等異位，向日而立，明復而止。今所司法物，咸不能具，去歲正旦日蝕，唯謹藏兵杖，皇帝避正殿素服，百官守司，今且欲依舊禮施行。

原載《五代會要》卷 10

請定旌表門閭式議　天福四年七月　户部

李自倫義居七世，準敕旌表門閭。先有鄧州義門王仲昭六代同居，其旌表有廳事步欄，前列屏樹烏頭，正門閥閱一丈二尺，二柱相去一丈，柱端安瓦桶墨染，號爲"烏頭"築雙闕一丈，在烏頭之南三丈七尺，夾街十有五步，槐柳成列。今舉此爲例，則令式不該。

原載《全唐文》卷 975

旌表門閭令式奏　天福四年閏七月　尚書户部

李自倫義居六世，准敕旌表門閭，當司元無令式，祇先自登州義門王仲昭六代同居，其旌表有廳事步欄，前列屏樹、烏頭，正門閥閱一丈二尺，二柱相去一丈，柱端安氏桶漆黑，號烏頭，築雙闕一丈，在烏頭之南三丈七尺，夾街十有五步槐柳成列。今舉此爲例，又不載令文。

敕：王仲昭正廳烏頭門等事，既非故實，恐紊彝章，宜從令式，祇表門閭。於李自倫所居之前，量地之宜，高其外門，安綽楔。門外左右各建一臺，高一丈二尺，廣狹方正，稱臺之形，圬以白泥，四隅染赤。行列樹植，隨其事力，同籍課役，一准令文。

原載《五代會要》卷 15

大晉洛京陳留縣君何氏墓志銘文并序

夫光禄大夫、檢校司空、使持節均州諸軍事、前守均州刺史兼御史大夫、上柱國安萬金

竊聞朝烏夕兔，尚不免於虧盈；深谷崇陵，亦難逃於遷變。矧乎五行兼濟，四大相須，禀陰陽寒暑之期，處榮辱死生之數，可謂盡善盡美矣，此者永安宅兆。

縣君姓何，太原郡晉陽縣人也。自長興元年十月日，除授告縣君陳留何氏諱。曾晏，應州別駕。祖海，代州司馬。父重度，河東軍押衙，充節院軍使。母彭城郡劉氏夫人，無邑號。右伏以縣君鍊玉爲心，黃金比德，貞松雪静，諒韞蘭芳。將期壽同龜鶴，椿柏齊堅，何圖染疾纏綿，禄歸地庫。即己亥歲天福四年六月二十五日終於洛京水北景行坊宅斯室，年六十五。此謂哀笳互奏，起慘慘之悲風；丹旐將行，痛沉沉之落日。何圖天命有終，俄歸大夜。又繼兒女等，男五人，女二人：哀長子元審，授索葛府官，新婦王氏。哀次子元□，右蕃内殿直、銀青光禄大夫、檢校國子祭酒兼御史中丞、驍騎尉，新婦史氏。哀次子元超，忠勇功臣、銀青光禄大夫、檢校左散騎常侍兼御史大夫、充護聖右第三指揮、第五都副兵馬使、上柱國，新婦何氏。哀次子元福，殿前承旨，新婦張氏。哀次子韓留。長女十三娘外侍石，次女十四娘外侍梁等。並哀號擗踊，孝比高柴，泣血絶漿，爰崇備禮。今於己亥歲天福四年八月四日壬寅殯於洛京西北北邙山上去京二十里河南縣平洛鄉張楊村，選買得地五畝，立塋安厝，永顯後代。其地東西闊三十步，南北長四十步，又東觀古道，西眺道□，前瞻望見土嶺，後倚龍崗，仞以四神俱備，五福來祥，後恐桑田改變，丘盡壟平。刊志標題，乃爲詞曰：

晉陽縣君，克己爲仁。謙謙厚義，孝敬□門。

又詞曰：

穆穆夫人，貞志立身。三從備禮，四德居鄰。哀哉長夜，檟納珠珍。泉門一閉，再復無因。

又詞曰：

金風兮慘然，玉露兮漫漫。夜臺明月，□□崗前。嗟乎哀哉！吉以盡矣。

故陳留縣君何氏墓志銘記。

原載《全唐文補遺》第五輯

請定公主出降儀奏　天福四年八月　中書省

太常禮院定來歲長安公主出降儀，太僕寺供厭翟二馬車，殿中省備圓方偏扇各十六、行障三、坐障二、繖一、大扇一、團大扇二。今車障傘扇，是同光年皇后法物。欲雅飾牙使厭翟之車，后以四馬，權去二馬用之。

原載《全唐文》卷 972

□日寺功德碑

（首行闕）□緣建斯功德，各親其親，共嚴聖兒。

伏以地藏菩薩中報，願在三千之界，道超十住，德敷三祇，常救苦於幽冥。出蓋纏犯悟傷，仰啓慈悲，聖逾浮幻，建斯功德。希了悟之鎡基，遂起慈心，睿鑒昭然，頓痊疾苦。伏以普賢一尊者，能濟渡塵，伏願無違白寶威德之上尊，來赴娑婆之法座，領諸大衆，乘六一尊者，應茲聖旨，尊現人天，鎮五百衆毒。懿願七十二真相，是以建□□觀音一尊，發心主都（下闕）世界未來真藏觀音爲無量衆生之恩，種甘露（下闕）今則爲諸檀越鳩集賢豪，審經如是，遂顯飾焉。人（下闕）績又畢。其狀也，眉如綻柳，蓮足躡白象，（下闕）之三，爰求侍衛，降金毛異□，以垂紺髮，聳金冠，整田衣，誦習定。施主等虔成妙績，式作先君之津筏，乃爲檀施之福田。及此搜採貞珉，恒存揚闡。多緣謂衆檀之贊善，咸丈山至下。學碧鷄之頌，直書其事。搜抉謏詞，而爲銘曰：

三乘發胤，四果分枝。漏作念灾，恩乃人天。師衆欽法戒，裝塑

像儀。流布慈惠，度脫群迷。先君□□，仰托慈悲，玉毫真相，浮幻□
依。刊兹琬琰，永紀豐碑。俾其因果，信衆緣□千。

　　晉天福四年歲次乙亥九月□□。

　　泰寧軍衙前兵馬使、前攝兗州都督司馬□□。泰寧軍同押衙、充
鹽城鎮副知王宗會。泰寧軍隨使押衙、充鹽城鎮使内崔廷訓。（碑
陰：）文殊普賢二尊。維那楊蘊。施主郜洪□□。施主李球、李胤、幸
扶。將仕郎、試秘書省校書郎、施主□晶，王訓、王珪、侯進、王豐、楊
稠、梁□□。加祥村施主、前攝密州長史徐知己。張晏、李□。魯程
村前攝淄州司馬吕朗。嚴暉、潘斌□。故縣（下闕）赤白伍間伍厦堂
殿維那行者幸承演。住當村施主□。直村通傳李氏。加祥村施主
徐，妻朱氏，男文練，新婦朱氏，孫男希玫，新婦張氏，女聟李延朗，女
五娘子，女伴姑停機，曾孫男青兒。

原載《五代石刻校注》

大晉故鷄田府部落長史何公（君政）墓志銘并序

　　《易》曰：知生而不知死，德而不喪。知存不亡名，其唯聖人乎？
繇是知榮禄有仗之期，生死而無究竟之路。則知壽有短長，榮無久
固也。

　　公諱君政，家本大同人也。公主領部落，撫弱遏强，矜貧恤寡。
家崇文武，世襲冠裳。傳孝悌之風儀，紹恭偷之禮讓。分枝引流，不
可究源。皆繼簪纓，拖金拽紫；盡爲侯伯，各有功勛。公不幸忽染時
疾，藥僚無醫。去長興三年十二月一日於代州横水鎮，終於天命。

　　夫人安氏，星姿降瑞，月彩呈祥。行美芝蘭，德彰閨壼。忽以身
縈疾□，藥療無徵。須臾莫返香魂，倏忽而俄辭白日。以天祐年四月
十九日，在京宅内。有男五人：第二，隨駕兵馬使、充左突騎十將，天
祐年十二月廿四日從莊宗帝於河南胡柳陂爲國戰效身終，敬周。第
三，隨駕兵馬使、充左突騎副將，敬千。同光□年四月廿三日終，封墳
殯在庚穴。長男北京押衙、充火山軍使、銀青光禄大夫、檢校工部尚
書兼御史大夫、上柱國，敬文。次隨駕右備征軍指揮使、銀青光禄大
夫、檢校右僕射兼御史大夫、上柱國，敬萬。次隨駕左護聖第一軍副

兵馬使、銀青光禄大夫、檢校工部尚書兼御史大夫、上柱國,敬超。新婦三人:長安氏、次康氏、次康氏。孫男九人:從榮、重進、小哥、韓十九、憨哥、小廝兒、小猪、小憨、王七。新婦宗氏,重孫兜兒。長男敬文等俱以義烈門風,孝傳井邑。□以年匪順,靈壙不遷,今就吉辰,方塋窆乡。即以天福四年十一月十七日,葬於陽曲連帥鄉相輔村聖地遷合,創置新塋平原,禮也。其銘曰:

□有奇仁,迥標風格。名重珪璋,智匡郡邑。一任長史,累遷榮禄。盡□□珠,□□□□。安氏夫人,星姿降質。疾構總幃,身終蘭室。賢男貞女,有□□□。□昏□問,冬夏温清。卜其宅兆兮廣塋蔵事,烏兔助墳兮旌其孝志。□□□□兮樹德遺芳,地久天長兮百千萬祀。

原載《全唐文補遺》第七輯

時政記付史館奏　天福四年十一月　史館

按唐長壽二年右丞姚璹奏,帝王謨訓,不可闕文,其仗下所言軍國政事,令宰臣一人撰録,號《時政記》。至唐明宗朝,又委端明殿學士撰録,逐季送付史館。伏乞遵行者,宜令宰臣一員撰述。

原載《五代會要》卷18

請定唐廟制度奏　天福四年十一月　太常禮院

唐廟制度,請以至德宮正殿隔爲五室。室三分之,南去地四尺,以石爲垎,中容二主。廟之南一屋三門,門戟二十四。東西一屋一門,門無棨戟。四仲之祭,一羊一豕。如其中祠,幣帛牲牢之類,光禄主之。祠祝之文,不進不署。神厨之具。鴻臚督之。五帝五后,凡十主,未遷者六,未立者四,未謚者三。高祖、太宗與其后,暨莊宗,凡六主,在清化里之寝宮。祭前一日,以殿中繳扇二十,迎置親廟,以行饗禮。閔帝、莊宗、明宗二后及魯國孔夫人神主四座,請修制祔廟,及三后請定謚法。

原載《册府元龜》卷594

後晉己亥年(九三九)十二月龍勒鄉百姓契(雜寫)

于時肆年歲次己亥十二月十八日立契。龍勒鄉百(底卷書寫止此)

原載敦煌文書 P. 3698 背

重定正冬朝會奏　天福四年十二月　太常禮院

奉敕,約《開元禮》重定正冬朝會。按《開元禮》,三品以上升殿,群官在下。請法近禮,依內宴列坐。據《開元禮》,稱賀後,皇帝載通天冠,服絳紗袍;百官朝服侍坐,解劍履於樂府之西北。今京邑新造,殿廷隘狹,請皇帝冠烏紗巾,服赭黃袍;百僚具公服。俟朝堂宏敞,即舉舊儀。二舞鼓吹《熊羆》之樂,工師樂器等事,因久廢不可卒備。請且設九部樂,用教坊伶人。

原載《五代會要》卷 5

後晉天福四年(九三九)前後某寺諸色入破曆算會殘卷

□□□ 當 寺僧政、尊宿、法律、徒衆□□
□□□手下斛斗油麵豆等合從內□□□
□□□月廿四日已前,中間麥粟□□□
□□□□□□帳新附,總肆伯壹拾□□
■□□□□□凵 拾壹 尺伍寸□□□
(後缺)

原載敦煌文書 P. 2836 背

歸義軍節度留後使曹元德狀

(前缺)紫綿綾旋襇襖子壹領,細牒裝袴壹腰,皂皮鞋壹兩并細牒襪右謹專送上。到,望仁明俯賜容納,謹狀。

十二月三日歸義軍節度留後使檢校司空曹元德狀。

原載敦煌文書 P. 3260

晉故歸義軍節度內親從都頭兼左廂馬步軍都知兵馬使銀青光禄大夫檢校國子祭酒兼衘史大夫上柱國濟北氾府君圖真贊并序

(上闕)東西拒敵,揮戈(下闕)拔劍而沙場風□,(下闕)戀而的親;州府傳能,僧俗嘆之雅譽。比望長承國寵,領袖轅門。分憂永報於鈞衡,展效願酬於使主。奈何神靈不祐,疾染多時。累訪良醫,無能救濟。自覺病源深重,方便咨諫於慈親;留囑再三,莫念生子而不孝。執姊妹手,千萬好事孃孃;別妻子顏,此世難逢而再會。付囑已畢,魄逐飛仙。九族忙然,六親慟哭。女男悶絶,扶床擗踊而哀號;姊妹搯胸,倚門望兄而不見。悲聲叫切,血淚沾衣。綿帳平生,丹青鬒髯。某乙忝同師訓,每沐恩知,泣喪友人,而爲頌曰:

公之令望,舉郡傳芳。公之盛德,塞表稱揚。幼閑弓矢,長習文章。刀筆兩全,智勇雙長。久年事主,累著隄防。功勛日漸,寵錫殊常。内親肘腋,助治忠良。出入奉公,數載餘强。選僉注鈷,馬步知厢。教習兵戈,驅定邊疆。沙場苦戰,山巖曾向。他日論功,唯君最上。位沾都首,榮班幕將。廣負奇能,深懷智量。比望遐壽,爲兵師長。何兮逝逼,不容時餉。唯殘老親,望天號仰。不忍男女,遣誰育養。苦傷親族,泣血而漿。鄰里停工,灑淚成行。□□□□,痛及街坊。□□先聞,同來悲響。

原載敦煌文書 P. 2482、P. 3268

庚子年(九四〇)麨破曆

庚子年二月九日麨伍碩還行索價正白刺價。三月二日,麨兩碩伍斗還暮(慕)容使君樏價。四月廿七日,麨兩碩都師卧醋用。(籤字)

破得白麵四十六石一斗、黏麵一十四石眼生斗。

原載敦煌文書 S. 5048IV

庚子年(九四〇)某寺寺主善住領得曆(三件)

庚子年二月十一日,後寺主善住於前寺主海住手上領得回殘敖麥粟黃麻麪等抄録,謹具後如:見領得麥壹拾玖碩伍斗貳升,見領得黃麻柒斗(押)。三月九日於前寺主海住手上領得河袋壹口,典麥壹碩肆斗。(押)。

庚子年七月已後,寺主善住領得諸渠厨田抄録,謹具如後:於干

渠張贊奴手上領得麥伍碩、黃麻陸斗。於大讓張胡胡手上領麥壹碩
壹斗。又於干渠張贊奴手上領得粟陸碩。於大讓索判官手上領得粟
貳拾柒碩、黃麻兩碩。於城北岳判官手上領得粟叁碩。又於城北郭
家領得粟兩碩。於多濃安像子手上領得麥伍碩、黃麻捌斗，又粟叁
碩。又於索判官手上領得北園地稞麥兩馱。又於索校授手上領得地
稞麥兩馱。又於龍苟子手上領得地稞麥壹馱、豆兩馱。於城南姚行
者手上領得麥肆碩。（押）

　　庚子年春秋於官倉領得佛食麥捌碩，黃□□■

　　（後缺）

原載敦煌文書 P. 4021

公主出降廢書函禮奏　　天福五年二月　　太常禮院

　　長安公主以三月出降。按唐德宗朝禮儀使顏真卿議，婚用誕馬，
在禮無文。《周禮》："諸侯以璋聘女。"《禮》云："玉以比德。"今請駙
馬都尉加以璋，郡主之婿加元纁，以代用馬。書函之禮，出自近代，事
無正經，請廢之勿用。

原載《五代會要》卷 2

後晉庚子年（九四〇）三月洪潤鄉百姓陰富晟雇工契

　　庚子年三月一日，洪潤鄉百姓陰富晟爲家中乏少人力，遂雇同鄉
百姓陰阿朵造作一年。從此玖月末，春衣一對，汗衫、縵襠、皮鞋一
量。其廝兒（白）[自]雇後一任造作，不得拋工一日。

原載敦煌文書 S. 10564

故大唐隴西郡李府君（寔）墓志銘文并序

　　夫天玄象，著日月以明文；地立九州，散人倫於中表。

　　高祖諱佐，夫人連氏。曾祖諱慶，夫人馮氏。府君諱寔，夫人栗
氏、連氏、馬氏。靈日懷懷，賢良英英。間氣修心，未達於六通；道覺
以成於四果。君春秋五十有[一]，奄辭世□。夫人顏如桃李，淑態邕
容，修果未達，享年終於私室也。有嗣子一人重謹，遂克得天福五年

歲次庚子四月丙申□日丙申，爲當世翁婆及考妣，重開上祖共三世，葬於帝土□□里新安塋一所。其地勢也，東連白虎之長崗，西望甘□□古迹，南觀漳水，北倚名山。是日也，列珍羞在荒郊之也，□□奠於林壙之前。兒女號呼，親姻慟哭。遷厝□畢。嗣子一人重謹，孝供甘旨，善侍尊親。新婦崔氏。孫男三人：長孫神福、次孫小兒、三兒。歌曰：

其一。蕭蕭賢人，娥娥鳳□。花落莊臺，□沉硯筆。其右：盤白虎（下缺）。

原載《全唐文補遺》第七輯

縣令犯贓連坐府州奏　天福五年六月二十日　詳定院

準《刑法統類》大中二年正月敕："天下州府官吏犯贓，皆遞相蒙比，不肯發明，縱有申聞，百無一二。自今後，管内縣令有犯贓事發，州府不舉者，連坐錄事參軍。錄事參軍有贓犯事發，刺史不舉者，連坐刺史。刺史有贓犯事發，觀察使不舉者，連坐廉使。"又準大中二年二月十七日刑部起請："今後縣令有犯贓，錄事參軍不舉；錄事參軍有贓犯，刺史不舉；刺史有贓犯，觀察使不舉；其所司奏聽敕旨。"臣等參詳，設縣司本典知情，並同罪；告事人放三年租稅差徭，仍將放免數却配蓋藏罪。其錄事參軍不舉者，請減縣令所犯罪二等。

原載《五代會要》卷20

每月公案祗録狀敕狀　天福五年六月二十七日　大理寺

當寺自前每月公案一道，除斷狀外，須全寫三本，内一本申奏，一本送刑部，一本下本道者。伏緣近年諸處公案併多，寺司常慮淹延，況所行斷遣案文，此謂舉明條法，況本道已有元推公案，固不煩備録施行。今欲祗録斷狀，連敕頒宣，亦不礙於規矩。況刑部、大理寺亦是已有具案，元祗以斷覆詞降敕歸司，其諸道元推司，今欲乞准刑部例，只降斷狀，連敕施行，所貴將來免滯刑獄。

原載《五代會要》卷16

正冬二節朝會舊儀制度奏　天福五年七月　詳定院

先奉敕：“正冬二節朝會舊儀禮節、樂章、二舞、行列等事宜，差太常卿崔梲、御史中丞竇貞固、刑部侍郎吕琦、禮部侍郎張允，與太常寺官一一詳定。”今檢討典經，具述制度。

按《禮》云：“天子以德爲車，以樂爲御。”“大樂與天地同和，大樂與天地同節。”又曰：“安上治民，莫善於禮，移風易俗，莫善於樂。”《書》云：“夫樂在耳曰聲，在目曰容，聲應乎耳，可以聽知，容藏於心，難以貌睹。”故聖人假干戚羽旄，以表其容，發揚蹈厲，以見其意，聲容和合，則大樂備矣。

又按《義鏡》，問：“鼓吹十二按，合於何所？”答曰：“《周禮》鼓人掌六鼓四金，漢朝乃有黄門鼓吹。”崔豹《古今注》云：“因張騫使西域，得《摩訶兜勒》一曲，李延年增之，分爲二十八曲。梁置鼓吹清商令二人，唐又有堈鼓、金鉦、大鼓、長鳴、歌簫、笳笛，合爲鼓吹十二按，大享會則設於懸外。此乃是設二舞及鼓吹十二按之由也。”

今議一從令式，排列教習。文舞郎六十四人，分爲八佾，佾八人。左手執籥，《禮》云：“葦籥，伊耆氏之樂也。”又《周禮》有籥師，教國子。《爾雅》曰：“籥如笛，三孔而短，大者七孔，謂之産。”歷代以文舞所用，凡用籥六十有四。右手執翟，《周禮》所謂羽舞也。《書》曰：“舞干羽於兩階。”翟，山雉也，以雉羽分析連攢而爲之。二人執纛前引，數於舞人之外。舞人冠進賢冠，服黄紗袍，白紗中單，皂領標，白練襠襠，白布大口袴，革帶，烏皮履，白布襪。武舞郎六十四人，分爲八佾。左手執干。干，楯也，今之旁牌，所以翳身也。其色赤，中畫獸形，故謂之朱干，《周禮》所謂兵舞。取其武象，用楯六十有四。右手執戚。戚，斧也，上飾以玉，故謂之玉戚。二人執旌前別，旌似旗而小，絳色，畫升龍。二人執鼗鼓，二人執鐸。《周禮》有四金之奏，其三曰金鐸，以通鼓，形如大鈴，仰而振之。金錞二，每錞二人舉之，一人奏之。《周禮》四金之奏，其一曰金錞，以和鼓，鑄銅爲之，其色黑，其形圓若碓頭，上大下小，高三尺六寸有六分，圍二尺四寸，上有伏虎之形，旁有耳，獸形銜環。二人執鐃以次之。《周禮》四金之奏，其二曰金鐃，以止鼓，如鈴無舌，搖柄以鳴之。二人執相在左，《禮》云：“理亂以相。"狀如小鼓,用皮爲表,實之以糠,拊之以節樂。二人執雅在右,《禮》云:"訊疾以雅。"以木爲之,狀如漆桶,撌口,大二圍,長五尺六寸,以殺皮鞔之,旁有二紐,髹畫,殿辭而出,以器築地,明行不失節。武舞人服錦,平巾幘,金支緋絲布大袖,緋絲裲襠甲,金飾白練襠褶,錦騰蛇起梁帶,豹文大口布袴,烏皮鞾。工二十,數在舞人之外,武弁朱韠,革帶,烏皮履,白練襠褶,白布襪。殿廷加鼓吹十二案。《義鏡》云:"常設氈案,以氈爲床也。今請制大床十二,床容九人,眠作歌樂,其床爲熊羆虎豹騰倚之狀以承之,象百獸率舞之意。分置於建鼓之外,各三案,每案羽葆鼓一,大鼓一,金錞一,歌二人、簫二人、笳二人。十二案,樂工一百有八人,舞一百三十有二人,取年十五已上,弱冠已下,容止端正者充。其歌曲名號、樂章詞句,請中書條奏,差官修擇。"

原載《五代會要》卷 6

故鎮定管内都據□制置使金紫光禄大夫檢校尚書左僕射兼御史大夫上柱國崔(琳)府君墓志銘并序

夫生能立事,死能揚名。時祭有主,宅兆備禮,能全是者,則人之深幸也。苟非道符先哲,行契神明。即難全斯事,既全斯事,即露華風熠,曷足可悲。公生死喪葬,俱得其所,蓋德之徵矣。公諱琳,字藏美,本東萊侯十九代孫大房連之胤也。曾祖諱旨充,瑕丘令。祖諱邢,内丘令。考諱覬魏,貴鄉令。公唐中和元年辛丑歲生,風儀挺秀,神彩高逸。抱忠貞之性,負幹濟之才。初莊宗在鄴,命公爲冠氏尉。尋遷近職,權博平縣事,改授堂邑令,考滿遷永濟令。公自冠氏解印,民截鐙請留;及堂邑字人,麥兩歧呈瑞。鑿井得甘泉共汲,揚威乃群寇銷踪。上甚嘉之,疊降優賚。同光初,公以材器自如,清濁靡間。因授邢州都孔目官,次遷鄆都前職、曹州司馬。天成初,授萊蕪監使,檢校刑部尚書。解印到闕,公以世儒乞就文資。因授朝散大夫,檢校駕部正郎行汴糾。秩未滿而家鍾禍,於是歸舊里,居倚廬,公摧□□殆。無何,未終喪制,宣命疊降。公表辭不從,因授三司都勾,加銀青檢校大戎,次轉檢校右揆。又遷密院都承旨,檢校左揆、右領軍衛將

軍。出充義武軍節度副使，□易定事，轉金紫。罷任，授都榷鹽使主
綰。二年以疾告退，寓止趙州。無何，以天福三年戊戌歲秋七月六日
終於寓，止時壽五十有八。公自掌鍊金權，煮海糾梁，苑副中山，累居
近密，頗著功庸，立事既多，載筆奚盡。公始娶吳郡陸氏，早亡。續娶
遼東李氏。李氏夫人公任副車時於公署疾歿，時壽五十。有子三，長
曰隱，前定曲陽令，娶弘農楊氏。次憲，前鄆鉅野簿。少子幼。有女
四，長適董氏。次適王氏，□在室。隱自趙城側扶護公櫬，以二夫人
合葬于相州鄴縣西南西陵鄉樊村□□也。時大晉天福五年庚子歲丁
亥朔十月五日丁酉，謹叙銘云：

　　煥然才氣，卓爾英髦。一栖鸞棘，三屈牛鬼。其一。德風散漫，
惠化光揚。甘泉表應，歧麥呈祥。其二。妙精籌畫，洞達操持。出權
二節，入勾三司。其三。綰樞機之近職，爲梁苑之外臺。鍊山富國，
煮海豐財。其四。仁而有勇，清而復通。鑒欺秋月，操奪寒松。方奇
崛之立事，何癉瘵之臨躬。欠二年不及下壽，忝□焰遽至隨風。其
五。四野慘凄，三子哀慕。旐家有無，盡禮遷祔。刻此貞石，閉之幽
戶。無疆之休，用光千古。其六。

原載《文化安豐》

庚子年（九四〇）十月沙州報恩寺徒衆與牧羊人康富盈算會憑

　　庚子年十月廿六日立契。報恩寺徒衆就南沙莊上齊座笇會。牧
羊人康富盈，除死抄外，並分付見行羊籍：

　　大白羯羊壹拾叁口，白羊兒落悉無陸口，大白母羊貳拾口，貳齒
白母羊伍口，白羊女羔子陸口，白羊兒羔子壹口，白女落悉無叁口，計
白羊大小伍拾肆口。

　　大粘羊羯壹拾玖口，內替入母羊壹口，牧羊人換將去。（署押）貳齒粘羯壹
口，粘兒羔子伍口，大粘母羊壹拾壹口，貳齒粘母羊拾口，粘女只無伍
口，粘兒只兩口，計粘羊大小伍拾叁口。

　　已前白羊、粘羊，一一詣實，後笇爲憑。（畫押）

牧羊人男員興（畫押）
牧羊人康富盈（畫押）

牧羊人兄康富德（畫押）

其笨羊日，牧羊人説理，矜放羔子兩口爲定。又新舊定欠酥叁昇。（畫押）

原載敦煌文書 S.4116

大晉故孫府君(思暢)墓志銘并序

若夫生事以禮，是往哲之宏規；死葬從儀，況前文之備紀。爰自肇分二氣，□啓三才，標□□於上玄，極四維於下土。寒來暑往，遞今古之無窮；葉落花開，喻死生之未已。地水火風之質，可謂瞥然；松椿龜鶴之齡，無由比矣。厥有青州樂安郡孫府君者，軒轅皇帝之苗裔，高辛之胤緒也。洎乎全吴霸業，降晉傳芳。鶴唳冲天，表延賓之意重；金聲擲地，留善賦之名雄。礪牙洗耳之聲，韜潛所及；映雪窮經之譽，編簡而彰。寄宦飄飄，流派清漳之右；因兹駐泊，安家赤狄之傍。高祖諱，曾祖諱，祖諱重理，鄉貢五經。

府君諱思暢，職至衙前討擊使。幼年入仕，守法奉公。歷職遷名，從微至著。其郎偶縈瘑瘵，醫救無門。享年五十有三，卒於私第。夫人郄氏，早流膏肓，終於寢室。頃因兵革被覆，丘墳靈櫬，從兹不知處所。夫人趙氏，德協母儀，道全女訓。三從有譽，五可無虧。不謂疾疹旋臨，奄終遐壽，享年六十有五，殘於寢室。嗣子景福，在家處長，舉措謙和，秪慕清閑，不拘職使。新婦李氏。軒蓋名家，素全令德。能伸孝道，遜順姑嫜。次子景球，職至衙前兵馬使、銀青光禄大夫、檢校太子賓客兼監察御史、武騎尉、充使院。或錢物案前行，器局不群，行藏迴異。處雄藩之上職，兼掌劇司；在英彦之高談，悉揚清問。言關故實，行罔澆浮，下筆迴鸞，緣情吐鳳。新婦首婚顧氏，舉案齊眉，晨昏禮備。芳肌若雪，内外傳風。春秋二十有三卒。再婚顧氏，蓮開柳坼，綽約神資。無親戚之非諱，有解圍之妙智。春秋二十有六亡卒。今婚新婦李氏。婉娩華姿，雍容淑懿，箴規夙著，婦禮能周。孫男昭琬，新婦李氏。次男昭贊、昭敏、胡兒、小僧、嗣堅。孫女會娘。或□年已過，或弱冠有餘，臨途彰問絹之言，深夜顯辯琴之惠。已上皆號天泣血，擗地灰心。願罄家資，咸欣安厝。時以天福五年歲當庚子十一月十一日,合祔於本莊西北七里屯留縣□泉村左側平原也。斯地束鄰蕭寺,著光遠之佳名;西廁頂山,有馬神之廟宇。面太行之背韓周,堄脉不同榮。嗣子以耀門風,誠非虛耳。□慮移遷,歲月無憑。指示兒孫,固叙其由。鐫爲銘曰:

偉矣祖宗,乃文乃武。大限既終,英雄匪固。廓落乾坤,分明日月。自古自今,有生有滅。

原載《山右冢墓遺文》卷下

晉故左監門衛上將軍致仕滎陽潘(景厚)公墓志銘并序

公諱景厚,字敦美,本滎陽人也。自數代家於洛京,遂爲洛人焉。姓氏之由,皆因食菜分封所得。且昔周與晉列位封侯,勛在景鍾,焕乎遺册。曾祖碻,不仕,梧高蹈林泉。考嚴,嘗任滎王府長史。公即半刺之長子也。幼不好弄,長而志學。性本淳和,終疏仕禄。樂道頤神,寔少□之真人也。然慶毓偉人,福儲良裔。長子環,早懷義勇,慨然有經濟之志。時當多難,果值明君繼立,戰功乃韓彭之儔也。爰自偏裨,累分符竹,皆有異政。別著軍功,自齊州防禦使除懷德軍節度、金州管内觀察處置等使。帝惟念功,先除公之袁州長史。後加檢校尚書左僕射、左監門衛上將軍致仕。方以就弟騰芳,懸車養性。豈意忽縈美疹,遽謝明時。於天福五年正月七日歿於汴京之私第,享年八十有五。金州連師雖膺起復,尋□表章,乞替殯葬。聖上孝理,俯允哀切。可謂忠於國而孝於家,事生送終之禮備焉。以十一月二十三日葬於河南府偃師縣亳邑鄉土南里首陽原,禮也。次子琦奉天子命,使臨壙設祭,哀榮禮盛,行路感傷。銘曰:

懷德積慶兮樂天真,誕厥令子兮爲大臣。分符擁鉞兮顯疇績,揆路懸車兮降絲綸。今既云亡兮備恩禮,志於墓銘兮千萬春。

原載《書法叢刊》

庚子年(九四○)十二月十四日某寺前後執倉法進惠文願盈等算會分付回殘斛斗憑

庚子年十二月十四日,徒衆就後殿齊坐算會,先執倉常住倉司法律法進、法律惠文等八人所主持斛斗，從去庚子年正月一日入算後，除破用兌利外，合管回殘麥壹伯伍拾碩貳升陸合，粟壹伯肆拾碩壹斗伍升陸合叁圭，内惠陰法律、寺主定昌、戒寧等三人身上欠麻叁碩貳斗貳升，徐僧正、寺主戒福、善清等三人身上欠麻兩碩叁斗伍升，行索僧正欠麻壹碩壹斗柒升，又添烽子豆肆碩，已上物一一詣實，後算爲憑。

執物僧願盈（押）

執物僧住興

執物僧願興（押）

執物僧善法（押）

執物僧法興

執物僧道通

執物僧頭法律惠員（押）

（後殘）

原載敦煌文書 S.4701

天福五年（九四〇）經幢題名

功德主□弘，女弟子李氏□女、三姐、四姐、五姐，男光讀、新婦張氏、孫氏小娘子、次女妹子。□靈承此□因，速生净土，□願闔家安樂□作遂，喜慶日增，災障□滅。時天福五年辛丑十二月廿日建立記。

青州博物館藏經幢座

庚子年（九四〇）十二月廿二日都師願通沿常住破曆

庚子年十二月廿二日，都師願通沿常住破曆。麨兩碩還康長惡柴價用。又粟捌碩，還去年索價正樿車價用。（簽字）又麨伍碩伍斗，還安久大歌白俠（刺）價用。（簽字）。索僧正西州去時，麨肆斗馬吃用。（簽字）。七月五日，麨兩石雇磑面車牛用。（簽字）。麨壹碩柒斗，甘州暮（慕）容使君莊載木用。（簽字）。又獻麨兩石，雇車牛索價正車亦千渠莊再（載）木用。又麨叁碩還磑面車雇買用。又麨兩石

付都師造醋用。十月(後闕)

原載敦煌文書 S.5937

辛丑年(九四一)粟酒破用曆

　　辛丑年正月一日,粟捌斗,於康家店付酒本用。酒半瓮,堂食日衆僧吃用。酒半瓮,付打篗子百姓解火用。(簽字)。廿二日,酒半瓮,屈石匠用。又粟捌斗付酒本用。酒壹斗送路石匠用。又酒五升,兩日中間木博士吃用。又酒壹斗送與馬都頭用。二月三日,酒伍升,塑匠吃用。(簽字)。廿日,酒壹斗,迎懸令用。廿一日,酒壹角,送佛食用。又酒伍升,塑匠來吃用。(簽字)。粟貳斗沽酒□□□用。

　　(後闕)

原載敦煌文書 P.4697

庚子年辛丑年(九四〇—九四一)入布曆

　　庚子年十一月卅日,都寺主法净領得前寺主戒福手下布叁匹,昌褐壹匹半,又白斜褐壹段,鏊子作典。(簽字)。青衣段褐壹段,故保藏折債領入。紅斜褐壹段法超折債入。白斜褐壹段法林折債入。(簽字)。

　　辛丑年正月廿三日,昌褐壹匹,鄧懸令經儭入。(簽字)。二月四日,白昌褐壹丈貳尺,佛出施入。八日,白褐壹段,畔蘇施入。(簽字)。三月廿三日,布壹匹,索押牙羅衫價領入。(簽字)。四月十五日,白昌褐叁仗於窟社施入。(簽字)。五月日,布壹匹、褐壹匹,官齋領入。(簽字)。九日,布壹匹、昌褐壹匹,秋,官齋領入。(簽字)

原載敦煌文書 P.3997

後晉天福六年(九四一)二月行像司善德欠麥粟算會憑

　　天福六年辛丑歲二月廿一日算會。行像司善德所欠麥陸碩柒斗、粟叁碩,餘者並無交加,爲憑。

社人兵馬使李員住（畫押）
社人兵馬使李賢定（畫押）
社人氾賢者（畫押）
社人押衙張奴奴（畫押）
原載敦煌文書 S. 4812

辛丑年（九四一）二月龍興等寺户請貸麥牒及處分

李庭秀等牒及處分：龍興寺户團頭李庭秀、段君子、曹昌晟、張金剛等狀上。右庭秀等並頭下人户，家無着積，種蒔當時。春無下子之功，秋乃憑何依托。今人户等各請貸便，用濟時難。伏望商量，免失年計。每頭請種子伍拾馱，至秋輸納，不敢違遲，乞請處分。牒件狀如前，謹牒。辛丑年二月日團頭李庭秀等牒。團頭段君子、團頭曹晟、團頭張金剛。

准狀支給，至秋徵納，十三日，正勤。依上處分，付倉所由付。

張僧奴等牒及處分：開元寺狀上，人户請便都司麥肆拾馱。右僧奴等户，今爲無種子年糧，請便上件斛斗。自限至秋，依時輸納。如違限，請陪。伏望商量，請乞處分。牒件狀如前，謹牒。丑年二月日寺户張僧奴等謹狀。户石奴子、户石勝奴、户石什一、户張晟奴、户張弟弟、户石再再、户石曲落。

付所由，晟奴已上五户，各便五馱，已下三户各與壹馱半，至秋收納，十四日，正勤。

氾奉世等牒及處分：安國寺狀上，請便都司倉麥叄拾馱。右奉世等人户，爲種逼蒔校，闕乏種子年糧，今請便上件斛斗。自限至秋輸納，如違請陪。伏望商量，請乞處分。牒件狀如前，謹牒。丑年二月日寺户氾奉世等謹狀。户氾擔奴、户氾弟弟、户康嬌奴、户趙小君、户張勝朝、户孫太平。

康嬌奴等四人，各伍馱，以下各壹馱半，十四日。正勤。劉進國等牒及處分：靈修寺户團頭劉進國頭下王君子、户麴海朝、户賀再晟已上户，各請便種子麥伍馱，都共計貳拾馱。右進國等貸便前件麥。其麥自限至秋，依時進國自勾當輸納。如違限不納，其斛斗請倍。請乞處分。牒件狀如前,謹牒。丑年二月日團頭劉進國等謹狀。户王君子、户㸚海朝、户賀再晟。

付所由,進國等共便與壹拾伍馱。十四日,正勤。

史太平等牒及處分:金光明寺户狀上。團頭史太平,户安胡胡、安進漢、安進子、僧奴。右件人户,糧食罄盡,種子俱無,闕乏難爲,交不存濟,請便麥貳拾馱,至秋依數填納。伏望教授和尚矜量,乞垂處分。牒件狀如前,謹牒。丑年二月日寺户史太平等謹牒。

依計料支給,至限收徵。十七日,正勤。

劉沙沙牒及處分:報恩寺人户狀上,都司倉請便麥貳拾伍馱。右緣當司人户,闕乏種子年糧,今請便前件麥。限至秋八月末填納。伏望商量,請垂處分。牒件狀如前,謹牒。丑年二月日頭劉沙沙牒。

依計料支給,至秋徵收。十七日,正勤。依教授處分任支給,即日。

原載敦煌文書北圖咸字 59

辛丑年(九四一)諸寺户請貸麥種牒(六件)

(一) 李庭芳(秀)等牒

龍興寺户團頭李庭芳(秀)、段君子、曹昌晟、張金剛等狀上:

右庭芳(秀)等並頭下人户,家無着積種蒔,當時春無下子之功,秋乃憑何依托。今人户等各請貸便,用濟時難。伏望□□商量,免失年計。每頭請種子五拾馱。至秋輪納,不敢違遲。乞請處分。牒件狀如前謹牒。

辛丑年二月日　　　　　　　　　團頭李庭芳(秀)等牒(押)

　　　　　　　　　　　　　　　團頭段君子

　　　　　　　　　　　　　　　團頭曹昌晟(押)

　　　　　　　　　　　　　　　團頭張金剛(押)

准狀支給,至秋徵納十三日正勤

依上處分付倉所由付

(二) 氾奉世等牒

安國寺狀上,請便都司倉麥叁拾馱。

右奉世等人户爲種逼蒔校，闕乏種子年糧，今請便上件斛斗。自限至秋輸納。如違請陪（賠）。伏望商量，請乞處分。

牒件狀如前謹牒。

辛丑年二月日　　　　　　　　寺户汜奉世等謹狀
　　　　　　　　　　　　　　　户汜擔奴
　　　　　　　　　　　　　　　户汜弟弟
　　　　　　　　　　　　　　　户康嬌奴
　　　　　　　　　　　　　　　户趙小君
　　　　　　　　　　　　　　　户張勝朝
　　　　　　　　　　　　　　　户孫太平

康嬌奴等四人各伍馱，已下各壹馱半，十四日正勤。

（三）張僧奴等牒

開元寺狀上，人户請便都司麥肆拾馱。

右僧奴等户，今爲無種子年糧，請便上件斛斗。自限至秋依時輸納。如違限請陪（賠）。伏望商量，請乞處分。

牒件狀如前謹狀。

辛丑年二月日　　　　　　　　寺户張僧奴等謹狀
　　　　　　　　　　　　　　　户石奴子
　　　　　　　　　　　　　　　户石勝奴
　　　　　　　　　　　　　　　户石蕉户張晟奴
　　　　　　　　　　　　　　　户張弟弟
　　　　　　　　　　　　　　　户石弗弗
　　　　　　　　　　　　　　　户石曲落

付所由晟奴已上五户各便伍馱，已下三户各與壹馱半，至秋收納，十四日正勤。

（四）劉沙沙牒

報恩寺人户狀上，都司倉請便麥貳拾伍馱。

右緣當寺人户闕乏種子年糧，今請前件麥。限至秋八月填納。伏望商量，請垂處分。

牒件狀如前謹牒。

辛 丑年二月日　　　頭劉沙沙牒

依計料支給，至秋徵收。十七日正勤。

依教授處分，任發給。即日。

□□

（五）史太平等牒

金光明寺户狀上。團頭史太平，户安胡胡、安進漢、安達子、僧奴。

右件人户糧食罄盡，種子俱無，闕乏難爲，交不存濟。請便麥貳拾馱，至秋依數填納。伏望教授和尚矜量，乞垂處分。

牒件狀如前謹牒。

辛 丑年二月日 寺户史太平等謹牒。

依計料支給，至限收徵，十七日正勤。

（六）劉進國等牒

靈修寺户團頭劉進國，頭下户王君子、户麴海潮、户賀再晟已上户，各請便種子麥伍馱，諸共計貳拾馱。

右進國寺户 等貸便前件麥，其麥自限至秋，依時進國自勾當輸納。如違限不納，其斛斗陪（賠）。請乞處分。

牒件狀如前謹牒。

辛 丑年二月日

團頭劉進國等

户王君子

户麴海潮

户賀再晟

原載敦煌文書北圖咸字 59

辛丑年（九四一）三月徒衆納死羊憑

辛丑年三月廿日，徒衆因城北索將頭莊上拔毛日見納自死白羊羔子玖口，秙羊羔子陸口。（押）

原載敦煌文書 S.4704

後晉辛丑年(九四一)四月押衙羅賢信貸絹契及注記

辛丑年四月三日立契。押衙羅賢信入奏充使,欠闕匹帛,遂於押衙范慶住面上貸生絹壹匹,長叁杖(丈)玖尺,幅闊壹尺玖寸。其押衙迴來之日,還納於匹數本利兩匹。若身東西不善者,一仰口承弟兵馬使羅恒恒祗當。恐後無憑,故立私契。(畫押)

貸絹人押衙羅賢信(畫押)

口承弟兵馬使羅恒恒(畫押)

見人兵馬使何

送路次玉腰帶一呈,細帛一帖。

原載敦煌文書 P. 3458

辛丑年(九四一)五月三日惠深牒

辛丑年五月三日,惠深聽阿舊與立機緤一匹,交小師作汗衫。其惠深寺多有不及洗立機,惠深且交達家漢兒洗去來,其洗了耽送家中也,無人,是他漢兒石家店內典酒五升,被至小師績,這是他二郎神將粟一斗讒緤將于闐使驛頭更着兩個買綿綾條子一個與了將鐮一張,又秋被讒將,又衙前倉內取粟肆碩,秋陸碩,其兩碩伍斗,與張通信,就白氈一領折斷半立機一匹,與了,其薛家地收績之時,舊持文書大開,地主竹急無處藏,被惠深自出意志,更加物色,於他年□好作文書物色,總得黃絲生絹一匹,長肆拾一尺,福闊一尺玖寸,更要星布一匹,又折叁斷立機一匹,粟一石伍斗,麥兩石總相分付,與他二郎神,其惠深常樂去之時黑草捌死,隨分肉菜買得一兩碩來,公物餘殘屈裏一個迎一個,總是看弟兄朝更一個博屈李回鶻覓牛□□小師常樂到來之日,牛皮在,出博馬靴一兩,其阿舊去了,與後物士總讒將去。共他語不得,却他□前言道是你有甚總是我造着活境小師收□人前說不得,大阿來分物,抄錄如後。

原載敦煌文書 P. 3212 背

十力世尊經殘石

經文略

大晉天福三年,山■不等觀菩薩之自在薩常舉手。

■威神加護念希有總持秘密教能發圓明廣大□■。

■詔譯曩模婆去誐嚩帝丹■。

■□尾戌馱野尾戌馱野娑麼鼻娑麼三滿■。

■儉素誐跢嚩囉嚩左曩阿阿嚟㗚多□■。

■□野戌馱引野誐誐曩尾秋第鄔■。

■□囉嚩怛怛誐跢嚩路誐□■。

■合郍野地瑟瑟曩地瑟恥哆摩賀■。

■單跛野訥蘗底跛呷尾秋第鉢囉二人■。

■摩抳怛闍哆多句致跛里□第尾■。

■嚩没馱地瑟恥多秋第嚩曰■。

■□怛嚩難左迦野跛里三■。

■都□囉嚩怛也蘗哆■。

■□□□□□冒馱野尾昌■。

■□□□賀捺□娑■。

■□□□□□□■。

■□□□□臨澠□威□海隅□■。

■□□□□□歲歲豐□□■。

■□□□□兩廟□□■。

■千二百二□■。

■□史大夫、上柱國■。

■回番通事口苗王知岳□□□史、銀青光禄大夫■。

■□使功臣、散都頭、□軍□□陽□□使、□□光禄大夫、檢校右■。

■光禄大夫、檢校太子賓客、兼御史大夫郭□□,押衙□都同□使□仁惠,前押衙州合□■。

■吳越鎮海軍討□□、監察御史顧□威,□隨使押衙副知□□□吳昆,故賀太尉元從押衙□□■。

■隨使曹嘈,衙前樂營使任仁,弓箭第四都□□□□□,前景州長史安承嗣,節度押□□□副皇甫譚■。

■□使、銀青光禄大夫、檢校左散騎常侍、兼御史大夫、上騎都尉□貝禮,維□隨使押衙□□□使李□□,隨使押衙知右第■。

■氏新婦魏氏、女弟子胡氏、張榮、杜仁美、劉榮哥母李氏、吳□、李唐暉、信景女弟子李氏、楊氏、男■。

■遽□演□□孟元摯、□□□□□求世延□□常弘章,男知遇,次男元嗣,女弟子路氏、王氏、魏氏、邢氏■。

■穆氏、常知柔、梁讓能、王守誨、于知練、蘇連温、聶訓、韓從實、芊暉、周□章、張遷■。

■□廷翰、劉漢賓、潘暉、□□、□光泰、徐仁美、張通霸、徐□崇、□運廣、潘延□■。

■知□女、蘇種留、馬仲勻、弟仲貴、陳知蕴、蘇迢希、□□□□□□、郯□嚴妻李■。

■母張氏、新婦張氏、孫誨、路唐殷、李弘□、□處□、朱處温、馬□□、妻元氏、方繼榮■。

■劉氏、楊光胤、劉重霸、妻苗氏、□□光、翟遷、郯令謙、周存寶、劉濤■。

■邢守謙、馮思誨、馮德遇、母張氏、洛京客張□、洛京客甘審、曹令徽、王□■。

■氏、潘氏、黄氏、張氏、魏氏、周氏、馬氏、□氏、宋氏、□□、李氏、王氏、胡氏■。

■□□、柚女劉□□、蘇氏、孫氏、蕭氏、■正崔君從、副社王知壽、社判秦希福、社官史嚴,討擊□□廟□知岳。

■歲次辛丑七月己未朔十日戊辰建。

原載《匋齋藏石記》卷 38

(陳渥書) 陀羅尼經幢記

伏聞至聖至靈□,其唯我將軍。伏以將軍七(□)鎮三宮(□)□四□□□廟臨澠水,威振海隅,上蒼□(■)大啓發生之(□)□而乃(遒)年年□稔,歲歲豐登,莫■掛,敕贈將軍官位(□)□額□敕(□)於東西兩廟,相次八載,■連正祠,遂發□誠,創修廊宇□一□□□一二百之們(□)發普願■與廟主大王福位□□□壽■。

天福六年歲次辛丑七月己未朔□□□□建。

原載《山左金石志》卷 14

戶部牒

戶部牒晉昌軍節度使：准宣頭，晉昌軍節度使安審琦奏："臣近於莊宅營田務，請射到萬年縣春明門陳知溫莊壹所，涇陽臨涇教坊莊、孫藏用、王思讓三所營田，依例輸納夏秋省租。其逐莊元不管園林桑棗、樹木牛具，只有緣舊官田土，緣見系莊宅司管屬，欲乞割歸州縣永遠承佃，供輸兩稅，伏候指揮者。"前件莊，可賜安審琦充爲永業，宜令安審琦收管，依例輸供差稅，仍下三司指揮交割。付三司，准此者。牒具如前。

已牒晉昌軍莊宅務，仰切詳宣命指揮使，交割與本道節度使訖。具逐莊所管荒熟頃畝數目、交割月日，分析申上。所有未割日已前合納課租，即仰務司據數管系征納，□絕訖申。其隨莊合著系縣正稅，亦仰具狀牒，與本縣管徵，無令漏落。事須牒晉昌軍節度，亦請差人交割收管，充爲永業，依例輸差稅者，謹牒。天福六年八月二十七日牒。

原載《金石續編》卷 13

後晉辛丑年(九四一)十月賈彥昌貸絹契

辛丑年十月廿五日，賈彥昌緣往西州充使，遂於龍興寺上座心善面上，貸生絹壹匹，長叄拾柒尺貳寸，幅壹尺捌寸；又貸帛施(絁)綿綾壹匹，長貳仗(丈)叄尺陸寸，幅壹尺玖寸半。自貸後，西州迴日，還利頭好立機兩匹，各長貳杖(丈)伍尺。若路上般次不善者，仰口承人弟彥祐於尺數還本綾，本綿綾便休。若平善到，利頭當日還納。本物限入後壹月還納。恐後無憑，故立此契。

貸物人賈彥昌(署名)

口承人弟賈彥祐

見人趙留(富)住

原載敦煌文書 P. 3453

壬寅年(九四二)正月一日已後净土寺直歲沙彌願通手上諸色入曆

壬寅年正月一日已後,直歲沙彌願通手上諸色入曆。麥兩碩五斗、粟肆碩五斗,二月六日、七日沿行像散施入。官市一匹,張萬川軍頭念誦入。細布一匹,官布壹匹,索家小娘子念誦入。布一匹,安婆車頭念誦入。麵陸拾碩,自年春磑入。麩十八碩,自年磑入。連麩麵拾碩捌斗,春磑入。粟麵三碩,春磑入。布壹匹,春,官齋儭入。連麵三碩,六月三日磑入。粟麵三石,六月磑入。粗麵捌碩四斗,秋磑入。麥玖碩壹斗,菜田渠地生稅入。麥貳拾貳碩肆斗,菜田渠地稅入。麥肆斗,粟肆斗,願真母患念誦入。粟四斗,二月八日王平川施入。布二丈,小骨車頭念誦入。麥八斗,粟一石一斗,十二月諸巷道場佛名儭入。粟貳拾叁碩,無窮渠地稅入。麥捌碩肆斗,園南地稅入。連麵柒碩,秋磑入。穀麵叁碩,秋磑入。麵陸拾碩,秋磑入。粟拾碩伍斗,自年僧菜價入。麥肆拾碩,善勝施入。

原載敦煌文書 P. 3234 背

後晉壬寅年(九四二)二月莫高鄉百姓龍鉢略貸絹契

壬寅年貳月十五日,莫高鄉百姓龍鉢略欠闕匹帛,遂於押衙王萬端面上貸生絹一匹,長三丈六尺,福(幅)闊壹尺八寸。其絹利頭立機牒(緤)一匹,其鉢略任意博賣。若平善到日,限至壹月便取於尺數本絹。若鉢略身不平善者,仰口承人兄定奴面上取於尺數絹。若於卿(輕)慢絹主,掣奪家資,用憑充絹賈。兩共對面平章,不許悔。

壬寅年貳月十五日,莫高鄉百姓龍鉢略欠匹帛,遂於兄定酉。(底卷書寫止此)

原載敦煌文書 P. 3627

尊勝陁羅尼經幢

□□□□□□□□婆羅門僧佛陀波利。婆羅門僧佛陀波利,儀鳳元年從西國來至此土。到五臺山次,遂五體投地,向山頂禮曰:如來滅後,衆聖潛靈。唯有□□□□□□□□□□□□□□□□□□□所恨,生逢八難,不睹聖容。遠涉流沙,故來敬謁。伏乞大慈

大悲普覆令見尊儀。言已，悲泣雨淚。向山頂禮，禮已，舉首忽見□
□□□□□□□□□□□□□□□□法師情存慕道，追訪聖踪，不憚
劬勞，遠尋遺迹。然漢地衆生多造罪業，出家之輩亦多犯戒律。唯有
佛頂尊勝陀□□□□□□□□□□□□□□□□□□經來不。僧
曰："貧道直來禮謁，不將經來。"老人曰："既不將經，空來何益。縱
見文殊，亦何必識。師可到向西國取此經，來流傳漢□□□□□□□
□□□□□□□□□諸佛恩也。師取經來至此，弟子當示師文殊師
利菩薩所在。"僧聞此語，不勝喜躍。遂裁抑悲淚，至心敬禮。舉頭之
頃，忽不見□□□□□□□更虔心，繫念傾誠。迴還西國取佛頂尊勝
陀羅尼經。至永淳二年迴至西京。具以上事聞奏大帝。大帝遂將其
本入内。請日照三藏法師及敕□□□□□□□行顗等，共譯此經。
施僧絹卅匹。其經本禁在内不出，其僧悲泣奏曰：貧道捐軀委命遠取
經來，情望普濟群生，救拔苦難。不□□寶爲念，不□□□□□□□
□□□□□望含靈同益。帝遂留翻得之經，還僧梵本。其僧得梵本
將向西明寺，訪得善梵語漢僧順貞，奏共翻譯。帝隨其請。僧遂對諸
大德共貞翻譯□訖。僧將梵本向五臺□□□□□□□□□□本並
流行於代。小小語有不同者，幸勿怪焉。至垂拱三年，定覺寺主僧志
静，因停在神都魏國東寺，親見日照三藏法師，問其逗留一如上説。
志静遂就三藏法師咨受神咒。法師於是□□□□□□□□□□□□
□□梵音一無差失。仍更取舊翻梵本勘校，所有脱錯悉皆改定。其
咒初注云最後別翻者是也。其咒句稍異於杜令所翻者。其新咒改定
不錯並注其音訖。後有學者□□□□此焉。至□□□□□□□□□
□□□□□寺上座澄法師，問其逗留，亦如上説。其翻經僧順貞見住
西明寺。此經救拔幽顯最不可思□□□□□□□□□□□曲□□□
悟。佛頂尊勝陀羅尼經。

　　□□□聞。□□□□梵在室羅筏。住誓多林給孤獨園。與大苾
芻衆千二百五十人俱。又與諸□□□□□□□□□□□□□□□□
善法堂會。有一天子名曰善住，與諸大天游於園觀。又與大□□□
□□□□□□□□□圍繞。歡喜游戲種種音樂，共相娛樂受諸快樂。
爾時善住天子即于夜分□□□□□□□□□□□□□□□□□□□

□□□□□□七返畜生身，即受地獄苦。從地獄出希得人身□□□
□□□□□□□□□□□□善住天子聞此聲出，即大驚怖身□□□
□□□□□□□□□□□□□□□□□□□□□□□□□□□□
□言聽我所說。我與諸天女共相圍繞受諸□□□□□□□□□□
□□□□□□□□□之後生贍部洲。七返□□□□□□□□□□
□□□□□□□□□□□□□□□□□□□□□我得免斯苦。
爾時帝釋須臾靜住入定□□□□□□□□□□□□□□□□
□□□□□□□□□□□□□□□□□□□□□□□□□□□□
□□□□□□□□□□□□諦思無計何所歸依。唯有如來應正
□□□□□□□□□□□□□□□□□□□□□□□□□□□□
□□□□□□□□□□□□□□□□□□□□□□□□□□□□
□□□□□廣大供養。佛前胡跪而白佛言。世尊善住天子□□□
□□□□□□□□□□□□□□□□□□□□□□□□□□□□
□□□□□□□□□□□□□□□□□□□□□□□□□□□□
□如來佛頂尊勝。能淨一切惡道。能淨除一切生□□□□□□
□□□□□□□□□□□□□□□□□□□□□□□□□□□□
□□□□□□□□□□□□□□□□□□□□□□□□□□□□
身。隨所生處憶持不忘。從一佛刹至一佛刹。□□□□□□□□
□□□□□□□□□□□□□□□□□□□□□□□□□□□□
□□□□□□□□□□□□□□□□□□□□□□□□□□觀視。
一切天神恒常侍衛。爲人所敬惡障消滅。一□□□□□□□□
□□□□□□□□□□□□□□□□□□□□□□□□□□□□
□□□□□□□□□□□□□□□□□□□□□□障礙隨
意趣入。爾時帝釋白佛言。世尊唯
　　（其後五行文字漫漶不清）
　　……陀羅尼。能除一切罪業等障，能破一切穢惡道苦。天帝此
大陀羅尼。八十八□伽□俱胝百千諸佛同共宣說。隨喜□□。大如
來智印□□□□□□□□□□□□□□□□□□□□□□□□
□□□□□□苦難墮生死海中眾生得解脫故。短命薄福無救護眾生
樂造□□惡業眾生故。又此陀羅尼於贍部洲住持力□□□□□□

□□□□□□□□□□□□□□□□□□□□□□□□□□□□□脱故。
佛告天帝，我説此陀羅尼付囑於汝，汝當授與善住天子。復當受持讀
説思惟愛樂憶念供養。于贍部□□□□□□□□□□□□□□□□
□□□□□□□□□□□□□□□□□□□□□汝當善持守護勿令忘
失。天帝若人須臾得聞此陀羅尼。千劫已來積造惡業重障，應受種
種流轉生死。地獄餓鬼畜生閻羅□□□□□□□□□□□□□□□
□□□□□□□□□□□□□□□□蛇一切諸鳥。及諸□□一切蠢動
含靈。乃至蟻子之身更不重受。即得轉生諸佛如來一生補處菩薩同
會處生。或得大姓婆羅門家□□□□□□□□□□□□□□□□□
□□□□□□□□□□□□□由聞此陀羅尼故。轉所生處皆得清净。
天帝乃至得釗菩提道場最勝之處。皆由贊美此陀羅尼功德。如正入
天帝此陀羅尼。□吉□□□□□□□□□□□□□□□□□□□□
□□□□□□□□□□□光焰照徹無不周遍。若諸衆生持此陀羅尼
亦復如是。亦如閻浮檀金明净柔軟。令人喜見不爲穢惡之所染著。
天帝□□衆生持□□□□□□□□□□□□□□□□□□□□□□
□□之處。若能書寫流通受持□誦□聞供養。能如是者一切惡道皆
得清净。一切地獄苦□□□□滅。佛告天帝，若人能書寫此陀羅尼。
安高幢□□□□□□□□□□□□□□□□□□□□□□苾芻苾芻尼
優婆塞優婆夷□姓男族姓女。於幢等上□見或與相近。其影映身。
或□□□□□□□□□□□□□彼諸□□□□□□□□□□□□□
□□□□□□□□□□修羅身惡道之苦。皆悉不受亦不爲罪垢染
污。天帝此等衆生，爲一切諸佛之所授記。皆□□□□□□□□□
□□□□□□□□□多諸□具華鬘塗香□□□□□□□□□□□
□□莊嚴。於四衢道造□堵波。安置陀羅尼。合掌恭敬旋繞行道歸
依禮拜。天帝彼人能如是供養者。名□□□□□□□□□□梁又
是如來全身舍利窣堵波塔。爾時閻摩□□□□□□□□□□到□
□□□天衣妙華塗香莊嚴，供養佛已，繞佛七匝頂禮佛足。而作是
言。我聞如來演説□持大力陀羅尼者□常□□□□，不令持者墮於
地獄。以彼隨順如來言教而護念□□□□□□□王繞佛三匝白佛
言。世尊唯□如來爲我。廣説行陀羅尼法。爾時佛告四天王。汝今

諦聽我當爲汝。宣説□□□□□□法。亦爲短命□衆生説。當先洗浴著新净衣。白月□□十五□□□□□□□□□□其千遍。令短命□□□得增壽。永□病苦一切業障悉皆消滅。一切地獄諸□□□□□□鳥畜生□□之類聞此陀羅尼一經於耳。盡此一身更不復受。佛言□□□□□□□□□□□□□□一切□□消滅□□惡道。亦得除斷。即得往生□静世界。從此身已後更不受胞胎之身。所生之處蓮華化生。一切生處憶持不忘。常識□命。佛言若人先造一切極重罪業。□□□□□□□□□□獄或墮畜生閻羅王界。或墮餓鬼乃至墮大阿鼻地獄。或生水中或生禽獸異類之身。取其亡者隨身分骨。以土一把誦此陀羅尼二十一□□亡者骨上即得生天。佛言若人能□□□□□□□□□大供養。捨身往生極樂世界。若常誦念得大涅槃。復增壽命受勝快樂。捨此身已即得往生種種微妙諸佛刹土。常與諸佛□□一處。一切如來恒爲演説微妙之義。一切世□□□□□□□□□□□□□□□□□□□□□□其佛前先取净土。作壇隨其大小。方四角作。以種種草華散於壇上，□衆名香。右膝著地胡跪，心常念佛，作慕陀羅尼印。屈其頭指以大母指押合掌□□□□□□□□□□□□□□□□□□□□□□□□□□□□□俱胝殑伽沙那庾多百千諸佛。彼佛世尊咸共贊言，善哉。希有真是佛子。即得無障礙智三昧，得大菩提心莊嚴三昧，持此陀羅尼法應□□□□□□□□□□□□□□□□□□□□□亦□清净。□令持者增益壽命。天帝汝去將我陀羅尼授與善住天子，滿其七日，汝與善住俱來見我。爾時天帝於世尊□受□□□□□□□□□□□□□□□□□□□□□□羅尼已滿六日夜。依□受持一切願滿。應受一切惡道等苦。即得解脱住菩提道。增壽□□甚大歡喜。高□嘆言□有如來。希有妙法，希□□□□□□□□□□□□□□□□諸天衆嚴持華鬘塗香末香寶幢幡蓋天衣瓔珞微妙莊嚴，往詣佛所設大供養。以妙天衣及諸瓔珞供養世尊，繞百千匝。於佛前

　　立踊躍歡喜坐而聽法□□□□□□□□□□□□□□□□□菩提記。佛言此□名净一切惡道佛頂尊□□□□□□□爾時大

□聞法歡喜信受奉行。佛頂尊勝陀羅尼經一卷

□□人問令含識而同簽彼岸，救善住脱七返之苦。歸向者罪滅，河砂□人一歷爾。恨累劫沉淪之罪。今彦瑊、彦光、彦□等□

子祭□兼御史中丞、上柱國李敬宣，及奉爲家兄前三司神□元博凡屬省鹽院官李彦賓、妣靈苟氏，特抽净財建立□

乾之念，由是磨礱削石，命□輪金。□邊之修飾光輝，一座之法幢鮮潔。鑴陀羅尼妙句，鑿秘教之靈文，用答孝誠，將酬□育。□□

在古今希可獨耀於林藥，□爛衾宣於玉字，勝事奇哉，乃爲頌曰：

羅經文，金口演□，濟拔沉淪。灾□永絶，息苦與樂。罪垢消滅，申罔□恩。答劬勞切。能迴七返之累示，善息九幽之炎熱。

天福七年二月二十四日建立。

原載《秦晉豫新出墓志搜佚》

東嶽廟尊勝幢記

青州臨淄縣□生幢子、青州平盧軍節度□督府臨淄縣先獻□□□鐵香爐社，今□發心，又□大廣内南中□□門西□又□□西行廊伍間。又於大殿前□□南□□□□□□□□□□□■，佛頂尊勝陁羅□經幢子一□□。藉幢□□，蓄生之身，命終之後，早生西方，禮佛聞法，捨罪身□□重受傍生之業。社衆人等，願心誠懇願發殷，重道心普□慈悲無□前□。又先有願於冥福，□□新□經，藏内結緣，遂捨净財，共□洪福，各辦□□□肆盤□七□□藏經，大小乘□肆拾卷。□持四匣，上開列州縣名字，貼金龍□用表□崇其經題目具標卷秩，《釋迦氏□譜經》十卷、《三藏□集》卅卷、《衆□籙經》□卷、《□□陁羅尼經》十卷。□□設齋貳伯人，□此表白，兼呈三□□君意者。伏願皇帝萬歲，國祚千秋，四海歸朝，八方貢進，風調雨順，稼穡豐登，兵革休征，□□永。州縣寮□□□恒□□□長□，永爲柱石，□□□泰獻奏。無□家□安寗，延□□□，上乘五般□事具罄□□，可爲十方諸佛□知。須刻貞珉之記。時天福七年歲在壬寅三月乙卯廿四日戊寅建。

社頭吕□□、社録王□□□□釋□□一尊，李鐸、男彦霸、褚温、

趙立、李漢筠、于宏、王思進□□□□□□□□□□、田□輅、李殷、張延嗣、苟知□、盧殷、房兆、□霸、周□□、王□□、李□、妻裴氏、李□、王□□、劉知訓、劉望都、母馮氏、燕令訓、王澤、妻李氏、□武、妻魏氏、張賓、王□□、□友、母王氏、張廷瀚、張廷溫、顏溫、師延貴、冥福□經藏功德主僧□□，范溫、妻□氏、□□□■。東嶽令、將仕郎□□、東嶽廟令張崇迪、妻王□。

《佛頂尊勝陁羅尼經序》

《佛頂尊勝陁羅尼經》

《佛頂尊勝陁羅尼經》一卷

原載《八瓊室金石補正》卷80

晉故歸義軍節度班首都頭知管內都牢城使銀青光祿大夫檢校國子祭酒兼御史大夫上柱國太原閻府君(勝全)寫真贊并序

公諱勝全，字盈進。太原令望，簪裾盛烈於儒門；鐘鼎承家，閥閱每傳於貴族。間生英傑，處衆而獨步出人；應世奇姿，宏才而超過群輩。明閑武略，黃石公之籌策隆崇；善曉兵機，張子房之神謀廓落。溫柔合體，於家聞扇枕之勤劬；禮樂兼資，奉國播內肝之節操。東西指使，開途路而義重椒蘭；南北輸誠，每通歡而并無阻蔽。統權將幕，訓士卒而可謂的親；守職轅門，理戎徒而元無偏儻。均羹感衆，勇絕飛馳。蘊葛亮之深謀，負陳安之趫捷。凶渠犯塞，捨命而先衝；虜騎交鋒，判生而後敵。軍州嘆美，僚佐吹揚。別舉崇班，榮遷上品。而又出言依理，執定而山岳無移；發語當途，忠貞而始終不易。牢城數載，清慎人傅。四知不撓於常規，千家常謠於懿德。衙庭綱紀，忠言獻玉珪之十條；領袖敦煌，抱直進狄公之九諫。方保壽齊貞桂，振雄氣於邦家；而何天壽將奔，逐流光而影謝。愁雲暗曀，雲雁含悲。孤男涕淚以驚天，雄女哀鳴而叫地。府僚戀惜，主上傷嗟。掩千載以長辭，痛百秋而□逝。某乙累奉邀命，自愧荒虛。不避哂之，乃爲頌曰：

太原令望，玉塞崇枝。門高鐘鼎，族貴簪裾。間生俊傑，應世英奇。懷忠守節，孝悌無虧。統權將幕，勇絕飛馳。均羹感衆，每抱沉機。明閑雄捷，累討凶渠。軍州領袖，畏懼四知。發言當理，山岳無移。方保榮禄，岳石同期。而何逝也，魄逐雲飛。府僚戀惜，主上含悲。六親叫慟，九族攢眉。圖真綿帳，用記他時。

天福柒年四月廿日題記。

原載敦煌文書 P.3718

晉故歸義軍節度押衙知燉煌郡務銀青光禄大夫檢校國子祭酒兼御史中丞上柱國隴西李府君（潤晟）邈真贊并序

府君諱潤晟，字繼祖，即前河西一十一州節度使張太保孫使持節墨釐軍諸軍事守瓜州刺史銀青光禄大夫檢校左散騎常侍兼御史大夫李公之長子矣。公乃渭州上派，因官停轍於龍沙；隴西鼎原，任職已臨於蓮府。祖宗受寵，官禄居宰輔之榮；昆季沾恩，品秩列三公之位。門傳閥閱，勛業承家。年芳小俊而出群，弱冠東征而西敵。加以揮戈塞表，爲國納效於沙場；提劍軍前，拔幟當鋒而獨立。破南山，公托隘寇，衆賴沾功；掃羌戎，白刃相交，不貪軀命。後乃張掖城下，立萬載之高名；酒泉郡前，播雄聲於千古。念茲勞績，僉獎榮班。一舉節度押衙，兼遷燉煌鄉務。注持數載，人無告勞。治民無訴苦之謡，差發有均平之稱。故得冰清玉潔，守道不犯於官私；得衆寬弘，禮讓每傳而寔塞。謙謙君子，利口多端。歌令分明，音樂絶世。更兼裁詩獨步，動筆而霧卷雲收；指硯題文，詞多於馬鄭。實可弓開滿月，透鐵札之七重；矢發流星，射穿楊於百步。雖居高位，恭謹爲懷。奉主殷勤，安親順孝。將謂壽同金石，抱壯志於延齡；何期逝水來奔，降妖灾於五體。邀尋秘術，鵲父見而無方；疾凑膏肓，榆公療而何驗。于時魂歸殊路，魄逐飛仙。驪珠沉於大泛，良劍落在吴江。未圖麟閣之儀，掩見泉臺之禍。閭人巷哭，牧童不歌。如齊國喪於夷吾，似鄭人悲於子產。哀妻泣血，氣盡於長城；稚子摧心，望空床而躃踊。丹青繪影，留在日之真容；略述片言，傳生前之美德。其詞曰：

公之雅德，不可稱傳。公之雅量，江海一般。三端別秀，六藝俱詮。門傳鼎蕭，族誕瑚璉。榮沾卿相，恩禄日遷。渭州上派，隴西貴原。臨官受寵，任職遐邊。生之異俊，忠孝兩全。揮戈塞表，怗伏狼烟。張掖城下，勇猛貞堅。酒泉陣上，拔幟衝先。臨機捷計，如同走丸。彎弧動矢，霜雁聲喧。由基莫比，貫虱心穿。東征西敵，沙磧長眠。登危處嶮，不辭艱難。念茲勞績，僉擢鄉官。均平苦樂，人唱長延。在務清慎，無儻無偏。忽染痾疾，藥餌難瘞。魂歸異路，魄逐飛仙。哀妻號叫，血淚如泉。孤子悶絶，寸斷腸肝。今晨永别，更無會顏。丹青邈影，留傳他年。於時大晉天福七年五月癸未朔十四日丙申題記。

原載敦煌文書 P. 3718

請定官品奏　天福七年五月　中書門下

有司檢尋長興四年八月二十一日敕，準官品令。侍中中書令正三品，按《會要》：大曆二年十一月升爲正二品。左右常侍從三品。按《會要》：廣德二年五月升爲正三品。門下中書侍郎正四品，大曆二年十一月升爲正三品。諫議大夫正五品，按《續會要》會昌二年十二月升爲正四品，以備中書門下四品之闕。御史大夫從三品，會昌二年十二月升爲正三品。御史中丞正五品，亦與大夫同時升爲正四品。

原載《全唐文》卷972

點檢起居官奏　天福七年五月　中書門下

時屬炎蒸，事宜簡省。應五日百官起居，即令押班宰臣一員押百官班，其轉對官兩員封事付閣門使引進。本官起居後，隨百僚退，不用别出謝恩。其文武内外官僚，乞假、寧親、搬家，及婚葬、病損，並門見門辭。諸道進奉物等，不用殿前排列，引進使引至殿前，奏云："某等進奉。"奏訖，其進奉物便出。其進奉專使朝見日，班首一人致詞，都附起居。州刺史并行軍副使、諸道馬步軍都指揮使以下差人到闕，並門見門辭。州縣官謝恩日，甲頭一人都致詞，不用逐人告官。其供奉官、殿直等，如是當直，及於合殿前排列者，即入起居；如不當直排列者，不用每日起居。委宣徽院專切點檢，常須整齊。

原載《全唐文》卷972

後晉天福七年(九四二)七月史再盈改補充節度押衙牒

敕歸義軍節度使牒。

前正兵馬使銀青光禄大夫檢校太子賓客兼試殿中監史再盈右改補充節度押衙,牒奉處分,前件官,龍沙勝族,舉郡英門。家傳積善之風,代繼忠勤之美。況再盈幼齡入訓,尋詩萬部而精通;長事公衙,善曉三端而傑衆。遂使聰豪立性,習耆婆秘密之神方;博識天然,效榆附宏深之妙術。指下知六情損益,又能迴死作生;聲中了五藏安和,兼乃移凶就吉。執恭守順,不失於儉讓溫良;抱信懷忠,無乖於仁義禮智。念以久經驅策,榮超非次之班;憲秩崇階,陟進押衙之位。更宜納效,副我提携;後若有能,別加獎擢。件補如前,牒舉者,故牒。

天福柒年柒月貳拾壹日牒。使檢校司徒兼御史大夫曹示。

原載敦煌文書 S. 4363

天福七年(九四二)七月二十一日敕歸義軍節度使牒

前正兵馬使、銀青光禄大夫、檢校太子賓客、兼試殿中監史再盈,右改補充節度押衙,牒奉處分。前件官龍沙勝族,舉郡英門。家傳積善之風,代繼忠勤之美。況再盈幼齡入訓,尋詩萬部而精通;長事公衙,善曉三端而傑衆。遂使聰豪立性,習耆婆秘密之神方;博識天然,效揄附宏深之妙術。指下知六情損益,又能迴死作生;聲中了五藏安和,兼乃移凶就吉。執恭守順,不失於儉讓溫良;抱信懷忠,無乖於仁義禮智。念以久經驅策,榮超非次之班;憲秩崇階,陟進押衙之位。更宜納效,副我提携;後若有能,別加獎擢。件補如前,牒舉者,故牒。天福柒年柒月貳拾壹日牒。使檢校司徒兼御史大夫曹示。

原載敦煌文書 S. 4363

大行升祔奏　天福七年七月　太常禮院

國朝見享四廟:靖祖、肅祖、睿祖、憲祖。今大行皇帝將行升祔,按《會要》:唐武德元年立四廟于長安,至貞觀九年。高祖神堯皇帝崩,命有司詳議廟制,議者以高祖神主併舊四室祔廟。今先皇帝神主,請同唐高祖升祔。

原載《五代會要》卷 2

上高祖謚册差官祭告奏　晉天福七年八月　中書門下

山陵禮儀使狀:高祖尊號、謚及廟號,伏准故事,將啓殯宮前,擇日命太尉率百僚奉謚册,告天於圜丘畢,奉謚册跪讀於靈前,此累朝之制。蓋以天命尊極,不可稽留。今所上高祖聖文章武明德孝皇帝尊謚寶册,伏緣去洛京地遠,寶册難以往來,當司詳酌,伏請祗差官生洛京祭告南郊太廟,其日中書門下文武百官立班,中書令、侍中升靈坐前讀寶册,行告謚之禮。今從敕牒所司擇日,申請官員行事,伏請奏聞宣下者。

原載《五代會要》卷 1

奏定高祖郊壇配坐狀　天福七年十月　中書門下

太常禮院狀申:高祖十二月二十日祔饗於太廟禮畢,合定逐年四季郊壇配坐,准禮例逐年勘造祠祭畫日及編附令式。伏請奏聞宣下者:靖祖孝安皇帝配冬至祀昊天上帝。

原載《全唐文》卷 974

□晉竭忠建策興復功臣銀青光禄大夫檢校司徒使持節開州諸軍事守開州刺史渤海高公夫人琅琊郡縣君王氏墓志銘并序

夫人乃琅琊之大族,祖禰因官徙家北門,今爲延安人也。乃周太子之苗裔,秦將軍之源流。或以體貌堂堂,入漢家之廊厝;或以風神穆穆,掌晉室之鈞衡。文章則四子馳名,貴盛則五侯出郡。若兹華族,詎可殫論?

曾祖諱□,皇任衛國軍右都押衙、檢校司空。王父諱懷遷,皇任衛國軍左都押衙、檢校司空,累贈太尉。烈考諱思殷,皇任號、德州刺史、檢校司徒。或聲氣如鐘,或須髯似戟,振驍雄於雁塞,遺軌范於侯藩。乃父則時屬梁太祖,大啓霸圖,廣羅英物,屬鞬麾下,請命轅門。自黑槊以知名,運長矛而入敵,屢彰殊績頻命剖符。陷陣摧堅,已播開張之勇；觀民設教，復聞廉範之能。既懷慶善之心，果誕優柔之女。

夫人即先司徒之愛女也。生而聰惠，長而淳和。抱潤中挺秀之姿，有雪後不凋之操。藹然四德，彰乎九宗。年十三，渤海公以健羨名家，欣崇淑質，畢備委禽之禮，精行奠雁之儀，爰自親迎。及於厝見，舅姑皆忻于援室　鄉閭盡賀於宜家。

渤海公即故雕陰之帥一毛、延安王之猶子。枝分於炎帝，脉散于太公。洎秦漢已來，梁隋之後，朝萬方者，有時亦有佐一人者，無世不無。算此華宗，本難徵引。先侍中之鎮北門也，是梁國受禪，晉水起兵。九州之戈戟連天，四海之烟塵蔽地。自河中侵我，命公統戎，大開廓疇之疆，屢破蒲津之衆，以功奏授禧州刺史。碧紬紅斾，已羅乃祖之門前；皂蓋朱輪，又列嚴君之部內。淳風大扇，赤子皆殷屬。後唐莊宗皇帝詔命儲君總領諸將，徵兵華夏，薄伐金州，方命公部領鄜、延兩道兵馬，同赴劍門。既覆鴞巢，却歸鳳闕。尋除渠州刺史，未終三載，已合一方。其如明主之澄黃，虛謙蒼生之挽鄧，改授梁州刺史，仍加竭忠建榮功臣。六條布扇，萬井穆清。在官而不受饋魚，歸闕而潛令留犢。授開州刺史，方服惠化，未及浹旬，便值西川節度使孟知祥瞰二江三峽之波濤，恃九折七盤之巇崿，大馳甲兵，來取郡城。天王振旅以未遑，渠師攻圍之轉急。既殫兵力，遂陷賊廷。兩頭之消息不通，十載之危亡莫測。聖主雖嘉於忠節，私門難遏其悲心。夫人以公迴自成都，遂封石窆。著先妍之綉服，駕軼軋之魚軒。

嗟夫！壽也難躋德兮，空盛未盈。知命已夢涉洹，徒勞扁鵲之醫，不起晉侯之疾。以大晉天福七年終於延安之私第，享年四十有六，即以其年冬十月有一月，葬於延州膚施縣三交鄉盤龍里祖陵之側，禮也。儉無迪下，奢不傷生。滿野鄉人，執紼者兼鄰五十；四方會事，送葬者何啻十旬。秋風颯颯以添悲，流水鳴鳴而似咽。有子四人：長曰紹嶽，次曰紹嵩，未盈壯室，歆嘆逝川；次曰紹廣，次曰紹綸，皆驥子龍駒，龜文鳳質。元昆以往，尋慈父直造綿江；仲弟以稚，有奇才曾栖玉帳。猶以空苞純孝，未展怒飛。方求井裏之魚，滿袖江南之橘。未報劬勞之力，俄踵風樹之悲。於戲！夫人始自力禦輪，建於屬纊。婦節而得堪比玉，夫賢而不假鑲金。四鄰皆羨于齊眉，九族不聞其反目。暨渤海公西川出守，十載未歸，用嚴肅以禦家，以猜嫌而約已，奉姑以恭敬，教子以義方，直饒孟母之賢，曾家之法，授之懿德，彼有腆顏。深虞日月摧移，山河改變，恐馨香之墜也，命濡染以紀之。謹爲銘曰：

粵有大姓，出自宗周。秦朝將相，江左風流。時分業土，伐襲弓囊。果生淑女，歸我通侯。其一

百兩陳庭，三星在戶。方寸恬和，性靈廉素。舅姑鍾愛，宗親景慕。玉映水清，規行矩步。其二

夫憑熊軾，婦駕魚軒。政事簡要，歌咏喧繁。開江剖竹，惠養黎元。今行數日，人已懷恩。其三

賊臣舉兵，攻我速甚。王師未來，邊城遂覆。佳音不還，閨門搏膺。霜後見松，火中知玉。其四

修知有數，□智難逃。庭生驥子，真得鳳毛。雲霄呈遠，鄉曲琴高。緣漿攀慕，嘔血哀號。其五

地契牛眠，祥符龍耳。奢異傷生，□乎天禮。颯颯悲風，鳴鳴流水。勒石紀之，後天不已。其六

天福七年歲次壬寅十一月辛巳朔四月甲申記

原載《五代渤海高公夫人王氏墓志考辨》

壬寅年（九四二）付紙曆

壬寅年十二月十八日就窟上付張法律紙叄拾肆張。（簽字）其澗東紙拾張不得也。

原載敦煌文書 S.5707

後晉天福七年（九四二）某寺法律智定等交割常住什物點檢曆狀

天福柒年壬寅歲十二月十日，判官以當寺徒衆等就庫內齊坐交割前所由法律智定，都維保相、寺主永定性、典座保定、直歲戒性等一伴點檢分付後所由法律戒圓、都維堅固定寺主□□、典座永明、直歲□證等一伴一一詣實，列具如後：供養具長柄熟銅爐貳，內壹在櫃。小銅師子壹。小經案貳，內一在延定真。漆籌筒壹。佛屛風陸片。

蓮花座壹。銅勺壹,在櫃。銅澡灌壹,在櫃。破漆香盫壹。破木香盫壹。新木香盫壹,在櫃。新著香槑子貳。銅鈴壹并鐸。銅佛印壹。經藏壹,在殿。黑石枕叁。摩候羅壹,在櫃。大經案壹,在殿。小經架貳,在北倉。木燈樹壹。司馬錦經巾,在櫃。金油 師子 壹,在櫃。大佛名經壹部拾捌卷并函。黃布經巾壹條。黃項菩薩幡貳拾口,在櫃。小菩薩幡貳拾捌口,在櫃。畫絹幡陸口。故破幡額壹條。銅槑子壹,在櫃。千佛經巾壹。青綉盤龍傘壹副白錦綾裏并裙柱帶全。官施銀泥幡柒口,在櫃。大銀幡壹口。銅鈴壹,在幡干上。□是■家具。中臺盤子貳。小槑子叁枚。花鑄盛子壹。黃花盛子壹。花木盛子壹。黃花團盤貳,古破。破黑團盤壹。小黑牙盤子壹,無連蹄屓。赤心競盤壹。五尺花牙盤壹,無連蹄。黑木盛子貳,在櫃。箱壹槑,在櫃。斗壹量。木盆小大五,內一在嚴護。五斗木盆貳。漆競脚貳,壁牙壹。隔子壹片,在北倉。鍵鎚壹除。柈板肆,內貳破斷。木火爐貳。叁尺牙盤壹面。 踏床 壹 張 。新花團盤子□,定內在櫃。木合子壹,在櫃。花競盤貳。朱裏槑子陸枚。黑森槑拾枚,內五枚欠在前所由延定真等不過,內五枚在智定等一伴□(不)過。花槑子肆枚,在櫃。

　　(後闕)

後晉天福七年(九四二)某寺交割常住什物點檢曆

　　(前闕)

　　□□□□著香槑子貳。銅鈴壹并鐸。銅佛印壹。經藏壹,在殿。黑石枕叁。摩候羅壹,在櫃。大經案壹,在殿。小按架貳,在北倉。木燈樹壹。司馬錦經壹,在櫃。金油師子壹,在櫃。大佛名經壹部,壹拾捌卷并函。黃布經,壹條。又程闍梨入黃布經巾壹,在櫃。黃項菩薩幡貳拾口,在櫃。小菩薩幡貳拾捌口,在櫃。畫絹幡陸口。故破幡額壹條。銅槑子壹,在櫃。千佛經巾壹。青綉盤龍傘壹副,并骨,兼帛錦綾裏,裙帶具全。官施銀泥幡柒口,在櫃。大銀泥幡壹口。銅鈴在幡干上。大銅鈴肆,在殿四角,內貳在櫃。

家具。中臺盤子貳。小槼子叄枚。花罇盛壹。黃花盛子壹。花木盛壹。黃花團盤子貳，故破。破黑團盤壹。小黑牙盤子壹，無連蹄。赤心競盤壹。五尺花牙盤壹，無連蹄。黑木盛子貳，在櫃。箱壹葉，在櫃。斗壹量。木盆大小五，内壹在殿護。五斗木盆貳。漆競脚貳。壁牙壹。隔子壹片，在北倉。按板肆，内貳破。木火爐貳。叄尺牙盤壹面。踏床壹張。新共團盤肆，在櫃。木合子壹，在櫃。花競盤貳。朱裏槼子陸枚。黑木槼子拾枚，内五枚在前所由延定真等不過。又五枚在智定等不過。花槼子肆枚，在櫃。銀鏤枕子壹，在櫃。漆槼子貳，在櫃。四尺花牙盤子壹。花盤子壹，在櫃。叄脚床子壹。黑木盛子壹。罇子壹，在櫃。花烈盛子壹。小黃花槼子貳，在櫃。大水杓壹。新漆碗壹，在櫃。花碗拾枚，在櫃。花盤子壹，在櫃。黑木槼子貳，在櫃。花罇子貳，内壹破。花槼子貳，在櫃。蠻槼子壹，在櫃。箱壹合，在櫃。小牙盤子壹。競盤壹面。四尺花牙盤壹面。白牙盤壹面。黑木槐子壹。花牙盤一面。綠净牙盤壹面。又桉架壹張，在北倉。花牙盤壹面，在程闍梨。踏床壹張，在北倉。白花團盤壹面，在櫃。四尺花牙盤壹面。朱裏碗子五枚，在櫃。朱裏槼子玫枚，在櫃。按枷壹量，在北倉。踏床壹張。木盆壹雙三斗。黃花競盤壹，在櫃。朱裏碗子槼子拾枚，在櫃。黃花罇子壹。漆箸兩雙，在櫃。

銅鐵器。 銅 悉羅壹，在櫃。鐵齒離壹。銅槼子壹，在櫃。鎖叄具，并鑰匙。四斗鐺壹口，有烈。三斗方耳鐺壹，全。壹尺八寸鏊壹面。壹尺貳寸鏊壹面，頂破。八斗釜子壹口，有烈。貳尺烈鏊壹面。鋸鍾壹副。又烈鏊壹面。壹斗八升圓耳鐺壹口，壹脚短。又壹斗八升方耳鐺壹口。

（下闕）

原載敦煌文書 S.1642

書儀

賀正別紙

具官銜某乙某物色，右伏以月當太簇，節及青陽，迎暖律於東郊，送寒光於北陸。伏惟某官才深江海，智涌波瀾，均平撫育於一方，德

業遠聞於丹闕，應新年而納慶，隨舊歲以除殃，延寶壽於南山，固千齡
於北岳。前件物等，聊陳單禮，産自土宜，伏乞仁恩，俯垂容納。謹錄
狀上，牒件狀如前謹牒。

年月日具銜狀上。

端午別紙

右伏以天中令節，炎帝佳晨，斗移建午之期，百卉發輝之日。伏
惟某官忠孝兩備，文武兼資，分聖上之西憂，爲明王之耳目，膺時納
瑞，與物休禎。前件物收准前。

冬至別紙

右伏以黃鍾應律，三冬正中，霜風拂拂而飄寒，冷霧分分（紛紛）
而滿谷。伏惟某官，間英生傑，異衆超群，忠孝不失於君親，文武過於
令古。以後准前。

凡修書，先修寒溫，後便明體氣，別紙最後。

孟春猶寒

伏惟某官尊體動止萬福。即日某乙蒙恩，限以守務，拜謁未由，
謹奉狀起居不宣，謹狀。月日具銜。

□□官位時，不審近日尊體何似，伏惟順時善加保護，下情所望，
但增瞻戀之至。謹錄。

寄信別紙

右伏以遐方絶域，孤境邊陲，土不産珍，地無異寶。前件物聊充
遠信，實愧單微，伏乞收留恩甚。謹狀。

與未相識狀

某出處差池，久乖奉狀，睽馳之至，常積下情。孟春猶寒，伏惟某
官尊體起居萬福。即日某蒙恩，限以職役，拜睹未期，謹奉起居不宣。
謹狀。

月日閤下謹空。

別紙

久欽仁德，未睹冰容，攀戀日增，無因面（金）［會］。伏以某官名
傳內外，德備古今，威能遠播於寰區，聞見皆謠於美譽。某限以所守，
展款甚難，謹先咨申，伏惟照察。謹狀。

與父母受業師傅等別紙

某啓，伏自離府之後，日夜攀望，伏緣道路迢遥，未遂面謁清德，卑情晨昏戀慕，如同失水之魚。蓋爲公事牽縈，因慈（兹）便乖拜奉；今因人往，附狀起居，伏惟恩慈，特垂鑒察。謹狀。

年月日某狀上。

與兄姊等狀

孟春猶奏，伏惟家兄尊體動止萬福，即日弟某蒙恩，不審近日體氣何似？伏惟順時特加保護，下情所望。一自奉以職役，經旬久阻仁姿，盡緣王事有期，因兹甚難面睹。今且以川遥遠磧，漠近□滯，未謁尊兄，倍增悵戀，伏惟俯賜照察。謹狀。

年月日某狀上。弟某狀封。封題謹上家兄座前。

與知聞伴侶寄書後迴答

自從仁私，早經累朔，攀依之次，忽降瓊章；披覽再上，□□□□伏以遠地□書，□□□□□而今相膡言語，□□異常，嘆面會之無日。今分襟以有期，恩渴倍增，未由披覿。冬中甚寒，伏惟某官尊體動止萬福，即日某蒙免，不審體況今日如何，伏惟倍加保衛，以安寢膳。某每恩冰彩，與日俱深。昨因使人，遠垂筆翰，存問賤品，下情無任感戴之至。謹修狀陳謝，伏惟照察，謹狀。

月日臨時酌墨。

謝節度大官遠賜寄墨狀

右某早微賤品，未施分寸之功，伏事年深，實乏涓塵之效。伏蒙恩惠，遠降箋封，開緘而筆墨皆來，捧授（受）而自慚薄德，感荷之至，不任下情，謹奉來示收留訖，謹具狀陳謝，謹録狀上。

箋件狀如前，謹箋。若是手下，不用謹録狀。

屈知聞來日吃餟狀

數日不睹冰容，彌增攀戀，來日就某弊居，空備小餟，叨瀆仁私，伏惟勿棄卑情，早垂降隆，恩甚恩甚。謹狀。

答書

伏蒙某官恩造，特賜寵招，貴宅廣備華筵，頻邀賤品，銘荷之至。倍積下情，謹修狀陳謝，伏惟照察，謹狀。

年月日具銜某狀上。

謝端午語

某乙插進門末品，未施分寸之勞，伏蒙僕射遷補僚佐，得列階檐，無任百生榮幸。**重離慶節，炎帝良晨，迎瑞氣於午陽，**某乙凡愚賤質，全無勛效，伏蒙司徒優寵慈造，前許出使爲德，兼贈成品，下情無任惶懼之至。**寶延祥於此日，**某乙等才慚汗焉，藝乏異能，伏蒙僕射臺慈，特賜年深園圃。某乙與兩班官吏等無任感戴。

天福柒年歲在壬寅黃鍾之月雕生貳拾壹葉從表弟呂。

原載敦煌文書 P. 3906

癸卯年（九四三）正月一日都師道成於梁戶價進子手上就庫領散領得油抄録

癸卯年正月一日，都師道成於梁戶價進子手上就庫領散領得油，抄録如後：

正月至五月中間，就庫領得領散油柒斗柒勝。（押）。五月至十月中間，就庫領得散領得油壹碩壹斗肆勝。（押）。十月至十一月中間，就庫領散領得油叁斗壹勝。（押）。

維歲（次）天福拾年乙巳廿四日，釋門法律。

原載敦煌文書 S. 1823

癸卯年（九四三）正月一日都師道成於梁戶張安住手上就庫領散領得油抄録

癸卯年正月一日，都師道成於梁戶張安住手上就庫領散領得油，抄録如後：

正月至五月中間，領散領得油伍斗。（押）。□□ 五月 至十月中間，領散就庫□□□斗□勝半。（押）。十月至十一月中間，□□□散領得油壹斗。（押）。

（後殘）

原載敦煌文書 S. 1823 2V

癸卯年(九四三)二月十三日便粟豆曆

　　癸卯年正月十三日，張友□□■張金剛奴便粟叁石，至秋肆石伍斗。張買兒便粟肆石，至秋陸石□□□便粟兩石，至秋■碩，至秋肆碩伍斗。■秋兩石四斗。索骨子便豆壹石六斗，至秋兩石四斗。張福通便豆六斗，至秋玖斗。石再通便豆四斗，至秋六斗。張鄉官便豆兩碩，至秋叁碩。口承人張再住。張金剛奴便豆壹石，至秋壹石五斗。賈愍便豆三斗，至秋肆斗五升。張周子便豆壹石，至秋壹石五斗。張家潘寋便粟壹石五斗，至秋兩石二斗五升。索小閏便粟叁石，至秋肆石伍斗。

　　（後闕）

原載敦煌文書 P.4635

後晉天福八年(九四三)二月沙州燉煌鄉百姓貸絹契

　　天福八年二月廿日，燉煌鄉百姓□□□□欠闕匹帛，遂於龍勒鄉百□□□□。

原載敦煌文書上博・44057

歸義軍節度兵馬留後使檢校司徒兼御史大夫曹上回鶻衆宰相狀稿

　　衆宰相念以兩地社稷無二，途路一家，人使到日，允許西回，即是恩幸。伏且朝庭路次甘州，兩地豈不是此件行李，久後亦要往來。其天使般次，希垂放過西來。近見遠聞，豈不是痛熱之名幸矣。今遣釋門僧政慶福、都頭王通信等一行，結歡通好。衆宰相各附白花綿綾壹拾匹，白牒壹匹，以充父大王留念，到日檢領。況衆宰相先次大王結爲父子之分，今者縱然大王奄世，痛熱情義，不可斷絕。善咨申可汗天子，所有世界之事，并令允就，即是衆宰相周旋之力。不宣，謹狀。

　　二月日歸義軍節度兵馬留後使檢校司徒兼御史大夫曹。

原載敦煌文書 P.2992 背

後晉癸卯年(九四三)三月貸綾契殘片

　　癸卯年三月□□□□其綾先還□□□□來日還綾□□□□忽若兵

馬使 □□□ 善者，一仰□ □□□ 本綾。

北藏敦 16200J＋H＋N

諸倉納耗本色折錢奏　天福八年五月十五日　三司

　　天下今後諸倉，請據人戶元納耗二升，內一升依舊送納本色，充備鼠省耗折；一升即令僉送納價錢兩文足，與元納錢八文足，共一十文足，充備倉夫斗袋人夫及諸色吃食、紙筆、鋪襯、盤纏支費。

原載《五代會要》卷 27

晉故河西應管內外諸司馬步軍都指撝使銀青光禄大夫檢校工部尚書兼御史大夫上柱國豫章郡羅府君（盈達）邈真贊并序

　　蓋聞天授神機，方堪領袖。神扶異器，能紹紀綱。蓋欲統理軍門，秉持造化，使超時之智略，立制亂之勛庸。若非奇仁，何以理物。府君諱盈達，字勝遷。珪璋雅韻，日角仙姿。膺世而與凡不同，間生而殊常傑衆。稟人龍之正氣，洞宏海之遐源。上膺星辰，下符岳瀆。故得武經蘊抱，張子房之密計變通；韜略生知，黃石公之兵書暗曉。功傳射戟，體表懸弧。輪槍則塞虜沉聲，仗劍乃凶渠自伏。加以常修直實，不慕奸欺。抱君子之令名，得古賢之節操。因茲軍州慎選，注任轅門。擢委班資，始沾將務。故能訓齊士卒，可謂如虎如貔；部領軍機，每有前盈後勝。重遷寵袟，委任步軍都知。而又盛績雙彰，殊勛克著。塞上之雄豪無敵，沙場之猛氣過人。譽播衙庭，兼受極任。紫亭貴鎮，葺理邊城。撫育疲徒，如同父母。又遷上品，委任馬步都權，統領洪軍，共收河西隴右。而乃名標三傑，功蓋八元，位列崇高，遠沾渥澤。播白氏輪秦之籌策，掩蕭何佐漢之聲華。威振八宏，名揚九極。豈期天禄將逼，忽掩夜臺。七州慟哭而雲雁愁容，五郡含悲而星光暗暘。軍門痛惜，主上傷嗟。孤子哀號，雛女無望。繼恩忝居儒肆，未辯端倪。忽奉固邀，多慚荒拙。其詞曰：

　　珪璋雅韻，日角仙姿。殊常傑衆，應世標奇。武經蘊抱，通變神機。龍韜暗曉，豹略生知。輪槍伏虜，仗劍雲飛。常修直實，不慕奸欺。訓齊士卒，葺練軍儀。注持雄鎮，撫育孤危。榮超都將，名透丹埠。天禄將盡,逝路來期。七州無望,五郡含悲。星愁日暗,塞上何依。娘子叫切,再睹難期。孤男失望,雉女攢眉。略題綿帳,逝也難回。

于時大晉天福八年癸卯歲九月朔十五日題記。

原載敦煌文書 P.2482

晉故河西應管內諸馬步軍都指揮使銀青光禄大夫檢校工部尚書兼御史大夫上柱國豫章郡羅府君(盈達)墓志銘并序

府君諱盈達,字勝遷。神資異貌,岳立英雄。久傳通變之雄才,夙蘊天聰之異衆。其先著姓,本自顓頊末胤,受封于房州羅國,故號羅氏。後一子任職敦煌,子孫因官,遂爲此郡人也。故堂兄,歸義軍管內衙前都押衙、檢校左散騎常侍、兼御史大夫、上柱國諱通達,次兄節度押衙文達,次兄節院軍使文通,次兄御史端公進通,次兄蕃部落使通信,故弟寧州刺史、檢校司空兼御史大夫通順,並雄才獨秀,俊氣凌雲。懷文善七步之英猷,抱武運六韜之猛志。府君公年君童稚,藝負老成,仗星劍于沙場,伏群凶于塞上。紀綱蓮府,領袖軍州。名透寰中,榮沾極職。何期壽禄將盡,已赴泉臺。一州哽噎以含酸,四野哀鳴而響忉。即以天福八年歲次癸卯九月十日,壽卒于懷安坊之私宅也。以其月十六日,葬于莫高里楊開河北原之禮也。夫人曹氏,即前河西節度使曹大王之貴妹也。母儀夙備,婦道俱明。三從不失于閨門,四德無乖于昏旦。奈何孤鸞獨止,隻雁空悲。不虧姜女之賢,泣盡長城之淚。女小娘子,出適曹氏。男節度押衙、銀青光禄大夫、檢校太子賓客元定,詩書並秀,刀劍俱彰。才善三端,兼傳六順。號天慟切,叫地哀悲。請刻碑銘,永傳志節。其詞曰:

絕代生賢哲,助理播芳名。體負千般藝,安人一概平。何期壽限至,蕃漢盡哀啼。勒碑傳志節,永代播英聲。

原載敦煌文書 P.2482

天福八年(九四三)經幢題名

功德主吏弘□,奉□先亡父母,及亡過長女,特舍净財,造此香爐一座,安於龍興寺九曜院内,熾盛光佛及九曜之前,永爲焚香、供養。伏願隨使押衙李□賓,有願造石香爐壹□,□者伏爲與父司徒離□□,有虧參勤,遂啓丹□,□此功德,願□父子相□,事□浸吉,闔家安□,永無哉□。天福八年九月日。

原石藏青州博物館

晉故夏州節度使西方大德母[彭]城郡太夫人劉氏墓志銘并序

　　□以麗水攀□□□□□□□千載,表祥瑞於無窮。尚遭□致之工□□□□吉□□□□□□□□□。太夫人之先,乃彭城郡人也。□軒□裔,唐堯□□於夏后之世。其後有劉累□擾畜龍於豢龍氏,□□□□□□後有晉□士兵會負罪奔秦,□伯其賢,以□□秦而取之。其處者爲劉氏,謂士會之子,別族■□灾多而王天下,刑白馬爲■之姓也。曾祖□,祖信,俱以耽□□□,皇仕□□□,以□郎爲柱□□□□□□愁忏悔迹,□□□全真□道宛有餘慶,□乎後人。父弘敬,勇氣貫時,英穆□古,文高荀謝,武□韓彭。□□□强,耻□僚之□柔,乃逐從戎事,屢立奇功。自下昇高,從微至著,終於貝州刺史。

　　太夫人即使君之長女也。神情穎晤,姿質□□。四德早兼,三從克備。端惠足以榮,齊眉足以□。□□及林下□□是閨中之秀。年二十,適西方氏。貞順立節,婉娩内和。臨下以慈,事上以孝。整家風而不□,修婦道以□□,胡可比焉。□以爲也。斷織立誠,孟軻之志遂堅;截髮迎賓,陶侃之名益盛。賢而有異,謙以自牧,爲親族之楷模,作里閭之揩□。爰生貴子,爲國良臣。於天成二年七月内,弟三男鄴授夔州節度使。以子蔭而受彭城郡太夫人之號,荷寵益恭,居家克理。崇神敬佛,懼法畏威。人有何幸,天降灾禍。弟三男鄴薨於夔州。未幾,長男太終於魏博。今歲次男景,殂於洛京。太夫人痛割肝心,悲攢骨髓,年齒衰邁,病疾縈纏。醫藥無徵,俄逐逝水。即以天福八年九月五日,薨於洛京大□化之私弟,享年八十有六。

　　有男三人:長男太,不仕,新婦郭氏。次男景,西頭供奉官,新婦劉氏。次男鄴,夔州節度使,新婦天水郡夫人伊氏。有女二人:長女適李氏,早亡。次女適張氏。孫男七人:長孫男偉,新婦張氏。次孫男朗,新婦尹氏,亡而未再婚。次孫男峰,新婦□氏。次孫男懿,新婦段氏。次孫男煦,婚安氏而未迎娶。次孫男隽,年方長立。次孫男健哥。孫女四人:長孫女適牛氏,次孫女適蔡氏,次孫女適張氏,小孫女合得年七歲。俱以情深□愛,義重□□,莫□□摧,難名冤塞,號天叩地,無所迣及,敬選良辰,共成禮葬。以其年十月四日,卜葬於河南縣朱陽村之原,禮也。靈輀既發,繐幕仍張。悲慘感於路,痛傷動於姻戚。門生故吏,皆懷凄愴之情,里閭街衢,俱有□□之色,追□不已,乃作銘云:

一、唐堯祚胤,大漢華宗。枝分葉散,派別流同。多歷年所,克紹家風。爰有令□,允□厥憐。二、生此賢女,韞藉芳名。□□詩妙,□□心明。性氣婉約,顏兒端貞。適彼□□,女工□□。三、淑德俱備,婦道克全,理家忠謹,□□周敏。是生哲人,國之俊賢。□□□□,□□□□。四、承蔭荷□,受養居尊。□和□□,愛敬□□。三子俱歿,一孫傷泣。因□成□,□□荒原。五、諸婦號天,衆孫泣血。大□□□,實□□□。卜葬塋兆,作春並嗟。□□□□,□□□□。

原載《五代石刻校注》

後晉癸卯年(九四三)十月慈惠鄉百姓吳慶順典身契

癸卯年十月廿八日,慈惠鄉百姓吳慶順兄弟三人商擬,爲緣家中貧乏,欠負廣深,今將慶順已身典在龍興寺索僧政家。見取麥壹拾碩;黃麻壹碩陸斗,准麥叁碩貳斗;又取粟玖碩,更無交加。自取物後,人無雇價,物無利頭,便任索家驅馳。比至還得物日,不許左右。或若到家被惡人拘卷,盜炊(竊)他人牛羊、菌菜、麥粟,一仰慶順祇當,不忓主人之事。或若兄弟相爭,延引抛功,便同雇人逐日加物叁斗。如若主人不在,所有農具遺失,亦仰慶順填倍(賠)。或若瘡出病死,其物本在,仰二弟填還。兩共面對,商量爲定。恐人無信,故立此契,用爲後憑。

又麥壹碩、粟貳斗。恐人無信,畫押爲憑。

叔吳仏婢(畫押)
吳只(質)典兄吳慶順(畫押)

同取物口承弟吳方昇（畫押）
同取物口承兄吳慶信（畫押）
口承見人房叔吳仏婢（畫押）
見人安寺主（畫押）
　　原載敦煌文書 P. 3150

大晉王府君（行寶）墓志銘并序

　　夫二儀初啓，三才肇分，出姓之根基，序人倫之普□。爰有王氏之姓，上望并州太原郡人也。承周公、文王之胤緒，繼后稷之裔苗。其後宗枝因官流派兹府，子孫興焉。祖年遠，謹不具錄。

　　府君諱行寶，心懷十善，性備五常。推六藝以兼明，叶二端之具顯。雖居幻世，深敬釋門，達水月之無堅，誤風燈之不久。享年七十有八，去天福八年七月九日寢疾所縈，終於泉夜。

　　夫人馮氏，慈和著美，訓示無差。咸因瘵療所鍾，春秋六十有四，□同光二年十月一日歿於私第。再娶安氏，賢能是志，素本名家。秦晉諧和，六親共美。春秋卅有二，去天福七年十二月十一日，豈爲身染微疴，逝流相次。長男彥珂，新婦李氏。次男彥瓊，新婦劉氏，並乃早另辭世，以固玄堂。嗣子彥澄，去奢去侈，從己從人。鄉黨傳孝悌之風，州府播清貞之譽。□迎新婦劉氏，絲蘿盛芳，忽掩泉夜，未諧再偶。次僧住。孫男□□，□順。府君適女翟郎婦，次賈郎婦。子孫同申孝道，要表訓育之恩，□□郊□安宅兆。墳去城西北約□里，創置塋城，啓乎大禮。時也玄膺屆候，律及仲冬。取是月吉晨，而安遷厝其墳。東觀山寺，西睹漳濱，南望佳城，北連崗阜。四望既隆，不犯神煞。芊原迴野，八卦宜焉。丘壟一封，亨於萬代。作遐年之旌表，約後胤之增榮。神道有靈，固膺潛監。以天福八年十一月十日舉啓終畢，聊命彩毫，而爲詞曰：

　　懿哉王氏，名振潞州。倏爾人世，風燭難留。子孫悲慟，倫葬荒丘。幽泉既托，萬古千秋。

　　　　原載《西安碑林博物館新藏墓志彙編》

後晉天福八年(九四三)第四都頭張立狀(二件)

(一)第四都頭張立。

右立昨去七月二日,伏蒙太師臺慈,特賜□□□遷差充本指揮第四都頭。立伏限卑號,不獲匍匐祗候階墀,下情無任惶懼。謹具狀謝,謹錄狀上。牒件狀如前,謹牒。

天福八年八月日都頭張立牒。

(二)左第一指揮第四都頭張立。

右立伏限以卑號不獲匍匐祗候階墀,下情無任惶懼,謹具狀啓起居,謹錄■牒件狀如前,謹牒。

天福八年□月日張立牒。

原載敦煌文書 P.3591 背

天福八年(九四三)社司轉帖

社司轉帖。右緣年支春坐(座)局席,次至氾奴奴家,人各麥壹斗,粟一斗,幸青(請)

原載敦煌文書 P.3757 背

後晉天福八年(九四三)之碑

■生死之根源,賴□禍□□。從來■有古迹□□經四方之焚燒,歷三年之際■見金容之日曝■依憑衆力□□爲檀首信仕允從建■三間,望千秋之永■世去聖渝淶魔堅,法儒之時世,從人□之代□□當表□乎■心,知化□於四依,乃信崇於三寶,曉達性體,知修浮華■之香膳□崇功德用結良因,福祥爲惠■長德既就,丹腔已終。願聖上之千春常登■以刊石成文,將申志■才非七步■人之□□書銘頌也,記也,時其詞曰:威靈■十方垂名■儒釋道起□□□□乃分三■免使漂波■賢體■堅□長年,紋鐫貞石。□天福八年癸卯■立。

原載《三晉石刻大全》(臨汾市汾西縣卷)

後晉癸卯年(九四三)張萬達貸絹契殘片

_____生絹貳丈_____萬達身東西_____承人男保富面_____

書契,用爲(後闕)

口承人男保富(押)

見人弟張端(押)

□□張萬達

原載敦煌文書北藏敦 16200QH+D

請量留太谷令李殷狀　天福間

　　殷釐務公廉,以德化下,獄無因繫,刑無鞭撲。薪水之事,不擾於民力;賦輿之數,不失於公程。三時勸農,躬行田井,乾餱曝饊,裏行而食。一邑熙熙,長幼有序,流者歸復,如戀父母。今考秩垂滿,衆清願留,敢希明恩,重令治任。

原載《全唐文》卷 974

後晉天福年代社司轉帖

　　(一) 社司轉帖。右緣年支秋坐局席,次至高順子家,人各麵貳斤,油壹合,粟壹斗。幸請諸公等,帖至,限今月十八日卯時,於主人家送納。捉二人後到,罰到四(衍)酒壹角。全不來者,罰酒半瓮。其帖争定(速)(遞)相分付,不德(得)停滯。如滯帖者,准條科罰。帖周,却付本司,用憑告罰。

　　(二) 社司轉帖。右緣年支春秋坐局席,次至高順子家,人各麵貳斤　油壹

　　(三) 社司轉帖。右緣年支春座局席。

原載敦煌文書 S.1368

甲辰年(九四四)一月九日社司轉帖

　　□□轉帖。右緣郭保員弟身亡,準條合有贈送,人各鮮净色物三丈,麥一斗,粟一斗,餅廿。帖至,限今日巳時,於録事家送納。捉二人後到,罰酒一角,全不來者,罰酒半瓮,其帖速遞相分付,不得停滯。如滯帖者,準條科罰。帖周,却付本司,用憑告罰。甲辰年一月九日録事高帖。社官石武、社長羅□□、羅英達、高山山、吳加盈足、王清

兒_足、石義深、王骨子、游留住、礬粉埦_足孔清兒、王再慶欠并、（下闕）

原載敦煌文書 P. 2842

後晉甲辰年（九四四）正月沙州莫高鄉百姓安骨子立契

甲辰正月廿八立契。莫高百姓安骨子、宋友兒者（底卷書寫止此）

原載敦煌文書 P. 3706 背

甲辰年（九四四）二月後沙州净土寺東庫惠安惠戒手下便物曆

甲辰年二月後，東庫惠安、惠戒手下便物曆。

李幸端便豆壹碩，至秋壹碩伍斗。（押）。同日張和子便豆壹碩，至秋壹碩伍斗。（押）梁户張咄子弟住在蓮臺寺門。史都料貸豆叁碩。（押）。何義信便豆壹碩，秋壹碩伍斗。（押）得麥八斗，是何奴子陪。索延慶便黄麻貳斗，至秋叁斗。（押）住在僧願真巷。安員進便豆壹碩陸斗，至秋兩石肆斗。（押）住在寺前大街西。馮友祐便豆兩石，至秋叁碩。（押）共宋游弈同巷。陳黑子便黄麻捌斗，至秋壹碩貳斗。（押）。劉欺泊便黄麻肆斗，至秋陸斗。（押）。祥慶便黄麻貳斗，至秋叁斗。（押）。唐粉堆便黄麻壹碩，至秋壹碩伍斗。（押）唐紇桃男。楊繼崇便黄麻壹石貳斗。玉關鄉武通子便豆捌斗，至秋壹石貳斗。（押）住在鞠家巷。莫高鄉曹安信便豆肆斗，至秋陸斗。（押）。押衙安文全豆陸石。（押）。醜婢便黄［麻］伍斗，至秋柒斗五升。（押）雙搥大母。人户李飯漢便黄麻陸斗，至秋玖斗。（押）李飯達弟。鄧住子便麻壹斗，至秋壹斗伍升。放駝（押）。張進通便麻叁斗，至秋肆斗伍升。（押）住在楊都頭舍南。張猪子便麻壹斗，至秋壹斗伍勝。（押）麴子弟。氾元進便麻肆斗，至秋陸斗。（押）。孫富住便黄麻叁斗，至秋肆斗伍勝。（押）孫倉曹男。史富通便黄麻壹斗，至秋壹斗伍勝。（押）。程義員便豆兩石，至秋叁碩。（押）得兩石五斗。鄧員德便黄麻肆斗，至秋陸斗。（押）。康撅搥便黄麻捌斗，至秋壹碩貳斗。（押）住在西水池康都頭男。同日索萬千便黄麻叁斗，至秋肆斗伍勝。（押）索押衙同巷子住。彭保定便黄麻壹斗，至秋壹斗伍勝。（押）。張竹訥便黄麻貳斗，至秋叁斗。（押）住在梁家神德巷。王康三便黃麻叁斗，至秋肆斗伍勝。（押）王都衙同院。王友信便黃麻貳斗，至秋叁斗。（押）住在梁神德巷子。何安定便黃麻貳斗，至秋叁斗。（押）何賢威男。何留子便黃麻貳斗，至秋叁斗，口承人彭憨子。（押）。趙里三便黃麻壹斗，至秋壹斗伍勝。（押）故趙都頭弟。郭清奴便豆壹碩，至秋壹碩伍斗。（押）郭酒司兄得一碩叁斗。張竹訥便斗壹碩，至秋壹碩伍斗。（押）。氾盈達便豆壹碩，至秋壹碩伍斗。（押）在西水池東壁。李義延便黃麻壹斗，至秋壹斗五升。（押）同房兄弟。李君君便黃麻壹斗，至秋壹斗五升。（押）。李盈子便黃麻貳斗，至秋叁斗。（押）。李婆便黃麻肆斗，至秋陸斗。（押）李章友婦。李押衙妻便黃麻叁斗，至秋肆斗五升。（押）五人物住在李家巷。願真豆壹碩。燒保達便豆壹碩，至秋壹碩伍斗。張儒通便黃麻貳斗，至秋叁斗。（押）王都頭外甥。米里久便黃麻叁斗，至秋肆斗伍勝。（押）米胡男。行者張建子便黃［麻］陸斗，至秋玖斗。（押）住在慶子禪師巷。安撝搔便黃麻貳斗，至秋叁斗。（押）舍在寺前。鄧定子便豆肆斗，至秋陸斗。（押）駱駝官男。彭神奴便斗伍斗，至秋柒斗伍勝。（押）。氾安久便豆壹碩，至秋壹碩伍斗。（押）住在程恩子巷。鄧住子麻貳斗，至秋叁斗。賀奴子並舍。朱替子便黃麻肆斗，至秋陸斗。（押）。宋都衙黃麻壹碩肆斗·荊曹六將。張骨兒便麥壹碩，至秋壹碩伍斗。（押）住在百尺東村。願真便黃麻貳斗，至秋叁斗。（押）。翟王久便麥壹碩，至秋壹碩伍斗。（押）翟判官弟足。福子麥壹石。張粉堆便麥兩碩，至秋叁碩。（押）眼子兒。康王午便麥壹碩伍斗，至秋兩碩貳斗伍勝。（押）。賀成潤便麥壹碩，至秋壹碩伍斗。（押）住在馬加盈舍南。彭員達便麥伍斗，至秋柒斗伍勝。（押）。願勝麻壹斗，至秋壹斗伍勝。（押）。官貸黃麻貳碩捌斗。張善慶便麥壹碩，至秋壹碩伍斗。（押）住在渠子北馬押牙舍邊。賀定子便麥壹碩，至秋壹碩伍斗。是牧馬人古宋曹子兒女夫。彭醜兒便麥壹碩，至秋壹碩伍斗。彭憨子便麥壹碩，至秋壹碩伍斗。吳德信便麥兩碩，至秋叁碩。（押）范宋章曲住。押衙宋略明便麥肆碩伍斗，至秋陸碩柒斗伍升。王幸豐便麻壹碩伍斗，至秋兩石二斗五升。得一石八斗。（後空）

甲辰年—丁未年(九四四—九四七)李闍梨出便黄麻麥名目

甲辰年二月三日,李闍梨少有斛斗與名目。

人户康萬定便黄麻一石五斗,至秋兩石二斗五升。通頰孔曹子(?)便黄麻玖斗,至秋一石三斗五升。□□石狗奴便黄麻二斗,至秋三斗。■五升。■五升。■五升,秋陸斗七升。■七斗五升。(後缺)

乙巳年二月一日■。

通頰孔曹(?)■七斗五升,至秋一石一斗,押字(?)■。龍什德便黄麻四斗,至秋六斗,口承人曹子妻押字。■。孔憨奴便黄麻三斗,至秋四斗五升,押字爲憑。星(?)再子便黄麻二斗五升,至秋三斗七升半。眾(?)僧晟(?)便黄麻二斗,至秋三斗,押字爲憑。(押)。□憨奴便黄麻一斗,至秋一斗五升。(押)。暮容略羅便黄麻二斗,至秋三斗,押字爲憑。(押)。□員滿便黄麻三斗,至秋四斗五升。(押)。□通阿娘便黄麻一斗,至秋一斗五升。□娘便麻一斗,至秋一斗五升。定娘便麻一斗,至秋一斗五升。□□幸者便黄麻二斗,至秋三斗。■。通劫菜憨奴便(黄麻)二斗,至(秋)叁斗。王行者便黄麻二斗,至秋叁斗。慶富阿娘便(黄麻)二斗,至秋叁斗。□醜子便黄麻叁斗,至秋肆斗五升。易郎便(黄麻)一斗,至秋一斗五升。梁行者便黄麻一斗,至秋一斗伍升。安子乂(?)便黄麻二斗,至秋叁斗。菜憨奴又後便麻二斗,至秋三斗。王員滿後件便麻二斗,秋三斗。(後缺)

丙午年正月廿一日李闍梨少有斛斗出便與人名目。

孟慶郎便黄麻二斗,至秋叁斗。(押)。王員滿便黄麻二斗,至秋叁斗。(押)。石苟奴便黄麻壹斗五升,至秋二斗二升。(押)。■(押)。暮容略羅便黄麻一斗,至秋一斗五升。(押)。孔醜子便黄麻三斗,至秋肆斗五升。孔闍梨便黄麻一斗,至秋一斗五升。孔三三便黄麻一斗,至秋一斗五升。定娘便黄麻一斗,至秋一斗五升。菜仙仰便黄麻五升,秋七升。梁幸婆便黄麻一斗,秋一斗五升。(押)。梁幸者便黄麻三斗,至秋四斗五升。(押)。張慢兒便黄麻壹斗,至秋壹斗五升。（押）。又暮容略羅便黃麻四斗，至秋陸斗（押）。菜仙仰便黃麻二斗，至秋三斗。（押）。菜愍奴便黃麻壹斗，至秋壹斗五升。（押）。星再子便黃麻一斗，秋一斗五升。（押）。後件孟慶郎便黃麻貳斗，至秋叁斗。（押）。後件定娘便黃麻一斗，秋一斗五升。（押）。（中缺）

丁未［年］正月三日，李闍梨小有斛斗，出便與人■如後。
孔醜子便麥叁碩，秋肆碩五斗。（押）。退渾暮容略羅便麥肆碩伍斗，秋陸碩柒斗伍升（欠七斗五升）。（押）。梁幸者便麥叁碩，秋肆碩伍斗。（押）李善通便麥壹碩，秋壹碩伍斗。（押）。通頰孟慶郎便麥兩碩，至秋叁碩。（押）［口］承人男□忠（押）。李善通又後件便麥壹碩，至秋壹碩伍斗。（押）。龍骨子便麥五斗，至秋柒斗五升。其子北王員滿便［麥］兩碩，至秋叁碩。（押）口承人男（?）保主（?）（押）。孔郎醜子便麥兩碩，至秋叁碩，口承人妻，（押）兩碩，秋叁石。通頰鄧伯願便麥四斗（六斗），至秋陸（九）斗。李善通又便麥，其子北安住子便麥六斗，至■。（後缺）

（後）件孔醜子便黃麻三斗，至秋四斗·五升。（押）。□大嫂便黃麻壹斗，至秋一斗五升。□苟子便黃麻壹石，至秋壹石五斗。石苟奴便黃麻二斗，至秋三斗。暮容略羅又第三件便黃麻壹斗，至秋一斗五升。邧（?）後件便黃麻壹斗，至秋一斗五升。■便黃麻五斗，至秋七斗五升。龍什德［便］黃麻陸斗，至秋玖斗爲憑。■七斗。■便■石（?）■升□。（後缺）

（前缺）■一斗，押字爲憑。李愍奴便黃麻一斗，至秋一斗五升。僧法慶便黃麻一斗，至秋一斗五升。土（?）三嫂便黃麻一斗，至秋一斗五升，押字爲憑。（後缺）

（前缺）愍奴便黃麻四升，至秋七升。洪池宋猫奴便黃麻一斗，至［秋］一斗五升，又黃麻碗子。口承人連□奴（?）。洪池龍什德便黃

麻三斗，至秋四斗五升。（後缺）

原載敦煌文書 S. 8443 A－H

後晉甲辰年（九四四）三月沙州莫高鄉牧羊人賀保定領羊憑

甲辰年三月廿四日，就宜秋鄧家莊上，見分付牧羊人賀保定：

白羯羊大小叁拾柒口，母羊肆拾壹口，羝羊羯陸口，羝母羊玖口，羝羊羔口四个，白羔兒羔子拾伍个，女羔子九个。

牧羊人賀保定（畫押）
原載敦煌文書 P. 3234 背

甲辰年（九四四）某寺便麥曆

甲辰年五月十一日，官倉便佛食誠（城）上麥伍碩貳斗。官齋便麥二斗。成（城）南便麥三拾三石七斗。左忠義便麥五石。北附（府）厨田人保子手上頓（領）麥十五石。大乘寺倉貸麥貳拾碩陸斗。又後件貸麥陸碩。周宅官奐（換）豆麥伍石二斗。董老宿麥叁碩。秋佛食麥伍碩二斗。

（後缺）

五月十五日，官齋便粟壹碩玖斗□□。左上坐粟拾粟肆斗。左忠義粟□■。杜闍黎粟拾伍石。和尚換夫入粟□□。

（後缺）

三月廿日，就南倉價闍黎手上取粟肆碩磑麵。（押）。廿九日，又南倉取粟兩碩。（押）。五月四日，粟三石磑麵。七月一日，粟兩碩。（押）。八月廿六日，價闍黎取粟兩［碩］二斗。（押）

原載敦煌文書 S. 8720

後晉造象

羅漢象貳軀，永允供養。時甲辰天福九年七月廿八日題。

原載《十二硯齋金石過眼録》卷 15

後晉甲辰年(九四四)十一月慈惠鄉百姓張火奴契

甲辰年十一月十二日,慈惠鄉百姓張火奴欠少(底卷書寫止此)

原載敦煌文書 S. 1386 背

後晉甲辰年(九四四)十一月洪池鄉百姓安員進賣舍契

渌水坊北城下有堂壹口,并屋木。南□□□□□　東□□□□□

　　時甲辰年十一月十二日立契。洪池鄉百姓安員進父安緊子,伏緣家中貧乏,責(債)負深廣,無物填還,有將前件口分舍出買(賣)與莊客杜義全。斷作賈直,每壹尺壹碩,壹尺玖斗;堂內屋木,每尺肆斗。乾濕粲(中)亭,合過物叁拾玖碩玖斗叁升。其舍及物,當日交相分付訖。自與(以)後,一任義全子孫男女永世爲主。或有恩救流行,不在論説諸(之)限。兩共面對平章,准法不悔。如有先悔者,罰青麥拾碩,充入不悔人。恐人無信,故[立]此契,用爲後憑。

出買(賣)舍人安員進年二十,左手中指節

出買(賣)舍人父安緊子(押)

(後缺)

原載敦煌文書北藏敦 16238

寺監攝官五年方理選數奏　開運元年十二月　中書門下

　　諸司寺監若無私,不合一例差署攝官。況自前元無救命指揮,又不曾具名奏聞。其太常寺太祝、奉禮,逐季祗應祠祭行事,不可缺人。其太常寺已差攝官滿五年者。宜比三傳出身;其餘諸司寺監,今日已差攝官滿五年者,宜比明經出身。今既稱已年滿者,各委本司一月内具所差年月鄉貫三代申奏,下中書追引本司差攝文牒,及親公事文書,點檢不虛,奏覆救下後,方理選數,仍給與優牒,候合格日赴選。如攝太常寺太祝、奉禮,有已滿三年已上者,亦許一齊奏過。候滿五周年,准前事例施行。其餘諸司寺監,攝未滿五周年者,不在施行。兼今後諸司寺監,不得更差攝官。其太常寺如正官數少,宜許差前資判司主簿及黃衣選人充,仍先具姓名申奏取裁,不得充原額人數。所攝一任,限三周年爲滿,每年與減一選,候罷攝日,准前給與優牒。候本選合格日,執優牒赴選。

原載《五代會要》卷 17

除宰相劉昫兼判三司擬狀

伏以劉昫經國才高,正君志切,方屬體元之運,實資謀始之規。宜注宸衷,委司判計,漸期富庶,永贊聖明。臣等商量,望授依前中書侍郎兼吏部尚書、同中書門下平章事、充集賢殿大學士兼判三司,散官勳封如故,未審可否。如蒙允許,望付翰林院降制處分,謹録奏聞。

原載《全唐文》卷 974

郭昌嗣建香幢記

大晉國□黎陽縣清信佛弟子郭昌嗣,於大伾山下院内建立香幢壹所。伏願皇帝萬歲,郡主千秋,四海晏清,八方寧静,縣鎮官班恒俱禄位;更願一切人安,法輪常轉,五穀豐登,萬民樂業;次希闔家清吉,長幼康和,法界有情,同沾上善。

開運二年歲次乙巳正月戊寅朔二日戊戌建立。

院主僧從超令新書。

原載《濬縣金石録》卷上

趙重進裝修摩騰大師真身及金剛一對等記

裝修摩騰大師真身及金剛一對。

趙重進裝修爲□哥。

開運二年正月十五日建塔。

裝修塔梢佛柱左廷志、程仁虔、李文誨,女弟子郭氏,女弟子邢氏。邑子王賓,邑子趙祥,邑子張祖賓,邑子祁和,邑子王薩寶,都倫主邵承祖,録事鄭傸,都倫主吕珍。寧遠將軍、洛州録事參軍田果,洛州祭酒、從事史韓鑒,浮嵒主范碩,邑子張法和、邑子王遠、邑子陳士彦、邑子上官道人、邑子王貴遷、邑子馮文興。

原載《五代石刻校注》

乙巳年(九四五)二月十二日交割常住什物曆

乙巳年二月十二日常住新□□□目如後：大統壹，大盛壹，□□□□壹斗魁子貳，涕木盤子壹，大碗叁拾個，又次碗肆拾個，更次碗叁拾個，小碗子叁拾柒個并楪子，又涕木大小盤子壹，樹根碗捌個，木盆貳，内壹徒衆償僧録和尚用，木灌壹隻壹斗□□□

計得碗大小壹伯叁拾玖個楪子陸個法眼。

原載敦煌文書 S. 6217

晉故歸義軍節度左班都頭銀青光禄大夫檢校左散騎常侍兼御史大夫上柱國南陽張府君(安信)邈真贊并序

府君諱安信，字寧忠。瑚璉瑞彩，珪璧禎姿。門傳閥閲之勋，族誕龔黄之貴。公乃天假盛貌，神受英靈。懷武藝以安邊，抱雄才而定世。故得名彰塞表，德茂鴻猷。沙場效貫石之殊功，隴外負陳安之勇略。東西奉使，能和二國之歡；南北驅馳，以結一家之好。而又謙恭守道，清慎每播於人倫；恪節居懷，忠貞以傳於衆類。能存信語，行烈冰霜。貴而一言，千金不變。況公累任大務，當途不起而非邪；數度極司，克己謙和而向主。遂使皇恩遠降，宣賜寵秩之榮；錫賚崇遷，顯受勛階之品。方欲致身奉命，上報君恩，何期二鼠忽臨，四蛇將逼。情歸大也，魂掩泉臺。鄰里號叫而傷嗟，別愛苦痛而千萬。亮藝慚寡劣，難免固邀。狂簡數行，乃爲頌曰：

天姿盛貌，神假英雄。門傳閥閲，舉郡良宗。宏才傑世，數立奇功。名彰塞表，代播高風。沙場效勇，隴外留踪。東西奉使，南北開通。温良守道，清政懷忠。人倫嘆美，衆類謙恭。國恩遠降，寵秩榮崇。何期逝逼，喪我人公。鄰里哀泣，號叫匆匆。彼何哽噎，甚世再逢。魄逐風雨，悄悄堂空。圖形綿帳，繪畫真容。

于時天福十年乙巳歲二月日題記。

原載敦煌文書 P. 3390

天福十年(九四五)金光明寺比丘慶遂爲故僧政百日設供疏

金光明寺謹請馬僧政、李法律、就法律、二賈法律、二張法律、司判官、王法律、賈法師。右今月廿四日就龍興寺爲故僧政和尚百日追念設供，伏願慈悲，依時降駕。

天福拾年五月廿二日哀侄比丘慶遂疏。

原載敦煌文書 S. 5718

後晉河西敦煌郡張和尚邈真贊并序

大晉河西敦煌郡釋門法律臨壇供奉大德兼闡揚三教毗尼藏主沙門香號　俗姓張氏和尚生前寫真贊。

竊以龍塞首宗，陸垂方上。望玉立無點，冠冕聯鑣；賢俊累現於明時，智仕頻彰於聖代。師乃童儒異貌，早歲殊英。禀聰穎而別衆不群，挺姿神而奇靈獨出。石渠習業，備曉非三墳；壁水談詩，才成而七步。斯又金刀落髮，辭貴族之瓊華。幼慕空門，棄雜煩而净住。心游至教，朗秦鏡於胸懷；意探洪源，了澄臺於沿月。博該内外，窮妙理而觀掌中。海口波濤，宣吐而瓶注水。故得聲流雅響，三危之獷俗欽威；清梵孤鳴，五郡之紂儒鼎謁。每彰釋範，恒扇軌儀。千僧咸仰，望之歡罕。衆贊明懷之譽，遂使金山聖帝愜擢崇榮，譙王歡措而超遷，仍賜登壇之首座。一從秉義，律澄不犯於南宣。静慮修禪，辯決詎殊於北秀。方乃從心之歲，蒲柳催年。嗟逝水波浪東流，嘆烏兔奄西崗之下。一朝崇逼，示滅無期。恐葬禮之難旋，慮門人之懇切。固召匠伯，繪影圖真。幛留萬代之芳，俟表千秋不朽。永隱才荒蘋草，弱水浮萍。奉命難辭，粗名年月。其詞曰：

南陽盛族塞標名，禀宿胎膺誕關西。
門傳閥閱朱軒望，簪組聯綿代降英。
師之儀貌無倫比，傑世天然奇異靈。
韶年早曉儒王教，齔歲歸真守嚴精。
四禪澄護而冰靈，萬法心臺龜鏡明。
釋儒道俗皆投化，郡王稱賢措優榮。
昇壇首座詣徒衆，律儀不犯戒清□。
悟世靈華如罅隙，不鉢餘外離求縈。
每睹銀輪頻西轉，常然碧水逝東順。

一朝隕及冥泉下，慮臧塞乖世上情。
乃命丹青而仿佛，懇盼生儀寫真刑。
隱之寡昧無才議，不免窮辭靦浮萍。
枉問數行遣上昏，永古千秋記標題。
于晉歲乙巳五月廿六日記。

原載敦煌文書 P. 3792

後晉天福十年（九四五）壽昌縣地境一本

壽昌縣地境。西北（東）去州一百二十里，公廨一百九十五千，户三百九十五，鄉一。右本漢龍勒縣，魏正光六年改爲壽昌郡，屬瓜州。故書云：舊瓜州即沙州是也。其州宜種美瓜，故號瓜州。後帝因爲南沙，改爲西瓜州，移瓜州在東，即今瓜州是也。宇文保定四年省入燉煌縣。武德二年又析置壽昌縣，永徽元年廢，乾封二年又置。建中初陷吐蕃。寺一永安，鎮二龍勒、西關，戍三大水、紫金、西子亭，烽卅四，柵二，堡五。

黑鼻山。縣西南五十里。連延西至紫金，亦號紫金山。又至五亭山，亦號五亭山。

姚闠山。縣東南一百八十里。其山因啓爲名。

龍勒山。縣南一百八十里。周時龍馬朝出咸陽，暮至壽昌，因以此山之下，遺其銜勒，故名龍勒山。

西紫亭山。縣西南一百九十八里。其山色紫，故以爲名。時人訛爲子亭山。

大澤。縣東七里。水草滋茂，牧放六畜，并在其中。

曲澤。縣西北一百九十里。其澤迂曲，故以爲名。

龍勒泉。縣南一百八十里。按《西域[傳]》云：漢貳師將軍李廣利西伐大宛，得駿馬，愍而放之。既至此泉，飲鳴噴轡銜落地，因以爲名焉。

龍堆泉。縣南五里。昔有駿馬，（未）[來]至此泉，飲水嘶鳴，宛轉迴旋而去。今驗池南有土堆，有似龍頭，故號爲龍堆泉。

壽昌海。源出縣南十里。方圓一里，深淺不測，即渥洼池水也。

長得天馬之所。

大渠。縣南十里。從渥洼池內穿入渠。

石門澗。源出縣東南三里也。

無鹵澗。源出縣西南十里也。

玉門關。縣北一百六十里。漢武帝元鼎九(六)年置,并有都尉。西域傳東即限以玉門、陽關也。

□(破)□(羌)亭。縣東六十五里。前漢破羌將軍辛武賢敗破羌戎訖,於此築亭,故號破羌亭。

石城。本漢樓蘭國。《漢書》云:去長安六千一百里。地多沙鹵,少田出玉。傅介子既殺其王,漢立其弟。更名善鄯,隋置善鄯鎮。隋亂,其地乃空。自貞觀中康國大首領康艷典東居此城,胡人隨之,因城聚落,名其城曰興谷城,四面並是沙鹵。上元二年,改爲石城鎮,屬沙州。東去沙州一千五百八十里。

屯城。西去石城一百八十里。善鄯質子尉屠耆歸,單弱,請天子,國中有伊循城,地肥美,願遣一將屯田積穀,得依其威重。於是漢遣司馬及吏士屯田伊循以鎮之,即此也。善鄯大城遂名小善鄯,今名屯城。

新城。康艷典之居善鄯,先修此城,因名新城,漢名弩支城,東去善鄯三百三十里也。

葡萄城。康艷典築。在石城北四里,種葡萄於城中,甚美,因號葡萄城也。

薩毗城。在鎮城東南四百八十里。其城康艷典置築,近薩毗城澤險,恒有土蕃土谷賊往來。

善鄯城。周迴一千六百卅步。漢善鄯城,見破壞,在石城鎮二十步。

故屯城。在石城西北。

西壽昌城。縣西北五里。漢武八年并創置。

蒲昌海。在石城鎮東北三百廿里。其海圓廣四百里。《漢書·西域傳》:此海西(兩)源一出葱嶺山,一出于闐國南山之下。北流與葱嶺東注蒲昌海,一名鹽澤,流於積石,名中國河也。

播仙鎮。故沮末城。《漢書・西域傳》云：去長安六千八百廿里。隋沮末郡。上元三年改爲播仙鎮也。

沮末河。源從南山大谷口出。源去鎮五百里，經沮末城下過，用（因）以爲名。

已前城鎮并落土蕃，亦是胡戎之地也。

晉天福十年乙巳歲六月九日，州學博士翟上壽昌張縣令地境一本。

原載敦煌文書散錄 1700

佛頂尊勝陁羅尼經

罽賓沙門佛陁波利奉詔釋

（經文略）

夫世尊闡教，常溥濟於含靈；像法流輝，布弘慈於萬彙。今以□□□□內司空素敦教道，早達禪機。於泣扇而未遑，又丹書而忽降。既遂牛眠之懇，爰興刊建之心。上緣亡考太師、侍中□□□，亡母沛郡夫人。是以特刊金文，鑴諸翠琰，乃懷贊頌，用表厥誠。其銘曰：佛道巍巍，其神莫測。澤潤群生，幽冥是則。俯念劬勞，建之功德。追薦先□，願憑覺力。

時大晉開運二年歲次乙巳六月二十日記。

原載《五代石刻校注》

後晉乙巳年（九四五）六月兵馬使徐留（富）通借絹契及丁未年歸還記錄

乙巳年六月五日立契。龍興寺上座深善先於官中有恩擇（澤）絹柒匹，當便兵馬使徐留（富）通，招見覓職（職），見便填還，得諸雜絹價兩匹半，更殘肆匹半絹。諸雜，斷當更限五年填還者。其絹壹匹，斷價貳拾貳碩，已來自後更不許道少說多者。兩共面對平章，恐後無憑，故立此契，畫押爲定。（畫押）

還絹人兵馬使徐留（富）通（知）
還人徐留慶（同知）

還絹人弟徐盈達（知）

見人索流（留）住（畫押）

丁未年三月十三日，還得（畫押）三匹半，麥粟拾碩。通。

原載敦煌文書 P. 3004

據乞賜院額奏　開運二年六月　定州

據郎山招收指揮使孫方簡狀：當山有僧院，地居山谷，道扼鄉閭。自蕃戎騷動以來，邊界驚移之後，多聚强壯，自辦戈矛，每遇賊軍，皆獲勝捷。其郎山爲易州之中路，滿縣之鄰封，通此往來，最爲要害。乞賜院額者。

原載《全唐文》卷 972

請定僕射入朝儀注奏　開運二年八月　御史臺

宰相和凝。新除右僕射入朝就列儀注：責得臺吏喬得威狀稱，新除僕射正衙朝謝後，次日中丞率三院御史到僕射廳公參，相次文武百官公參。趨朝時不序班，入在中丞之前。兼舊例除，拜御史大夫趨朝，退出在兩省之前。僕射出在大夫之前，近年以來，入朝祗在中丞之前，朝退僕射出却在兩省之後。銀臺司遂檢唐朝舊儀，伏見元和七年二月七日敕，所定僕射趨朝出入儀注甚重。今後欲請常朝序班，候御史中丞群官先入，以次東宮保傅入，次兩省入，次僕射入。及朝退，僕射先出，以次兩省官出，東宮保傅出，次御史中丞百官出。

原載《全唐文》卷 972

開運二年（九四五）十二月河西歸義軍左馬步押衙王文通牒及有關文書

寡婦阿龍。右阿龍前緣業薄，夫主早喪。有男義成，先蒙大王世上身着瓜州。所有少多屋舍，先向出買與人。只殘宜秋口分地貳拾畝已來，恐男義成一朝却得上州之日，母及男要其濟命。義成瓜州去時，地水分料，分付兄懷義佃種，更得（下闕）房索佛奴兄弟言説，其義成地空閑。更弟佛奴房有南山兄弟一人投來，無得地

水居業,當便義成地分貳拾畝,割與南山爲主。其地南山經得三兩月
餘,見沙州辛苦難活,却投南山部族。義成地分,佛奴收掌爲主,針草
阿龍不取。阿龍自從將地,衣食極難。艮求得處,安存貧命。今阿龍
男義成身死,更無丞忘處男女恩親。緣得本居地水,與老身濟接性
命。伏乞司徒阿郎仁慈祥照,特賜孤寡老身見苦累。伏聽公憑裁判
處分。牒件狀如前,謹諜。開運二年十二月日寡婦阿龍牒。付都押
衙王文通細與尋問申上者。十七日。(簽字)

甲午年二月十九日,索義成身着瓜州,所有父祖口分地叁拾貳
畝,分付與兄索懷義佃種。比至義成到沙州得來日,所着官司諸雜烽
子、官柴草等大小稅役,並總兄懷義應料,一任施功佃種。若收得麥
粟,任自兄收,顆粒亦不論説。義成若得沙州來者,却收來地。渠河
口作稅役,不懺自兄之事。兩共面平章,更不許休悔者。如先悔者,
罰壯羊壹口。恐人無信,故立文憑,用爲後驗。佃地人兄索懷義(押)

種地人索富子(押)　見人索流住(押)　見人書手判官張盈□(押)

都押衙王文通。右奉判,付文通勘尋陳狀寡婦阿龍及取地侄索
佛奴,據狀詞理,細與尋問申上者。問得侄索佛奴稱,先有親叔索進
君幼小落賊,已經年載,並不承忘,地水屋舍,并總支分已訖。其叔進
君賊中偷馬兩匹,忽遇至府官中納馬壹匹。當時恩賜馬賈,得麥粟壹
拾碩,立機緤伍匹,官布伍匹。又請得索義成口分地貳拾貳畝,進君
作户生名,佃種得一兩秋來。其叔久居部族,不樂苦地,却向南山爲
活。其地佛奴承受,今經一十餘年,更無別人論説。其義成瓜州致
死,今男幸通及阿婆論此地者,不知何理。伏請處分。取地人索佛左
手奴中旨(指)節。問得陳狀阿龍稱有男索義成犯公條,遣着瓜州,只
殘阿龍有口分,地叁拾貳畝。其義成去時,出買地拾畝與索流住,餘
貳拾貳畝與伯父索懷義佃種,濟養老命。其他,佛奴叔賊中投來。他
居父業,總被兄弟支分已訖,便射阿龍地水將去。其持欲擬咨申,緣
義成犯格,意中怕怖,因兹不敢詞説。況且承地叔在,不合論諍。今
地水主叔却投南山內去,阿龍口,分別人受用。阿龍及孫幸通無路存
濟,始過陳狀者,有實。陳狀寡婦阿龍右手中旨節。

問得佃種伯父索懷義稱,先侄義成犯罪遣瓜州,地水立契仰懷義

作主佃種,經得一秋,懷義着防馬群不在。比至到來,此地被索進君射將。懷義元不是口分地水,不敢論説者,有實。立契佃種索懷義左手中旨節。右謹奉付文通勘尋陳狀寡婦阿龍及侄索佛奴、懷義詞理,一一分析如前,謹録狀上。牒件狀如前,謹諜。開運二年十二月日左馬步都押衙王文通牒。其義成地分賜進君,更不迴戈。其地便任阿龍及義成男女爲主者。廿二日。(簽字)

原載敦煌文書 P. 3257

張嗣宗不受代狀　　開運二年　　開封府

嗣宗先被百姓趙覺直論訟不公,法寺定罪,合徒一年半。以官收贖贖銅三十斤,府司尋科放訖。據新除襄邑令王允昇狀申,稱張嗣宗不肯交割縣務,稱未考滿者。

原載《全唐文》卷974

丙午年(九四六)正月三日便粟麥曆

丙午年正月三日,宋盈□■神沙張憨奴便粟柒碩肆□■碩貳斗伍升,(押)見人張富德□□□。同日,張富德便粟壹碩伍斗,秋兩碩貳□。張憨子便粟肆碩,至秋陸碩,西宅米大便麥壹碩,秋壹碩五斗。曹幸德便麥兩碩,至秋叁碩。曹善住便麥柒斗,至秋壹碩伍升。又粟陸斗,秋 玖斗 。陰阿朵便麥伍斗,至秋柒斗伍升。又粟壹碩,秋壹碩伍斗。金銀匠赤日之便粟肆碩,至秋陸碩。宋盈達便麥壹碩,至秋壹碩伍斗。張海潤便粟伍斗,致秋柒斗伍升。令狐豆子便粟陸碩,至秋玖碩。孔員通便粟壹碩,至秋壹碩伍斗。張再德便麥叁石,至秋肆石伍斗。張再德内欠粟一石五斗。又粟兩石,致秋叁石。張海閏粟兩石,至秋三石。宋家盈君粟壹石,至秋壹石伍斗。□□□舊便粟壹拾壹碩 二斗伍升 ,至秋壹拾陸碩伍斗。(押)

原載敦煌文書 S. 6045

丙午年(九四六)金光明寺慶戒出便與人名目

丙午年正月九日,金寺僧慶戒小有斛斗出便與 人名目 :

　　同日，李進通竊便八斗，秋壹碩貳斗。（押）。同日，呂粉堆便豆兩石，秋叁石。十三日，孟闍梨便豆兩石，秋叁石。（押）。十四日，張清奴肆碩伍斗，秋陸碩柒斗伍升。（押）。見人僧□□□。同日，索八郎便肆碩伍斗，秋陸碩柒斗伍升。（押）。十六日，滿兒便壹碩伍斗，秋兩石貳斗伍升。（押）。賈法律便豆壹石，秋壹石伍升。廿一日，氾家便粟壹石伍斗，秋兩石貳斗伍升。二月一日，賈押衙便兩碩，秋叁石。（押）見人董苟兒（押）。十八日，陰清兒便豆壹石伍斗，秋兩石貳斗伍升。同日，索恒定、宗兒、赤胡三人便豆兩石，秋叁石（押）。三月四日，李建宗便豆柒斗，秋壹石伍升。（押）。同日，清兒便豆兩碩，秋叁碩。見人願安、福林（押）。索録事便豆壹碩，秋壹石伍斗。十一日，索兵馬使便豆壹 石 肆斗，秋壹碩八斗。十四日，富安又便豆七斗，秋壹碩伍升。（押）

　　（後殘）

原載敦煌文書 S.4654IV

丙午年（九四六）正月洪潤鄉百姓宋虫□雇駝契（習字）

　　丙午年正月廿二日，洪潤鄉百姓宋虫□ 充 使西州，欠少駝畜，遂於同鄉百姓某專甲面上故（雇）八歲馱駝一頭，斷作駝價生絹一匹。正月至七月，便須填還。於限不還者， 准鄉 元禮（例）生理（利）。所有路上駝傷走失， 駝 價本 在，須立本駝。如若瘡出病死者，得同行三人徵見，駝價本在；若有身東西不平善者，一仰男某專甲面上折雇價立本駝。

原載敦煌文書 P.2652 背

丙午年（九四六）正月莫高鄉百姓程友兒契

　　丙午年正月廿八日立契。莫高鄉百姓程友兒（底卷書寫止此）

原載敦煌文書 P.3706 背

丙午年（九四六）六月廿日立丙午年六月沙州莫高鄉百姓穆諸子契

　　莫高鄉百姓穆諸子爲（底卷書寫止此）

原載敦煌文書 P.3706 背

唐故李府君(實)夫人(王氏)墓志銘并序

伏聞人生在世,可以風燭并石,榮光托化於人,旋又沉於世路,事以難承久事,須載銘言,表千代之相連,認萬古之宗血。府君隴西首望,留派盛時。乃太上老君從官分支於潞州上黨郡□八諫鄉北玉村桑梓人也。高祖諱叔卿,夫人何氏。

府君諱實,夫人王氏。伏以祖者聞傳七步,武透九圍,薀事可能,在閭里之泉首,伏以祖外貌端難,並南國虛言,於生路撫安,是孫童之受育。府君氣弘廣大,德亮罕聞,六藝可以俱全,在三端之並立。夫人容儀端貌,撫兒女以多能,處舍難過,治家庭之無失,具載骨肉等。長男思溫,新婦王氏,並已少年俱喪,祔袝祖塋之內。次男思進,新婦和氏。長女的事宋郎,再聘郭郎。小女的事剗郎。孫男乞德。孫男外兒。府君昆季三人:㐱武,先亡,新婦程氏改娉別處,㐱讓,充上黨縣宰,盡終,新婦游氏。侄長庶子彥貞,新婦王氏。的侄廷詮,新婦關氏。次侄小廝兒,小侄大大。哀子思敬等思生前之掬育,未展孝誠;想沒後之深恩,昊天罔極。遂乃卜得良日,選擇吉年,擇得開運三年二月十一日遷葬於祖塋內丙地安厝。其塋也,四望全強,東連天池之領,西照蠻峰之崗,南望秦關炎帝,後倚土地神堂。府君去開運三年正月內,歸於私地,享年七十有四。夫人去長興四年十月內,歸於大夜,享年七十有一。伏恐山河改變,靈谷遷移,故刊石爲銘,已留後記。

左有青龍來加,右有白虎來祥,前有朱雀開延,後有玄武擁護。

原載《山右冢墓遺文》卷下

後晉開運三年(九四六)某寺算會破除外見存曆稿

開運叁年丙午歲二月十五日,當寺徒眾就中院算會,癸卯年直歲保集應入諸司斛斗蘇油布緤等,一周年破除外見存:

准帳尾麥叁石陸斗,欠在保集;准帳尾粟肆碩柒斗,欠在保集;准帳尾油貳斗叁升壹抄,欠在保集;准帳尾黃麻叁碩陸斗,欠在保集;准帳尾豆肆碩貳斗,欠在保集;准帳尾布六尺,欠在保集;准帳尾麥兩(石)六斗、粟兩石柒斗,僧政法律徒眾矜放保集用。

開運三年丙午歲三月一日，當寺徒衆就中院算會，甲辰年直歲福信應入諸司斛斗油面布緤等，一周年破除外見存：

准帳尾麥肆石五升，欠在福信；准帳尾粟肆石叁斗，欠在福信；准帳尾油貳斗肆升，欠在福信；准帳尾黃麻壹石貳升，欠在福信；准帳尾豆叁碩壹斗，欠在福信；准帳尾布緤拾貳尺，欠在福信；准帳尾麥肆石五斗、粟肆石三斗，集緣都師造檐一年周新（辛），和尚及徒衆矜放福信。（下空）

原載敦煌文書 S.4452

丙午年（九四六）四月十五日分付常住什物曆

丙午年四月十五日，常住新碗楪盛盤子盆魁，都計數壹伯伍拾壹個，現分付法律智員，法政等倉家柒人。

原載敦煌文書 S.6217

楊珙楊遷造像記

維開運三年歲次丙午五月庚寅朔二十二日辛亥，寶鼎縣長虛鄉衛楊村清信弟子楊珙、弟楊遷，發願鐫造石象釋伽佛一尊，伏願皇帝萬歲，府主千秋，縣鎮官僚常居祿位，法界衆生常安常樂，又願合村長幼無諸灾瘴，一心永爲供養。南無大慈大悲觀世音，唯願聖手摩我頂。救護娑婆世界重罪者，安着涅槃解脫地。唯願十方世界遍供養諸佛，度一切如影隨身觀世音，願恒受持不捨離。西方阿彌陁佛、觀世音菩薩、得大勢至菩薩，有能誦此一佛二菩薩名者，得離生死苦，永不入地獄。恒值善因知識，有疑有難者，誦經千遍，即得解脫。一願三寶恒存產，二願風雨順曜行，三願國王受萬歲，四願邊地無刀兵，五願三塗離苦難，六願百病盡除平，七願衆生行慈孝，八願屠人不煞生，九願牢囚訴得脫，十願法界普安寧。眼願不見刀光刃，耳願不聞冤枉聲，口願不用違心語，手願不煞一衆生，總願來乘值彌勒，蓮辟相將入化城。

書□人楊謚。

原載《五代石刻校注》

丙午年(九四六)莫高鄉張再通雇工契(習字)

丙午年六月廿日立契。莫高鄉張再通爲緣家中欠少人力,遂雇赤心鄉百姓安萬定男永昌燊(營)作九箇月,從正月至玖月末,不得抛摘。限滿伍月,任取任(底卷書寫止此)

原載敦煌文書 P. 3706 背

吏部郎中主判祠祭行事官奏　開運三年六月　西京留司監祭使

以祠祭所定行事官,臨日或遇疾病,或奉詔赴闕,留司稟敕已遲。乞以留司吏部郎中一人主判,有缺便依次第定名,庶無缺事。

原載《五代會要》卷 4

朝拜義惠康昌四陵奏　開運三年七月八日　中書門下

太常禮院狀,得宗正寺牒,今年八月,擇日朝拜諸陵。今太卜署擇用八月十二日庚午,告北京義、惠、康、昌四陵。準天福二年七月敕,宜就昌陵都朝拜,其朝拜官以本府上佐官充,行事禮料亦準上供備。

原載《五代會要》卷 4

晉故李府君(真)墓志銘并序

粵以玄黃初泮,注生死於萬化之原。形相才分,遂陰陽於二儀之上。逝波東注,兩曜西流。由同磨蟻之程,復見巡環之理。奚有隴西李氏,帝嚳裔苗。累代英賢斯具載,其後胤緒別派,分枝至於潞州大都督府上黨郡,子孫興焉。祖諱。府君諱真。智異人倫,德異時彥。處衆而謙恭無爽,在私而長幼有□。不事□德居朝中,奈何不延遐算,促彼長流,同露槿之□□,嘆秋霜之落晛。享年五十有□。以開運三年□月廿四日,終於私第。夫人喬氏,生知懿範,長習規儀。訓爾見孫,咸同重器。享年六十有九,已開運三年十二月十二日,寢於永夕。長男守業,享年廿有六。已長興三年六月廿九日歿於幽邃。次男守興,交□□知,學親儒墨。幼從誨示,長立規模。享年廿有六。已天福三年四月十九日,相次遭回,俄歸窀穸。新婦王氏,孝行方傳,

邕知有則。奉上之儀罔忒，侍姑之道寧虧。奈何禍降家庭，殁於泉
壤。孫男延壽，緬思尊抱，大禍併侵。正當齠齔之年，未辯東西之事。
依仗舅親蔭緒，全承鞠養之恩。方漸成人，難酬柏訓。今則竭誠瀝
懇，破産傾資。選匠搜能，將修葬事。勾當葬人遠房侄琮，女李氏崔
郎婦。以開運三年歲次丙午九月戊子朔三日庚寅啓葬於府城西南七
里大塋之野。其地西依堯土，東望長途。南占火帝之峰，後倚玄崗之
勢。四神必備，八卦咸全。山川澤爲牢，山河作固。卜茲良野，永托
郊垧。伏慮代變人革，奚憑土木。於斯刊石，將俟他年。妳子馬氏。
其詞曰：

　　卜茲宅兆，遷厝神崗。管公來祐，孫賓助祥。

　　聲名穩奧，前後低卬。分枝胤嗣，世代榮昌。

　　志蓋有詩一首：兩劍沉泉路，東流不再迴。悲風讓隴樹，夜月照
泉臺。

原載《洛陽新獲墓志》

大晉雍府君（越）墓志銘并序

　　案諡族譜，其先即燕昭王之前、郭隗之後也。漢有林宗，唐□□
□□□高□，或仁才顯著。歷代繼美，難盡述爲。祖乃平原郡澤州高
平縣□□，即□糧里石村人也。祖者並是高門納駟，廣閎筵賓。標領
袖之生倫，□楷謀之來範。俗稱□□，邑號先華。如珪如璋，令問令
望者也。祖諱秀曇，宗諱元陟，府君諱越。府君□高楚璧，德重豐□。
縱文華□山岳俱摧，逞詞辯而如河涌躍。筆常畫虎，弓每□□。傳□
而郡主□尋，時遷榮品。助□安人之術，佐邦有和衆之方。以忠政濟
時，以慈惠及物。三史寧閑於口，九□不離於言。懷智器高而不危，
蘊大量滿而不溢。限□衰再無准，生死有時，享年六十有二，去天祐
五年歸於司地。夫人郭氏，儀容殊麗，姸婷而貌美三春。相好端嚴，
綽約而顔芳二月。箴誡□虧於陶母，非古攀□。節操而不易於□親，
非新□故。享年九十有六，去天福八年歸於司地。況伏□生□物，重
莫重如乾坤。人之最靈，敬莫敬於父母；昊天罔極，方酬乳抱之勞；祭
盡敬喪，□報懷耽之苦。爰有哀子雍貴，夙知孝義，約□在躬。常冬

温而晨夕不虧,每夏清而昭日不闕。今乃事父盡孝,孝道盡終。爰展無違,上報四恩之願。是以荒親之歲久,況草澤之年深。荏苒因循,□□過日。遂乃選擇良日,啓卜嘉晨。玉户重扃,再明孝懇。遂召日者,卜得開運三年歲次丙午十月戊午朔二十八日乙酉,別卜塋域於村東南三里。其地乃芳蕙異境,秀麗殊分。祥阜巉屼,瑞崗繚繞。雷頓東□,青龍隱迹之泉;嶽峙西臨,白虎藏形之地;南望米山尖峻,恒儲萬□。倉舍利□安枕,長城之萬里。四神俱備,八聖皆全。世代子孫,榮官不絕。千秋之後,具俗移風。亡而□□,題名後矣。孝子貴,新婦□氏,孫男保受,新婦郭氏。長孫女娉王氏,次孫女娉李氏,次孫女娉李氏,次孫女娉□氏,次孫女青青。

　　□□桑田改變,□谷遷移。刊石爲記,留之千古。

據洛陽師範學院毛陽光教授贈拓片録文

丙午年(九四六)十一月就庫納油付都師曆

　　丙午年十一月十日,就庫納油壹斗付都師造食衆僧教化麻吃用。十一日,就庫納油二升付都師造馛餻教化吃用。十八日,就庫納油壹斗付都師冬至節料用。十九日,就庫納油叁升,付都師亦冬至□□□■。就庫納油一升,付都師造精霍用。■肆升付都師造佛食用。■

原載敦煌文書 S.6275

晉故歸義軍節度左班首都頭知節院軍使銀青光禄大夫檢校左散騎常侍兼御史大夫上柱國太原郡閻府君(海員)邈真贊并序

　　府君諱海員,字大進。幼閑聰敏,早負殊能。齠年智勇以過人,壯歲英靈而異衆。放得謀懷五德,謙和守六禮之風;行負三端,抱直善九流之訓。儒門相繼,實守道以安民;盛族傳芳,乃寬弘而得衆。當官清政,四知不撓於終身;守位均平,三惑無聞於衆口。軍資大庫,注任累年,出納豈犯於纖埃,破用盈公而克己。僉充節院,虔心敬仰於神明;位列崇班,忠諫每陳於逆耳。豈期逝波來逼,忽謝風燈。舉族哀號,坊鄰慟泣。某乙雖慚薄藝,忝在班行。既奉固邀,難拒高命。

其詞曰：

儒門英將，間代高原。幼閑禮則，早負幽玄。寬弘得眾，抱直如弦。曾任大務，不致人□。人中仁也，實可稱賢。盈官克己，忠孝俱全。方保榮祿，劫石長延。何兮逝也，早掩九泉。略題真影，用紀他年。

于時大晉開運三年十二月丁巳朔三日乙未題記

原載敦煌文書 P. 2482

晉故歸義軍應管內衙前都押衙銀青光祿大夫檢校左散騎常侍兼御史大夫上柱國南陽張府君（懷慶）邈真贊并序

府君諱懷慶，字思美，即南陽之派矣。受寄龍沙，遂爲燉煌人也。公乃天資靈異，神授宏才。英旄自幼而標奇，志操童顏而傑秀。故得三端膺世，六藝推時。家門繼俸於鈞衡，己族聯親於臺廟。清貞守節，州府久任於注持；端直居懷，乃選居官而恤物。伏遇譙王降世，擢薦賢良。公緣有會於君臨，從侍匡扶於肘腋。數年毗佐，通申不受於私情；累載沾恩，奉法無虧於公格。郡侯難美，轉次崇階。職任中筵，位齊賓幕。而又翹情向主，傾心共治而分憂；嚴誡自身，信義乃留於終始。遂曾東西討伐，南北奔馳。陪元戎復靜於河湟，事旌幢剪除於凶醜。交鋒列陣，唯勵磨鱗。願陳百戰之功，不顧一生之命。陶鎔親見，數賜優勞。累受榮遷，已登班首。將俟久居人世，永助觀風；繼紹轅門，紀綱軍國。奈何穹蒼不祐，禍崇奄遭。壽限已終，難留迅速。辭親別弟，傷疼手足之分離；委付女男，恨嘆泉臺之永隔。某乙忝同衙佐，每受知憐，握管潛悲，而爲頌曰：

天資盛貌，神授英奇。南陽上族，胤派西陲。三端膺世，六藝生知。門欄繼寵，姻鉉臺畿。清貞鑒物，恭慎無虧。形端表直，譽播推時。譙王出現，公會同期。毗輔肘腋，近事君威。通申有道，無順邪非。功勞歲潛，展效年餘。不但事衙，苦處先馳。從軍征伐，妙算深機。領袖轅門，助治方隅。將謂遐泰，祿位不移。何兮逝速，禍魅來追。辭親別弟，付囑嬰兒。千萬再三，以法對除。枝羅愴切，姻眷攢眉。道路傷嗟，共助哀悲。圖形綿帳，繪邈真議。贊舉殊勛，用記旬時。

原載敦煌文書 P. 2482

大晉故右監門衛大將軍李(繼忠)公墓志

蓋藏金烏玉兔，尚不免於虛盈，峻谷崇陵，亦難逃於遷變。況□□生世，虛幼化哉。雖有聖賢，不無生滅。嗟乎！君子奄逝(下闕)時。安厝玄堂，鐫勒墓銘。公諱繼忠，字化美。乃祖乃考，爲帝爲王。即後唐太祖武皇之孫，莊宗皇帝之侄。安義太師韓王第三子也。祖諱克用。父諱嗣昭。故同光中改昭義爲安義軍，以避諱也。其於君父，開天闢地，建業興邦，盛德鴻勛，存於國史。母晉國太夫人弘農楊氏。世傳令淑，代保貞賢。德貫母儀，譽尚宮嬪。則昔年薨逝，合祔於雁門郡西十里武皇陵園之後。碑樓廟貌，松柏依然。

公昆季八人，長兄曰繼儔，檢校司徒澤州刺史。次曰繼韜，檢校太保，安義軍節度使，同中書門下平章事。弟五人，長曰繼達，檢校司空、安義節使馬軍都指揮使。次曰繼能，檢校司空、相州刺史。次曰繼襲，檢校右僕射、潞府左司馬。次曰繼遠，檢校右僕射、安義隨使馬步軍都虞候。次曰繼鎔，檢校右僕射、潞府右司馬。皆各承蔭緒，繼烈勛榮，不幸盛年相次淪沒。諸侄十餘人，或名聯内職，或養性鄉間，偕刊碑銘，此難備錄。公以枝連帝業，派接天波，乃武乃文，唯忠唯孝。年未弱冠，名掛宸扆。擢授驍衛將軍，光乎侍省。二十一，受檢校工部尚書，充安義軍節院軍使。二十三，受檢校右僕射，充義感馬軍指揮使。二十五，受檢校左僕射，安義軍軍使，兼知衙務事。時天祐末矣。二十七，受檢校司空，充安義左廂馬步使。時同光初也。三十□，受檢校司徒、北京皇城使，時天成初焉。三十五，受河東行軍司馬，時長興末矣。三十九，授鎮州領軍。時清泰初也。時以大晉高祖明德皇帝龍飛茂御，鳳起晉阪。登寶位於洛京，尋遷都於梁苑。伏蒙聖造，錄以舊勛，念竭家財，曾助軍國。錫功臣之懿號，據符節之寵榮。輝發危條，俾芳枝縈。四十一，受輸忠奉國功臣、光禄大夫、檢校太保、使持節單州諸軍事、單州刺史，兼御史大夫、上柱國、隴西縣開國子，食邑五百户，時天福二年矣。況乃祖父名高，琴臺地重。自昔□任，引賢不居。四十三，受右神武統軍。光乎位烈勾陳，職居環衛。蕭嚴貔虎，上捧君親。尋沐□□，□授隰州刺史。輟六軍之重寄，遷五馬之崇榮。一州歌來暮之謡，六邑□去思之咏。四十八，受澤州刺史,而況高都重地,天井要關,自古典臨,莫非英哲。公自臨□任,獸去珠還,咸歌五袴之謠,盡布二天之化。四十九,受右監門衛大將軍。方親鳳扆,日近天顏。何二豎之爲灾,秦醫□□無效。以開運三年八月八日,劇薨於汴京崇夏寺西私第矣,春秋五十一。

留語於洛陽□□遺表□於小男。聖上□悼以輟朝,群公驚悲而奔吊。宣領贈賵,溢砌盈庭。恩及存亡,實□□盛。公前婚武威郡安氏,柔德著聞,早年亡殁。今河東郡夫人賈氏,才高道蘊,德邁文姬。類陶母之延賓,比軻親之訓子。名揚四德,譽合六宮。婦道母儀,可爲鴻範。公育男六人,長曰全範,前沂州長史。次曰全□,前澤州內□。次曰全明,故單州衙內都指揮使。次曰全朗,早悟真空,披緇奈苑。次曰全遇,前澤州衙內指揮使、銀青光禄大夫、檢校太子賓客兼侍御史、武騎尉。近蒙聖造,宣補殿直。次曰全渥,前澤州山河軍使。遺表進過,將俟國恩。繼以哀纏,持孝私室。嗚呼! 大嶽崩焉,良木摧焉。夫人恨絲蘿無托,孤子感風樹益悲。即以其年十二月四日,奉殯於洛陽縣清風鄉安仁里高村之原矣。於是左接河陽太師塋域,右依明宗皇帝徽陵,前臨秦王少帝之墳,後近清泰雍王之墓。恐以時移代遠,類彼佳城,禮刻志文,直標銘曰:

公之祖考兮爲帝爲王,公之昆季兮如琳如瑯。唯公稟性,氣兒堂堂。唯公勛業,盛德揚揚。二豎爲灾兮其夢非祥,百藥無徵兮以至薨亡。遺言安厝,歸於洛陽。雖言儉殯,無越於常。洛都東北兮徽陵之傍,鄉號清風兮山號北邙。創崗塋域兮殯此賢良,千年萬歲兮地久天長。

其墳塋周迴地共四頃七十畝。東至河陽太師墳,南至大道,西至路,北至路。

原載《五代石刻校注》

晉故李府君(行恭)墓志銘

太平鄉善葉村劉超買地二畝

府君諱行恭,玄元皇帝之苗裔。胤封江下王,後爲上黨太守,葬在城西北二十里,塋廣捌畝。其後子孫流延,遂便東西,於潞城縣西四十里封仁村有地宅。因官歷任，來至黎城縣東北七十里白巖山下元村，廣務田園。高祖墳在村西一里。曾祖諱季宗，改葬村東甲地。府君冠年英傑，禮樂立身，名係轅門，太原守職仗。自先皇委任，補充五院都頭，爲國忠勤，於家孝敬。加以邊隅寇亂，磁隰未寧。奉敕翦□□□奸黨已。天祐十四年終於彼地也，春秋六十有一矣。夫人本東陳村，乃陳氏之女也。夫人以芝蘭秀異，如芳桂之貞，已同光元年八月五日，忽因寢疾，奄棄高堂，享年六十有四矣。去開運三年丙午之歲十有二月丁巳朔二十三日己卯，遂別卜塋兆，改葬於村東一十五里皇后嶺西。其地勢也，南山嶷嶷，地北平平。左望長途，右連幽谷。有嗣子有四：孟子重興、仲子重浴，頃因不幸，早奄泉臺。次子弘、小子彥珣。女有二：長女宇郎婦，笄年及待出娉西鄰。小女惠，七歲出家，依年授戒，名聲高遠，道德幽深。有新婦二：朱氏、馬氏。孫男有四：福榮、福超、小師、惠清。□孫男高留範新婦有二。孫女有八：豈郎婦、郭郎婦、劉郎婦、小劉郎婦、張郎婦、小師姑、謝郎婦、八姑兒。內外姻親，同修葬事。

原載《三晉石刻大全·長治市黎城縣卷》

晉故竭忠佐國功臣金紫光禄大夫檢校司空使持節懷州諸軍事懷州刺史充本州河堤使兼御史大夫上柱國南陽縣開國男食邑二百户白公（萬金）墓志銘并序

公諱萬金，本岱川北鮮卑山之陽，居其族，聞公之族有大白家者，即漢之南陽郡白水之後也。以其族巾幘冠帶，韋錦錯雜，法令禮義，漢之太半，所呼□吐渾即其本。公幼徙岱川界應州封屬内，以騎獵牧馭爲業。值中朝皇綱失緒，虎踞鯨吞，藩邸爭衡，十有餘主。公以武皇帝潛龍太原節度使白萬圖副紹密切，旋張輕騎雲奔，朝隱暮見，乃至岱川北近藩諸族所伏者皆以爲□□□公，於天祐二年牧務中落於武皇所擒，令參驂至太原■於象□□□□用以義爲心，公遂□□在□男院始年十八中軍■門衛將軍文德公之祖父■此也，天水隴西郡李氏■之長子。次女妻穎川太守南陽何公■□平□幼難抱忠■將□爲軍頭□當在□軍有■緑轉充■指揮使其■一軍都■隨機而■州牧承

命■都指揮使充行■歲九月■王■去回邪□□儀爲■□情□密公■
□□駕上下■乃□□詔赴■少主皇帝■府□□惠藏於心腹，公□次
年重病亦深■軍前享年六十四，歸葬於洛陽北邙山■準旗名當職之
從公之□於艱□□，公之君父主母指論紀於事端，刊珉勒記，永稱墓
銘，時開□□□八月三日■銘曰：

　　偉哉白氏，卓爾英雄。弓開雁斷，劍拔雲空。千征萬戰，□往不
功。四十六載，榮我漢宗。主軍作□，頗扇仁風。勤於奉事，□□□
□。家鄉北狄，罔知所遷。公之將殞，告於從官。□葬洛陽，□□□
□。選於吉地，歸穴邙山。嗚呼澗水，流咽□□。勒於墓石，□□
□□。

原載《五代墓志彙考》

丙午年（九四六）三界寺招提司法松諸色入破曆算會牒殘卷

　　三界寺招提司法松狀。合從乙巳年正月一日巳後，至丙午年正
月一日巳前，中間一周年，徒衆就北院算會法松手下應入常住梁課、
磑課及諸家散施、兼承前帳迴殘及今帳新附所得麥粟油麵黃麻夫查
豆布氈等，總四佰二十六石四斗六升九合。一百□□□石二斗麥，一
百一十七石八斗粟，四石四斗五升九合油，五十二石四斗白麵，三十
二石二斗三升麻，二十九石二斗五升豆，十石麵麩麵，九石二斗粟麵，
一十八石九斗麩，二百尺布，一百十一尺緤。□百五十六石六斗一升
九合麥粟油麵黃麻夫豆緤布等應前帳迴殘：叁拾碩貳斗麥，肆拾碩
粟，叁斗五勝九合油，壹拾叁碩叁斗白麵，二十七石九斗三升麻，壹拾
玖碩五斗豆，叁碩柒斗麵麩麵，肆碩二斗粟麵，柒碩二斗麩，捌拾尺
布，貳丈二尺緤。□百六十九石八斗五升麥粟油麵黃麻夫豆布氈等
自年新附入、九十一石麥，肆碩六斗八日佛出入，肆碩叁斗春佛食入，
壹碩城上僧佛食料入，叁斗北城上齋時入，伍碩張法律折黃麻替入，
肆碩秋佛食入（下闕）

原載敦煌文書 P. 3352

丙午年(九四六)前後沙州敦煌縣慈惠鄉百姓王盈子兄弟四人狀

　　慈惠鄉百姓王盈子、王盈君、王盈進、王通兒。右以盈子等兄弟四人,是同胎共氣兄弟,父母亡没去後,各生無儀之心,所有父母居產田莊屋舍,四人各支分。弟盈進共兄盈君一處同活,不經年載,其弟盈進身得患累,經數月險治不可,昨者至□更兼盈進今歲次着重役,街□無人替當,便作流户,役價未可填還,更緣盈進病亡時,弟債油麵債將甚繁多,無人招當,並在兄盈君上□。其亡弟盈進分了城外有地七畝,有舍壹,城內有舍□□□況與兄盈君□□□取填還債負如後(以下模糊不清)

原載敦煌文書 S.4654 背

丙午年—丁未年(九四六—九四七)諸色入破曆算會稿

　　□□□■

　　破油一石八斗□□□□

　　丙午年,磑上領麥二十六石,領粟三十石三斗。

　　丁未年,磑上領麥三十八石,領粟六(石)七斗。

　　丙午年,破麵五十三石二斗,又一石三斗,破粟二十八石。

　　丁未年,破麵五十一石八斗。

　　諸色斛斗油蘇米麵等自年新負(附)入:

　　麵壹伯柒拾伍碩玖斗,粟玖拾陸碩柒斗叁勝,叁拾玖碩肆斗黃麻,肆拾捌碩柒斗伍昇蘇,伍碩捌斗玖勝油。(後缺)

原載敦煌文書 S.5486

丁未年(九四七)二月兵馬使高員信等便麥黃麻曆

　　丁未年二月五日,兵馬使高員信便麥一石,秋一石五斗。(押)。張再興黃麻一斗,秋一斗五升。十二日,氾家印兒便黃麻貳斗,秋叁斗。又一碗,秋一碗子半。孔清子便黃麻叁斗,秋肆斗伍升。

　　(後殘)

原載敦煌文書 S.6303

長洲某府君墓志

■未之有也,我宗即有唐■性樂丘園,不拘仕宦。父諱■不監司 醎務,府君即其第■依憑,四方縶仰,伏自■倍增,進納無怠,累職上 將軍■疢一纏,沉痾莫愈,嗚呼!天福十■於長洲縣武丘鄉之私第 也。以■十三日歸神柩于當縣陳公鄉■首,從其禮也。府君娶吳郡 ■徽,先歸長夜。有子二人:長曰以■氏□□二□男曰獰子。女曰六 兒■孝□□居瘭籌謀而奉主■南陽□一人曰客苟■曰孩子。府君季 兄邸,清嚴被■竹自故曹使君劍竹之日。累■義飾躬,謙和處衆,心 明夷道。行叶人■自迴■府君不諱之日,承業等■哀□禮足。今恐 日月綿遠,墳大□移■無黨無偏,有仁有義,中外咸欽。■不聞嘖憙, 爰自在公,一心無二,■穀粟盈倉,珠珍滿櫃,茂宛全吳。■善莫我 利,八十纔臨,百生遽棄,■閉此玄寢,千年萬歲。

原載《全唐文補編》卷 156

竇禹鈞墓志

■公曰,不能遇時,則當遠害,或出或■身者寧從污染,能保家 者,不使顛隮,儻傷■物盡張於虎口,公星行草莽之內,途■如神異 乎,晝伏宵行,扶老携幼,既免奪攘■入梁,尋佐沂州軍事,其後積年 不調,累邑■唐、晉二朝,歷鄧、安、同三府觀察支使,鄆州■取才與令 相戾,曾無苛求,老於陪臣,亦其■成家,法度是循,宗親所睦,婦道垂 裕,母儀■俄爲翰林學士、尚書禮部侍郎,儼爲中書■卯仲夏月,遇疾 於都輦,聞於■之疾,嗚呼哀哉!至八月二日終於鄆州■河內村,即 北邙之原也,■眠吉土,宿草蒼茫而變白,新松蕭索而■朝廷得失,不 妄發於摳樞,每欺曰:詩書■卷而懷之,至於垂白。又曰:既不獲用於 ■贍,德行俱優。仕宦詳明,談議宏博,春秋■公亦節儉於身,止以溫 飽爲足,拜慶之■得全者鮮。公壽及髦年,富於義■立身揚名,光□ 祖禰,至■奠書齋,緗帙空存於手澤,淒涼□省,■浩淼兮遍區宇,功 名雜遝兮簡編□□■。

原載《芒洛冢墓遺文三編》

況慶德墓志

■不失其家事父孝故事。蓋聞安邦定國,托良將以輔明君;匡佐王畿,藉賢臣而裨大業。

況府君諱慶德,字憂公。天資異貌,月角成姿,早年用武而超群,壯歲懷文而冠古。故得開弓雁泣,發矢猿啼。播李廣没羽之殊功,傳養由穿楊之秘術。謙恭守節,禮讓每抱於胸襟;抱直扶忠,孝悌衆謡於鄉黨。因兹元戎獎録,司任百人,治理無偏,均平如概。訓練依則,教誨當途,克己不徇於私,美□每均於衆。後遷紫亭鎮將,數年而控扼南番。恒以廉潔奉公,累載討除北虜,重僉步卒元帥。又選兵馬都權,職位崇隆,榮超極品。運張良之計,東静金門;立韓信之謀,北清玉塞。單槍匹馬,捨軀命而張掖河邊;仗劍輪刀,建功勛於燕脂山下。再舉衙内師長,兼任親從行班。每陳王氏之忠言,不失狄公之直諫。方欲分茅列郡,持節邊城,奈何天奪人精,喪我國寶。孤男無望,號叫聲徹於蒼天;媸女含悲,哽咽哀傷而動地。余忝居微眷,又厠(兵)[丘]行,久同班列之中,頗極歲寒之義。既蒙邀命,豈敢拒違,不憚荒詞,輒陳淺見。其詞曰:

安邦定國,實藉賢良。賢臣膺世,再整摧綱。間生異貌,月角齊芳。懷文冠古,用武名彰。開弓舉矢,雲雁騰翔。謙恭守節,禮讓時常。扶忠抱直,不致乖張。初任將務,擢委班行。訓練士卒,如虎如狼。後居南鎮,控扼邊疆。馬步都管,累易星霜。西收蕃塞,東静甘凉。衙内師長,國下棟梁。赤心抱直,匡輔明王。方保榮禄,永紹恩光。何兮逝□,卞璧沉湘。六親無望,九族悲傷。略留數韻,用寫留行。

原載《全唐文補編》卷156

石昂墓志

故晉朝散大夫宗■

公諱昂,字敖曹,其先趙人也。本帝嚳■州樂陵郡人也。公即樂陵之裔因■。□□無□,幽蘭生谷,雖■河東賈氏。先考諱審,字正■冰清之譽,劉氏之經籍■其識高聚■。

原載《山左冢墓遺文》

書儀

徒積瞻顒之懇,空凝夢蝶之勞。豈謂眷愛逾涯,迴垂筆翰;認數增慰安之旨,捧多殷誠之言,感激之情,但切卑抱。不審乍邊(違)奬仁,保(體?)履何如皇;善保尊崇,固安寢寐。謹修狀起居陳謝,伏惟照察,謹狀。

某乙啓:近有違和,累聞在假;既趨仁之莫遂,實戀德以宣心。身則離門於光儀,心乃長懸於右左。今則既蓬佳節,喜過新冬;願臻禮佑之僤,更逐寵榮之澤。豈謂忽蒙眷愛,特敗(拜)筆對,銘鏤之誠,莫安卑抱。謹修狀起居兼伸(申)陳賀,伏惟照察。謹狀。

自阻芳塵,每增凝戀;忽辱迴鸞之迹,如窺彩鳳之儀;緬惟遐地於道途,伏計無虧於彌眷。更予調護,以副知己,未諧效奉之期,但積瞻馳之懇。謹修狀起居陳謝,伏惟照察。謹狀。

□日云:廓外散悶打毬,攀倍仁私,實多悚失;懷惕唯增於不懇,兢慚倍集於卑懷。未審宿來尊體何似? 伏計百旅潛護,午夜資持。謹修狀起居兼咨同(問?)體氣。伏惟照察,謹狀。

上伏以佳節將臨,合陳獻芹,別兼恩私,用表芹心。前件麪食苟既繫寡淺,又乏精珍,伏惟不辭輕塵,至垂俯賜容納,伏惟照察。謹狀。

昨日叨蒙眷顧,游禮郊坰,祗對冢魂,□□■。

原載敦煌文書 P. 2996

狀啓集

某乙啓:伏審朝騎行李將及近地,某乙今差將軍暉,押領人馬於前路攀迎。謹專狀咨聞。伏惟照察,謹狀。

幞頭三門,露芽茶壹斤,右謹專送上,以備經歷蕃部所費。伏惟不訝輕塵,俯賜容納,謹狀。

蒸胡三十分,右謹專送上,伏惟仁私,俯垂檢到。謹狀。

仲夏毒熱,伏惟某官尊體動止萬福,即日某乙蒙恩,謹奉狀不宣,謹狀。某年月日具官姓名。

某官合(閤)下,謹空三數日不遂披雲,方積攀戀,特蒙某官眷奬,專賜寵召。但緣脚染風瘡，身負腫癎，雖思接奉，久坐實難。仰希恩私，不訝疏易。謹修狀启聞陳謝，伏惟照察，謹狀。某年月日。

昨日伏蒙眷私，特垂寵照（招），盡日攀奉，過有叨塵，不審夜來某官尊體何似。伏計不虧雅況，謹修狀咨聞寢興。伏惟。

原載敦煌文書 P. 3627

晉故金紫光禄大夫檢校司徒嵐州刺史清河郡食邑七百户兼御史大夫上柱國張（奉林）公墓志銘并序

蓋聞神道感通，人功自著，源流冀表，斯文顯明。曾、祖、考並皆不仕，逍遥遂性，落天寓時，惟襲韜光，爰繼宗嗣。公諱奉林，孝道日積，功幹時逢運，偶莊宗皇帝，初嘗翼德之日，尋領重權之次。天祐年，權主金槍扈衛都指揮使。尋又至同光年，轉授正金槍扈衛厢都指揮使。未逾數歲，便遇明宗皇帝，因鄮微勞，顯降睿澤。天成元年，除授豐州刺史，尋又除鎮武正副使。纔終秩替，尋便歸朝，恩渥愈深，亟奉殊寵。後至清泰年，除授嵐州刺史。將經歲序，疾病忽興，染餌無徵，永終遽至。公春秋六十有八，薨於私第，禮贈盈門。人言如玉，婚於郡薛氏，夫人德行播實，内則表貞，烝嘗聯宗，宜爾益盛。三男二孫六女，長男敬遷，次男彦韜，次男彦詔，長孫兒厚殷，次孫兒厚賓，長女適薛氏，次女適白氏，次女適薛氏，次女適楊氏，次女適安氏，次女適王氏。内外哀涕，遠近悲摧。卜宅云諧，遷葬窆吉。遂於十月五日葬河南府河南縣金谷鄉張村，殯於神靈，永□窀岁，想他年之海變，記今日之貞瑉，其詞曰：

紀功記窆，銘德居陰。

重書狀實，千載斯尋。

原載《河南洛陽市苗北村五代、宋金墓葬發掘簡報》

後晉時期净土寺諸色入破曆算會稿

（前缺）

□□□二日看充僧及社人衆僧等用。麵壹斗五升，造小食送路候司空用。又一斗，送友住用。麵叁石五升，造送路尚書頓定用。麵三斗，冬至解齋用。麵六石六斗，春秋二季佛食用。麵壹石六斗伍升，十二月城上轉經神佛食及僧料等用。麵八斗，十二月六日至八日，衆僧行解齋用。麵六斗，九日雷僧正解齋用。麵一斗，歲付恩子用。麵叁斗，納報恩寺屈廳徒用。麵貳拾陸碩柒斗伍勝，四月廿七日以後至六月十四日已前中間，看博士及局席般（搬）沙墼車牛人夫及徒衆等用。麵拾肆碩玖斗貳勝，八月十四日已後至九月十一日，看木匠泥匠鐵［匠］及人夫等用。

計麵壹伯五石七斗七升，麵十二石八斗，欠在净勝折絹價用。通計麵一百一十八十石五斗七升。

（中有十九行佛經）

粗麵破：

麵壹斗，歲付恩子用。麵貳斗，教化柴時衆僧食用。麵壹斗，交庫日造水併用。麵柒斗、燒炭時僧糧用。麵三斗，堆園僧食用。麵一斗七升，算保應時所由及女人食用。麵一斗，羅平水園内折梁子僧食用。麵貳斗，瑩局席時女人食用。麵貳斗，城東園斫木及城北張家莊上斫木人夫食用。麵一斗，寒食與恩子用。麵二斗，造蒸餅用。麵五升，女人食用。麵一斗，寒提折木用。麵一斗，屈廳徒時女人食用。麵叁斗，陽孔日莊上斫［木］兩團僧食。麵一斗，俳寺園斫梁子用。麵壹碩拔毛時將羊群上用。麵貳斗，僧糧用。麵五升，淘麥僧食用。麵一斗，後淘日僧食用。麵三升，列菜日女人食用。麵壹斗，下手截木日解齋用。麵壹斗，齋時用。麵壹斗，第二日截木解齋用。麵壹斗，齋時用。麵壹斗，第三日解齋用。麵貳斗，齋人夫及三處斫木僧到來用。麵壹碩，五月廿二日付牧糧用。麵二斗，載柱僧料用。麵一斗，淘麥人夫食用。麵一斗，七月十二日造火查餅用。麵二斗，造佛盆僧食用。麵五升，兩件耕地人食用。麵四斗，八月西窟上水時僧食用。麵肆斗，九月造設女人食用。麵一斗，送路尚書頓女人食用。麵二斗，造二季佛食女食用。麵一斗，十二月城上轉經造食女人食用。麵一斗，歲付恩子用。粗麵拾捌碩貳斗捌勝，四月廿七日至六月十四日已前中間，人夫及車牛徒衆等用。麵陸碩捌斗捌勝，八月十四日已後至九月十一日中間，木匠人夫等用。

計粗麵三十三石二斗一升。

（中有約九行距離空白）

穀了麵破：麵一斗，羅平水園內（莊上）折梁子僧食用。麵壹斗，三日拾菜沙彌用。又麵一斗，亦拾菜沙彌食用。麵壹碩，五月廿二日付牧羊[人]糧用。麵一斗，後淘麥人夫食用。粟麵二斗，造二季佛食女食用。麵五升，十二月城上轉經造食女用。麵捌碩陸斗叁勝，四月廿七日已後至六月十四日已前，人夫及徒眾般沙墼車牛等用。麵兩碩玖斗捌勝，八月十四日已後至九月十一日中間，人夫等用。

計十四石二斗六升。

（空白）

三月付梁戶黃麻壹碩肆斗，潤四月付黃麻兩石九斗，六月一日付麻柒斗，六日又付麻二石八斗，計七（八）石斗。

麻壹石，爲史都料用。麻兩石五斗，欠在淨勝折絹價用。

通計黃麻一十一石三斗。

麩破：麩叁碩，春臥醋用。麩肆碩，於漢兒邊買緤用。麩一石，與磑博士用。麩三石，雇載麵車牛用。麩六石，秋兩件臥醋用。麩三石，秋磑麵雇車牛用。

計二十石。

豆破：豆肆碩，辛押衙梁子價用。豆肆碩伍斗，羅平水梁子價用。

計豆八石五斗。

（空白）

西倉豆破：

豆兩碩，郭胡兒將麥折豆本利用。豆肆碩伍斗，支與史奴奴都料手工用。豆壹碩，於曹虞候邊買生鐵貳斤用。豆兩碩，程早迴木價用。豆叁碩叁斗，羅平水梁子價用。

計豆十二石八斗。

（以下有約五行空白）

布一丈二尺，索校揀母亡時，吊孝校揀郎君及小娘子等。布九尺，高僧政新婦亡時，吊孝索校揀索僧政高僧正等用。布九尺，張鄉官小娘子亡時，吊孝水管張郎君鄉官等用。布壹丈五尺，索鄉官亡時,吊孝長史水官陳都磧長史娘子等 用 。布貳丈,史軍舉發時,吊孝諸郎君及小娘子及郭僧正等用。布壹丈叁尺,閻家娘子亡時,吊尚書都衙及小娘子等用。布二尺五寸,善勝新婦亡時,吊 孝 用。布二尺五寸,康都料孫子亡吊孝用。布二尺王應子亡時吊孝義員用。布二尺,願勝父亡吊孝用。布二尺,法深妹亡吊孝用。布九尺,小骨亡時吊僧正行像漢兒賀博士等用。布四十六尺,康押牙榆木價用。布七(十)匹,木匠造檐手功用。布二尺,造袢(秤)帛用。布五尺,縫袋用。

計布五百五十一尺。

布壹匹,頭與保真造葦簟手工用。布壹拾捌匹,庭子上轉經犀牛綾價用。布一丈二尺,造幀用。計布一千三百二十三尺。布壹拾陸匹,庭子上轉經蓮花錦襖子價用。

通計布一千九百六十三尺。

(有約五行距離空白)

緤破:官布壹匹,高孔目起蘭若人事用。立機壹匹,拽梁日木匠用。粗緤拾壹匹,造檐時,木匠手功用。

計三百二十五尺。

立機緤玖匹,官布拾伍匹,庭上轉經犀牛綾價用。立機緤壹匹,起寺設日與作坊用。官布壹匹,康家榆木價用。

通計八百七十五尺緤。

立機陸匹、官布六匹,庭子轉經蓮花錦襖子價用。

緤計一阡一百七十五尺。

褐破:一丈四尺,買草破用。一丈四尺,與恩子用。

計二十八尺。

乙巳年正月廿七日已後,勝淨戒惠二人手下諸色入。麥拾壹碩,寺門前朽木價入。立機壹匹、土布壹匹,吳僧統患時念誦入。麥陸碩陸斗,粟肆碩八斗,二月六七日八日沿行像散施入。麥兩碩五斗,孔僧統百日齋施入。粟貳拾碩,氾僧統施入。麥肆斗,粟肆斗,布八尺,康(辛)家憂婆夷念誦入。麥肆石貳斗、麻四斗,春季佛食入。麥壹石、麻五斗五升,辰年十二月上(城)城(上)轉經神佛及料等入。麥三斗三升、麻二斗五升,三月十八日城上轉經神佛食及僧料入。粟三石,卯年官貸將麵替入。麵四十石,春磑入。麩十二石,春磑入。粟壹碩捌[斗]黃麻貳斗、布一匹,春官齋儭入。布壹匹,吳和上百日齋儭入。布一匹,氾幸者木價入。粟貳拾碩,氾僧統依懺子施入。麵貳拾碩,後件磑入。麩六石,磑麵入。褐二丈,索幸婆喪前念誦入。粗麵六石八斗,春磑入。麵陸石八斗。麥肆碩貳斗,秋佛食入。黃麻肆斗,秋佛食入。麥伍斗,黃麻貳[斗]伍升,八月城上轉經神佛食及僧喫入。麥捌碩肆斗,園南地稅入。麥四碩貳斗,生地種入。麥貳拾貳碩,菜田渠稅入。麥拾碩,官將麵替入。粟貳拾叁碩,無窮厨田稅人。十二月八日,粟四斗,王幸松施入。粟玖碩肆斗,眾僧自年菜價入。麥壹碩伍斗、粟一石五斗,自年人上菜價入。麥貳拾碩,氾僧統施入。布壹匹,秋官齋儭入。

(約有三行空白)

麥入:麥壹拾碩,朽木價入。麥陸碩六斗,二月六日七日沿行像散施[入]。麥兩碩伍斗,孔僧統百日齋嚫施入。麥四斗,辛家優婆夷患念誦入。麥肆碩二斗,春佛食入。麥壹碩,辰年十二月城上轉薩經神佛食及僧料入。麥叁斗,三月十八日,城上轉經神佛料及僧料入。麥四碩貳斗,秋佛食入。麥伍斗,八月城上轉經神佛食及僧料入。麥八碩四斗,園南地稅入。麥四碩貳斗,生地種入。麥拾碩,官將麵替入。麥貳拾碩貳斗,菜田渠地稅入。麥壹碩伍斗,自年人上菜價入。麥二拾碩,氾僧統施入。

計九十四石。

(中約有五行空白)

西倉:

麥入:麥兩碩,康搗攉利潤入。麥壹碩,善保利潤入。麥兩碩貳斗,譚定德豆本利入。麥柒斗伍升,張善善利潤入。麥壹碩,孫延友利潤入。麥壹碩壹斗,郭再定利潤入。麥壹碩伍斗,李欺泊折豆本利入。麥壹碩伍斗,張恒昌折豆本利入。麥(汧)

計十石五斗。

麥拾碩,索家郎君將豆入。麥叁碩,安富進折豆本利入。

通計二十三石五斗。

粟入:粟肆碩捌斗,二月六日七日諸街沿行像散施入。粟貳拾碩,氾僧統施入。粟肆斗,辛家優婆夷念誦入。粟叁碩,卯年官貸將麵替入。粟壹碩捌[斗]官齋嚫念誦入。粟貳拾碩,氾僧統施入。粟玖碩肆斗,自年僧上菜價入。粟壹碩伍斗,自年人上菜價入。粟叁石二斗,善惠贈粟入。粟二十三石,無窮厨田[税]入。

計八十七石一斗。

(中有九行距離空白)

西倉:

粟入:粟兩碩,康擶搖豆利入。粟壹碩,康擶搖利潤入。粟壹碩,馬延德利潤入。粟柒斗伍升,孫擶搖利潤入。粟三斗五升,賀奴子利潤入。粟伍斗,李啓恩利潤入。粟壹碩伍斗,安元進利潤入。粟柒碩,曹安住利潤入。粟伍斗,程延昌利潤入。粟柒斗伍升,僧法俊利潤入。粟壹碩伍斗,王富進利潤入。粟叁斗,因會利潤入。粟伍斗,友定利潤入。粟壹碩,張富通利潤入。粟五斗,陰安信利潤入。粟壹碩伍斗,石章午利潤入。粟叁斗,張溫子利潤入。粟伍斗,解再慶利潤入。粟伍斗,唐保子利潤入。粟伍斗,武買德利潤入。粟叁斗,鄧仵子利潤入。粟壹碩,翟員定利潤入。

計十八石七斗五升。

粟伍碩,楊都頭將豆入。粟拾碩,高都頭將豆入。粟叁碩,蓮宋僧政將豆入。粟肆碩,士宋僧政將豆入。粟叁碩,索僧政將豆入。粟肆碩伍斗,蓮張判官將豆入。粟兩石,孔殘奴將豆入。粟兩石,宋僧政將豆入。

計五十二石二斗五升。

油入:油叁碩,自年梁課入。油貳斗,付麻押入。

計三石二斗。

麵陸拾碩,自年春磑入。

(中有約三行距離空白)

連麩麵陸碩捌斗,春磑入。麵叁碩捌斗,秋磑入。麵叁碩陸斗,秋磑入。

計十四石二斗。　（中約有五行距離空白）

穀麵

（空白）

（前缺）

黃麻貳斗貳升半，孫富住利潤入。黃麻貳斗貳升，王幸豐利閏（潤）入。黃麻伍斗，康富定利潤入。黃麻貳斗，劉彥進利潤入。麻壹斗五升，張富通利潤入。麻貳斗，安阿朵利閏入。麻壹斗伍升，陳清子利閏入。麻壹斗伍升，陰彥郎利閏入。麻叁斗，康擖攞利閏入。麻伍斗，氾安久利閏入。麻肆斗，春佛食入。麻伍斗伍升，十日城上轉經入。麻貳斗伍升，三日城上轉經入。麻貳斗，春官齋嚽入。麻貳斗伍升，八日城上轉經入。麻肆斗，秋佛食入。

計四石六斗四升半。

（後空）

麩拾捌碩，自年磑麵入。（中空）

查二拾柒餅，自年梁課入。（中空）

豆壹碩，趙江子利潤入。豆壹碩伍斗，曹安信利潤入。豆壹碩，索乞悉鷄利潤入。豆叁斗，李員住利潤入。豆陸斗，康遂子利潤入。豆肆斗，左員信利潤入。

計四石八斗。

（中有約五行距離空白）

麥破：

麥四十石，春磑淘麥用。麥四石，磑課用。麥九斗，生地種子用。麥叁碩陸斗，買鐵納乾寺寫鍾用。麥叁石，春磑乾麥用。麥壹石八斗重墼地價用。麥壹斗，僧統製幡額了日造局席買菜用。麥二十石，後件磑淘麥用。麥壹碩玖斗，符虞候墼地課用。麥叁碩，後件磑乾麥麵用。麥陸碩，秋磑乾□□［麥麵］用。麥兩碩伍斗，秋磑課用。麥一石八斗，冬至臥酒節料用。麥一石，支僧□□□用。

計八十六(七)石八斗。

計八十六石八斗。

（空白）

西倉:麥兩馱,園子春糧用。麥兩碩,恩子春糧用。麥壹碩,李文信梁子價用。麥貳拾碩,羅家地價用。麥壹馱,園子秋糧用。麥兩碩,恩子秋糧用。麥貳斗,交倉日買胡併用。麥拾碩伍斗,錦襖子價用。麥陸斗,與員進還錄斗價用。

計四十石五斗。

粟破:

粟柒七斗壹勝,(臥酒做)供釘鑷佛艷鐵、修治佛手塑師及羅筋匠、染布匠等用。粟壹碩貳斗,支與行像社人七日用。粟六斗,支與擎佛人造頓用。粟兩碩一斗,臥酒二月八日看社人及第二日屈人用。粟叁斗,二月八日貼頓用。粟一斗,二月七日巡道場用。粟二斗,寒食買紙用。粟七斗,寒食臥酒祭拜及第二日眾僧底生地畔用。粟二斗,菜田渠修渣木價用。粟三斗,初春造菜併時,沽酒用。粟二斗,臥酒泥西倉人匠用。粟七斗,臥酒將往就山拔毛用。粟一石二斗,沽酒高都頭南山去時送路用。粟三斗,支與羅筋博士手工用。粟一斗,後造菜併沽酒用。粟四斗,沽酒裨毛看牧羊人及第二日來人用。粟三斗宋僧政拔毛來沽酒迎用。粟四斗、無窮修查與渠人用。粟一斗六升,臥酒磑麵時看博士用。粟七斗,西窟上水用。粟柒斗,臥酒宋都衙窟上梁人事用。粟叁斗,沽酒上窟人用。粟柒斗臥酒看勾儭人用。粟肆斗,沽酒看吳和尚營齋人用。粟貳斗,納大眾宋都衙窟上梁時迎官用。粟壹斗,喜郎染布手工用。粟叁碩陸斗,買鐵納乾元寺寫鍾用。粟一斗,平章鐵牙郎用。粟柒斗,臥酒乾元寺寫鍾人事用。粟叁斗,沽酒僧官等差發東行來日,就北院看用。粟陸斗肆升,臥酒及沽[酒]壘西梁時,看博士用。粟壹石二斗,沽酒司徒東行送路用。粟貳斗叁升,臥酒高法律張闍黎等東往送路[用]粟貳斗,沽酒看造食人用。

粟貳斗,於羅平水買地造文書日看用。粟三斗,三團車牛載木用。粟貳斗沽酒送路重高法律張闍梨用。粟貳斗,宋僧政東定城置道場了迴日迎候用。粟叁斗,將看陰水官覓木用。粟一斗,安老宿車團於南沙張音聲莊折木用。粟捌斗,沽酒僧統製幡額了日造食起用。粟一斗,買芘造幡額了日用。粟壹碩八斗,轂苻虞候墾地課用。粟貳

斗,西宅氾判官邊取嚉牛用。粟貳斗,七月十三日泥佛你殿基博士
用。粟壹碩肆斗,七月十七日卧酒,造破盆用。粟三斗,七月十三日,
沽酒諸寺和尚就寺差幡傘來看用。粟叁斗,沽酒高都頭兵馬迴來日
迎候用。粟三斗伍升,卧酒七月十五日晚講納官用。粟壹碩貳斗,沽
酒司徒兵馬來迎頓用。粟叁斗,沽酒看營頓日用。粟柒斗,卧酒將西
窟上水用。粟叁斗沽酒,大衆下桃來就僧統院分時,看判官等用。粟
壹碩兩斗,沽酒,報恩寺罍園時,看用。粟柒斗,卧酒自年秋座延
局用。

粟七斗,卧酒造入梁延局屈索鄧二僧政工匠及衆僧等喫用。粟
叁碩貳斗,第二件修油梁用。粟伍斗,卧酒價嚉日,看馬王二僧政及
取嚉來高法律用。酒(粟)二斗,沽酒,看吊宋游弈僧官用。粟壹碩伍
昇,卧酒高 ▢▢▢ 碩壹斗卧酒(後缺)

（前缺）

油一升,七日支與擎佛造頓用。油一升,八日解齋用。油六勝一
抄▢造齋時及第二日屈人衆僧收佛衣等抄攦用。油一升,六七八日
燃燈用。油伍勝,於央生婦邊買鐵鏁佛艷用。油貳勝八合,造寒食祭
拜盤用。油叁勝,初春造食餷及菜併(餅)衆僧喫用。油勝半,煮食往
山拔毛用。油二升,煮食,高都頭南山去時送路用。油半勝,後件造
菜併用,及迎宋僧政拔毛來日用。油貳升,三月十八日城上轉經神佛
僧食料及(用)。油一升半,磑上燃燈及造食等用。油貳勝半,西窟上
水用。油貳勝,兵馬東行時當寺燃登用。油半勝,來時迎頓用。油陸
勝,春佛食用。油壹勝,看吳和上營齋人用。油叁合,宋都衙窟上梁
時,上窟僧用。油叁勝,看勾儭人用。油伍升,一日修西梁煮餬鍮及
點鐺看博士衆僧等用。油伍升半造食,司徒東行時看用。油一升半,
造食送路高法律張闍梨用。油肆昇,僧統造幡額了日,造局席用。油
貳升壹合,七月奉處分當寺置道場休日造齋時,衆僧食用。油貳斗叁
勝,七月十五日煮佛盆用。油肆勝,煮餬鍮及抄攦十七日造破盆用。
油壹抄,抄攦造小破盆子用。油貳斗壹勝,司徒兵馬來迎頓用。油壹
抄,第二日屈判官用。油叁勝半,造食及盛將西窟上水用。油半勝,
造胡餅上水來迎頓用。油壹抄,上水來解火用。油叁升,報恩寺罍園

人事用。油陸升,秋座局席衆僧喫用。油伍升兩抄,造入梁局席,屈索鄧二僧政工匠及衆僧等喫用。油壹斗壹勝,第二件修梁用。油壹升造門安門及安油榘博士點鐺用。油伍升半,高都頭開經時煮食,看僧官用。油肆升,吳僧統收灰骨造頓用。油貳升壹抄,八月城上轉經神佛料及僧用。(計八十六石八斗)油一升,乞麻時衆僧食料用。油壹升,行像社聚物看用。油壹升,冬至及第二日解齋調羬用。油半勝,送路張僧政東行用。油陸升,冬佛食用。油半升,載葦子車牛來日調羬用。油壹升一合,贈張僧政用。油貳勝,保應亡時煮祭榠及調粥用。油玖合,康教授減時納贈用。油貳升半,十二月雷僧政解齋用。油半升,臘月八日抄藥食用。油三升,十二月行解齋抄菁羬用。油四升,十二月城上轉經神佛食及僧兩日齋時一日解齋用。油壹升,歲交庫兩日行解齋調羬用。油五升,歲付衆僧節料用。油壹升半,歲付義員及恩子節料用。油叁升,付保應燃長明燈用。油叁升,支與安生用。油壹(後缺)

(前缺)

肆伯叁拾玖碩伍斗玖升麥粟油麵黃麻麩查豆布緤等自年沿寺破除用:

柒拾貳碩貳斗麥,叁拾陸碩叁斗西倉麥,叁拾捌碩壹斗粟,壹伯貳拾柒石捌斗西倉粟,兩碩六斗四昇油,肆拾肆碩陸斗麵,玖碩連麩麵,叁碩柒斗穀麵,柒碩黃麻,壹十八石叁斗麩,伍併查,叁拾玖石五斗五升豆,叁石西倉豆,壹伯四十四尺布,貳伯貳拾伍尺緤。

(後空)

(前缺)

五百四(五)十七石五斗八升一合麥粟油麵黃麻麩查豆布緤褐等,沿寺破除用:

九十石麥,五十二石七斗五勝西倉麥,一百七十石七斗二升粟,十七石七斗五升西倉粟,三石二斗六升一合油,四十六石二斗麵,十三石七斗粗麵,三石九斗穀麵,九石黃麻,二十五石八斗麩,六十三併滓,十七石八斗豆,九石西倉豆,七百六十四尺□,六百三十九尺布,五十尺緤,二百九十四尺昌褐。

（後空）

（六）

（前缺）通計一百六十五碩六斗。

（中空）

油叁碩,自年梁課入。油叁斗,兩件付黃麻壓入。

計油三石三斗。

蘇二升,波羅密施入。

（中空）

麵肆拾肆碩肆升,自年春磑入。

（中空）

連麩麵叁碩伍斗,自年春磑入。連麩麵叁碩玖斗,就西倉取麥入。

計七石四斗。

（中空）

黃麻貳斗,張兒兒利閏(潤)入。黃麻壹斗,張安信利閏入。黃麻伍升,女女利閏入。黃麻壹斗,白富君利閏入。黃麻伍升,索奴子姊利閏入。麻叁斗,雒乖子利閏入。黃麻壹斗,索章七利閏入。黃麻壹斗伍升,宋保德利閏入。黃麻壹斗伍升,孔善信利閏入。黃麻壹斗,弘建利閏入。麻壹斗伍升,張進明利閏入。黃麻壹斗伍升,張福盈妻利閏入。黃麻壹斗,張加進利閏入。黃麻壹斗,李通建利閏入。黃麻壹斗,穆住兒利閏入。黃麻壹斗伍升,賀昌子利閏入。黃麻叁斗,寒苦利閏入。黃麻壹斗,趙江子利閏入。黃麻壹斗,索飯和母利閏入。黃麻肆斗,押牙李奴子利［潤］入。黃麻伍升,趙江子利閏入。黃麻壹斗,王安信利閏入。黃麻伍升,穆單忠利閏入。黃麻壹斗,安盈達利閏入。黃麻壹斗伍升,張子慶利閏入。

計黃麻四石。

麩拾碩,自年春磑入。

（中空）

滓貳拾柒併,自年梁課入。

（空白）

豆伍斗,二月八日沿佛散施入。豆壹碩,張萬川利閏入。豆壹斗,因會利閏入。豆陸斗伍升,安盈達利閏入。豆七斗伍升,孔善友利閏入。豆壹碩伍斗,王憨憨利閏入。豆伍斗,王安信利閏入。豆兩碩貳斗伍升,石撝攞利閏入。豆貳斗伍勝,王通德利閏入。豆壹碩,曹虞候利閏入。豆壹碩,淡佛奴利閏入。豆壹碩,王恒慶利閏入。豆壹碩,羅黑子利閏入。豆伍斗,何灘訥利閏入。豆貳斗,周留住利閏入。豆叁斗,李李悉歹勺闌利閏入。豆柒斗伍勝韓平水利閏入。豆壹碩,王義全利閏入。豆貳斗伍升,張清兒利閏入。豆伍斗,王達子利閏入。豆伍斗,宋赤頭利閏入。豆叁斗,史再住(定)利閏入。豆貳斗伍勝,呂賢威利閏入。豆叁碩伍升,趙江子利閏入。豆兩斗伍升,赤頭男達子利閏入。豆伍斗,石佛德利閏入。豆貳斗伍升,張萬川利閏入。豆貳斗,張麴子利閏入。豆叁斗伍升,康博士利閏入。豆貳斗伍升,王善住利閏入。豆伍斗,趙加進利閏入。豆貳斗,韓飯順利閏入。豆伍斗,張苟奴利閏入。豆叁斗,唐阿桃利閏入。豆伍斗,羅文進利閏[入]。豆伍斗,張眼兒利閏入。豆壹斗,李悉歹勺忠利閏入。豆貳斗伍勝,李慶達利閏入。豆貳斗,沈慶慶利閏入。豆貳斗,王留住利閏入。豆叁斗,王懷子利潤入。豆壹斗伍勝,鄧住子利潤入。豆壹斗伍勝,李君君利潤入。豆壹斗,安盈達利潤入。豆貳斗,賀永進利潤入。豆叁斗,押衙安略子男利潤入。豆貳斗,張再晟利潤入。豆伍斗,金剛回利潤入。豆壹斗王萬子利潤入。豆叁斗,氾家李六利潤入。豆伍斗,張贊子利潤入。豆壹碩,張眼兒利潤入。豆柒斗伍勝,馬家二嫂利潤入。豆壹碩,陳留信利潤入。豆肆斗,孔善信利潤入。豆伍斗,宋留住母利潤入。

（以下約有六行距離空白）

（前空）

西倉:豆柒斗,楊白胡利潤入。都叁斗,索英賢利閏入。豆肆斗,張進明利閏入。豆柒斗伍勝,曹安信利閏入,豆伍斗,孟慶遂利閏入。豆捌斗,安尹莫利閏入。豆叁斗,王萬興利閏入。豆陸斗,馬潘子利閏入。豆貳斗,灘倉利閏入。豆貳斗伍升,寧吉令利閏入。豆貳斗,高文進利閏入。豆壹碩,唐像奴利潤入。豆貳斗伍勝,張醜胡利潤入。豆伍斗,曹虞候利潤入。豆壹碩伍斗,王再盈利潤入。豆貳斗,王昌進利潤入。豆伍斗,沈善子利潤入。豆貳斗,張義通利潤入。豆貳斗伍勝,王富定利潤入。豆伍斗,王章三利潤入。豆貳斗,張麴子利潤入。豆壹斗伍勝,駱駝官利潤入。豆叁斗,陽留信利潤入。豆柒斗,李德子妻利潤入。豆伍斗,張曹六利潤入。豆伍斗,李君君利潤入。豆伍斗,王留德利潤入。豆伍斗,陳留信利潤入。豆壹碩,又岳安定利潤入。豆伍斗,彭通信妻利潤入。豆伍斗,彭神奴利潤入。豆貳斗伍勝,氾什子利潤入。豆伍斗,唐特乾利潤入。

通計四十一石。

（中有約五行距離空白）

布肆拾尺,杜都頭充修行像入。布肆拾尺,春官齋儭入。布肆拾尺,秋官齋儭入。布肆拾尺,唱經儭入。細布壹匹,粗布兩匹,粗褐半匹,并願真折債入。布壹匹,張恩子折粟入。計布三百四十尺。布兩匹,曹和盈折麥粟本利入。

（中有約四行距離空白）

（七）

柒伯伍碩壹斗貳勝麥粟油蘇麵黃麻麩查豆布緤褐等,沿寺破除用：

罷市陸碩玖斗叁勝麥,肆拾陸碩伍斗西倉麥,壹伯肆拾貳碩陸斗粟,柒拾叁碩柒斗伍勝西倉粟,叁碩伍斗貳勝油,肆勝蘇,捌拾碩柒斗貳勝麵,叁拾貳碩肆斗陸勝連麩麵,壹拾貳碩壹斗粟麵,貳碩壹斗黃麻,壹拾捌碩伍斗麩,壹拾併查,壹伯叁拾肆碩伍勝豆,貳拾捌碩伍斗西倉豆,壹伯柒拾玖尺五寸布,壹伯柒拾伍尺緤,陸拾玖尺昌褐。

（後缺）

（八）

粟入：粟肆斗,張癡子念誦入。粟肆斗,索草場念誦入。粟肆斗,後索草場念誦入。粟捌斗,宋押牙念誦入。粟叁碩陸斗,二月七日沿行像散施入。粟兩碩,春官齋儭入。粟肆斗,宋再通念誦入。粟柒碩,講堂上灰泥油酒價入。粟捌斗,先年都知羊腔價入。粟壹碩,起鐘樓局席日沽酒入。粟伍碩,和尚齋儭入。粟捌碩肆斗,自年僧菜價入。粟壹碩,彭真定利潤入。粟伍斗,令孤沈慶利閏入。粟伍斗,彭神奴利閏入。粟壹碩柒斗,畫章章利閏入。粟壹碩,李信子利閏入。粟壹碩伍斗,鄧住子利閏入。粟壹碩,李信子利閏入。粟伍斗,李再員利閏入。粟伍斗,何安住利閏入。粟壹碩,石搗搉利閏入。粟柒斗伍升,王留子利閏入。粟叁斗,孫判官利潤入。粟壹斗,張留慶利閏入。粟拾伍碩,後曹豆替入。粟伍碩,赤山換豆入。粟叁碩,索判官換豆入。粟玖斗,高孔目換豆入。粟玖碩,無窮田收入。計柒拾叁碩肆斗五升。

（中約有六行距離空白）

乙亥年西倉粟利入:粟一石七斗五升,張章仵利潤入。粟一石七斗五升,王神德利潤入。粟壹石,張佛奴利潤入。粟一石五斗,安粉子利閏入。粟一石二斗五升,王慶子利潤入。粟貳斗五升,王再住利閏入。粟柒斗五升,道引利閏入。粟五斗,門野杯利閏入。粟伍斗,王友子利閏入。粟貳斗五升,安信兒利閏入。粟捌斗,索流吉利閏入。粟貳斗五升,宋定子利閏入。粟兩石,孔小兒利閏入。粟伍斗,董富員利潤入。粟一石伍斗,張粉堆利閏入。粟伍斗,何南潘利閏入。粟伍斗,孔曹子利閏入。粟一石,王應兒利閏入。粟伍斗,高師奴利閏入。粟伍斗,曹文達利閏入。粟伍斗,曹文德利閏入。粟柒斗伍升,曹阿朵鉢利閏入。粟□□（五斗）五升,趙住兒利閏入。粟兩石,張宗訥利閏入。粟一石,王儒通利閏入。粟一石,郭文進利閏入。粟一石五斗,孟慶郎利閏入。粟五斗,程僧昂利閏入。粟一石,劉進盈利閏入。粟一石五斗,高興子利閏入。粟一石,郭友信利潤入。粟一石五斗,曹虞候利閏入。粟一石,李保定利閏入。粟兩石,董兔兒利閏入。粟五斗,羅瘦子利閏入。粟七斗,彭憨子利閏入。粟貳斗五升,信子利閏入。粟七斗,令孤憨子利閏入。粟五斗,陳什德利閏入。粟一石五斗,張賢再昇利閏入。粟一石,董安德利閏入。粟一石,新員住利閏入。粟七斗,張和滿利閏入。粟一石五斗,安梁通利閏入。粟一石,王通信利閏入。粟一石,郭利閏入。粟一石五斗,安住子利閏入。粟一石,安善子利閏入。粟五斗馮善通利閏入。粟一石五斗,索和信利閏入。粟一石,王義郎利閏入。粟七斗五升,何瘦子利閏入。粟一石,張定子利閏入。粟三斗,李慶恩利閏入。粟五斗,彭員住利閏入。粟一石,令孤海閏利閏入。粟七斗五升,張流德利閏入。粟一石,陽萬萬利閏入。粟五斗,王友子利閏。粟一石五斗,鄧住子利閏入。粟一石,張義君利閏入。粟五斗,王富延利閏入。粟五斗,常懷慶利閏入。粟五斗,令孤留定利閏入。粟五斗,令孤都料利閏入。粟一石,陳清子利閏入。粟一石,李友連利閏入。粟一石,樊進延利閏入。粟捌斗,石通子利閏入。粟七斗五升,安元進利閏入。粟一石,曹安子利閏入。粟一石五斗,史富員利閏入。粟一石,劉達子利閏入。粟五斗,梁進通利閏入。粟五斗,閻三子利閏入。粟貳拾柒碩伍斗,官折豆替入。

計粟一百七石七斗五升。

(中空)

油入:油叁碩,自年梁稅入。油叁斗,付黃麻押入。

麵入:麵陸拾碩,自年春磑入。麵又貳拾碩,自年秋磑入。計麵八十石。麵肆碩,春磑入。

粗麵:麵拾(貳)碩伍斗,西倉付麥磑入。麵柒碩捌斗,秋磑入。計壹拾九石三斗。

(中空)

穀麵入:穀麵兩石五斗,春磑入。麵伍碩伍斗秋磑入。計五石五斗。

黃麻入:麻壹斗捌勝,春官儭入。麻陸斗,十二月城上轉經神佛食及僧料入。麻壹斗,沿行像施入。麻壹斗伍升,張像德利閏入。麻肆斗,春佛食入。麻肆斗,秋佛食入。麻陸斗,梁戶利閏入。麻柒斗,氾僧政換油入。計三石一斗三升。

麩入:麩拾捌碩,自年春磑入。麩陸碩,自年秋磑入。計二十三(四)石。

查:貳拾柒餅,自年梁課入。

豆入:豆壹碩伍斗,馬通子利閏入。豆伍斗,陳黑子利閏入。豆叁斗,張恩兒利閏入。豆壹碩,張麴子利閏入。豆柒斗伍升,陳小灰利閏入。豆伍斗,閻加義利閏。豆壹碩,張像德利閏入。豆肆斗,張萬達利閏入。豆伍斗,李慶達利閏入。豆壹碩伍斗,王全子利閏入。
豆壹碩,張喜順利閏入。豆伍斗,張安德利閏入。豆伍斗,索流吉利
閏入。豆伍斗,張阿朵利閏入。豆伍斗,姚安德利閏入。豆柒斗,李
富郎利閏入。豆伍斗,王安信利閏入。豆伍斗,李擖撞利閏入。豆伍
斗,王再住利閏入。豆伍斗,王恒慶利閏入。豆兩石伍斗伍升羅赤頭
利閏入。豆貳斗,張麴子利閏入。豆貳斗,張員盛利閏入。豆肆斗,
畫章章利閏入。豆伍斗,李信子利閏入。豆肆斗,索富通利潤入。豆
伍斗張苟子利閏入。豆貳斗,康住子利閏入。豆叁碩肆斗,馬家換粟
入。計二十五石九斗五升。

（中空）

乙亥西倉豆入:豆貳斗,弘建利閏入。豆五斗,米胡利閏入。

（中間約有六行距離空白）

布入:布貳拾肆尺,安平水舉發念誦入。布壹丈伍尺,郭家新婦
念誦入。布貳拾尺,索草場念誦入。布壹匹,賈都頭齋儭入。布壹
匹,春官齋儭入。布壹匹,氾家四郎車頭念誦入。布壹匹,張平水(賢
者)齋儭入。布壹仗(丈),駝官母念誦入。布壹仗肆尺,吳再昌車頭
念誦入。布壹匹,大眾起鐘樓人事入。布壹匹,官家人事入。布壹
匹,楊孔目人事入。布貳拾尺,索校揀人事入。布壹匹,秋官齋儭入。
布壹匹,三界寺人事入。計布四百六十三尺。

粗緤壹匹,張平水齋儭入。

緤入:粗緤貳仗伍尺,孔宅官患念誦入。粗緤貳仗伍尺,和和齋
儭入。細緤貳拾伍尺,粗緤伍拾尺,大眾起鐘樓人事入。粗緤貳拾伍
尺,蓮臺寺人事入。粗布貳仗伍尺,報恩寺人事入。計緤二百尺緤。
褐壹仗肆尺,張賢者齋儭入。褐貳拾肆尺,高孔目男患念誦入。褐貳
仗伍尺,大眾人事入。褐貳杖(丈),安生人事入。褐捌尺,看卜師人
事入。褐肆尺□充子念誦入。

（後缺）

（九）

（前缺）

柒碩穀麵,柒拾捌碩伍斗陸勝黃麻,叁拾柒碩麩,壹伯叁拾餅查,

伍伯玖拾貳碩伍斗肆勝豆,壹阡柒伯壹尺伍寸布,叁伯叁拾肆尺氈,貳伯張紙。

伍伯柒拾伍碩九斗叁勝麥粟油麵黃麻麩查豆布緤褐等自年新附入:

陸拾叁碩玖斗伍勝麥,捌拾貳碩柒斗西倉麥,柒拾肆碩肆斗伍勝粟,壹伯柒碩柒斗伍勝粟,叁碩叁斗油,捌拾碩麵,貳拾叁碩伍斗連麩麵,捌碩穀麵,叁碩壹斗叁勝黃麻,貳拾肆碩麩,貳拾柒餅查,貳拾伍碩玖斗伍勝豆,柒斗西倉豆,肆伯陸拾叁尺布,貳伯尺緤,玖拾伍尺昌褐。

（十）

麥入:麥肆斗,張癲子念誦入。麥肆斗十二月八日王幸豐念誦入。麥肆斗,索草場念誦入。麥肆斗,後索草場念誦入。麥玖斗,宋押衙念誦入。麥兩石柒斗,二月七日沿行像散施入。麥肆斗,宋再通念誦入。（麥伍斗,安平水齋儭入。）麥肆斗,索家充子念誦入。麥肆碩貳斗,春季佛食入。麥貳拾貳碩（又肆斗）菜田渠地稅入。麥捌碩肆斗,園南地稅入。麥壹碩貳斗,先年都知羊腔價入。麥捌斗,自年僧菜價入。麥拾貳碩壹斗,春付粟換入。麥壹碩,宋佛奴將粟換入。麥肆碩貳斗,秋佛食入。麥壹碩壹斗伍升,十二月城上轉經神佛食及僧料入。計六十一石九斗五升。麥兩石,願勝不辦誦戒納直入。

原載敦煌文書 P. 2040 背

後晉時代净土寺諸色入破曆算會稿

（前缺）

麥入:

麥肆碩,二月六日七日沿行像散施入。麥肆斗,張善盈患念誦入。麥肆碩貳斗,春佛食料入。麥壹碩伍升,城上轉經神佛料入。麥貳斗,春官齋儭入。麥貳拾貳碩肆斗,菜田渠稅入。麥貳拾叁碩,無窮厨田入。麥八碩肆斗,園南地稅(入)。麥肆碩貳斗,秋佛食入。麥壹碩,六月城上轉經神佛僧食用(料入)。麥肆斗,安平水患念誦入。麥肆碩,生地種入。麥兩碩,令孤啓達抹木價入。麥壹碩柒斗,人上菜價入。麥肆斗,十二月八日,王赤(幸)豐念誦入。麥八斗,何義員折豆本利入。麥伍斗,張骨兒利潤入。麥壹碩,張粉堆利潤入。麥伍斗,翟王久利潤入。麥柒斗伍斗(升),康王仵利潤入。麥伍斗,賀成潤利潤入。麥貳斗伍升彭員達利潤入。麥伍斗,張善啓發、利潤入。麥伍斗,賀定子利潤入。麥伍斗,彭醜兒利潤入。麥伍斗,彭憨子利潤入。麥壹碩,吳德信利潤入。麥兩碩貳斗,押衙宋略岩利潤入。

計麥八十六石八斗五升。

(中有十一行佛經)

西倉麥入:

麥伍碩,董延進利潤入。麥叁碩,王富延利潤入。麥伍斗,董慶子利潤入。麥壹碩,王恩子利潤入。麥壹石,馮友友利潤入。麥一石,王恒信利潤入。麥一石,白昌友利潤入。麥叁斗,李慶達利潤入。麥伍斗,王恒啓利潤入。麥壹碩伍斗,氾盈達利潤入。麥壹碩伍斗,賀成潤利潤入。麥貳斗伍升,索慶恩利潤入。麥壹碩貳斗,郭再昇利潤入。麥叁碩,王德友利潤入。麥兩碩,王富啓利潤入。麥兩碩伍斗,康善住利潤入。麥叁斗伍升,曹花子利潤入。麥伍斗,王富住利潤入。麥壹碩,李富延利潤入。麥伍斗,郭懷義利潤入。麥二石,康永吉利潤入。麥壹碩伍斗,安元進利潤入。麥壹碩伍斗,干定誵將粟換入。麥兩碩,令狐住子利粟換入。麥叁碩,令狐掦搉將粟換入。麥伍斗,陰安信將粟換入。麥陸斗,張萬達將粟換入。

計麥三十七石七斗。

(中有七行佛經)

粟入:

粟叁碩貳斗,二月六日七日沿行像散施入。粟叁斗,王家大朗自患念誦入。粟肆斗,張善盈患念誦入。粟柒碩二斗,高孔目換豆入。粟壹碩玖斗,春官齋嚫入。粟拾玖碩伍斗,延康渠地稅入。粟貳碩,善惠亡時麵替入。粟肆碩,油替入。粟陸碩,孔僧統亡時百日齋嚫入。粟肆碩,安平水患念誦入。粟拾碩貳斗,自年僧上菜價入。粟壹碩柒斗,人上菜價入。粟壹碩,諸巷道場經嚫入。粟壹斗,僧家倉換豆入。粟叁碩張定子利潤入。

計粟五十七石三斗。

（中有十七行佛經）

利潤入。粟壹碩，李義延利潤入。粟壹碩，李盈子利潤入。粟二碩，陽略羅利潤入。粟伍斗，宋住子利潤入。粟壹碩，王安信利潤入。粟伍斗，馬什德利潤入。粟伍斗，宋保住利潤入。粟壹碩，張定子利潤入。粟伍斗，李再住利潤入。粟伍斗，田達兒利潤入。粟壹碩，氾通子利潤入。粟壹碩，郭黃兒利潤入。粟壹碩伍斗，王富啓利潤入。粟伍斗，彭安定利潤入。粟伍斗，曹進員利潤入。粟壹碩，孔恩子利潤入。粟壹碩伍斗，鄧住兒利潤入。（粟兩石，安撝撻利潤入。子）粟伍斗，孝願利潤入。粟叁斗伍升，曹安六利潤入。粟壹碩伍斗，李流子利潤入。粟陸斗，王骨子利潤入。粟伍斗，劉苟子利潤入。粟伍斗，張骨兒利潤入。粟壹碩，李王三利潤入。粟伍斗，盈德利潤入。粟伍斗，陳撝撻利潤入。粟柒斗，康遞子利潤入。粟壹碩，陰保晟利潤入。粟捌斗，晝章章利潤入。粟壹碩伍斗，石佛德利潤入。粟伍斗，樊進賢利潤入。粟伍斗，趙流德利潤入。粟伍斗，道□利潤入。粟貳斗，富通利潤入。粟貳斗兩石，康員進利潤入。粟貳斗伍升，張阿朵利潤入。粟伍斗，劉欺泊利潤入。粟伍斗，李流富啓利潤入。粟伍斗，龍義子利潤入。粟一石五斗，龍葛盈利潤入。粟一石，陰骨子利潤入。粟五斗，再昌利潤入。粟一石五斗，石通子利潤入。粟二斗五升，彭員達利潤入。粟柒斗伍升，梁善啓利潤入。粟壹碩，令狐盈達利潤入。粟壹碩、粟兩碩貳斗伍升，僧義忠利潤入。粟柒斗伍升，信子利潤入。粟壹碩壹斗，鄧住子利潤入。粟一石，陳石兒利潤入。粟伍斗，張賢住利潤入。粟伍斗，郭通信利潤入。粟一石五斗（後缺）

（二）

甲辰年一月已 後 ，直歲惠安手下諸色曆入。

麥肆碩，二月六日七日，沿行像散施入。粟叁碩貳斗，二月六日七日，亦沿佛散施入。官（布）一匹，王都頭車頭念誦入。粟叁斗，王家大朗子念誦入。麥四斗，粟四斗，張善盈患時念誦入。布一匹，氾校棟折豆入。布一匹，净戒折道引手上欠豆入。連麩麵陸碩貳斗，三月碨入。粟柒碩貳斗，高孔目換豆入。粟壹碩，僧家倉將豆換入。麵兩石五斗,黃麻伍斗六升,故太傅勸孝入。麵陸拾碩,自年春磑入。
麩壹拾捌碩入。麥肆碩貳斗,春季佛食入。麥壹碩伍勝,城上轉經佛
神僧料入。布一匹,粟壹石九斗,麥貳斗,春官齋儭入。連麩麵三石
六斗,六月磑入。布壹丈六尺,宋法律侄女亡時喪前念誦入。布四十
七尺,道引西倉折物入。立機壹匹,斜褐一段,宋法律手上西倉折物
入。立機壹匹,唐醜兒押衙女患念誦用(入)。麥貳拾貳石四斗,菜田
渠厨(田)入。麥貳拾叁石,無窮厨田入。麥八石四斗,園南地稅入。
粟拾玖石五斗,延康地稅入。麥肆石,生地種入。粟貳石,善惠亡麵
替入。粟四斗,油替入。麥四石二斗,秋佛食入。麥一石,六月城上
轉經神佛及僧料入。粟陸碩,孔僧統亡百日齋儭入。立機一匹,史生
患念誦入。昌褐八尺,康都料妻患念誦入。麥四斗,粟四斗,安平水
患時念誦入。布三十尺,大友嚫齋入。官布一匹,立機一匹,連與押
(牙)患時經嚫入。麥兩石,令狐慶達抹木價入。粟拾肆貳斗,自年僧
上菜價入。麥一石七斗,粟一石七斗,人上菜價入。粟一石,豆三斗,
十一月諸到場轉經經嚫入。麥四斗,十二月八日,王幸豐麵叁石六斗
秋磑入。布一匹,秋官齋儭入。粟八斗,褐一丈叁尺,陳法律患念誦
入。(後缺)

　(三)

　樫一車用。豆一石八斗,載木之時鋸價用。麵叁碩叁斗,油陸
升,寒季佛食用。粗麵一斗,女人食用。麵六斗二升,油二升,十二月
九日,雷僧政解齋用。麵一石一斗,油伍升半,十二月城上轉經神佛
食兼僧解齋齋食用。粗麵一斗,女(人)食用。麵五斗,油叁升,粟一
斗七升,麥一斗七升卧酒,正月十日上窟納官及僧食用。粟一斗,來
日諸寺迎頓用。麵三斗,油一升,義員新婦產時與用。麵一斗,粗麵
二斗,歲與恩子用。麥五升,粟五升,卧酒將索胡莊上析柞用。麵五
升,粗麵一斗,麥七升半,粟八升卧酒,吳像子莊折梁子僧食用。麥伍
昇粟六升卧酒,羅都頭莊上看木時用。麵二斗、粗麵一石三斗、油一
升,牧羊人食用。豆八斗,與牧羊人餵瘦羊用。粟七斗五升、麥一斗
五升,卧酒及沽酒三件,看牧羊人用。麵兩石五斗、油五升,十二月十
日中間行解齋用。麵六斗五升、油二升,九日雷僧正解齋用。麵二斗

五升、油半升,歲日解齋用。麥九斗、粟一石二斗,卧酒歲付節料用。油四斗四升,歲付節(料)用。油叁□,然長明燈用。麵二斗、粗麵二斗五升、油一升,堆園日人夫食用。麵三斗、油一抄、麥八升、粟八升卧酒,造筅籬人及揀治佛炎博士用。粗麵一斗,女人食用。麵八斗、油三升,張家小娘子患時,著寺轉經了日,眾僧齋時用。麵三斗五升、油半升,二月八日解齋用。麵三斗、油一升、粟六斗,與擎大像人北門頓定用。粟兩石五斗,春磑麵用。粟一石一斗,與社人沽酒用。麵一石八斗、油四升半、粟一石八斗五升卧酒,二月八日社人及僧齋時用。麵六斗五升、油半升、粟二石一斗卧酒沽酒,九日屈郎君孔目及看新社人兼造社條等用。麵二斗,十日收佛衣造冷淘僧喫用。粗麵一斗,造食女人食用。粗麵二斗、粟麵二斗,與宋賢者造筅籬價用。布三匹,願真兄亡吊孝用。粟七斗卧酒,安平水舉發人事用。麵柒斗伍勝、油叁勝卧酒,粟柒斗,二月六日,造局席屈木匠西塑匠及眾僧等用。粗麵伍勝,造食女人用。粟壹斗,二月七日判官巡道場地頓迎用。麥壹斗、粟壹□麩叁碩,卧醋用。布三匹,張都頭吊僧録用。麥陸拾碩,亥年春磑淘麥用。麥兩碩恩子春糧用。麵壹(碩)捌斗貳勝,粗麵壹碩柒勝,油叁勝,粟壹碩肆斗卧酒沽酒,西倉造檐時,博士及人夫等三時食用。麵陸斗、油貳勝半、粟柒斗卧酒檐了時造局席看木匠用。粗麵三勝,女人食用。麵伍斗伍勝、蘇一勝兩抄、粟肆斗沽酒,看廳徒用。麵壹斗、油半升、粟一斗,贈乾李老宿用。麵伍斗五升、油叁勝一抄、粗麵叁斗、粟柒斗卧酒,寒食祭拜及第二日園內造作,眾僧食用。粟一斗,買紙用。麵一斗、粗麵一斗,吳僧政莊上斫木用。豆叁碩,餧瘦羊用。粗麵叁斗,願果煎膠食用。麵一斗五升、粗麵二斗、粟二斗沽酒,兩件淘麥僧食用。麵二斗、油一抄,窟上上仰泥博士食用。麵一斗,回來日食用。麵三斗、粗(麵)三斗、油一升,恩子產時與用。麵陸斗、油二升一合、粟七(斗)卧酒,屈畫匠用。粗麵二斤,女人食用。麵三斗五升、油半升、粟二斗,納乾元寺散講局席用。麥叁碩、粟一石五斗、布一匹,賣(買)安子君梌梁子價用。麵一斗五升、粟二斗沽酒,看道引用。麵五升,種青麥人食用。麵一斗五升、粗麵一斗五升、粟一斗沽酒,吳僧政莊上載木僧及車家人食用。麵兩碩一斗、油七升半、蘇半升、粟一石九斗卧酒沽酒，言戌經日造局席，看諸寺僧官及衆僧等用。麵一斗二升、粗麵八升、粟一斗，看造食女人食用。麵三斗、油一合，秤（秤）麵日衆僧食用。麵一斗五（升）、粟一斗一升、油一升，造食飯，磑上看博士用。油半升，燃燈用。麥兩石、粟兩石，恩子春糧用。粟三斗沽酒，窟上迎和尚用。麵六斗、油二升、粟七斗，卧酒造食飯，將拔毛用。麵七斗、粗麵一石、穀麵一石，拔毛時，將充牧羊人月糧用。粟一斗沽酒，看官巡孔目用。麵一石、粗麵一石三斗、油九升、粟一石八斗五升卧酒，窟上講堂上赤白及衆僧食用。麵五斗、粗䋃二丈二尺、官布一匹、白䋃一領、粟七斗卧酒，潤子收新婦用。麵叁斗、油一升，與懸泉李法律用。麵五升、油一合、粟叁斗沽酒，縫小巾子用。麥一石，賣（買）索恩子笩籮用。麵二斗七升、油一升、粟一斗七升春料官齋看鄉官用。粟二斗沽酒，古露釜子博士用。麵八斗、油三升半、粟六斗沽酒，起首造樓子造局席，屈博士用。粗麵五升，女人食用。麵一石六斗、油五升半、粟一石四斗，請般砂土車牛食用。粟一斗沽酒，看史都料用。粟三斗，古路钁子李員住買銅用。粟三斗，願果買金青用。麵拾叁碩陸斗四升、粗麵九碩五斗、穀麵叁碩九斗五升、油貳斗貳勝、粟壹拾陸碩三斗六升，卧酒沽酒，造鐘樓時，五月廿三日至六月十三日，中間廿一日，工匠及衆僧般（搬）砂車牛人夫等三時食用。麵一石、油三升半、粟一石四斗卧酒，鐘樓了日，木匠及衆僧等用。粟五斗，鄧住子邊買炭用。粟四斗，買銅古路钁子用。豆五石，買柳木造鐘樓用。豆七石，吳家買榆木用。豆六石，孔押衙買梁子柹價用。粟一斗與史博士用。布一丈四尺，張家小娘子亡時吊都衙用。布三尺，氾家四郎亡時吊和尚用。麵五升、粟二斗沽酒、抄破曆齋食用。麵陸碩伍勝、粗麵兩碩九斗、油玖勝半、粟叁碩柒斗，又粟八斗五升，粟麵壹碩壹斗伍升，六月廿七日至七月八日，中間十二日，木匠造鐘樓下接工匠及衆僧三時食用。（夾行）粟七斗卧酒吳僧政看造鐘樓博士用。麵七斗二升、油叁勝半、粟七斗卧酒，樓子了日造局席看侍博士（用）。麵伍升、粗麵五升，後淘麥僧食用。油兩合，磑上燃燈用。麵二斗二升、粟四斗、油一合，泥匠張留住窟上後件泥沙麻博士及沙彌食（用）。麵壹石八斗五升、油肆勝六合、粟二斗五

升卧酒沽酒,畫窟先生兼造食人及回來迎頓兼第二日看侍等用。粟玖碩與畫人手工用。白麵三斗,油貳勝,粟四斗,福子面上賣録丹青用。粗麵壹石五斗,粟麵壹石四斗,白麵一斗,粟五斗,牧羊人糧及來去看侍用。粟伍斗,於畫人邊賣(買)録用。粟兩石,於索像友邊賣(買)録用。粟壹斗沽酒,周宅官園内斫梁子用。粟一斗,郭懷義將芯來與用。粟叁碩,願真灰價用。麥叁碩貳斗,粟壹碩五斗,於寫匠田盈子邊賣(買)鐵古路釜子用。麵兩石三斗,油貳斗壹升,七月十五日造佛盆用。麵兩石肆斗五升、油叁升半、粟兩石六斗卧酒,造破盆、十四日上窟、十五日納官等用。豆五升,賣(買)芯窟上供養用。麵一斗,粗麵一斗,十四日邊刀僧食用。粟二斗沽酒,十四日和上窟上來日迎頓用。布叁尺,吳僧政俚亡吊孝用。布四尺,造二泥匠用。粟二斗,沽酒造破曆用。麵叁碩叁斗、油陸勝,造秋季佛食(用)。麵兩石壹斗伍升、粗麵壹石(並調灰)、油壹勝半、粟兩石叁斗伍升,卧酒沽酒,鐘樓上灰泥看畫匠塑匠及衆僧三時食用。粟壹石,王判官珠價用。粟貳斗,於法深買青用。粟叁斗沽酒,天公主上窟迎頓用。粟叁碩貳斗,零價灰用。油壹斗貳勝半,粟肆碩玖斗卧酒,調灰泥及赤白等用。粟柒斗卧酒,官布壹匹,蓮臺寺起鐘樓人事用。麵壹碩壹斗,粗麵捌斗,油伍勝,粟柒斗,西窟上水衆僧食用。麵叁斗油□。回來日迎頓用。麵叁斗,粗麵伍斗,油半□,粟一斗,壘樹圖衆僧食用。麵壹斗伍升,粟叁斗,看官折飛橋木匠用。布八尺,索校授弟亡吊索僧正小娘子用。布五尺曹家郎君發吊水官郎君用。麵壹斗,兩件耕地人夫食用。粟肆碩,壘鐘樓張留信手工用。粟叁碩,史奴奴打釘葉手工用。粟叁碩,索像友銅録價用。粟伍斗,於畫師買録用。粟叁斗沽酒就寺門迎官家用。粟貳斗,與牧羊人用。粟壹斗,菜田渠送厨田物看人夫用。麵柒碩六斗五勝,油三斗七勝,蘇二勝,粟六碩三斗,粗麵叁斗,起鐘樓時,看官造盤及屈諸和尚工匠施主及當寺徒衆等及榮食尼闍梨及村方及當寺女人等用。粟四斗,沽酒看水官用。麵叁勝,粟叁斗沽酒,看院生畫窟門用。粟貳斗沽酒,看尼(泥)界墻用蓮(連)麩|麵|肆斗伍升,油半勝,泥界墻及樹圖衆僧食用。麥陸碩,粟伍碩伍斗,秋磑麵用。粟叁斗,宋法律紫亭來時沽酒用。布二尺五吊保達

用。零褐二丈壹尺，鐘樓了時與仵子用。又褐二丈三尺，與義員婦用。油壹升，由（油）窟門用。麥伍斗，付恩子卧酒用。麥壹碩伍斗，粟兩碩伍斗，恩子冬糧用。布伍尺，十郎亡時吊和尚用。麵二斗伍升、油一升，造食，行像社遂（送）物看人用。麵三斗半、油半勝，粟七斗，料治行像手看塑匠用。粟貳斗，西窟上水去時沽酒用。麵三斗，油半升，粟貳斗，和尚料齋人看侍用。麵一斗五升，安窟木匠及僧等用。粟玖碩，磑稞用。麵陸斗伍升、油二升半，粟一斗，麥七升卧酒，乞麻時衆時齋兼看牧人等用。粗麵五升女（人）食用。粟一石三斗、麥七斗、粗麵一石、麵三斗，牧羊人用。布三尺，七郎亡時吊和尚用。麵一斗五升，蓮（連）麨麵一斗二升，油一合，粟五升，料治牙盤木匠兼及女人食用。粟一斗，與史奴奴用。粟一斗，與送瘦羊人用。蓮麨麵壹碩貳斗，粗麵一石三斗，載葦子人夫食用。麥九斗、粟壹碩二斗，冬至節料及衆僧等用。細緤壹匹、布壹匹、與塑匠用。麵叁升，抄破曆僧食用。麥一斗、粟二斗，卧酒零落喫用。粟貳拾石壹斗，春換麥用。粟壹碩，宋佛奴換麥用。粟叁碩四斗，馬家入豆換將用。粟叁碩，惡天去入豆換將用。粟壹碩，胡托入豆換將用。都壹拾伍碩，三月後曹入豆換將用。豆伍碩，赤山入粟換將用。豆伍碩，水官梁子價用。豆叁碩，索判官入粟換將用。豆玖斗，高孔目入粟換將用。粟壹碩，張骨子邊買同録用。麵貳斗伍勝、油半勝，冬至解齋用。豆兩石，造經樓時張再昇手工用。麵叁斗、油一勝（計役），先保勝手上割出充保勝算會人將破用。麵壹斗伍升、油半升、麥六升、粟四斗沽酒卧酒，十二月八日，吴僧政窟上看禪師去時用。麵四斗五升、油半升（八合）、麥一斗、粟一斗二升卧酒，天使上窟去時造食用。麵壹碩、油伍升，十二月城上轉經神佛食及料僧等用。（粗麵二斗女人食用。）麵叁斗、油半升算净勝僧食用。麵一斗五升、粗麵叁斗、麥五升、粟二斗七升沽卧酒，交庫日衆僧食用。麥玖斗、麵壹斗、粗麵一斗、粟二斗，宋博士子療治牙盤看侍及手功用。粟壹碩貳斗，和上衆僧法律等歲（付）節料用。麥肆斗、粟六斗五升卧酒，正月十五日，窟上及堆園下蕃（幡）竿兼打索及撩治行像工匠諸雜喫用。麵伍斗、油壹勝，十二月兩日解齋用。麵七斗五升油二昇半九日雷僧政解齋用。油肆斗陸勝，歲付衆僧節料用。油叁斗，燃長明燈用。豆兩石二斗五升，共西倉於陳懷義邊買柴用。豆肆拾壹碩，官將粟替换用。麩拾碩、豆叁碩，於吴家買刺柴兩車用。粟七斗，保達入瓮壹口用。麻兩石一斗，付梁户押油用。粟叁碩，壹件付衆僧買馬蘭用。粟兩碩伍斗卧醋酒不堪用。麵四斗伍升、油一勝半，算會願勝净勝了日造解勞用。

計麥兩石五升。

（四）

戊戌年十一月，粟麵叁碩、連麩麵兩碩、白麵六斗，與牧人李阿竹子糧用。粗麵一石五斗、粟麵一石五斗，十二月與牧羊人李阿竹子妻糧用。豆一石，雇磑麵車牛價用。

計粟麵四石五斗。麻兩石一斗。油八斗一升三合。

計麵四石。

計粗麵四石一斗。計粟九石二升。豆八石二斗五升。豆壹石田盈子鈷鏴钁子炭價及手工用。

（五）

乙亥年西倉破：

粟拾貳碩，康都料造西倉檐手工用。麥壹斗，官换豆來看判官用。麥拾碩，付東庫舂磑麵用。麵一石、粟兩碩伍斗，王再盈梁子賈（價）用。麥貳斗、粟貳斗，付都師賣炭用。麥肆碩柒斗、粟四石陸斗，陳留信鐵賈（價）用。粟一斗，陳婆牙郎用。粟叁拾碩，造鐘樓博士手工用。麥兩碩壹斗，福子珠賈（價）用。麥叁斗，付都師炭賈（價）用。麥貳拾碩，六月付東庫磑淘麥用。麥捌碩，秋付東庫磑乾麥用。粟貳斗，蘇定子青賈（價）用。粟叁碩付院生用。粟肆碩，塑像手工用。粟肆碩，郭文進柴賈（價）用。粟一石付祐住用。粟貳斗，僧統來日共吴僧政看木沽酒用。粟一斗，新城家麥來日看用。又粟陸碩，造鐘樓木匠董萬遷手工用。豆貳拾柒碩伍斗，官將粟换用。粟兩碩，康再住入麥换用。粟一斗、麥一斗，安轉日衆僧喫用。粟一石五斗，張再昇造鐘樓用。計粟七十一石五斗，計麥四十六石五斗，粟兩石貳斗伍勝，豆二十七石五斗，豆壹石五升，再定手上義員便將不得用。（後缺）

（六）

布破：

布二丈一尺，索都衙亡時，吊孝娘子諸郎君僧政等用。布二尺五，保會阿臼亡吊孝用。布貳尺，法深兄亡時吊孝用。布貳尺，憨兒亡時吊再定用。布壹匹，水官上梁人事用。布陸尺，陰都頭亡時吊和尚及一娘子用。布二尺，吊法進用。布七尺，羅指撝亡吊小娘子郎君用。布二尺五寸吊王都頭用。布八尺，付云李法律念經用。布叁尺，鄧都頭亡吊小娘子用。布八尺，僧錄亡時吊善惠願達等三人用。布壹匹，王博士邊買榆木用。

計布一百四十四尺。

（後空）

（七）

壹阡九伯二拾六石八斗兩合麥粟油粟米麵黃麻麩查布緤紙等，沿寺破除外應及見存：

貳伯壹拾柒碩捌斗玖升麥，柒伯叁拾八碩陸斗伍合粟，陸碩壹斗玖升柒合油，壹升蘇，壹斗玖升米，壹伯叁拾叁碩捌斗一升麵，壹拾陸碩玖斗捌升連麩麵，兩石貳斗肆升粟麵，陸拾碩陸斗九升（黃）麻，叁拾叁碩肆斗麩，壹伯捌拾陸併查，陸伯叁拾捌碩貳斗玖升豆，伍伯伍拾捌尺布，貳拾壹尺緤，貳伯張紙。

（約有八行距離空白）

（八）

西倉豆破：豆壹碩於張押衙雇鋸用。豆兩石付通子。

計豆三石。

（九）

緤破：官布陸匹，庭子上轉經蓮花錦襖子價用。官布一匹，二月八日與擎像人用。立機壹匹官布壹匹七月兵馬去時送路尚書用。

計二百二十五尺。

（十）

吳僧統和尚收灰骨人事用。粟七斗，高□□上席人事用。粟六斗，沽酒氾僧統開經時看僧官用。粟肆斗沽酒，氾僧統開轉（經）罷日解勞榮齋人用。粟壹斗,載劫耳棗時用。粟壹斗,安衆堂門用。粟貳斗,張僧政東行送路用。粟貳斗,二法律上窟迎候用。粟三斗七升,陰僧政遷化時僧門納贈用。粟七斗,卧酒贈保應用。粟二斗二升,康校授遷化納贈用。粟兩碩四斗,冬至卧酒付節料用。粟肆碩二斗,歲卧酒付節料用。粟一斗,支與鎬匠療治钁子博士用。粟玖碩、張庭子梁子價用。粟一石五斗,支與僧杕價用。

計五十九石五斗。

(中空白)

西倉:粟壹馱園子秋(春)糧用。粟兩碩,恩子春糧用。粟壹碩,李文信梁子價用。粟貳拾碩,羅家地用。粟壹斗,與史都料用。粟壹碩,烈鑰匙博士手工用。粟壹馱,園子秋糧用。粟兩碩,恩子秋糧用。粟貳斗,初交倉日沽酒用。粟貳斗,王都衙還錦襖子價來沽酒用。粟陸斗,與廣進還簏斗價用。粟肆碩,王德友入布一匹用。

計三十三石。

(十一)

净土寺西倉司顧勝廣進寺等。

右從甲辰年八月廿九日已後,於前司顧達、保應等手下,見領得南樨圖柒拾捌斗,北樨圖豆柒拾肆碩壹斗,又得豆壹拾貳碩,又得新豆捌拾貳碩,見領得舊粟陸拾碩陸斗。九月廿日,見領得麥陸拾壹碩伍斗,豆拾碩,粟陸拾玖碩陸斗,又麥壹拾碩。廿九日,領得粟壹伯肆拾碩,麥叁碩。十月伍日,得粟玖拾伍碩捌斗,豆肆碩叁斗,麥壹碩陸斗。廿三日,領得粟捌拾伍碩,麥柒碩柒斗,豆柒碩肆斗。十一月廿三日,得粟肆拾碩,麥肆碩捌斗,豆兩碩陸斗。十二月十九日,領得粟捌碩伍斗,豆壹碩伍斗,得粟捌碩肆斗。正月廿七日,得馬延德粟壹碩伍斗。三月廿四日,得曹安信豆壹碩伍斗,得陰通信粟壹碩伍斗。二月三日,得康永吉粟壹碩叁斗,得氾清兒粟壹碩伍斗,得王再寧豆玖斗。九月十日,得義忠粟陸碩,郭懷義粟叁碩肆斗。十月十八日,得鄧住子粟柒碩肆斗、王恒啓麥兩碩兩斗伍升。十一月十七日,得粟貳拾壹碩壹斗,得榮通豆替麥碩伍斗,又得粟叁碩伍斗。十九日,得麥伍碩陸斗伍升,粟肆碩伍斗,又得麥兩碩,得孫倉曹豆陸斗,又得王延富粟兩碩伍斗伍升,得平再定粟兩碩貳斗伍升,得王富郎豆壹碩壹斗,又得朱員住豆壹碩叁斗,又得羅撟攉粟壹碩叁斗伍升,索善信粟壹碩伍斗,得安富富豆兩碩貳斗伍升,進員粟肆斗伍升,義員粟壹碩伍斗,郭懷義粟壹碩伍斗,王骨子兩碩壹斗,道引粟壹碩叁斗伍升,富通粟玖斗,再昌粟陸斗,郭順子豆壹碩伍斗,願善粟玖斗,惠進粟玖斗,惠戒粟玖斗,惠清粟玖斗,富德粟玖斗,又得張萬達粟兩碩肆斗伍勝,又得朱員住粟伍碩,石佛德粟壹碩伍斗,又得王德友粟肆碩,石流升粟兩碩,索醜兒粟壹碩伍斗,郭順子粟兩碩。

上件計得麥壹伯碩,計粟伍伯玖拾捌碩柒斗,計豆貳伯捌拾壹碩壹斗伍升。得當年人上利麥及豆替貳拾叁碩伍斗,得人上利粟及豆替伍拾貳碩貳斗伍拾、得人上利豆伍拾叁碩陸斗伍勝。

兩件通計得本利麥壹伯貳拾(叁)碩伍斗,得粟陸伯伍拾碩玖斗伍升,得豆叁伯叁拾肆碩捌斗。

內麥兩馱、粟壹馱,園子春糧用。豆兩碩雇驢拔毛用。豆拾碩,於索家郎君買銅用。麥兩碩、粟兩碩,恩子春糧用豆肆碩,於索押衙換銅用。豆壹碩肆斗,楊孔目墼地秤用。麥壹碩、粟壹碩,李文信梁子價用。索貳拾碩、粟貳拾碩,買羅家地價用。粟壹斗,宋僧政處分支與史都料用。粟壹斗,烈鑰匙博士用。麥壹馱,園子秋糧用。粟壹馱,亦園子秋(糧)用。麥兩碩、粟兩碩,恩子秋糧用。麥貳斗、粟貳斗,初交倉日買胡餅沽酒眾僧喫用,麥拾碩伍斗支與□□□□□□□價用。豆拾碩□家□□支與氈胎博士及僧等齋齋時用。粗麵壹斗臥酒時及染氈胎女人兩件食用。麥柒斗、粟柒斗,付園子春糧用。粟貳斗,五月史都料李都料與用。白麵壹石壹斗陸勝,粗麵玖斗伍勝,粟麵叁斗,油叁勝,四日中間幹氈博士及眾僧食用。白麵玖斗,油叁勝陸合,粟兩石壹斗臥酒,幹氈及起氈局席看鄉官眾僧食用。麥伍斗、粟伍斗,染氈胎價用。麵貳斗柒勝、油一勝,五月料官齋時看鄉官時食用。粟叁石,麥壹石一斗,褐半匹,油一勝,幹氈博士手工用。麵肆斗,造蒸餅,粟壹石壹斗沽酒,粗緤壹匹,報恩寺起幡設人事用。粗麵貳勝造蒸餅,女人食用。白麵壹斗、粗麵貳斗,中院壘界墻眾僧食用。白麵四斗伍升,粗麵四斗伍升,眾僧般墼食用。白麵四斗,粗麵四斗

伍勝,粟麵二斗,油半勝,粟捌斗,衆僧壘油梁墻食用。粟叁斗,壘油
梁墻博士用。布三尺,油梁博士母亡吊用。布三尺,孔鄉官母亡時,
吊僧統用。粟貳斗肅州張都頭用。粟貳斗,生□用。粗麵壹斗,與園
子送菓子來用。布四伯四拾玖尺,粟四十四石一斗,司空患時,還馬
價付衆僧用。麵貳斗,油兩抄,粟陸斗,納隆興寺屈肅州僧用。粟陸
斗,史生壘舍迎頓用。麵壹斗,油半勝,粟壹斗,恩子兒亡時用。麵兩
石叁斗,油貳斗壹勝壹抄,七月十五日造佛盆用。麵兩石捌斗伍升,
油伍升半,七月十七日造破盆及弟二日抄造曆用。油貳升,司空患時
燃燈用。麵壹斗半,粗麵貳斗伍升,煮油日解齋齋時用。粟貳斗,七
月十四日和尚上窟迎頓用。布壹丈五寸,張鄉官亡時吊和尚張法律
陽孔目阿婆等用。布三尺,陽押牙妻亡時吊和尚用。粟叁斗,高家吊
孝時沽酒看僧官用。粟一斗,與弓博士用。麵壹斗,油半合,兩團脫
鑿僧食用。麵伍勝、王家舍斫梁子僧食用。粗麵伍勝,除青麥僧食
用。麵伍勝,造胡餅僧官食用(點心)。麵伍勝,頭件耕麥恭僧食用。
粟壹斗,周家納麥來看助用。粟壹斗,吳和尚出城沽酒用。麵伍勝,
趙家麥車來時造點心用。麵叁斗貳勝,粗麵貳斗,油勝半,西窟上水
僧食料及頓定用。麵叁碩叁斗,屈客僧及使客送路等用。麵壹斗,油
半勝,造小胡餅將東窟用。豆兩碩鎮家壘地價用。粗麵一斗,八月造
佛食女人用。油壹斗,和尚入黃麻換將。麵叁斗叁勝,油半勝,粟叁
斗,洪兒誦戒時看造局席人用。油貳勝,與戒師及抄藥食用。白麵伍
勝,油壹合,粗麵貳勝,粟壹斗,安衆堂門及倉院門博士及女人用。粟
壹斗,送鑊來日,與史都料用。白麵壹斗,粗麵壹斗伍勝,粟一斗,宜
秋王家莊斫梁子僧食用。白麵叁勝,粗麵叁勝,園內斫香棗木僧食
用。白麵陸斗伍勝,粗麵壹碩壹斗,油勝半,粟貳斗陸勝,兩日立幡巾
干及蓋恩子舍,博士及衆僧等用。白麵叁斗陸勝,油貳勝壹抄,麥伍
斗,粟肆斗臥酒,立幡巾干了日,屈博士及衆僧等用。麵伍斗,九月付
牧羊人李阿竹子用。粟貳斗,與牧羊人沽酒用。麥兩碩,粟兩碩,付
恩子冬糧用。麵貳斗柒勝,油壹勝,行像社聚物齋時用。麵叁斗,油
勝半,粟貳斗伍勝,看和尚料齋人用。麵肆斗伍勝,油貳勝,粟柒斗,
張都頭亡勸孝用。粗麵伍勝,粟伍斗臥酒,衆僧秋座局席用。粗麵伍

勝,粟麵伍勝,女人食用。布柒尺,孔鄉官亡時,吊僧統及高僧政用。布叁尺,曹押衙亡吊孝用。布陸尺,張都頭亡時,吊新婦及男用。粟叁斗,張都頭葬日晚上,看僧官用。麥壹馱,粟壹馱,訥贊秋糧用。麥兩石,粟兩石四斗,豆壹石伍斗,田盈子古钁子炭鐵價並用。麵貳斗陸升,油壹升,粟叁斗,粗麵貳升,秋官齋看鄉官用。麵伍升,粟貳斗,羅平水造文書日,造胡餅沽酒用。粟柒碩,充當年磑䅮用。粟壹斗,沽酒看取磑䅮博士用。粟貳斗,看天使用。麵伍斗七升,油貳□,粗麵伍升,眾僧教化麻用。麵兩碩壹斗叁升,油壹斗壹升半,粗麵貳斗伍升,天使造齋,眾僧食用。布二尺,張闍梨新婦亡時,吊用。粟壹斗一升卧酒,中院縫皮毬用。麵壹碩柒斗,油玖勝,粟壹碩玖斗,卧酒沽酒造官勸孝用。麵壹斗貳(升)連(麩)麵壹斗伍升,粟貳斗沽酒,造槃僧及女人食用。麥捌斗,粟七斗,郭慶進店內卧酒用。又粟壹斗,造破曆用。麥叁碩,償洪兒誦戒用。麥壹碩,粟伍斗,同時償導師保定用。粟叁碩伍斗,法深入樫一車用。油貳斗,買刺柴兩車用。粟叁碩伍斗,上座入布一匹用。粗麵壹碩,付言奏葦子車牛用。麵貳斗伍勝,油半勝,冬至造胡餅解齋用。麵柒斗伍勝,油貳勝半,雷僧政解齋用。麥玖斗,粟壹碩貳斗卧酒,冬至節料及眾僧用。粗麵伍斗,粟麵貳斗,油半勝,兩日乞樫解齋用。麥叁斗伍勝,粟叁斗伍勝,郭慶點卧酒,付洪兒用。布貳尺五(寸),吊康都料用。布貳丈九尺,太保亡時吊公主郎君小娘子等用。油伍斗,王憨子入布兩匹、褐一片用。麵兩碩肆斗伍升,油伍升,十二月眾僧行解齋用。麵貳斗伍升、油半(勝),大歲日解齋用。麥壹碩貳斗,粟一石六斗,歲付節料及十五日上窟用。麵玖斗,油四升半,十二月城上轉(經)僧解齋齋時及神佛食用。蓮(連)麩麵五升,女人食用。麵貳斗八升,油六合,粗麵一斗,剪行廊及抽梁子木匠及僧食用。粟一斗,卧酒河頭乞沙用。粟二斗,麵二斗三升,油八合,贈云氾法律用。麵三斗二升、油壹升造食,十五日將窟上用。粟一斗,十五日納官用。布四百六十九尺(重),粟四十四石(重)一斗付當寺僧司空黃時馬價用。粟二十七石九斗,付眾僧換麥用。粟拾壹碩,宋法律入麥換用。油肆斗玖勝,歲付眾僧節料用。粟七斗,卧酒算僦用。麥叁碩,王德友梁子價用。麥七斗、粟七斗,園子

秋糧用。又麥三斗,園子冬糧用。豆一石五斗,王滿達入粟用。粗麵
壹斗,歲付恩子用。粟壹斗,羅平水莊上斫柳木用。粟貳斗沽酒就南
(中)院喫用油伍勝,西倉入黃麻造算局席用。油叁勝,買碓頰耳用。
滓伍拾餅,梁戶王憨子入幔氈一領、褐袋一口用。滓肆餅,七月十五
日燒培用。滓伍餅,餧瘦羊用。滓伍餅,看官家燒培用。麨叁碩,麥
一斗、粟一斗,秋臥醋用。蕃褐一段,長丈五,立幡竿康(都)料料手工
用。油叁斗,燃長明燈用。麵叁碩叁斗,油陸勝,造春季佛食用。麨
拾叁碩□處柴價用。麨一石五斗,與碨博士用。麨兩石五斗,載麵車
牛用。麨伍斗賣(買)白樊用。麨七石、麨叁石、麨伍碩,安文川貸將
用。連麨麵四斗,油一升,兩日交庫用。雁豆伍碩,於羅平水買柳木
及梁子用。麵九斗,油二升,粟一石五斗沽酒,算會東庫及西倉兼交
庫寫帳等衆僧食用。麻三石,先陰賢子貸將收不得用。黃麻叁碩,先
張縣令貸將不得用。豆陸碩,先法深手下亦張縣令貸將留入不得用。
黃麻叁碩,先索家留住貸將不得用。

(以下空白)

(十三)

(前缺)

□□ 入。 粟 一 碩 張 儒 通 利潤入。粟貳斗願善利潤入。
粟伍斗李義延利潤入。粟伍斗彭保定利潤入。

　　計一百五十一石四斗。

　　粟捌斗惠進等四人利潤入。

　　計一百五十二石二斗。

(後空白)

(前空白)

油入:

油陸斗,付黃麻押入。油叁碩,自年梁課入。

　　計三石六斗。

蘇入:蘇四升,將油換入。

　　計四昇。

(後空白)

（前空白）

頭麵入：

麵陸拾碩，自年春磑入。麵兩碩伍斗太傅亡時，勸孝替入。

計六十二石五斗。

連麩麵入：

麵陸碩貳斗，三月磑入。麵叁碩陸斗，六月磑入。麵叁碩，秋磑入。

計十二石八斗五升。

穀麵入：

麵叁碩秋磑入。麵兩碩春磑入。

計五石。

（後空白）

黃麻入：

黃麻壹斗，索延啓利潤入。黃麻肆斗，陳黑子利潤入。黃麻貳斗，劉欺泊利潤入。黃麻壹斗，祥啓利潤入。黃麻伍斗，唐粉堆利潤入。黃麻貳斗伍升，醜婢利潤入。黃麻叁斗，李皈達利潤入。黃麻伍升，鄧住子利潤入。麻壹斗伍升，張進通利潤入。麻伍升，張支子利潤入。麻貳斗，氾元進利潤入。麻壹斗伍升，孫富住利潤入。黃麻伍升，史富通利潤入。黃麻貳斗，鄧員德利潤入。黃麻肆斗，康搗摨利潤入。黃麻壹斗，索萬遷利潤入。黃麻伍升，彭保定利潤入。黃麻壹斗，張竹訥利潤入。黃麻壹斗伍升，王康三利潤入。黃麻壹斗，王友信利潤入。麻壹斗，何安定利潤入。麻壹斗，何留子利潤入。麻伍升，趙里三利潤入。黃麻伍升，李義延利潤入。麻伍升，李君君利潤入。麻壹斗，李盈子利潤入。麻貳斗，李婆利潤入。黃麻壹斗伍升，米里（酱?）久利潤入。黃麻叁斗，張見子利潤入。麻壹斗，朱贊子利潤入。麻壹斗，願真利潤入。黃麻柒斗，春秋二季佛食入。麻肆碩玖斗，西倉付粟換入。麻柒斗伍升，王幸豐利潤入。

十一石八斗五升。

麩入：麩壹拾捌碩，自年磑麵入。

計一十八石。

查入:查貳拾柒餅,自年梁課入。滓陸餅,付麻押入。

計三十三餅。

豆入:

豆叁斗,諸巷道場經嘅入。豆伍斗,李幸端利潤入。豆伍斗,張和子利潤入。豆捌斗,安員進利潤入。豆壹碩,馮友友利潤入。豆貳斗,曹安信利潤入。豆壹碩齊義員利潤入。豆伍斗,氾盈達利潤入。豆伍斗,燒保達利潤入。豆貳斗,鄧定子利潤入。豆貳斗伍升,彭神奴利潤入。豆伍斗,氾安久利潤入。豆肆斗,武通子利潤入。

計七石六斗五升。

(空白)

(後缺)

(十四)

(前缺)

一阡九百二十六石(八斗兩合麥粟油蘇米麵黃麻麩查豆布緤紙等前帳回殘):

二百一十七石八斗九升麥,七百三十八石六斗五合粟,六石一斗九升七合油,一升蘇,一斗九升米,一百三十三石八斗一升麵,一十六石九斗八升運麩麵,兩石二斗四升穀麵。六十石六斗九升黃麻,三十三石四斗麩,一百八十六併查,六百三十八石貳斗九升豆,五百五十八尺布,二十一尺緤,二百張紙。

(中有約四行距離空白)

伍百叁拾貳碩三斗肆勝麥粟油蘇麵黃麻麩查豆布緤褐等,自年新附入:

八十六石八斗五升麥,三十七石七斗西倉麥,五十七石三斗粟,一百五十二石二斗西倉粟,三石六斗油,四升蘇,六十二石五斗麵,十二石八斗五升連麩麵,五石穀麵,一十一石八斗五升黃麻,一十八石麩,三十三併查,七石六斗五升豆,二十九石四斗西倉豆,三百三十三尺布,一百五十四尺緤,五十四尺褐。

(中有約四行距離空白)

（十五）

（缺）沿等（寺）破除外應及見存：

一百九十八石七斗四升麥，七伯八十一石七斗五升五合粟，五石二斗三升七合油，一升蘇，一斗九升米，一百一十八石四斗一升麵，一十五石二斗八升連麩麵，兩碩九斗四升穀麵，六十四石五斗四升黃麻，三十三石七斗麩，一百六十四併查，六百四十七石六斗四升豆，四百三十四尺布，二十二尺縣，五十尺褐，二伯張紙。（後空白）

（十六）

（前缺）麵四斗，正月十日付牧人妻用。

計三石七斗。

（中空白）

黃麻破：黃麻肆碩叁斗，付梁戶押油用。黃麻柒斗，於楊家兒邊買梁子用。黃麻兩石，和上入布一匹用。

計七石。

（後空白）

（十七）

（前缺）

麥入：

麥□□□□□□入。麥肆碩貳斗春佛食入。麥兩碩，臘月城上轉經神佛及僧料入。麥伍碩，行像社人入。麥兩碩，王行豐換豆入。麥八斗，金銀匠王流住患念誦入。麥貳拾貳碩肆斗，菜田渠地稅入。麥伍碩叁斗，菜田渠生地種入。麥壹碩，善勝念誦入。麥拾肆碩烏（延）康渠地稅入。麥壹碩壹斗，淨勝裙價入。麥肆碩貳斗，秋佛食入。麥一石六斗，人上菜價入。麥七斗，十二月諸巷轉經嘰入。麥拾肆碩，張縣令換豆入。麥兩碩，惠信袈裟價入。麥伍碩伍斗，二月六日七日沿行像散施入。麥肆斗，董善住男患念誦入。麥一石五斗，安都知利閏入。麥兩石，張員住弓買入。麥捌碩肆斗，園南地稅入。

計麥壹伯一石一斗。

西 倉

麥一斗，僧哮子利潤入。麥五斗，趙員子利潤入。麥七斗五升，馮友友利潤入。麥一石五斗，宋安住利潤入。麥一石，僧義忠利潤入。麥五斗，高富子利潤入。麥五斗，賀奴子利潤入。麥五斗，劉再定利潤入。麥五斗，僧應德利潤入。麥一石，安元進利潤入。麥五斗，李慶達利潤入。麥五斗，張善善利潤入。麥一石，翟安住利潤入。麥五斗，張什德利潤入。麥二斗五升，王留子利潤入。麥五斗，羅安久利潤入。麥七斗五升，陰忠信利潤入。麥七斗，石再定利潤入。麥十五石，羅平水利潤入。

計麥二十六石五斗五升。

（中有空白）

粟入：

粟伍碩，斷般𡍼僧葦子價入。粟壹碩柒斗，春官齋嚫入。粟壹碩，僧統施入。粟捌斗，金銀匠王流住患念誦入。粟壹碩壹斗，乞麻時散施入。粟柒斗，净勝裙價入。粟壹碩捌斗，自年人上菜價入。粟兩碩貳斗，十二月諸巷道場佛名嚫入。粟肆斗，王幸豐念誦入。粟壹碩，故僧憨兒袈裟價入。粟拾碩，自年僧菜價入。粟叁碩伍斗，二月六日七八日，沿行像散施入。粟伍碩，小娘子患念誦入。粟肆斗，董善住男患念誦入。粟一石五斗，安都知利潤入。粟兩石，張員住弓價入。粟兩石，氾校揀折豆利潤入。

計粟三十九石六斗。

（中有空白）

西倉

粟七斗五升，雒乖子李利潤入。粟一石，石撅搥利潤入。粟壹石石憨奴利潤入。粟五斗石通子利潤入。粟一石五斗，鄧保定利潤入。粟兩石王留慶利潤入。粟五斗，賀奴利潤入。粟二斗五升，曹和盈利潤入。粟五斗，梁再慶利潤入。粟一石五斗，僧義忠利潤入。粟一石，譚孝順利潤入。粟一石，僧因會利潤入。粟一石，王忠義利潤入。粟七斗五升，王留子利潤入。粟兩石，宋安住利潤入。粟二斗，張再住利潤入。粟五斗，高富子利潤入。粟三斗張富通利潤入。粟二斗，石佛德利潤入。粟二斗，石定子利潤入。粟二斗，賀奴子利潤入。粟一石五斗，張什德利潤入。粟五斗，曹安信利潤入。粟兩石五斗，董延進利潤入。粟伍斗，李慶達利潤入。粟貳斗伍升，曹安子利潤入。粟壹碩伍斗，黑赤頭利潤入。粟貳斗伍升，王流子利潤入。粟柒斗伍勝，張留子利潤入。粟伍斗，陳富子利潤入。粟壹碩，孫攧攞利潤入。粟伍斗，康骨子利潤入。粟伍斗，勝净利潤入。粟一斗五升，惠進利潤入。粟一石，安定奴利潤入。粟兩石五斗，安祐子利潤入。粟伍斗，羅安久利潤入。粟七斗五升，曹文德利潤入。粟一石五斗，龍意山利潤入。粟壹碩，龍十德利潤入。粟叁斗，龍意山利潤入。粟壹碩伍斗，陰忠信利潤入。粟柒斗五升，龍再延利潤入。粟貳斗伍升，鄧定子利潤入。粟兩碩，朱員住利潤入。粟壹碩，王富通利潤入。粟柒斗伍升，鄧住子利潤入。粟伍斗，宋定子利潤入。粟叁斗伍升，孫富住利潤入。粟伍斗，唐憨憨利潤入。粟貳斗，張胡胡利潤入。粟壹石，孔恩子利潤入。粟一石五斗，杜慶兒利潤入。粟五斗，董清子利潤入。粟叁斗，李慶達利潤入。粟一石五斗，何奴子利潤入。粟壹碩伍斗，何善住利潤入。粟壹石，張友信利潤入。粟五斗，白攧攞利潤入。粟壹石，王恒信利潤入。粟五斗，石住兒利潤入。粟一石，何保住利潤入。粟一石，何義信利潤入。粟叁斗，張通達利潤入。粟兩石貳斗五升，孫延友利潤入。粟五斗，張文建利潤入。粟五斗，羅順通利潤入。粟壹斗，羅順通利潤入。粟伍斗，安子寧利潤入。粟一石五斗，武懷通利潤入。粟五斗吉保升利潤入。粟叁斗，梁進通利潤入。粟五斗，王留慶利潤入，粟五斗，女呈安住利潤入。粟五斗，盧延潤利潤入。粟七斗五升，王安信利潤入。粟七斗五升，高保通利潤入。粟五斗，陰通信利潤入。粟貳斗五升，洪兒利潤入。粟五斗，曹安信利潤入。粟一石，曹住子利潤入。粟一石，張哥兒利潤入。粟三斗，張胡胡利潤入。粟五斗，孔温啓利潤入。粟叁斗，賀成閏利潤入。粟五斗，令狐流定利潤入。粟五斗，令狐富千利潤入。粟一石，郭幸心利潤入。粟五斗，安攧攞利潤入。粟貳斗伍升，嚴富進利潤入。粟四斗五升，宋吉昌利潤入。粟一斗五升，保應利潤入。粟二斗，岳安定利潤入。粟一石，吳留住利潤入。粟叁斗，陳二娘利潤入。粟五斗，宋像通利潤入。粟五斗，郝慶住利潤入。粟一石，張盈德利潤入。粟六斗，李王午利潤入。粟五斗，李再住利潤入。粟五斗，索再昌利潤入。

粟一石,王富郎利潤入。粟七斗五升,吳員住利潤入。粟一石,安員宗利潤入。粟一石,王恒定利潤入。粟三斗,保應利潤入。粟五斗,雛乖子利潤入。粟七斗五升,郭富子利潤入。粟三斗五升索賢信。粟一石,高友信利潤入。粟二斗五升,張麴子利潤入。粟五斗,張石勿利潤入。

計八十三石一斗五升。

(中有空白)

油入:油叁碩,自年梁課入。油陸斗,兩件付黃麻押入。

計油三石六斗。

(中空)

麵入:麵陸拾碩,自年春磑入。

(中空)

連麩麵入:麵陸碩叁斗,自年春磑入。麵肆碩伍斗,自年秋磑入。

計十石七(八)斗。

(中空)

粟麵入:麵叁碩,自年秋磑入。

(中空)

黃麻入:

麻壹碩柒斗,春秋佛食料及春偏次轉經神佛料入。麻肆斗伍勝,陰家胡兒利潤入。麻壹斗伍勝,王醜胡利潤入。麻貳斗,願善利潤入。麻伍勝,郭幸弘利潤入。麻伍勝,曹富住利潤入。麻伍勝,平再定利潤入。麻伍斗,王幸豐利潤入。

計三石一斗五升。

(中空)

麩入:麩拾捌碩,自年磑麵入。

(中空)

滓入:滓貳拾柒併,自年梁課入。

(中空)

豆入:

豆兩碩,高員富利潤入。豆柒斗伍勝,氾安久利潤入。豆壹碩,程壹員利潤入。豆壹碩貳斗，何富奴利潤入。豆伍斗，郭小胡利潤入。豆伍斗，張再成利潤入。豆壹碩，安彥通利潤入。豆柒斗伍勝，張員慶利潤入。豆（衍）

計八石七斗。

（後空）

西　倉

豆六斗，郭再昇利潤入。豆一石，王德友利潤入。豆五斗，張住子利潤入。豆壹石，高文進利潤入。豆肆斗，譚孝順利潤入。豆三石，董再寧利潤入。豆叁斗，張建宗利潤入。豆一石五斗，賈彥昌利潤入。豆一石二斗五升，王義郎利潤入。豆一石，僧義忠利潤入。豆二斗，黑曹七利潤入。豆五斗，李憨兒利潤入。豆五斗，張再住利潤入。豆一斗五升，劉安住利潤入。豆二斗五升，羅小兒利潤入。豆一石五斗，賈彥昌利潤入。豆一石，王全子利潤入。豆七斗五升，黑友住利潤入。豆一石，曹慶忠利潤入。豆五斗，王再富利潤入。豆五斗，劉保定利潤入。豆一斗，譚清子利潤入。豆四斗，陰元弁利潤入。豆一斗，僧因會利潤入。豆一石五斗，孫倉曹利潤入。豆五斗，石義深利潤入。豆二斗五升，陳黑子利潤入。豆二斗，張麴子利潤入。豆七斗五升，董押牙利潤入。豆二斗五升，安元進利潤入。豆五斗，張慶住利潤入。豆一斗，李通達利潤入。豆七斗五升，杜慶信利潤入。豆二斗五升，安定奴利潤入。豆二斗，▢▢▢▢▢

（後缺）

（十八）

（前缺）齋時用。麵壹斗，眾僧壘園食用。麵兩碩壹斗，壘行像堂及掘城朵人夫用。麵柒斗造床博士人夫等五日中間食用。（麵陸斗造床博士用。）麵二斗，畫床先生用。麵四斗五升，後件接墻僧食用。麵陸斗，撢氈博士三日及僧食用。麵肆斗蓋食唱僧食用。麵柒斗五升，西窟上水用。麵三斗，西窟上水來迎頓造小胡餅用。麵玖斗伍升，七月城上轉經神佛食及僧食用。麵兩石叁斗，七月十五造佛盆用。麵兩石一斗，造破盆用。麵二斗，造小破盆用。麵一斗，（十五日節料）支與恩子用。麵七斗，造食平河口蓋橋看水官等用。麵伍升、菜田渠秋耕地食用。麵八斗，八月奉處分當寺轉經了日眾僧齋時用。麵九斗，三日中間接墻蓋廊舍眾僧及博士用。麵三斗，造笓籬博士用。麵一斗，無窮及延康納稅人用。麵一斗，木博士修治火爐及門用。麵五升，塑匠泥火爐用。麵六斗，贈善惠用造祭槃粥。麵一石五升善惠入粟兩石。麵叁斗，恩子產時用。麵一石五斗五升，劉真亡時造祭拜槃及粥充祭槃用。麵七斗，大眾兩日就寺分僦用。麵三斗六升，龍郭僧政亡時納僧門用。麵二斗，造火爐博士用。麵肆斗，兩日乞麻齋時眾僧食用。麵二斗五升，療治釜子博士用。麵叁斗，冬至戒齋用。麵三石三斗秋佛食用。麵七斗五 升 ，十二月九日雷僧政解齋用。麵叁斗，載葦子來日早用。麵二斗，陰押牙轉經時轉經僧用。麵一石五斗，十二月六日中間行解齋眾僧用。麵叁斗，太歲日解齋用。麵一石五斗，歲三日中間乞柴眾僧齋時用。麵三石一斗五升，副僧統和尚掩世時造勸孝並祭槃粥瓮等用。麵四斗五升、納大眾（造勸孝）贈副統用。麵二斗三升，贈嵒張法律用。麵二斗三升，贈圖宋法律用。麵三斗堆園眾僧用。麵叁斗，交庫時兩日眾僧用。麵九斗，十二月城上轉經神佛食及僧料用。

計五十二石。

（中空）

連麩麩（麵）破：

麵一斗，十二月八日造食女人食用。麵一斗，算會時女人食用。麵二斗，曹家莊上折梁子人夫料用。麵貳斗伍勝，窟上孖刺僧食用。麵四斗，交庫兩日眾僧折麻喫用。麵伍斗五升，窟上大眾栽樹子食用。麵一斗，支與恩子寒食節料用。麵三升，寒食煮油時女人食用。麵貳斗伍勝，延康渠底畔及園內鋤渠畔僧食用。麵壹斗，榮（將）三界寺飯食時女人喫用。麵貳斗伍勝，將往羊群拔毛用。麵一石一斗壘界墻兩日眾僧食用。麵五升，羊群送麵時造餅食用。麵貳斗，旋時人夫及女人用。麵伍斗，壘園眾僧食用。麵叁碩壹斗，壘行像堂及下城朵用。麵三斗五升，造齋時人夫及女人等用。麵壹碩伍升，弈墼及接墻眾僧食用。麵五斗，脫墼僧五人用。麵壹碩肆斗，般墼眾僧食用。麵叁斗，六月六日眾僧擘毛用。麵叁斗，搋氈僧食用。麵叁斗，蓋食唱□衆僧食用。麵伍斗,西窟上水時用。麵肆斗,後件脱氎僧用。麵一斗,七月十五日調培用。麵二斗,兩件列菜女人食用。麵一石二斗,三日間接墻蓋厨舍衆僧用。麵一斗,善惠亡時造食女人用。麵五升造(食)善惠開七齋時女人用。粟兩石善惠亡時麵替入,粟四斗油替入麵壹斗,園子送胡蘭盆棗與用。麵五升,秋耕地用。麵八斗,願真亡時造食女人用。麵貳斗,乞麻衆僧造蒸餅食用。麵一石,載葦子車家用。麵一斗,造佛食時女人用。麵二斗,堆園衆僧用。麵一斗,造食女人用。麵二斗,歲付恩子用。

計十六石八升。

計十五石八斗八升。

(中空)

穀麵破:

麵貳斗、兩日折麻及交庫衆僧食用。麵四斗,兩日壘界墻(衆僧)食用。麵壹斗,壘園人用。麵陸斗伍勝,壘行像堂及下城(朵)用。麵五斗五升,弈氎及接墻僧食用。麵六斗,三日間接墻蓋舍衆僧用。麵五斗,善惠開七齋時煎餺飥用。

計□石五斗五升。

(中空)

黃麻破:

黃麻壹碩肆斗,寒食付梁户押由(油)用。麻兩石捌斗,三月付梁户押油用。麻五斗,付通子用。麻三石廣進手上入木客用(將慕容鎮使)。

計七石七斗。

(後空)

(前空)

麩破:

麩叁(四)斗,窟上孖剌時餧馬用。麩叁斗,與胡拔毛時飼馬用。麩伍斗,付通子用。麩六碩,春秋卧醋用。麩兩碩,吳僧政用。

計九石二斗。

麩三石,雇般麵車牛用。麩伍石,兩件宋僧政貸緤。麩兩石磑麵時與磑博士用。

（後缺）

豆破：

豆肆碩，氾校揀入布一匹用。豆叁(壹)斗，餧瘦羊用。豆壹斗，磑碏納官用。豆柒碩貳斗，高孔目入粟換將用。豆貳斗，磑碏後件餧乏羊用。豆陸碩陸斗，買宗子押衙生鐵價用。豆壹石五斗，陽敬崇墼地價用。豆柒碩，牧羊人糧用。豆叁碩，史奴奴鑠榻時鐵價用。豆叁碩伍斗，買鐵鑮佛艷用。豆六石，慕容鎮使木價用。

計三十九石四斗。

西倉豆破：

豆兩碩伍斗，索延晟梁子價用。豆陸碩，王知客梁子價用。豆陸斗，陳水官換豆來時支與用。豆叁碩，吳再成梁子價用。豆肆碩，王都衙梁子價用。豆壹碩，墼地課用。豆六石。慕容家木價用。

計二拾三石一斗。

（中有空白）

布破：

布一匹與擎佛人用。布二尺，康都料姊亡時吊用。布肆尺五寸，張恩子亡時吊保會信子用。布肆尺五寸，僧統亡時吊宋法律袄願用。布壹匹，與鄧僧政儭價用。布肆尺，宋法律侄女亡時亡(吊)□法律及祥應用。布二尺五寸，應啓姊亡時吊用。布尺康都料姊亡時吊用。布壹拾捌尺，陰家小娘子亡時吊天公主縣令孔目等用。布叁尺，孔將頭亡時吊宋法律用。布貳尺，願真亡時吊不勿用。布二尺，寶鏡父亡吊用。布二尺，進員母亡吊用。布二尺，願通父亡吊用。布三尺，高闍梨母亡吊用。布二尺，吊廣進父亡用。布二尺五寸，張僧政兄亡吊用。

計布一百三十四尺。

（十九）

一千九百五十一石六升六合麥粟油蘇米麵黄麻麨查豆布鑮褐綿等沿寺破除外應及見存：

一百七十五石八斗三升麥，七百七十五石二斗三升五合粟，六石

四斗五升一合油，五升蘇，一斗玖勝米，一百□

（後缺）

（廿）

（前缺）

寺道場罷日眾僧食用。麵兩碩叄斗□□□□□造佛盆用。麵壹碩陸斗，七月十七日造破盆用。麵貳斗，造小破（盆）眾僧喫用。麵肆碩玖斗，司徒兵馬來迎頓用。麵陸斗，看營頓人及弟（第）二日屈判官用。麵陸斗，造食及盛將西窟上水用。麵壹斗，上水了來解火日造羹用。麵柒斗，報恩寺壘園時人事用。麵壹碩陸斗伍升，秋座局席眾僧咕（酒）用。麵壹碩六斗，造入梁局席工匠及鄧索二僧政眾僧等用。麵陸碩壹斗，第二件修油梁人夫及博士用。麵壹碩壹斗，弟三件修梁安油橜安門及造門兼隔壘東頭舍子博士及人夫等用。麵壹碩柒斗伍升，高都頭開經時看僧官等用。麵壹碩叄斗伍升，吳僧統和尚收灰骨造頓用。麵伍斗，造蒸餅高法律上席延局人事用。麵叄斗，造胡餅僧統開經時僧官點心用。麵五斗五升，八月城上轉經神佛食及僧料用。麵叄斗，蓋梁時諸莊賣（買）木用。麵叄斗伍升，眾僧乞麻時食用。麵貳斗伍升，行像社聚物用。麵伍升，伊州客僧來時看用。麵陸斗，冬至及第二日眾僧食用。麵壹斗，張僧政東送路用。麵叄斗，載葦子車牛來日用。麵叄碩叄斗，冬佛食用。麵壹斗伍升，錯穀及政穀博士食用。麵叄斗五升，贈陰僧政用。麵四斗五升，保應亡時造祭槃及粥用。麵二斗五升，康教授遷化時納贈用。麵壹碩伍斗，十二月行解齋眾僧食用。麵七斗，十二月九日雷僧政解齋用。麵伍斗，兩日交庫行解齋用。麵壹碩伍升，十二月城上轉經神佛食及僧兩日齋時一日解齋時（用）。麵拾壹碩伍斗，官入麥換將用。麵一斗，歲付恩子節料用。麵三石五斗，卯年官將入粟替用。

計七十一石伍斗七升。

（後空）

（前空）

連麩麵破麵一斗寒食支與恩子用。麵一斗，鋪釘佛艷時造食女人用。麵一斗，寒食生地底畔眾僧用。粗麵五升，初生日造齋女人食用。麵叁斗,將往(羊)群拔毛用。麵伍升,桃園栽樹日僧食用。麵二斗,淘麥僧料用。麵叁斗,西窟上水用。麵壹斗,造佛食女人用。麵伍勝,造勾儼食飯女人用。麵六斗,二日間修西梁衆僧用。麵一斗,張閏子車團斫木用。麵五升,王再定張閏子車牛斫木用。麵一斗,支與園子用。麵一斗,於園坐蔥用。麵五升,僧統起幡額時造食女人用。麵壹斗。七月十五日造爐餅定培用。麵肆斗,將西窟上水用。麵壹斗,榮報恩寺罍園人事女人用。麵叁碩壹斗,弟二件修油梁用。麵陸斗,弟三件修梁用。麵一斗,高都頭開經罷日造食女人用。麵一斗,吳和上收灰骨時造食女人用。麵二升,造高法律人事蒸餅時女人用。麵肆斗伍升,諸莊載木盆□用。麵叁斗,衆僧乞麻時食用。麵壹斗,安衆堂門時人夫用。麵壹碩貳斗,付車牛家打葦子用。麵壹斗,造冬佛食女人用。麵壹碩伍斗,將三危山上泥人夫用。麵一斗,歲付恩子節料用。

計十石八斗五升。

穀麵破:

麵二斗,二日修梁喫用。麵壹碩貳斗,第二件修油梁用。麵叁斗,第三日修油(梁)用。

計一石四斗。

黃麻破:麻壹碩肆斗,春付梁戶押油用。

計一石四斗。

麩破:麩壹碩,磑上與博士用。麩兩石載麵車牛價用。麩六石,春秋卧醋用。麩八石,宋僧政刺柴價用。麩伍斗(一石)上西窟餧馬用。

計十八石。

查:叁併燒培用。

(後空)

原載敦煌文書 P.2032 背

後　漢

漢高祖

後漢開國皇帝（895—948），沙陀族人，生於太原。姓劉，名知遠，即帝位後改名暠。早年爲唐明宗李嗣源麾下裨將，後投靠晉高祖石敬瑭，任牙門都校。石敬瑭任河東節度使時，以其爲北京馬步軍都指揮使。後晉建立後，任侍衛馬步都指揮使。晉末任河東節度使，封北平王。在晉與契丹的戰爭中，持中立觀望態度。天福十二年（947），契丹滅後晉，乘機取代後晉，在太原稱帝。契丹兵撤去，乃入據洛陽、汴梁，建國號爲漢，史稱後漢。在位15個月後病卒。

諭鎮州趙贊詔　天福十二年二月

卿燕臺大族，唐室懿親，作鎮方隅，既多善政，應時制置，素有嘉謀，實兼文武之才，比擅方圓之譽。惟卿之身，久從迫脅，居胡土而當全骨肉，還漢疆而近脫鋒鋩，浮沉祇繫於虜情，舒卷非由於己意，想其扼腕，常所吞聲。朕猥以眇躬，式隆丕構，承皇天眷命，副群后樂推，方救阽危，用拯塗炭。昨契丹見華人不附，尋已促還；今酋長爲神物所誅，俄聞暴卒。興亡之兆，其理昭然。其永康王遁入鎮州，與卿顯相疑惑，今月一日，於待賢館內已被縶俘，所有僚屬將校並遭誅戮，冤聲遙聽，慘性可量，想計聞之必多酸楚。卿一門忠孝，三代王公，須自雪家冤，當共清國難。於我則既明向日，於彼則無與同天。自然濤土分茅，長居爵位，重茵列鼎，永慶來雲，孟津之會宜先，塗山之期勿後。況車駕按幸已及晉州，無致他人別邀富貴，臨軒眷注，寤寐不忘。所有諸道申奏蕃賊等逃遁事由表章文狀等,並同封往。其三軍官吏、僧道、百姓等,別降敕曉示撫問,用符卿意,當體朕懷。

原載《册府元龜》卷166

即位求賢詔　天福十二年六月

古者詢芻蕘之言,探歌詩之諷,冀求利病,以省是非。況濟濟盈朝,謇謇就列,懷才抱器,博古知今。苟無弘益之辭,曷表翊扶之力?起今後,文武百僚每遇後殿起居日,仰具利濟,上章以聞,次第循環,周而復始。嘉謀嘉猷之告,庶得聞知;可久可大之規,期於曉達。亦聆此事,向來已行,但率皆浮言,鮮克忠告。良由時或拘忌,人有依違,遂使急務慎於指陳,浪語盈於章奏,有名無實,阿旨取容。今則不然,所宜改作,凡有封事,並可直言,無用飾辭,務存確論,輔此不逮,稱朕意焉。

原載《册府元龜》卷103

至東京大赦文　天福十二年六月

王者興膏雨之師,所以蕩瑕穢,下哀痛之詔,所以弔傷夷。朕頃自晉朝,俾乂并土,屬戎夷兆亂,致干戈日尋,每懷如燬之憂,常竭扶顛之力。旋以金行失馭,天驕縱暴,北陷河塞,南逾官渡,盜據宫闕,凌辱衣冠,蹂踐我京畿,虜劉我生聚,田不易塲,人不聊生,犬羊布於四郊,腥穢聞於千里。人既思主,朕實疚心,遂乃建彼義旗,整斯戎輅,雪萬民之枉抑,期九土之和平。求理之端,惟刑是恤,況時當養物,仁在好生,爰覃解綱之恩,用廣泣辜之道。應天福十二年六月十五日昧爽已前,諸道州府見禁人等已結正未結正、已發覺未發覺,除十惡五逆外,其餘罪無輕重,咸赦除之。三司地征,六營軍費,素懸數額,皆有限程。但以兵革屢興,旱蝗相繼,蓋督吏不能開許,致疲民無以供輸,苟不蠲除,轉成困弊。天福十一年已前諸道州府應係殘欠税租并特除放。朕昨凤駕河汾,薄狩陝虢,洎及京邑,周覽神皋,禾黍廢爲閑田,墻屋毀爲平地,凄傷滿目,指顧傷心。且農夫不耕,廩食何取?蠶婦不織,府帛何輸?言念流離,諒宜矜恤。況朕頃在藩翰,備諳稼穡，自臨大寶，首念蒼生，常久困於蕃戎，欲盡蠲其租賦。又以干戈未弭，士馬方繁，月無見糧，歲無常給，特於經費，須此減除。其東西兩京畿內遭契丹蹂踐暴苦處，人牛俱喪，蠶麥不收，雖近復田園，固無可輸納。其東西兩京一百里內今年夏稅及沿徵物色，并與蠲放；其一百里外曾有契丹經過劫掠之處，委本處官吏躬親恤問，如實被契丹蹂踐不虛，其今年夏稅大小麥苗子、沿徵物色等各放一半。其京城內先遭張彥澤明行拷捶，劫掠資財，兼被契丹毀折屋舍，括率緡錢，爰屬艱危，併罹殘虐，爰符望幸，用慰來蘇。其京城內今年廛稅與減一半。雨露之恩，豈宜有間？文武之吏，咸與維新。應內外臣僚及京百司并諸官吏將校等各具名銜申奏，當與加恩。應有契丹除授諸道節度、觀察、防禦、團練使、刺史及令錄賓僚將吏等，并各安職任，不議改更，勉思共理之規，更俟維新之命。或曾經謫官，又念投荒，苟亡惻隱之恩，何示炤臨之德？應已前貶降官未量移者當與量移，已量移者便與叙錄。應該徒流者與放還。近因獫狁猖狂，萑蒲充斥，交相劫剽，不問官私，遂令王事之人，空有係官之數。應屬省務局錢穀曾經契丹及草寇般擎處，據已勘到實數，仰三司具指實條奏，當議別有指揮。應係欠省司錢物，尚令逐處徵催，全放則因便生奸，加罪則困窮可憫，宜下三司，據見有家業抵當外，如實無充折者，特貸餘生，更無任使。亡命不逞之徒，殘民蠹物之類，或隱藏山谷，或畏懼典刑，及今日已前結集爲非者并不問罪，仍令所在長吏丁寧曉諭，如願在軍都者量材安排，如不願在軍者即任歸農業，與限兩月，明示招携。如限滿依前結集爲非，不議寬恕，即嚴加捕捉，復罪如初。浚都重地，汴水名區，控襟帶於八方，便梯航於萬國，眷言王氣，允稱皇居。其汴州宜仍舊爲東京。朕以肇興寶曆，克嗣炎精，遐追雍洛之宏規，仰仗高光之盛烈，其國號宜改爲大漢。朕始事晉，以至開國，雖易服建號，固有通規；念舊懷恩，未忍改作。其年號仍舊稱天福。於戲！帝王之道，亭毒爲先；黃老之言，清净爲本。用示滌瑕之典，宜敷作解之恩，矧惟臨馭之初，方屬艱難之運，當欲盡除疾苦，漸致康寧，用遵置器之方，庶減納隍之慮。凡在遐邇，宜體朕懷。

原載《冊府元龜》卷 95

和買戰馬詔　天福十二年九月

朕方以勤儉一身，輯和庶政，未嘗枉費，所切安人。今則重威未賓，契丹尚擾，必多添于戰騎，期大振于軍威，言念煩勞，事非獲己。

原載《册府元龜》卷 621

幸澶魏御札　天福十二年九月

朕自副推崇，敢忘寅畏，及物必加於恩信，任人無間於親疏。期區宇之大同，俾蒸黎之小泰。洎朕始臨梁苑，畢會藩侯，蓋當再造之期，用普維新之命。莫不駿奔入覲，率俾爭先。旌旄之寄咸遷，帶礪之盟益固。魏博、杜重威負釁雖重，在朕含垢亦深，盡捨前非，只期後效。是以授之真秩，換彼名藩，而禍胎已成，臭氣復作。北勾賊虜，南拒朝章，若不加誅，何以爲法？黷我天憲，勞我兵威，今則大進梯橦，克收壁壘。重念一夫作孽，百姓何辜？雖已推祝網之仁，尚宜軫納隍之慮，必恐孤城既拔，衆怒猶深，儻驚飆更迅於雷霆，即烈焰寧分於玉石。朕所以軫傷在念，想慮尤深，將親勞於六師，宜再詢於順動，豈辭櫛沐？須議省巡。取今月二十九日，車駕起離闕下，暫幸澶魏已來。凡百士庶宜體朕意。

原載《册府元龜》卷 118

北巡赦文　天福十二年十月

自古聖帝明王，開基創業，輯寧庶彙，康濟四方，行寬大之恩，不遺遐邇，布含弘之德，無隔華夷。頃屬前朝季年，中原失馭，蒸黎板蕩，寰縣分離，寰區爲戎虜之鄉，宮闕作腥羶之地，百萬之生聚俱陷虎狼，數千里之人烟頓成荆棘。朕屬兹多難，思庇生民，憫晉祚之覆亡，憤胡塵之紛擾。繇是痛心疾首，躍馬提戈，慕大業于高光，起義師於汾晉。匈奴運盡，魁首天亡，殘孽遺妖，奔巢走穴。繼平凶醜，再造乾坤，盡復諸華，不失舊物。顧惟眇質，獲荷寵靈，怵惕于懷，憂勤在念。朝野亂離之後，國家開創之初，每慮德澤未優，炤臨尚狹，懼一夫之不獲，恐一物之乖宜，思濟艱難，靡遑宵旰。大河之北，易水之南，久因兵戈，聚成瘡痍，男孤女寡，十室九空，念此興懷，潸然出涕。近者北地州府,相次歸明,睹千里之坦夷,顯群心之忠順。今則方當展義,爰用省方,宜弘及物之恩,用廣惟新之澤。應鄴都管內及邢洺慈相衛鎮深趙貝冀博滄景德易定祁泰等州管內,應見禁罪人,取十月五日眛爽已前,已結正未結正、已發覺未發覺,常赦所不原者,咸赦除之。自契丹爲患已來,逆虜所至之處,劫掠之外,殺害實多。方布仁慈,豈限存歿?應河北曾經契丹殺害處所有無主骸骨,并仰所在長吏勤加指揮,收斂埋葬。其有官員將吏歿於王事及曾被契丹脅從指使返遭殺害者,并可搜訪逐人子孫及親嫡骨肉,具名聞奏,當與量材任使,必令存濟。捨過錄功,方務含垢;迪亡服叛,惟切推誠。契丹節度使麻答見在定州,自前曾輸款誠,欲來歸順,已降詔諭,想計聞知,當俟傾心,別加殊渥。幽燕瀛莫,舊屬蕃戎,惟彼生靈,久遭屈辱,近知軍民憤激,志願歸明。苟能密設機謀,審圖禍福,必然成事,終享功名,上郡雄藩,當用酬獎。鎮州殺僇契丹之時,軍人百姓并立勛效,其軍都將校員僚已行恩澤;訪知百姓鬥敵之際死傷甚重,聽聞已來傷嘆尤切,其逐人本家宜令本道常加優恤。向者有漢地諸色人員隨契丹,比未能歸還,去國離鄉,益加憫念,其本人骨肉仰所在存恤,倍加安撫。先有諸色人曾伏事著契丹官員者,一切放逐,穩便所在,不得動搖。於戲!上天悔禍,黔首愛生,敢忘兢慎之心,冀合昇平之運。凡在黎庶,當體朕懷。

原載《冊府元龜》卷 95

答盧擢請許朝臣封贈父母敕　天福十二年

盧擢忠勤奉職,讜直立言,貢以封章,舉其墜典,詳觀弘益,尤切嘆嘉。宜下所司,並令舉奏。

原載《冊府元龜》卷 476

禁斷契丹裝服敕　天福十二年

近年中華兆人浮薄,不依漢禮,却慕胡風,果致狂戎來侵諸夏。應有契丹樣鞍轡器械服裝等,並令逐處禁斷。

原載《冊府元龜》卷 160

停張燦見職敕　天福十二年

三司邦計，國法攸依。張燦體事未明，執理乖當，宜停見職，犯皮者貸命放之。

原載《唐文拾遺》卷 10

改元乾祐大赦文　乾祐元年正月

昔我藝祖神宗，開基撫運，以武功平禍亂，以文德致昇平，澤潤生民，慶流長世，淳耀之德不泯，延洪之業無窮。肆予冲人，猥集大命，荷上穹之眷祐，揚列聖之耿光，底定四方，奄有萬國。纘堯承緒，欽若永圖；嗣夏配天，不失舊物。乃者有晉失馭，羯賊亂常，蛇虺肆毒於寰區，豺狼暫穴於宮闕，虔劉我生聚，俘掠我吏民，戎馬所經，人煙殆絕，海內無主，天下騷然。朕方在躍潛，遇茲屯難，秉旄誓衆，憤其家國之仇；冒暑出師，雪彼生靈之怨。皇天后土，悔禍誘衷，胡虜喪亡，遼碣潰亂，腥羶屏氣，屬縣歸心。按六轡而嚴屬車，克寧西道；走空函而飛折簡，遂定中州。旋以王業尚難，魏郊斯梗，當思康濟，爰議省巡。一方既靜於烟塵，九野漸期於清晏。今則已旋魏闕，正屬王春，三陽布和，四序更始，便宜宣德澤，以順發生。紀號易年，式顯鼎新之祚；宥過懸德，載覃渙汗之恩。可大赦天下，改天福十三年爲乾祐元年。自正月五日昧爽已前犯罪，除十惡五逆外，罪無輕重，已發覺未發覺、已結正未結正，咸赦除之。諸貶降官未量移者特與量移，已量移者與復資叙用。諸色配流人并放還鄉里，其除名不齒者量與叙錄諸處散闕。場院官自前有因由欠折即目并無抵當灼然無可徵督者，宜令三司勘覆聞奏。豐阜之道，耕種爲先，宜伸勸課之條，以重衣食之本。應天下戶口夏稅見供輸頃畝稅賦外，一人任戶開墾荒地及無主田土，五年之內不議納稅。亦聞自前有此指揮，始即許其開耕，旋乃却行檢括，既非誠實，顧失緝綏。朕以化理域中，信敷天下，必無改易，庶廣耕桑，宜令所在長吏明行曉示。自中原板蕩，編戶瘡痍，凶歉薦臻，逋逃未復，加以徵賦煩重，差配頻仍，言念疲羸，宜伸撫恤。比聞州縣調役，未甚均平；秋夏供輸，不依條制。生靈受弊，胥吏成奸，宜儆尤違，俾循軌度。所有逐處戶口，宜令觀察使、刺史、縣令設法招緝，除宣省指揮外，不得非理差配。其合充色役人户，不許官吏州縣影占，務均苦樂。其秋夏輸納，只依朝廷指揮受納，不得有加耗取覓。若或差人，察訪不虛，其主者監官必加深罪。更在藩侯郡牧，共理分憂，嚴設科條，以副委任。一昨親征鄴部，暫駐野營，周覽鄉川，備觀凋瘵，所宜優恤，以召和平。其鄴都四面人户去城三十里内，所有天福十二年賦稅並緣徵一物以止并可特放。其無主破毀墳墓，仰差官吏如法掩瘞。兵荒之際，寇盜連群，自朕始及京師，以宣赦宥，尚聞結集，未復家園，豈非告諭之未嚴，慰撫之未至？今則陽春資始，東作將興，雨雪及時，耕桑有望，所宜各歸營養，自取安全。式敷在宥之恩，載啓自新之路。應諸處有前自爲非惡迹之人，一切放罪不問，便可安家樂業，各歸營農，所在不得動搖。赦書到後，仍與限一月，若不歸本家，復罪如初，當令緊切擒捕，心無矜恕，仍別有條理指揮。恭惟列祖園陵，諸聖祠廟，桑田變海，當時之弓劍猶存；精爽在天，終古之威靈不泯。載惟追感，誠切永懷。其雍州、西京及諸州府應有諸帝陵廟，仰所在修奉，務令完葺。國家大事，惟祀與戎，苟蘋藻之不虔，則神祇之安享？起今後凡有祠祭所供用之物，務在豐潔，宜令有司精細點檢。向者桀虜亂華，或有抱幽冤而没地；王師薄伐，或有徇忠節以殞身。念彼遺魂，宜覃霈澤。自國家舉義已來，應有將校臣僚没於王事及晉朝臣僚枉遭契丹屠害者，并與追贈；如已追贈爵秩未高者，更與贈官；仍令搜訪子孫，量材叙録。朕昨展義省方，討違伐叛，適當平定，且録勤勞。應扈從鄴都城下内外文武臣僚及馬步諸軍將校并在京部署巡檢官員職掌諸軍將校等，昇除已行恩命外，所有未曾加恩者，宜令中書門下條舉聞奏。兼鄴都以來沿路州縣迎奉大駕，供饋宿頓糧草無遺闕處，其職掌及州縣官吏并可等第甄録。天下名山大川、聖帝明王、忠臣烈士祠廟墳墓，委所在量事修葺。自唐莊宗後來應有文武大臣功德昭著者，其凌替子孫量與叙録。其有先曾仕契丹並有骨肉見在契丹者，其本人本家所在切須安存，不得妄有恐動。朕昔在藩邸，頗熟臣僚文武之才，嘗備觀其梗概方員之用，宜更察於精微，俾取質於衆多，庶無遺於後造。應文武常參官仰準唐建中年故事，上任後三月表舉一人自代。軍國之費，務在豐財，關市之徵，資於行旅，所宜優假，俾遂通流。應天下商旅往來，所在並須饒借，不得妄有擾勒。卑宮菲食，前代之令猷；革舄綈衣，哲后之明德。至於損上益下，惜力愛人，冀息煩苛，漸期富庶。所有乘輿服御、後宮費用、太官常膳，一切減損。在京及内諸司並天下州府，除應奉軍期急切外，其餘不急之務，非理營造，并皆停罷，免致勞役。徵聘丘園，免遺邦彦；恢張名教，俾厚人倫。應有蘊蓄器能，精通理道、文理該博、武略縱橫而退遁於家、高尚其事者，委所在訪尋，當俟徵用。義夫節婦，孝子順孫，仰具聞奏，即議旌表。於戲！創業惟難，守成非易，敢忘馭朽，思致偃戈，更賴文武股肱藩后同心康濟，勠力弼諧，永冀隆平，共臻仁愛。凡在戴履，宜體朕懷。赦書有所未該者，委有司舉奏。赦書日行五百里。敢以赦前事言者，以罪罪之。

原載《冊府元龜》卷 95

誅杜重威詔　乾祐元年正月

杜重威猶貯禍心，未悛逆節，鴟音不改，虺性難馴。昨朕小有不安，罷朝數日，而重威父子，潛肆凶言，怨謗大朝，扇惑小輩。今則顯有陳告，備驗奸欺，既負深恩，須置極法。其杜重威父子並處斬，所有晉朝公主及外親族，一切如常，仍與供給。

原載《舊五代史》卷 109

省躬罷役詔　乾祐元年正月

卑宮菲食，前代之令猷；革舄綈衣，哲后之明德。至於損上益下，惜力愛人，冀息煩苛，漸期富庶。所有乘輿服御，後宮費用，太官常膳，一切減損。在京及内諸司並天下州府，除應奉軍期急切外，其餘不急之務，非理營造，并皆停罷，免致勞役。

原載《冊府元龜》卷 56

定節度使奏薦屬官敕　乾祐元年正月

設官分職，朝廷自有規程；薦士延才，州郡合存體式。應諸道節度、防禦、團練、刺史奏薦判官、書記、支使、推官、令録簿尉等親人之官,不易入幕之客,尤難必取當仁,庶聞幹事,守臣奏薦,朝廷選除,素有明文,咸拘定制。近年以來,除人或虧,允當薦士,多昧選求,體制既逾,紊亂滋始,遐邇將期於致理,奏除宜在乎擇才,況有舊章,足爲常式。其諸道行軍副使、兩使判官,并不得奏薦,委中書門下選除。帶使相節度使,許奏節度掌書記、觀察支使、節度推官。不帶使相節度使,只許奏節度掌書記、節度推官。其防禦、團練判官,刺史判官等聽奏,仍須精選才能。其唐朝、晉朝前項條貫,并可舉行,永爲規制。所奏薦州縣官,自有銓行,不可侵越。以救內舊人數許奏,使相三人,不帶使相二人,防禦、團練、刺史一人爲定,仍付所司。

原載《册府元龜》卷 634

漢隱帝

後漢皇帝(931—950),姓劉,名承祐,高祖第二子。乾祐元年(948)即位。因其年幼,朝政被幾位元老大臣把持。乾祐三年(950),一日之內殺楊邠、史弘肇、王章等重臣,又欲鏟除樞密使、鄴都留守、天雄軍節度使郭威。事泄,郭威率大軍進攻汴梁,官軍戰敗,隱帝在逃亡途中被殺。郭威入京城任監國,次年正月即皇帝位,後漢滅亡。

即位大赦文　乾祐元年二月

古先哲王,繼天御物,必有大造,被於生民,故能流餘慶於子孫,保永圖於宗社。我國家本惟堯之洪緒,襲有漢之耿光,曆數有歸,謳歌所屬。先帝乘時出震,應運開國,爰在初潛,適丁難否,妖孽盜居於宮闕,腥羶肆毒於寰區,血肉黔黎,荊榛赤縣。繇是建靈旗而指敵,仗黃鉞以誓師,逐逋寇於龍荒,救含生於虎口。遺身利物,功德契於三靈;以欲從人,潤澤流於八表。大統既集,仙馭俄遷,號慕終天,殞越無地,肆予小子,獲纂丕基,上承顧命之嚴,下迫群臣之請,遺弓如昨,仍几具存,瞻黼扆以推心,處苦廬而瀝血。而文武庶尹,將相大臣,連上封章,請臨政事,固拒雖切,敦勸彌堅。蓋負荷於眇躬,復祗膺於永命,諒難固執,須强荒羸,恭己視朝,載惟感咽。向明而治,始聽斷於萬機;作解之恩,宜昭宣于四海。可大赦天下。取二月十三日昧爽已前所犯罪有已結正未結正、已發覺未發覺,罪無輕重,常赦所不原者,咸赦除之。諸左降官未量移者與量移,已量移者與復資,已復資者與叙用。應諸有盜賊處,宜準今年正月五日所降恩赦放罪招携,宜令所在長吏更切曉諭招喚,各令歸業安家營養,并不問以前違犯,仍倍加安撫。文武臣僚,侍衛將士,赤心爲國,勠力勤王,盡節盡忠,同心同德,輔翊先帝,推戴冲人,言報忠勞,宜伸渥澤。應中外文武臣僚將吏各加恩寵,其馬步諸將軍兵士等各賜賞給,已從別敕處分。尚念國家多事,帑藏尚虛,賜賚未優,良深愧意。兵火之後,灾沴相仍,編户傷殘,比屋貧弊,重以科徭未息,輸斂不時,言念瘡痍,宜伸蠲復。天福十二年終已前殘欠秋夏稅賦及和糴沿徵一物已上,並特放。所有遍經灾沴處,開封府滑曹鄆宋亳單潁徐宿兖沂密孟鄭懷衛澶濮等州並濮城四面三十里内共二十處,除已放去年殘稅外,宜更加軫恤。其今年夏麥苗子,於舊額上特與放免一半。頃經戎虜,所在驚騷,於場院課程州府管係,既有陷失,宜示矜蠲。應州府縣鎮遭契丹草寇及軍都更變驚却,兼有般送綱運已離本處,沿路遭劫奪諸色錢帛一物已上,兼天福十二年六月終已前諸州府鹽麴商稅鐵冶不敷課利及主持錢物糧草柴蒿敗闕欠折等,一切特與除放,其主事人員亦放罪。其有契丹犯闕之時,諸州府有危疑之處,分差兵士守把城池,逐急將係省錢物充兵士優給犒設。諸道州府有去年六月終已前全分支却將士春冬衣賜及諸色諸受自來累行徵納者,並與檢驗除破。先是諸州府被契丹率配到錢物逐處差人管押送納有欠折者,勘驗指實,并與除破。天福十二年六月終已前,逐處收刈到芰草積年損爛及欠少處,並令除放。孝治之道,不獨其親,況推許國之忠,俱享承家之慶,感霜露者宜覃漏澤,奉晨昏者亦示寵章,立身揚名,于斯爲美。在朝文武臣僚内諸司使及侍衛諸軍都虞候已上、諸道節度防禦團練刺史並見任節度副使行軍司馬藩方馬步軍都指揮使,父母、祖父母見存者,並與加恩;亡殁者并與追贈追封;已追封追贈者更封贈。《禮》稱助祭,《詩》美作賓,誠歷代之嘉猷,蓋近朝之闕典,興衰繼絕,宜舉舊章。其唐晉兩朝可求訪子孫訪立爲二王後。州縣之職，朝廷命官，既曠事者有懲，豈奉公者無勸？諸處令録主簿在任顯有殊績善於勸課招輯徵科静辨者，委所在具以名聞，當加優獎。仍以時經多事，民未小康，每念疲羸，倍懷軫惻。天下州縣户口除宣省指揮外，不得輒有科配徭役，如合充色役者，并須定奪，允當其力。及大户并不得諸處投名影占，稍違科條，當舉典憲。古者慮政教之紕繆，詢理道于蒭蕘，蓋欲使外事不壅於中，下情得通於上，言路既廣，頌聲則聞，況在纘承之初，實繫忠讜之説。內外臣僚如有所見便於時政者，可直言得失無所隱。任賢勿二，得士者昌，仰稽聖謨，敷求時彥，訪諸貞遁，庶無遺才。天下有賢良方正、文才武略不求進達處于沉滯者，仰所在搜訪以聞，名實相得，當加擢任。於戲！建邦撫運，念創業之惟難；繼統承基，知守文之不易。纘紹惟重，憂思匪寧，所賴列辟宗臣，元勛舊德，股肱王室，保佑朕躬，共致扶持，庶無失墜。爰覃霈澤，用洽中區，凡在炤臨，當體予意。

原載《册府元龜》卷 95

文武官父母加恩敘封敕　乾祐元年二月

應內外文武官員，有父母見在合得加恩敘封者，不在官階品齊，但見居官品合與父加恩、母敘封進封者，便與施行，餘准前敕。

原載《五代會要》卷 14

改名敕　乾祐元年二月

朕祇膺景命，肇啓鴻圖，適當建號之初，宜舉正名之典。夫名以制義，義以出禮，禮以體政，政以養民。載考格言，抑有彝訓，顧性寡昧，敢忘率循？但君父之名，貴於易避；臣子之敬，難以斥尊。苟觸類以妨言，必迕文而害理。況宗廟方建，禋祀匪遥，祝嘏將期於正辭，稱謂所宜於稽古。爰從改革，庶叶典章。凡百臣僚，當體朕意。今改名暠，故兹札示，想宜知悉。

原載《册府元龜》卷 3

父在母封議中太子敕　乾祐元年二月

應内外臣僚，如父准恩敕合承子蔭加恩者，父未曾有官，即量其致仕官，見任亦自該恩敕，又難用子蔭，如己去任，願授致仕官者，亦可施行，即不得就加恩命。其父在母承子蔭叙封、追封，合加太字與不合加，雖有艾穎、尹偓近例，恐是一時特恩，別無敕例，宜令尚書省集議奏聞，永爲常式。

原載《册府元龜》卷476

修飾兩漢陵園敕　乾祐元年

我國家肇基豐沛，膺籙并汾，蓋承積德之靈，再享配天之業；四百年之洪緒，一千載之遺風。乃祖陵園，先時廟貌，屬累朝之隔越，諒如在之因循，將明追孝之心，當盡奉先之敬。天下州府，應有兩漢諸帝王陵園廟宇，宜令所屬長吏檢討，量加修飾。其陵園側近，禁止芻牧樵采。

原載《册府元龜》卷174

李濤罷相制　乾祐元年三月

朕虔承遺訓，嗣守鴻基，常懼眇冲，不克負荷，所以師臣畏相，稽衆從人，采沃心造膝之謀，詢繼體守成之道。其或力非任重，才不迨時，有玷天工，顯貽物議，宜從罷免，用儆厥愆。開國佐命輔聖功臣、光禄大夫、行中書侍郎、兼户部尚書、同中書門下平章事、上柱國、隴西縣開國伯、食邑七百户李濤，早預朝倫，素蘊時望，繼踐清華之列，曾無倜儻之名。先皇帝應運開階，濟物成務，未明求理，虛己待賢，擢自禁林，昇之槐路，既委宰衡之任，蔑聞帷幄之謀。迨及眇躬，初親庶政，被顧問之際，屢睹醺酣；當獻替之時，無聞訐訏。復齲嚴重，但務詼諧，詎爲君子之儒，殊失大臣之體。重以梓宮在殯，國步多艱，屢陳違衆之言，頻建出師之意，率爾獨見，豈是臧謀？朕方務含弘，冀全終始，雖包荒而在念，慮假器以興譏，俾輟中樞，式存大體，仍令還第，庶用省躬。惟爾自貽，無我有怨，苟能思過，豈吝推恩？可罷免，勒歸私第。

原載《册府元龜》卷333

誅李崧等詔　乾祐元年十一月

稔惡圖危，難逃天綱，虧忠負義，必速神誅。李崧頃在前朝，最居重位，略無裨益，遂致滅亡。及事契丹，又爲親密，士民俱憤，險佞可知。先皇含垢掩瑕，推恩念舊，擢居一品，俾列三師。不謂潛有包藏，謀危社稷，散差人使，潛結奸凶，附近山陵，擬爲叛亂。按其所告，咸已伏辜。宜正典章，用懲奸逆。其李崧、李嶼、李巘一家骨肉，及同謀作亂人，並從極法。

原載《舊五代史》卷101

慰諭馬希萼詔　乾祐元年十二月

所修職貢，舊有規程，念航深梯險之勞，重違卿意；在誘善勸忠之道，本實朕心。今後凡有進獻，可與希廣商量，庶叶雍和，不爽體制。

原載《册府元龜》卷169

誅劉景巖後放免其子行謙等詔　乾祐元年十二月

劉景巖年已衰暮，身處退閑，曾無止足之心，輒肆包藏之毒，結集徒黨，窺伺藩垣。所賴上將輸忠，三軍協力，盡除醜類，克殄渠魁。其劉景巖次男前德州刺史行琮已行極法，長男渭州刺史行謙孫男邢州馬軍指揮使崇勛特放。

原載《舊五代史》卷101

春令赦文　乾祐二年正月

朕以眇躬，獲纘洪緒，念守器承祧之重，懷臨深履薄之憂。屬以縣道猶艱，王室多故，天降重戾，國有大喪，奸臣樂禍以圖危，群寇幸灾而伺隙，力役未息，兵革方殷。朕所以嘗膽卧薪，廢食輟寢，雖居億兆之上，不以九五之尊，漸冀承平，永安遐邇。内則禀太后之慈訓，外則仗多士之忠勛，股肱叶謀，爪牙宣力，西推三叛，撫其背而扼其喉；北挫群胡，斷其臂而拆其脊。次則巴邛嘯聚，淮海猖狂，纔聞矢接，鋒交已見，山摧岸沮，寇難少息，師徒無虧。兼以修奉園陵，崇建宗廟，右賢左戚，同寅協恭，多事之忠，大禮無闕，負荷斯重，哀感良深。今三陽布和,四序更始,宣申兑澤,允答天休,恤獄緩刑,捨過宥罪,當萬物之孚甲,開三面之綱羅,順彼發生,以召和氣。應乾祐二年正月一日昧爽已前,天下見繫罪人,除十惡五逆、官典犯贓、合造毒藥、劫家殺人、賊黨正身外,其餘犯人及關連並放。如河中府李守真、鳳翔王景崇、永興趙思綰等,比與國家,素無釁舋,偶因疑懼,遂致叛違,所以命將陳師,徵辭問罪,止期旦夕,必見功收。然以彼之提封,朕之黎庶,久陷孤壘,可念非辜,易子折骸,填溝委壑,爲人父母,寧不軫傷?但以屈己愛人,先王厚德;包荒含垢,列聖美談。宜弘濟物之恩,用廣好生之道。其李守真、王景崇、趙思綰等,宜令逐處都部署分明曉諭,若能翻然順歸,朕并待之如初,當保始終,享其富貴。明申信誓,固無改移。其或不認推誠,堅欲拒命,便可應時攻擊,克日蕩平。候收復城池,罪止元惡,其餘詿誤一切不問。仍預告諸軍破城日不可殺人放火。諸處草寇等拋棄耕農,聚集林藪,晝伏夜動,害物殘人。前後累令剪除,繼行招諭,尚恐疑懼,特示寬恩。如能改過知非出來陳首者,應已前所有爲非,一切不問,宜令逐處節度、刺史及巡檢使明行曉示,宜達朝廷恩旨,冀其歸業,常切撫安,不得信任節級所由衷私怨懥。重念征討已來,勞役尤甚,兵猶在野,民未息肩,急賦繁徵,財殫力匱,矜恤之澤未暇於疲羸,愁嘆之聲幾盈於道路。尚以軍旅未息,帑廩無餘,猶稽蠲復之恩,空懷愧憫之意。即候邊烽少弭,國患漸除,當議優饒,冀獲蘇息。諸道藩侯郡守等咸分寄任,共體憂勞,更宜念彼瘡痍,倍加勤恤,究鄉閭之疾苦,去州縣之煩苛,勸課耕桑,省察冤濫,共恢政理,用副憂勞。凡百臣僚,當體朕意。

原載《冊府元龜》卷95

委長吏親慮囚敕　乾祐二年正月

政貴寬易,刑尚哀矜,慮滋蔓之生奸,寔軫傷而是念。今屬三元,改候四序,履端將冀和平,無如獄訟。應三京、鄴都、諸道州府見繫罪人,委逐處長吏躬親慮問。其於決斷,務在公平,但見其情,即爲具獄,勿令牽引,遂致淹滯。無縱舞文,有傷和氣。

原載《冊府元龜》卷151

給復三京敕　乾祐二年二月

先以兵甲至多，糧儲不給，權於苗畝之上，遂有紐配之煩。雖年歲之豐登，諒黎民之艱窘，固非獲已，深用軫懷。今則雨雪及時，陽春布澤，宜順發生之令，特覃優恤之恩，冀閭里之安居，俾農桑之樂業。應三京、鄴都、諸道州府所徵乾祐元年夏秋苗稅，及紐徵白米、稈草，據今年二月一日已前已納外，見係欠數，並宜特放。布告遐邇，體朕意焉。

原載《冊府元龜》卷 492

修高祖實録敕　乾祐二年二月

載唐虞之盛，傳彼古文明，得失之由，存乎信史。恭惟高祖皇帝，受天曆數，纘漢基圖。戎虜蠻夷，懾靈旗而內附；禮樂征伐，建王道於大中。功格於上，玄化行乎率土。將欲示其軌範，約彼《春秋》，接高、光紀聖之書，續班、馬紀言之典。廢而不舉，闕孰甚焉。左諫議大夫賈緯、左拾遺竇儼、右拾遺王紳等，才學淵深，論辯蜂起，分職方提於直筆，編年允屬於鴻儒。宜令緯等同修高祖實録呈進，仍令宰臣蘇逢吉監修。

原載《冊府元龜》卷 554

偽命文書追毀換給敕　乾祐二年四月

應是偽命文書，不在施行之限者。今緣有晉州受官，契丹年給解由曆子，若執格敕文，慮有廢身名，欲議酌中，不至沉棄者。凡州縣官、幕府官曾受契丹偽命者，追文書毀廢，只取唐朝、晉朝出身文書參選，本選外仍殿五選，降三資注擬。凡唐朝、晉朝諸科及第人，於契丹年號內出給冬集，許追毀換給，仍據新給年月日數理選。

原載《冊府元龜》卷 634

暑月斷刑敕　乾祐二年四月

月戒正陽，候當小暑，乃挺重出輕之日，是恤刑議獄之辰。有罪者，速就勘窮；薄刑者，畫時疏決，用符時令，勿縱滯淹。三京、鄴都、諸道州府在獄見繫罪人，宜令所司疾速斷遣，無致淹滯枉濫。

原載《册府元龜》卷151

決滯獄敕　乾祐二年五月

王化所先，獄訟攸切，不唯枉撓，兼慮滯淹。適當長養之時，正屬煎蒸之候，累行條貫，俾速施行，靡不丁寧，未曾奏報，再頒告諭，無或因循。應三京、鄴都、諸道州府，詔至宜具疏放，已行未行申奏，無致逗留。

原載《册府元龜》卷151

賜郭威平李守貞詔　乾祐二年七月

李守貞頃在前朝，驟承委遇，迨事先帝，復委藩垣。效淺功微，寵深位大，而狡性難制，小器易盈，蔑義虧忠，窮凶極逆。江海不能流其惡，鼎鑊不足快其誅。卿憤激於心，義形於色，睹茲妖孽，志在翦除。動息之間，必思於經略；寢食之際，無忘于寇讎。撫士愛人，分甘共苦，躬臨矢石，親冒梯衝，揮戈而蛇豕就誅，破竹而金湯失險。氛霾既息，宗社再安，非我元臣，莫隆景運，朕之倚愛，何止寢興。言念辛勤，無忘嘉愧。

原載《册府元龜》卷8

注擬令録限年敕　乾祐二年八月

令録之任，責辦非輕；用捨之間，尤宜適中。少小者未曾履歷，則爲政必疏；衰晚者已及耄昏，則臨民多廢，須期慎選，以擢吏能。起今後諸色選人年及七十者，並宜注優散官；年少未歷資考者，不得任縣令。

原載《册府元龜》卷634

封錢宏俶爲吳越國王玉册文　乾祐二年十月

惟乾祐二年歲次己酉十月庚午朔十九日戊子，皇帝若曰：我先帝承有晉崩離之後，醜類充斥，毒螫中夏。是用順天致罰，大拯黎元，太阿一揮，群凶宵遁，哀萬靈於無主，解兆庶之倒懸，較定世勛，以吳越居右伊。朕眇躬虔，奉先訓嗣位之始，即疇懋功，前命爲元帥，按地圖授武節，東南之境，得行征伐。命册爲真王，駕大輅，執桓圭。牛斗之鄉，盡荒土宇，詢於有位，僉曰克諧。咨爾匡聖廣運同德保定功臣、東南面兵馬都元帥、鎮海鎮東等軍節度使、浙江東西等道管内觀察處置兼兩浙鹽鐵制置發運營田等使、開府儀同三司、檢校太師、兼中書令、杭州越州大都督、上柱國、吳越國王、食邑一萬户、實封一千户錢弘俶，象緯炳靈，公王襲慶，横江負海者三千里，開國承家者六十年。而能望辰極以駿奔，奉天朝之師律。充庭納貢，則外府告盈；下瀨宣威，則前茅獻捷。忠信著於群后，禮讓行於一方，故元冕九章，爲王之服，昭其名也；朱輪駟馬，爲王之馭，昭其器也。而又三吳百越，列土分疆，有民人焉，有社稷焉。恢祖禰之令圖，實典禮之鉅著，勸夫忠孝，以御邦家。今遣正議大夫、守右散騎常侍、上柱國、賜紫金魚袋張煦，左補闕崔頌持節備禮，册爾爲吳越國王。於戲，品秩甚尊，名數尤重，肅廣庭而備物，揀吉日以覃恩，爾其恪共厥位。事大以敬，教民以順，馭衆以恩，神其福之。《禮》曰："惟王建國。"諸侯所以守舊邦。《書》曰："惟帝念功。"王者於是出好爵。匡我堯緒，永爲漢藩，浙江如帶，稽山如礪，福禄無窮，貽厥百世。汝往欽哉，對揚休命。

原載《吳越備史》卷4,《五代史書彙編》

州縣替任叙資規程敕　乾祐二年十二月

審官之要，必擇才能，與理同歸，迭處中外，約以選限，固有條格。邇來或自朝行，或從賓職，願爲州縣，自就便宜。當求事之時，冀得而不論卑位，及既替之後，叙資而却理前官。須立規程，以絕僥倖。

原載《册府元龜》卷634

宣示冬集人候闕除授敕　乾祐二年十二月

中書奏：前資朝官近日并於中書陳狀，稱準宣命指揮，自外地發遣，相次到京，正當冬寒，未有員闕，既難淹泊，須議指揮。其前資文武兩班朝官等，只宜於西京及闕下任便安居，候闕除授，宜令御史臺曉示。

原載《冊府元龜》卷 634

修晉朝實録敕　乾祐二年十二月

五運相承,歷代而猶傳鳳紀;百王垂訓,繼明而具載鴻猷。況今司契禦乾,握圖纂極,事每循於師古,政必究於化源。迨自金行,成茲火德,所請編録,庶補闕文。其晉朝實録,宜令監修國史蘇逢吉與史官賈緯竇儼王伸等修撰呈進。

原載《冊府元龜》卷 557

免王松官敕　乾祐二年

松事因有玷誠功,上章述避嫌之辭,形告退之意。其男仁寶,雖因除名,曾授僞官。一昨既翦,凶酋合從,俘執未明,死所乃漏,刑書路岐,雖限於山河,情愛且關于父子。便儀連坐,恐失寬條,以爾朝列舊臣,班行宿德,累有退閑之請。宜引軫惻之恩,特俾免官,用明減等,宜停見任。

原載《冊府元龜》卷 925

贈劉審交太尉詔　乾祐三年三月

朝廷之制,皆有舊章,牧守卒官,比無贈典。其或政能殊異,惠及蒸黎,生有令名,殁留遺愛,褒賢獎善,豈限彝章?可贈太尉,吏部所請宜依。

原載《冊府元龜》卷 140

批答竇文靖奏朝官便衣徒步敕　乾祐三年五月

宜令御史臺常加察訪,具以名聞,當行譴逐,隱而不言,與之同罪。

原載《五代會要》卷 17

諸道團集差散從官敕　乾祐三年五月

諸道州府宜差散從官，大府五百人，下州二百人，宜量戶口多少，差團集本處管係立節級，點檢教習，警備州城。

原載《五代會要》卷 24

諸州公事先申廉使敕　乾祐三年五月

諸防禦團練州申奏公事，除朝廷以軍期應副，則不及聞於廉使。如尋常公事，不得自專，須先申本管斟酌以聞。今後州府不得違越。

原載《五代會要》卷 24

詳核增戶添租敕　乾祐三年七月

親人之任，務在安民；經國之規，必資徵賦。至於招添戶口，增長稅租，減選加階，優有處分，勸能行賞，顯降敕文。邇來論課績者甚多，較虛實則未當。外州批上曆子，南曹磨勘解由，空收招到編民，莫見新添稅額。蓋有拆居耕種，各立戶名；或是避稅逃移，並未歸業，所以虛添農戶，無益官租。考課陟名，未盡其善。宜令吏部南曹自今後及已前應有令佐招添點檢出戶口，據數須本處戶合徵稅賦物數目，於解由曆子內一一開坐批書，方得準天福八年三月十日敕條行。如不合前後敕例，不在施行之限。

原載《冊府元龜》卷 636

俸戶不得當直敕　乾祐三年七月

諸道州府令錄、判官、主簿，宜令等第支與俸戶，逐戶每月納錢五百，與除二稅外，免放諸雜差遣，不得更種職田。所定俸戶，於中等無色役人戶內置，不得差令當直及赴衙參。如有闕額及不逮，明申州府差填，不得衷私替換。若是令錄、判司、主簿，除本分人數外，剩占俸戶及令當直手力，更納料錢，並許百姓陳告。其陳告人與免戶下諸雜差徭，所犯人追毀告身，更加力役。如令佐、錄事、參軍內有員闕，州府差攝，亦依例支與俸錢。差攝曹官不得一例供破。定例如後：三千户已上縣,令逐月一十二千,主簿六千;二千户已上至三千户已下縣,令九千,主簿五千;一千户已下縣,令六千,主簿四千。録事、參軍、判司,依本部内户口最多縣分例支破。其録事、參軍依縣令例,判司依主簿例。

原載《五代會要》卷28

漢高祖李皇后

　　後漢高祖皇后(？—954),晉陽(今山西太原西南)人。劉知遠微時所娶,後封魏國夫人。後漢建立時,册爲皇后,隱帝即位,尊爲皇太后。後周顯德元年(954)薨。

命宰臣權軍國事詔　乾祐三年十一月

　　王室多故,邊境未寧,内難雖平,外寇仍熾。據北面奏報,强敵奔衝,繼發兵師,未聞平殄。須勞上將,暫自臨戎,宜令樞密使郭威部署大軍,早謀掩擊。其軍國庶事,權委宰臣竇貞固、蘇禹珪,樞密使王峻等商量施行,在京馬步兵士,委王殷都大提舉。

原載《舊五代史》卷103

議擇嗣君詔　乾祐三年十一月

　　高祖皇帝翦亂除凶,變家爲國,救生靈於塗炭,創王業於艱難,甫定寰區,遽遺弓劍。樞密使郭威、楊邠,侍衛使史弘肇,三司使王章,親承顧命,輔立少君,協力同心,安邦定國。旋屬四方多事,三叛連衡。吳蜀内侵,契丹啓釁,蒸黎凶懼,宗社岶危。郭威授任專征,提戈進討,躬當矢石,盡掃烟塵,外寇蕩平,中原寧謐。復以强敵未殄。邊塞多艱,允賴寶臣,往臨大鄴,疆場有藩籬之固,朝廷寬宵旰之憂。不謂凶竪連謀,群小得志,密藏鋒刃,竊發殿庭。已殺害其忠良,方奏聞於少主。無辜受戮,有口稱冤。而又潛差使臣,矯賚宣命,謀害樞密使郭威、宣徽使王峻、侍衛步軍都指揮使王殷等。人知無罪,天不助奸。今者郭威,王峻,澶州節度使李洪義,前曹州防禦使何福進,前復州防禦使王彥超，前博州刺史李筠，北面行營馬步都指揮使郭崇，步軍都指揮使曹英，護聖都指揮使白重贊、索萬進、田景咸、樊愛能、李萬全、史彥超，奉國都指揮使張鐸、王暉、胡立，弩手指揮使何贇等，徑領兵師，來安社稷，逆黨皇城使李業、內客省使閻晉卿、樞密都承旨聶文進、飛龍使後贊、翰林茶酒使郭允明等，脅君於大內，出戰於近郊，及至力窮，遂行弒逆。冤憤之極，今古未聞。今則凶黨既除，群情共悅，神器不可以無主，萬幾不可以久曠，宜擇賢君，以安天下。河東節度使崇，許州節度使信，皆高祖之弟；徐州節度使贇，開封尹承勛，高祖之男，俱列盤維，皆居屏翰。宜令文武百辟，議擇嗣君，以承大統云。

原載《舊五代史》卷 103

冊徐州節度使贇即帝位誥　乾祐三年十一月

天未悔禍，喪亂孔多，嗣王幼沖，群凶蔽惑，構奸謀於造次，縱毒蠆於斯須。將相大臣，連頸受戮，股肱良佐，無罪見屠，行路咨嗟，群心扼腕。則高祖之洪烈，將墜於地。賴大臣郭威等，激揚忠義，拯濟顛危，除惡蔓以無遺，俾綴旒之不絕，宗祧事重，纘繼才難，既聞將相之謀，復考著龜之兆，天人協贊，社稷是依。徐州節度使贇，稟上聖之資，抱中和之德，先皇如子，鍾愛特深，固可以子育兆民，君臨萬國，宜令所司擇日，備法駕奉迎即皇帝位。於戲！神器至重，天步方艱，致理保邦，不可以不敬；貽謀聽政，不可以不勤。允執厥中，祇膺景命。

原載《舊五代史》卷 103

臨朝誥　乾祐三年十一月

昨以奸邪構釁，亂我邦家，勛德效忠，翦除凶慝。俯從人欲，已立嗣君。宗社危而再安，紀綱壞而復振。皇帝法駕未至，庶事方殷，百辟上言，請予莅政，宜允輿議，權總萬幾，止於浹旬，即復明辟。

原載《舊五代史》卷 103

答周太祖誥　乾祐三年十二月

侍中功烈崇高,德聲昭著,剪除禍亂,安定乾坤,謳咏有歸,曆數攸屬。所以群情推戴,億兆同歡。老身未終殘年,屬兹多難,唯以衰朽,托於始終。載省來箋,如母見待,感認深意,涕泗橫流。其諸誠懷,難盡宣述。

原載《册府元龜》卷 8

降封徐州節度使贇爲湘陰公誥　乾祐三年十二月

比者樞密使郭威志安社稷,議立長君,以徐州節度使贇,高祖近親,立爲漢嗣,爰自藩鎮,徵赴京師。雖誥命尋行,而軍情不附,天道在北,人心靡東,適當改卜之初,俾膺分土之命。贇可降授開府儀同三司、檢校太師、上柱國,封湘陰公,食邑三千户,食實封五百户。

原載《舊五代史》卷 103

劉　鼎

五代官員,徐州蕭縣(今安徽蕭縣)人。後唐時歷任大理評事、博士、殿中侍御史、起居郎、吏部員外郎、吏部郎中。後漢乾祐中任諫議大夫。

請依故事薦人自代疏

臣見建中元年正月敕:中外文武臣僚,授官上任後三日,舉一人自代。事下中書,如除官用人,選所薦多者擬議。多事以來,此道久廢,今後乞復施行。

原載《全唐文》卷 855

王　周

五代大臣(?—948),魏州(今河北大名縣東北)人。早年在唐莊宗、明宗部下爲將,有戰功,拜刺史。後晉天福中,因平定安重榮之功,遷貝州節度使,轉武勝、保義、義武、成德四鎮。漢高祖入立,徙鎮武寧,加同平章事。乾祐元年(948)卒,贈中書令。

蚋子賦并序

蚋子之下有蟆子,蟆子之下有浮塵子,三者異乎? 皆狀小而黑,世云巴蛇鱗介中微蟲所變耳。三伏間晝飛夜息,唖啄人肌膚。動爲瘡痍,能飛不見其翼,能囓不見其口。微眇之極,雖縝密衣服,亦可通透,莊生焦螟之説近之也。至微之蟲豸,詩獨無蚋,故作賦以廣之。

蟲之至微,名之曰蚋。信乎蟻之别品,爲復蝨之餘裔。君巢蚊之異類,結搏牛之深契。附諸鬱蒸,産彼蕉穢。張華之識,何以辯其兩翼。離婁之明,何以見其長喙。伺暑絺之漏露,啐豐肌而睥睨。默然而至,暗然而噬。人之至靈,何闕爾之所衛。人之至剛,何反爾之所制。狀斯咄咄,籲於造物。何不恣蛇虺之毒,必當與之爲避。何不張虎豹之口,不敢與之爲忽。豈其食人之膏血,資己之肥腯。念膚體之何毀,痛瘡痍之難没。吾將攟楸葉以爲焚,俾爾之銷骨者也。

原載《古今事文類聚》後集卷49

盧文紀

五代大臣(876—951),京兆萬年(今陝西西安)人。後唐明宗時,任太常卿。唐末帝時,由鳳翔節度使入朝拜相。後晉建立,罷相爲吏部尚書,遷太子少傅、太子太傅。後漢時任太子太師。後周廣順元年(951)卒。

請追尊宣憲太后表

臣聞聖列九皇,必稟嚴慈之訓;貴爲萬乘,彌懷顧復之思。所謂生我劬勞,昊天罔極,故漢昭帝承桃御曆,奉尊謚于雲陽;魏文帝繼體守文,思外家于甄館。則追崇母后,祔享廟庭,愛親之道克隆,敬本之文斯洽。臣等常覽國史,見玄宗大聖孝明皇帝母昭成皇太后竇氏,作嬪初奉于相王,歷位纔終于藩孺,及至上皇傳國,聖子臨朝,則追尊配享于閟宮，儷極攸先于冢后。臣又見代宗睿文孝武皇帝母章敬太后吳氏，入宮纔侍于忠王，短世難登于命婦。及寶祚爰歸于聖嗣，追尊將祔于陵園，則群臣歷懇于封函，嚴配請崇于徽號，舊章斯在，闕禮未伸。臣等叨備鼎司，合伸茂典，伏惟聖母魯國太夫人夢梓興周，望雲佐漢，亶河洲之懿範，契沙麓之休祥，三母俱賢，周武最承于天統；四妃有子，唐侯光啓于帝圖。仰惟當寧之懷，彌軫寒泉之思，伏望配陵祔廟，法地則天，君親實殺于義方，恩禮宜歸于聖善。母以子貴，乃《春秋》之格言；孝以尊親，固《禮》經之明義。久虛時薦，慮損皇猷。俾秦官載顯于玉符，魏寢永光于金冊，則華夷大願，臣子遑寧。臣等謹案諡法，聖善周聞曰宣，施而不私曰宣，博聞多能曰憲，聖善周達曰憲，謹上尊諡曰宣憲皇太后。請依昭成、章敬二太后故事，擇日備禮冊命。故事：禮合配陵祔廟，臣等再詳儀注，備有典彝，伏恐朝廷且務于便安，司局貴期于辦集，酌于故事，更司檢詳。臣等伏聞先太后舊陵未祔于先朝，則都下難崇于別廟。既追尊諡，合創閟宮。臣等謹案漢故事，園寢不在王畿者，或在陵所，便立寢祠。禮文雖異于國朝，事理可循于權道。臣等商量，太后上尊諡後，權立祠廟以伸告獻，配祔之禮，請俟他年。

原載《册府元龜》卷 31

請御書殿最臣僚奏

一人御宇，百職交修，則四時無水旱之災，萬國有樂康之咏。頃屬中原多事，三紀不寧，廉平因此而蔑聞，賞罰由茲而失序。所以梟鸞并起，駑驥難分，有援助者至濫必容，守孤貞者雖賢莫進，遂使居官儡偄，奉職因循，唯思避事以偷安，罔效輔時而濟物。伏惟皇帝陛下，削平九有，收復八紘，承乾興萬代之基，出震應千年之運。櫛沐風雨，手足胼胝，勤勞大集於聖功，華夏畢歸於睿略。雖遠柔邇伏，咸知臨炤之鴻恩，而旰食宵衣，尚念生靈之久困累；頒絲綍典，訪蒭蕘恐天災之流行。因皇風之擁隔，臣不揆庸短，輒冒宸聰。臣請告諭內外文武臣僚，凡守一官，責其舉職，公請奉上，勤恪爲心。每歲秋冬，明定考校。將相則希回御筆，班行則悉委司存。外則州牧、縣僚，具以真虛比較。儻聞共推異績,便宜特示甄酬,如其衆謂。曠官固可明行黜責,所冀免懷竊位,俱效竭誠。上則輔佐於大君,下則精專於庶務。高卑不濫,功過無私。官既清廉,則民無愁嘆。勸課之方得所,則生靈之賦樂輸。故可以進賢良,退不肖,安生聚,實倉箱。使和氣遠敷,德澤廣被。顧惟穹昊,必降休祥,永致太平,伫期混一。臣叨逢明聖,謬列班行,既奉德音,合申所見。

原載《册府元龜》卷475

請振飭辭謝朝班告假事例奏

　　常朝辭謝官,常朝則南班橫行,與百官齊拜。入閤日敷正門外序班,亦伏南橫行,百官雖不拜,候喚伏時,辭謝官便展拜儀。今伏見每內殿起居日,先於文明殿庭序班,百官固不設拜,只候宰相至,便入起居,固不傳宣命。若有南班辭謝,稍似非儀。請自今後其日不許辭,皆令次日。候有常朝,即得辭謝。若遇急切公事,即准舊例。令隔門辭謝,或於閤門祇候宣放。其文武兩班,不更於文明殿序立。至於中興殿門外立班,祇候宰臣到,便依次第入起居。又准故事,常參官每日趨朝,不合無故請假。如實疾病,不朝參間,不得私行人事。新官未謝,不合私人事到宰相宅。每月請假,不得過三日。吏部南曹郎中,請以鑠院前五日免朝。若遇起居入閤,參假追朝,御樓謝賀,行香城外,班并合到,不到書罰。三司河南府職事帶正員官,如南曹例。

原載《全唐文》卷855

請禁喪制逾式奏

　　奉四月十四日敕:喪葬之儀,本防逾僣。若容錦綉,難抑奢豪。但人情皆重於送終,格令當存於通理。宜令御史臺除錦綉外並庶人葬,更檢詳前後敕格,子細一一條件分析奏聞。冀合人情,永著常令者。令臺司再舉令文及故實條件如後。

　　凡銘旌,三品已上長九尺,五品已上長八尺,六品已上長七尺。諸輀車,三品已上許使油幰施襈兩厢畫龍虎;七品已上祇許使油幰,施襈,兩厢畫雲氣,男子幰、襈、旒蘇皆使素,婦人使彩。又諸官五品已上,許使三梁六柱轝車,轝上有結絡。三品已上帶將相者,有鳳臺。自諸品官及郡守升朝官者,羚羊山華,餘平轜。諸棺椁不得雕鏤彩畫,施户窗欄檻,棺内不得有金寶珠玉。諸喪葬不得備禮者,貴得同賤,賤不得同貴。准元和六年十二月刑部兼京兆尹鄭元狀奏。條流文武官及庶人喪葬,三品已上,明器九十事,四神十二時在内,不得過二尺五寸,餘人物并不得過一尺。園宅方五尺,下帳高方三尺,共置五十舁。挽歌三十六人,輴車使開轍車,油幰朱絲絡網,兩厢畫龍虎。幰竿朱,末垂旒蘇綃幰襯幕及額帶等。其幰竿長二丈六尺,帶五重,旒蘇十八道,並不得使綾羅錦綉泥銀帖金彩畫及結鳥獸香囊等物。使四引、四披、六鐸、六翣,挽歌並練布深衣,輴車志石,任畫雲氣,不得置幰竿額帶等。方相車除載方厢外,及魂車除幰網裙廉外,皆不得更別加裝飾,並使合轍車。纛竿長九尺,不得安大朱帖金銀,立鳥獸旗旛等。五品已上,明器六十事,四神十二時在内。園宅方四尺,下帳高方二尺,共置三十舁。減志石車,輴車幰竿減四尺,長二丈二尺。流蘇減二道,使十六道。帶減一重,使四重。披引鐸翣各減二使四。挽歌一十六人,并無朱絲網絡、方相。使魁頭車,纛竿減一尺,使八尺。幰額魂車准前。九品已上,明器四十事,四神十二時在内。園宅方三尺,下帳高方一尺、共置二十舁。減輴車,幰竿減三尺,使一丈九尺。旒蘇減二道,使十四道。披引鐸翣各減二使二。帶減一重使三重。挽歌一十六人。纛竿減一尺使七尺,其幰額魁頭魂車准前。明器並使瓦木爲之,四神不得過一尺,餘人物等不得過七寸,并不得用金銀雕鏤帖毛髮裝飾。内侍省秩高者,各隨本品秩。未有章服者,紫同三品,緋同五品已上,綠及應官並同九品已上。命婦及文武母妻並邑號命婦,各准本品。如夫子官高,聽從夫、子。無邑號者各准夫、子品秩。車而車,准令各使綠及紫色。有品廕家子孫未有官者,三品以上降三等,五品以上降二等,八品以上降一等,九品不降。所使品廕,並須以祖、父官爲升降。内外官同。庶人明器一十五事,共置三舁。喪事使合轍車。幰竿減三尺,使一丈六尺。木珠減十道,使三十七道。帶減一重,使二重。幰額、魁頭、魂車准前。挽歌、鐸翣、四神十二時、下帳並請不置。所造明器,合使瓦木,不得遇七寸。若作作、工匠之徒,輒較逾越,捉獲之後,自合准前後敕文科斷。所由不得更主考喪之家。若衢路捉獲,只坐工人亦不得拘留行李,令過時日。工商諸色無官者,諸人無職掌者,喪車、幃額、魂車並無。合轍車不使油幰、疏蘇等飾,兼不得以繪彩結絡及金銀裝飾。其挽歌、鐸、翣並不得置喪車之前,不得以鞍馬爲儀,其明器任以瓦木爲之,不得過二十五事,四神十二時並在内,每事不得過七寸,舁止十人。

原載《五代會要》卷 8

明定文武考校奏

　　請内外文武臣僚,每歲有司明定考校,將相乞迴御筆,以行黜陟。疏下中書門下商量,宰臣奏請施行。

原載《册府元龜》卷 636

請對便殿疏

　　臣近蒙召對,面奉天旨:凡軍國庶事,利害可否,卿等位居輔弼,并合盡言。臣等仰承詔諭,退自省循,時遇休明,名叨輔弼,才器不能經綸庶務,智術不能康濟大猷,致陛下宵旰於丕圖,憂勤於治道,有靦面目,待罪巖廊,尚沐宸慈,猶寬册免,莫不克心自勵,俛首深惟,願竭愚鄙之誠,少副昭回之鑒。臣聞古先哲王,樂聞己過,道塗立誹謗之木,門庭樹告善之旌,從諫如流,聞議能服。所以卜年長久,享祚無窮。陛下自纘邦家,克敦慈儉,守先皇仁政,遵列聖彝章,人樂和平,政皆畫一,天無祲沴之象,地無變怪之妖,日月無爽於虧盈,星緯不差於纏次,襞諫紙者,無詞可措;持皂囊者,無過可規,凡百庶僚,奉職不暇。臣伏覽貞觀故事,見魏徵、馬周之章疏,王珪、劉洎之奏論,或講貫古今,或鋪陳政術,皆萬代之長策,非一介之狂言。苟異經謀,何名獻納?臣等伏計,宸算圖度者,必以嶺嶠未平,島夷猶梗,巴梁恃險,井絡纏妖,鮮卑尚撓於邊陲,將帥未施於方略。臣等以爲非獨人謀未至,亦恐天意使然。聲教苟孚,廓清何晚?臣略以前事明之,何者?即如漢高,前代之英主也,一劍初奮於彭城,五年方誅項籍,洎南平英布,北抃匈奴,解白登之圍,避柏仁之難,凡十餘年,親當矢石,乃混車書。如太宗文皇帝，本朝之聖祖也，自起義太原，佐命高祖，乃定江南之草竊，殄隴右之陸梁，禦突厥於便橋，擒公祐於京口。凡十餘年櫛風沐雨，命將出師，方得華裔向風，寰區無撓。伏念陛下爰從踐祚，纔歷一期，雖乃聖乃神，不下於漢高文祖；而且耕且戰，更詳於人事天時，侔武王一舉蕩平，體句踐十年教戰，若治兵之至要，御衆之大端，攻必取而守有餘，戰必勝而卒無怠，發號出令，保大定功。俾軍戍咸憚於機權，部校皆存於信義，驅之可以蹈湯火，使之可以為蟲沙，此則聖謀懸料於彀中，神策已包於術內，何假蒭蕘小輩，草野凡生，持蠡妄測於滄溟，側管强窺於穹昊，不量事體，虛費莠言。故《論語》載仲尼治衛必也正名，言順事行，勿容苟且。名言之際，聖哲攸艱，況在凡常，豈宜容易？思出其位，古人所非。臣等謬處臺衡，奉行制敕，但緣事理，互有區分。軍戎不在於職司，錢穀非關於局分，苟陳異見，即類侵官。況才不濟時，識非經遠，因五日起居之例，於兩班旅見之時，略獲對揚，兼承顧問。此際衛士周環於階陛，庶臣羅列於殿庭，四面聚觀，十手所指，臣等苟欲伸愚短，此時安敢敷陳？韓非昔懼於說難，孟子亦憂於言責。臣竊惟本朝故事，肅宗初平寇難，再復寰瀛，頗經涉於艱難，尤勤勞於委任。每正衙奏事，則泛咨訪於群臣；及便殿詢謀，則獨對揚於四輔。自上元元年後，於長安東置延英殿，宰臣如有奏議，聖旨或有特宣，皆於前一日上聞。及對御之時，只奉冕旒，旁無侍衛，獻可替否，得曲盡於討論；捨短從長，故無虞於漏泄。君臣之際，情理坦然。伏望聖慈俯循故事，或有事關軍國，謀而否臧未果決於聖懷，要詢訪於臣輩，則請依延英故事，前一日傳宣。或臣等有所聽聞，切關利害，天形文字，須面敷揚，臣等亦依故事，前一日請開延英。當君臣奏言之時，祇請機要臣僚侍立左右，兼乞稍霽嚴顔，恕臣荒拙。雖乏鷹鸇之效，庶書葵藿之心。恭惟陛下睿略縱橫，天機沉邃，臣等以愚智而干聖智，以凡情而測聖情，如螢爝比耀於烏蟾，畎澮爭流於江海，然而天覆地載，君義臣行。持禄取容，即見議於物論；有犯無隱，慮不愜於聖懷。既顯奉德音，俾令奏對，合披愚款，先瀆宸聰。

原載《冊府元龜》卷 314

陳政事疏

　　臣聞事君盡忠，孔子激揚於直道。無功受祿，周書譏諷於曠官。敢因灾沴之時，輒貢傾輸之懇。臣伏見比年以來，朝廷多故，人事則兵喪禍亂，天時則水旱蟲霜。若非陛下拯溺救焚，移灾作福，則生靈受弊，宗社何依。今則區宇甫安，人神胥悦。但以自夏愆陽，及秋霖雨，雖勞聖慮，過切閔傷。蓋屬當否數之辰，尤費消禳之力。雖民斯鮮福，亦天道使然。爲君之難，實見於此。臣聞沉潛則克，高明柔克。是君宜執柔以御下，臣當剛正以報君。則冀上下和平，君臣訢合。臣思德宗初置學士，本不以文翰是供。蓋獻納論思，朝夕延問，至於給諫遺補之職，是曰“諫官”，月請諫紙，時政有失，無不極言。望陛下聽政之餘，時召學士諫官，詢謀政道，俾獻讜言，明書黜陟之科，以責語言之效。《書》云：“乂時暘若，肅時雨若。”以《洪範》言之，係於君德。臣請嚴禋於宗廟社稷，精禱於岳瀆神祇。進忠良，退不肖，除寇盜，恤惸嫠。慎刑章，明舉選。任賢勿貳，去邪勿疑。王道砥平，無偏無黨。中外除改，請守舊規。長興四年以前敕命繁碎者，請重選擇。如新敕不及舊章，便請却依前代。如舊章不如新敕，便請釐革施行。倘不阻於奏陳，庶漸臻於理體。

　　　　　　　　　　　　原載《全唐文》卷 855

馬成行

　　五代後漢乾祐時人。

後漢隱帝元年街東村創建寺院記碑

　　□□□□一時佛在□衛國□樹給孤獨園□。□五□□二百五十人俱爾時世尊□時。□入舍衛大城，乞食于其城，□次第□己還至□。歲□飯食訖，投衣鉢洗足己□座，而坐□□菩提□。恐污有人以無量阿僧祇世界，七寶持用佈施□。□男善女人□□□□□□此經乃至四句。等受持□□□□□□□□□爲□□。況不取於相□，如有動何□故佛説是經□□。佛顯聖一天□漠而起來入中原選擇潔地建築,佛殿前向南山,後依北坎,左右挨溝,脉有感思,圍無人又無邻莊,教取其静焉。遂立寺院功業,潔□□□。昔□□□□年□□□□□□□□□□。創建立有光顯□□□□石刻□常存□。

隱帝元年歲次壬午年孟秋上浣僧人創建□□立,以遠永垂不朽云。

本邑儒學馬成行沐手撰書。

原載《三晉石刻大全》(運城市臨猗縣卷)

王 易

後周廣順元年(951),以尚書左丞遷禮部尚書。

請復尚書省令式奏

尚書省名曰中臺,素稱會府。列曹令式,廢墜多年。兩轄紀綱,隳紊積歲。或因貢一時之淺見,破千載之通規。前俾廓宇類乎衡門,官位等乎虛器。若以權從改易,應變弛張,又未見國富時康,家給民足。《禮記》曰:"以舊防爲無所用而壞之者,必有水敗。以舊禮爲無所用而去之者,必有亂患。"伏惟陛下守文繼統,宰輔戮力致君。立太平之基,創無窮之業。其尚書省二十四司公事,望准令式,積漸施行,所有唐末艱難已來權立名目,請皆停罷。即守官有視事之方,爲吏無虛名之役。

原載《册府元龜》卷476

折從阮

五代官員(892—955),雲中(今山西大同)人。早年爲河東牙將。同光中,授府州刺史。後晉開運初,加檢校太保,遷本州團練使。後漢時,任永安軍節度、府勝等州觀察處置等使。周太祖時,加同平章事,不久授静難軍節度使。顯德二年(955)病卒。

慶州軍事奏

奉詔示諭慶州諸蕃部，尋遣人告報首領，其野鷄第七門族首領李萬全及樹夥等族，受敕書領袍帶等設誓。其諸族猶負屈疆，見與寧州諸軍襲擊次其月。

原載《册府元龜》卷 167

招撫樹夥等族奏

奉詔討逐慶州野鷄族，兼招携諸部族。臣自前月興兵後，招到樹夥等二十一族，與敕書、袍帶、彩緞，設酒食，令發誓詞盟約，兼排列軍士圍繞。今已和斷，兼補郝爽爲慶州牢城使，又發龍捷一指揮赴寧州、深州，言蕃界内來歸老小漸多，任便諸處安置。

原載《册府元龜》卷 167

司徒詡

五代官員（894—959），清河郡（今河北清河縣西）人。後唐歷任左補闕、史館修撰、户部員外郎。後晉歷任樞密直學士、兵部郎中、左諫議大夫、給事中、集賢殿學士判院事、左散騎常侍、工部侍郎。世宗即位，授太常卿。顯德六年（959）卒。

請采遺書奏

臣聞致理之方，咸資稽古。多聞之道，詎捨群書。歷代已來，斯文不墜。石渠蓬閣，今則闕於芸編。百氏九流，在廣頒於搜訪。唐朝并開三館，皆貯百家。開元之朝，群書大備。離亂之後，散失頗多。臣請國家開獻書之路，凡天下文儒，衣冠舊族，有收得三館亡書，許報館進納，據卷帙多少，少則酬之以縑帛，多則酬之以官資。自然五六年間，庶幾粗備。

原載《全唐文》卷 855

郭從義

五代官員(909—971),沙陀族人。唐明宗時任內園使。後晉時任宿州團練副使。後漢任鄭州防禦使、河北都巡檢使、永興軍節度使。因斬趙思綰之功,加同平章事。後周任天平軍節度使,兼中書令。宋開寶四年(971)卒。

誅趙思綰奏

新除華州留後趙思綰,三月三日授華州留後,準詔赴任,三移行期,仍要鎧甲以給牙兵。及與之,竟不遵路。至九日,悉有部曲曹彥進告:"思綰欲於十一日夜,與同惡五百人奔南山入蜀。是日詰旦,再促王路,云:'候夜進途。'臣等與王峻入城分兵守四門。其趙思綰部下,車各已執帶,遂至牙署,令召思綰,至則執之,與一行徒黨,并處置訖。"

原載《冊府元龜》卷435

釋智辯

五代後漢時僧人。

佛説上生經幢

(經文略)

院主沙門智辯

典座智朗

天福十二年丁未歲十二月辛巳朔二十六日丙午建。

原載《山右石刻叢編》卷10

段 禺

後唐明宗朝,任太常博士。

請定五廟奏

伏以宗廟之制，歷代爲難。須按《禮》經，旁求故實。又緣禮貴隨時，損益不定。今參詳歷代故事，立高曾祖禰四廟，更上追遠祖光武皇帝爲始祖百代不遷之廟，居東向之廟，供爲五廟。庶符往例，又合《禮》經。

原載《全唐文》卷 848

册秦王儀注議

據《開元禮》臨軒册禮，命諸王大臣其日受册者，朝服從第鹵簿，與百官俱集朝堂，就次受册訖，通事舍人引。不載謁朝還第之儀。自開元以後，册拜諸王，皆正衙命使詣延英進册。皇帝御內殿，高品引王入，立於位。高品宣制讀册，王受册訖歸院。亦無乘輅謁朝之禮。臣按《五禮精義》云：“古者皆因禘嘗而頒爵祿，所以示無自專，稟之於祖宗也。”今雖册命不在烝嘗，然拜大官、封大邑，必至殿廷，敬慎之道也。今當司欲準《開元禮》，其日秦王服朝服，自理所乘輅車，備鹵簿，與群臣俱集朝堂，就次受册訖，至應天門外，奉册置於載册之車，秦王昇輅，出謁太廟訖，歸理所，儀仗鹵簿如來時之儀。

原載《全唐文》卷 848

盧　擢

後漢官員。天福十二年（947），任右拾遺。

請許朝臣封贈父母疏

臣聞詩云：“哀哀父母，生我劬勞。”又仲由云：“樹欲静而風不止，子欲孝而親不待。”皆以昊天所覆，永報爲難。今陛下信及昆蟲，孝理天下。漏泉之澤，倘尚拘於常制，過隙之限，誠何慰於孝思。今請應在朝內外文武臣僚亡父亡母，并請特與追封。既存没以知榮，則寰區而荷德。

原載《全唐文》卷 854

許敬遷

後漢官員。天福十二年(947),官左衛將軍。

請禁斷契丹樣裝服奏

臣伏見天下鞍轡器械,並取契丹樣裝飾,以爲美好。安有中國之人,反效戎虜之俗! 請下明詔毀棄,須依漢境舊儀。

原載《全唐文》卷854

侯仁寶

後漢官員(? —981),汾州平遥(今山西平遥縣)人。漢乾祐二年(949),任太子中允。宋太平興國六年(981)卒。

廣栽桑棗奏

諸州府長吏勸課農桑,隨户人力,勝栽蒔桑棗。小户歲十本至二十本,中户三十至四十,大户五十至一百,如能廣栽,不限本數種訖。本縣令佐親省之計數,得替時交與受代者,仍於曆子内批書,省司以爲考課。

原載《册府元龜》卷636

常　準

後漢官員。乾祐元年(948),任吏部員外郎。

請禁攝官衝替奏

臣以國家選擇令佐,或從銓注,或是敕除。立考課以校政能,驗貪廉而黜陟。如斯條貫,尚有闕遺。近者諸道州府,多署攝官。以代正授,既不拘於考績,唯掊斂於資財,致使户民,轉爲蠹耗。臣請示諸道州府長吏,如令佐正官月限已滿,除替未到,不限時月,切不得以攝官衝替,須待正授替官,郎令對面交割縣務,然後本州使出給解由批書歷予。如此則承真命者守文畏法,求攝任者退亦悛心。

原載《全唐文》卷854

張　允

五代官員(886—950),鎮州束鹿(今河北辛集東北舊城)人。後唐時歷任諸鎮推官、掌書記,入朝任監察御史、右補闕、起居舍人、知制誥、左散騎常侍。後晉歷任禮部侍郎、御史中丞、兵部侍郎、知制誥、翰林學士承旨。後漢乾祐時,任吏部侍郎,至三年(950)墜屋而卒。

請罷明經科奏

明君側席,雖切旁求,貢士觀光,豈宜濫進。竊窺前代,未設諸科。始以明經,俾昇高第。自有九經五經之後,及三禮三傳已來,孝廉之科,遂因循而不廢。縉紳之士,亦緘默而無言。以致相承,未能改作。每歲明經,少至五百已上,多及一千有餘。舉人如是繁多,試官豈能精當。況此等多不究義,唯攻帖書。文理既不甚通,名第豈可妄與。且當年登科者不少,相次赴選者甚多。州縣之間,必無貢闕。轂之下,須有稽留。怨嗟自此而興,謗讟因茲而起。但令廣場大啓,諸科并有。明經者悉包於九經五經之中,無出於三禮三傳之内。若無釐革,恐未便宜。其明經一科,伏請停廢。

原載《全唐文》卷855

請罷童子科奏

國家懸科待士,貴務搜揚。責實求才,須除詿濫。童子每當就試,止在念書。背經則雖似精詳,對卷則不能讀誦。及名成貢院,身返故鄉。但刻日以取官,更無心而習業。濫觴徭役,虛占官名。其童子一科,亦請停廢。

原載《全唐文》卷855

駁曹國珍請修《大晉政統》疏

作者之謂聖,述者之謂明。苟非聖明,焉能述作。若運因革故,則事乃惟新,或改正朔而變犧牲,或易服色而殊徽號。是以五帝殊時,不相沿樂;三王異世,不相襲禮。止於近代,率由舊章,比及前朝,是滋其目。多因行事之失,改爲立制之初。或臣奏條,君行可否,皆表其年,紀以姓名。聚類分門,成文作則,莫不悉稽前典,垂範後昆,述自聖賢,歷於朝代,得金科玉條之號,設亂言破律之防,守而行之,其來尚矣。皇帝陛下運齊七政,歷契千年,爰從創業開基,莫不積功累德,所宜直筆,具載鴻猷。若備録前代之編年,目作聖朝之政統,此則是名不正也。名不正則言不順,而媚時掠美,非其實矣。若翦截其詞,此則是文不備也。夫文不備則啓事端,而禮樂刑政於斯亂矣。若改舊條而爲新制,則未審何門可以刊削,何事可以編聯。既當革故從新,又須廢彼行此,則未知國朝能守而不失乎!臣等同共參詳,未見其可。況臣等學慚該古,識昧折中。當君上順道師古之時,無臣下亂名改作之犯,則天下幸甚,天下幸甚!

原載《册府元龜》卷559

駁赦論

管子云:"凡赦者小利而大害,久而不勝其禍;無赦者小害而大利,久而不勝其福。"又,《漢紀》云:"吳漢疾篤,帝問所欲言。對曰:唯願陛下無爲赦耳。"如是者何?蓋行赦不以爲恩,不行赦亦不以爲無恩,爲罰有罪故也。切觀自古帝王,皆以水旱則降德音而宥過,開狴牢以放囚,冀感天地以救其災者,非也。假有二人訟,一有罪,一無罪,若有罪者見捨,則無罪者銜冤,銜冤者彼何疏,見捨者此何親乎?如此則是致災之道,非救災之術也。自此小民遇天災則喜,皆相勸爲惡,曰國家好行捨,必捨我以救災,如此則是國家教民爲惡也。且天道福善禍淫,若以捨爲惡之人,而便變災爲福,則又是天助其惡民也。細而究之,必不然矣。儻或天降之災,蓋欲警戒人主,節嗜欲,務勤儉,恤鰥寡,正刑罰,不濫捨有罪,不僭殺無辜,使美化行於天下,聖德聞於上,則雖有水旱,亦不爲沴矣。豈以濫捨有罪,而反能救其災乎,彰其德乎？是知赦之不可行也明哉！明哉！

原載《册府元龜》卷 523

馬承翰

　　後漢官員。乾祐初，任兵部郎中。奉使吳越，因言論不當，責授慶州司户員外置。

請禁走馬害人奏

　　伏見都下衢街窄狹，人物殷繁。其有步履艱難，眼目昏暗，老者幼者，悉在其間。車馬若縱於奔馳，生性必見於傷害。況律禁無故走馬，傷人殺人，素有嚴典。臣竊恐功勛之子，軍伍之人，向來偶昧於憲章，此際忽思於馳騁，害人者死，是殺二人。殺人既多，亦傷至化。臣以爲不若令之在前，使民知禁。臣乞特降明詔，示諭内諸司以下，及諸軍巡於街衢坊曲，并不得走馬。兼乞指揮逐界金吾司所由，及軍巡所由，常切止約。如有故違，走馬者不問是何色目人，并捉搦申所司，請依律科斷。若所由不切止約，致走馬害人者，逐界分所由與所犯人同罪科斷。其或自内中急傳宣旨者，即請賜銀版或牙牌，令以手持之，俾路人及所由辯認，易爲奔避。上行其令，而下不敢違，非惟得罪者無同，抑亦所犯者應少。

原載《全唐文》卷 855

李守貞

　　後漢大臣（？—949），河陽（今河南孟州西）人。晉高祖時，任客省使、宣徽使。晉出帝時，歷任滑州、兗州節度使、侍衛都虞候、侍衛親軍都指揮使。契丹軍來攻，其與杜重威不戰而降。後漢建立，任河中節度使。隱帝乾祐二年（949），聯合鳳翔王景崇、永興趙思綰反叛，戰敗自焚而死。

上南唐元宗乞師表

臣之先世,乃唐遠裔。錫侯命將,代不絕人。茂績殊勛,著於簡册。昔日巢寇犯闕,僖昭失御,宗社板蕩,爲人所有。臣雖生於梁末,幼失怙恃,零丁孤苦,遭世多難。逮能執戈,捐身事晉,征討攻伐,粗立戰功。高祖見擢,俾典禁衛,頗著勞績,尋屬顧命。出守蒲津,洎少主厄運,遂没戎虜,晉鼎覆餗。天下橫流,疆宇無主,臣不勝忿惋,痛心疾首,欲效愚忠。誅鉏蛇豕,恢復先業,庶安宇內。功未及立,凶黨俄臨。衆寡不敵,遂罹危迫。臣雖躬當矢石,以帥群下,悉力固守,冀殄犬羊。殞首不顧,臣之分也。然預防不虞,有備不敗,古之善教也。臣遠聞君王霸有江左,雄跨淮甸,禁暴弭亂,推亡固存,有王者之風。將繼巨唐有土者,非君而誰?況臣忝宗盟,敢罄誠款。苟君王察臣忠勇,憐顧本支,救患恤鄰,遏强拊順,爰遣偏將,出爲束援。則五霸之風,不讓桓文之主。苟獲全濟,實君之惠。

原載《全唐文》卷 855

高守瓊

後漢官員。乾祐二年(949),官右拾遺。

請慎選縣令奏

有國通規,無先擇士。論選既當,綱紀必陳。而縣令字人,最親理道。若宰大邑,難用小才。一同皆繫於慘舒,百姓咸關於利病。實賴勤恪,以恤孤惸。吏若不臧,人當受弊。近年銓司注擬,藩府薦論,只循資歷而行,不以年顏爲念。且少年宰邑,鮮有廉勤。不執公方,惟貪娛樂。以臣愚見,凡朝廷選親人之官,年未三十,請不授縣令。少年授任,必慮因循。

原載《全唐文》卷 855

盧　振

後漢官員。乾祐二年(949)，官右補闕。

請開斗門奏

臣伏見汴河兩岸，隄堰不牢。每年潰决，正當農時，勞民功役。以臣愚管，沿汴水有故道陂澤處，置立斗門。水漲溢時，以分其勢。即澇歲無漂沫之患，旱年獲澆溉之饒。庶幾編甿，差免勞役。

原載《全唐文》卷855

禁止織造疏薄奏

古先哲王之制，布帛不中度不鬻於市。比來組織之物，輕重皆有定規。近年已來，織帛之家過爲疏薄，徒勞杼軸，無益公私。臣請三京鄴都諸道州府，凡織造之家，所織綾羅絁帛諸物，并須斤兩尺度合官定規程，不得輒爲疏薄。所在官吏，覺察禁止，不得更然。

原載《册府元龜》卷504

樊　倫

後漢官員。乾祐二年(949)，官國子司業。

禁僧尼剃度奏

游惰之民，多歸僧舍。朝廷用兵，須豐軍食。請三五年間，止絶僧尼戒壇，兼禁私行剃度。

原載《全唐文》卷855

請除關税奏

耕桑未至，國多游民；關市之中，税物苛細。請稍減省，以惠疲民百姓。賣物不多,所歷關市并望除稅。

原載《册府元龜》卷504

裴 巽

後漢官員。乾祐二年(949),官司封郎中。後周時歷任左散騎常侍、御史中丞。

請置洛陽壇墠齋屋奏

國家郊廟社稷,百神祀祭,皆在雒陽。臣每見差官行事諸神壇墠,多無齋宿之所。以三公之職,衣冠於旅舍田家,狼籍凶穢,無所不有,恐非精誠蠲潔展敬之道也。臣請下河南府,於京城四郊,聊葺屋宇,充齋宿神厨之所。

原載《全唐文》卷855

梁文贊

後漢官員。乾祐二年(949),官户部員外郎。

請罰惰民奏

臣竊見諸道州府力及人户,廣置田園,不勤耕稼,惟爲無利,以事末游。臣慮因循,以成漸染。請量爲條教,以塞源流。臣請在官處官吏,搜求此色户民,令出代耕錢納官,以督農務。

原載《全唐文》卷855

李欽明

後漢官員。乾祐二年(949),官司勛員外郎。

請許陳許蔡三州制造舟船奏

臣伏以百姓轉食餽運,舟車之利,苦樂相懸。臣竊見蔡水嘗有漕運,多是括借舟船,破溺者棄在水邊,不許修葺,又不給付。以臣愚見,乞容陳、許、蔡三州人户制造舟船,不用括取,以備差雇。水路可至合流鎮及陳州蔡水,未及水匯十數里,水小岸狹,或時乾淺。臣伏請開決汴水,取定力禪院西一半并港穿大城,向南至斗門,可費三五千工。自水匯蔡水,路纔五六里。水勢便於開決,陳蔡漕運,必倍常年,私下往來,更豐財貨。此之利便,實益轉輸。

原載《全唐文》卷 855

請汰僧人疏

伏見天下户民,大半家貧産薄,徵賦之外,差配尤繁。豈宜寒耕熱耨之人,供游手惰農之輩?臣近以簡苗外縣,遍歷鄉村,緇侣聚居,精舍輝赫,每縣不下二十餘處。求化齋糧,不勝飽飫,寺家耕種,又免徵税。臣竊知淮南不度僧尼,不滋醫卜,已六十年矣,兼不許外來者入境,此貴留蠹耗,幸我國困民貧。古語云:一夫不耕,一婦不織,必有受饑寒者。即自聖化之内,且約十萬僧尼,每人日米一昇,十萬日費二千石。以日繫月,其數可知。每人春冬服裝,除綾羅紗縠外,一僧歲中須絹五匹,綿五十兩。十萬僧計絹匹五十萬,綿兩五百萬。此輩不耕不農,皆出於蠶織。無裨至化,實斁大猷。臣以爲聚僧不如聚兵,僧富不如民富。昔秦皇帝併吞六國,虎視天下,以兵多民富故也,僧何預焉?《經》曰:聖人在上,國無幸民。民之多幸,國之不幸。臣嘗三復此言,爲之扼腕。

原載《册府元龜》卷 547

蘇德潛

後漢官員。乾祐三年(950),官右補闕。

禁道士携妻孥奏

臣聞道以至真爲本,自然爲宗。若不離嗜欲之源,則安奏虛無之理。況兩京道宮,是國家崇福之地。竊見道場所設齋醮,無非蠲潔净

筵,蓋表其精虔也。訪聞道士皆有妻孥,携在道宫居止。不獨傷於教
法,其實污於清虛。望特行禁止。

原載《全唐文》卷 856

淳于希顔

後漢官員。乾祐三年(950),官左補闕。

請禁括田出剩求功奏

竊以久不簡田,且仍舊額。無妨耕稼,雖知有勸於農民,復恐不
均於衆望。三五年中,時一通括,兼以州縣遭水旱處,比有訴論。差
使封量,不宜便有出剩。請今後差官,能敷元額,已不虧官。凡出剩
求功,請不收附。所以知朝廷愛民之意,照物之仁。

原載《全唐文》卷 856

李守瓊

後漢官員。乾祐中,官太子率更令。

禁沙門著紫奏

沙門着紫,比非佛門。貴務奢華,以邀名利,諸處奏薦,蓋出顔
情。以臣愚見,不敢便望止絶,每歲誕節前,據所奏薦,便令其身隨薦
章詣闕,令功德使召兩院僧官,考試所業長短,以行恩澤。庶絶濫舉
之門。

原載《全唐文》卷 856

徐 綸

後漢官員,沁水(今山西沁水縣)人。乾祐中,任沁水縣令、司法
參軍。

元化長壽禪院記

　　澤郡之西封有屬邑，命之曰沁水縣。沁縣之東壤有屬鄉，目之曰沁水鄉。是鄉也，山夾長川，不竭朝宗之浪。路盤重阻，疑游遁世之方。其土多寒，其民甚樸。虧周孔之文化，有唐虞之古風。枲紵維修，蠶桑蓋寡。是川之左，有山之形，臥虎標奇，偃月挺質。俗以盤屈之勢，指爲車輞之山。相踵傳之，其來遠矣。

　　至後唐天祐十九年，沙門詮公，俗姓楊氏，遁迹韜光，處晦藏密。靈草之本根不耀，真空之妙理自明。杖錫挈瓶，尋幽采異。因歷是山之下，遂萌止足之心。有近信檀越酒積、酒寶、酒暉、李安，共减已有，買郭武之山原，勤請住持，將崇梵刹。與三縣巡檢使清河張公，觀瞻林麓，同玩兹山。由是穿密林，步纖草，考以地志，順彼物宜。諒塵外之寶方，葺雲栖之梵刹。揭怪石而平溝壑，除朽壤以基垣墙。荆榛翦薙以四開，鳥獸降伏而漸擾。微鑿地脉，遽涌寒泉。旋撥雲根，用通幽徑。卒成蘭若，以肅住持。就以山名，權爲院號。自是謂之車輞院矣。詮公道惟敦實，性絶浮華。了知解脱之門，勇進菩提之路。不求事相，寧愧鄙稱。一入林巒，八經寒燠。至長興元年二月二十五日順化，建塔於院之右。門人義常，靡辜法乳，克荷師宗，化導有方，崇修益盛。至後漢乾祐三年春，攝當縣長内黄扈公，一日從容而謂院主義常：「某慊是精藍，闕以美號。欲維新而改作，免仍舊以多慚。」舉狀申州，希重建額。時太守彭城公，特允勤請，俾光教門。以其年三月七日，備僧俗禮儀，螺具鼓吹，迎請碑額，懸掛大會。聖凡之侣，并本邑僚屬士庶，以其日吉辰齋慶訖，院主以余祖構是務，翰墨爲功，爰托紀題，以傳悠久矣。

原載《全唐文》卷856

孟知進

　　後漢隱帝乾祐中在世，兖州龔丘（今山東寧陽）人。

父母恩重經碑

經文略

大漢國兗州龔丘縣萬歲鄉剛城村孤子孟知進，□□願□□三代先亡，及父母造石碑，及妻李氏同意發願，今得□□。

乾祐三年建立。

子孟□進疏記。

原載《金石續編》卷 12

王光乂

後漢官員。後漢時進士及第，後周廣順元年（951），任孟州長史。

大漢故天平軍節度副使光禄大夫檢校司空使持節封州諸軍事封州刺史兼御史大夫上柱國瑯琊縣開國伯食邑七百户王（舜）公墓志銘并序

前鄉貢進士王光乂述

公諱舜，字匡時，太原人也。其先周之胤緒，晉之華胄。長淮始渡，導輔相於南朝。大魏□興，肅來儀於北土。深源遠派，弈葉聯芳。語風流則，代習文章。論貴盛則里名冠□，氏族所自，莫之與京。公即有唐中書令珪之後也。曾祖儔，祖遹，並高尚，皇不仕。公皇考追贈右庶子。皇妣温氏，追封太原縣太君，有晉之茂典也。克慎厥德，貽慶子孫。公初勵職後唐明宗帝，霸業之初，動干戚之舞，興斧鉞之誅。怔作解之恩，布惟新之令。公早參密侍，屢進嘉謀。夫天秉陽而地秉陰，式符理道；雲從龍而風從虎，乃與類行。尋授右監門衛將軍、充樞密院都承旨，預於時政，簡自宸襟。湛千古於胸中，聚八紘於掌内。皇猷允塞，墜典咸甄。越小大邦君，蠻貊師長，罔不欽于成憲。俄屬鼎悲龍去，臣泣弓遺。嗣主承祧，凝旒正殿。宣爲公曰：朕自纂臨大寶，罔或逸寧。簡黜澆浮，延納忠直。不忘一日二日，旌功念德。唯汝克勤左右，宣力皇家。允答殊勛，宜覃霈澤。去清泰元年，授護國軍節度副使。下車皆問，蠹弊先除。纔罷職，兵纏大名，蠶食上國，委之饋轉，充作軍須。大晉高祖武皇帝改授秦州節度副使，夷落而不

遑南牧，臨卬而常懼西征。後將□滑臺，監修堤堰。經度而盡知其
要，板築而俄集厥功。尋授守封州刺史、義成軍節度副使、權知軍州
事。著功庸而高疇昔，再迴白馬之津；以爵袟而未優崇尚，遠銅魚之
任。遂連改充宋鄆等州節度副使，皆權知軍州事。民無回匿，吏去苛
私。戒嚴而師律惟貞，襟帶而邊鄙不聳。洎群狐盜國，四海沸騰，城
隍不濟於寸功，鹿□無傷於一戶。沉機先見，妙用入神。水雷不可以
久迍，天地豈可以終否？漢祖鼎新華夏，詔問公職業，欲起而大之。
無何夢逾洹水，玉碎稅峰。然猶道塞於時，位不稱德。於天福十二年
十一月五日忽遘疾，十四日薨於開封府利仁里私第，享年五十有三。
以當年十二月十日，權葬於河南總監司。公星辰降瑞，河岳炳靈。精
剛之氣貫斗牛，偉闊之量吞江漢。顯忠至孝，毓德韜華。翼翰累朝，
孰可比其盛也。公列考未幾再迎太原郡溫氏太君，德茂庭闈，道光圖
史。鞠育諸子，愈於群家。公故能卒振才業，享國重寄。有弟四人：
長曰廷謙，守職河東，早光殊稱。次曰廷訓，糾繩隴右，克著能名。次
廷誨、廷浦，并署華資，皆期勇進。有子二人：長曰守凝，次曰二哥，咸
鳳室傳文，鯉庭受學。及居喪盡禮，枕塊絕漿。公再娶沛國朱氏，昭
融淑德，可著於縑緗；彰灼令儀，詎資於保傅。有女四人：長適韓氏，
次適許氏，乃以崇延胤嗣，榮薦德門。今者歲道爰通，於諧改葬。佳
城之欝慘，感風樹以纏悲。兆卜青烏，俯嵩高而瞰清洛；形瞻舞鳳，屹
天柱而背北邙。隱伏之狀，實佳地矣。公先夫人崔氏早殞，又娶清河
張氏，先終。以漢乾祐三年，歲在閹茂，八月二十五日庚申，同葬於河
南縣梓澤鄉宣武里新塋，禮也。嗚呼！王佐才高，朝端望重，犀渠鷙
鶚，迭更藩屏之權；蒼璧黃琮，俄失禮天之器。但以光乂，如椽乏夢，
靈渚無徵，豈足闡揚馨烈，而盡善矣。爰旌摭實，乃爲銘曰：

　　神生峻極，天縱英風。中原失鹿，上國從龍。載弢弓矢，底定華
戎。參茲密勿，惟帝念功。翼戴盛明，皇猷充塞。迭佐六藩，克宣一
德。位以才昇，福唯天錫。允執厥中，其儀不忒。公之捐館，罷委諸
難。釰飛武庫，星落江干。壠平月皎，露白松寒。不旌功業，後嗣
何觀？

原載《五代石刻校注》

周故僕射王進威墓志銘

蓋聞乾像含輝者乎,坤星稟應者矣。乃兩儀之得全,致一耀之有缺。即故僕射,本汾州平遥縣安故人也,姓王氏。翁諱元直,不仕。父諱敬璋,不仕。

僕射諱進威,字德和,母成氏。故僕射負業李庭,披書孔邑。以文則椎鏗金而逸翰,以武則致射虎以爲榮。揮毫不悦,舉札無威。俊不可極,恢不可奈。其初□後乃從唐師,相遇太師於陝府任使,其年,蒙主人太師臺造,賜本道保義軍進奏使兼官授銀青光禄大夫、檢校工部尚書、兼御史大夫、上柱國。後於京内中州南門里西壁製得地宅。又天福元年,主人太師移鎮晉州,蒙准職授建雄軍進奏使。□長男光贊,於周朝蒙聖慈宣旨,賜西頭供奉官。次男光义,授孟州長史。一留京□,兩縮進句,成一代之清規,揚萬古之休問,其勛也。享年五十有三,遂以患值林□□舉婆人之念,殯當夷則,悲動曾子之心,其殁也。以廣順元年七月十二日棄□,擇得九月十三日入葬。乃於京西北河南縣金谷里尹村王彦琦家,買到塋地四畝,其擇兆也。而乃前吞洛汭,面華嶠之駢闉;後控孟津,背九皋之□赫。東倚邙山,通鼇極之並景;西連霍嶺,接湯岬之近鄰。緜是春山寫望,秋水凝情,其景也。乃布珍換錦,載玉興陵,建金谷之中原,壯銀河之夜永,其宅也。洎三虎八龍,謀孫翼子。簪即交映,軒裳疊委,殷勤劉昺之名,恨望張衡之誄。小山尚在,大樹何歸?燕沉一客,秦哭三良。念王子之棋鼓,空還舊疊;想丘生之經籍,已付何人。雁沼波瀾,空聞怨咽,兔園臺榭,祇見荒凉,其別也。今則虞氏開阡,滕公入室,大夜冥冥,九泉超忽。休復揚旌,空知執紼。楫墜今時,舟藏此日,其入葬也。一之繼久,萬以淵深。表懸像之無隱,並寶月之不沉,其志也。而八斗知慚,四科奚取。天長地久,咸同不朽之規;古往今來,無復沉石之措。乃爲銘曰:

凛凛君子,堂堂氣驍。英懷迴位,傑出郡僚。威猛無敵,柔軟能調。善有弘德,惡來已消。仕主一侯,權兼兩印。海表□喧,寰中名振。享之良祐,納爲中信。忽翳明時,刻石寶運。雕之神道,鎮此幽冥。雄吞陰趣,赫弈仙兵。隱軫金闕,閑華玉京。卜其安厝,嫡悲泣路。思而滴血，想而吐哺。將遠明靈，漸遙德譽。鐫刊於今，用標永固。

維大周廣順元年歲次辛亥九月庚申朔十三日壬申志。

故僕射王進威。亡男攝孟州長史光乂、阿叔敬全、阿舅李知進、小舅李韓奴、外甥攝孟州司馬趙□、長男西頭供奉官光贊、小男三哥、孫小廝兒、外婆安氏、妻李氏、小姨李氏、長女萊哥、季哥、小姑兒、四姐、□婦范氏、新婦郭氏。

原載《全唐文補遺》第二輯

顧　邦

後漢乾祐時人。

北漢顧邦造象

弟子顧邦爲亡女顧十四娘徐凈財造羅漢一軀，永充供養。戊申乾祐元年十月廿八日。

原載《十二硯齋金石過眼録》卷 15

吕咸休

五代官員。後唐天成中，任史館修撰。後晉天福三年(938)，任禮部郎中。後周廣順元年(951)，任給事中、左散騎常侍。

請令閩浙貢物自出脚乘奏

臣見前朝閩浙入貢物色，下船之後，官差脚乘，搬送到京。臣悉諳知，害民尤甚。比來貢奉，自是勤王。差擾貧民，貢之何益。以臣管見，凡此數處貢物，并令自出脚乘。不困貧民，於理無爽。

原載《全唐文》卷 856

咸師範

後周廣順元年(951),官西頭供奉。

乞宣賜物業奏

弟師朗先爲亳州蒙城鎮將,因懷驚疑,遁過淮外。臣與東頭供奉官師睿二人,時在定州監押兵士。及在雍州攻城,各拘職任。隱帝敕書安撫,臣冒死上訴,緣祖父墳墓莊田,點簡入官,至今屬營田户部,歲時骨肉祭拜無所。臣叨爲人子,孝道難忘。遂於生前,便虧祀饗。■

原載《全唐文》卷 856

盧 瓊

後漢官員。隱帝時,任兵部員外郎。

請建高祖別廟奏

恭以高祖皇帝驅除戎虜,救解倒懸,德被生民,功高邈古。請依西漢祖宗故事,於三京陝府許宋等州舊邸,立別廟塑像,以時禋祀,以表遺愛。

原載《全唐文》卷 856

羅周裔

後漢官員。乾祐中,官膳部郎中。

禁民間用銅奏

錢刀之貨,今古通行。從古自來,鑄造不息,長無積聚,蓋被銷鎔。若不峻設隄防,何以絶其奸宄? 臣請敕三京鄴都諸道州府:凡器物服玩、鞍轡門户、民間百物舊用銅者，今後禁斷，不得用銅。諸郡邑州府廛市已成銅器及腰帶、幞頭綫及門户飾，許敕出後一月，并令納官，官中約定銅價支給。候諸處納畢，請在京置鑄錢盡，俾銅盡爲錢以濟軍用。除錢外，只令鑄鏡。鏡亦官鑄，量尺寸定價，其餘并不得用銅。如敢固違，請行條法，以杜奸源。

原載《册府元龜》卷501

申 鼐

後漢高祖時，爲鄉貢三傳。

大晉故劉府君（衡）墓志銘并序

堂伯展男雍七次東自有莊田并塋域，亦在從庚。

上代諱朏，銀青光禄大夫、右金吾衛將軍、司農卿，曾任一十八正刺史。已次諱晉，曾任魯郡乾封縣令兼兩任録事參軍，俯一命也。次諱垣，曾任懷州録事參軍，即刺史之子也。祖諱昭。考諱衡，前攝少府監主簿、將仕郎、試太常寺奉禮郎。本貫期至鄉朱村人也。因遭事焉，於大義鄉苟村内買置莊田。以清泰元年壬六月八日抱疾身亡，時年知命有六，權殯一十三年。又姚樊氏，南陽郡人也。以天福十二年壬八月廿二日身亡，紀年從心有一。即其年歲次丁未十一月辛亥朔廿二日壬申，合祔於莊西塋内壬穴。其塋東去右軍約三里，西去陸村一里半，南去南苟村二里，北去朱村二里。

長子李七，將仕郎、前試太常寺協律郎。新婦郤氏。次子李八，將仕郎、試秘書省校書郎。新婦鄭氏。次子陀奴，鄉貢三傳。新婦齊氏。次子五娘，鄉貢學究。新婦長孫氏。嫡孫公兒，次孫楊七，次孫脉脉，次孫妙哥，次孫豆豆，次孫蛹蛹，次孫賽哥。李七等奉爲考姚太行選右，鐫爲宗裔之珍；名將分花，鏤得圓方之軌。兹亡考者，常遵四教，每重三才。爲上代繼業之休，作後世勛庸之美。寔謂門傳孝悌，望襲簪裳。無念爾祖之風，千齡不朽者也。當以在生之日，晨昏不闕，奉養無虧。五男五婦之勤，二長二親之禮。況以事死事生之道，金石難同;敬天敬地之祥,聖德豈並。是以乾坤之內,惟人最靈。稟四氣以成形,納陰陽而爲質。體同轉燭,艷色須臾。若水上之浮漚,忽生忽減。祇如尪劣者如霜睹日,榮盛者似嫩葉逢春。霜遇日而自鎔,葉逢春而色翠。高岸爲谷,深谷爲陵。日落自古沉西,人亡自今首北。而今安厝已後,明發不寐,有懷二人。《孝經》曰:"春秋祭祀以時,思之寒暑變移,益用增感。"《詩》曰:"孝子不匱,永錫爾類。"其是之謂乎?是日也,風松起韻,鶴瑞來翔。悲慟玄英,淚班雪際。

頌孝子:"傷神孝子哭聲悲,淚落偏沾野客衣。誰爲感天來助哭,繞墳唯有白鸞飛。"頌妣:"罷掃嬋娟况未深,至今猶自哭聲頻。只緣兩竪爲殃苦,忽取姬姜赴杳冥。"頌考:"性含冰翠皓然霜,服得儒流自遠方。秋月夜吟成五字,也曾明代獻君王。"今乃卜其宅兆,地限太嶺,勢穩懷覃。遞承劉累之苗,世號彭城之域。後限紫陌,傍倚長途。東去莊七十餘步。又唐棣之花,芳萼葦葦,盡在□厢懷州武德縣大義鄉歸仁里北苟村。男李七等慮恐山河改變,世界傾危,子孫抛棄於外鄉,荏苒未歸於故里。故鎸此銘記爲據。

撰文并書人鄉貢三傳申鼐。

原載《全唐文補遺》第七輯

紇干德覃

後漢官員。乾祐元年(948),官將仕郎、前平盧軍節度巡官。

大漢故鴻臚少卿金紫光禄大夫檢校兵部尚書兼御史大夫上柱國龐公(令圖)墓志銘并序

將仕郎前平盧軍□度巡官紇干德覃撰

原夫金仙垂教,難停過隙之光。若士留言,易感繫風之景。□以周末,示逝川之嘆。漢初興薤露之歌,□乎是言,哀哉孰免。而或英髦命世,忠孝惟時。將宣德業之名,願假揄揚之頌。乃書實録,用紀家諜者也。

公諱令圖，洺州肥鄉縣人也。得姓於前□冀州刺史龐胤徽之後，積世矣。曾祖諱和，皇不仕。祖諱□，[皇不]仕，娶滎陽郡鄭氏，即漢光禄大夫沖之遐裔也。淳慈婉約，令淑罕儔。自公初登省署，乃追贈□□[贊]善，鄭氏追封滎陽郡太君。贊善素敦家法，衆所伏膺。有子三人：長曰令佺，前安國軍□□□□氏，不謂相次疾疢，前後悉終。有男一人，名守貞，懷州修武主簿。次曰令謹，銀青光禄大夫、左散騎常侍，貂蟬是貴，爵秩唯高。娶任氏，即漢舍人任座遠派也。非敦舉案，□後畫眉，不幸羸疴，連綿傾喪，俱附葬於大塋之右。有子一人，名守真，累遷至祁州司法參軍，娶中書郡邊氏，即漢邊孝先之胤緒也。有子一人，年十歲，小字妒子。並出德門令望，文苑芝蘭。自罷椽曹，獨資蘋藻。公即贊善第三子也。幼而英睿，長乃不群。始議從知，即授郡牧簡署，攝磁州糾曹。旋赴薦章，即正授忠武軍録事。至唐明皇天成元年，躬進表章，尋就加賜緋銀印。提綱有譽，又加監察御史。三年，又加殿中侍御史。至四年，又加朝議階、尚書虞部郎、中山節判。至長興元年，以功就加尚書工部員外郎。當年赴詔加銀青階、工部尚書、左威衛將軍、樞密院副承旨。期年，又以功加刑部尚書、汶陽節判。至清泰二年，詔授司農少卿。至天福二年，加户部尚書。至八年，又加兵部尚書。重疊承雨露之恩，霧霈授絲綸之寵。官崇三品，位歷四朝。頡頏班行，抑揚事行。既及罷任，得志歸閑。因適畿封，欲栖別業。豈料三彭結釁，二豎成災。嗚呼！醫藥無徵，即以天福十二年丁未歲十月二十四日，薨於三鄉縣之旅舍，享年六十有五。號天而骨肉哀□，□地而親族傷慟。

公先娶汝南郡周氏。夫人貞莊顯譽，温潤馳芳。不幸先於公二十七年以疾終於鄉里。公後以家臣是念，冢宰疢心，纔畢喪儀，再娶河東郡霍氏。夫人復以糟糠得侶，琴瑟重調。方委蒸□，以修祭祀。不謂又先於公之一十五年，亦寢疾終於鄆州私第。有子二人：長曰守素，秀而不實，早終於故土。次曰守訥，初任陝虢察推，漸遷節度小計，不幸亦先於公嬰疾歿世。婚見任西京留守隴西李太師相公□□女。但自好通秦晉，道洽潘陽。制未闋除，亦因疾亟而殞。賓館已亡於荆玉，蘭堂又失於芳蓮。有□如丹，無踪若化。有女一人，年始八歲,小字七姐。公有女七人,盡比神仙之列,皆彰蘭芷之馨。謝氏樓前,堪爲女伴;婕好席上,宜鬥文才。長適張氏,仕至東齊右職。次適徐氏,青丘小計,尚書兵部員外郎、殿中侍御史、賜紫。驪珠出海,翡玉離崗。揮夢筆於雄藩,曳長裾於會府。次適張氏,早驅鷄於易水,今隔寇於胡塵。次適李氏,鴻盧寺丞。方駕鵬搏之勢,見聞鶴唳之音。次適高氏,弘文館校書郎。朱弦峭韻,白璧貞姿。暫游芸閣之資,即赴省闈之任。次適王氏,見任殿直。琳瑯瑞器,杞梓宏材,匪朝伊夕,承綸受渥。次未從人,方居孩幼。非才超於國器,即德邁於人龍。盡出高門,皆承餘慶。嗣子力竭於安厝,東床共備於殯遷,但緣鄉國是遥,大塋尤遠。徒扠臨喪之淚,未諧歸葬之期。即以乾祐元年正月二十二日,卜窆於洛京河南縣平樂鄉朱陽里。同罄送終之禮,俱伸永訣之儀。所慮谷變陵遷,時移事易,欲刊翠琰,命及靡才。辭既罔及,是爲銘曰:

天生碩德,時誕宏材。秩昇九棘,位佐三槐。□奉彤墀,出敷淳化。非贊唐堯,則裨黃霸。仕崇三品,官歷四朝。八元望重,十亂功高。考限既周,志謀貞退。□遭羸疴,奄斯傾背。鄉關是遠,且卜權宜。仁將力辦,袷祔同歸。紀善銘功,刊石不朽。□谷變以陵遷,記天長而地久。

前攝左金吾衛行駕仗判官張光胤書。

原載《全唐文補編》卷103

譚因之

後漢官員。乾祐元年(948),任成州軍事判官。

故大漢清河張公(逢望)墓志銘

前攝成州軍事判官譚因之撰

蓋聞山澤通氣則雷雨作,日月運行則寒暑生。陰陽之代□□□□□之悲無何避,事歸感應,理叶自然。君諱逢望,本清河,生於孟水。壯矣,堂堂之兒;偉哉,落落之姿。逸□自强,高尚不仕。詩書執禮,盡謂南有嘉魚;言行應機,不曰魯無君子。恬□咎□□喜而行,依

俙泗北,丈人髣髴,山中宰相,彎弓受矢。本爲自賢,懷寶迷邦,□□
不敏。洎物不終壯,天惟顯斯。難迴馬鬣之灾,莫救牛哀之禍。長空
星殞,□□之已衰,碧嶂電收,在聖人之何免。於孟州洞澗里之私第,
享壽七十二。鄰舂[罷唱],巷童不歌。識者謂之絶弦,聞者以之失
箸。娶河内逢氏,早亡,生三女。長適□氏,次適劉氏,次適何氏。子
孫兢兢,不獲備載。日月之照,先後有常;風雨之飄,疾速□□。再娶
太原郭氏。以乾祐元年歲次戊申朔二月乙卯二十二日壬寅,葬於孟
州河□□太平鄉洞澗里郋羅村之,禮也。公受氏於帝嚳之後,炎漢之
賢良挺秀,皇唐之簪紱相高,顯著湜油,迥標圖諜。至今開石碑表,相
望遠祖,因官徙家關内。曾祖元覺,祖志賢,并隱德含耀,抱一守中。
公即志賢之長子也。幼而好學,不恥下問。宗族稱孝,執友稱仁。二
手六身,善聞稱義。十年半面,强記者推賢。不誡不勸,有始有夲。
陰德不昧,百福其宜。有子三人,長子匡義,歲寒然後君子仁歟,婚劉
氏,早亡,生一男程五,再婚房氏,生一女。次匡美,將仕郎、前守文州
司户參軍。烏臺入仕,公幹有聞。合君子之樞機,屈蛟龍之變化。婚
景氏,早亡。再婚郭氏,早亡,生一男小程。再婚馬氏。次匡植,不幸
短命,符菲其下。婚聶氏,生二男。長子三程,次四哥。因之得與諸
虎相善,見托爲文。伊忍恨以揮毫,實含酸而序事。惟慚漏略,不稱
雕鐫,銘曰:

　　堂堂張公,世有英風。爲漢之傑,乃趙之宗。世有不仕,君子知
止。山中宰相,天上處士。一爰求養性,不若知命。懷寶迷邦,何人
不敬。二疊經禍亂,全真不散。曷有所思,道之云達。三逝水東傾,
日返其盈。百年既邁,五福斯榮。洞水之陽,太平之鄉。封樹之壇,
窀穸之光。子孫兢兢,杞梓爭秀。鄉黨稱美,兄弟爲友。陵遷谷變,
天長地久。刻此貞珉,永傳不朽。

原載《五代石刻校注》

楊榮祚

後漢官員。乾祐元年(948),曾任原州司馬。

重修建禹廟記

前原州司馬楊榮祚撰并書

蓋聞恢揚至聖,崇典籍以傳芳,巨顯至仁,立靈祠而彰睿聖,遵推懿範,自古昭然唯王也。天錫雄機,神扶霸運,體穹蒼而式地,炫智略以興邦。鑿闢山河朝海之波瀾,詎阻廓清宇宙,化悦而陶表,俱臻惠溥,八紘恩覃,九有喜益。要荒之外歡蘇,夷夏之中纘握,乾綱克寧,寰海雖更,人事靡殄,徽風丕續,異常聲華,匪墜潛禧,生聚今往常之。昔乃廟立故都,紹隆本址,歷代綿亘,殿宇凋疏,鳳扆摧傷,龍顏改翠,蒸黎告奠,咸不快心。當縣有耆宿衛景,素切欽歸,恒懷惇敬,觀之祈禱,向來屢感靈應也。遂啓丹誠,虔申志願,敢爲標首,特議建修,糾募七鄉維那,同希辦集,乃得坊郭内外闔境衆村共力成持,允輸勤款,料兹所備,皆不參差。遂召良工,擇時營造,兼請權遷鑾輅,暫綴靈朝,俟以嚴飾,遍終復還宸。止於丙午歲五月二十日起手,至當年九月三十日畢功。締構周圓基扃,再舉宮闈,炳焕像貌,俄陳紺宇虹梁,聳雲衢而耀彩雕楹,繡檻對玉,燭以分輝。□迴嵬峨,光添勝概,精穹妙麗,竭智端妍,壯觀部封。幸仰垂祥之所,護安疆境,可形來祚之源,享獻喧盈,笙簧寥亮,香烟幕幕,與瑞霧以同飛;金竹玲玲,奏舞雩而韻響。所冀彝倫,獲叙稼穡,滋豐山川,無俶擾之虞。仕庶有寧康之慶。高低益利,遐邇晏安,陰隲之道顯然,育物之靈可驗,感斯禎瑞,如仰昊天。竊荷玄慈,纖無怠敬瞻朝奉真之禮,薦申如在之儀。刊勒貞珉,虧揚餘善,頌曩時之異德,歌此日之神靈。撰日窺天,難窮高遠,詳聰測智,何究幽玄榮祚,叩述記詞,聊旌盛美。其銘曰:

奇哉帝道,譽振人中。興詞顯德,標史明功。寰區蕩定,山水開通。遺慶不絶,長扇英風。化被昔時,恩流異代。精崇廟宇,感靈覆載。遐邇禱依,高低慶賴。蔭護黎元,恒施育愛。神聰聖德,智略玄幽,聲光鎮在。懿美遐流,威靈密祐。今昔咸周,搜詞鏤石,永播皇猷。

七鄉都郍衛景,都南鄉維那劉温、□舒、張知遠、馬温、魏延暉、尚延嗣、陳迺、李謹、陳知進,臺全鄉維那王虔、秦暉、吕景、姚希倩、吳輨、牛璋,陽公鄉維那劉江、趙迺,夏川鄉維那張環、李贇,湅水鄉維那王莒、常思敏，如古鄉維那郭謝、晉集、孝婦鄉維那郭虔、董實、師延朗，都料敬延遇、時乾祐元年歲次戊申四月十五日乙未記。

鐫字人韓福。

原載《山右石刻叢編》卷 10

□　憲

五代後漢時人。

後漢故青州刺史弘農楊公（敬千）墓志銘并序

爰公自□弱齡，德敦忠信。雅敷國器，克著嘉猷。繼遠祖正□□□郡軍之苗裔也。將軍亦經天有術，事上無私。征南越之立大功，句秋不泯；振西關之標異事，萬古猶芳。□□□後同休，子孫共美者矣。

公始諱敬千，字表忠，因與晉高祖御名連敬，遂單諱千，公本勝州人也，□□□仕。父諱約，字昭儉，官至大監。蘊令問令望，仗忠信以作戈矛；亦不侈不奢，修德義以爲甲胄。痛其不終遐算，天喪哲人。母清河郡太君，令淑立名，賢和耀世。孝感則江泉自涌，神靈則旱暵彌彰。疾恙不聞，早歸長夜。公自武皇録用，從微至著，備列勛庸。下堅臣子之心，上答君親之義。至莊宗中興，本朝因割事，於天平帥隴西中令總戎。時值契丹集醜，類以爲祅，向中原之作蠈。上與中令以公爲肘腋，以公爲腹心。俾令掩殺戎夷，盟會部落。聚四方之虎將，大滅腥膻；領百萬之雄師，立清寰宇。尋昇補公爲右突騎副兵馬使，次補充汴州拱衛指揮使，又轉授拱衛第二指揮使，又准宣授龍驤都虞候。時公之所事中令，已紹中興之嗣位也。尋又轉昇匡化軍副都指使。公忠貞冠世，義勇遇人。矢石交時，每身先於士卒；功名利祿，長己後於他人。君上以公爲忠臣，以公爲列士。時值汴州朱守殷作叛，鑾駕親征，公臂之以利鏃長□，救之以噬臍嚙腹。上乃嘉其雄傑，受以殊恩，轉授汴州馬軍都指揮使。尋昇授内外馬步軍都指揮使，兼巡擊事。公歷承宸眷，繼受寵□。及鑾駕歸京，雄師守汴。上顧以重難之任，求以奇特之臣，遂委公以劇權，付公以重事，則終不以驕人爲務,終不以害物爲心。上又降鴻恩,加之清秩,授銀青光禄大夫、檢校尚書右揆,遥授宣州刺史。未越半載,加檢校尚害左揆、行景州刺史。次授登州刺史、都督登州諸軍。是時,明宗晏駕,少主臨朝之初也。公任當滄海,威扇皇風。施惠愛以及人,蘊忠良之事上。頗彰異政,又降殊恩。加金紫階、檢校水土。又值清泰龍飛,以公舊有勛績,罷郡登州,授遼州刺史。乃晉高祖將霸業之初也。王師繼踵,馴騎交馳。當君子豹變之時,誠聖主龍飛之兆。公乃多方迎接,盡瘁供須。洎我高祖大闡堯風,高懸舜日,公又授光禄大夫、行復州刺史,進封弘農縣開國男、食邑三百户。公益彰忠孝,漸著廉勤。上贊皇猷,下蘇黔庶。又進封國子、加食邑二百户、忠力協贊功臣,授衛州刺史。恰值君上巡幸,駕入鄴都。公乃盡節盡忠,展臣下之禮。罄家罄寶,副主上之心。於澶頓間,報君親義。公累承國寵,五任專城,民歌來暮之風,化洽去私之譽。政唯除瘼,道切安貧。玉有潤而瑕莫侵,松有貞而雪寧犯。旋又罷郡,入鄴朝君。忽染不安,頃求治療,遂投章表,乞歸洛陽。纔及道途,聞高祖晏駕,及少帝嗣位,駕入夷門。公纔似和平,亦謀詣闕。尚未平愈,又授,少帝追封開國伯,食邑二百户。公之勛衛,忠力協贊功臣、光禄大夫、檢校司徒兼御史大夫、上柱國、弘農縣開國伯、食邑七百户。公繼事數朝,連綿五郡。始終不變,中外無私。以百姓心爲心,以四海事爲事。攻城破敵,秦黨父不敢爭鋒;訓卒勵兵,晉先軫焉能效命。公神機銳略,不足比倫,上可以翼戴一人,下可以廓清四塞。一何天不福善,殲我良人,殄滅我國家,傾覆我宗社。嗚呼! 哲人萎矣,泰山頹乎! 難停隙里之駒,易滅風中之燭。於開運元年甲辰歲十月十六日,薨於汴州安業西坊私第,享年六十三矣。

公娶李氏女,封隴西郡君。自公薨棄,奉子居孀。日往月來,俄經數歲。而後噫噓□染,情迷夢奠之間;疾孽縈纏,魂逐逝波之下。享年六十一,至丁未歲七月廿四日,薨於洛陽惠和坊所在殯宮故司徒神櫬。去丁未年十月廿一日,自梁苑扶護至洛陽,於徽安門外權且安厝。遂命占蓍告地,已吉相原。今卜得河南縣平洛鄉杜澤村,買到屬省袁可珣莊。至漢乾祐元年戊申歲三月十一日,合祔葬訖。嗚呼!

善始令終,得祔於九原之野;名留影殁,愛遺於五郡之風。公十三子:長曰仁廣,前攝青州長史。早敦忠信,夙蘊謙和。一則爲士子之箴規,一則作人倫之龜鏡。次子仁壽,前衡州衙内指揮使、銀青光禄大夫、檢校太子賓客監察御史、武騎尉。情田豁達,心鏡强明。侍親則惟孝惟忠,承家乃克勤克儉。行敷古道,言合時機。三子仁勛,職列鳳庭,□游□省,得立身之旨趣,明事主之路歧。忠孝兩全,官榮八座。不意魂游岱嶺,魄逐逝川。人生之自有短長,天道之本無憎愛。今亦祔葬於塋所。四子仁遇,前徐州左司馬。五子仁誼,前復州司馬。幼親詩禮,長紹弓裘,皆明化俗之機,盡秉知人之鑒。六子仁忔,七子仁璲,八子仁珪,俱未仕。甫從艸歲,迨及冠年,事父母則終始無渝,敬長幼則朝昏不憚。九子小和,十子三和,十一子羅羅,十二子山驢,十三子牛兒,已上五子,皆石藏美玉,蚌剖明珠。未分燕鶯之形,尚假嬰兒之號。長女適上谷侯氏,盛年而亡。二女伴姐,亦七歲而夭。嗟夫! 玉貞易折,蘭芳早枯。小女儀容冠世,艷狀凝春,年尚幼冲,未分南北。憲也智慚短綆,學謝長□,敬聞命以再三,難陳讓於數四。强搜鄙陋,少贊嘉猷,雖非綺靡之祠,聊紀歲年之事。含毫染翰,乃作銘云:

乾象高廣,坤德下玄。日烏月兔,岱嶺逝川。在覆在載,有往有□。幽兮曷測,冥兮孰宣。狂狄作擾,公往盟師。和會傳命,掩毅尋時。渠魁獻馘,叛衆傾旗。制彼妖氛,長戈一麾。百骸歸壤,九泉無日。魂游於岱,真書於室。冥冥其像,巍巍其質,髯疏燕頷,頻□虎骨。璉器易傷,霜鋒俄缺。魂□難留,風燈焰滅。寂寂默默,寥寥□□。靈兮魂兮,終天永訣。

原載《全唐文補遺》第二輯

俞　籛

後漢官員。乾祐元年(948),任司農寺丞。

故大中大夫檢校尚書虞部郎中行司農少卿上柱國賜紫金魚袋羅公（周輔）墓志銘并叙

攝司農寺丞俞籛

雁門郡羅公，諱周輔，字國華，鄴人也。世盛弓裘，長親儒墨。冠而入仕，壯即從軍。自僞梁末，初任博州長史。雖郡在遠方，而官居上佐。冀當履踐，始躡亨衢。次任義成軍節度巡官。別太守之旌麾，奉將軍之樽俎。不有才術，焉當選求。其後屬唐明宗皇帝奄有寰區，大興文武。將隆帝業，首正儲宮。公以德行彌高，親廉素遠。旋被新澤，特列群英。於天成三年，授太子中允。至長興三年，授殿中丞。清泰二年，授著作郎。洎至晉高祖皇帝應運開基，求賢禮士。公以鬱有令譽，喧於周行。又辱渥恩，薦昇宮禁。於天福四年，授太子少詹事。佐親賢之任，今古尤難；守詩禮之規，周旋豈易。其後，以東垣罷秩，西洛歸家，田園未遂於散金，簪紱重榮於佩玉。至天福九年，授司農少卿。其間或進階加勛，轉官命服；或喬山奉職，列嶽虔祈；或使於四方，則南長沙而西回鶻；或暫求民瘼，檢水旱而去蟲螟。不唯壯我皇綱，抑亦分其帝慮。直爲永隆天祿，大繼家風。爰自天福十二年，忽遘沉痾，漸加羸輟。尋醫未暇，易簀俄聞。至其年五月九日，因避獫狁之患，終於南禪玄理精舍，享年四十五。至乾祐元年八月十四日，卜宅歸葬於河南府河南縣伊汭鄉尹樊里。

曾祖鐸，皇任澶州刺史、檢校司徒。曾祖姚清河郡張氏。祖諫，皇任博州刺史、檢校工部尚書。祖姚太原郡王氏。烈考倫，皇任泰寧軍節度副使、金紫光禄大夫、檢校刑部尚書兼御史大夫、上柱國。姚彭城縣太君劉氏。公乃劉氏之長子也。公娶河東裴公之女，早封郡君。公長子守素，少而未仕。次子團哥，尚幼。長女智朗，悟俗出家。次女適河間俞籛，不幸短命死矣。次女適汾陽郭維贊。次女二人在處。皆孔庭稟訓，趙室承規，絕漿何啻於七朝，泣血將逾於一載。悲號不日，追念何窮。籛也，謬忝屬僚，況叨末戚，雖塵□緒，且昧文章。承命再三，不敢堅讓，直書其事，用記變遷。謹爲銘曰：

弓裘貴胄，簪組相輝。挺生俊乂，累佐盤維。方隆景運，忍遘沉羸。正罹多難，俄棄明時。終於精舍，過隙難追。葬於伊川，逝水堪悲。刊石萬祀,芳名不隳。

原載《全唐文補遺‧千唐志齋新藏專輯》

潘延韞

後漢時人,撰此志時署鄉貢三禮。

漢大鄴都水濟縣太平鄉洪道里潘公(庸)墓銘并序

　　周文王之胤也,恢弘帝業,煥耀皇圖,棣萼方留於富盛,淳善仍用於顯榮。故得枝葉常芳,九州俱被。府君是滎陽郡人也。曾諱,祖諱,三世不記。府君諱庸,氣懷英靈,制過傑俊,行蘊青史,□從白衣。有三子一女:婚媾教訓十全。享年六十有二,因疾即世。

　　夫人王氏,三從俱被,四德柔康。事舅姑盡其敬,事親姻終其孝,享年八十有三,因疾即世。次男太,德邁英雄,忠貞自許,爲國爲家,同牧背牧,享年三十即世。長男[敏],幼成□尊訓,無失和方。家道康安,身名不顯,娶焦氏女,姬姓也。次男襄,娶賈氏。長女適孟氏。六子,娶婦許氏、孫氏、劉氏,不幸染疾即世。次子超,□父母之婚媾,娶張李氏之侍養子,新婦不幸早亡,再娶劉、趙、張、薄、趙爲婦。三女:長適裴氏,少女適牛氏,次女適王氏。故得父教母訓,鄉閭共美。篳户雖芳野墅,珪門不羨朱人。遂乃略露皇天,別開扃户。兒孫聚會於先墳,悲號泣淚於祖墓。擇得乾祐元年戊申之歲十一月丙午朔十五日庚申合祔。墳去莊約一里,前枕金河似月鈎,後著兩界曲堤頭,東望張橋五六里,西邊官路達揚州。其文曰:

　　皇天渺渺,衰戚依依。遷奉思惟,然可興悲。神襯何在,良辰吉期。子孫八人,聊爲墓志。又詞曰:悲風修修,慘霧冥冥。迹下魂魄,上林松柏。

　　孫鄉貢三禮延韞撰。

原載《新中國出土墓志》(河北卷)

柴自牧

後漢官員。乾祐二年(949)，任觀察判官、將仕郎、檢校尚書工部郎中、兼侍御史、賜緋魚袋。

大漢河陽節度使光禄大夫檢校太傅兼御史大夫上柱國隴西公奉宣祭瀆記

觀察判官將仕郎檢校尚書工部郎中兼侍御史賜緋魚袋柴自牧撰

粤若王者郊祀，則展義卜征。幸四嶽以禮天，撫萬邦而發號，皇明燭於幽暗，帝澤被於遐陬。崇聖德之巍巍，布休光之赫赫。諸侯接部，則考古順時，敷五教以恤刑，勸三農而成務。至誠周於巨細，直道感於神明，行惠愛之昭昭，流頌聲之靡靡。若非得天地高明之理，達聖賢去就之源，則何以求瘼無瑕，使民自化者哉！今我太傅、隴西公，密奉先朝之顧命，首建殊勛，出領近甸之雄藩，獨推致理，一年而民阜，二年而政成。時乾祐二年冬十月九日，奉宣祭瀆於濟源之邑，縣是行驅五馬，出耀雙旌，施教化于封疆，薦蒸嘗於籩簋。賢太守兼開衛幕，共仰褰帷；真將軍早上漢壇，皆欽列土。時也，霜風吐韻，下林葉以疏紅，嵐氣舒光，捧雲枝而亙碧。萬民戴荷，子衛慈父之恩，一境歡呼，樂動咸韶之奏。公撫憐幼稚，存問高年，道途連笑語之音，沸騰如市；婦女具逢迎之敬，瞻望比肩。或給以衣裳，或頒之茗物，迄於等第，靡不周旋。是日暮及縣城，曉趨廟具。齋戒恭謹，潔净精微，瀝樽罍於三獻無虧，伸禱祝於一人有慶。公將回馬首，乃謂賓從：四瀆稱水德之尊，五嶽作地祇之長，傳之往昔，載彼典經，而又在我之郊，宣君之命，一任之內，遍及斯焉。敢請濡毫，用成刊石。自牧叨榮華幕，獲贊廉風。本無吐鳳之才，寧叙□懸魚之化，直書盛事，恨乏好辭。

乾祐二年十月九日，押衙書表前行馬守源書。

原載《關於五代後漢〈隴西公奉宣祭瀆記〉碑的幾個問題》

釋守澄

陝州夏縣景福寺僧人。漢乾祐中，充左街講論大德。

陝府夏縣景福寺故思道和尚（師氏）重修寶塔銘并序

左街講論大德守澄撰

將仕郎試秘書省正字崔虛己書

竊以理智凝然，真空清静，三常妙用，十號圓明。點惠燭於昏衢，起慈心於苦海，冤親普攝，凡聖齊收。五乘既貫於群生，三藏統包於教理，宏張覺路，大啓玄門。金文演解脱之音，玉偈贊無爲之法，人天共仰，道俗同遵，咸知生死之源，頗諭無爲之本。即我和尚俗姓師，瑯琊氏生，丱角出家，三十成道，夏縣人。和尚道高安遠，德邁琳生。爲檀越之福田，作如來之法眼，深達了義，久證菩提，自然變易之身，曠劫起凡之德。同塵不染，悲濟有情，現大神通，無妨自在。山中采木，風雨送來；寺内看經，龍神護助。峥嶸鹿苑，巍峨鷲峰，一方之瑞色長新，四野之風光景麗，名聞寰宇，譽滿帝都。去□德二年十二月二日示滅。其時也，祥雲貫日，天樂橫空，異香遍於蓮宫，甘露盈於衆木，靈禽噪樹，異獸啼嵒。悲風飄凡聖之衣，血淚灑人天之目，盡嘆無生無滅，皆嗟有去有來。

門徒弟子，哀慟難攀，如喪考妣。空深歲月，幾歷星霜，寶塔隳殘，無人再葺。比丘志德，出家當寺，學業諸方，持念法華經，聽習中觀論。觀師遺迹，遂發志誠，勸化群賢，重興祖塔。一言道合，盡自回心，擺脱塵機，同親盛事。捨財而三事體空，施物而三輪清静，非上智無以發深誠，非哲人無以崇斯善。日月昏而復朗，林巒變而常榮，可以添川鏡之殊祥，可以壯法門之嘉瑞。平觀禹國，坐眺鹽池，千株之寒柏侵雲，萬嶺之嵐峰掛月。幾多英信，歸心玉石之堅；數縣良能，懇意給孤之行。殊因告滿，郢伎休工，冀靈聖之照明，願神祇之鑒祐。況守澄也謬爲釋子，深昧儒功，因閑暇於禪關，偶苦辛於塋牖。披書積學，雖無閲市之名；揣拙成文，粗有奪袍之志。今則既成懇□，難議堅辭，遂罄荒蕪，聊爲記述。誠有慚於漏落，實無備於徽猷。乃爲銘曰：

先師聖德，神通自然。迥超三界，而出四禪。慈悲願廣，覆蔭鄉川。恒爲燈燭，永作舟船。重修寶塔，勢聳雲烟。如山不動，似海深淵。恩沾沙界，福利人天。遐邇歸依，萬歲千年。

乾祐二年正月二日建。

原載《金石萃編》卷121

張　胤

後漢官員。乾祐二年（949），任保義軍節度掌書記、朝議郎、試大理司直、兼監察御史、賜緋魚袋。

大漢故將仕郎試大理評事前守萊州萊陽縣令張府君（備）墓志銘并序

侄男保義軍節度掌書記朝議郎試大理司直兼監察御史賜緋魚袋胤撰

蓋聞天清地寧，運陰陽而分四氣；河長嶽峻，窮造化而鎮三才。禀之則有智有賢，違之則至冥至晦。得其純粹，不亦寡歟？

公諱備，字巨卿，本軒皇之苗裔，留侯之子孫。晉室司空，先後未僭於博物；開元丞相，古今罕並於宏才。雖源派之流漸多，而祖宗之旨即一。不能盡矣，略得言焉。公曾祖諱安，祖諱鐇，父諱新，皆紹冠冕，並襲箕裘。高門而不墜家門，積慶而自多餘慶。父作子述，兄友弟恭。光茂本枝，益有年祀。公曾祖母、祖母、母，良家好合，大族通昏。織紝組紃，善睦夫家之黨；中饋內則，備勤孔氏之言。垂裕後昆，無以尚也。公郡望出自清河，蓋因家世職官於汾晉，又爲太原人。公未弱冠，聞詩聞禮，如琢如磨，考其敝而慮其終，依於仁而游於藝。溫清不闕，忠孝自資。時唐莊帝龍飛沛野，虎視中原。左股右肱，曾匡三傑；攀鱗附翼，非止一人。方覃作解之恩，遂付象雷之任。於同光元年，除授邢州內丘縣令。秩滿赴闕，至唐明帝又授太原府太谷縣令。纔終考秩，旋丁先府君憂，制倚廬枕塊，殆絶曾子之漿；稽顙茹

荼,亦繼高柴之血。喪紀祭禮,曲盡始終。送往事居,無忘愛敬。唐
少帝方在藩邸,知公才能益己,術可理民。列蹲祖之間,縱光石席;養
瘠痍之俗,須委正人。遂於長興二年,奏授貝州武城縣令。秩滿,晉
高祖登極,又授萊州萊陽縣令。公四任墨授,二紀年華。俾三年有
成,無一日不葺。其中攝官,此猶不書,每莅公途,略無瑕玷。公平生
好納賓客,匪惟交游。樽酒不空,妙得孔融之性;詩書自樂,屢興梁竦
之詞。自罷任膠東,寓泊青社,旋屬虛危結釁,象魏陳師。閉在闉闍,
不無憂憤。果當送款,遂出重圍。胤以猶子之心,荷戴天之事,再聚
血屬,復居洛城。公雖及艾年,比亦無恙,偶丁厄運,忽染沉痾。即以
開運三年歲次丙午十二月二十三日,壽終於洛陽中州私第,時享五十
有七。嗚呼哀哉! 公事行合古人,信義敦君子。弟兄不私有,骨肉無
異才。何圖不享頹年,未登貴仕,奄斷風燭,忽嘆逝川。公有愛弟二
人,妹一人,皆先公而没。公有男,纔及殤。長女先適汝南周氏,亦先
公而殞。次女見適郝氏。諸院侄男女,此不遍紀。胤爰從幼歲,躬獲
侍行。既道有污隆,固辭無枝葉。今以乾祐二年歲次己酉肆月甲戌
朔拾貳日乙酉,并故婁氏夫人靈儭,合葬於河南府河南縣梓澤鄉梓澤
里故發運僕射府君之塋,禮也。庶使爲人子者孝,感霜露者悲。濡筆
淚襟,謹爲銘曰:

　天地初分,皇王肇起。乃有賢哲,爲時佐理。佐理誰人,軒轅子
孫。譽高往古,福留後昆。其一。公之宗祖,我之門户。珪璋特達,
歲月雲暮。源流漸多,繼世伊何。聞詩聞禮,如琢如磨。其二。唐帝
中興,沛人從事。受禄銅章,遷官棘寺。罷守琴堂,枕塊居喪。繼高
柴血,絕曾子漿。其三。府君莅官,縣民獲福。作善有餘,惟日不足。
賓客盈門,報義施恩。解陳蕃塌,拂孔融樽。其四。遘有遭迴,時當
貫革。魏闕興師,營丘構隙。懷意西歸,寧忘禱祈。復聚骨肉,終出
重圍。其五。天豈無知,仁惟積善。大限不留,隙光如電。風燭難
停,長波自傾。惟余志節,不見儀形。其六。鴻雁聯行,鶺原著美。
生前有名,没而無恥。少男既殤,長女亦亡。空垂涕泗,莫盡悲凉。
其七。欲拱松楸,已定窀穸。細草芊芊,清風冪冪。元昆之廬,愛弟
之塋。俱安吉兆,後代承榮。其八。

前少府監丞楚鑾書。

原載《全唐文補遺・千唐志齋新藏專輯》

王　鵬

五代後漢時人，撰此志時署進士。

故秦國太夫人田氏墓志銘并序

進士王鵬撰兼書

太夫人姓田氏，本出北平敬仲，□陳適齊，綿歷九代，中有齊國。蟬聯冠蓋，史疊備詳。遠祖因宦遷於河東，代爲沁州人矣。即有唐故騎將田□□府君之長女也。生而挺秀，長而閑和。詩人宜咏於鵲巢，君子是求於燕爾。爰適於明宗皇帝佐功臣、故昭義軍節度使、贈尚書令、韓王王公。王代天業茂，致國勛高。一秉洪鈞，六分巨鎮。金鍾鏤德，玉□流恩，□□内助之功，疊□賞延之澤，累封魏國夫人。朱輪華轂，霞帔寶冠，雖許史金張，莫之比也。晉天福庚子歲，韓王薨於位。太夫人咸□篋誠，躬薦蘋蘩。處曹氏之絳紗，佩義成之紫綬。有令子一人守恩，即今太師相爲洛川居守也。初，公韞孫吳之秘略，韜韓□之奇才。班資雖列於南衙，定省不離於正黨。俄屬中朝失御，賊虜亂華。拘天子於龍堆，噬生靈於虎口。公乘時奮發，嘯聚英豪，雪晉皇六合之冤，扶漢祖千年之運。乾綱乍正，兑澤宜頒。是用授公特進、檢校太尉、昭義軍節度使，母進封秦國太夫人。斯則教以義方之所致也。高祖以東封，未暇西顧，爰咨寶臣，用□聖慮，是用公帶平章事，移鎮邠郇。來暮去思，溢於輿輪。太夫人頻承鳳綍，熠耀魚軒。方期襲慶於高堂，豈謂纏灾於痼疾。公嘗藥侍膳，假寐忘喰。漸覺彌留，泣聽理命。誡之以奢侈，訓之以忠貞。又曰：“沁水遼山，吾之故土。痛寐增想，神魂必歸。”屬纊纔終，輴車勿滯，祔姑享廟，亦知禮焉。天福十三年戊申歲正月二十二日，薨於新平公衙之正寢，享年六十六。聖情軫悼，賵賻有加，存殁恩榮，斯爲至矣。相國備陳孝禮，虔奉遺言。自邠及遼，二千餘里，掩殯於先王墳闕之右，不敢違命也。

及高祖厭代,嗣主承祧,固奪孝情。堅下優詔,是用公爲起復鎮軍大
將軍,依前静難軍節度使。尋以再降新命,俾綏舊都。是用公檢校太
師、永興軍節度使、行京兆尹。適遇逆黨干紀,王師吊民。輟尹政於
咸京,付居留於洛邑。是用公爲兩京留守、行河南尹。公雖承渥
澤,彌切孝思。乃卜良辰,遷歸玄宅。即以漢乾祐二年己酉歲七月
壬寅朔十一日壬子,於遼州榆社縣將相鄉崇勛里,合祔於先王塋
域,禮也。

　　有女一人,早慕空門,法名妙惠,奉敕賜紫,號嚴因大師。有孫一
十一人:長孫繼榮,授光禄大夫、檢校司徒、遼州刺史。次繼安,西京
衙内都指揮使、光禄大夫、檢校司徒。次繼全,衙内副指揮使、檢校尚
書左僕射。次繼朗、繼倫、繼業,并檢校吏部尚書。次繼昇,檢校刑部
尚書、行邠州司馬。次繼勛,檢校刑部尚書、懷州別駕。次繼美,檢校
刑部尚書、濮州長史。次進喜、洛喜,幼而未仕。女孫七人:長孫年幼
離俗,法名智超,奉敕賜紫,號妙果大師。次孫適前昭義軍節度使、太
尉、相國、清河公男、衙内指揮使希讓,秀而不實,忽夭芳顔。其次悉
在齠年,未有所適。玄孫三人,玄女孫一人,并在襁褓。嗚呼! 太夫
人全齊胤秀,婺女流光。名高將相之門,寵極絲綸之命。母儀顯著,
淑德昭宣。掌珠榮處於鳳池,貴息皆崇於爵秩。丹旐而終遷故里,玄
扃而歸祔先王,存致道光,哀榮禮備。雖辭明代,復何恨焉。聊紀芳
踪,用傳不朽。銘曰:

　　賢哉夫人,母儀勿忒。門傳將相,家崇道德。子孫□慶,言行作
則。忽返□鄉,辭我王國。惟彼居守,孝思最深。咏蓼莪兮泣血,陟
屺岵兮摧心。□露霑霈兮謝昭代,鳳凰於形兮歸舊林。感一時之盛
事,流千載之芳音。

原載《隋唐五代墓志彙編》(北京卷附遼寧卷)

王成允

　　後漢官員。乾祐三年(950),任隰州軍事判官、文林郎、試大理
評事。

故大晉光禄大夫檢校尚書左僕射行司農卿上柱國河間縣開國男食邑三百户贈太子賓客邢府君（德昭）墓志銘并序

前隰州軍事判官文林郎試大理評事王成允撰

若夫帝以百揆代天工，河以九曲帶地紀。懋功崇德，疏爵之位。尊列命卿，治粟之官。重换丹青而騰懿範者，公其偉歟！

府君諱德昭，字義遠，其先河間鄭人也。昔邢侯失國，命氏於邦。漢相謫居，因家著望。洪賓撫軍於後魏，子才佐運於北齊。咸國史之名臣，實周公之祚胤。世功官族，代有人焉。大王父唐故忠武軍司馬，贈僕射諱□，紹開德門，貽厥令緒。大父故右神武統軍，贈司空，纂戎前烈，垂裕後昆。嚴考故左武衛大將軍，累贈太保諱朗。韜略傳家，英雄冠古。故能耿光文武，濟美忠貞。載誕象賢，允符積慶。公即太保嫡子也。禀精粹於星辰，襲徽猷於鼎胄。龜龍麟鳳，表千年王者之祥；禮樂詩書，資百代義有之寶。騏驥得路，杞梓凌雲。總角，補太廟齋郎。弱冠，調洛交簿，次坊州司馬。尋加銀青光禄大夫、絳州司馬。丁先君太君之憂，去職。絕漿七日，泣血三年。服闋，徵賀王府長史。護邸才高於劉沈，昇堂寵異於張昭。歷左右監門衛將軍，轉左威衛驍衛將軍，改左龍武軍將軍，累加金紫光禄大夫、檢校秋官尚書兼亞相、上柱國。俄下詔曰：“公鐵石無猜，星霜藉甚。宜等冠軍之號，用旌拱極之勞，可光禄大夫、檢校右僕射、右監門衛大將軍。”既比三公，爰登九棘。换太僕卿，用正人也。未幾，國朝以可汗來王，覃恩絕域。敷求稱旨，式奉皇華。僉謂公當仁，轉衛卿、檢校左僕射，充奉化威軍册禮使。公九天握節，萬里乘軺。宣暢龍綸，復朝象闕。帝嘉丕績，賞不逾時，拜司卿，錫爵開國男，食邑三百户。豈張侯西邁，虛存博望之名；陸賈南迴，獨美太中之命。若乃信義推於寰海，忠孝篤於君親。治家克嚴，立身以正。廉慎而遠恥，敬讓而居高。所以多士之準繩，人倫之龜鏡。出入三紀，周旋八朝。歷官一十四，凡三佐郡邑，一贊磐維，六典禁軍，三至惟月。清白遺於有後，始終處於無過。考是懿行，垂於令名。斯謂不朽矣。方當發揮王度，承弼帝謨，而夢奠神驚，佳城晝見。以天福九年六月八日寢疾，啓手足於東都相國之佛舍，春秋五十有八。可謂峰摧巨嶽，星隕長霄。中外痛嗟,邦家賻吊。惟帝念勤勞於王室,降漏澤於泉扃。義感良臣,式敦故事,詔贈太子賓客。粵明年二月十七日,遷護於洛陽之北郊。

公初婚夫人劉氏,故鄜州節度副使、檢校司徒珣之長女。次夫人韓氏。并華貫清門,先公早世。又娶夫人吉氏,進封馮翊郡君。故右僕射、行絳州長史諱韜之女。關雎配德,石竂封賢。如賓欽邦媛之儀,睦族闡家肥之法。蘋澗方期於偕老,柏舟俄慟於殲良。矧復幹自强明,仁弘慈育。竭粧奩而嫁孤女,輟服善以奉靈輀。以大漢乾祐三年四月又十八日窆於洛都北原朱陽里。元夫人彭城劉氏祔焉,禮也。青烏審兆,白鹿呈祥。烟埃沮慘於松阡,鳥雀增悲於薤露。有子三人:長曰仁鄴,任絳州垣縣簿。次曰仁寶,補孝挽郎。幼曰仁矩,齠年未仕。并龍鸞稟秀,珠玉摘華。克循孟子之規,藹耀臧孫之後。有女一人,適吏部尚書、將作監烏昭遠之子告成縣主簿允忠。詩美齊魴,傳稱懿鳳。淑順推從於曹訓,雍容自洽於謝吟。至孝等以奄歲將歸,慮高深易變,爰陳景行,俾志貞珉。但夢乏祥禽,莫述生金之字;才虧幼婦,徒追瘞玉之心。退讓不已,謹爲銘曰:

蕭蕭正卿,挺生全德。鴻漸圖南,勾陳拱北。象河爵里,承家許國。善始令終,其儀不忒。朱陽里兮河洛賓,丹旐歸兮封樹新。勒芳猷兮幽礎,存萬古兮千春。

原載《全唐文補編》卷 103

劉夢符

後漢官員。乾祐三年(950),任攝節度推官。

大漢故沛國郡夫人里氏墓志銘并序

攝節度推官劉夢符撰

蓋聞陰陽渾同,二儀之形罔辯;玄黃判位,三才之道始彰。內分清濁之精,外蘊融和之氣。植梧桐而並秀,騰鸞鳳以雙飛。一上應乾儀,一則下符坤性。或六藝以飾己,或四德以備身。價齊麗水之金,美並崑山之玉者，即故沛國郡夫人，禀此異氣而生焉。父皇甫訛移，任延州水北教練使兼南山開道指揮使。勇義兼身，機鈐出衆。處轅門之清給，立部族之强名。劍揮潭底之龍，箭落雲中之雁。實爲國器，凤振家風。本貫延州金明縣北界。妣拓拔氏，夫人容貞敦美，禮樂柔和。既爲德行之人，方産賢明之女。我故沛國郡夫人，即教練使之長女也。夫人月淬陰精，霞分異彩。合三星而降惠，成四德以借身。令淑早彰，雍容著美。窗下而花生彩綫，鏡前而雲起香鬟。辯可解圍，文能咏雪。纔及破瓜之歲，禮諧合巹之否。時朔王以業霸河西，塵清塞上。爲子契和鳴之美，行人借備納□之儀。自適王門，久榮昌運。曾祖皆聯於將相，伯、叔咸列於土茅。貂眼昭彰，盛公侯於甲第；蟬冠掩映，列朱紫以盈門。事光簡册之書，名貴凌烟之閣。燦乎竹帛，不氾聲光。夫見任綏州刺史、檢校司徒李彝謹，即追封韓王之次子也。行堅金玉，譽比芝蘭。敦詩書禮樂之名，蘊温潤謙和之敬。目臨千里，布政六條。民無瘵以可求，化有恩而及物。隨輶雨潤，逐扇風清。如楊續匪受於饋魚，似敬祖不然於官燭。光前絶後，猶振徽猷。夫人水玉交歡，賢明合宜。處内創祖章匪失，處外則骨肉和平。儉素爲心，温恭抱謹。實爲兔絲附秀，櫻木垂芳。梧桐轉茂於清陰，琴瑟方調於雅韻。奈以短長無定，榮謝有期。沉痾既染於膏肓，妙術難諧於響應。葉催秋露，花墮春風。□□孤鏡□之鸞，凄切痛雲中之雁。即以乾祐二年九月十五日，薨於綏州私第，享年五十有四。痛深五臣，哀切六親。人民罷市以興嗟，骨肉號天而動泣。有子五人：長曰光琇，守職節度押衙、充綏州衙内指揮使、檢校右散射騎常侍兼御使大夫。貞松挺操，秋月含輝。於家懷孝悌之心，莅事有公清之節。即娶破丑氏之女。次曰光璉，守職綏州都知番落使、檢校國子祭酒兼御使大夫。玉瑩寒光，山高聳翠。有文武兼才之美，抱仁信及物之情。即娶蘇氏之女。次曰光義，節度押衙充馬軍第二都軍使、檢校右散騎常侍兼御使大夫。清白有聞，貞廉無染。執硯之仁慈既蘊，奉菫之孝道應全。咸爲繼體之人，盡保成家之著。即娶楊氏之女。次曰光璘、光琮，皆不仕。七絲雅韻，三秀靈苗。蘊玉湛陰德之才，抱狄嗣顯名之譽。咸以哀毁過□，涕泗交并。樹欲静而風不停，子欲養而親不待,信有之矣,不期然乎。有女三人:長適野由氏,次適蘇氏,皆以婚成伉儷,禮配玄黃。秋霄永而圓月虧,春風急而好花落。□□日皆奄黃泉。次曰喜娘,幼處閨窗,未諧匹偶。念女蘿之獨秀,傷棣萼以凋零。人間未及於問名,泉下已歸於閉□。短長命矣,噫亦通焉。於是地選邢山,川如有水。正乙酉乙卯之位,當甲子甲午之阡。植孔樹以參□,構玄堂之深邃。即以乾祐三年八月十九日,光琇等自雕陰護引夫人之靈,葬於夏州朔方縣儀鳳鄉奉政里烏水之原也。夜臺永閟,幽隨雕尋。寒松噓嚦以生風,野草萋萋而泣露。夢符才非倚馬,學愧雕蟲,難□□□之嗤,强副指縱之命,乃爲銘曰:

乾坤育性,融和蘊精。苓浦珠瑩,崑山玉貞。無爲罕測,大諤難名。淬明月魄,我夫人生。抱婉約情,稟雍容質。補降瓊樓,花藏金室。委禽問名,佳期納吉。榮比鴛鴦,聲諧琴瑟。恩沾私室,貴顯王門。龍旌虎節,玉華金昆。貂蟬滿座,將相盈軒。乃文乃武,令子令孫。祖列雙旌,夫榮五馬。分莢於堯,霸基於夏。清儉懸魚,賢明讓□。政理名光,揚春和真。方期貴盛,忽染膏肓。□衾失緒,鸞臺罷妝。青絲減翠,金鴨瑣香。術無百中,藥誤千方。難返幽魂,奄歸玄關。兒女哀號,軍民哽咽。九族悲傷,親戚慘忉。哀極於心,淚繼之血。既辭靈帳,須卜昏庭。簋簠備設,黍稷咸□。松風暗響,薤露愁聽。蔓草縈骨,懸窆泉垧。垠田窮荒,痛深幽邃。白日長辭,玄堂永閟。德行追搜,言詞匪愧。刻紀燕然,千秋萬歲。荒郊慘澹兮愁雲連,野草萋迷兮凝寒烟。人自老兮飛兔走,名不朽兮谷變陵遷。

押衙充隨使孔目官楊從溥書。

石匠劉敬萬鐫。

原載《全唐文補遺》第八輯

虞希範

後漢官員。乾祐三年(950),任登仕郎、試大理司直、前守臨汝縣令、兼殿中侍御史。

風穴七祖千峰白雲禪院記

登仕郎試大理司直前守臨汝縣令兼殿中侍御史虞希範撰

二儀交泰，東君所以耀其明；三教迭興，西域所以生其聖。漉沉淪於苦海，解執縛於迷途，有相無相之衆生，類不仁於芻狗，三千大千之世界，誠有諭於芭蕉。不可以智知，不可以識識。人能弘道，道不遠人。闡提之起教大權，般若之攝心彼岸。是知法要安得不輔助王化者也。

風穴禪院，汝乳之北，嵩少之南。路廣由旬，地安窣堵。後魏，山前爲香積寺。屬當兵火，像毀寺焚。有鄉人衛大醜，收以材石，構成佛堂於此山之西北，鎮壓風穴，即今之院基是也。至隋，又爲千佛寺。大業中，釋教中否，緇侶流離。只爲阿蘭若耳。

開元年，有貞禪師襲衡陽三昧，行化於世，溘然寂滅，示以闍維。有崔相國者、李使君名嵩，與門人等，收舍利數千粒，建塔九層，玄宗諡爲七祖塔，見今存焉。

大中初，有禪主道原，開拓山門，重光梵刹。十三年四月一日，塑釋迦像，取舍利安於佛心。其後，大道凌遲，中原版蕩。燕雀無檐邊之宿，鴻鵠多壟上之嗟。代謝年移，何處訪鬥蛇行者？陵遷谷變，誰能尋伏虎高僧？七十年間荒凉若是，良由天道周星，物極不返。又曰：不有廢也，其何以興？固之興之端屬在師焉。

禪師法號匡沼，俗姓劉氏，浙東處州松陽縣人也。於護國寺出家得佛心印，爲人天師，百谷來歸，上善服滄冥之量，衆星含曜，中秋推皎月之光。自清泰初，禪師以身觀身，上德不德，挈瓶携錫，往來林泉，謂幽栖爲匡界之基，謂宴坐作修行之地。參禪者便息四方之志，同法者不遠千里而來。不十年間，僧徒輻湊。於是改易經堂，修創佛殿。川原革故，庭宇鼎新。

一日，前郡守隴西李公與僚佐及諸寺高僧、城隍士庶，請開法席，爲演真宗。禪師即破我山，明麾智刃。示以平等之説，成其正覺之因。無何，毛落飛鳧，人皆逐鹿。雖然騷動，不廢宴安。慮玉石之俱焚，就城隍之避難，圖南羽翼。

晉陽之尋起真人，拱比星辰，漢祚之重興。哲后、皇帝，繼周立極,瓚禹開基。蕩蕩玄風,巍巍大業。太保汝南公,功馳百戰,清畏四知。冀膺報政之間,率有列藩之拜。加以釋門墻仞,須依國王大臣;法宇棟梁,□在毗盧花藏。乾祐二年四月一日,禪師即命僧知表,改塑毗盧佛一尊,左右五事,報夙願也。於古佛心得舍利三千粒,迎於郡城,供養一七日,依舊藏焉。

有前鎮安軍馬步軍教練使劉越,即故太尉之嗣子,和順積中,英華發外,因居喪紀,曾到仁祠,憶侍行春,當游勝境,睹此成像,願結良緣。出净財以募工人,琢貞珉而防高岸。先是,清信士周崇進,清信女崔氏,相次發心,共回一念,用成繪事,皆費資金。上座僧審悟,敬舍衣盂,盡圖金碧。知事僧良辯、雲悟、法圓、弘久等,競開道眼,洞達禪關,并以因緣,贊成其事。

希範内惟固陋,久荷慈悲。直管窺天,莫識五天之大;傾蠡挹海,孰知四海之深。秉筆知慚,叙事難既,曼殊不語,長聞瞻祐之香;彌勒下生,庶見龍華之會。乾祐三年歲在庚戌。

持妙法蓮花經僧智謙書,洛京李仁密鐫字。

原載《佛教新出碑志集萃》

黃若訥

後漢官員。撰此文時署鄉貢進士、前攝亳州團練巡官。

岱嶽祠碑序

■主張陰騭,四氣生而□□有序三■正乎舒□□期造化之功無名□□之□□□而■有神於末□當兹□實曰天孫,主百靈休戚,□攝權執■柄按茅■三千里■帝平窺四極,克彰□□之名,獨立五祠,迥冠巍峨,□德傍臨,高■本朝群祀,□靈祇聚方■唐玄宗皇帝之馭□也,窮荒賓客,命齋潔報功,陟彼□間,探諸玉□,■王德遂遍爾群臣,爰崇■天齊之號,事光典□,威動華夷。□時不絕於笙歌,千里虔供於牢□。■聖押衙、[銀]青光禄大夫、■國王唐殷,魏侍中粲,□遠裔也。少集武事,早歷□門。體貌昂藏,風格峻■且不搖,懷達■概情斷回邪，長與□□中有日，行坐如遺，□迷似醉，和衣就□，忽夢■入嚴祠，■傾聽不敢正視，■言曰：於汝鄉里構吾廟，福爾之宗，除爾之罪，■歸令隨■悸，撥衪汗流。尋召其■所夢■則天，齊王將王我里，■□而□貨，遠市楚材，占爽塏而立崇基，深■以誠嗣子，■晉東京馬[步]軍都指揮使、竭忠佐國功臣、金[紫光禄大夫]、■長子也，風骨本異。■弊廬克成，□□廣供財用，多■柱排錦石，砌疊花□，[廊]廡虛明，□□掩映，階□□□□列諸司□■百■岱宗之色。於長興二年孟夏月功畢，□靈振物，□□虔心。爰福井□，不虧祀□，□時豐■蟠蝀梁欹，壁壘勢危，朱翠光滅。又以大■之月□□平□[軍]節度□□前■監察御史繼業，則唐殷之令孫也。恒憂摧[毀]，必願龘修，□定心期，全傾家産，精求□梓，志訪丹青。■事翊□□功，屹如移來，疾如化出。人驚壯麗，徘徊□□之傍；驚賀□華，□□□檐之外。若訥才非■獎斯，則咸欽畢事，未紀厥功，輒命庸虛，特供刊勒。不能□□□見笑於賢□，□爲摭實，非敢齊於述■未始虛無，太古杳邈。垂天三光，鎮地五嶽。震位穹崇，天孫岌嶭。鎔□□光，屏隔寥廓。萬代兹生，百靈休戚。變化■非馨黍稷，皇唐運廣。玄宗道昌，告天告地。無怠無荒，搖撼未畢。玉諜□祥，因尊神號。永鎮魯壇，掌□遠裔。冠玉■精信建廟，鳶嘉采蘋。昭昭威神，赫赫靈宇。華邃門庭，虛明廊廡。砌□□□，柱排錦礎。長福耕農，不絕歌舞。堂■重構輪焕。高勒貞瑁，永仍舊貫。時大漢乾祐三年歲次庚戌七月丙寅朔十五日庚辰建。先亡骨肉，□婆天水郡趙氏夫人，□婆清河郡尹氏夫人，房上扶風郡馬氏夫人，亡室隴西郡牛氏夫人，亡男順■見在眷屬，男小廁兒，■興□□寧哥，■女翁喜，妹哥，小妹■。

　　鄉貢進士、前攝亳州團練巡官黃若訥撰。前東嶽令、將仕郎、試秘書省校書郎魏文通書。張元志左■維那劉嶽志，願不移群迷應化，瞻彼靈嶽，構其嚴祠，土木既興，成功永紀。同勾當人胡肇，男遷，■周庠，張立席■。

原載《五代石刻校注》

竇文靖

後漢官員。乾祐三年(950)，任殿中侍御史。

糾朝官便服徒步奏

臺中糾彈過失，舊有十六儋事，節次不舉明。臣訪聞朝官有便服徒步城市者，既通闈籍，實污朝風。

原載《五代會要》卷 17

劉　悦

五代官員。後漢時任太常少卿。後周任給事中、右散騎常侍。

請禁買賣耕牛稅

臣伏見買賣耕牛，官中元無商稅。近日關市場院，不稟敕文，悉是收稅。歲計其利，所入無多。在於農民，即疲於市易。請重降敕文，明行止絶。勸人耕稼，國之大計。倉廩有積，何莫由斯！

原載《冊府元龜》卷 504

張　頌

後漢時人，撰此志時署鄉貢進士。

■節度使守太師兼中書令魏王贈尚書令符公(彦卿)妻故秦國太夫人清河郡張氏合祔墓志

鄉貢進士張頌撰

且夫□□□，日月定虧盈之數；五行迭轉，陰陽有寒暑之權。扣希夷而苟誤長年，往時哲□咸淪□□□，瑤池異□□作仙嬪。□□族於華居，肩清風於甲第。不期槿花易墜，薤露俄晞。□魂於□□，流年□於西風。□□□者，其秦國太夫人謂歟。夫人本清河郡人也。

其祖自易篆成文，抽毫□□，□議分於□派，韋編備載於源流。唐祚三百年，説古文章之最；□朝四百載，良居臺輔之先。歷異伐□，□□□宗之不□。夫人□晉朝故慶州防禦使清河郡張公之孫女也。以其少孤，公爲己子。乃天□□□□□也，天□夫人嘗言，□將降生，月當誕粹。玉兔曉沉於户牖，靈蛇夜繞於床帷。□□頃□之□□□□□慶旌其異也。夫人巫虹異質，□丹祥姿。提携□令淑之名，韶齔有□雍之□。□□□□而□禮□無倫□□□九苞宜翔天□。□芝二秀，不合人間。果騰閨壺之功，式兆□鳳之■禁庭。夫人貞順無傅，□□莫□。内以寬謹接其下，外以純孝庇其親。清規■。天福年，少王因寵迎帝澤，榮耀侯藩。夫人顯有華資，罔登縣邑，特新■清河郡夫人。時不□年，又進封夫夫爲沛國郡夫人。次年十一月，晉太后■，榮曜清門。夫人霞帔冠子，并服玩有加。至開運□年，先王□加使□，當年■夫人。至漢乾祐元年，又進封夫人爲魯國夫人。次年，漢太后以先王侄女■戚，禮盡好述。夫人外奉國姻，内肥家道。動尊禮法，無暇斯須，□□廉慎。元年■，□桂挺幽閑之操，蕙蘭襲清白之風。成蹊而桃李何言，逮下而螽蜇無□。■夫人爲魏國夫人。二年冬，高祖以世宗適在初潛，未諧伉儷。以先王■耀於皇家，果終垂成天眷。薦臻宮掖，愈盛門庭。因又進封夫人爲晉國夫人。■方躬臨四海，將榮外戚，復降優恩，進封夫人爲秦國夫人。□矣哉！夫人勛出■，高下其物，不以富貴卑其人。累朝將相之家，累代金章之貴，輔先王則信居三□，□□□□□□皇姻。生民已來，未有如□夫人貴盛者也。恭惟□□今聖□又特□夫人□號□□□□□□□□哉！以至先王擎天柱石，浴日波瀾。蘊耿鄧之機謀，無妖不克；抱關張之□□，有□□□。□□□□□□劍而披蓁刺□。以至位居臺輔，名冠今古。靈椿八千，既□根而發於地，大■藩。方襦袴屢蘇於凋弊，此亦夫人内助之德所及也。洎自先王□水■事靈筵，情深難□於未亡，禮在常聞於晝哭。□而抱器，華宇訓子，高■不期大數有□，五福難追。非無三代之醫，竟寡十全之效。於天下□國■，年六十有三。聖上□覽哀音□容奏記，爰念□□，贈賜有加。■殁增華。先王此殁，故秦國太夫人外今□號國夫人已下，并賜■先王美志，此故不煩□也。夫人

聞閻菀靈寢蓬山，■□福如□□年■以長■已下并令□□□尚食□
日，扶護故秦國太夫人□□於西京■□逝。白馬悲鳴■十五年終■
文見■。

　　翰林待詔□□□□□□書。

原載《全唐文補遺》第 7 輯

闕　名

開運四年(九四七)三月九日曹元忠請金光明寺馬僧政等爲故兄太傅大祥追念設供疏

　　金光明寺請馬僧政、索僧政、就法律、劉法律、二索法律、二張法律、二賈法律，已上大德二十人，成子闍梨、定安闍梨、曹家新戒二人、羅家新戒、平家新戒、大會、再德。右今月十一日就衙奉爲故兄太傅大祥追念設供，伏乞慈悲，依時早赴。

　　開運四年三月九日弟子歸義軍節度使檢校太保曹元忠疏。

原載敦煌文書 P.3388

丁未年(九四七)三月十二日分付鄧闍梨物色名目

　　丁未年三月十二日，分付鄧闍梨物色名目。土布兩匹三丈。十一月，布壹匹，麥四石，粟六石五斗。戊申年九月十一日，鏊子一面，折物貳拾柒碩。（押）。又己酉年十一月六日，趙闍梨細牒一匹，折物陸碩。（押）。十二月十一日，樿一車，折六十尺。（押）。庚戌五月十日，布一匹，趙闍梨身古所，又小阿師子布兩匹付闍梨。（押）

原載敦煌文書 P.4763

丁未年(九四七)都頭知宴設使宋國清等諸色破用曆狀并判憑(四件)

　　宴設司，伏以今月五日束水口賽神用神食拾貳分。修內間城都衙等麵五斗、油壹升。百尺下神堂上赤白，麵貳斗、油壹升。償設牧牛人通通等胡並拾捌枚。打窟人胡並貳拾枚。胡禄匠趙員子麵貳斗。勾當修宅押衙宋遷詞等貳人，早上餺飥，午時各胡並兩枚，供玖日，食斷。宅官張海清壹人，早上餺飥，午時胡並兩枚，供陸日，食斷。泥匠貳人，早上餺飥，午時各胡並兩枚，供柒日，食斷。支玉匠平慶子等二人，供麵柒斗。百尺下修神堂畫匠麵陸斗。七日，使出賽馬神設用，細供叁佰伍拾分，壹胡並，餺飳壹佰柒拾貳枚，又胡并壹阡叁枚。十鄉借色人胡並伍拾枚。早夜看衙前子弟並牧子家麵伍碩柒斗叁升。八日午時，細供拾分，貳胡併，又胡併貳佰陸拾枚。夜衙前子弟麵貳斗。九日，東河修堡村判官麵壹碩。造鼓木匠拾人，共麵捌斗。定昌將病，麵叁斗、油壹升。支慶月油壹昇。十日，百尺下賽神，用神食伍拾陸分，麥麨貳斗，燈油壹升兩合、灌腸麵陸升。償設畫匠胡併貳拾枚。付董留信喚蘇油壹升半。伏請處分。丁未年六月日都頭知宴設使宋國清。爲憑十三日。（簽字）

宴設司，伏以今月十日，償設牧子胡並柒拾枚。十一日，大廳設修內間城都衙并修堡都頭鄉官等細供伍分，壹胡並，中次料拾壹分。木匠、泥匠中次料貳拾貳分。同日，夜間看納馬來龍家細供拾貳分，貳胡並。十二日，設瓜州來龍家并雍歸家，中次料叁拾分，下次料拾壹分。付皺文匠喚蘇油壹升。窟上堆沙人油半升。鐵匠史奴奴等貳拾人，早上餺飥、午時各胡並叁枚，供壹日，食斷。金銀匠捌人，早上餺飥、午時各胡並兩枚，供兩日，食斷。煤油壹合。十三日，設東河修堡人細供壹分，壹胡並，又胡並貳佰枚、餺飳拾枚。付胡祿匠陰應子等，麵壹碩。北宅龍家女人男身故，胡並叁拾枚。大廟設畫匠並塑匠用細供肆拾叁分，壹胡並，上次伍分。造鼓木匠捌人，早上餺飥、午時各胡並兩枚，供叁日，食斷。又鐵匠拾人，早上餺飥，午時各胡並兩枚，供壹日，食斷。鞍匠張兒兒等拾壹人，早上餺飥，午各胡並兩枚，供兩日，食斷。付胡兒龍家身故，胡並叁拾枚，餺飳拾枚。南宅女夫郎君屈客，油貳升。瓜州來龍家壹人，逐日午時下次料，早夜麵壹升半，供拾壹日，食斷。楊醜漢男身故，麵柒斗，油壹升。支走來肅州家麵叁斗。玉匠麵叁斗伍升。駞沙人胡並陸枚。伏請處分。丁未年六月日都頭知宴設使宋國忠。又麵壹斗，爲憑十八日。（簽字）

宴設司，伏以今月十七日，何宰相馬群頭看馬胡並貳拾枚，餺飳拾枚。抽金扇畫匠叁人，早上餺飥，午時各胡並兩枚，供兩日，食斷。十八日，支胡子母身故助葬，麵壹碩，油叁升。支常樂龍家油伍升。馬院皮條匠胡並肆枚。十九日，壽昌迎于闐使細供陸拾分，壹胡並，又胡並子壹佰枚，油胡並子肆佰枚，每麵貳斗入油壹升。三界寺修觀音堂工匠，中間伍日用，午時胡並柒拾陸枚。窟上堆沙人，油半升。鐵匠史奴奴等拾人，早上餺飥，午時各胡並兩枚，供壹日，食斷。支胡禄匠趙員子麵貳斗。廿日，太子迎于闐使油胡並子壹佰枚，每麵貳斗，入油壹升。造鼓木匠馮常安等捌人，早上餺飥，午時各胡並兩枚，供伍日，食斷。廿一日，馬圈口迎于闐使，用細供叁拾分，壹胡並，又胡並貳拾枚，灌腸麵叁升。城下迎于闐使，細供貳拾分，壹胡並，灌腸麵叁升。于闐使迎于闐使，細供拾分，壹胡並，中次料拾分。窟上油壹斗肆升，付通達生鐵匠。賽神燒並麵貳斗，油半升，料麵貳斗。鍋子匠趙醜子等貳人，早午胡並捌枚。噴絹油壹合。宋家宅賽神，細供伍分，壹胡並。伏請處分。丁未年六月日都頭知宴設使宋國清。爲憑廿五日。（簽字）

　　宴設司，伏以今月去伍月貳拾捌日，供瓜州來龍家貳人，逐日午時中次料，又貳人下次料，早夜陸升，至陸月貳拾貳日午時喫了斷。拾叁日，又供後納馬來龍家肆人，逐日午時各下次料，早夜麵陸升，至貳拾貳日午時喫了斷。又龍家壹人，逐日午時下次料，早夜麵壹升半，供拾陸日，食斷。廿二日，太子屈于闐使細供拾伍分，壹胡並。支龍家燈油貳升。設打窟人細供拾伍分，貳胡並。金銀匠陰苟子等貳人，胡并肆枚。東園音聲設看後座細供柒分，貳胡併。廿三日，大廳設于闐使用細供貳拾捌分，内叁分貳胡並。音聲作語，上次料兩分，又胡並貳拾捌枚。親從都頭等細供叁分，貳胡並。當直都頭并知客細供兩分，貳胡並，灌腸麵叁昇。速丁公主賽神細供伍分，壹胡並。廿四日，使出賽馬圈口用神食拾貳分，燈油壹升，又胡並拾伍枚。衙前子弟夜料，胡并貳拾伍枚。同日又太子龍興寺屈于闐使細供拾伍分，壹胡並，又胡並捌拾伍枚。付塔匠陰應子等造胡禄麵兩碩陸斗，幡僧麵柒斗，油貳升。衙内富德將病麵叁斗，油壹升。支張富定新婦身故助葬油伍升。付通達窟上油貳升。償設束柴人胡並肆拾枚。車家胡並拾肆枚。于闐使比料帖下麵肆斗。伏請處分。丁未年六月日都頭知宴設使宋國清。爲憑一日（簽字）（下闕）。

原載敦煌文書 P. 2641

後晉開運四年（九四七）曹元忠雕印觀世音菩薩像題記

弟子歸義軍節度瓜沙等州觀察處置管內營田押蕃等使特進檢校太傅譙郡開國侯曹元忠，雕此印版。奉爲城隍安泰，闔郡康寧。東西之道路開通，南北之凶渠順化。癘疾消散，刁斗藏音。隨書見聞，俱沾福佑。

于時大晉開運四年丁未歲七月十五日記。匠人雷延美。

原載敦煌文書 P. 4514

後漢丁未年（九四七）十一月常樂副使田員宗領得新稅羊憑

丁未年十一月廿五日，常樂副使田員宗手上，領得新稅羊肆拾肆口，恐後□加，用爲後記。（畫押）

原載敦煌文書 S. 8446 背 +S. 8445 背

司封合行事作奏　天福十二年九月　尚書司封

當司合行事件如後：皇太后三代祖母，並追封國太夫人。皇太子三代外祖母、宗室郡國王曾祖母，亦追封國太夫人。中書門下二品及平章事、在朝正一品官、使相曾祖母、祖母亡，並追封國太夫人；如母在，敘封母爲國太夫人，妻爲國夫人已上並在中書施行。東宮一品、尚書省二品、不帶平章事留守節度使祖母，並許追封郡太夫人止；如母在，敘封母爲郡太夫人，妻爲郡夫人止。如曾任皇朝將相，已經追封三代祖父母及已封國太夫人者，依舊施行。東宮二品、西班二品、尚書省三品、御史大夫、中書門下侍郎、太常卿亡母，並追封郡太夫人止；如母在，敘封爲郡太夫人，妻爲郡夫人止。如曾任皇朝將相，已經追封三代、兩代祖父母及已封國太夫人者，依舊施行。母應致仕官如未致仕日曾任五品已上正官合得敘封者，與據品秩施行，嫡母、正室即許封敘，如非嫡、繼及正室，不在論請封敘之限。應諸色官請與母、妻敘封,須候官階齊即得。如官及所封官高,並許施行。

原載《五代會要》卷 14

戊申年(九四八)正月五日至六月一日令狐盈君等便麥曆

　　戊申年正月五日,令(以下無法辨認)□,令狐盈君便麥捌斗,至秋壹碩貳斗。廿五日,兵馬使令狐盈信便麥兩碩,至秋叄碩。索友子便麥兩(碩),秋叄碩。敕沙又後□□□令狐衍經就家白斗,後件便麥叄碩,秋肆□□□□。又舊年欠麥壹碩,秋壹碩伍斗,□□□■。□月十二日,李員信便麥壹石,至秋壹碩伍斗。六月一日,就保住便麥兩碩,秋叄碩。曹將頭貸麥伍碩,索進盛貸麥壹碩,□□□□。就盈君貸麥壹石,當家所用麥兩貳。再昇便麥一石伍斗。趙家女便麥貳斗,秋叄斗。馬海定貸麥兩碩加二斗。就保住貸麥壹碩。就良晟便麥六斗,秋九斗。當家貸麥伍碩肆斗。

原載敦煌文書 S.4060 背

鄭君墓志

　　[君諱]吉,世爲京兆人,其先自周宣王封母弟桓公友於鄭,列在春秋,是爲鄭國,至[戰國]時韓滅鄭,後世子孫以國爲氏。曾祖伯茂,皇任虞州安邑縣令,累贈工部尚書,雖生嘆下僚而歿貴仕。祖綦,皇任尚書都官郎中,名動清朝,譽高蘭省。父煦,皇任虢州軍事判官,克政令聞,著乎當代。公儀形蕭散,時號神仙中人;名迹風流,人爲烟霄□□。釋褐□定州曲陽縣令。徵清談於塵尾,不減政聲;縱授賜於蒲葵,終無穢德。俄□州安□縣令兼監察御史。未餘月,擢授録事參軍,相次授相州録事參軍,糾管外司,政□遠播。又除開封府陳留縣令,復選授扶溝縣令,就加登仕郎階。公憂己不逯,化物忘疲,雖聞德合神□,□見病在骨髓,公於疾□謂親友曰:"我聞宰邑是天下之重任,黎庶是君王之赤子。急之則民力不逮,綏之則國賦不充,吾常觀往哲宣風,前賢布政,掇善積者百□□□,興讟者十有七八,余今日雖位不登華貫,名不踐清資,深處於季孟之間,死無恨焉。"啓於足之夕,顧謂家人曰:"余平生不韋紘是戒,冰蘗居懷,滿秩有顏氏考詞,居任

有王□縣譜,亦非讓於古人矣。爾等敬立家道,無玷士風。"周歲而構寢疾,即以乾祐元年戊申歲正月一日薨於開封府俊儀縣界之私第,享年六十一,哀慟親族,悲纏閭里。

公外清河崔氏,次婚隴西李氏。有男一人,行進士擢第,婚樂和李氏。有女三人:長適王氏,次女褚氏,最小王氏。有孫三人:并皆幼稚,一人長孫翟八,一人孫女婆心,小孫男樓哥。今則妳婆□□衍新婦,并親隨魏延祚,自汴州扶護神櫬,至濟源東界,萬計捫檢,力營大事。即以大漢乾祐元年歲次戊申月一日辛亥朔十六日丙申葬於孟州濟源縣沁東鄉集賢里之北原,禮也。公之處任,不尚華飾,唯務清簡,宦游三十年,事官六七任,而家無永帛之委,食粟之馬,抑亦古賢之遺美矣。若匪刊削,恐墜聲猷,倘史稱楊,慮煩筆舌,是用聊□,□□歲□,庶谷變以陵遷,共天長而地久。銘曰:

谷口名流,康成華裔。不泯清風,重生英器。釋褐一同,彈冠百里。州縣之職,大夫之位。出入粉闈,□游丹地。陰德何愆,不能重此。夢叶膏肓,病在骨髓。子路禱神,□瞻無鬼。世德具存,家風不墜。握筆囑辭,幸而無愧。

堂弟河□霸府士曹參軍鄭□勇字額并書。

原載《五代石刻校注》

戊申年(九四八)正月燉煌鄉百姓李員昌雇工契

戊申年正月十六日,燉煌鄉百姓李員昌為緣家欠少人力,遂於赤心鄉百姓彭鐵子 面上雇 男章三,正月至九月末,斷作雇價,每月麥粟壹馱。春衣汗衫壹禮(領),縵裎、長袖衣蘭(襴)、皮鞋壹量,共壹對。自雇已後,驅驅造作,不得左南直北閑行。若忙時拋一日,克勿(物)二斗;閑拋功一日,克勿(物)一斗。兩共對平章,不許休悔。如先悔者,罰麥三馱,充入不悔,恐人無信,故勒書記,用爲後憑。

原載敦煌文書 S.5578

某年（九四八）雇工契（抄）

（前闕）

周年，斷作雇價，每月麥粟壹馱，春衣壹對，裌袖衣襴襪襠壹要，皮鞋壹兩。從正月至九月末自雇已後，便須兢心造作，不得抛敲功夫。如若忙時抛工壹日，克物壹斗。所有醴具鐮鏵鑄（下闕）

原載敦煌文書 S.5583

戊申年（九四八）善護遂恩分家書

戊申年四月六日，兄善護弟遂□□□親□別，城外莊田及舍薗林，城内舍宅家■資什物畜乘安馬等，兩家停分□□□□偏取。其鐺壹領，壹拾參增，兄弟義讓，□上大郎，不入分。其兩家和同，對諸親立此文書。從今已後，不許諍論。如有先是非者，決丈五拾。如有故違，山河違誓。城外舍，兄西分叁口，東分叁口。院落西頭小牛舞舍合。舍外空地，各取壹分。南輞，於奈子樹已西大郎，已東弟。北輞，渠子已西大郎，已東弟。樹各取半。地水，渠北地叁畦共壹拾壹畝半，大郎分。舍東叁畦，舍西壹畦，渠北壹畦，共拾壹畝，弟分。向西地肆畦共拾肆畝，大郎分。渠子西共叁畦拾陸畝，弟分。多農地向南仰大地壹畦五畝，大郎。又地兩畦共五畝，弟。又向南地壹畦六畝，大郎。又向北仰地六畝，弟。尋渠玖畝地，弟。西邊捌畝地，舍坑子壹，大郎。長地五畝，弟。舍邊地兩畦共壹畝，渠北南頭尋渠地壹畦肆畝，計五畝，大郎。北仰大地并畔地壹畦貳畝。尋渠南頭長地子壹畝，弟。北頭長地子兩畦各壹畝，西邊地子弟，東邊兄。大郎分：釜壹口受玖斗，壹斗五勝鍋壹、勝半籠頭鐺子壹，鏵壹孔，鐮兩張，□鞦兩具，鐙壹具，被頭壹，剪刀壹，燈壹，鍬壹張，馬鈎壹，碧絹壹丈柒尺，黑自牛壹半，對草馬與大郎，钁壹具。遂恩：鐺壹口，并主鏊子壹面，銅鉢壹，龍頭鐺子壹，鍾金壹付，鐮壹張，安壹具，大釧壹，銅灌子壹，钁壹具，絹壹丈柒尺，黑自牛壹半。城内舍，大郎分：堂壹口，内有庫舍壹口，東邊房壹口。遂恩分：西房壹口，并小房子厨舍壹口。院落并磑舍子合。大門外舞舍地大小不等。後移墙停分。舞舍西分大郎，東分遂恩。大郎分故車盤，新車盤遂恩，賈數壹仰取新盤者出。車脚二,各取壹。大郎全觳,遂恩破觳。兄善護、弟遂恩、諸親兄程進進、兄張賢賢、兄索神神。

原載敦煌文書 S.11332 與 P.2685 綴合文書

後漢戊申年(九四八)四月兵馬使徐留(富)通兄弟欠絹契

戊申年四月十六日,兵馬使徐留(富)通往於西州充使,所有些些小事,兄弟三人對面商儀(議)。其留通覓官職之時,招鄧上座絹恩擇(澤)還納。更欠他鄧上座絹價叁匹半。或留通身東西,仰兄留(富)、弟盈達等二人面填還,更不許道説東西。恐後無信,故立此契,用爲後定。

兄留(富)慶(畫押)
弟盈達(畫押)
見人索留(富)住(畫押)
原載敦煌文書 P.3472

佛頂尊勝陀羅尼經序

大漢乾祐年初歲次涒灘月建辛酉五月辛巳重立幢。

穆暹兄穆儼、妻常氏、男桍桍、次男桍桍、侄男返昇,將斯緣善握擢先丘,法界有情,俱沾上宥。

序文不録。

原載《(民國)鞏縣志》卷19

請修制配享獻享禮奏　　乾祐元年六月　　太常禮院

准天福十二年六月中敕,追尊六廟。當司尋各牒所司,請排比法物,修制册寶,并衮龍服、通天冠、絳紗袍、鎮珪等。所司修制,并無次第者。伏緣當司勘造逐年四季祠祭書日内,正月上辛祈穀,四月孟夏雩祭,及夏至九月季秋大享明堂,十一月冬至禋祀昊天上帝,夏至祀皇地祇,十月孟冬神州地祇。皆以祀前二日,准禮例奏告太廟一室配座,并四孟月及臘饗於太廟。伏以國之大事,在祀與戎,書日無配座之儀,宗廟闕薦饗之禮。今詳典墳,有虧禮敬。伏乞再下所司,申請修制。

原載《全唐文》卷 973

父在母封加太字奏　　乾祐元年七月　　尚書省

准赦書節文,在朝文武臣僚,父、母在者,並與進封,内有父在見任官,母合叙封否? 中書帖吏部廢置司,令具新舊赦例。父在見守官,得承子蔭加恩,及父在母叙封、追封,合加"太"字事例申上。吏部廢置司以前後格赦内,衹言父在、母許與加恩,即不說父在見守官,及前任得承子蔭加恩例。司封以檢詳前後赦例,凡母皆加"太"字,存殁並同。即不說父在不加"太"字。近例有中書舍人艾穎,於天福五年十二月任殿中侍御史,父在,繼母李封縣君,不加"太"字。尚書司門郎中伊偓,天福八年三月任尚書倉部員外郎,父在,母宋封縣君,不加"太"字。

原載《五代會要》卷 14

後漢隱帝元年街東村創建寺院記碑

□□□一時佛在□衛國□樹給孤獨園□。□五□□二百五十人俱爾時世尊□時。□入舍衛大城,乞食於其城,□次第□已還至□。歲□飯食訖,投衣鉢洗足已□座,而座□□菩提□恐污。有人以無量阿僧祇世界,七寶持用佈施□。□男善女人□□□□□□此經乃至四句。等受持□□□□□□□□□為□□。況不取於相□,如有動何□故佛說是經□□。佛顯聖一天□漠而起來入中原選擇潔地建築,佛殿前向南山,後依靠北坎,左右挨溝,脉有感思,圍無人又無村莊,教取其静焉。遂立寺院功業,潔□□□。昔□□□□年□□□□□□□□□□□。創建立有光顯□□□□石刻□常存□。

隱帝元年歲次壬午年孟秋上浣僧人創建□□□立,以遠永垂不朽云。

本邑儒學馬成行沐手撰書。

原載《三晉石刻大全》(呂梁市興縣卷)

河西歸義軍節度使曹元忠潯陽郡夫人翟氏回向疏

弟子河西歸義軍節度使瓜沙等州管内營田觀察處置押蕃落等使、特進、檢校太傅、譙郡開國侯、食邑一千户曹元忠潯陽郡夫人翟氏,先奉爲國安人泰,萬方伏款於臺庭;社稷恒昌,四遠來賓於王化;狼烟息焰,千門快樂而延祥;塞虜無喧,萬户獲逢於喜慶。府主寵禄,膺五岳而長隆;壽比王喬,等五星而永曜。合宅姻眷,俱沐禎祥;内外枝羅,俱沾福祐。已躬康吉,賢聖護持,法界有情,皆成妙果。敬造萬色錦綉經巾一條,施入宕泉窟,永充供養。

於時大漢天福十三年丁未歲十一月壬子朔十九日庚午畢功紀。

原載敦煌文書 S.2687

捨施發願文

弟子河西歸義軍節度瓜沙等州管營田觀察處置押蕃落等使特進檢校太傅譙郡開國侯食邑一千户曹元忠,潯陽郡夫人翟氏,先奉爲國安人泰,萬方伏款於臺庭;社稷恒昌,四遠來賓於王化;狼烟息焰,千門快樂而延祥;塞虜無喧,萬户獲逢於喜慶。府主寵禄,膺五嶽而長隆;壽比王喬,等五星而永曜。合宅姻眷,俱沐禎祥;内外枝羅,俱沾福祐。已躬康吉,賢聖護持;法界有情,皆成妙果。敬造萬色錦綉經巾一條,施入宕泉窟,永充共(供)養。

於時大漢天福十三年丁未歲十一月壬子朔十九日庚午畢功記。

原載敦煌文書 S.2687

上嘉慶節表　乾祐元年十二月

色變長瀾,肇皇靈之寶構;光流華渚,開聖緒於瑶圖,莫不慶洽同文,光昭大象,刻玉波沿於鳳紀,鳴金飆振於洪猷。所以顥氣凝空,編爲令典;神光燭夜,允叶昌期。皇帝陛下守位以仁,繼明以德,化敷有感,慶洽無疆。當九龍洽聖之辰,是五緯聯光之夕,凡蒙地載,共祝天長。皇帝三月九日誕聖,請以其日爲"嘉慶節",休假三日,群臣宴樂上壽。

原載《全唐文》卷 993

叙封母加太字議　乾祐元年

臣等詳本司前後敕條，凡母皆加"太"字，存歿并同。此即是父歿母存，即叙封，進封内加"太"字；母歿追封，亦加"太"字。故云存歿并同。若是父在，據敕格不載爲母加"太"字之文。若以妻近，敕因數貴與父命官，父自有官，則妻從夫品，可以封妻。父在，不合以其子蔭加母"太"字。若雖有因數之官，其品尚卑，未得麼妻叙封亦不合用子麼之限。

原載《五代會要》卷 14

大漢國故韓府君（傳以）合祔墓志銘并序

府君者，昔先汝南郡人也，因官于魏，遂爲魏人。源派流遠，服冕乘軒，玉壇垂千古之名，金丸顯萬年之貴者爾。皇曾諱。皇祖諱昌，授當道討擊使。皇考諱贊忠，任相州刺史，珠乃復生，虎能自去。府君諱傳以，幼踐書帷，長謀宦路。蘊七謝詞華之藝，包三張入洛之名。道既深而軒冕榮，德既重而官資雅。初任貝州青陽縣主簿，次任衛州汲縣令。以牛刀任小，遠彰千里之才；制錦方殊，以益萬家之譽。自登高任，頗著昇華。後乃諸道守官，不能一一實錄。不幸天祐十八年七月八日終於私第，享年五十有一。夫人段氏，艷姤桃容，顔如淑態，三從過及，四德有餘。不幸於天祐十一年十月十九日，奄辭人世。時也，兒女號泣，親戚悲啼。育子一人庭誨，守將仕郎、試秘書省校書郎。今則選擇良辰，推求吉日，殯於莘縣修善鄉依仁里。此一方之勝地，足有可觀瞻，四面之人烟，時聞路語。長馗咫尺，大澤匪遥。疑令是馬鬣之形，不即是牛崗之嶺。後恐海變山移，人遷世改，追搜往事，不可記名，故乃刊石鐫題，用明後代之爾。

賢哉盛士，高氣不群。嗟其殞墜，矩□□□。

原載《〈五代韓氏墓志考〉釋文校正》

大漢國故韓府君（悦）墓志銘郭夫人合祔并序　記之耳

府君者，昔先汝南郡人也，食邑於彼，因以氏焉。後以枝分葉散，泉源派流九土之中,其裔一也。於顯德二年乙卯歲十一月乙未朔二日丙申。皇曾諱,皇祖諱昌,名繼大僚,職居討擊。皇考諱贊忠。任相州刺史,風資五袴,道益重襦。二神喜同塋域,府君諱悅,以世祖簪纓,家傳閥閱,早昇宦路,守任貝州司户參軍。爲人雅澹,挺拔之出衆超時,處性謙恭,峭直之逾今邁古。義路長而秦川豈遠,學海深而楚水奚寬。吐嘉言即夷甫慚詞。懷博聞即張莘恥識。文房奧而洪筆大,武庫寬而神略高。嗟呼!落落千雲之石,偶爾崩頹;森森浹漢之松,頓然凋朽。不幸天福八年三月三日終於私第,享年七十。男泣羔柴之血,女斷石牙之漿。夫人太原郡郭氏,素質姘婷,顔容窈窕。無闕蘋蘩之禮,永終喪制之儀。公有兄二人,長曰,官居列土,位至三台;次曰,官居百里,制錦一同。育子六人:長曰震,見任天下鹽鐵孔目,官諸道,歷任不叙;次曰守勛,次曰廷隱,次曰廷睿,次曰廷訓,幼曰廷遜,俱未仕。以服勤無憚,奉親有方,夏扇冬温,以全孝敬。育女二人,長曰,適於劉氏;幼曰,適於蔡氏。夫人與男等營備葬禮,罔失其儀。乾祐元年□月十六日殯于莘縣修善鄉依仁里。前崗後阜,勢有盤龍,此一方之異景,足以嘉祥。後恐青山變海,緑野爲江,刻石鏤銘,以彰遠代。嘆曰:

悲歟哲人斯逝,痛哉梁木壞乎。一旦高天永别,千載厚地長居。

原載《〈五代韓氏墓志考〉釋文校正》

大漢陝州夏縣陽公鄉景福寺重建故思道和尚塔衆邑人記

承務郎、前守夏縣主簿、權知縣事張廷煦,將仕郎、守夏縣主簿朱光輅,隨使右教使、充夏縣鎮遏使鞏信,銀青光禄大夫、前衛州司馬吴光權,將仕郎、試大理評事薛延希,前定州司馬康守信,將仕郎、試秘書省校書郎吴□□,修塔邑維那頭趙宏進,副維那趙宏遇,都維那布衣三命王文通,南吴村維那謝景瑭、李頊、程彦暉、張行實、張逢、侯温、張仁遇、吕彦柔、薛温、楊思厚、曹延密、許思厚、王温、吴仁謙、吴仁緒、張延義、趙思柔、陳積、王思温、吴淇武、牛行思、韓彦球、紐延遇、張思益、牛贇、楊思蘊、周温、馬延昭、史延密、張思厚、賈延密、張逢、張思柔、蘇詮、李彦暉、張延福、劉温、劉文遇、王敬思、郭瓊、郭達、郭彥溫、裴彥柔、尉廷密、郭思柔、衛思溫、張知柔、馮澄、張思玫、趙彥暉、李賓、呂頊、張審、楊延義、楊訊、李志成、張重遇、張普進、楊文鋭、張御名、尉思進、傅審、朱達、張柔、王禮、趙遷、王彥瑭、介行恭、張暉、楊行周、楊暉、張彥暉、張重、張儒、呂溫、張景厚、劉瑭、劉思厚、馮行實、馮暉、牛重遷、張遇、張宏進、楊溫、陳祐、常延徹、李行存、陳敬思、呂敬思、陳延福、張雅、王彥溫、劉達、張仁密、曹遇、劉彥溫、孫蓋、孫延支、賈文瑞、張文禮、韓御名、史延通、趙延福、藥彥思；邑外施主閻詮等五十人，女弟子武氏、崔氏、李氏、薛氏、陳氏、謝氏、李氏、張氏、孫漸能、牛暉，修塔都料張紹榮、弟知遠，鐫字馬延義、書人張宏信；寺主右街講經大德守嚴，左衛講論大德守澄，塔院主重辯、匡因、僧詞超，修塔主業，法華經僧志德。

乾祐二年歲次己酉正月乙巳朔二日丙午建。

原載《金石萃編》卷 121

己酉年（九四九）二月十四日就良晟等便麥豆曆

己酉年二月十四日，兵馬使就□□■。就良晟便麥肆碩，秋陸碩。就保住便麥壹碩，秋壹碩伍斗。令狐衍鷄便麥伍碩，秋柒碩伍斗。令狐昌子便麥壹碩，秋壹碩伍斗。索進宬便麥壹碩，秋壹碩伍斗。梁博士便麥肆碩伍斗，秋陸碩柒斗伍升。范懷進便麥壹碩伍斗，秋貳碩貳斗伍升。友信便麥伍碩八斗，秋捌碩柒斗（以下墨黑不清）。就住兒便粟叁碩，秋肆碩伍斗。范友信便粟壹碩伍斗，秋兩碩貳斗伍升。鄧佛願便粟柒碩，秋拾碩伍斗。鄧佛願便麥玖斗，秋壹碩叁斗伍升。爭爭便麥叁斗，秋四斗五升。就盈君便麥壹碩，索友子便麥兩碩，秋叁碩。押牙李佛奴便豆麥壹碩伍斗，秋兩碩二斗伍升。兵馬使梁萬端便豆壹碩，秋壹碩伍斗。就弘恩便豆兩碩，秋叁碩。就慶宗便豆壹碩，秋壹碩伍斗。就久子便粟兩碩七斗伍升，秋肆碩壹斗。就保住後便麥兩碩，秋叁碩。（安國寺）趙文住便麥肆碩，秋陸碩。索攜撻遠日至城地（園子）地便麥肆碩，秋陸碩。又辛舊都計麥陸碩，秋玖碩。殘麥兩石五斗。

再昇地五十三畝斗，著粟一石九斗。兵馬使地六十二畝，著粟兩石二斗。保寶地四十二畝，著粟一石五斗。

原載敦煌文書 S.4060

大漢故忠貞佐聖同德功臣寧江軍節度夔忠萬施等州觀察處置兼雲安霍鹽制置等使充侍衛步軍都指揮使光禄大夫檢校太傅使持節都督夔州諸軍事夔州刺史兼御史大夫上柱國河内郡開國公食邑三千户實封五百户贈太尉尚公(洪遷)墓志銘并序

　　□乾坤垂覆燾之恩，日月布照臨之惠，聖人敷清净之化，賢良施匡合之謀。其功高，其德廣，其道至其□□□，以萬物信焉，八方仰焉，億兆順焉，田地則焉。噫！忠臣義士，雄傑英豪，來則助其淳，教以□□□□辭昭□而歸河嶽，固得令石，載列芳香，庶存不朽之名，永播無窮之績，今之□□□□兹乎。公諱洪遷，字□實，河内人也。伏羲氏之苗裔，蟬聯雁緒，玉派金柯，□□□□者，□□景述之相承，間望威聲甚偉，勛業彌高，大姓强宗迄於今矣。曾祖諱□，□□□；祖諱淑，贈武衛大將軍，祖妣成氏，追封雁門郡太君。皇考諱慶，贈太子□□善大夫，累贈光禄卿，皇妣張氏，追封清河縣君，累贈太夫人。公即光禄第八子也。□風標□拔氣概雄棱，讀玉韜金櫃之書，襲八陣五材之妙，旋呈武伎，入仕和(私)門。及莊宗展□區中平持天下，血戰十載，無陣不經，大憝既殲，盛功斯立，爰昇右揆，以賚前勛。暨明宗登朝，竭力王室，□□雲天之澤，超資水土之官，不有良能，孰當異渥。值大晉□命，複付兵權。當先皇統禁衛之軍，委我公在爪牙之任。尋從麾斾，來赴唐□。時屬北塞飛塵，中原多事焉。狁肆毒群匈，邊陷於神州，鑾蹕難停，六轡縈繁於鬼磧，生靈失主，宇宙倒懸，唯我一方，晏然無事。公知大寶歸漢，至德承乾翼輔龍，飛劍揮鯨浪，氛霾既静，重新日月之光；禮樂還興，複睹唐虞之化。上疇茂績，乃賜徽章，授忠貞佐聖同德功臣、寧江軍節度、夔忠萬施等州觀察處置、兼雲安霍鹽制置等使，充侍衛步軍都指揮使、光禄大夫、檢校太傅、使持節都督夔州諸軍事、夔州刺史、兼御史大夫、上柱國、河内郡開國公、食邑三千户、食實封五百户。皇都肅静，禁旅敕齊，胡伯始之中庸，四方仰德，周亞夫之董制，七國□□□□。雍壘不庭，梟巢作梗，上乃震怒，勞我王師。命公充西面行營副招討□□□□□已折骸煮弩之貧銳衆鷹揚決克必擒之勇，無何台□□座，天墜將星，□聞□□□□□應兩楹之夢。嗚呼，哀哉！□乾祐元年八月八日薨於所統軍寨，享壽六十三。聖上□□□，□涕輟朝，五營亡冬日之恩，萬乘失長城之寄。遽下天澤，致祭贈官。夫人琅琊□□君王氏，蘭唯積慶，淑順儀芳，凤彰内助之規，益著睦親之譽。男三人，長曰守□，充懷州□□□□指揮使、銀青光祿大夫、檢校尚書右僕射、兼御史大夫，信義于人，雄姿卓立，□七星而振家，射□雉以呈能，作明主之忠良，紹嚴父之勛業。次曰守忠，西頭供奉官。次曰守恩，西頭供奉官。妹一人，適趙氏俓男彥從，從護聖指揮使。女五人，長康郎婦，次劉郎婦，三孫郎婦，四王郎婦，小□□□新婦氏。孫男進榮，前西班第二番小底。長男等自遠扶護□柩歸北京，□二年歲次己酉四月甲戌朔十二日乙酉，葬于太原府晉陽縣桐圭鄉豐全村□□，禮也。罡開勝地，墳閉佳城。一時之氣貌雖沉，萬世之雄聲不墜。愚也文乖蒙錦，才豈凌雲儉之辭，徒□褚之美，推讓不及，謹述銘云：

　　河岳蘊粹，英豪誕生。榮分虎印，貴擁□□。□威遠布，韜略□□。名題竹帛，功號忠貞。爰設沉機，扶持大漢。鑾躔將征，犬戎竊竄。北闕鳳□，□俱鯨爛。位列□□，聲齊十亂。中夏才定，西陲負恩。天子一怒，將軍□門。精師電逝，銳騎□□。□□休動，□□□□。不□□蒼，灾我賢傑。疾染膏肓，魂辭□闕。將星忽墜，天柱摧折。匣失青□，□□潔身。□□□□，□衆祁□。彰五材美，旌七德全。風吟□□，松鏢□□。唯兹勛□，□□□□。

原載《太原五代墓志釋考》

捨施發願文

　　歸義軍節度使檢校太師兼中書令敦惶（煌）王曹公之凉國夫人潯陽翟氏敬造五色繡經巾一，施入窟内。伏願一州土地，萬里山何（河），烽烟不起於三邊，樂業永安於萬姓。皇后天年永久，四海何霑霖之恩波；大王神算遐長，七郡布殊常之德化。夫人心願，願王（玉）葉金枝、衙佑寀僚、宮苑侍女，并皆安樂，百機周星，但是含靈，齊登覺路。

於時大漢乾祐二年甲子歲四月廿日題記之耳。

原載敦煌文書 S. 2687

審改考牒奏 乾祐二年四月　中書門下

准吏部南曹鎖宿內選人中，有契丹會同年號曆子解由考牒，未審合各令改就天福年號，爲復別有指揮。

《五代會要》卷 17

天福十四年（九四九）五月新授歸義軍節度觀察留後曹元忠獻硇砂狀

新授歸義軍節度觀察留後、光禄大夫、檢校司空、兼御史大夫、譙縣開國男、食邑三百户曹元忠。

硇砂壹拾斤。右件砂誠非異玩，實愧珍纖。冒瀆臺嚴，無任戰越之至。謹差步軍教練兼御史中丞梁再通等謹隨狀獻，到望俯賜容納，謹録狀上。牒件狀如前，謹牒。

天福十四年五月日新授歸義軍節度觀察留後、光禄大夫、檢校司空、兼御史大夫、譙縣開國男食邑三百户曹元忠牒。

原載敦煌文書 S. 4398

五代後漢石棺石刻

〔大頭〕日丙午征仕郎試大理司直慈州文城縣令代式與坊郭夫人馮□□□□馮敬福馮□及維那頭□志暉馮延昭

〔小頭〕邑人王□□王□自四月廿四日後無與直至六月廿八日開□利□□

〔左側〕等開舍利塔求雨雪時有求必應造發願重錐□□造舍利石□地久天長永爲不朽寄住石匠關□德鑄造馮□□書

〔右側〕□道場一七日當日有雨普降□欠並足□開設供訖邑人馮延奉維乾祐二年歲次己酉七月□寅朔立

原載《三晉石刻大全》（臨汾市吉縣卷）

大漢故董府君墓志銘并序

夫以自古坤今,日月運迴,生死遷遞榮枯,凡紀人倫熟沉倫者矣。府君在縣,名□九州,躬藏一室,憎誤志望。渭州隴西郡董氏之先宗自得,顓頊之苗裔,皋陶之胤緒,李岩君之子。因承董筠公之後爲董姓。祖諱慶,抱義懷仁,潛君不仕,因官至此。祖代相承,南董村龍岫里也。祖娶郭氏淑女,持名齊眉。立義遂孕産英奇,府君去庚辰歲五月十三。蒲奕,付家長子,捨財産於法門。夫人郭氏,夫人保合□邑之信,懷結綬之奠女□文而男有□哽咽自去,於乾祐二年四月十日,終於私室,享年八十有六。府君兄弟二人,長府君姊妹二人。府君嗣子三人,長子昇,且執耕釣,風慕典墳,久居郡城,儒風大行;仲子懷炟,沐澗院出家,法名惠真,氣懷瓊瑰,生知塵年,年方卝歲,捨父出家,已就戒珠,早年仙化。次贇。嗣子新婦二人,長男新婦楊氏,次男新婦王氏。玄孫六人,長孫如謙,次孫吳七,次孫郭八,次孫郭作,次孫馮六,次孫小厮兒,嗣子等憚資保財,小玆良曰。以乾祐二年乙酉歲孟冬庚寅日,安神於上黨縣崇義里南董村北一里半,其也。乃曰:東至五龍之高嶽,西至五里之長川,南瞻畔境望羊頭,北與遴□□燕,是鐫銘。

　　子孫善屢,貴俟他年,世代榮華,千秋萬古。銘記。

原載《三晉石刻大全》(長治市長治縣卷)

大漢故上黨王府君(買)墓志銘并序

府君姓王氏,諱買,其先太原人也。洎系自緱山,派分淮水。和門令德,弈葉重光。或飛鳴騰芳,佩刀垂裕。積善隆於千祀,餘慶鍾於後昆。國史備記,家諜無爽。祖考逸於閑雅,樂被優游。鄙策名委質之勞,任鑿井耕田之性。免貽巧宦,以遂冲襟。府君爰契尚賢,聿遵先訓。韜光晦迹,務實去華。非急急以求榮,但怡怡而養素。忘懷北闕,寄懒南窗。日居月諸,務安仁之春稅。春生夏長,營元亮之田園。器不假人,道濟良士。譽稱鄉曲,孝感姻親。方且教□,子孫敦睦。兄弟罔臻,遐壽遽嘆,摧齡寢疾,終於上黨。夫人索氏,晉室華宗,梁朝茂族。堪則任隆太守,政及遺黎。靖則位列通侯,功存良史。

資於來裔，適我宜家。治内甚明，由裹罔失。閨壼早艱於晝哭，歲時徒咏於寒泉。鞠育諸孤，始終守義。克叶恭姜之志，諒偕文母之賢。豈期忽至深痾，俄悲永夕。以乾祐元年七月十九日終於上黨。以乾祐二年十一月二十一日遷府君神柩祔葬於長子門西原，禮也。式遵同穴，匪昧所天。青烏共卜於佳城，白鶴聯飛於善地。有子三人，孟曰繼榮，前澤州商稅使。仲曰繼能，不仕。季曰繼澄，前天平兵馬使。并苟龍擅美，賈虎騰聲。友於保田氏之荆，孝思慕陸生之橘。劬勞是念，罔極增哀。俱形毀瘠之容，咸切茹荼之苦。新婦梁氏、新婦崔氏、新婦常氏，皆事姑盡禮，順長居心，靡僭四德之規，深篤三從之義。箴誠是慕，號泣何階。長女適杜氏，早亡。次女適前澤州商稅使趙氏。俱幼稟母儀，長全婦道。昭明懿行，焕燿清門。孫紇兜、馬留、馬三、馬六。女孫馬四、馬五等，或將及齠年，或未離襁褓。緬承遺慶，必待其昌。府君須自弱，即逢多難，蓋陰施而陽報，然善始以令終。仰叙徽猷，敢陳志頌。其辭曰：

猗歟始祖，系自靈王。時惟有後，代亦其昌。根深蒂固，源濬流長。乃孫乃子，爲龍爲光。府君無忝，歸趣有方。深明倚伏，用晦行藏。匪游宦路，罔涉名場。松竹凝韻，蘭菊秘香。降年不永，惟命靡常。遽悲已矣，倏嘆云亡。靈車晚出，素憶寒張。遵彼同穴，陟兮高崗。拱木宿草，靄霧沾霜。

原載《五代石刻校注》

大漢故李府君夫人銘

愁雲慘兮風切切，兒女悲涕淚成血。

白楊樹下少人行，孤墳惟對長空月。（詩環刻於志蓋四周）

大漢故沁州刺史金紫光禄大夫檢校司空兼御史大夫上柱國李公墓志銘并序

公姓李氏，諱福德。本成紀人也，因官家於代北，又爲應州盆谷人。其先堯理官咎繇之後也。因官命族，自木疏宗，列在國經，藏於家諜，世資碩德，代有奇人。顯祖諱慶，本以酋豪，閑於騎射，良弓勁弩，黑稍珮戈，陳守塞之謀，勵勤王之節。列考諱鐵，聿修家法，卓有父風，屢以軍功，亦司戎柄。公即其子也。早懷明略，夙負壯圖，多以殊勛，登於好爵。始初資歷，難可殫論。長興四年，轉先鋒指揮使，導衆前鋒，臨敵制勝。以清泰二年，轉左厢先鋒都指揮使。摧堅陷陣，斬將搴旗。至天福二年，加授諸道先鋒、左右厢副都指揮使、賀州刺史。遥剖郡符，仍司禁旅。士雖忻於挾纊，民猶渴於褰帷。天福三年，加授檢校司空、深州刺史，乃加推忠静亂威略功臣，恩洽百城，政行千里，務黄霸米鹽之利，光任棠水蒞之規。秩滿行期，星言入覲，難淹良牧，復領再麾，以天福七年，授沁州刺史。簡自帝心，聿求民瘼，亂繩斯理，五袴尋喧。任罷綿田，家於上黨。方期就日，忽嘆流年。以乾祐□年十月八日，寢疾終於家，享年六十四。夫人武功縣君，大樹華宗，當熊令族，爰叶和鳴之義，果隆積慶之門，號自夫尊，澤由天降。何榮落之不定，而修短之有期，遘染沉屙，倐悲厚壤，以開運四年三月二十八日寢疾，先公而終。以乾祐二年己酉歲十一月二十七日，遷公神柩，同祔葬於壺關門東北原，禮也。青鳥獻兆，白鶴呈祥，共契佳城，用光同穴。娘子扶風馬氏、娘子始平馮氏、娘子安定胡氏，並茹荼增感，含酸悼懷，訝雙魂之莫招，指九原而長往。有嗣子九人。長曰知遠，西頭供奉官、檢校刑部尚書兼御史大夫。次曰訓，前沁州商税使。次曰進，前沁州衙内指揮使。次曰信，北京隨使散都頭。次曰大留、韓五、小韓、明郎、再明等，皆金莖擢秀，玉樹分輝，咸思罔極之恩，莫報劬勞之力。長女尼大德妙威，次女米郎婦，次女閻郎婦，次女尹郎婦，次女尼智明，小女美美、常住、重喜、敬憐、喜娘兒、胡女，並失其天蔭，痛彼泉局，俱切哀號，咸深感慕。新婦許氏早亡，新婦孫氏、新婦傅氏、新婦王氏，皆夙承箴誡，咸極孝思，泣想舅姑，如蹈湯火。孫大客作、小客作、楊十、楊十一，女孫十一姐，皆始經懷抱，悉奉鐘憐，亦以因心，仰依先德。公久彰懿範，多著功庸，將叙徽猷，合陳志頌，謹爲銘曰：

咎繇垂裔，伯陽疏宗。積功累行，鏤鼎鳴鐘。迨及於公，爲光爲龍。握兵作牧，禁暴勸農。褰帷示化，露冕見容。政成貳郡，聲烜九重。秩罷綿山，家於上黨。方竭扶摇，偶虧顧養。倐爾摧齡，勢如返掌。丹旐云啓，九原長往。風凄寒木，露沾宿葬。乃子迺孫，心留目想。

原載《洛陽新獲墓志百品》

條陳減選奏　乾祐二年十二月　中書門下

准天福八年四月一日敕,條舉前後敕文。內一件,准天福五年十月二十七日敕:應州縣官書得十六考敘階至朝散大夫者,并歷任內曾昇朝及兩使判官者,准元敕一選集。選期既近,理減尤難,不得授常選人例,妄乞減選。每一任無遺闕者,候再除官,別與加恩。其曾任節度觀察、推官、巡官、防禦、團練、軍事判官并諸出選門官等,如却授今錄者,并依見任官選數赴集。若在任有考課准格合減選者,并與理減。除此外今任合七選集者,特與減一選,八選已上與減兩選,仍并合格日取解,赴司磨勘。無違礙者,即錄名送中書。

原載《全唐文》卷 973

後漢白馬寺經幢

佛頂尊勝陀羅尼經幢

經文略

維大漢乾祐三年歲次庚戌正月己亥朔十八日,都維那河陽軍討擊使、河南孟懷營■。

邑子王武□、□□□、喬□、徐彥暉、王景思、趙□、賈蟠、王華、□□、張□,起立堂殿、塑畫功德,主首孟懷營、■、王□、宋□。

原載《乾隆汲縣志》卷 20

郭張造像記

乾祐三年三月廿一日,郭張記之。

原載《龍門石窟碑刻題記彙錄》

庚戌年(九五〇)閏四月社司轉帖

右緣佛堂頭疊園墻,人各□□□□鍬钁一事。帖至限今月七日卯時於佛堂頭取齊。捉二人後到,各罰酒一角。全不來罰酒半瓮。

其帖立遞相分付，不得停滯。如滯帖者，準條科罰。帖周却赴本司，用憑告罰。庚戌年閏四月（下闕）張社官、劉社長、張保員（下闕）唐押衙、程押衙、張金光（下闕）張安定、兵馬使馬定奴、張住子（下闕）不般墼人劉社長、劉萬子（下闕）。

原載敦煌文書 Дх.1410

懷州河内縣西金城創修功德院記

　　本村六班奉職張漸、西班小底尚友直、稅户衛最、張成，各發虔懇，爲維那首，於庚戌歲三月念二日，建此功德院一所。越有本村稅户張用，愍見杜婆神左是碑聖像，日陽暴露，風雨摧剝，因睹此院西南隅隙地一方，特舉願心，自備瓦木，修斯碑亭。功畢，遂遷於兹。以爲功德未圓，更與衛最弟彦，各捨净財，同募石工，補完舊像。工曰："尊容殘缺，難施工巧。"於是回里作表，別刊是像，一切聖賢，燦然俱新，相好端嚴，慈容若動，可謂良工者哉！伏願修此功德之後，遐邇老幼，永保康寧，一切時中，諸佛協贊，龍華上會，每願相逢。是年六月辛未朔庚寅日了畢。

原載《唐文拾遺》卷 61

儀仗奏　　乾祐三年八月　殿中省

　　當司儀仗，車駕都洛京時所差，至今管系係，逐年分番祇候，執擎儀仗。昨京兆府奏，依平户例差使。伏恐忽有大禮，無人供應。

原載《五代會要》卷 16

佛頂尊勝陀羅尼經幢

　　今龍門山院者，□□攸趣，曩聖所居，諸佛護持，衆靈依附，早諧願力，克就□誠，開闢金田，弘敞寶刹。自乙酉歲方營勝概，始盡良規，興構法堂，崇建僧舍。及山主悟深參禪自久，振錫言□，乃有自社信心清門多士，增加紺殿，塑繪尊儀，尋觀相好之容，咸得瞻歸之所。至乙未載，復興府城及漳北兩縣邑人等，共修蓋到觀音菩薩堂一座，并石像三事兼門樓，□□行□計五十餘間，并公輸獻技，王爾揮斤，擇芳桂之□而翠屏之勢，恢拓基址，揆蕆工徒，廣廈俄成，大壯斯睹，梁橫蟠蝀，瓦序鴛鴦，若天上之化來，非世間之特起，仍于堂內安立石像，□久年華，俾□□生恭，一勞恒逸，兼造經藏，復建法幢四部，裝寫大悲妙句，今亦雕題垂盛績以無窮，示嘉名而不朽。而況山橫秀氣，地涌甘泉，慈氏聖容，素嚴峭壁，□黎神廣，舊接重巖，南臨四□之形，北枕奇峰之腳，雲□□灣，烟樹菁□，盧岳天壇，曾何擬議，蓬丘石室，抑有唐捐全□幻化之間，回在游方之外，□□曾詢净土載想招提，偶述斯文，聊存實録。伏願皇帝萬歲，寶祚長春，州縣□□，□□禄位，士庶安泰，永保康寧，一切□情，固沾斯福。南界四壊大山分水，北至窟子郊後分水嶺，東西至大分水嶺。乾祐三年歲次庚戌九月乙丑朔八日壬申建立。山主僧悟深，院主僧志悟。

原載《三晉石刻大全》長治市平順縣卷

唐故高（洪謹）府君墓志銘并序

志銘者，表人生之異幸，標三代之德風。并校上古之根基，享子孫之孝思。府君者，神農之後，廣陵人也。因官延仕，隨後雲游。流派務業，連枝相承。至彼潞州上黨縣八諫鄉玉泉里中和村，置立田園。松柏相婭，宗枝不絶。

高祖諱尊，婆李氏。曾祖諱元宗，夫人門氏。府君諱洪謹。府君者，英姿挺秀，門傳愷悌之風；家顯□貞，德播鄉閭。於縣內爲押司録事，豈爲身縈癉瘵，□靈藥而無徵。石火瞥然，俄歸冥而大夜。享年八十有三，終於私地。夫人馬氏，習孟母之規則，外諧九族之談。三從必備，四德無虧。享年七十有七，終於私室。弟太，新婦張氏。女王郎婦。嗣子三人。孟子重玘，縣中羑科司，新婦璩氏。仲子重千，新婦和氏。季子重誨，新婦馮氏。長女和郎婦。次女韓郎婦。小女元郎婦。兒女等哀哀扣地，七日絶漿，不食甘美。孫兒仁謙，新婦裴氏。仁超，新婦程氏。任九、小福、楊五、楊六。孫女和郎婦、賈郎婦、喜孃、望兒、錦兒、孝等造其棺椁，聊申滕下之恩。袷袝明靈，用報上嚴，□德厥心。乾祐三年歲次庚戌十一月甲子朔九日壬申，村南一里天□立於大塋。其地四望也，東占龍峰千岫，青龍田田；西臨堯舜神崗,白虎雄雄。前有龍泉硤水,諸雀攢攢;後跳炎皇聖迹,玄武後垂。其墳四神俱足,八將無虧,曩世□安,子孫累代興隆,宗枝不絶。恐有山河改易,海變桑田,刊石標名,乃傳後記。

原載《五代石刻校注》

庚戌年(九五○)十二月八日夜□□□社人遍窟燃燈分配窟龕名數

庚戌年十二月八日夜□□□社人遍窟然燈分配窟龕名數:

田闍梨南(北)大像已北至司徒窟計六十一盞,張都衙窟兩盞,大王天公主窟各兩盞,大像下層兩盞,司徒兩盞,大像天王四盞。

李禪司徒北至靈圖寺六十窟翟家窟兩盞,社衆窟兩盞,宋家窟兩盞,文殊堂兩盞。

張僧政崖下獨煞神至狼子神堂六十盞,獨煞神五盞。

□法律第二層陰家窟至文殊堂窟上層令狐家窟六十五盞,内三聖小龕各然一盞。

羅闍梨弟三窟太保窟至七佛堂八十二窟,内有三聖刹心,各然一盞。

曹都頭吴和尚已南至天龍八部窟計八十窟刹心内龕總在裏邊。

索幸者第二層至第三層□家八金光窟八十窟内龕刹心總在裏邊。

陰押衙梁僧政弟二層普□窟至文殊堂又至靈圖寺窟至陳家窟六十三窟,有三聖窟總在裏邊。

王行者南頭弟二層六十二窟何法師窟兩盞,刹心佛堂兩盞,大像上層四盞,至法花。

安押衙社押衙吴和窟至天王堂卅六窟吴和尚窟三盞,七佛堂七盞,天王堂兩盞。

□□□郎□陰家窟至南大像五十二盞□八龕陰家窟三盞王家兩盞宋家窟兩盞,李家窟三盞,大像四盞,吴家窟四盞,大像天王窟四盞。

右件社人依其所配,好生精心注救(灸),不得懈怠觸穢,如有闕然及穢不盡(净)者,匠人罰布一匹,充爲工廨匠下之人,痛决尻杖十五,的無容免。

辛亥年十二月七日釋門僧政道真。

敦煌文物研究所藏

(十世紀上半葉)索奴奴便物契

(前缺)

￣￣￣已了,便須還納,如若￣￣￣又書內西防,便充物穀￣￣￣更無番(翻)悔,恐人無信,故立￣￣￣(此契,用爲)後憑。

四月四日便物人索奴奴(畫押)

便物人妻李氏(畫押)

見人索懷義

原載敦煌文書俄藏敦 1270